海外中国研究文库

SAVING THE WORLD:
CHEN HONGMOU AND
ELITE CONSCIOUSNESS IN
EIGHTEENTH-CENTURY CHINA

[美] 罗威廉 著
陈乃宣 李兴华 胡 玲 等 译
赵 刚 孔祥文 审校

救 世

陈宏谋与十八世纪中国的精英意识

中国人民大学出版社
· 北京 ·

前　言

这项研究的部分经费得到古根海姆基金会、美中学术交流委员会及美国科技和学术交流委员会（台湾）的赞助。我非常感谢中国许多单位对我工作的关切：他们是中国人民大学清史研究所、中国社会科学院近代史研究所和广西师范大学。我也感谢许多收藏单位的工作人员，他们允许我使用他们珍藏的丰富的史料，包括台北“故宫博物馆”，台北“中央研究院”历史语言研究所傅斯年图书馆、中国第一历史档案馆、北京图书馆、北京大学图书馆、桂林图书馆、桂林博物馆和广西师范大学图书馆。

本书部分章节早先曾以单篇论文的形式在《清史问题》（《帝制晚期中国》）、《近代中国》、《中国研究》、《清史研究》、由艾尔曼和亚历山大·伍德塞德主编的《中华帝国晚期的教育与社会》（伯克利：加利福尼亚大学出版社，1994）以及肯尼斯·莱伯扎尔、林舒弗和欧内斯特主编辑的《中国的建设：经济和文化相互影响》（安阿伯：密歇根大学中国研究中心，1997）等杂志和论文集上发表过。这些杂志、论文集编者和出版者允许我再次使用他们曾发表过的章节，这里我表示衷心感谢。

若没有许多好友和同事们的慷慨帮助，这本书就不可能写成现有的规模。读过本书全部或部分章节并提供批评意见的学者有兰金、曼素恩、狄百瑞、韩书瑞、孔飞力、艾尔曼、柯娇燕、巴德妮、刘广京、欧内斯特·扬、黄宗智、周锡瑞。在准备撰写的过程中，我还得到来自学者们的帮助。他们是盖博坚、周启荣、傅佛果、安·D·伯德威斯特尔、罗伯特·马克斯、程恺礼、包弼德、唐纳德·萨顿、卜正民、宋怡明、王国斌、邓海伦、贾宁、王福明、马钊、王笛、程为坤、葛治平、柯娇燕、蒲池典子、魏爱莲、何伟亚、戴廷杰、伊丽莎白·格罗帕、史华罗、白吉尔、加雷斯·斯特德曼·琼斯、米华键、史蒂文·萨特、查理德·培尔斯基和基斯·克莱蒙格。我实地考察研究取得丰硕成果，还得感谢台北的梁其姿、苏云峰、张朋远、熊秉贞、蒲慕洲、林曼红、黄克武和林思义，北京的王庆成、张芝联、王思治、秦国经、高翔、杨念群、高王凌、赵思禹、吴建雍、彭泽益和成崇德，桂林的张家璠、侯晓南、周良任（音译——译者注）和郭志高。

在此，我还需提到为本书的完成作出特别贡献的几位友人。首先要提出的是我的好朋友魏丕信。他与我一样对这本书的研究对象非常着迷。没有一位学者能像他一样给予我的研究如此大的帮助。他与我在学术领域建立了长期诚挚的友谊，我们分享资料，我们的基本观点也相同。

陈乃光是陈宏谋家族现在的主要人物，也是陈宏谋遗产的主要管理人。我对他表示永远的感谢，谢谢他让我有机会参观陈宏谋在横山的住宅，并感受这位陈家赫赫有名的先人留下的影响。

我的老友、斯坦福大学出版社的编辑穆里尔·贝尔以一种巨大的耐心等待这本书，并给予了我各种方式的支持。

约翰·罗素·伍德是霍普金斯大学历史系的前任主任。在这本书的长期的酝酿和写作过程中，他始终给予我多方面的帮助。在过去的十年里，我在一系列的讨论会上报告了本书的部分内容，历史系的同事们一直慷慨和毫无保留地提出了他们的批评意见。工作在这样一个促进个人和学术发展的环境里，每个学者肯定是幸福的。

最后，我向妻子吉尔和孩子乔希、莎拉致以无以言表的感激和问候，否则我的著作将没有任何意义。

救　世

天下古今之事物不外乎理。明此理而内以克治其身心，外以推暨乎民物，不能不由于学理变化而无穷，则学亦精进而不已。隐居以求其志，所求者理也。行义以达其道，道即理也。士人不出户庭而通当世之务，其术足以匡时，其言足以救世，舍理学其谁。

——陈宏谋，1750 年

插图目录

目　录

第二部分 生 财

第三部分　经　世

导　论

很少有人会质疑18世纪中期，大约1725年到1775年，或者雍正年间和乾隆统治前期，在中国漫长历史上的重要地位。西方学者一直把这段时期赞誉为“盛清”，而中国史学家则称之为“盛世”①。在这段时期，大清帝国在物质和政治方面的成就都达到了最高水平；后来，中国遭受西方的入侵和西方文化影响的泛滥。如果说，在这之前的几代人遭遇到朝代衰落、外来政权的征服和压迫以及为史家称之为17世纪“总危机”的影响②；如果说，乾隆统治后期面临着的一系列新问题，如官僚的衰落、生态环境和水资源的破坏以及来自国内外日益严峻的安全威胁，那么，如果以18世纪为标准，上述其他时代是无法与之媲美的，因为那个时期事事顺利。

---

① Frederic Wakeman Jr. 对这一时期有一个经典性论述，参见 Frederic Wakeman Jr.：“High Ch'ing，1683−839，”见 James B. Crowley 编：*Modern East Asia：Essays in Interpretation*（New York：Harcourt，Brace and World，1970），1−28。要了解近期的中国学术界观点，参见戴逸等：《笔谈18世纪中国与世界》，载《清史研究》，1993.1，1−35；高王凌：《关于康乾盛世的几个问题》，载《清史研究通讯》，1990.4，21−26。Philip A. Kuhn 在 *Soulstealers：The Chinese Sorcery Scare of 1768*（Cambridge，Mass.：Harvard University Press，1990）一书中非常严谨地提醒我们不应过高估计清朝中期经济繁荣。虽然我同意这样审慎的提醒是合情理的，但我个人认为，至少相对来说，“繁荣”并不是一个对这段历史不恰当的描述。

② 中国通常被看做17世纪全球危机的受害者，主要在以下几个方面：气候变冷，农业减产，流行病和因全球贸易缩减带来的白银缺乏。进口银币对盛清商业发展与政府财政至关重要。参见 S. A. M. Adshead：“The Seventeenth Century General Crisis in China，” *Asian Profile* 1.2（October 1973）：271−80；William Atwell：“A Seventeenth-Century ‘General Grisis’ in East Asia?” *Modern Asian Studies* 24.4（1990）：661−82；Frederic Wakeman Jr.，“China and the Seventeenth-Century Crisis，” *Late Imperial China* 7.1（June 1986）：1−26。

那是一个相对和平与繁荣的时代，也是一个蓬勃发展和变化的时代。国内没有什么动乱。由于疾病和营养不良比过去控制得好，死亡率下降，所以人口得以大增。因为周边的疆土被有效地收回，清帝国的疆域大有扩张。随着中国传统文化从内地向边疆地区的扩张以及沿海、沿湖、沿江地区的开垦，内部的扩展也引人注目。农业总产量大幅增长，生产率不断提高，毫无疑问，土地单位面积产量增加了，人均产量也相应有所增加。同样，商业和手工业也得到发展，地区间的贸易开始发展成为一个全国规模的大市场。与东南亚和西方国家之间的海外贸易也从 17 世纪的衰退得到恢复，并稳步发展。在贸易稳步发展的同时，又没有引起新的外交问题。到 18 世纪中叶，文化和大众教育得到持续发展，印刷、出版业有进一步地发展，以戏剧和小说为代表的艺术日益繁荣。

所有这些发展和变化产生的原因是多方面的，政治因素肯定发挥了作用。这段时期，统治机构纪律严明，道德规范要求高。这在很大程度上归功于统治者励精图治。雍正、乾隆统治时期，统治精英内部和整个社会潜在的民族矛盾得到控制。复杂的货币体制也运行良好。国家财政稳定，快速的经济增长为政府的财政收支提供了宽松的环境。老百姓的纳税负担不但没有加重，反而有所减轻。尽管人口增长，但大清帝国的水利基础设施（主要用于防洪、灌溉和商业运输）得到有效的维护，而且规模大有增长。在保障粮食供应、平抑粮价、控制地方性饥荒方面，“盛清”时期的统治者取得了空前的成功。它对增长的民事诉讼表现出了令人满意的反应，并且提供了解决民众冲突的机制。后来的清朝文人认为这个时代是政治清明的典范，这不是没有道理的。

陈宏谋堪称盛清时代的缩影，更是了解当时官僚精英心态的一扇窗口，在这方面，同时代的其他人是无法与之相比的。陈宏谋（1696—1771）是 18 世纪清朝统治精英最杰出、最有影响的汉族官员。从 1733 到 1763 年的 30 年间，他出任 12 行省，22 任官职。陈宏谋是清朝历史上担任巡抚时间最长、调任职次数最多的地方官员。① 他的任职覆盖了从云南到江南、从甘肃到广

① R. kent Guy 在完成对清朝巡抚的庞大研究的过程中，友好地给我提供了此条信息。历数陈宏谋的职业生涯，他曾做过扬州知府，天津道台，江苏按察使，云南和江苏的布政使，江西、陕西、甘肃、河南、湖北、湖南、江苏、福建和广东的巡抚，两广总督与代理湖广总督，兵部尚书、工部尚书、吏部尚书和东阁大学士等。参见赵尔巽：《清史稿》（北京：中华书局，1977），21.6136-66，22.6626-31，22.7225-33，26.7641-77。

东的清王朝的大片版图。陈宏谋每到一地，必先了解当地的社会环境，精心治理。清代散文家、桐城派创始人方苞（1668—1749）称他是“以仆所见，正人君子居古岳牧之任，惟此时为多”①。陈宏谋的见识，往往超乎寻常。因此，哪里有危机，他就被皇帝派去处理哪里的难题。陈宏谋虽不是一位有创造性的思想家，他的为政风格与大多数有能力的同僚也没有什么区别，但他那种尽职尽责的精力和投入是令人大为惊讶的。在晚年，他被提升到显赫的东阁大学士（在清代广西籍官员中仅他一人获此殊荣，历史上也只有三人）和太子太傅。② 此后，他身患重病，奏请解职归里。1771 年，乾隆皇帝两次拒绝他的辞呈后，赐诗一首：

> 中外勤宣历久频，遂教黄阁预丝纶。
> 老成允著恒敷政，……
> 岂弗惜离留未可，最怜言去恋犹真。③

陈宏谋的重要历史地位，不在于他的任职时期长，也不在于他工作上的成就，而在于他是清朝地方官员的典范，尤其是被人们称为“经世”治理风格的典范。“经世”通常被译作“statecraft”，但由于在汉语里缺乏一个与英文“state”相对应的概念，“经世”更多地被译为“social management”或“ordering the world”。④ 后来史学家认为清朝中期经世学风的复兴与陈宏谋是密不可分的。19 世纪 20 年代史学家魏源编纂的《皇朝经世文编》可谓经世学的圣经。这部极具影响的巨著收录陈宏谋的文章达 53 篇之多，仅次

---

① 方苞给陈宏谋未注明日期的信件，见《方望溪遗集》（合肥：黄山书社，1990），63-64。

② 谕旨，乾隆 32/3，见《先文恭公年谱》12：19。陈于 18 世纪 60 年代在北京也曾任几个部的尚书，兼职国史馆副总裁及其他众多工作。他认真地对待这些职责，要了解他在北京繁重的日常公事的细节，参见家书，乾隆 29/11/15，30/3/29，30/12/26，32/4/23，见《陈宏谋家书》228-32，237-40，248-49。

③ 谕旨，乾隆 36/2，见《列传》，5834，宫中档，台北。

④ 这个短语选自 Robert Hymes 和 Conrad Schirokauer 编著的关于早期中国经世思想的会议论文集的标题，该论文集为 *Ordering the World: Approaches to State and Society in Sung Dynasty China*（Berkeley：University of California Press，1993）。虽然我完全同意他们所偏爱的翻译，但我继续使用“statecraft”这一翻译，因为它言简意赅，广为学界接受。

于顾炎武。近些年来，作为政治信条的“经世”，引起了中国和西方许多学者的关注①，但“经世”的含义是什么，学术界仍然有不同的意见。本书研究任务之一，就是对这些问题做进一步的讨论。学识渊博的学者张灏认为，“经世”的本质就是不再按正统儒家信条（以道德和个人典范为基础）来治理国家，而是偏重于制度和组织的实用操作（在正统儒家看来这种风格与非道德性的法家理念关系密切），偏重于把物质财富和权力当作正当的政治追求。② 后来中国士大夫称陈宏谋是一位注重实效的、技术型的官员和亲身实践治理国家的先驱。在这方面，他与被约瑟夫·列文森称作“业余型典范”的帝国末期儒家精英们相反。③ 同时，由于在水利工程、农学、财政管理和军队后勤这些技术领域展示出了很高的技巧，陈宏谋受到了称赞。

陈宏谋的思想世界存在着三重内在的矛盾。正是这些矛盾，才使陈宏谋成为一位具有吸引力的研究对象。一方面，陈宏谋代表了一种脚踏实地和从实际出发的管理风格的技术专家；另一方面，他可以而且一贯被人们视为是一位相当严厉的、有时几乎是纯朴道德准则的真诚和热心的倡导者。这种道德准则是施仁政和良好社会秩序的基础。陈宏谋在注重文化教育方面的努力成为后来官员们的典范。他所编辑和刊印的《养正遗规》、《教女遗规》和《训俗遗规》等被许多教育家（不论是私立或是公立学校）奉为教材，并延续至今。在从政期间，陈宏谋十分强调引导百姓去参与重塑道德的礼教实践。从陈宏谋的事例可以看出，实用主义和道德理想主义，如前所述，这两种相互对立的思想，竟然经常同时存在于中华帝国晚期的政治理念之中。如何解释它们之间的显著矛盾，就是本书的目标之一。

另一个相关的内在矛盾，是中央政府及其在地方的代理人为一方与地方社会自我管理为另一方之间的权利平衡问题。在孔飞力和闵斗基里程碑式的

---

① 例如近代史研究所：《近代中国经世思想研究会论文集》（台北：中国学术著作奖助委员会，1984）。

② 张灏：《宋明以来儒家经世思想拾遗》，见近代史研究所：《近世中国经世思想》，尤其是16-17；张灏：《新儒学里的经世思想》，载《清史问题》3.1（1974年11月）：尤其是47-48。

③ Joseph R. Levenson, “The Amateur Ideal in Ming and Early Ch'ing Society: Evidence from Painting,” 见其 *Confucian China and Its Modern Fate*（Berkeley: University of California Press, 1972），15-24。

研究中，他们展示了存在于清代及以前的另一种政治理念。这种理念系统地批评了当时的官僚统治，呼吁尽可能地通过那些当地土生土长的经济和文化精英们来管理地方。① 这种政治观念常被称为“封建”。它被一些重要的思想家，如顾炎武（1613—1682）、魏源（1794—1856，应是 1857——译者）、冯桂芬（1809—1874）和“经世”的观念结合起来，因而与后者关系密切。然而，两者之间的实际联系究竟达到何种程度，仍然还不太清楚。由于陈宏谋在思想上与这些思想家有某些相同之处（下文将会讨论到），因而将他看做反传统的思想家是引人注意的。的确，有充分证据表明他有兴趣放权于地方精英们，培养地方自我管理机制；他对中央政府在财政及其他方面对地方的过多索取也一贯持批评态度。另一方面，有一种不可避免的结论，那就是他实际上是一位国家管理政策的制定者，为了使国家控制更高效和深入到社会各个阶层，他不断地提出各种技术方案。陈宏谋思想和政策中的这些看起来互为矛盾的方向又如何能够协调起来呢？

在陈宏谋的思想和政策中，第三个明显自相矛盾的地方也值得我们关注。一方面，在他的思想中可以清楚地感受到他超越性别、民族、文化程度和经济地位等界限，尊重所有人类成员的自主和尊严（这些在某些时候可称之为“平民主义”、“平等主义”或者“民主主义”）。另一方面，他又坚信，唯有等级制度和集权体制才能保证人类社会的运转。换言之，从陈宏谋的观点中，我们可以看到他一方面强调个人的价值、需求、愿望，甚至权利；另一方面，他又主张集体利益优先（个人服从于家庭、家族、地区和国家），强调个人服从于与生俱来的命运（“分”）的必要性。陈宏谋这种关于人性和人类社会的复杂的观点，在我们看来是相互矛盾的，但是，它们为陈宏谋制定实用的社会经济政策奠定了基础。

在某种程度上，这些思想显得相互矛盾，从我们基于现代社会的经验而

---

① Philip A. Kuhn, “Local Self-Government under the Republic: Problems of Control, Autonomy and Mobilization,” 见 Frederic Wakeman Jr. 和 Carolyn Grant 编：*Conflict and Control in Late Imperial China*（Berkeley: University of California Press, 1975）, 257－98; Tu-ki Min, “The Theory of Political Feudalism in the Ch'ing Period,” 见 Philip A. Kuhn 和 Timothy Brook 编：*National Polity and Local Power: The Transformation of Late Imperial China*（Cambridge, Mass: Harvard University Press, 1989）, 89－136。

建立的视角看，它们确实是相互不一致的。从陈宏谋所处时代的态度和观点体系来看，是否也是矛盾的呢？那就不一定了。事实上，这些思想观念也许构成儒家世界观的基础。陈宏谋是儒家世界观的一位杰出的、但（并非）不具有代表性的典型。在某种程度上，采用西方的分析范畴（如“个人主义”或经济上的“自由主义”）和社会历史的模式（如近代早期）是有用的，在本书的研究中，我们将与近代早期的欧洲进行对比。而回避这些方法，意味着抛弃当代西方历史学家最有效的借鉴和分析方法，而且也忽视了 18 世纪中国与西方已经处于相互交流和影响的世界环境之中这样一个事实。最后，本书的目的是，尽可能完整地和按照它的本来的语意，去理解生活于帝制时代后期的陈宏谋及其同僚们所拥有的思想意识基础。

官员典范和文化传承者

直到 19 世纪，陈宏谋才成为被崇拜的模范官僚。19 世纪 20、30 年代，也就是清朝道光年间，人们对陈宏谋这个杰出人才、道德家和勤政务实的管理者的兴趣，在许多地区相当突然地出现了。这种现象与由于水利工程的损坏、经济衰退和感到外国势力威胁的意识所引发的危机感恰巧产生于同一时期。在此之后，人们对陈宏谋的关注日益增长。从 19 世纪 60 年代和 70 年代初的后太平天国重建时期，到 19 世纪 90 年代和 20 世纪维新改良乃至共和年代，再到 20 世纪 30 年代和 40 年代深受战争摧残的战乱年代，陈宏谋越来越多地引起人们的注意。当对自己时代感到困惑的学者们和政策的制定者为寻求一个能增强他们决心的领路人和社会行动蓝图时，他们一再地想起了陈宏谋。

陈宏谋去世后的半个世纪里，除了彭启丰（1701—1784，彭生于康熙四十年十二月十一日，公历为 1702 年 1 月 8 日。——译者）和袁枚（1716—1796，卒年应为 1798 年。——译者）有些关于陈宏谋的文章之外，我很少发现学者和官员注意到陈宏谋。他似乎在文化记忆中被遗忘了，更准确地说没有形成一种对他的文化崇拜。除了陈氏子孙在 18 世纪 60 年代和 70 年代大规模地出版陈宏谋的遗著外，直到 19 世纪 20 年代，没有一部陈宏谋的著作再版过。①

① 本书在参考文献部分，将详细列举现存陈宏谋著作及其出版时间和地点。

1782 年，距陈宏谋去世刚刚十年，《四库全书总目提要》编辑完成，该书仅著录了（认为值得关注的）4 本陈宏谋的书，其中一本是他博得后人敬仰的《训俗遗规》。① 陆燿于 1775 年编著的通常被认为是半个世纪后魏源的《皇朝经世文编》先声的《切问斋文钞》，只收录陈宏谋一篇文章《伐蛟说》，虽然这篇有关防汛的文章流传甚广，但没有什么特色。② 1800 年王昶编纂的清代散文总集《湖海文传》收录了更多陈宏谋的文章，也只有不起眼的 5 篇。③

但是，自从 1821 年陈熙重版了《在官法戒录》，1823 年裴炳昌再版了陈宏谋的个人书信集后，突然掀起了重印陈宏谋作品的热潮。在重印书籍的前言中，他们对陈宏谋都做了发人深省的评价。陈熙（他并不是陈宏谋的亲属）告诉我们：陈宏谋的各种读物（关于个人的、社会的、为官之道的）长期以来一直是他在浙江姚江家族学校的必读书籍。它们为促进自己和他人修养提供了诚实的和"实心"的指南，在那里这些书受到赞赏。考虑到这本书与民生和有效管理等急迫问题有重要的联系，陈熙重版了这本书以便引起同僚们的注意。裴炳昌说，他在广西担任按察使期间，通过与同僚的谈话，偶然间得到了陈宏谋的书信集。使他吃惊的是，与其他官员的类似著作不同，

① 其他三个作品是陈宏谋从《吕子节录》中摘录出来的，综合了真德秀的《大学衍义》和丘濬的《大学衍义补》的节选和陈宏谋负责编纂的《湖南通志》的内容。参见纪晓岚：《四库全书总目提要》（1782；再版，上海：商务印书馆，1933），15：50，18：91，18：113，25：101。正如 Kent Guy 在其 *The Emperor's Four Treasuries: Scholars and the State in the Late Ch'ien-lung Era*（Cambrige, Mass.: Harvard University Press, 1989）中阐述的，《四库全书》编纂者有明显的学术门户之见。陈宏谋的作品并不符合他们的口味。

② 陆燿：《切问斋文钞》（1776），20：23—25。陈宏谋在水利方面的专业知识使得他很受尊崇，然而在陆燿有关此方面的重要内容中却一篇陈宏谋的作品也没收录。按陆燿编辑宋学传统作品的一般定位来看，他对陈的忽视更令人吃惊地体现出来，陈最起码应算作"宋学"的一员。人们只能得出这样的结论，陈宏谋死后迅速被人遗忘。要了解陆燿作品的特点与重要性参看黄克武：《〈经世文编〉与中国近代经世思想研究》，载《近代中国史研究通讯》2（1986 年 9 月）：84—85，90—91。

③ 王昶：《湖海文传》（1837），18：5—8，25：13，29：2—4，30：7—8。王昶相对比较欣赏陈宏谋，他在好几部作品中称赞陈在云南边境举办学校就反映出这点，这也许与他 18 世纪 60 年代在北京时，在几个陈负责主持的图书纂修计划中作下级编修有关。参见《清代名人传》，805—7。

陈宏谋在自己的信中从未炫耀自己，而是广泛地讨论国家财政和经济中的难题，其分析之精辟，令人吃惊。① 此后几十年，大量新版的陈宏谋著作由具有改革思想的在任官员（像陈宏谋这样的省级官员）出版。这些官员感到有必要使他们的同僚们认识到陈宏谋，认识到这位喜爱思考问题的前辈就是他们的典范。在1829年到1854年的25年间，有29位官员写文章赞扬陈宏谋的模范事迹。这些文章由陈宏谋的第六世孙陈庆鸿收集整理、印刷出版。② 陈宏谋明显地成为了一个时代的焦点人物。这种焦点的核心就是陈宏谋的书信集。这些书信思想深邃，语词严肃恳切，时时流露出作者的自我反省。对陈的崇拜者们来说，正是他们时代所急需的。

从道光年间问世的主要政治文选中可以看出，在士大夫心目中陈宏谋已占有重要地位。在前面提到的魏源的《皇朝经世文编》中，收录了陈宏谋的文章达53篇之多。这与1776年（前面提到此事，认为是1775年——译者）的《切问斋文钞》中收入陈宏谋的1个条目是大相径庭的。在魏源的《皇朝经世文编》中，涉及技术和文化两个方面。技术方面包括水利、农业发展和财政管理，文化方面包括个人道德、礼仪规范和教育改革，陈的论著被魏源作为权威加以引用。在《皇朝经世文编》这一里程碑式的巨著中，我们注意到最有代表性的人物是顾炎武，书中收录了他的文章达97篇。除此之外，再没有其他人和陈宏谋文章的篇数相近了。其次具有代表性的是陆世仪和方苞，收录他们的文章数分别是23篇和19篇。1838年由徐栋为地方官员编纂的颇有影响的《牧令书》中，有47篇文章出自陈宏谋（超过该书总数667篇的7%），仅仅次于汪辉祖和王凤生，名列第三。③ 1839年李祖陶所编的少一些政治性的《国朝文录》，收录了那时饮誉士林的陈宏谋的文章达11篇。④ 正如广东士大夫张维屏在1825年前后所写：现在许许多多的读者从陈宏谋的

---

① 陈熙：《在官法戒录》序言（1821）；斐炳昌于1823年在陈宏谋的《培远堂手牍》（1872）和他的《陈文恭公手牍》（1909）再版中的序言。朱方增的《从政观法录》（1830，15：12-16）对陈宏谋也是备加推崇。

② 《陈宏谋家书》第二部分。这些推荐信的作者刻意地把自己标榜为陈的追随者。收集的过程参见编者《陈宏谋家书》的续集，257。

③ 徐栋：《牧令书》（1838；再版，扬州，1990）。在徐栋前期较短的作品《保甲书》（1837；再版，扬州，1990）中收入了三篇陈的文章。

④ 李祖陶：《国朝文录》（1839），卷44。

教诲中获益。①

在那些年间，陈宏谋编辑的《五种遗规》也开始吸引了国内的读者。陕西汉中斗山书院院长李福源于 1828 年（道光八年元月初六）写道："岁戊子（即道光八年——译者），予主讲斗山书院，取陈文恭《养正遗规》之意，定为学规，间又择其训俗、教女、从政、在官诸篇中，有关读书作人之法者，与诸生讲习，群乐信而从之，盖谓精粗本末，学者之要务尽是已。"② 几十年后，大概是 1850 年左右，在一家北京琉璃厂的书店中李福源的翻刻本（指《五种遗规》——译者）偶然被发现。此版本成为太平天国后几十年内众多重印版本的基础，分别由南京、武昌、南昌、杭州等地半官方的省级出版机构出版。陈宏谋的官方文稿是由他的儿子陈钟珂辑成的，就是我们所熟知的《培远堂偶存稿》。这是他的作品中最有价值，也是最晚才广泛流传的历史文献。那时（1765）陈宏谋仍在京城做官。道光时期，当陈宏谋重新为人注意时，这部书又被他的后裔在 1837 年（道光十七年——译者）扩充和再版。毫无疑问，这是由于魏源的《皇朝经世文编》大量刊载了陈宏谋的文章所引起的。然而，《培远堂偶存稿》的标准版本是在 1896 年由章嘉谋出版的。该书的出版与洋务派张之洞出任湖广总督以及 1895 年雄心勃勃的湖南改革运动的巧合不是偶然的。章嘉谋在出版前言中很惋惜地说到，此书包含着一个切实可行的发展经济和完善财政金融的建设蓝图，可是，过去一个世纪中该书仅在很少有人名闻政界的广西流传。现在通过衙门机构的正式出版发行，就可以使所有的官员都知道了。③

进入 19 世纪，许多官员志在拯救堕落的世道、重振人心，在这方面，他们与当年陈宏谋的想法不谋而合，因而对他推崇备至。他之所以受到赞扬，是因为他的为人，他的朴实，以及他在处理那些实心体察所遇到的问题时所提出的不同凡响的答案。他的作品是一部深入研究复杂的经济工作和民生需求的教科书。这些作品也指出了那些日益困惑 19 世纪思想家的问题的解决方法：如何在国家和社会之间架起桥梁？为官时，如何保持与百姓的密切联系（"居官临民"）？19 世纪的陈宏谋的崇拜者注意到，陈对所有这些问题都

① 张维屏：《张南山全集》(1842)，24：4。

② 李福源 1828 年的序言，见陈宏谋的《五种遗规》(上海：中华书局，1929)

③ 章嘉谋：《培远堂偶存稿》(武昌：湖北省布政使署，1896) 序言。

有自己的答案，尽管它们来自宋代新儒家对于宇宙的道德理性主义的理论建构。他的人生和工作体现了这种伦理的实质（“体”）和技术的功能（“用”）的紧密结合。①

虽然在全国范围内有许多人自称是他的弟子（“后学”），但他的影响力最大的地方还是在陈宏谋自认的祖籍——湖南湘江流域。这里可算得上是清帝国的腹地，继魏源之后，该省陆续出现了一批思想深刻而又身体力行的学者官员。他们认为自己是在那个剧烈变化时代里让经世传统保持生机的人。②这些人中最主要的人物是伟大的政治家、湘军首领曾国藩（1811—1872），他认为陈宏谋的书必须“不断地一读再读”。在1847年（道光二十七年——译者）他写给澄侯、子植、季洪诸弟的家书中，劝导说：“澄弟理家事之间，须时时看《五种遗规》，植弟、洪弟须发奋读书，不必管家事。”“家中《五种遗规》，四弟澄侯须日日看之，句句学之。我所望于四弟者，惟此而已。”“望诸弟熟读《训俗遗规》、《教女遗规》，以责己躬，以教妻子。此事全赖澄弟为之表率，关系至大，千万千万！”③ 四年之后，曾国藩在给另一个弟弟国葆的信中写道：要想成为一位圣人，只需要读两本书，一本是陈宏谋的《五种遗规》，另一本是朱熹的《小学》。“你没有读别的书无关紧要，重要的是遵循这两本书中的教导，并尽可能地将它付诸实践。”④

蒋益澧（1832—1874，应是1825—1874——译者）是曾国藩的同乡。曾国藩是湖南湘乡人，蒋益澧是湖南安福人，也是一位反对太平天国运动的将

---

① 蒋方正为《培远堂偶存稿》所作的序言收于陈宏谋的《榕门全集》（桂林：培远堂，1837）中。这段引用是取自几位编者为19世纪出版的几部陈的著作所写的序言。其中的词组被好几位作者同时使用。

② 在道光与咸丰年间，29封倡导陈的学术的书信中，至少6封是湖南人写的，另外好几封是正在湖南任职的官员写的，包括布政使万贡珍；《陈宏谋家书》第二部分。

③ 曾国藩：《曾国藩全集》，《家书》，1.145-47，154-55。

④ 引自于 Kwang-Ching Liu，“Education for Its Own Sake：Notes on Tseng Kuo-fan's *Family Letters*”（paper presented to the Conference on Education and Society in Late Imperial China，Santa Barbara，June. 1989）。这篇论文又以同一题目收入 Benjamin Elman 和 Alexandar Woodside 编的 *Education and Society in Late Imperial China*（Berkeley：University of California Press，1994），76-108，而此版本省略了这一注解。

领，曾在同治中兴时期任广东巡抚。他是靠自我奋斗而成功的典范，属于对陈宏谋最为心仪推崇的人物。蒋益澧在1865年再版陈宏谋的《从政遗规》一书的序言中写道：当我年轻时，我弃学从军。由于皇上的恩宠，我才能提升到国内重要的官职。我很早就放下了笔，这使我感到羞愧和担忧，唯恐自己对下属和百姓缺乏正确的治理方法。去年，当战争结束时，我又重新读起书来，并找到了这样一本书。这是一本既实在又实用的书，可以效仿和传授给他人。凡是对百姓的事情负有监管责任的人，无论是谁都应该拥有这本书，并把它带在身边学习。我自己曾经只有极少时间来认真学习经典著作，但是无论何时我打开这本文集，我就觉得自己好像已深入地学习过。于是，我又重印了这本书，并分发给我的下属。它篇幅不长，可以随身携带，并用作行动指南。①

在20世纪中国的动乱时期，即使是陈宏谋的历史地位面临重新定位的时候，陈宏谋仍然是一位受到尊敬的历史文化名人。可以认为，崇敬他的主要学者和政治家们仍然尊重他的治世才能，但他的名声与其说是基于他的实际才能，不如说是基于充满智慧的道德忠告。在这个过程中，陈宏谋也不再是革新派士大夫自觉精英的典范，而是一位指引大众有良好行为的领路人。这一过程开始于清朝末期的“新政”改革，新成立的学部在1899年到1908年之间出版了陈宏谋的道德文集官方版本。这是一本便宜的（仅售22分钱）、便于携带的小册子。该书删去了有关学术方面的艰涩论述，成为初级教育使用的一种课本。② 陈宏谋的书真正地成为这个时候教育实践的中心内容。以至于在1912年，传教士埃文·摩根决定将陈宏谋的最早作品《养正遗规》印刷成一本60页的中英对照读本，作为西方人学习古汉语的启蒙读

---

① 蒋益澧：《从政遗规摘钞》（南昌，江西吏书［音译——译者］，1865）序言。要了解蒋在镇压太平天国运动与同治中兴中所扮演的角色，参见《中国人名大字典》（上海，上海书店，1980），1539；Mary C. Wright，*The Last Stand of Chinese Conservatism：The T'ung-Chih Restoration，1862－1874*（Stanford：Stanford University Press，1957），尤其是76－77。

② 教育部门的教科书出版工程和陈宏谋在此中所扮演的角色，详参Ōmura Kōdō，“Shinsho Kyōiku shisō shi ni okeru‘Seiyu Kōkin’no chi-i ni tsuite”，见Hayashi Tomoharu：*Kinsei Chūgoku Kyōiku shi kenkyū*（Tokyo：Kokufosha，1958），264－69。要了解教育部门现存陈的作品的版本，参考本书。

物，同时也作为了解中国道德规范的方便的指南。①

把道德传统主义和崇尚个体精神的现代意识不无牵强地结合到一起的国民党也重视陈宏谋。例如，陈宏谋的同乡，曾在1949年任中华民国代总统的李宗仁（广西桂林人，1891—1961，应是1891—1969——译者）称赞陈宏谋不仅是复兴广西精神的典范，而且是所有现代中国人的榜样。② 国民党文人和立法委员谢康在他的自述中用伤感的语气写道：我的祖父最爱读陈宏谋的书信。他常将它放在椅旁，作为对自己行为的警示。在我小的时候，我祖父常将那些书信读给我听，这对我产生了深刻而持久的影响。10年前，我奉命到桂林去任职，乘坐由湖南到桂林的火车，路过陈宏谋在临桂县横山村的故居时，我的思绪立刻转到这位伟人身上。这里山川秀丽，有茂盛的桂圆树，使人想到了自然界的巨大精神力量。陈宏谋先生的为人品德，几乎无与伦比。他的品德是照耀我们子孙后代的灯塔。③

20世纪30年代，上海商务印书馆重印了陈宏谋的著述。在蒋介石统治的台湾也大量刊印了各种普及本。例如，1961年道义出版社出版了一本从《五种遗规》中选编的小册子。④ 在1987年3月这种宣传达到高潮，台湾电视台的《传家宝典》节目连续几周在每天傍晚花3分钟时间介绍陈宏谋有关伦理方面的文章，以作为对当好公民的指南。⑤ 这里应当补充说明的是，虽然有些陈宏谋作品的普及读物做得比较粗糙，但总的看来，绝对没有与陈宏谋的原意相违背，这点可以从本书以后的章节看出来。

陈宏谋还以另一种方式，即资料库的角色，对于我们理解帝制中国晚期提供了至关重要的帮助。《培远堂偶存稿》收录了陈宏谋在地方任职时所写的书信，其内容涉及之广是罕见的。它是萧公权1960年具有划时代意义的

---

① Evan Morgan：*Wenli Styles and Chinese Ideals*（上海：广学会，1912）。

② 参见李宗仁：《纪念陈文恭公诞辰250周年》，见封祝祁编：《陈榕门先生二百五十周年诞辰纪念专刊》（桂林：陈宏谋纪念委员会，1946）。

③ 参见谢康：《陈宏谋》，见谢康：《文史论丛》（台北：中外图书出版社，1978），233。谢在书中关于陈宏谋的论断紧随曾国藩的论述之后。

④ 陈宏谋：《五种遗规》（台北：德志出版社，1961）。另一个例子是吴锡泽：《五种遗规杂钞》（台北：台湾商务印书馆，1965），它是52页的节选。

⑤ 《传家宝典》是一个由几十个现场直播组成的系列节目，1987年3月份每天5：57-6：00（下午）的台湾电视台。

《乡村中国：19世纪的帝国控制》的主要史料来源之一。瞿同祖1962年出版、迄今仍然是英语世界有关研究的权威著作的《清代地方政府》大量地引用了《培远堂偶存稿》。① 在我看来，这些著作在当今西方史学界和中国本土的经世去向的政治评论传统之间起一个桥梁作用。尽管他们这些作品借重于陈宏谋提供的资料，但他们并不刻意宣扬陈宏谋，而是将他作为那个时代的一个匿名（尽管他很出名）的历史信息提供者。陈宏谋所见到的一切也是我们所见到的东西。

近年来，陈的著作还成为那些研究清代行政和中华帝国晚期文化更具体问题的学者的重要资料来源。例如，张富美（Fu-mei Chen）关于刑法的研究；王国斌关于粮食危机管理的研究；濮德培（Peter C. Perdue）关于水利规划的研究；高王凌和邓海伦（Helen Dunstan）关于经济政策的研究；亚历山大·伍德塞德（Alexander Woodside）关于教育政策的研究，以及曼素恩（Susan Mann）和白露（Tani Barlow）关于妇女历史的研究。② 在这些研究，陈被放到一个某些人可能视为，而另一些人可能不视为时代缩影的特定位置。就此而言，这些研究比早期萧公权和瞿同祖的著作更多地把陈宏谋个体化。但是在这些研究中没有努力去了解陈宏谋的思想在政治上和文化上源于何处，或者没有努力将陈宏谋在这些方面的立场看做他非常成熟的世界观的

---

① Hsiao Kumg-ch'uan, *Rural China: Imperial Control in the Nineteenth Century* (Seattle: University of Washington Press, 1960); Ch'ü T'ung-tsu, *Local Government in China Under the Ch'ing* (Cambridge, Mass.: Harvard University Press, 1962).

② Fu-mei Chang Chen, "Local Control of Convicted Thieves in Eighteenth-Century China," 见 Wakeman 和 Grant, 121—42; R. Bin Wong, "Food Riots in the Qing Dynasty," *Journal of Asian Studies* 41.4 (August 1982): 767—88; Peter C. Perdue, *Exhausting the Earth: State and Peasant in Hunan, 1500—1850* (Cambridge, Mass.: Harvard University Press, 1987); 高王凌：《活着的传统：十八世纪中国的经济发展和政府政策》（北京：中国社会科学出版社，1995）; Helen Dustan, *Conflicting Counsels to Confuse the Age: A Documentary Study of Political Economy in Qing China, 1644—1840* (Ann Arbor: University of Michigan Center for Chinese Studies, 1996); Alexander Woodside, "Some Mid-Qing Theorists of Popular Schools: Their Innovations, Inhibitions, and Attitudes Toward the Poor," *Modern China* 9.1 (January 1983): 3—25; Susan Mann, "The Education of Daughters in the Mid-Ch'ing Period," in Elman and Woodside, 19—49; Tani E. Barlow, "Theorizing Woman: *Funü*, *Guojia*, *Jiating*," 见 *Angela Zito* 和 *Tani Barlow* 编, *Body, Subject, and Power in China* (Chicago: University of Chicago Press, 1994), 253—89。

一个组成部分。例如，没有人说明他是来自极具特色的广西。当然，有人说，考虑到这些作者选定的研究主题，他们没有理由必须这样做。然而，鉴于陈宏谋对我们了解清朝的许多方面有显著作用，那么去了解他是谁和他为什么会这样说和这样做都是至关重要的。

尽管历史学家大量引用陈宏谋的作品，但却没有深入地研究过陈宏谋本人。除了他去世后由他子孙编写的年谱之外，唯一一本保留完整的传记是桂林学者高吉人于1945年写的。高吉人的目的是为了纪念这位本地的英雄人物。除此之外，我只发现中国大陆有4篇非常简短的研究性文章（其中有2篇与高吉人的作品相似，是桂林本地的历史学家写作的）。在台湾地区出版的经典传记文集中，只有简短的一节。在日本历史学词典中有2个词目是介绍陈宏谋的（其中一条是由伟大的马克思主义史学家重田德撰写的）。蔡冠洛编著的《清代七百名人传》有一条是关于陈宏谋的，恒慕义的《清代名人传》也只有一个词目论及陈宏谋，是由卢夫斯·奥·苏特（Rufus O. Suter）编写的①，对于这位在清朝中期发展的许多方面都处于中心地位的人物来讲，现有的研究成果真是太贫乏了。

在所有研究中魏丕信的作品是一个例外。他有许多研究清朝中期统治的作品，有的已出版，有的尚未出版。这些作品主要涉及处理饥荒、农业发展、官僚腐败和舆论等方面。陈宏谋通常是以主要人物的身份出现在这些作品中。②

---

① 高吉人：《陈榕门之生平》（桂林：文化供应社，1945）；刘乃和：《陈宏谋与考据》，载《北京师范大学学报》社科版，1962.2，109－10；侯晓南：《清代政治家和思想家陈宏谋》，载《广西师范大学学报》1988.4，73－80；张芳：《清代热心水利的陈宏谋》，载《中国科技史料》14.3（1993）：27－33；谢康：《陈宏谋》；Shigeta Atsushi，“Chin Kōbō”（Chen Hongmou），见 *Ajia rekishi jiten*（Tokyo：Heibonsha，1970），360；“Chin Kōbō”（Chen Hongmou），见 *Tōyō rekishi daijiten*（Tokyo：Heibonsha，1937），1342－43；蔡冠洛：《清代七百名人传》（北京：中华书局，1984），1.144－49；Rufus O. Suter，“Ch'en Hung-mou，”见《清代名人传》，86－87。有人告诉我，当地学者获悉像我这样的外国学者还研究地方名人时，他们大吃一惊，开始对陈进行研究，参见张俊杰等编：《陈宏谋经济思想与实践研究》，载《社会科学家》1996.（2），81－92。最近有孔祥文的《陈宏谋及其礼制思想研究》（硕士论文，中国人民大学，1996），这个作品在研究中引起我注意时已经来不及引用了。

② 后面将提到 Will 对陈的这一研究；在出版了的研究中有“The 1744 Annual Audits of Magistrate Activity and Their Fate，” *Late Imperial China* 18.2（December 1997）：1－50。

魏丕信迄今为止没有直接或全部地阐明陈宏谋的立场，而且他的注意力也仅仅局限于陕西省（陈宏谋从1740年到1760年曾四次出任陕西省巡抚）。尽管如此，魏丕信对陈宏谋的研究规模和范围已经与我们全面研究的内容（陈宏谋是谁和他究竟做了什么事）已经非常接近了。与魏丕信教授合作的一部分的研究工作已完成。我希望这次合作对我们双方都是有利的。

研究方法的一些思考

通行的学术模式正处于变化之中。在社会史范式经历革命性变迁的激烈氛围中，我开始思考写这本书。这场变革是由年鉴学派的学者们发起的。在这个变革中，写伟人们的传记似乎是一种时代错误的方式来研究历史。虽然我同情这场运动（我自己写了两本有意远离大人物的著作），但是我感到慰藉的是，英国历史学家劳伦斯·斯通（Lawrence Stone）声称，叙述史似乎不仅仅在复兴，而且值得复兴；同时，在一篇对法国年鉴派大师费尔南德·布罗代尔（Fernand Braudel）明智的评论文章中，杰克·海克斯特（Jack Hexter）慎重地建议：在历史编纂中，对精英人物的研究应具有一定的地位。① 从他们的评论中我得到了安慰。正如海克斯特提醒我一样，如果英国历史学家汤普森（E. P. Thompson）和美国历史学家C. 范·伍德沃德（C. Vann Woodward）这样的社会历史学家能写传记历史，那么我也能写。②

在年鉴学派之后，又出现一种“新文化史”，它给我带来安慰的同时，也使我担忧。现在看来，叙事型著作和对历史文本的密集阅读是完全必要的，对“微观史”的强调使得对历史人物个人生活的详细研究获得了一个

① Lawrence Stone, “The Revival of Narrative: Reflections on a New Old History,” *Past and Present* 85 (November 1979): 3-24; J. H. Hexter, “Fernand and Braudel and the *Monde Braudelian*,” *Journal of Modern History* 44 (December 1972): 480-539.

② E. P. Thompson, *William Morris: Romantic to Revolutionary* (New York: Pantheon, 1977); C. Vann Woodward, *Tom Watson: Agrarian Rebel* (New York: Macmillan, 1938). 一个更为近期的传记在我看来打破了体裁的限制，是 Sebastian de Grazia 的 *Macchiavelli in Hell* (Princeton: Princeton University Press, 1989)。

荣誉地位。意大利历史学家卡洛·金兹伯格（Carlo Ginzburg）的《奶酪和蛆虫》就是微观史研究的经典之作。但我又怀疑，在这个年代，一位学者花费了许多时间去研究一位男性精英和一位重要的政治人物，是否真的是最有效的治学之道。意大利一位意气风发的史学家乔瓦尼·莱维（Giovanni Levi）在《年鉴》上发表了许多文章，雄辩地证明：那些大人物研究，如适当处理同有关小人物的研究一样，有助于我们了解过去的历史。①

综上所述，我完全相信：对具备好的条件和完备档案记载的人物的研究，可以更多地帮助、而不是歪曲我们对人物所处环境的理解。这种研究可以为在我以前作品所缺乏的那种历史提供一种个人见证。同时，我希望，我对社会史、文化史研究提出的诸多新思考、新观点的广泛涉猎，使本书能够用这些变革发生前很难或极少可能进行的方式来完成。例如，我最喜欢的传记体裁的优点之一，是它为深入了解单个历史人物的原著提供了机会。并且，通过这种深入了解，我们可以对历史人物修辞方式和思维习惯有一种不同凡响的理解，这种理解能够更多地使我们了解历史人物所处的社会和文化背景。

当然，这本书从传统意义上说，根本不是一本传记。也就是说，它不是一本按年代来叙述个人生活的书。除了本书的前两章是按时间顺序（分别提供陈宏谋为官前后的相关信息）编写以外，大部分章节是严格按主题进行编写的。当然这种表现手法存在一定局限，比如，有时忽略了陈宏谋个人发展经历。实际上，在陈宏谋的一生中的某些时段，如1740年，对他个人特别关键，具有里程碑的意义，就在这一年，他发现了新儒学学派之一“关学”的价值。但在很大程度上，我的确认为，早在他成为历史上引人注目的角色时，他已形成了成熟的、始终如一的贯穿于他整个成人时代生活和工作的世界观。他的地方管理政策在一定程度上反映了宏观政治环境的变化（最明显的是乾隆时期）和他所管辖过的各个省的地区差异。但在更大程度上，他倾向于重复他以前管辖其他省份的做法，他很少随时间的推移而改变。本书不强调陈宏谋个人的发展，与其说本书的研究对象是陈宏谋，倒不如说是与陈

① Giovanni Levi, “Les Usages de la Biographie,” *Annals ESC* (December 1989) 1325-1336.

宏谋所代表的同一个时代（18 世纪）中国官员的正统精英，陈宏谋只不过是其中的一员而已。

我这里所说的正统精英是指那些受过正统教育，而且关注国家治理的知识分子，他们是否任过官职倒是次要的。所以本书不仅涉及陈宏谋这样的职业官员，也包括顾炎武和李颙这些拒不做官的人物，还包括曾经短期任过下层官职，并且在退隐之后继续考虑政治事务的诗人袁枚。我们可以看到，陈宏谋与这些正统精英有共同的认同。他有时在他的书信中称他们为“吾辈”。

过去几十年里，我所关注的问题之中有一项最重要的研究课题，就是弥合几十年来思想文化史与社会史之间存在的巨大鸿沟，这种鸿沟的存在是汉学研究中的一个特点（但近来有少数例外）。① 我希望在这两个领域之间建立起一个年鉴学派史学家所称的“心态史”，或文化史学家所称的“意识史”的中间地带。从本书中可以清楚地看到我没有过多地关注理论。简而言之，我想做的主要工作是：深入研究陈宏谋最著名的治理之策，以及他和其他正统精英理解宇宙的本质、人类生存的条件和社会关系基础的方式。“意识”在这里包含可以清晰表达的思想和未清楚说明的心智集合或心态。例如，陈宏谋认为人类行为的特征是什么？男性和女性有什么相同和不同之处？社会是如何运行的？理想的社会应该是什么样的？“文明”意味着什么？什么是财富？它从何而来？陈宏谋不是一位深刻的或者有独创性的思想家，正如 J. G. A. 波考克（J. G. A. Pocock）描述约翰·福蒂斯丘爵士（Sir John Fortescue）那样，他是“那种通过稍微粗略的了解，就可以帮助我们理解一个时代的思想的业余哲学家”②。

我的研究将基于下列假设，了解意识史的有效途径是密切关注语言和论述。我必须在开始就再一次强调：对于近几十年形成的有关此议题的非常复杂的理论，我没有任何要为它作出贡献的野心。我已经发现：在这个领域（也许是成果极为丰硕的领域）里，政治史学家 J. G. A. 波考克和昆廷·斯金纳（Quentin Skinner）、思想文化史学家威廉·鲍斯玛（William Bouwsma）对

---

① Benjamin Elman，R. Kent Guy 和 Kai-wing Chow 的作品显然是例外。

② J. G. A. Pocock, *The Machiavellian Moment*: *Florentine Political Thought and the Atlantic Republican Tradition* (Princeton: Princeton University Press, 1975) 9.

语言如何起作用的深入研究是对我最有用的东西。① 我认为语言是一个相对重要而又相对独立的东西，它能发展和变异，也能限制和促进其他事物的发展。正如昆廷·斯金纳解释的：

> 我考虑了一位渴望投身于合法地展示自己的特殊行动过程中去的政治家的立场。据说，这位行动家寻求用社会的规范词汇和能合法地承认他的作用的词汇来描述自己的行为……他所面临的问题不仅仅是为了符合他的计划而修改他的规范语言。它部分上必须是为了符合可利用的规范语言而修改自己的计划。②

同时，像波考克特别强调的一样，这种“可利用的规范语言”既不稳定也不统一。在话语共同体内，通行政治论述里的用语不断地被某些团体所借用，被另一些团体所辩驳，并且故意带有含糊意思地被延伸和应用于这些团体寻求合法化的行动中。此外，一个演说者对自己的意义世界的安排，都是以他们本人未必意识到的某些假设为前提的，这些假设有时会通过他们所选择的语言展示出来。我们将会看到，陈宏谋既是一位熟悉新儒家和帝国官僚体制的极其丰富而富有弹性的话语的共同体的成员，也是一位能够创造性地利用这种通行话语，阐发自己的社会政治观点的充满活力的独立成员。

---

① 我自己对如何对待语言的理解的依据是 J. G. A. Pocock, “Languages and Their Implications: The Transformation of the Study of Political Thought,” 见其 *Politics, Language, and Time: Essays on Political Thought and History* (New York: Atheneum, 1973), 3-41。同样有用的是 Pocock 的 “The Reconstruction of Discourse: Towards the Historiography of Political Thought,” *MLN* 96: (1981) 959-80; William J. Bouwsma, “Intellectual History in the 1980s: From the History of Ideas to the History of Meaning,” *Journal of Interdisciplinary History* 12.2 (autumn 1981): 279-91; Dominick LaCapra, “Rethinking Intellectual History and Reading Texts,” 见 LaCapra 和 Steven L. Kaplan 编: *Modern European Intellectual History: Reappraisals and New Perspectives* (Ithaca: Cornell University Press, 1982), 47-85; John E. Toews, “Intellectual History After the Linguistic Turn: The Autonomy of Meaning and the Irreduceability of Experience,” *American Historical Review* 92 (1987): 279-91。与我的研究领域很相近，从该书第 8 章中学到了不少东西。同多数学者一样，我相信，语言可以塑造意义，但这并不否认语言之外的历史经验的存在，也不意味着历史学者因此失去理解历史的信心。

② Quentin Skinner, *The Foundations of Modern Political Thought* (Cambridge: Cambridge University Press, 1978), xii-xiii.

最后，读者很可能感到惊讶，这部书竟是一个大部头的书，为此我表示歉意。同时，我认为，要实现我的研究目标，一定的详尽程度是非常重要的。本书试图探究陈宏谋对于性别问题、丧葬礼仪的理解是如何与他的经济思想相互关联的，或他应付充满危险的清朝官僚文化的成功经验，是如何决定他对社会政策的态度的。我希望本书能在解释中华帝国晚期的正统精英们的思想意识方面迈出有用的一步。

第一部分

做　人

第一章

家

陈宏谋的出身和家世深刻地影响着他的仕途和思想。在他大部分职业生涯中，他都是广西籍官员中官位最高者，并且，实际上他是中国历史上最具影响力的广西籍人物。中国的各个地方都有不同的特色，但在清朝官场中蛮夷之地的广西比其他大多数地方更具特色。1924 年梁启超曾这样写道：“广西崎岖山谷，去文化圈绝远，学者无得而称焉。”① 出身于偏远边疆地区这个印记有意无意地伴随着陈宏谋的一生。② 在那个时代最富有声名的硕学重臣眼中，陈宏谋举止得体，但仍然是一个乡下人，称不上风度翩翩，甚至略显粗俗，对时尚的诗文雅趣和学术争论不闻不问，更确切地说是嗤之以鼻。他仍然恪守只有边疆地区还保留的古板的儒学正统价值观，尽管这些价值观被清朝中期大多数文人学士看做迂腐的、过时的。另一方面，他又是处理各种行政事务的行家，这种才干为那个时代方兴未艾的经世思潮所青睐。这最终为他在许多意想不到的场合赢得了赞赏。

正如我们看到的，在清朝像陈宏谋这样出身背景的人会受到某些偏见。尽管他本可以对自己的个人背景采取防御性的态度，但他宁愿固执地公开表明自己出身于边疆地区，并且一直坚持不懈地与这些偏见作斗争。60 岁时他上书皇帝，称：“臣庸材薄植，仰蒙圣主特达之知，叠膺封疆重寄。”③ 然而更大多数的时间，特别是在私下的场合，他倾向于把自己描

① 梁启超：《近代学风之地理的分布》，载《清华学报》1.1（1924 年 7 月）：36。

② 比如 1997 年编辑出版的《陈宏谋家书》，清晰地复述了他过去所做的一些事情，当他在世时，就一直在桂林地区流传，只不过不是本地人不易辨认出来。

③ 奏折，乾隆 21/inter9（即闰九月——译者）/21，见《宫中档乾隆朝奏折》15.586－87。

述为一位受特权阶层和浮华文人轻视的粗人，一位靠自己才智而获得成功的穷书生。①

(一) 祖辈

陈宏谋是陈宝聚的第九代后人，陈宝聚在16世纪时移居广西临桂县。②迁移的细节不是很清楚。陈宝聚生于湖南南部的郴州府，且几代人在那儿生活了很长时间。但是他却一直随身带着一个被称为“洞庭神”的家族守护神像，这说明陈家的祖籍最早是在湖南的北部。可能是一个资料所说的颍川县。陈宝聚是帝制晚期无数向西南边疆地区大举迁移的拓荒者之一③，但陈家的资料坚称他迁移的最主要动机是想远离战争的蹂躏，至于哪次战争及迁移的确切日期则无从考证。

陈宝聚在现在的横山村定居下来，该村位于桂林以西40里。④ 由于他获得了村子里最好的地段，所以陈宝聚可能是这个村庄的早期定居者之一。现在陈姓人口也占了村子人口的一半以上（其他人口属于另外7个姓氏）。⑤ 对定居横山村的头几代人而言，陈家开始只能勉强维持生计，后来才逐渐积累了一些财富。陈宏谋自己在赞赏家族特有的质朴品质时，隐晦地暗示了陈家那时积累的少许钱财在他的祖父陈世耀时被洗劫一空。资料显示那时广西正处于1670年代三藩叛乱的动荡时期。

陈宏谋说过：“吾祖父忠厚相传，质朴孝友，僻处乡村，历无纷华靡丽

① 参见《培远堂偶存稿》25：30，37：3；《陈文恭公书牍》1：1。

② 临桂县陈家身世的最好来源应是最早编写于1739年并有1924年手稿存留至今的《宗谱流传》，虽然并不能算作无可置疑的来源。其他来源包括陈宏谋：《培远堂文集》9：40－46；《先文恭公年谱》1：1，4：28；彭启丰，14：12；高吉人，1－2；林半觉：《榕门故里》，见封祝祁，39－51。

③ 在此次迁移方面，通常参见庄吉发：《清代社会经济变迁与秘密会党的发展》，见“中央研究院”近代史研究所编：《近代中国区域史研讨会论文集》（台北：中国学术著作奖助委员会，1986），335－86。

④ 虽然今天桂林市和临桂县在行政区划上相分离，清代的时候却不是这样。桂林市不仅是当时广西省省会，还是桂林府的地方官署所在地和临桂县的县府所在地。

⑤ 1994年1月14日与陈乃光的谈话。

之好。中间叠遭兵燹，颠沛流离，极人世所难堪者。不仅不肯昧心负人，而宁人负我；安心吃亏，罔不逆来顺受，惟恐稍伤厚道，已四世于兹矣。”①

陈世耀很可能一辈子都没有读过书。他像他的儿子（陈宏谋的父亲）陈奇玉（1654—1731）一样是一位地道的农民。陈家人有坚定、顽强奋斗的性格特点。陈世耀和陈奇玉都只结过一次婚，娶了邻村的女人为妻。② 陈宏谋在回忆父亲时说：他拼命地工作以使家人不再重复其父辈时所经历的苦难，并且为未来做准备。但是陈奇玉显然也是一位受过教育的、爱读书的人。

图 1　陈宏谋出生地广西临桂县横山村（作者于 1994 年元月摄）

陈奇玉身上体现了一种耿直的、甚至是令人窒息的农民思想意识，而这种思想的痕迹深深地烙在孩子们的一生当中。陈宏谋写道：“吾父爱惜物力，最恶暴殄。百凡什物，安置如法，庭宇勤加洒扫，器物必求洁净。小物克勤，粒米必珍。度以勤俭惜福，敬奉祖先，垂训后人。”③ 这种执著的节俭习

① 陈宏谋：《字说》，见《培远堂文集》9：15－18。在三藩之乱中，广西民众的变化无常，前后矛盾，参见刘凤云：《清代三藩研究》（北京：中国人民大学出版社，1994），276－79。

② 很少有人了解陈宏谋的母亲刘氏（死于 1732 年）。宏谋对她是非常孝敬的，但与许多同时代的其他士大夫不同，他在作品中从未提及母亲对他的影响。与陈的妻子不同，陈的母亲看起来不像是出身于地方显贵。

③ 陈宏谋：《陈钟播哀词》（此处应为《亡侄钟播哀词》，出自《培远堂偶存稿》卷九——译者），引自高吉人，2。

惯与辛勤工作的责任和对劳动崇高的尊重结合在一起：

> 伯兄（指陈宏诚——译者）自幼读书，不忘耕作，尝从先大人（指陈宏谋父亲陈奇玉——译者）从事田间，亲督耕凿，后此年逾七十，犹时时杖履陇亩。子弟恐其步履或艰，止勿往；则曰：恐后人顿忘稼穑之艰难，吾固乐此不疲也。……倘无一二勤习耕农摒挡家计之人，必且至衣食不继。即能读书者，何能专心一志以终其业。……以此垂为家训。生平于利济乡里之事，及有关水渠、农田、桥梁、道路诸大举，昔为先大夫所急欲举行而苦于无力者。①

老天的慷慨以及辛勤的劳动积累起来的财富绝对不能被用于个人享乐，而是要不断地再投资。最合适的投资出路之一就是教育，陈奇玉倾其所有的余资把最好的老师请到家里来教育儿子们，指望他们科举成功。他的心情随着儿子们的学习情况而起伏。他耐心而坚持不懈地劝说儿子们实现自己的期望，回报自己付出的努力。② 正如陈宏谋所说的："谓世世子孙无忘此意。"③ 陈宏谋的确相信，自己获得的皇恩和被委以重任都是祖辈们长期积累起来的美德的回报。乾隆皇帝也持同样的看法。1752年，乾隆为庆贺自己母亲的60大寿，追赐一些老臣的祖先以封号，陈宏谋的曾祖父、祖父、父亲及其妻子们都被追封谥号，其中陈奇玉被追封为河南巡抚。④

（二）桂林

陈宏谋年轻时的桂林地处边陲，但却是一个特殊的边陲之地。它曾长时间充满强烈的地方自豪感，而陈宏谋当然拥有这份自豪感。这里有史前和古

---

① 陈宏谋：《陈宏诚传略》（此处应为《伯兄容庵传略》，出自《培远堂偶存稿》卷九——译者），见《培远堂文集》9：40–46。

② 参见《先文恭公年谱》1：3。

③ 陈宏谋：《字说》，见《培远堂文集》9–16。陈认为这点既从实际意义出发——他的成功只是父亲努力工作所可能导致的结果——又从形而上学的观点出发。要了解他的积德必有报的信仰，参见第三章。

④ 奏折，乾隆17/3/4，见《宫中档乾隆朝奏折》2. 369；《先文恭公年谱》7：11–12。

典文化的遗迹，是秦始皇使它正式成为中国的一部分。公元前 3 世纪晚期，秦始皇修筑了著名的灵渠，连通了漓江和湘江，桂林也由此通过水路与长江流域有了直接的联系。秦政府在位于现在桂林偏北的兴安县建立了一个行政首府。桂林基本上一直是一个非汉民族居住地，直到 7 世纪唐朝在那里建立行政中心。一些城市也随之在此出现，但是桂林现在的外貌很大程度上是明朝开国皇帝朱元璋传下的遗产。朱元璋将全国的重要地区分封给他的 22 个子孙，其中桂林是靖江王的封地。在 14 世纪 70 年代至 80 年代期间，仿照南京皇宫的主体，一个较小规模的宏伟宫殿群在如今的闹市中心建成（它的城门和城墙仍旧保存着）。同时，朱元璋宣布桂林为新建立的广西省的省会，并开始逐步把正式的官僚机构的管辖范围扩大到桂林城以外的地区。①

广西和桂林尽管一直是大规模战争的场所（土著居民反抗汉族统治的战争、明朝遗民的反清运动、三藩的叛乱等），但在 16 世纪到 18 世纪期间，广西和桂林一起经历了一次显著的经济繁荣时期。来自湖南、广东和贵州的大量移民持续不断地涌入这一地区。② 桂林府将灌溉和交通所需的水利系统逐步建立起来，有两千年历史的灵渠也大规模地得以重建。新灌溉的大面积土地得以开垦耕种，举例来说，在陈宏谋家乡的临桂县，在官府登记的农田在 1550 年到 1750 年间增加了 2 倍。③ 农业高度商业化，到 19 世纪初，在桂林市周围 25 英里范围内就有 30 个固定集市，为城市和其他地区的市场供应农产品。经济作物包括甘蔗、花生和茶。临桂还出产全国出名的荸荠和各种水果。18 世纪 20 年代广西开始开采铜、锡和银矿，同时桂林的盐业贸易也很兴隆。桂林正迅速成为重要的地区间贸易的中心城市。到清朝中期桂林有 40 多个外省商人建立的会馆，其中的一些，像湖南会馆，本身又由 30 多个或以籍贯划分或以行业划分的分馆组成。桂林为外省市场生产了米酒、麻布和伞。

---

① 曾度洪等编：《桂林简史》（南宁：广西人民出版社，1984），81−85。我同样十分感谢张家璠教授及桂林博物馆的工作人员，他们在 1994 年 1 月的谈话中给我提供了此方面的信息。

② 庄吉发，345。

③ 李绂：《条陈广西垦荒事宜疏》，见《皇朝经世文编》34：34−36；《桂林简史》，106。

然而，广西的经济在那些年份更依赖于水稻生产。近代早期广西的经济繁荣是始于出口广东的大米贸易。① 由于非农业人口的持续增长，广东粮食自给率减少，食品供给率不足，而广西出产的粮食却又过剩，这导致两省之间粮价差别很大。商家和政府都注意到了这一事实。这一贸易虽由私人进行，却一再得到包括18世纪50年代两广总督陈宏谋自己在内的有关官员的鼓励。② 每年有三百万石的大米经由广西水路，再经毗邻的梧州镇，运送到广东的各个地区。

这种外省对主要农作物的需求给广西带来了繁荣。尤其是在18世纪前半叶它影响了广西所有地区，并在很大程度上保证了省会桂林的文化兴盛。陈宏谋年轻时在桂林住过，很快就喜欢上了这个地方。后来陈宏谋思想中的几个重要部分，如重视市场在吸收农民剩余粮食中的重要性，反对用行政手段阻碍跨地区商品流通，相当大程度来自广西那些以市场为导向而生产粮食的农民的成功经验。但是，我们还不太清楚清朝前期广西繁荣的稻谷出口对陈宏谋家庭财富的积累有何影响。

虽然也是主要的大米生产区，但是临桂县和桂林地区并不像广西其他地区与广东有直接的交通路线相连。事实上，研究广东和广西贸易的主要学者罗伯特·马克斯（Robert Marks）总结认为，考虑到桂林市本身增长的大米消耗量，桂林府在这一时期粮食可能略有不足。③ 在18世纪30年代初，临桂县开始了对建于唐代的陡河的重修和扩展工作。在本县土生土长并迅速崛起的陈宏谋好像曾经积极地参与了这项工程。这项工程的目的就是将临桂县更有效地与外地市场连接起来。但是这个外地市场不是广东省，而是西南的贵州省和云南省。这两省的移民主要是矿工和士兵，而不是农民。④

---

① Inada Seiichi, "Seibei tōun kō" (A Study of the transport of Guangxi rice to Guangdong), *Tōhōgaku* 71 (January 1986): 90－105; Robert B. Marks, "Rice Prices, Food Supply, and Market Structure in Eighteenth-Century South China," *Late Imperial China* 12.2 (December 1991): 64－116; 黄启臣：《明清时期两广的商业贸易》，载《中国社会经济史研究》1989.4，31－38。

② Inada, 91－92.

③ Marks, "Rice Prices," 84.

④ 《桂林简史》，105; Robert B. Marks, *Tigers, Rice, Silk, and Silt: Environment and Economy in Late Imperial South China* (Cambridge: Cambridge University Press, 1998), 262。

陈宏谋出生的横山村位于临桂县的最西部，其地理位置严重阻碍了它从繁荣的大米出口中受益。与它交通便利的是北面的湖南，而不是西南的云南或东面的广东。陈宏谋的祖先最初就是经这条路由湖南进入广西的，而今这条路已经被一条贯穿横山村的重要省际铁路线所代替。不幸的是湖南湘江流域本身就因盛产谷物而闻名，它几乎很难为横山的大米提供市场。最有可能的需求是来自桂林市，省会桂林无论过去还是现在的确接收了少量的横山剩余谷物及其他主要产品（红薯、麻根、花生、黄豆、甘蔗和红枣）。① 但由于横山坐落在桂林市最边远的地方，因而在道路运输方面远不如其他粮食供应区那么便利。总的说来，这个村子及其周围遍布富饶肥沃的农田，却没有足够大的市场来有效地促进其生产潜力的发挥。所以，为官一生的陈宏谋曾多次感叹穷乡僻壤的人们在文化和经济双方面所遭遇的竞争劣势。每当努力寻求解决方法时，他显然都会想起家乡的境遇。

因此完全可以推测，在陈宏谋出生时，陈家似乎已是这不太繁荣的村庄中最富裕的一家。他们主要种植水稻，虽然有少量余粮可供在市场上销售，但大部分只是为了维持生计。他们大致拥有 50 亩左右（7~8 英亩）土地，他们自己耕种大部分田地，也雇了一些帮工。② 他们家的经济达到相对富裕的程度，能够让孩子们可以不用劳动而专心读书。非常熟悉农活的陈宏谋很少被要求下地干活。但是，即便如此，如我们看到的一样，他们家却不可能完全承担陈宏谋赴京赶考的花费。

清朝前期桂林的文化发展已超出一个繁荣的边陲小镇所能达到的水准。这里是一种独特学术传统的发源地，这一传统将自觉的开拓者的坚毅与少数古典文本的深入研究结合在一起。这种文化高度重视实用性和技能，以及顽强的毅力和坚定的学术独立性。后二者在两个世纪后的抗日战争中被升华为"广西精神"。正像一位这种精神的热切倡导者所说：如同桂林挺拔的山峰一样。早在秦朝开始这里就已经出现了具有独立精神的学者。陈宏谋正是其中之一。③

---

① 于 1994 年 1 月 4 日游览横山并与村民交谈，参见林半觉：《榕门故里》，39－51。

② 这是桂林当代最受尊敬的地方历史学家张家璠的估计。

③ 谢康，240。

尽管这种源于边陲地区的“独立精神”与针对当时生活和学术腐败堕落的批评相一致，但是，这种思想独创性不应被看做对那个时代伦理道德基本规范的质疑和批判。它实质上是一种传统主义，或原教旨主义。因其对经典准则的阐述详尽易懂，程朱理学的《四书》被认为是对真理的揭示。① 我们将会在后面的章节中探讨陈宏谋的思想与“宋学”或程朱学派的确切关系，这里我们只简单考虑它如何融入桂林更广阔的思想氛围中。依我看来，主要因素是桂林相对独立于当时的主流学术潮流。如周启荣和盖博坚（Kent Guy）指出的，以“汉学”为主题的考据学迅速成为学术价值的必要条件，而对于一位要成为熟练从事新兴考据学研究的人，他需要从孩童早期就有幸在遍及江南的收藏甚丰的图书馆博览群书。如同周启荣令人信服的分析，“汉学”大师们凭直觉认识到了这一点，并利用能接触大量藏书的有利条件，来维护自己相对于来自边远地区有志于学术和政治建树的有志之士而具有的以阶级为基础的优越地位。② 不用说，广西是这样的落后地区之一。在18世纪七八十年代朝廷编纂《四库全书》过程中，这个地区书籍的严重匮乏被前所未有地凸显出来。在总共4 831部由省府官员递交并最后收录到《四库全书》的书中，有4 000部（83%）来自长江中下游的省份，却没有一本来自广西。③ 像其他的同乡一样，在成长过程中陈宏谋强烈地意识到这种不足，而且这种意识伴随他一生。18世纪50年代在任福建巡抚时，他抱怨省会著名的鳌峰书院囤积了整个省所有的书籍：每本书的副本比注册的学生数目还多，有些被闲置！还要重新分配鳌峰书院的多余书籍到省内偏远地方的学校来克服这种不平衡。④ 这使陈宏谋一生都强调基础教育，后面我们还将会继续讨论这一点。他发现在偏远地区读书非常困难。在出版自己编辑的真德秀的《大学衍义》和丘濬的《大学衍义补》的节本时，陈宏谋附上一份自传式

① 要了解阐述陈自己对四本书的核心部分观点，特别要看他的《课士直解》以及葛正笏写的序言。

② Kai-wing Chow, “Discourse, Examination, and Local Elite: The Invention of the T'ung-ch'eng School in Ch'ing China,” 见 Elman 和 Woodside, 183－219。参见 R. Kent Guy, “Fang Pao and the *Ch'in-ting ssu-shu-wen*,” 同一卷，150−82。

③ Guy, *Emperor's Four Treasuries*, 90. 四川和云南无人得到这一头衔，广东仅四人获得这一头衔。

④ 《培远堂偶存稿》34：47−49。

的后记："真氏之书四十三卷，丘氏百六十卷，卷帙浩繁，学者未免有望洋之叹。而远方学者，不但难读，且亦难购。公余展阅，手自抄录，择其精要，积久成编，以是呈之两台，得所海定，并令刊发，以惠此邦也。因颜之曰辑要以付梓。"① 基于同样的原因，陈宏谋还编著《四书考辑要》，书中把《四书》中的典故和人名地名汇辑到一起，用来帮助那些因缺少图书馆资源而无法找到所有参考资料的学生，尤其是来自广西本省的学生。②

然而，和桂林的其他文人一样，陈宏谋往往把教育落后的现状转变为文人自我奋斗的精神力量。有这样一个例子，1729 年陈宏谋批准了广西学政卫昌绩的请求，任命一名官员专门负责整治家乡广西的民间陋习。他这一惊人之举引起了雍正皇帝的关注和赞许。卫昌绩指责广西人贪婪地追求物质利益，反而将生命看得无足轻重，邻里乡亲之间勾心斗角，地方精英更是肆无忌惮地作威作福。当时陈宏谋还只是吏部的一名低级官员（监察御史），但已经是最高级别的广西籍官员。他认同卫昌绩的观点，尽管这种观点与那些自命高雅的士大夫对边远社会生活的老套批评相比并不新颖。对卫昌绩在全省号召发起的加强对人民"凡事以礼为先"的教化运动③，他给予了支持。几年以后，他还希望广西巡抚杨锡绂效仿此举，由此可见陈宏谋对此的拳拳之心。然而，尽管他和卫昌绩一样对广西平民精英的不得体行为抱有一种悲哀的情绪，但他却以一种截然不同的语言风格来进行表述。他这样说道："粤西民穷而愚，士朴而陋。"④ "陋"在这篇文章里是一个毫无异义的贬义词，而其他的词读起来都可以有不同的理解。让我们暂且把注意力集中到"朴"这个概念上来。

"朴"的概念出现在陈宏谋的话语中，也出现在其他人所写的关于他的著作中。它已经成为描述广西特点的代名词。如前面所引句子部分清晰地表述的一样，它可以用来表示一种负面的含义，即表示一种乡下人粗俗的特点。但是更多的时候陈宏谋赋予这个词以正面的和肯定的含义，尤其是在一

---

① 《培远堂文录》，44：2。（此处引文应出自《培远堂偶存稿》卷一——译者）

② 陈宏谋：《四书考辑要》前言。参见 Suter，87。我在桂林地方名校广西师范大学期间发现，如何解决图书不足仍然是当地的当务之急。

③ 《先文恭公年谱》1：12。

④ 《陈文恭公书牍》3：2；《皇朝经世文编》16：35。

些诸如“质朴”（谦逊、坦诚）或“朴厚”（真挚、慷慨）这类合成词上。在他写给四川巡抚的信中，他将这个边陲省份的野蛮和粗野（“悍野”）民风与其他同样处于边陲地区的诚实和朴素（“淳朴”）民风加以区别。① 1733年，在写给侄子陈钟璨的信中，他痛斥了北京挥霍无度（“腐化”）的社会风气，这种风气与故乡的秉直和朴素（“诚朴”）有着天壤之别。② 晚年，在回忆父亲的忠告时写道：“余通籍以后，先君每相告诫云：‘毋易秀才时诚朴面目’，余敬识在心，故至今自奉身以及处世接物，时时作退一步想，未敢一日放逸也。”③ 因此，即使在陈宏谋对广西未开化状态的最负面描述中，也夹杂着他对其潜在发展能力的肯定。这种潜力，无论是经济上，还是精神上，都基于广西农民的勤劳和正直。

将家乡的风气描述为淳真和忠厚的典型的同时，其弦外之音是对江南在帝制晚期拥有的文化和政治主导地位的厌恶。陈宏谋说：“道为天下古今所共由，初无东西南北之分途。学也者所以明道，抑以翼道也。濂洛关闽皆有力焉。不独关中也。”④ 1746年在一封写给在四川任高官的老友尹继善的信中，他再次表露了自己的痛苦：“边方寒士，历官多年，一丝一粟，无非天家所赐。然生平志趋颇有所向，用财一道，亦自讲求，不肯妄用，亦不肯一无所用。”⑤

无论受到多少来自于对他的边远出身产生偏见的痛苦，也无论他将自己隐藏在广西人的那种坚定开拓精神之中多深，事实是桂林地区有别于其他的边疆城市。桂林地区享有令人惊讶的学术成就。在明清时期，桂林地区出过5 000多举人。仅临桂县在明代就有大约53名进士，在清朝则不少于190名，其中4人荣登榜首。⑥ 这样说来，陈宏谋并不是他自己时常认为的那种“与世隔绝”的学者。相反，他是这个具有几千年深厚文化底蕴的广西所孕育出来的人物。在一个与中心地带经济和社会联系甚少的地区所孕育的文化很大程度上归功于桂林所特有的自然景观。桂林在整个中华大地上享有“桂林山

---

① 《皇朝经世文编》75：21。
② 参见《陈文恭公书牍》1：1。
③ 《培远堂文集》9：16。
④ 《培远堂文集》2：33。
⑤ 《陈文恭公书牍》2：11。
⑥ 《桂林简史》，113。

水甲天下”的美誉。至少从唐代开始，桂林的山山水水、奇峰异石和岩洞一直都是历代文人墨客的涉足之地。韩愈、柳宗元和李白等无数文人雅士用诗歌和散文来歌颂这里。这些诗文在当地都广为传颂，成为当地人的骄傲。这座城市还一度成为宋代新儒家讨论学术的一个中心。宋代著名理学家张栻和吕祖谦都曾在这里做过学术研究。① 明代的政治家和哲学家王阳明也曾旅居此地，对当地的文化和社会生活产生了深远的影响。

桂林的学术遗产主要表现在它相当发达的学校体制上。这种体制有着古老的历史背景，但大规模的振兴和发展是在清朝前期经济繁荣时期。依靠富商们的资助，在18世纪前10年中广西巡抚陈元龙承担了重建府学（陈宏谋年轻时被录取的学校）的主要任务，并且创办了大约18所遍及整个城市内外的公立小学（“义学”）。② 很明显，这些学校所构建的教育网络并没有延伸到相对偏远的陈宏谋故乡。因此，当陈宏谋于1731年返回家乡时，帮助当时的巡抚金鉷去更深入广泛地发展义学。首先考虑发展义学的地方便是那些在早期办学活动中被忽视了的地区，陈宏谋的故乡就是其中之一。我们在第十二章中可以看到陈宏谋从桂林办学的经历中得到了两点启示：一点是兴办义学大有裨益；另一点是一定要关照那些更加偏远的地区，让它们也能享受义学的好处。陈宏谋对其他地区采取的教育政策得到了这两点经验的启示。③

但是，桂林最著名的学府却是三所全国闻名的书院——宣成书院、秀峰书院和阜成书院——以及它们开办的一些面向更小年龄学生的附属学校。④ 年代最久远的宣成书院（也称为“华掌书院”）可以追溯到北宋时期。作为全省最优秀学生进行深造的第一学府，它在宋、元时期都曾被多次修缮更新。在1682年和1724年间由商人出资加以进一步的翻修。⑤ 像同样声名远

① 高吉人，7。我会在第四章中更多地谈及张氏。

② 汪份：《重修桂林府学大成殿记》（1714）；易思公：《重修桂林府儒学碑记》（1719）。二文均收于桂林文化遗产委员会：《桂林石刻》（桂林：桂林文化遗产管理委员会，1981）3. 114－16，3. 122－24。

③ 汪份：《重修桂林府学大成殿记》；《临桂县志》（1900），14：21－22。

④ 另两个重要的书院，榕湖书院和桂山书院于19世纪早期建成。《桂林简史》，111。

⑤ 王如辰：《华掌书院记略》（1682）；李绂：《宣成书院》（1724）。均收于《临桂县志》（1900），14：19－21。

扬的秀峰书院一样，宣成书院从政府那里得到了大片可供出租的农田，在清朝前期它的面积得到不断扩大。① 至于坐落于桂林东郊的阜成书院则成立较晚。该书院是由广西巡抚陈元龙在1713年创办的，是他18世纪早期在西南这一文化偏远地区发展教育事业的一部分。这座书院的建立，也有陈宏谋的贡献。陈元龙写道：虽然广西地处边陲，偏远闭塞，但那里人民生活富足，非常开化。他们当然有能力再办一所学院，从而使其文明传向更多的人群。②

大约从陈宏谋的青少年时期开始，桂林的士人就以这些书院为中心，自觉地摆脱科举考试制度对知识和思想的束缚。这当然也是那个时代的大趋势，而在桂林这项运动要求以一种特殊的、“求实”的求学方式来替代科举考试。这个运动的代表人物是广西武缘（现在的武鸣）人刘灵溪。他是1748年的进士，翰林院学士。在1750年左右，刘灵溪出任秀峰书院的主持，并借此机会阐扬他的实学思想，那时已享誉政坛的本地人陈宏谋与实学关系密切。18世纪早期桂林学界倡导的主张——“经史并重”（学习历史和学习经典同样重要）③ ——深深地影响了陈宏谋。

总结一下对陈宏谋出身环境的讨论，我要提出一个“半边缘”的概念。我使用这个概念，更多的是看中它的文化意义，而非斯金纳或者沃勒斯坦的政治经济学中的意义，尽管我认为这两种意义有着松散的联系。陈宏谋是一个偏远但文化并非极为落后的环境下的产物。广西在过去和现在都相当繁荣，它拥有足够的财富来支持一个发达的教育体制，但却没有富足到（或者财富无法长久支持）像江南和北京地区那样进行耗资巨大的图书文献收藏。它的财富还不足以保证本地成为高雅的纯文学、富于深奥哲理或者高深文本知识的发源地。它珍惜基础农业的价值，尽管这种价值观显然带有商业倾向。它将开拓者自觉的实用性与严格的且相对质朴的道德原教旨主义结合在一起，而这就是“实学”意识形态易于生根的环境。

① 朱椿：《秀峰宣成两书院碑记》（1782），见《桂林石刻》3.169－70；《桂林县志》，112。

② 陈元龙：《阜成书院记》（1713），见《桂林石刻》3.111－13。（在《阜成书院记》中，并未见到此书记载。——译者）

③ 《桂林简史》，112。

(三) 青年时代

陈宏谋生于1696年，是这个家里有幸活下来的6个孩子中的第5个，在男孩中排名第2。鉴于那个时代历史文字记录方面的性别偏见，我们对他三个姐姐几乎一无所知是丝毫不令人奇怪的。弟弟陈宏议（生于1700年）与陈宏谋非常要好，但过着平凡并以家庭为中心的生活。① 比陈宏谋年长20多岁的陈宏诚（1674—1763）是陈家子女中最年长者，在许多方面对陈宏谋而言是位至关重要的人物。他父亲最初将整个家庭的希望寄托在陈宏诚的身上。他在陈宏谋出生那年通过了府试，但一直未能取得科举考试的进一步成功。之后他依照惯例选择了另外一条道路，成了村子里的一名教书先生和地方社区的领导。陈宏诚将精力奉献给了乡里的灌溉工作、谷仓建设及救济机构的集资和管理。他也是陈宏谋的启蒙老师、行为的楷模和一生的知己。②在很大程度上，陈宏谋将自己的平民主义观念归功于他的兄长兼老师。陈宏谋经常引述兄长的教诲："伯兄于民间疾苦，罔不周知。当予之再抚关中，有军兴夫马之役，则以劝民急公恤民苦累为嘱。抚吴门有兴修河渠之役，则以开沟泄水疏通尾闾为嘱。盖少年从事田间所亲历而知者，故言之而皆切中肯綮也。"③

对兄弟俩人甚至整个家庭而言，陈宏谋在学术和政治上超越兄长的成就显然不是一件令人愉快的事情。尽管陈宏谋为官期间一直为兄长举荐一个举人的荣誉头衔，但提名始终没有被接受。陈宏诚一直未能被科举制度所认可，两人慢慢找到了一个合理的辩解：陈宏诚不合时宜地过分关注于"实用"等学术问题。1763年汉学运动达到鼎盛时，在为兄长所写的祭文中，陈

---

① 陈宏议的传记，参见《临桂县志》29：16。

② 《培远堂文集》9：40–46；《先文恭公年谱》12：12–13；《临桂县志》29：11。在其兄长宏诚1764年90岁生日时，身为大学士的陈宏谋恳请乾隆皇帝赐匾庆贺。宏谋对他的兄弟的挚爱之情在他不厌其烦地给家庭成员去信咨询中体现得淋漓尽致，他不断地询问有关额匾从家到桂林的巡游情况。《陈宏谋家书》，尤其是211–214页。

③ 《培远堂文集》9：44。

宏谋抱怨：今天要获得科举成功，你必须知道如何娴熟地援引文献来谈论古代的人与事。但相反的是，我家的人一向认为学问只是为经世服务，我们认为这是学术研究的唯一目的。① 依我看来，兄弟俩对宏诚举业上失败的愤忿让我们更能洞察陈宏谋知识体系中被称做“经世才能”的实用主义倾向以及他在官场上根深蒂固的自我保护意识。当时官场被那些来自国家文化经济发达地区的自视清高的文人所支配。

陈宏谋来自一个偏远地区默默无闻的家庭，家中还不曾有过科举成功的先例。像他那样的人最终考取进士和取得重大成就的事例在清朝社会尽管并不少见，但陈宏谋的成功仍然非同寻常。正是由于他的天赋、对成功的坚定信念以及他和家人在寻求他人赏识提拔方面所表现出来的惊人机敏这三者的共同作用才使神话变成了现实。明显地，他完全不是一位早熟的传奇式天才。陈宏谋那个时代的许多传记作家一致强调他年轻时求学过程中所展现出的勤奋，而这是毋庸置疑的。② 无论他本人或其他人都不认为他有过人的天资。出身贫寒和坚忍不拔后来一直成为陈宏谋传记文学的主题。③ 出生于那样一个家庭背景，长期以来具有十分突出的自我激励精神是丝毫不令人奇怪的。求学时他被认为是一位有抱负的人，成年后他自己也承认正是这一点使他疏远了其他同学。④

在兄长的指导下经过刻苦自学，陈宏谋 16 岁（1711 年，实为 15 岁。下文所出现的年龄计算上的细微误差不一一说明，照原文转录——译者）时第一次参加了县里秀才考试，但却以失败告终。经过一段时间的加倍努力，1714 年他成功地通过了府试，但没有通过乡试。临桂县学资助他继续在学堂学习，直到数年后他被录取到省城要求很严的宣成书院求学。1720 年的乡试中他又名落孙山。因为有兄长这个先例，陈宏谋也选择了在家乡附近的路西村教书。⑤ 没有实现家人的心愿令他十分沮丧，但他还是隐居于桂林郊外山上的西山寺进行了一段时间的自学。一位好心的僧侣给了他

---

① 《培远堂文集》9：41－42。陈宏诚的学术信条据说是：“读有用书，考古通今。”高吉人，3。

② 参见彭启丰，14：12；袁枚，27：9；李元度，16：1。

③ 《陈文恭公书牍》2：15。

④ 《陈榕门先生遗书》，“补遗”，15－16 页。

⑤ 家书，乾隆 19/6/17，见《陈宏谋家书》205－7。

心理上的咨询与帮助，为他向韦陀菩萨祈求神灵保佑。第二年他向道教的铜岩神（当地保佑科举成功十分灵验的道家神仙）祈求保佑。在他的梦里铜岩神预测，经过努力他会在下次考试中取得成功。这位神仙十分信守自己的诺言：1723年，28岁的陈宏谋通过了乡试，中了二甲头名。晚些时候他来到京城参加并通过了会试，位列第108名。之后他被任命为翰林院庶吉士。①

不管天运起到了什么样的作用，陈宏谋最终科举高中，与他广交师友常获提携是分不开的。陈宏谋仕途的每一个进步都得益于某位有地位人士的赏识和鼓励。他和他的家人一直坚持不懈地与这些人结交。最早且最重要的是临桂西乡的名门望族店头村的杨家英。早在1707年，当陈宏谋只有11岁时，父亲就带他去拜访杨家英。杨家英是一位诗人和学者，并以乐善好施资助有才学之人而名闻乡里。杨家英得意于自己在挑选有前途的男孩子方面的洞察力，资助他们的学业，有时还把自己的女儿许配给他们。他看陈宏谋一表人才，便在1709年将长女许配给他。他们在8年后正式完婚。杨家英的兄弟杨家修（杨静庵）是1713年的举人，后来是河南宝丰县的知县。1715年后他成了陈宏谋的指导老师。② 在以后的为官生涯中，陈宏谋和姻亲们保持着密切的联系，并通过他们了解一些可能需要自己介入的家乡发展事务。③

1719年，朱惕庵从京城解职回到家乡临桂，掌管宣成书院。因为朱惕庵也是西乡人，当他一回来，陈奇玉就让儿子陈宏谋去拜访他，请求帮助提拔。朱惕庵将自己的名帖和毛笔送给了这位年轻人，并替他取字“汝咨”（一直沿用了一生）。他很快接收陈宏谋为自己的门生。第二年，陈宏谋这个“山村野夫”通过书院举行的全省范围内考试，被这所著名的书院录取，这和书院山长的影响肯定有关系。④

另一位陈宏谋的提携者就是江苏人徐树敏（号省庵）。他是1703年的

---

① 《先文恭公年谱》1：3-8；Suter，86；高吉人，4-7。

② 《宗谱流传》；《先文恭公年谱》1：2-3；高吉人，6。杨家修传记收于《广西通志》（1800；再版，1988）10.6451。

③ 参见《陈文恭公书牍》1：3，1：4；《陈宏谋家书》207-9。

④ 《先文恭公年谱》1：4-5。

进士，1720年后任广西的学政。他常来宣成书院讲学。徐树敏视陈宏谋为学校最聪明的学生，并在1720年的地区资格考试中将其列为第一。徐树敏赞赏陈宏谋的才能，并引荐他认识更多的潜在支持者。徐树敏将外甥葛正笏介绍给了陈宏谋。葛正笏是一位随他一起赴临桂的聪明的年轻人。外表文弱的葛正笏似乎无法经受科举的辛劳，但后来却成为了广受尊敬的学者和藏书家。他和陈宏谋很快成了朋友，并在18世纪20年代中期与陈宏谋在北京翰林院见习时成了知己。葛正笏后来成为陈宏谋的私人秘书和学术上的顾问。一位现代学者认为实际上是葛正笏完成了陈宏谋的名著《五种遗规》的编纂工作。① 葛正笏可能是陈宏谋长期任省级官员期间最亲密的朋友。

1723年陈宏谋乡试考中举人后，在赞助支持他的名册上又多了几位重要人物。这场考试的主考官是著名的四川理学家朱景先。陈宏谋与他从此建立了长久的友谊，最后并为这位长者遗留的文集作序。副考官德龄（德樵村）是陈宏谋认识的第一位满洲朋友。那年秋天当陈宏谋赴京赶考时，德龄安排他住在自己母亲的大宅子里。陈宏谋受到了盛情款待，同时建立了他们之间长期的亲密关系。多年后他还撰文祝贺德龄母亲九十大寿。德龄去世后，他又作文吊念，还在德龄本人的葬礼上致悼词。② 陈宏谋乡试的直接考官林遇春也是他在宣成书院的老师，那年秋天他请自己的一位朋友刘新翰承担陈宏谋赴北京参加会试的全部费用。③

陈宏谋在寻找资助者方面的努力是非同寻常的，但这也是无可非议的。事实上，除此以外别无他法可让他成就事业，成功实现清朝版本的"美国梦"。没有巨大的财富或者书香世家的背景，一位出身平凡的年轻人要获得赏识必须有人予以支持。毫无疑问，那些有权势的人们确实认为陈宏谋是一位特别有天赋的年轻人，并因此而愿意帮助他。他们或许也有自己的原因。不同寻常的是出身于那种家庭背景的陈宏谋能熟练而巧妙地寻求赞助人，却

---

① 高吉人，10。这个评价可能有些过激，但是显然葛对《五种遗规》的贡献是很大的。参见陈宏谋：《葛播书先生八十寿序》，见《培远堂文集》卷3；葛正笏：《课士直解》（1781）序；《先文恭公年谱》1：5。

② 《培远堂文集》7：37–39。陈继续就有关他总督生涯的政策问题与德龄通信，参见《陈文恭公书牍》1：8–9，1：12，2：5。

③ 《先文恭公年谱》1：7–8。

没有人把他或他的家人看做天生的趋炎附势者。陈宏谋能得到最广泛的支持者而又不明显丢掉他的正直。确实，在他寻找更有影响力的支持者的过程中，正直诚实的名声就是他最大的资本。整个政治生涯中陈宏谋都保留着这种品格，使其在与那些可能帮助他的人相处时不失与生俱来的风度和体面。

在陈宏谋准备走上仕途的很多年里，他所受教育的内容始终带有一种独特倾向。从早期他和兄弟们一起读书时开始，他的课程主要是《四书》和宋朝理学所推崇的经典权威书籍。新儒家学说对修身的重视很早就吸引了他，并影响了他的一生。他在宣成书院的日子加强了这种信念（宣成书院从创立之初就想成为一个在文化领域里宣传新儒家思想的阵地），但同时也加深了他的家庭和地区所赐予的实用性取向。在那个时候，尽管宣成书院有明显的精英意识，但绝无象牙塔式的学习风气。学院主持者朱惕庵是一位“实学”和“经世”的拥护者。虽然朱惕庵将课程建立在“浙东”派理学思想的基础上，但他教导学生要避免这个学派中很多人所深陷的空谈学习风气。他强调“实践”和“功夫”，把它们看做完善所谓“实践”的必要途径。他要求学生们学习阅读各朝历史及一手历史文献。最不同之处是，书院坚持订阅朝廷发行的《邸报》，并鼓励学生们留心注意那些影响当前政府政策和来自京城及各省的信息。陈宏谋全盘接受了这些思想。尽管同学们嘲笑他在时事辩论中表现出被认为与他当时地位不相称的激情，但陈宏谋宣布他永远不会满足于“自了汉”的生活和当个与世隔绝的孤立学者。从此他被冠以“自了汉”的绰号，并被他那些亲密的老相识引用了一生。① 如果说他曾经缺乏个人使命感，那么现在他意识到了。于是他刻了一块匾挂在房间的门上，上面写着：“必为世上不可少之人，必为世人不能做之事。”②

（四）家庭

我们对陈宏谋的妻子（杨氏）除了知道她出身于临桂一个显赫家庭外，

---

① 家书，乾隆31/8/28，见《陈宏谋家书》243—45；参见高吉人，7—9。

② 李元度，16：1。

其他一无所知。① 在陈宏谋的遗著中也极少谈到她，并且没有任何只言片语是针对她而写的。尽管如此，我们知道这场婚姻是长久的，亲切友好的，是非常成功的。杨氏陪伴丈夫从一个省到另一个省，直到1763年在长沙的巡抚官邸中去世。她被描绘成一位温柔而又宽宏大量的，具有不同寻常才能的家庭管理者。她尤其喜欢将自己的才能和财富贡献给家乡人民，并几次代替丈夫返乡发放救济或承担基础设施改造的管理重任。② 随着在官场中步步高升，陈宏谋也通过纳妾方式形成了姻亲关系。这一过程几乎完美地反映了陈宏谋这个乡下孩子如何一步步地摆脱偏远乡村出生的束缚和成功地进入到帝国文化中心的过程。他的第一个妾室（龙氏）来自临桂附近的一个村庄；第二个妾室（彭氏）来自邻近的永福县；第三个妾室（夏氏）来自华中的武昌；第四个妾室（张氏）来自江南的徐州府。③

就生儿育女而言，陈宏谋和他的妻子是极度不幸的，所有的儿子都幼年夭折，所有的女儿都英年早逝。第一个孩子出生于1719年，是个女孩，她活得最长，但在31岁时就去世了。第二个孩子也是女孩，25岁去世。接下来是两个男孩，都在五六岁时夭折了。接下来是一位女孩，只活到20出头。再接下来的一个孩子在婴儿期就夭折了。唯一一位在陈宏谋之后去世的孩子是他最小的女儿，不过她死时也很年轻，年仅27岁。④ 除了关于女儿们的出生、婚姻和死亡的历史记录以外，没有其他方面的记录。她们都嫁给了如意夫婿。最大的女儿嫁给后来出任礼部侍郎的谢溶生。他是18世纪晚期著名文人袁枚和阮元的朋友。⑤ 第二个女儿嫁给了福建汀州府知府蒋知修的儿子

---

① 桂林博物馆收集了为她保留下来的墓志铭，但是依据当时省里的政策，在我1994年来访之际被拒绝接近这个“文化遗迹”。

② 家书，乾隆19/6/17，见《陈宏谋家书》205－7；《先文恭公年谱》12：2。要了解她管理桂林救济工作时的一个事例，参见《先文恭公年谱》8：4。

③ 《宗谱流传》。在这些妻妾之中，我们听说最多的是有关夏夫人的消息，在陈的正妻杨氏死后（1763），她似乎成为了其横山家中的女主人。参见家书，乾隆21/7/25，29/9/11，见《陈宏谋家书》207－9，224－8。

④ 《先文恭公年谱》1：5－6，3：12，5：13，5：23，6：15，7：7。

⑤ 尽管陈因为他女婿仕途的成功而感到自豪，这种成功已在宏谋晚年非常显著，他却仍为自己亲戚谢溶生而犯愁，其人在成功后就忘却了对目标的孜孜以求，而把时间用来自我放纵和同文人来往。家书，乾隆33/10/3，见《陈宏谋家书》249－51。

蒋本廉。深得陈宏谋喜爱的蒋本廉后来成为了一位著名的大学士。那个时候，陈家住地已和陈宏谋出生的小村庄相隔千山万水。① 但是即便陈宏谋和全国的名流显族建立姻亲，家乡始终存在于他的脑海里。于是他将一个女儿许配给一位名叫唐尹的来自临桂的有前途年轻学士。同时，还让他的嗣子娶邻近永福县的一个大族家庭朱氏女子为妻。②

陈宏谋的女儿中就个人才华而言，最能引起兴趣的一定是最小的女儿陈端文。她是一位诗人，她的作品去世以后才得以出版。大约在 18 世纪 70 年代或 80 年代，她的堂兄陈钟璨收集了她的几百首诗，并以“含贞轩诗”为题将它们刊印出来。最近的学术研究表明：在近代早期由男性资助出版女性诗人作品的风气变得越来越流行。陈端文属于这样的一位女诗人并不会令人感到奇怪，但却是值得人们推崇的。陈宏谋本人就是一位积极支持女性读书识字的知名人士（见第十二章），但是他却对将诗歌作为文学活动的表达形式很不以为然。至少，对于男性文人而言，他是这样认为的。而对于一个无缘进入政坛的女性，他也许可以容忍这一点，尤其如果她们的诗歌是“适度的”和思想感情上是完全符合道德规范的话。③

陈奇玉于 1709 年为他 13 岁的儿子陈宏谋订婚后，他声称这样做的主要原因是保证陈宏谋这一支家系能有子孙来延续血统。可能他（正如新娘的父亲杨家英）已经认定，家庭向上流社会流动的抱负最有可能是由陈宏

① 《先文恭公年谱》1：5—6，4：1；Steven Shutt 提供的信息。

② 18 世纪 60 年代，陈从北京寄到家中的信反映了他全身心地关注由儿子和女儿的婚姻在临桂地区所建立起来的姻亲关系网——询问亲家的健康，经济来源保障，等等。就像他在临桂县那样，他同样以各种方式赞助亲家的老家永福县当地工程。参见家书，乾隆 30/11/1，见《陈宏谋家书》235—37；唐尹：《学仕遗规》编后记。在以陈宏谋（他的社会关系网远远地超越了出生地）代表的帝国晚期社会上层人物的“本地人策略”方面，参见 Robert Hymes，“Marriage，Descent Groups，and the Localist Strategy in Sung and Yuan Fu-chou，”和 Jerry Dennerline，“Marriage，Adoption，and Charity in the Development of Lineages in Wu-hsi from Sung to Ch'ing，”两文均收于 Patricia B. Ebrey and James W. Watson 编：*Kinship Organization in Late Imperial China，1000—1940*（Berkeley：University of California Press，1986），95—136，170—209。

③ 陈端文的《含贞轩诗》已经失传。在《广西通志》（1800）和胡文楷的《历代妇女著作考》（上海：上海古籍出版社，1985）598 页中被提及。我要感谢 Ellen Widmer，她提醒我后者的重要性。

谋来实现，而不是由他的兄长来实现。几乎20年之后，陈宏谋已被任命为吏部官员，却仍未得一名幸存的男性继承人。陈奇玉又一次采取了行动，行使着一家之主的权力，于1727年命令陈宏诚过继一位男孩给他声名显赫的弟弟陈宏谋。陈宏诚的第三个儿子（应是第五个儿子——译者）陈钟珂被过继给陈宏谋。陈宏诚和陈钟珂即刻收拾行装，第一次赶赴北京。到北京后，陈钟珂与他的养父建立起了亲密的关系。陈宏谋后来激动地回忆这段团聚的时光。他已经离家好几年了（第一次有这种感觉），尽管仕途前景光明，但生活仍然艰难。十分敬仰的哥哥和盼望的养子的到来让陈宏谋十分振奋。①

大量证据表明这种生父与养父同在的复杂家庭关系导致了陈钟珂心理上的紧张不安。陈钟珂在自己的著述中每每提及亲生父母时都充满显而易见的眷恋之情②，但他也是养父母的儿子中最孝顺的一位。陈钟珂的传记都强调他和妻子在养母杨夫人病危临终期间所表现出的不同寻常的体贴照顾。③ 在他1741年获得举人头衔后，放弃了自己为官的志向④，而是跟随陈宏谋左右，周游各地，做他的言行记录者，最终成为遗嘱执行人。陈钟珂是陈宏谋各种官方文案（一份幸存的清朝历史上无其他官员可比拟的档案）和其死后出版的作品的主要编辑者。这些作品有宏大的48卷。他还为继父写了12卷年谱。可以毫不夸张地说，陈宏谋后来作为一个中华帝国晚期官员榜样的良好声誉完全是嗣子不辞辛劳地详细记载其职业生涯的直接结果。

陈钟珂这一代人，包括陈宏谋两个兄弟的后代，共有8名男子。随着陈宏谋取得的突出成就，他们家族的显赫地位有效地巩固下来了。陈宏诚的长子陈钟璠是一名国学生，但不幸英年早逝。次子陈钟瑶于1735年受陈宏谋的庇荫而恩赐官职。在漫长的官场生涯中，陈钟瑶曾经在中国北方

---

① 《培远堂文集》9：40-42。

② 这与Arthur Wolf和Chieh-shen Huang的发现是相一致的，他们研究台湾现代史中表兄弟间的收养习俗，他得出的结论是从孩子同收养人和亲生父母的亲密程度看，这与其他所有形式的收养都不同。

③ 《广西通志》260：16；《临桂县志》29：15。关于钟珂夫人，参见《先文恭公年谱》2：5，3：12，4：7。

④ 李元度，16：4。

担任县令和地方次级长官，并在他的专业领域（水利维护）参加了一些国家任务。① 第五个儿子（应是第四个儿子——译者）陈钟理，1741 年考中举人后，也开始了一段更长的官场生涯。他曾任湖南地方县令。② 陈宏议（应是陈宏诲——译者）的长子陈钟璨曾代理山东巡抚，他协助整理编辑陈宏谋的遗著及其女儿的诗歌作品。他的两个弟弟钟瑄和钟球也分别成为知县和县的教育主管。尽管 18 世纪 60 年代担任吏部尚书时陈宏谋虔诚地声称，荣誉使他不便于利用自己的职权去提拔后代，但他还是默默地利用自己苦心赢得的与乾隆皇帝的密切关系来提携后辈③，并从他们的成功中获得巨大的满足。

毫无疑问，晚辈中与陈宏谋感情最为亲密的是他的孙子，即陈钟珂的儿子陈兰森。由于多年没有一个亲生儿子能成功地活下来，陈宏谋收养了兄弟的儿子。年满 16 岁的陈钟珂被过继给他当嗣子。因此，在 1734 年陈兰森出生时，这位 39 岁的省级官员终于有机会充分享受看着自己后辈儿孙长大成人的乐趣了。这也使得他有机会将自己多年研究的儿童教育理论付诸实践。由于当时陈兰森的父亲已经成为陈宏谋最信任的行政助手，因此，陈兰森年轻时一直跟着陈宏谋一起从一个职位调任到另一个职位。用他的话说，自己担任“祖父办公室的随从”，并完成日渐复杂的研究工作。他一方面致力于自己的学业；另一方面，还帮助祖父做各种编辑工作。1751 年，他返回桂林成功地通过了府试，进入学馆学习。5 年后，他考中举人，第二年春天又高中进士，像他祖父一样进入翰林院。当陈宏谋在京城任大学士时，陈兰森也已在刑部任职。在 1771 年皇帝恩准陈宏谋告老还乡时，皇帝解除了陈兰森的职务，并令他护送祖父回家。此后，陈兰森便将一生都花在整理出版陈宏谋的手稿上。延续家族与其他官宦之家建立联系的做法，陈兰森将自己的女儿

---

① 《临桂县志》29：11；《先文恭公年谱》2：12，5：19，6：25，6：31，8：10，8：23。

② 奏折，乾隆 20/9/16，见《宫中档乾隆朝奏折》12.509；家书，乾隆 33/10/3，见《陈宏谋家书》249－51；《培远堂文集》9：49－53；《先文恭公年谱》6：18，8：6，8：23，9：2，12：22；《宗谱流传》。

③ 家书，乾隆 29/11/15，31/8/28，32/4/23，见《陈宏谋家书》228－30，243－9。参见《陈文恭公书牍》1：1－3；《先文恭公年谱》3：12，5：15，12：18；《宗谱流传》；《课士直解》，序言。

许配给贵州巡抚韦谦恒。① 最后一个必须简要提到的陈家后代是陈宏谋的玄孙陈继昌。他 1820 年考中进士，其后担任过知府、江宁布政使、江苏巡抚等职。在今天桂林闹市区靖江王城南面的正阳门上竖立着一个巨大的石匾"三元及第"。这副匾是两广总督阮元为表彰陈继昌在连续乡试、会试和殿试中都获得第一名而镌刻的。在清朝历史上仅有两人曾取得如此成绩，陈继昌就是其中之一。对于桂林人而言，陈继昌是他们极大的骄傲和地方优秀学术传统的进一步证明——如果他们还需要这种证明的话。②

清朝中期陈姓家庭成员纷纷加入到士大夫行列，这显然并非偶然。我们似乎不能将之完全归因于陈宏谋对后人的提携（尽管他并不反对在必要时为他的后辈们说上几句好话）。③ 事实上，这是陈氏家庭和文化压力的成果。这种压力造就了勤勉的陈宏谋本人，也反过来促使他以同样方式培养更多积极向上的后代。

陈宏谋很少在信函中流露情感，在仅有的几次中他表达了远离家乡和亲人的痛苦。1742 年他担任江西巡抚时曾写道："交代事竣，便可挂帆旋里。南陔之日月弥长，膝下之晨昏可恋，依依色养，乐有余懽，实为清门盛事。况以壮盛之年，而得优游林下，奉亲读书，可谓士林佳境。"④ 四年后，在给一位同僚的信中他又写道："仕宦廿年，至无以为家，其情良苦，然论理固宜如此。吾辈立志，亦正如此。"⑤

除了真实情感的因素而外，渴望与家人团聚还有着思想意识方面的理由。对他而言，与家人一起也是一种政治行为。陈宏谋信奉"家""国"对

---

① 家书，乾隆 21/7/25，29/11/15，见《陈宏谋家书》207－9，228－30；《列传》，5834，见宫中档，台北；《先文恭公年谱》2：11，7：1，7：16，9：7，9：17，12：25。在陈宏谋的作品中，陈兰森与其父合编的是《培远堂偶存稿》和《课士直解》；陈宏谋自己编写的作品中有《学仕遗规》和《四书考辑要》。有关这些著作的成书过程，以及陈宏谋所起的作用，详参上述书中的序。

② 陈继昌的职业生涯在李福源 1828 年为陈宏谋《五种遗规》（1936）所作的序言和《清史稿》中陈宏谋的传记里（35：10563－64）被简短提到过。他的诗歌选集被作为附录收于宏谋的《陈榕门先生遗书》中。

③ 例如，陈请求他的上司尹继善为陈钟璨"尽心尽力"，还有他不断努力，使朝廷重视他的哥哥。(《培远堂文集》9：40－46；《先文恭公年谱》1：11)

④ 《陈文恭公书牍》1：17。

⑤ 《陈文恭公书牍》2：16。

应一致的普遍观念，家庭生活恪守传统是维持政治秩序的积极举措。就像他写给老朋友家雨泉的信中所说："人生在世，事亲、读书、课子，三者最为切要，最为难得。年来知必有一番切己返求工夫，有益于身心，有益于民物，有益于家，有益于国。以视奉职在官，更为实在。"①

在同龄人眼中，他在维持良好家庭秩序方面异常成功。② 这里所谈论的并非是个人的小家，而是远远超越核心家庭的大家。他写道：

> 闻贤昆季，居家奉母，极敦孝爱，此士君子根本之地，亦读书人切要功夫。近虽析居，而友于之爱，必不稍间。人家兄弟析居，无非为各自立业成家，以省家庭诟谇。所分者田地房屋耳。而兄弟关切之至情，友爱之天性，固终身不可分，亦不能分者。天下无百年不分析之人家，而千古有一日不可解之至性。若云业已分居矣，一切两不相顾，当下即如路人，何以为父母地乎，望贤侄辈勉之。③

在他的职业生涯中，不论何时，只要情况允许，他总是尽可能多地将家族成员接到自己家里。1730年他在江苏做官时，父母就与他住在一起，直到父母先后去世。18世纪30年代中期，他的兄弟们及其妻小都曾与他在云南住过一段时间，还曾留住于南昌和西安的府衙。一旦他在某地安顿下来，他的妻儿，包括女儿们的家人也都被接过来和他同住。1755年，陈宏谋到祖籍所在的湖南省出任巡抚。3个月后，他的全家和兄弟亲属20多人实现了久久期盼的梦想，在长沙巡抚官邸团聚了。这年冬天是他在长沙度过的一段最幸福的时光。在这样的时候，官居显位的陈宏谋自然尊重年已八旬的兄长陈宏诚在家中的地位，但很显然他自己也积极地担当起一家之长的角色。④

这是一个他感兴趣的角色，尤其在道德和文学培养方面。他曾在信中对朋友写道：一个官员履行职责之外，适宜的娱乐方式就是每天将家人聚在身边，给他们讲解古今著名人物的言行。就像陈兰森后来所回忆的："我们生活在一个流动的家庭里"，随着陈宏谋职位的调动而四处迁移。陈家后代中，

---

① 《陈文恭公书牍》2：12。

② 参见李元度，16：4。

③ 《陈文恭公书牍》3：5。

④ 奏折，雍正10/5/11，见《宫中档雍正朝奏折》14：722－23；《先文恭公年谱》4：5，4：17－18，4：27，6：8，7：7，8：23－25；高吉人，22。

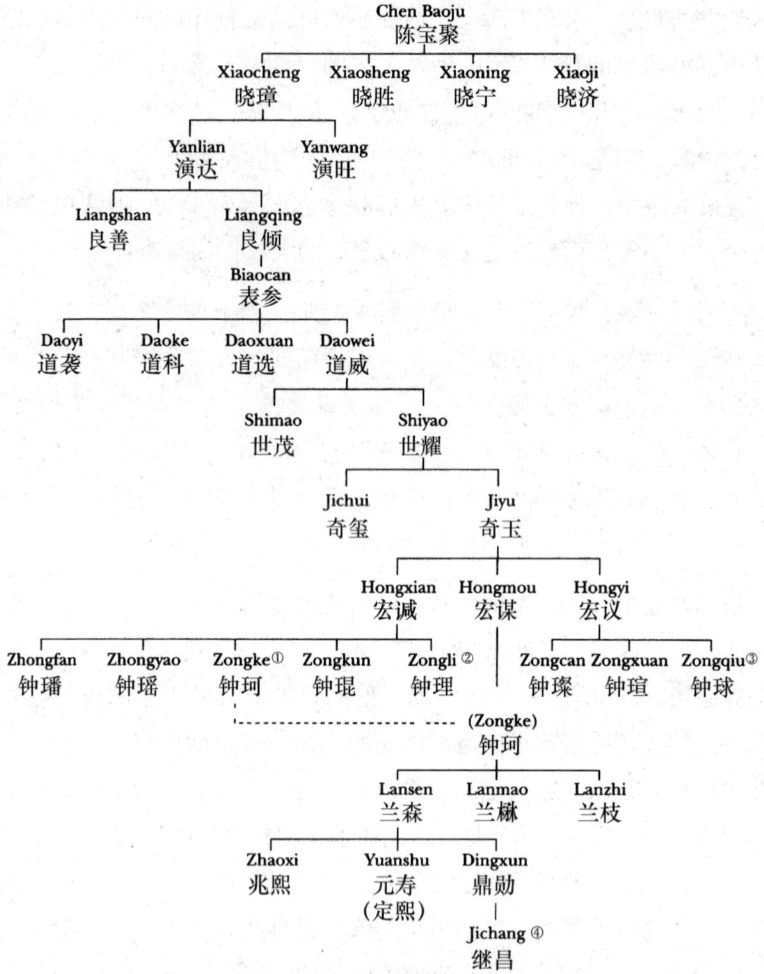

图2 临桂陈氏部分男性家谱图（图中显示文中提到的人物）

资料来源：《宗谱留传》；《陈榕门先生遗书》，14册；《临桂县志》29：11。

最优秀的就是陈兰森，但偶尔还包括他的叔叔和堂兄弟们、其他的男亲戚，更引人注目的是，其中还有一些女眷。我们会看到陈宏谋对倡导妇女识字很

---

① 此处应为Zhongke，表中他处“Zong”亦为“Zhong”。——译者

② 钟珂系宏诚第五子，排行第五，钟琨排行第三，钟理排行第四。——译者

③ 作者所列举宏议三子，是奇玺之子宏诲的儿子，不是宏议的儿子。宏议生三子：钟琛、钟玫、钟璐。——译者

④ 继昌系元寿之子，过继给鼎勋为嗣。鼎勋幼卒，无后。——译者

积极，并将自己的想法付诸实践。他定期邀请一些有名的老师到家中教学，这其中有杭州的王吉善和范浣浦，苏州的张吴刚及四处游历的葛正笏。他本人也非常热衷于教学。①

图 3 两广总督阮元为纪念陈继昌“三元及第”而立的石匾
（作者于 1994 年元月摄于桂林）

学习的基础课程是《四书》和程朱理学的其他著作。葛正笏回忆道：“切实体会，不使书自书而我自我。”相反，陈宏谋的教学模式是从《四书》中选取一篇，耐心讲解其意义所在。陈兰森写道：他解释一篇文章的方式是，将大量的最新注释和评论集中起来，系统地分析这些解读的特点，摈弃那些琐碎粗俗的东西，然后利用那些精髓进行讲解，给我们树立理解文章的典范。在教学生怎样写文章时，陈宏谋的观点是“开门见山，直达主题”，避免离题和当时危害学术界的杂乱无章的赘述。为了获得对原文的准确理解，关键是让自己的解释接受朋友和同僚们的广泛批评（“共享指正”）。这些朋友和同僚包括陈宏谋自己麾下的幕友和那些常有书信来往的朋友，如家

① 陈兰森：《学仕遗规》前言；《先文恭公年谱》3：8，4：18，7：9。当他决定辞去官职时，他依然不断地在寄往家中的信中督促他们更加努力地学习，并告诫家族的命运是建立在刻苦钻研学问的基础之上的，参见《陈宏谋家书》235-37。

圣泉、家雨泉、诗人龚逸云和尹继善、德沛、周仁珏。他常和他们讨论上述问题。这种学术性讨论促使陈宏谋写出了几本关于教学的著作，以及较为有名的《五种遗规》。正如陈兰森所言：这些不仅是陈氏青年一代使用的教材，实际上更是家规。①

像许多原本默默无名却突然间成长起来的家族后裔一样，陈宏谋承担起种种工作，努力使家庭成为一个公认的半团体性质的宗族。大约在1739年左右，他着手编辑家族在湖南祖籍的各种传奇故事，草拟了一份族谱并印制出来。尽管这本家谱从未正式出版过，但一直保存至今，由陈家后人及时更正和补充。② 这个家族的起源一直追溯到第一位迁徙并定居于横山村的远祖。在一些事情上族谱也作出了礼节性的让步，记录了几位非嫡系的远祖（陈宝聚的弟弟陈宝昭和陈宝建）。他们跟随陈宝聚一起迁移到横山村（对其后代只做了粗略的记载）。只有留在横山村居住的男性后代才可算做家族成员。陈宏谋的侄子陈钟璨被委派去搜集墓碑记录及当地一切可能的资料来完善这个族谱。陈宏谋的近代祖先（曾祖父那一辈）好像开始考虑采用标准的字派来区别所有男性后裔的辈分。陈宏谋自己下令在其儿子和侄儿们中坚持这一做法，他还事先决定今后十代人的“字派”。③ 他还制定了一套家训来管理后代子孙。如同处理公务一样，他立足长远，使自己的新办法尽可能有长久的约束力。

陈氏家庭过去在一间他们修建的小祠堂里拜祭洞庭神。现在陈宏谋在横山前面的一块高地上选了一块地，建了一座极为宽敞的陈氏宗祠，并且购买

---

① 葛正笏、陈兰森：《课士直解》序。

② 这就是《宗谱流传》，它的最新的内容广泛的修订版于1924年出版，但其原版则为族长陈乃光所有，包括了从那时到现在的出生者与死亡者的手写名单。应注意的是：像清帝国其他的少数民族地区一样，在边疆广西，汉人家族有一个手抄文献，它记录该家族与其移居到边疆地区的先人的关系，也是他们与内地汉人血脉相通的证据。

③ 《字说》，见《培远堂文集》9：15-18；《宗谱流传》。早于陈宏谋一代人的陈姓的祖先的正式姓名完全有可能是后人按照每代人的命名原则所命名的。事实可能确实是如此。通常人们称呼他的两个兄弟弘正和议庭。或许在宏谋的考试取得重大成功之后，他俩的正式姓名就改为宏诚和宏议。“宏”的字号无论如何至少改变过一次：1735年乾隆皇帝登基，他名“弘历”，为了避讳，“弘”被禁止使用，陈把“弘”改为“宏”。

了器皿用以盛放祭祀用品。他建立了在老辈人中选人轮流执掌宗祠的制度。但是，他授权他的四侄陈钟琨（一位没有什么政治抱负的人）来掌管宗祠的财产。这些田地（“义田”）都是陈宏谋买来捐给族里的。家庭财产显然并没有多少，它的微薄收入只能限于支付祭祀。① 从1764年到1766年，在北京做官时陈宏谋又在宗祠旁边投资建了一个族学和书楼（图书馆）②，并对一些细节进行亲自指导。

1742年陈宏谋回到故乡时，陈氏家族依然强盛。自从他1723年参加会试离乡后，这是他第三次回来。他曾于1729年在赴任途中在家乡做过短暂的停留。另一次是1732年下葬父母，他在家乡住了6个月。从1742年到1771年辞世，甚至于18世纪60年代他荣任两广总督时，他也没有回过家乡。1769年，他在北京担任朝廷大臣，觉得自己将不久于人世，于是他请求告病还乡。但是他的请求接连三次都没有得到批准。最后在1771年年中，他终于卸下了自己所有的官职。他一路满载皇上的恩宠，踏上返乡隐退之途，不料却死于途中。

尽管很少在家，陈宏谋密切关注自己的家乡，也希望别人将他与家乡联系起来。在为官的末年，他被北京的同僚称为“桂林相国”③。他尽量参与当地的地方事务。例如，他时刻关注粮食供应，在粮食短缺时为亲戚和乡民提供、安排贷款。他本人尤其关注地方粮仓的储备水平及其管理。④ 他还筹资建设一系列的大规模水利设施，解决了家乡的排涝灌溉问题。⑤ 陈宏谋对家乡的商业和文化隔绝状况十分焦虑，因此他于1742年主持建设了至今仍在使用的从横山到县城的交通要道，并捐出田地（“公产”）以支持一个公共渡口的运行。1764年，他重修了年久失修的丰山大桥。⑥ 我们前面已经说过了他致力于把乡级小学教育推广到西乡。1762年，他将500余亩土地赠给临桂

① 《先文恭公年谱》4：28；林半觉：《榕门故里》，39－40。

② 家书，乾隆29/9/11，30/12/26，见《陈宏谋家书》224－28，237－40。修整了的那栋建筑作为横山乡村学校使用至今。

③ 葛正笏：《课士直解》序言。

④ 《陈宏谋家书》235－37；《先文恭公年谱》1：6，7：12，8：4。

⑤ 《先文恭公年谱》2：2；《桂林简史》105；高吉人，22。

⑥ 《先文恭公年谱》4：28；《陈宏谋家书》232－35；1994年1月14日在横山访问期间与当地居民的面谈。

及永福等地的义学。七年之后，他又将大量书籍赠给广西的72所县学和8个书院。这极大地丰富了当地的藏书，解决了书籍短缺问题。① 在所有这些事情（粮食供应、水利、交通和教育）中，陈宏谋为家乡发展所做的事情都是他在全国各省任职时勤政为民的真实写照。

在他的官场生涯中，陈宏谋总是小心翼翼地关注着自己家乡的利益，同时防止任何人利用与他的关系谋取私利，损害他的形象。他资助在北京重建广西会馆就是一个典型的例子。这所会馆建于明初，是一种在宫廷政治中为地方利益服务的工具，它于明清易代之际受到严重破坏。② 在陈宏谋为地方争取利益的政治活动中，最为人称道的事情是广西土地开垦，这一点将会在下一章详细论述。另一个更精彩的事件（也许是杜撰的）由一位心怀敌意的作家幸灾乐祸地记录了下来。广西荔浦盛产美味的芋头，一位不知名的满洲皇子叫陈宏谋运送一些给他品尝，想借此来收税。由于陈宏谋派人送了一些劣质的芋头给他，于是这种芋头一直没有被征过税。③

陈宏谋对广西地方事务的干预也是有计划性的。他试图将自己管辖省份（尤其是那些与广西有相同的外部不利条件的省份）所采用的发展政策应用于自己的家乡。在他写给一位不知名的广西巡抚（可能是与他志同道合的同僚杨锡绂）的信中，他提出了如下观点：

> 粤西民穷而愚。……自来当事持议，皆谓安静，但觉鄙夷厌薄之意多，而体恤振兴之意少。窃以有民人则不可无劝惩，有土地则皆可以垦植。一省之大，未有无利可兴，无弊可革者。

陈宏谋后来提出了一系列指导自己政策的推理方式，在本书中我们将会多次提到这种推理方式。人口的增长要求官员努力地发展新的生产力方式，这必须要有一个长期规划并且需要官员放弃自己的个人利益；提高生产力唯一有效的途径是加强人民自力更生的能力并增强其创业精神。这个工作涉及道德文化和经济等各方面。由于广西人这种不寻常的精神及其人民的发展潜

---

① 家书，乾隆19/6/17，24/7/25，见《陈宏谋家书》205－11；《先文恭公年谱》11：30，12：24。作为包括陈氏财产在内的对乡村学校的捐赠，积累这份礼物花了将近十年的时间。

② 《书粤西会馆匾额》，见《培远堂文集》10：12；《先文恭公年谱》3：3。

③ 谢康，240。

力，广西在这些方面都称得上是一个典范。两个世纪后，被李宗仁和他的“广西派”成员所效仿。①

(五) 成年

陈宏谋深信少年时期的社会生活对一个人的成长起决定性作用。他抱怨那时的家长“仍然姑息，恣其所为，应诃反笑。逮于既长，养成娇惰，虽欲禁防不可得已。”② 当写到这些的时候，陈宏谋明确引用自己所经历的严格教育和它们对自己成年性格的影响作为事例。这位接受了严厉教化和思想成熟的清朝官员是一位古板的新儒家弟子，但又有着明显古怪的脾气。我们将看到，尽管他努力地去珍惜友情，但他却不是一个让人非常舒服的伙伴。

我们可以从他的大量作品以及关于他的文献中推断，陈宏谋是一位不苟言笑的人，在他的文章中甚至找不到那些一本正经的士大夫官员们所常用的反语讽刺。袁枚，当时的一位著名诗人，同时也是一位锦衣玉食的公子，对他相当钦佩，为他写了一篇小传，透露了某些内情。袁在文中对陈宏谋和尹继善作了这样的比较：

> 公与相国尹文端公虽同年同官，而风趣迥殊。尹高明宽和，了事多从容。公终日刻厉，几无微闲。然最相得，在上前，彼此荐引。③

受父亲的影响，陈宏谋过着十分俭朴的生活。“节省”是程朱思想体系的重要部分，同样也是清朝的一项重要经济政策。④ 同样显而易见的是，就陈宏谋本人而言，深层的心理需求对他的行为更有决定性。为官末年，陈宏谋的家信中夹杂着关于食物、交通及北京宅子维修花费等等的抱怨⑤，令人

---

① 《陈文恭公书牍》3：3；《皇朝经世文编》16：35。

② 《养正遗规》1：13。

③ 袁枚，27：11。

④ 关于节俭是清中期经济政策的基础，参见 Suzuki Chūsei, Shinchō Chūkishi Kenkyū (A Study of the m'id-Qing Period) (Toyohashi: Aichi daigaku, 1952), 37—40。

⑤ 参见家书，乾隆29/3/14，29/3/28，29/4/28，见《陈宏谋家书》211—19。我们会在第二部分中发现，在信中陈宏谋细心地区分了本质上是消费的支出和在将来能盈利的投资，包括对当地公共工程的捐款，对后者的吝啬不算是合理的。

颇为好笑。他的过分节俭常常招致同僚们的嘲笑。在做吏部尚书时，流传他常常将一些呈交给他的文件中那些未用的纸张收集起来加以重新利用的说法，甚至流传他剪掉公文纸上原先府衙的名字代之以自己府衙的名字。①

我相信陈宏谋出于对国家资源的关切而产生的节俭行为是建立在他对上天的虔诚信仰基础上的。他认为自然资源是上天的恩赐（“天良”或“天物”），任何铺张浪费都是违背天意的，毫不夸张地说甚至是一种罪恶。② 通过放纵个人身体所造成的浪费也是一种罪恶，因为人的身体是上天赐予的（“生于天然”）。③ 节俭是道德上的义务，也是家族的义务。家族像一个人的身体和自然资源一样是上天的恩赐。陈宏谋坚持强调“人之物力，止有此数，妄用则不断”④。

所有人都不应浪费。对为官者而言，因其行为是百姓的楷模，更要加强节俭。陈宏谋在给同僚的信中说：如果想施加影响使节俭成为一种普遍行为，你就必须是一位在行使职权时避免铺张浪费的楷模。⑤ 官场应酬中，他杜绝一切超出礼节性的最小需要的招待，以避免自己落下“不好”的名声。⑥ 作为一名官员，他深深地感到不能浪费别人的劳动成果，因为那会让他感到有罪。他对扬州书院听众说：不要忘记在享受读书的乐趣时，你们也在消耗着“民肥民膏”。⑦ 对陈宏谋而言，“爱民惜财”是每个人都应做到的义务。

---

① 高吉人，52—53。

② 《培远堂偶存稿》15：5—6，19：31。我指的“罪”是一种侵犯了自觉的神圣权威的内在意识，虽然不一定要将它拟人化。正如我要在第三章中更全面地讨论的，老天对陈宏谋来说正是由这种力量构成的。Wolfram Eberhard 的 *Guilt and Sin in Traditional China*（Berkeley：University of California Press，1967）对中华帝国晚期“罪”作出恰如其分的阐释。一项重申了 Eberhard 观点的近期研究来自 Paolo Santangelo，“Human Conscience and Responsibility in Ming-Qing China，” *East Asian History* 4（December 1992）：31—80。

③ 《训俗遗规》2：34。

④ 《训俗遗规》1：12。

⑤ 《陈文恭公书牍》3：17。

⑥ 作为一位大学士，同当知府时的陈宏谋一样，不断地强烈斥责习惯性的应酬需求，参见家书，乾隆 30/11/1，见《陈宏谋家书》235—37。

⑦ 《紫阳书院诸生约言》，见《培远堂文集》10：15—17。

陈宏谋的身上有非常明显的禁欲主义思想。源于宋朝理学强调对人类欲望的抑制，这种思想是清朝精英分子对明朝晚期“启蒙运动”的反动。这种反应被马克梦（Keith McMahon）描述为“控制情感”①。但在陈宏谋的身上起作用的是一种更深远、更具个性的节制思想。

世上的好运或“福祉”是有限的，每个人都有责任减少消耗，珍惜这些上天的恩赐。换句话说，在饮食方面节俭可以显示出一个人对生命的基本尊重（“尊生”）。② 饮酒尤其应受到诅咒。陈宏谋为官一生经常发动遏止酒类和烟草生产的运动。一方面是出于经济方面的考虑，另一方面是他不相信烟酒能给消费者带来轻松愉快的享受。他同样发起抵制男女苟合的社交活动。他这样做，一方面是出于实际的考虑（如避免引发诉讼），另一方面则是由于个人的拘谨守礼。陈宏谋对消遣娱乐性质的性行为心怀恐惧。他曾直言：“恶莫大于奸淫。”③ 当他担任江西巡抚时，他曾试图通过赦免省府监狱中的囚犯，尤其是通奸犯，以祈求老天停止干旱。④ 他认为，只有出于繁衍后代的目的的性行为才是正当合理的，除此以外都是对上天的触犯。这赋予了“修身”的实际解释——保护上天恩赐的肉身。他引用陆世仪的话，大意是如果一个人对自己神圣的身体心怀敬意，他就会避免性放纵使之变得虚弱。⑤

禁欲主义不仅体现在性的方面，还体现在饮食方面。尽管没有证据显示他采用陆世仪倡导的素食原则（也许陈宏谋那个年代素食主义与佛教宗派主义联系如此之紧密以至于妨碍了这种选择），但据说他倡导有节制的饮食⑥，并且对他这样的官员的要求更加严格。在有关官员举止的资料中，他引用年

---

① Keith McMahon, *Causality and Containment in Seventeenth-Century Chinese Fiction* (Leiden: E. J. Brill, 1988).

② 陈宏谋：《自谏十策》，见唐鉴，5：9。

③ 《培远堂偶存稿》25：19。

④ 《培远堂偶存稿》20：32-33。

⑤ 《训俗遗规》2：34。要了解18世纪通过节制性生活来限制生育的观念，参见 Keith McMahon, “A Case for Confucian Sexuality: The Eighteenth-Century Novel *Yesou Puyan*,” *Late Imperial China* 9.2 (December 1988): 32-55。

⑥ 陈在信中提供了一个他自己每日消费食物的账目，参见家书，乾隆29/11/15，见《陈宏谋家书》228-30。

轻时在桂林著名的龙岩洞中看到的一幅题字。那是宋朝时一位桂林县令留下的，它将当地天降的瘟疫与当时在任官员的纵情声色联系在一起。①

这种节制的道德观无疑是宗教性的。它基于个体与实体上的“第一位”(上天)的关系之上，而且包括了一套近乎有关罪与恶的思想理念。卫德明对清朝思想的精彩研究揭示出一套别具特色的、高度情感化的、充满忧患意识的儒学理念。这些理念贯穿于陈宏谋所仰慕的17世纪著名学者陆世仪和陆陇其的思想之中。二陆的思想后来被19世纪的理学家唐鉴和曾国藩等崇尚力行的思想家所倡导，引起了无数人的兴趣。② 同样，吴佩宜在16世纪中期后的儒家学者作品中发现了一种前所未有的罪恶感（相对于更加正统儒家的羞耻感而言）。这种罪恶感体现在他们要求反省自身缺陷的强烈冲动上。吴佩宜特别引用了吕坤这位在思想方面对陈宏谋影响最深远的学者的话：我的心为我个人的所有罪过负责，我的四肢和其他器官都是无罪的。我个人为世上所有罪过负责，天地万物都是无罪的。③ 卫德明（Wilhelm）和吴佩宜都强调了这种思想体系中个人虔诚的重要性。对卫德明而言，在“克己”（陈宏谋个人作品中的一个关键词）思想传统中所有角色人物进行非常自觉的奋斗是人类思想在心理而非哲学方面的全新发现，是基于“孤立”、“不安全感”和“恐惧”(衷心敬仰陈宏谋的唐鉴清楚地阐明了这一概念）之上对良好道德的探求。而陈宏谋的书信中也十分明显地流露出对不断自我检讨的心理需要。这种需要奇怪地有一种现代的光环，融入他们思想和存在的非理性之根。④

尽管我对这种心理分析方法的适应远不如卫德明及其他同时代的学者们，但我能感觉到他掌握了陈宏谋个性中令人信服的某些方面。卫德明把这种观念等同于西方的“Xavarian”，但我个人则想起它与盎格鲁—美利坚式的清教徒主义的共同点。显然他的思想中没有对来生的强调和以信仰达成拯救

---

① 《从政遗规》1：10。

② Hellmut Wilhelm, “Chinese Confucianism on the Eve of the Great Encounter,” 见 Marius B. Jansen 编：*Changing Japanese Attitudes Toward Modernization*（Princeton：Princeton University Press，1965）。

③ Pei-yi Wu, “Self-Examination and Confession of Sins in Traditional China,” *Harvard Journal of Asiatic Studies* 39.1（1979）：36.

④ Wilhelm, “Chinese Confucianism,” 290–92, 302–3.

的教义。但是，他在宗教上和心理上对人类各种欲望（尤其是性欲）的憎恶，他节制的欲望与经济上节俭美德的结合（中文中使用同一个字“节”来表示经济上和性行为上的节制），以及他的满足人类欲望所产生的令人痛苦的罪恶感与严格的家长观念、强调逐步经济积累的价值观、一种类似福音派的使命感融合在一起。所有这些，在一个美国人听来都十分熟悉。① 在第三章中我们将会看到陈宏谋及其他同时代的人如何努力使“人情”免于受到玷污和损毁。但是对于陈宏谋而言，这个过程是在一种完全摒弃享用的意识背景下发生的。“防欲如挽逆水之舟，”他在晚年写道，“才歇力便下流。”②

与这种清教徒式的人生态度紧密相关的是我们所称的陈氏反唯美主义。反对古董收藏式的鉴赏，拒绝吟风弄月之类的无病呻吟，是吕坤、唐鉴所代表的倡导实行的儒家学者所持的观点。③ 但是陈宏谋对于文学和视觉艺术的反感明显是发自肺腑的，他完全相信自己不为美的感官体验所触动，并且有意识地展示这种能力。比如说，在写给由他负责的湖南省志编修局的具体指示中，他从关注民生实际的角度，为如何收录地方名人的文学作品制定标准：“一切风云月露之词，诗文虽佳，可以不载，人虽古，可以不列。”④

他在自己的作品中亦遵循了这种原则。确实，陈宏谋的大量遗作最显著的特征就是其中几乎没有诗歌，对于那个时代像他那样知名的文人而言，这确实令人震惊。据我统计，在他众多的作品中只有12篇诗文，其他所有的作品几乎都是关于社会或政治责任方面的。其中唯一的散文诗是一篇庆祝乾隆

---

① 与之相似的是理性主义者对宇宙的认识，对富于热情的宗教仪式的鄙视和与“早期”社会经济环境。参见 Perry Miller 和 Thomas H. Johnson 编：*The Puritans*（New York：Harper and Row，1938），1－79。要了解美国早期英国移民经济文化中独特的节俭与勤学特色，参见 John E. Crowley，*This Sheba*，*Self*：*The Conceptualization of Economic Life in Eighteenth-Century America*（Baltimore：Johns Hopkins University Press，1974）。

② 《遗书》，“补遗”15。

③ Joanna Handlin，“Lü K'un's New Audience：The Influence of Women's Literacy on Sixteenth-Century Thought，”见 Margery Wolf 和 Roxane Witke 编：*Women in Chinese Society*（Stanford：Stanford University Press，1975），28；唐鉴，5：10－11。

④ 《陈文恭公书牍》3：7－8。

皇帝在新疆获得军事胜利的颂诗（正如我们所看到的，这是陈宏谋试图阻止的一场冒险行为）。另外两首诗是向高宗和皇太后祝寿的贺词。① 只有一首诗可以被理解为具有纯粹审美情趣的，它是一首应同僚之邀而在对方画上作的题词。② 陈宏谋的文集同样不包含任何具有文学性质的散文作品，唯一的一个例外是一篇纪念性的纯古典形式的散文。它是18世纪30年代中期他在云南任职期间为阐明当地某个标志性建筑物何以命名为“静心亭”而创作的。③ 这样做甚至也有其实用性意义。

陈宏谋对于文学追求的质疑最主要来源于他的某种义愤感。他认为许多天赋极高且有能力为这个世界作出许多贡献的人却将精力和才华耗在徒劳无益的文学创作上。在简陋的桂林书院生活数年之后，陈宏谋来到翰林院这个全国最杰出、最聪颖人士聚居之地。翰林院的所见所闻极大震撼了他的心灵，并让他更坚定地认清了当时学术发展的错误方向。在那以后的几年中，他在信中向朋友抱怨说：“翰苑为储才之地，兵农礼乐皆才也。他若风云月露之章，冠冕堂皇之句，粉饰徒多，无裨世事，组织虽巧何益身心。”④ 他还说：

> 词苑为国家储才之地……至于馆阁文章，首先藻丽，不得不为着而学。须有根柢，内而身心，外而经济，皆宜随时用力。非徒在镂月雕云也。⑤

为了描述自己对自然的美学观念，他赞许地引用了魏象枢的诗句：“看好山水，先自祠墓田庐始。”⑥ 这些风景应该具有乡村式的质朴而非田园牧歌式的风味。

在陈宏谋看来，除了浪费官员的时间以外，对美学的追求已经开始破坏官僚机构的正直和效率。因为文学的优美正日益取代管理技能作为一种升官的标尺。如果说大量描绘自然的诗句和词藻华丽的诗是浪费时间的徒劳无益之举，那么那些关于浪漫和色情题材的文学作品就像酿酒用的酵母一样，成

---

① 《培远堂文集》卷5。
② 《遗书》，“补遗”13－14。
③ 《云南通志》(1736) 29.8：53－54。
④ 寄尹长元继善书（1739），见《陈文恭公书牍》1：7－8。
⑤ 寄邵其德书（1741），见《陈文恭公书牍》1：14。
⑥ 《训俗遗规》3：22。

为道德腐化的催化剂，因而必须下决心规避。①

贯穿我们研究的中心主题之一是探讨陈宏谋思想和政策上所存在的支持社会等级次序与平民主义之间的矛盾。在这一点上，我们可以从这复杂的矛盾体中找到一个基本成分，这就是他的卑微出身及因此自然产生的对任何形式借口出身高贵而排斥他人做法的反感。这个基本成分深深地扎根于他个人心理性格之中，并涉及对艺术追求的憎恶。对陈宏谋而言，一个重要的信条是道德价值超越社会等级，即“民具天良”②。道德行为和礼仪是所有人都有的，因此没有理由怀疑那些权贵们能更好地履行所有人都应有的道德义务。事实上，陈宏谋经常持有相反的观点，认为“小民”反倒是更好地履行了道德义务。为了反驳那种认为游手好闲的富人存在更多越轨行为只是一种偶然现象的看法，他写道：“夜长难免梦多。”他还引用格言来证明自己的观点为：要识别好人,得先从穷人、卑微者、不识字者开始。③ 陈宏谋作为一个地方巡抚，为解决行政管理实际需要而不同寻常地支持卖官位行为，从中看出他对于清朝标志性的社会等级制度并没抱有多少神圣情感。

外表的优雅，就像文章形式的优美，本身毫无价值可言，却有可能遮蔽对价值的真实评估。所以，在监督乡试时，陈宏谋命令他的下属不要被讲究的服饰和举止所误导，而要平等地对待每个应试者。他坚持认为，优雅是问题的一部分而非问题的答案。④ 在《养正遗规》的一篇高度发人深省的文章中，他赞美了乡村式质朴的品德。正如我们所看到的，他将这种质朴的美德看做自己家庭及当地文化背景的独特之处：“昔人之患在朴，今人之患在文。文翁治蜀，因其朴而教之以文也。今日之势，正与文翁相反。使民能反一分朴，则世界受一分惠。而反朴之道，当自教童子始。有心世道者，慎毋于时文更扬其波哉。”⑤

---

① 寄朱晓园书（1749），见《陈文恭公书牍》2：15－16；《养正遗规》，补充卷，16－17。

② 《培远堂偶存稿》19：31。

③ 《陈文恭公书牍》1：14；《训俗遗规》3：22，引自魏象枢。

④ 《培远堂偶存稿》17：39－40。

⑤ 《养正遗规》2：20。如果像 Peter Bol 所论述的，宋朝的思想家把文明的核心价值看做文，陈或许在一定程度上是对其的回应。陈的“化”的观念与宋朝时期的思想有许多共通之处。对陈这样的人来说，拯救被腐儒和附庸风雅的文人所糟蹋的儒家礼教才是那个时代的中心任务。参见 Peter Bol，“*This Culture of Ours*”：*Intellectual Transition in T'ang and Sung China*（Stanford：Stanford University Press，1992）。

正如我们看到的，陈宏谋往往对这个问题加上空间的概念：帝国的中心区域更文明，而偏远地区则更朴实。他官宦生涯的基本目标是反击贵族精英们对后者的偏见，并在一定程度上，纠正这种不平衡。陈宏谋敏锐地觉察到文化、经济资源分配的不平等，因而更愿意以一种先入为主的观点来看待他任职省份的人们，尽管这不符合其政治家的身份。同样，从在北京通过会试的经历中，他深刻地体会到其他地方的文化风格与他的家乡广西有多么大的不同。北京社会是“愉快和放荡不羁的”，而扬州社会是“琐事繁杂的”，陈宏谋饶有兴趣地引用了史典——当地一位对世风不满之人的描述。江苏人（尤其是苏州人）是诡计多端、好争吵的。他们在消费和赠送礼物方面的互相攀比使他感得恶心。他所看到的江西人则明显不同，他们“勤俭”和“朴实”。他视为第二故乡的陕西也远远强于江苏省，其民风十分“简朴”，不狡猾，不好争论，也不道德败坏。①

必须强调的是，对于陈宏谋而言，陕西文化之所以从道德上胜过江苏省，不是因为它能相对免受市场的侵蚀（陕西人和其他任何地方的人一样看重商业利益），而是因为他们更加诚实。陈宏谋的文化偏见尽管含有对城市的敌意，但并未因此就简单地把人口密度和某一地区民众的道德风尚联系到一起，因为陕西和江苏都是人口相对稠密的省份。同样的，一个地区位置上的偏僻与其道德行为也没有必然的联系。陈宏谋最讨厌福建人，在他看来，由于福建省地处偏僻海疆，所以福建人非常“不诚实和狡猾”。但是，偏远的地理位置对广西人的道德特征起到了积极影响。②

当然，在很大程度上，陈宏谋只是简单地复述被广泛认可的陈旧文化观念，但显然是因为这些观念和他内心的想法产生了共鸣。否则，他就会如此告诉人们：例如湖北人，并不是大家所说的那样顽固和爱发脾气。③ 作为一个意识到政府应该关心人民的道德启蒙和教化的官员，陈宏谋愿意把其管辖地区的文化风格归纳起来，并用其家乡的道德标准来衡量它们。这是他形成

---

① 奏折，乾隆19/9/28，《宫中档乾隆朝奏折》9.648－50；《陈文恭公书牍》1：1，1：14，2：13，3：1；《训俗遗规》4：1－21；《培远堂偶存稿》11：25－26，11：29，15：15－16，19：21－40。

② 《培远堂偶存稿》33：33。

③ 奏折，乾隆13/1/10，宫中档，台北。

政策的重要出发点。

陈宏谋是一位有强烈的经世使命感的人（救世）。[①] 他对这个事业的执著表达在清朝官方修辞的普通用语中。例如，“报恩”表达报答朝廷对他信任。但这些言词往往更加特殊。所有认识陈宏谋的人都认识到：他有远比其他官员强烈的弥赛亚式的使命感。当他写到“以天下为己任”或“我责”时，他表达了自己对公共利益坚定的承诺。[②] 这个决定性的责任感是所有那些被陈宏谋称为“吾辈”的士大夫们的共有特征。但是他将这当成一个十分特别的个人责任来实践。虽然他通常避免与同僚们作易招嫉妒的比较，但他明显相信自己管理能力的独特性。例如这表现在对自己在某个指定职位任期内制定的改革和创新措施的强烈关注，也表现在注意防范继任官员们可能的忽视对它们所造成的侵蚀。[③] 对于陈宏谋这样的人而言，这和追求流芳百世一样重要。

在对他人的责任和个人自我实现方面，他的使命感和事业心是独特的。年轻时他写到：在成就方面与其他人没有区别将等于虚度平生。[④] 在他的整个职业生涯中，他在办公室的墙上贴满了前辈官员们的伟大事迹，经常劝诫自己去仿效或超越他们。[⑤] 与此同时，他又不得不痛苦地承认，这种自己孜孜以求的救世理想是不可能实现的。墨子刻（Thomas Metzger）称这种不可避免的失败感是中华帝国末期士大夫们面临的一种困境。[⑥] 在陈宏谋的作品里有许多地方暗示，甚至坦率地讨论他个人的这种挫败感。这种挫败感表露的形式之一，就是陈宏谋从哲学角度对个体，亦即“己”的痴迷思考达到令人反感的程度。一个人如何能够对自己满怀信心，致力于自我完善，同时又能意识到自我完善成功的关键是“克己”？另一种形式是关于“患难”的不

---

① 《培远堂文集》2：30。

② 寄张墨庄若桂书，见《皇朝经世文编》2：33；唐鉴，5：11。

③ 为了让它们永远流传，陈在1757年选编出版了自己在陕西任总督的四个任期内出台的重要政策文件——《规条汇钞》。同样参见寄杨秋水应琚书，见《陈文恭公书牍》2：9。

④ 《遗书》，“补遗”15；高吉人，8。

⑤ 唐尹：《学仕遗规》前言。

⑥ Thomas Metzger，*Escape from Predicament：Neo-Confucianism and China's Evolving Political Culture*（New York：Columbia University Press，1977）.

断论述，这是追求道德上自我提高的感受。第三种是如何应付职业挫折和仕途兴衰。我们将在后面的研究中看到这些方面的详细内容。

这里更需要讨论的是陈宏谋上述忧虑中一个特别具体的方面，也即对于自己个人政治作为是否妥当的忧虑。在那个时代，这种恐惧肯定相当广泛地存在于那些更加敏感的官员中。但对于陈宏谋而言，这种恐惧还带有一种强烈的关于形势和个人义务的紧迫感。在信件中，他越来越多地将官场的悲惨景象描绘成一个恐惧的世界。它充满了对各种诱惑的忧虑，如自我懈怠的诱惑，对职责将超越自己的能力水平的忧虑，对没注意到或者忽视一些重要事件的忧虑，还有一种忧虑是伴随自己过去的成就而来的自满情绪将妨害现在的工作。① 除这些忧虑外，时时可以看到一项规划的初衷与其落实后产生的结果之间的巨大差距所带来的致命挫折感。② 在这诸多担忧的背后，可以看出陈宏谋痛苦而强烈地意识到，在他的时代，一个特定官职不断扩大的责任范围，及其所面临任务的复杂性毋庸置疑地超出了最有献身精神、最有天赋的官员的承受能力。③ 在这种情况下，他对相信自我（“信我”）的求助，不管多么虔诚，都带有绝望的意味。

当时官场大多数人的看法好像已经视陈宏谋是一位诚实的、有勇气的和精力相当充沛的，但又顽固和过于自信的人。一位恶意批评者写道：他处理行政工作，无论大事还是小事都一样。他认为这样做是适当的。他仅仅相信自己出众的判断力。④ 对陈宏谋个人来说，尽管有一个由亲朋好友组成的社交圈，但他有这样一种观点：正是自己不妥协的正直导致在官僚机构内的孤立。这种孤立部分上是行政管理的权宜之计。作为一位自觉地追求正直的官员，陈宏谋大张旗鼓地把自己隔离起来，以远离那些亲朋好友，从而避免引起假公济私的嫌疑。⑤ 在一定程度上他也欢迎这种隔离所带来的孤独。在一封信中，他称自己喜欢将个人时间花在私人学习上。他声称：“长安道中，

---

① 参见《陈文恭公书牍》1：12，2：19；《培远堂偶存稿》20：11−23；《养正遗规》1：17。

② 寄朱佐汤书、寄张奎祥书、寄周人骥书，见《陈文恭公书牍》3：4。

③ 寄邵其德书、寄宫怡云书、寄朱晓园书，见《陈文恭公书牍》1：14−15，3：7。

④ 庆复奏折，乾隆12/1/13，军机处奏折，台北“故宫博物院”。

⑤ 参见《培远堂偶存稿》11：27−28，25：30−31。

不能概却酬应。每日必得拨冗静坐一二时，与古圣贤相晤对，偶有所得，或有疑难，随时登记，以得质证。比之逐日奔突，拜会不关切之人，讲说不由衷之话，所得多矣。”① 但是，即使这种自得其乐的宣言也时常笼罩在一种沉重的氛围之中。就像在职业生涯中期他向一位同事哀叹道：“为官在外，无以为家”，“其情良苦……此难与俗人言，言亦不信，惟有随遇而安，仍守吾寒素之故步耳”②。

如果不了解陈宏谋成年之前的个性发展，我们既不可能理解作为盛清官僚精英一员的他所具有的心态，也无法完全理解他基于这种心态所作的政策选择。作为一位来自于偏远（带有边疆气质）半边缘地区，出生于节俭家庭，以及肩负着以成功为动力的人，他表现出一种非同寻常的严肃的个性：严格的、乏味的、有强烈事业感和自信心。陈宏谋的官场风格的另外一些成分，例如他的彻底性、对规律性和日常事务充满激情的情感，毫无疑问地有极深的个人根源。削弱他身上这种极端严厉的东西是对普通百姓的真正的和衷心的怜悯与关于实用主义管理方法的灵活性，这一点甚至连他的批评者也不否认。本书将指出，由于陈宏谋将政治实用主义和道德严肃性独具匠心地结合在一起，他才能在中华帝国晚期的经世传统中占有如此中心的地位。

---

① 寄朱晓园书，见《陈文恭公书牍》2：17。

② 寄唐近仁秉刚书，见《陈文恭公书牍》2：16。

第二章
官

由于陈宏谋的政治立场以及他所代表的政治行为风格的缘故，他成为一个让人备感兴趣的历史人物。陈宏谋的那些政治主张不是凭空产生的。它们既非完全是对自然或社会状况自发的反应，也不只是文人治国的传统产物，更不应完全归功于陈宏谋的个人智慧。当然在某种程度上这些政治主张与上述因素都有关，它们是我们前一章所言的独特社会背景与独特人格相结合产生的结果，同时被包围在一个复杂而又现实的政治利益网络中。清朝的政治制度十分错综复杂，而且实际上所有的政治举措都是针对制度本身、个人及派系联盟，甚至针对社会上众多需求的必要回应。陈宏谋声称自己要避开派系利害之争是意料之中的事。事实上，相比于大多数同僚们，他更幸免涉足于此。但是，正如我们看到的，他是一个机敏的政治家。如果不够机敏的话，他不会在乾隆时期身居显位那么长时间。在这一章中，我们将探索他在清朝中期为在政治体制中争得一席之地而进行的奋斗。

（一）从雍正到乾隆

我们先看一看清朝的政治。陈宏谋在雍正时期一跃成为省级大员，但他一生的大多数时光是在统治风格完全不同的乾隆时代度过的。而且，过去和近年来的研究显示，乾隆在他执政的大约前十五年里，逐步改变了由他父亲所定下的政策方针，朝着一个高宗自己形容为宽容（“宽”）而非严厉（“严”）的方向发展。① 这段时间恰恰也是陈宏谋为官最有成就的几年。但

---

① 要了解近年来中国学者对他的研究，参见白新良：《乾隆皇帝传》（沈阳：辽宁教育出版社，1990），16-19；戴逸：《乾隆帝及其时代》（北京：中国人民大学出版

是，新皇帝是清朝最杰出的统治者之一，陈宏谋是一位才华出众的地方大员，两人因个性和治国理念差别很大，彼此关系极为紧张。

经济史学者高王凌将从雍正到乾隆政策上的转变描述成一个庞大政府“未完成的实验”，雍正尽心竭力地试图积极建立一个有着强大经济基础，政府高度干预性质的大国，但这一路线为新即位的乾隆皇帝所放弃。[①]事实上，这种政策上的重新定位远不仅是简单涉足一系列文化倾向和政治经济策略，它涉及的范围更广。简而言之，高王凌至少反映了一个事实，在 19 世纪中期，面对扩张掠夺性的西方时，清朝发现乾隆统治初期谨小慎微的原则立场使得国家已变得弱小。这与雍正所期望的大清帝国恰恰相反。正如本书其他部分所展示的那样，陈宏谋本人的政治思想相当复杂，相对于提携的雍正皇帝，他对国家干预的兴趣要小得多。可是，和陈宏谋效忠了大半生的乾隆皇帝相比，倡导仁政观的陈更重视政府干预的作用。因此，他用尽各种方法来抵制乾隆前期为减少国家干预所采取的各种政策。这两个人都意志坚定，不肯轻易妥协，二者关系因而十分复杂，有时甚至相当紧张。

社，1992)，98－113；高翔：《康雍乾三帝统治思想研究》（北京：中国人民大学出版社，1996)，257－304。了解一个西方权威学者对此的概括分析，参见 Kuhn，*Soulstealers*，227－28。一项传统的对高宗登基之前政策观点的研究，应是 Harold L. Kahn，*Monarchy in the Emperor's Eyes*：*Image and Reality in the Ch'ien-Lung Reign*（Cambridge，Mass.：Harvard University Press，1971)。要了解乾隆是如何改变雍正政策的，参见冯尔康：《雍正传》（北京：人民出版社，1985)；高翔：《康雍乾三帝统治思想研究》，173－246；Pei Huang，*Autocracy at Work*：*A Study of the Yung-cheng Reign*，*1723－1735*（Bloomington：Indiana University Press，1974)。除了冯尔康的细致研究，另一项关于雍正政权的研究，是由日本著名的汉学家 Miyazaki Ichisada 完成的，他的研究延续了“京都学派”的观点，把雍正在位时期描述为帝国长期的集权统治历史中的一个顶峰。参见 Miyazaki，*Yōseitei*：*Chūgoku no dokusai Kunshu*（The Yongzheng emperor：China's absolutist ruler）（Tokyo：Chūo Koronsha，1996)。

① 高王凌：《一个未完结的尝试——清代乾隆时期的粮政和粮食问题》，载《九州学刊》2.3（1988 年 4 月）：13－40。Helen Dunstan 也同样考察了乾隆当政的前 15 年中从强调国家经济干预到减少这种干预的转变。参见：*Conflicting Counsels*，尤其是 69－71，152－53，330－31。Helen Dunstan 认为，18 世纪 40 年代后几年在这一转折时期起了决定性的作用，并将此与雍正朝留下来的两位最重要的前朝旧臣鄂尔泰（死于 1745 年）和张廷玉（1750 年休致）联系起来。正像我们要看到的，这两位都是陈宏谋早期的支持人，后来，国家干预虽然从政治角度讲已经不再时髦，仍为陈宏谋所赞成。

雍正和乾隆在政治经济政策方面的差异明显体现在两个问题上：一个是土地的开垦，这一点我们将马上进行详细讨论；另一个是第八章的重点——国家的粮仓问题。从1736年到1749年中央政府在这两个方面的干预明显有所减弱。接下来我们将更简要地介绍从雍正到乾隆期间在经济、文化和人事政策等方面反映出的巨大变化。

首先是地方政府的财政。曾小萍在1984年出版的一本具有划时代意义的书中研究过这个问题。① 正如曾在书中详细叙述的那样，雍正致力于通过建立专款（“公项”）为地方政府的运作和资金开支提供预算经费以使地方财政理性化。费用主要来源于随固定田赋而征收的附加税（“耗羡”）。政府毫不掩饰其在地方一级扩大管理机构的需要，其坦率程度是前所未有的，正是这种需要构成了改革的基础，目的是为地方行政所需资金来源规范化。同时，通过法规和例行报告保证中央对地方事务有更大程度的监督。曾小萍认为雍正的改革不仅必要，而且是可行的。这个结论让我信服。用她的话说：“这项改革标志着现代国家制度（‘现代国家制度’几个字是我添加的）的发展迈出了重要的一步。在这个制度下，政府职责的概念超出了收税和维护公共秩序。”② 但在雍正死后的几个月里，乾隆接到纷至沓来的奏折，这些奏折催促回到一种“否定政府干预的地方管理理念”，重申了固定经济总额的观点，提倡通过减轻赋税来“藏富于民”③。乾隆实际上采纳了这个建议。当然，他不是断然取消他父亲的改革措施，而是借断然拒绝地方政府提出的根据通货膨胀和人口增长而增加财政预算的要求来达到这一目标。

虽然乾隆肯定理解他父亲的税制改革的好处，尤其是“耗羡归公”（控制附加税并将之用于公共事业）和“摊丁入地”（将人头税和土地税合二为一）④，但他更倾向于关注其负面影响。他认为这两项改革至少部分地是由于

---

① Madeleine Zelin, *The Magistrate's*, *Tael*: *Rationalizing Fiscal Reform in Eighteenth-Century Ch'ing China* (Berkeley: University of California Press, 1984).

② Zelin, 304.

③ 参见第六章，该章对清代“藏富于民”话语隐含的内在紧张有初步的讨论。

④ 关于后者的革新，参见郭松义：《论“摊丁入地”》，载《清史论丛》3 (1982)：1-62。

对税收不合时宜的贪婪所促成的。这些政策与他的祖父康熙在1713年“永不加赋”的誓言以及他本人追求的以轻徭薄赋为特点的仁政理想是背道而驰的。

减轻赋税是乾隆初期统治的重要主题。在继位的第一年，他提议废除一些省份的世袭劳役义务。雍正时期采取了以捐代役的做法并将之合并到地方一般税收之中。同年，乾隆减少了一些省份的县级税收定额，因为这些地方的财政负担由于屯田费用支出及相应债务都有所增长。事实上朝廷取消了对这些屯田产品的所有权。他努力废除各种“派捐”和许多地方征收非法费用，还有他父亲为支援其在西北、西南边疆等的军事行动而宣布在全国征收的税赋。他废除了一项雍正时期的城市房地产契约转让税。同时停止了一项他父亲发起的运动，这项运动是为了巩固国家对盐业的垄断，以制约盐业走私者的竞争。这个运动起因于人们在不法私人市场上购买私盐。为了庆祝登基十周年，1745年他宣布全国减免近2 800万两的土地税。在随后的几年里，他又下令减免地方一系列更多的漕粮。①

许多措施都是为了实现财政收支平衡，但这种平衡却是以牺牲税收为代价的。在很大程度上，乾隆皇帝极不情愿对某些地方精英所实际享有的根深蒂固的财政优势提出挑战。雍正皇帝曾下令清查累积的税收欠款。这项运动曾于1729年到1731年间在经济发达的江南展开，但在乾隆继位初年就偃旗息鼓了。在雍正时期，废除了“儒户”（儒家学者）和“宦户”（官员）两类阶层所享有的合法税赋优惠。但是，在1736年乾隆马上命令恢复绅士人物多种税收的豁免权。② 当代学者以当时人的观察为依据，把18世纪中期的土地高度集中归咎于乾隆实施的新政策。③

从雍正到乾隆，政治经济政策出现了有计划的变革。这些有计划的变革可以与当时社会文化领域的政策变革联系起来，并使其在社会文化领域政策变化的背景下得到更好的理解，但是社会文化领域的政策变化与经济并无直接关系，一个重要例子就是种族或民族政策。柯娇燕的研究让我们注意到雍

---

① 戴逸：《乾隆帝及其时代》108－10；白新良，23－32，160－61；Kishimoto, “Keizai Seisaku,” 25－28。

② 冯尔康，164－72；白新良，27－28。

③ 参见Suzuki Chūsei，45。

正和乾隆在文化上树立自己合法地位方式的不同。① 雍正坚持认为，民族特性是可塑的，民族习性的差异是可以通过文明同化过程来融化的。他和他的臣民的经历就表明了这一点。1730 年编写的《大义觉迷录》代表了雍正在这个问题上的观点。在书中他把自己统治下的臣民视为一个没有种族差异的整体（“天下一家，万物一体”）；他认为地理上的“内”和“外”，如用于描述社会多种群体的差异，是可以接受的，但用于区分种族或文化差异，这种观点是历史遗留下来的语言歪曲。② 乾隆继位以后，马上收缴并销毁了这种观点近乎异端的小册子，并处死了曾静。曾静是一位反清活动家，但雍正本着四海一家的观点赦免了他。③ 至 1743 年前后，乾隆已经牢固地重新树立起自己是一个满人的统治者形象。他统治着一个柯娇燕所描述的由各种不同的民族群体所构成的联合统一帝国。④ 另外，雍正积极通过儒家文化教育和在科举考试中给一定数量的名额等方法使西南土著少数民族融入到统一的清朝文化主流中来。但是，这个政策被乾隆完全推翻，因为他认为这些人不可能成为文明人，在改变他们的非文明风俗时应听其自然，谨慎从事。⑤ 在以汉人为主的中国内地，雍正通过要求那些来自官话（相当于清代的普通话）不通行地区的中举者通过标准发音考试（“正音”）来实现全国语言统一的努力，但是在乾隆继位后就被废止了。⑥

乾隆皇帝比其父更乐意承认帝国内部存在的文化多样性，他不仅宽容甚

① Crossley 在她的很多论著中讨论这一问题，包括 *Orphan Warriors*: *Three Manchu Generations and the End of the Qing World*（Princeton：Princeton University Press，1990），21-22。

② 雍正：《大义觉迷录》（1730；再版，台北，1969），1：1。

③ 有关这一事件及其在乾隆和雍正时代的影响，参见 Pamela Kyle Crossley，*The Manchus*（Oxford：Blackwell Publishers，1997）第五章；《清代名人传》，747-49；白新良，19-22；戴逸，《乾隆帝及其时代》105-7。

④ 尤其参见 Crossley，“*Manzhou yuanliu Kao* and the Formalization of the Manchu Heritage，” *Journal of Asian Studies* 46.4（November 1987）：761-90；Crossley，“The Rulerships of China，” *American Historical Review* 97.5（1992 年 12 月）：1468-83。

⑤ William T. Rowe，“Education and Empire in Southwest China：Ch'en Hung-mou in Yunnan，1733-38，” 见 Elman and Woodside，417-57。

⑥ Paola Paderni，“The Problem of *Kuan-hua* in Eighteenth-Century China：The Yung-cheng Decree for Fukien and Kwangtung，” *Annali* 48.4（1988）：260.

至支持社会等级秩序。雍正皇帝解放社会底层贱民所采取的一些著名措施并没有在乾隆统治时期得到沿用。相反，乾隆皇帝还制定法规来消除这些措施的影响。① 同时，乾隆从上任开始就维护文人的特权。除前面提到的税收减免政策之外，在他继位的头一年，他还恢复了读书人免除刑事起诉的特权。②雍正曾经视官方以外的地方精英是对建立一个激进主义的中央集权国家的威胁，而乾隆有着比雍正更强的社会等级观念。乾隆的早期政策也是始终为巩固这种等级秩序而服务的，因为他认为这种秩序一直处于威胁之中。③

同时起作用的还有一种根深蒂固的文化精英主义。盖博坚和其他一些学者指出，在雍正和乾隆时期，科举考试的内容发生了转变。乾隆将考试的重心大量放在文雅的散文诗歌及晦涩难懂的文字考据之上，这要求应试者年幼起就能享用典藏丰富的图书馆，而这些图书馆不成比例地分布在国家最富有的地区。这样一来，在乾隆统治初期官员更多的是从经济文化发达的地区选拔。④

比较雍正和乾隆早期的重大决策，它们之间存在某种较大的差异性。但是，他们之间的政策也有很多连续性，而且一些外部因素的变化也要求乾隆做些政策调整。雍正雄心勃勃却时常不计后果的某些做法所产生的不良后果也需要乾隆加以补救。但是，在我看来，这里提供的所有证据都明确地证明了这样一个观点：雍正和乾隆对他们所希望统治的政体各有系统的但不同的观点。

雍正皇帝致力于减少种族成见和身份等级差异在帝国政治生活中的重要性；消除国家之外对他的臣民的约束，由国家直接统治而不需要通过精英分子做中间人。政权本身将空前地集权化、官僚化和高效率化。它将紧紧关注

---

① 对雍正首创精神的最好的讨论仍是 Terada Takanobu，“Yōseitei no seimin kaiko ni tsuite,” *Tōyōshi Kinkyū* 18.3（1959）：124－41。参见冯尔康，377－86；Pei Huang，226－36；经君健：《清代社会的贱民等级》（杭州：浙江人民出版社，1993），233－36。

② 白新良，28。

③ 张仁善：《论乾隆的等级伦理观及其维护等级伦理的措施》，载《故宫博物院院刊》1988.3，23－28，69。

④ R. Kent Guy，“Zhang Tingyu and Reconciliation：The Scholar and the State in the Early Qianlong Reign,” *Late Imperial China* 7.1（June 1986）：50－62；Guy，《方苞》；Guy，“Provincial Governors of the Qianlong Regency”。参见戴逸：《乾隆帝及其时代》，146；James Polachek，*The Inner Opium War*（Cambridge，Mass.：Council on East Asian Studies，1992），26－27。

社会和经济发展的过程，并以空前的激进主义政策干预供给、教育和公共事业等领域。日益增长的税收和更加规范、标准化、集权化的财政系统将为激进主义政权提供经济支持。相比之下，乾隆在继位前期致力于建设这样一个社会：它由不同的民族群体组成，人们分布在不同的等级秩序中，并且在很大程度上人民能自给自足。他的统治范围普遍，但远不如雍正具有直接的管理性。他的政权给予臣民的较少但要求也较少，他愿意看到财政收入占生产总值的比重逐步减小，甚至对国家财富的增长比例不做任何记录。

两位皇帝完全不一样的思想观念对陈宏谋与他们的个人关系产生了直接的影响。自从陈宏谋在省里任职后，他就被雍正皇帝当作亲信，一位亲手提拔（虽然级别较低）的“新人”。人们一直对雍正即位的合法性争论不休，因此执政之初，他一直试图通过一批“新人”来改组政权。为了扭转康熙后期以来遗留的官僚主义风气，加上雍正积极主动的个人意愿，他试图从非皇族满人、江南及其他文化核心区域以外的汉人（而不是从原先已有的人才库）中选拔官员。雍正要求他的大臣坚忍、有才能和忠诚，并不一定要有显赫的出身，但一定要是一位实干家。他对具有渊博学识的必要性提出质疑。雍正欣赏任劳任怨的人，他信仰儒家《四书》的道德观念并且希望他的大臣也能和他一样。用他自己的话说，他需要的是一种“实在”的人。这与陈宏谋及他所代表的经世运动是完全一致的。雍正需要的是具有实际技能（他喜欢技术专家并且试图给他们委派技术任务）的，又性格刚毅，对各种冷嘲热讽无所畏惧的大臣。他认为这些是为官的有效前提。雍正还是一个很直爽的人，他同样希望他的大臣也一样。他还对与自己意见不一致的人有很强的包容精神，欣赏敢于说实话的大臣。雍正鼓励官员提出不同意见。只要能合作共事，他不在意对方与自己有不同的政治见解。从各个角度来看，陈宏谋都是雍正理想中的人才。①

陈宏谋在1723年通过殿试后，被任命为翰林院的庶吉士。在翰林院待了

---

① 对雍正人事政策很出色且较为系统的分析是 Kent C. Smith 的“Ch’ing Policy and the Development of Southwest China：Aspects of Ortai’s Governor-Generalship，1726－1731”（博士论文，耶鲁大学，1970）。“新人”这个有用的短语是 Smith 新造出的词。参见冯尔康，80–84，209–20，422–27，和 457–70；高吉人，12–13；Zelin，尤其是190页；Guy，《方苞》。

3 年之后，他相继被任命为《清一统志》的编修，顺天府试的副考官。① 但毫无疑问的是这些年陈宏谋取得的最大成功就是结交了朝廷最有权势的汉人官员张廷玉。张廷玉（1672—1755）出身于安徽桐城的一个文人家庭。他青年时就放弃纯学术研究，转而支持政务和自觉地关注实际管理。他学会了满文，成为内廷受信任的顾问。康熙时期他曾供职南书房，后来在雍正时期任职于军机处。据传张廷玉为雍正皇帝起草了许多重要的政策文件。② 他还担任了 1723 年（陈宏谋中进士那年）会试的主考官。陈宏谋为了避开直接拜访的冒失之嫌，特意在参加考试完毕之后请张廷玉为自己的书斋赐名，张廷玉赐之“培远堂”，从此陈宏谋的一生便和张廷玉联系在一起了。在翰林院任职时陈宏谋的主要工作是收集明史编修所需要的史料，而明史的主编正是张廷玉。陈宏谋在省里做官后，两人仍有书信来往。在张廷玉去世时，陈宏谋为其写了一篇情真意切的挽词。③

陈宏谋在京城时结交的另一位重要官员就是吏部尚书甘汝来。早在甘汝来任广西巡抚时，陈宏谋就拜访过他。当时陈宏谋赞扬甘汝来在维护和资助私人书院、普及教育、缓和汉族与非汉民族等方面作出的重大贡献。此后这一老一少官员一直保持联系。最后陈宏谋还为其遗稿文集作序。④

1726 年初，陈宏谋得到了第一次大的升迁。当时雍正为了寻求新的有才能的官员，颁布了一项新的计划，计划首先从翰林院中挑选有潜力的候选人到朝廷的六部之中试用，再把最优秀的候选人直接派到省里担任重要职位。尽管许多翰林院的资深官员都以陈宏谋举止不文雅而对他评价很低，但他还

---

① 《列传》，5884；《先文恭公年谱》1：9—10。

② 要了解张廷玉的职业生涯，参见《清张大学士廷玉自订年谱》（1749；再版，台北：商务印书馆，1982）；徐凯：《论雍乾枢要之臣张廷玉》，载《北京大学学报》（哲学社会科学版），1992.4，91—98；Guy，“Zhang Tingyu and the Reconciliation”；冯尔康，481—85；《清代名人传》，54—56。关于张的桐城背景，参见 Hilary Beattie，*Land and Lineage in China*：*A Study of T'ung-ch'eng County Anhwei*，*in the Ming and Ch'ing Dynasties*（Cambridge：Cambridge University Press，1979）。关于他在军机处中所扮演的角色，参见 Beatrice S. Bartlett，*Monarchs and Ministers*：*The Grand Council in Mid-Ch'ing China*，*1723—1820*（Berkeley：University of California Press，1991）。

③ 《文集》2：30—33，7：13—15；《陈文恭公书牍》1：12，2：3；《皇朝经世文编》16：33；《先文恭公年谱》1：8；高吉人，12。

④ 陈宏谋：《甘庄恪公全集序》，见王昶，30：7—8；《中国人名大字典》，195。

是被选中了。毫无疑问是张廷玉插手过问了此事。据说张廷玉放言："陈君才可大用，吾正惧其沉沦词垣中耳。"张廷玉随后又安排陈宏谋到张廷玉和甘汝来任尚书的吏部担任职位较高的郎中，让陈宏谋负责各省布政使和按察使人选的筛选工作。①

1729年新年刚过，陈宏谋得到了第二次大升迁。当时雍正要求每位尚书提名一名年轻下属面见皇上以便朝廷能亲自掌握最优秀人才的情况。张廷玉提名了陈宏谋。皇上对陈宏谋非常满意。在现存的记录中有雍正的亲笔批语："实心任事，吏部出色司官张廷玉都不让……将来可望成人者，上中……本心亦明白，不似广西人。"② 雍正又把陈宏谋将年老双亲接到京城的举动认为是具有家庭观念的表现。此外雍正又听说陈宏谋善于马术和射箭。最后根据张廷玉和朱轼的建议，雍正任命陈宏谋为浙江道监察御史。

根据当时许多人的看法，陈宏谋担任浙江监察御史期间发生了一件令他名声大噪的事情。18世纪前叶，监生请专门的代理人代考年度考核已成为普遍行为。雍正登基后，决意禁止这种行为。尽管他允诺赦免他们的谬行，但要求所有的违规人员当众认罪，请求朝廷对他们错误的原谅。这项政策在官员中引起了极大的恐慌，只有新上任的浙江监察御史陈宏谋敢于向皇上直言。他上奏皇帝并指出，这项解决方案将使问题更加复杂，让众多的地方精英当众受辱和名声扫地，会使社会秩序更加混乱。更好的解决方法是对过去的不良行为不予追究，同时加强防范，防止其死灰复燃。这使皇上很震惊，他把陈宏谋召回京城，进行了三次面谈。但陈宏谋坚持自己的看法，不同意皇上的政策。最后皇上还是接受了陈宏谋的意见，并称赞他"上书直言"，维护百姓利益（"允公"）。陈宏谋被破例派往山西，督促将要举行的乡试。皇上认为他如此精通治理，那么评判文章当然是不在话下。陈宏谋完成任务返京后，雍正任命他兼任扬州知府。他可继续对所有他认为值得禀报的事情直接上奏皇帝。③

---

① 高吉人，13。

② "雍正朝朱笔引见单"，见《清代档案史料丛编》，第9辑（北京：中国第一历史档案馆，1983），103-4。

③ 彭启丰，14：6；孙星衍，14；袁枚，9；《清史稿》35.10558；《先文恭公年谱》1：13；高吉人，15-16。

在1729—1732年间，陈宏谋在江苏担任了一系列中等职位后，最后升任江宁布政使。那段时间江苏恰好在进行雍正推动的清查欠税运动。清查的烦琐和复杂程度在这里就不赘述了。① 陈宏谋工作得力，十分能干，并发现一位高级官员在自己负责的考试中有作假行为。由于他在清查工作中如此负责，所以雍正不理会所有针对陈宏谋的指控。此时陈宏谋和雍正的交往变得很亲近了。显然他已经成了雍正的宠臣。②

他在江苏卓有成效的工作为自己赢得了年轻的满洲巡抚尹继善的支持。带着清理税收欠款的特别指示和对这次行动的成功将为未来官场生涯带来契机的清楚认识，尹继善被派往了江苏省。与陈宏谋一样，尹继善是一位典型的雍正"新人"。他来自于出身贫寒的章佳氏。他受雍正宠信的来历很富有传奇色彩。在一次执行康熙皇帝指派的任务过程中，当时还是皇子的胤禛遇到一场暴风雨。当他到尹继善父亲家中避雨时，被这位年轻人的聪明才智所打动。在被雍正看中以后，尹继善获得更好的运气。他与鄂尔泰的侄女订了婚。鄂尔泰是雍正的知己，并且跟尹继善一样是出身于满洲下层的贵族家庭。③ 尹继善与陈宏谋同样生于1696年，死于1771年，同属1723年进士。他们二人有相似的职业生涯：18世纪30年代初期在长江下游地区；30年代中期在西南地区；40年代的在西北地区；50年代再次到扬子江下游地区；60年代在北京任内阁大学士。在无数的场合，作为上级和下级，作为同一地区的接任者或作为在相邻的行政区域同时任职的同事，他们常常工作在一起，互相支持对方的各项工作和高度行动主义的政策。④

---

① 要了解这些细节，参见Zelin，第六章。

② 奏折，雍正9/4/10，见《宫中档雍正朝奏折》；《先文恭公年谱》1：15－22；高吉人，16。

③ 关于尹继善的生活和事业，参见高翔：《尹继善述论》，载《清史研究》1995.1，27－37；《清代名人传》，920－21。

④ 仅仅要了解一些例子，参见陈氏奏折，乾隆17/3/4，19/9/28，20/10/5，见《宫中档乾隆朝奏折》2.366－67，9.648－50，12.597－98；尹继善奏折，雍正12，见《云南通志》（1736）29.629－52；陈氏奏折，乾隆8/inter4（即闰四月——译者），见蔡冠洛，1.145；尹继善和陈氏的奏折，乾隆24/1，见蔡冠洛1.148；彭启丰，14：11；王昶，29：1－2。尹继善对陈宏谋的支持似乎一直到两人仕途的末期，尹继善于1764年成为大学士仅仅三个月之后，陈就被任命为协办；三年后又晋升为东阁大学士。即使在这个时候，两人还保持密切的关系，直到两人均于1771年去世。家书，乾隆29/3/28，见《陈宏谋家书》214－17；《清史稿》21.6163－66。

尹继善和陈宏谋经常被同时代的人相提并论。根据《清史稿》中有关陈宏谋的传记，他们被作为18世纪最伟大的地方官员。① 但是二人又被其他人（包括乾隆皇帝）看做不同个性的人。陈宏谋性格内向，不爱讲话，倔强而直率；而尹继善性格外向，活泼，善交际，温文尔雅。尹继善还是一位激情洋溢的诗人。多年来，尹继善与南京的性灵派诗人袁枚保持书信往来，讨论诗歌写作等有关问题。② 而陈宏谋与尹继善也常有书信往来，但其关注的焦点则在其他方面：学术实践、个人道德和对官场生涯挫折的思考，以及政策问题的讨论。③ 他们都对新儒家的关学感兴趣（见第四章），并且讨论满洲改革文风的努力。④ 尽管在资历上有不同（陈宏谋总在信中谦逊地称呼尹继善），但他们是极亲密的朋友。尹继善也视陈宏谋是一位不可缺少的下属。当陈宏谋的父亲在1731年冬末去世时（陈正在扬州任职），作为江苏巡抚的尹继善奏请皇帝允许陈宏谋返乡去尽孝道，同时还保留他的职位。第二年陈宏谋的母亲去世时，尹继善也是这样办理的。⑤ 在后来的一些场合里，正如我们将见到的，尹继善站出来捍卫陈宏谋岌岌可危的仕途生涯。

1733年，陈宏谋从江南被派到云南担任布政使。雍正年间，皇帝把西南地区当做考验和培养“新人”的地方。这些人成了十年后官僚队伍的骨干。在我看来，西南在这方面的重要性是不容低估的。正如肯特·史密斯（Kent Smith）和其他学者所说，鄂尔泰从新一代承担起负责帝国建设的精英中脱颖而出，领导了征服西南少数民族的战争，推行在过去只停留在试验阶段的“改土归流”。⑥ 而建立一个行之有效的经济、社会和文化秩序以利于安抚及减少西南地区对帝国核心区域经济拖累的重任就落在了下一批更具平民意识的管理者肩上。这些人包括1733年被任命为云贵总督的尹继善以及张允随、

---

① 《清史稿》35.10564。

② 孙星衍，17；袁枚27：11-12；Waley，25，102-3。这是存留于《尹文端公诗集》（1780）中的尹继善的诗选。

③ 参见《陈文恭公书牍》1：3，2：11，2：20。

④ 参见1739年陈给尹继善的信件，见《陈文恭公书牍》1：7-8和尹继善出版的范文选集《斯文精粹》（1735）。要了解尹继善对陕西办学的兴致所在，参见《培远堂偶存稿》30：3-4。

⑤ 《先文恭公年谱》1：20，2：1。

⑥ K. Smith，“Ch'ing Policy.”

鄂弥达、黄廷桂、张广泗、严树森和陈宏谋。在云南四年多的时间里陈宏谋建立了大规模的公学制度，扩大农业耕种及水利基础设施的规模，为军事后勤和食物供给建立交通系统（“驿站”），开发当地丰富的矿产资源等等。他所取得的卓越成就将在以后章节加以讨论。值得一提的是，这些成就从未被朝廷忽视，它们为陈宏谋长久和功绩卓著的职业生涯提供了保证。

除尹继善以外，云南巡抚张允随是陈宏谋在这几年中结交的最重要的支持者。作为一位未考取任何功名的汉族旗人，他具有处理西南事务的专长。在那里为官三十余载后，张允随最终升迁至内阁大学士。他与陈宏谋似乎相处得十分融洽。陈宏谋承认，张允随在确定巡抚应该关注的问题范围方面对自己有很大的影响。即使陈宏谋在离开西南地区后相当长的一段时间内，二人仍以书信方式谈论这些内容。18 世纪 50 年代，张允随去世时，陈宏谋为他写了一篇感情极为真挚的墓志铭，对他在民生方面所作出的贡献及对经济运行的理解大加赞誉，并详述了他是如何把这些理解运用于实际事务之中的。就张允随而言，他持续地夸耀陈宏谋的才能。1735 年初，由于他的强烈建议，雍正对陈宏谋在云南的建树给予特别奖励。在他调离云南时，他提名陈宏谋来接替他，他的建议未被采纳。但是，张允随后来不断地主动向朝廷举荐陈宏谋。①

同年 10 月，雍正皇帝突然驾崩，新皇帝发布了一道指令，要求重臣们推荐值得提拔的人选，张允随又一次推荐了云南布政使陈宏谋。② 依照惯例，陈宏谋向新皇帝递上辞职书，恳求“回籍守制”（事实上两位老人已经去世几年）。鉴于张允随及其他高官的推荐，新皇帝选择将陈宏谋留任是完全意料之中的事情。③ 但后来，陈宏谋与乾隆皇帝的关系远不如与雍正那样顺心合意。当然，乾隆与许多前朝留下来的继任官员们关系都很紧张，因为乾隆认为他们的个性及管理方式与自己一点也不相同。乾隆继位时，陈宏谋已 40 岁，是一位资深的官员，比年轻的皇帝长 15 岁。相比于其他要么弃之不用，

---

① 陈宏谋：《大学士广宁张文和公神道碑》，见《培远堂文集》8：29－33；沈德潜：《培远堂文集》序；《先文恭公年谱》2：11－12，6：4；《培远堂偶存稿》3：1－2。也许你能在《中国人名大字典》中找到张的简传，924。

② 袁枚，27：11。

③ 《先文恭公年谱》2：12－14。

要么按照乾隆的心意改变了的雍正旧臣们，陈宏谋更机敏，更小心对待。陈宏谋在地方上取得了如此辉煌的成就，乾隆很快发现陈宏谋是一个不可缺少的左右手。不过，陈总是喜欢按自己的想法行事，使得皇帝从来不觉得他已成为自己的人。正如一位学者所总结的，新皇帝很快对这位杰出地方官员产生了一种“成见”①。

这种成见最明显体现在觐见皇帝这一问题上。乾隆继位不久，就启用多才多能的陈宏谋解决地方问题。陈宏谋在省级职位频频调动。在急需处理粮食供应危机、重修濒临倒塌的水利设施或少数民族紧张关系等问题时，或者为迫在眉睫的军事战役管理后勤、清理诉讼积案、解决管理不善省份谋出路时，调令总是突如其来。他经常在赶往某个不安定地区的途中，又被指派到另外一个地方。这种时候，乾隆对他表现出极大的信任，要求他“实力行之，汝不须朕多训也”②。但是，这种匆忙上任有另一方面的不利结果。对于一位像陈宏谋这样的省级大员，在调任过程中，可依照惯例准予觐见皇帝一次。但在从1744到1757年的13年中，他曾在十几个地方任职，却只觐见过皇帝一次。乾隆总是以各种理由拒绝或搪塞他的进京觐见请求，有时借口情事紧迫，让他直接到新职位就任，有时同意他来京朝见，却在他即将到京前突然把他派到其他地方。陈宏谋无可奈何，不断向皇帝抱怨，请求觐见。整个事件展现出某种明显的喜剧特色。一览相关的档案记录，我们无法避免这样的结论：尽管皇帝十分看重陈宏谋在地方的工作成绩，却不想当面与这个难以相处的人打交道。③

陈宏谋确实十分固执。像许多其他18世纪的地方官员一样，他关注辖区人民的生计，并且具有发展的观念，常与户部那些思想守旧的官员在诸如开发矿产、扩大对外贸易等事务上发生争执。他不喜欢将问题仅限于有关部门内解决，而是将事情直接上报给皇上，并且有几次通过皇帝的裁决推翻了

---

① Pierre-Étienne Will，私人交谈。

② 《先文恭公年谱》7：12。要了解相似的朝廷评价下的几个调任的例子，参见《列传》，5834；奏折，乾隆16/8/11，17/3/28，19/7/19，20/9/16，见《宫中档乾隆朝奏折》1.387-88，2.534-36，9.199-200，12.508-9。

③ 奏折，乾隆16/8/11，16/8/29，17/3/28，20/6/13，21/inter-calary9（即闰九月——译者）/21，21/12/3，21/12/28，见《宫中档乾隆朝奏折》；《先文恭公年谱》5：11，7：6-8，8：20，9：5-6。

户部的决定（例如，1742 年江西用粮食买官衔的事件）。[①] 当他的基本政策前提受到质疑时，尽管他非常清楚皇帝并不愿意听到他的某些言论，但他仍然会直接向皇帝进言。我们将会在诸如减少谷仓定额和西北战争等事情上看到这一点。在贯彻执行政策方面，陈宏谋也不愿在与皇帝的讨论中改变自己的看法。1729 年与雍正一起处理科考生员资格丑闻时，他就明显地表现出这一点。虽然乾隆不可能容忍来自官员的挑战，但也需要更多灵活的变通。在陈宏谋为官生涯的后期，我们经常发现他就政策问题与高宗反复争论，并且时常说服皇帝回到某个他最初否定了的立场上来。[②] 但是我们在陈宏谋的身上丝毫没有发现对皇帝专制独裁的批评。即使在私下里他有可能对此感到不舒服，但作为一位极其忠诚而有职业信念的公仆，他决不会将其流露出来。

孔飞力（Philip Kuhn）发现高宗惯于轮番使用痛责、劝诱和鼓励的方式驾驭地方大员。这一点在高宗给陈宏谋奏折的朱批中有完美的体现。他或者警告，或者甜言蜜语哄骗，或者劝诫，所有的一切都采用了最私人化的亲密口气。[③] 孔飞力举了 1762 年的一个例子。乾隆公开责骂陈宏谋和尹继善在江南任人唯亲、一事无成和工作懈怠，尽管乾隆非常清楚这种指责并不准确。[④] 另外一个极具代表性的例子（后面将会更多地提及）是，在 1753 年福建巡抚陈宏谋和他的上级喀尔吉善总督为没能抓捕到当地的土匪而上奏皇帝，招致皇帝的批评。皇上指责他们花言巧语编造借口掩盖自己的无能。他们再次请罪，皇帝又一次大动肝火，痛责陈宏谋诡计多端，让愚蠢的喀尔吉善上当，犯了这一大错。[⑤]

---

① 《实录》175：30—32。陈引用圣旨来否决户部决定的另一个事例，参见奏折，乾隆 17/7/16，《宫中档乾隆朝奏折》3. 389—90。

② 一个很好的例子来自 1760 年，那时陈正建议朝廷直接派官员到江苏处理税收拖欠问题。高宗开始很犹豫，提出派差役或者派县令会更好，陈最终使他相信差役太腐败而地方县令负担太重以至于不能有效地去做这项工作。参见奏折，乾隆 25/11/1，26/2/1，中国第一历史档案馆。第十章中对此事的讨论。

③ Kuhn，*Soulstealers*，尤其是 206—7，227—28。

④ 乾隆对江苏学政（原文为江苏学政，查当作江南学政。——译者）刘墉的奏折的批复，见《实录》670：5—6；Kuhn，*Soulstealers*，71—72。乾隆在文中可能说过陈和尹继善都已年事已高，无法胜任巡抚之职，因而被明升暗降到北京做大学士。

⑤ 喀尔吉善和陈氏奏折，乾隆 18/11/5，18/11/27，见《宫中档乾隆朝奏折》6. 664—65，6. 880—82。我们只能将两名官员的反映看做对批评他们缺乏彻底性所作出的尖锐而又具有讽刺意味的反驳，他们给皇帝呈上了一份关于他们处理过的该地区暴力事件的冗长报告，而那个地区以土匪横行而闻名。

然而在其他的时候，乾隆对陈宏谋的评价却充满了溢美之词。在陈宏谋奏折上的朱批中包括这样的言辞，例如这非常令我满意，高宗只是在极为振奋的情况下才会作出这种评价；还有绝非口是心非的诚意，他的这种看法在此后的官场轶闻中与陈宏谋联系在一起了。此外，还有如果所有的大臣都像“汝”一样，认真做事，那就好了（用“汝”字表示亲切），以及陈宏谋在这件事情上不像一位老妇人，不为琐事纠缠，地方行政事务就应该这样处理！① 随着陈宏谋不断飞黄腾达，他越来越频繁地收到各种赏赐。这些赏赐包括皇帝的墨宝、打猎所获的鹿肉、表示关心其身体健康的药品、陈宏谋长辈亲属过生日时所题的贺词。为奖励陈的业绩，皇帝还三次破例给陈宏谋写诗。② 高宗采用这些方法，表示自己对陈的宠信。从18世纪60年代晚期陈宏谋在北京任职期间的家书中，我们可以发现这两位值得尊敬的政治家亲密地谈论家人的健康问题，陈宏谋还向皇帝举荐自己的侄儿和孙子。③ 皇帝的恩宠最显著地体现在1758年初，高宗将回避制度搁置一边，特别恩准陈宏谋担任家乡广西的总督一职。皇帝写道：“陈弘谋籍隶广西，但伊久任封疆，朕所深信。”④

（二）危机：1733—1737年广西垦荒事件

在他的官场生涯中，陈宏谋曾经历了无数的沉浮曲折，诸如被指责、降职甚至免职，官场待久了，这些都在所难免。他所经历的第一次非难的声势最为浩大，并在一开始就来势汹汹，差一点就结束了他刚刚起步的为官生涯。由于这件事将个人政治立场与国家基本政策错综复杂地联系在一起，我们有必要详细地讨论一下。在清朝的行政词汇中，将为生产（和交纳税收）而进行的土地拓荒称为“垦荒”或“开垦”⑤。

---

① 《列传》，5834；沈德潜：《培远堂文集》序；《先文恭公年谱》9：5-6。

② 《列传》，5834；家书，乾隆29/3/14，见《陈宏谋家书》211-14。

③ 在其他范例中，参见家书，乾隆30/9/9，31/1/23，32/3/17，见《陈宏谋家书》232-35，240-42，245-47。

④ 《列传》，5834。

⑤ 我用中文发表的一篇文章讨论过这个问题，即《政府与土地：1723—1737年广西开垦研究》，载《清史研究》94.1（1994年春）：79-86。Marks的*Tigers*，*Rice*，*Silk*，*and Silt*一书也探讨过同一问题，301-305。

开垦的最初目的只是为了实现由于朝代更替而受军事破坏的经济的复苏和重建政府财政基础，但开垦的确是清王朝自其1644年建立以来在经济政策上的一个极为重要的环节。在清朝建立的最初80年里，政府施行了一系列方针策略，诸如军事屯田制的设立，发放种子、工具及家畜饲养贷款，并且对新农田免收数年赋税。① 整个这段时期，政府努力把农田数量和田赋收入恢复到明亡前最后一次土地清查所登记的水平（见1581年的《赋税全书》）。的确，通过参照这些数据给地方官员分配税收定额，事实上早在他们达到目标之前，清政府就给这些官员提供了强大的物质动力来促进土地开垦。康熙

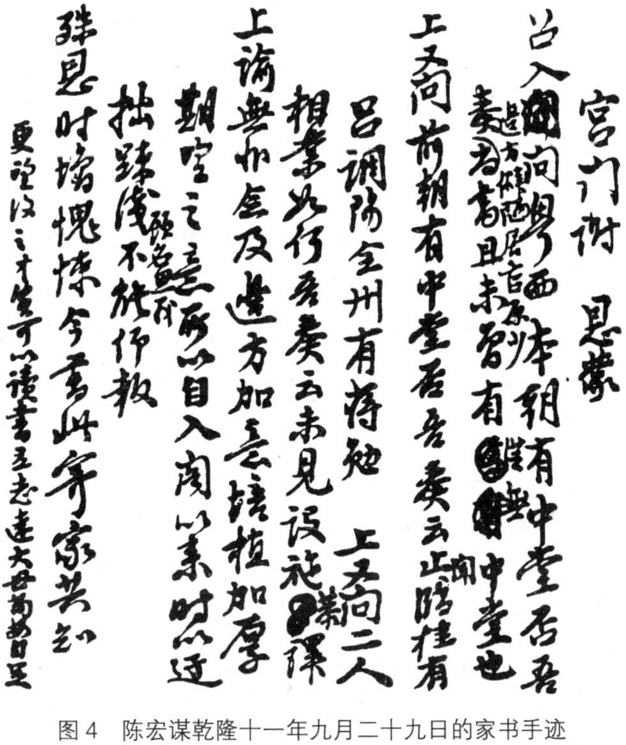

图4　陈宏谋乾隆十一年九月二十九日的家书手迹

信中记载：召入问："粤西本朝有中堂否？"吾奏："边方僻陋，居官原少，尚书且未曾有，从无中堂也。"上又问："前朝有中堂否？"吾奏云："止闻临桂有吕调阳，全州有蒋勉。"

资料来源：《陈宏谋家书》，45页。

---

① 关于这个话题的最全面的解释来源于彭雨新：《清代土地开垦史》（北京：农业出版社，1990），1—70。一个比较早的简短的探讨论述是冯柳堂：《中国历代民食政策史》（上海：商务印书馆，出版日期不详），158—65。

于1713年诏令天下永不加赋，并坚持这一目标。① 当政府登记征税的土地最终达到1581年的水平时，他质疑是否还有必要开垦更多土地。总之，此时已恢复元气的财政基础对于清朝的需求已足够了。如果有新的土地被碰巧开垦就应该上报，但地方官员们却不再费神地认真寻找或开发可征税的新土地。

这种做法随着雄心勃勃的雍正继位而发生了深刻的变化。1722年登基的雍正已警惕地对“清朝繁荣所带来的新的负面效应”关注了多年。在他的眼中，从清王朝统治以来，政治稳定，经济发展，已相当成功；但结果之一是人口数量也已增长到历史上空前的水平，造成粮食供应紧张，这些必然使人们疯狂寻找食物的新来源。于是，在1723年一项极为重要的法令中，雍正重新开始了更大力度的中央政府开垦运动，命令各省级及地方官员加快努力，促进私人开垦土地。② 他强调不允许官员强制性要求农民开垦土地，开垦应当完全出于自愿，并宣布在新土地上耕作生产也由开垦者自己决定。另一方面，他要求地方官员为潜在的开发者消除一切障碍因素，例如取消地方政府在许多地区实际收取的“开垦费”。我认为，显而易见食物供应才是雍正真正最关注的。同时，作为国家最高统治者的他没有打算减免新生产农田的赋税。1723年他颁布了新田地的免税期，即水田免征6年和旱田免征10年，在一定程度上比以前书上记载的要宽松得多。然而，与康熙1713年永不加赋的精神相悖。雍正清楚地指出，在免税期结束后，新农田的登记及税务的征收必须严格实行。在1727年颁布的一项法令中，他两次强调此事，并宣布自己对农田开垦的速度非常满意，但怀疑有越来越多的新增土地隐瞒不报的事情发生。因为一些耕作者和地方官员不愿意增加他们每年规定的纳税额，于是他又重新启用1689年的政策。根据那项法令，那些秘密开垦的田地可以自愿地选择上报，以获得对过去隐瞒不报时期内应交税

---

① 康熙的法令见《大清历代实录·康熙朝》，256：14。要了解英语学者对此问题的讨论，参见 Yeh-chien Wang，*Land Taxation in Imperial China*，*1750-1911*（Cambridge，Mass.：Harvard University Press，1973），29，47；Perdue，*Exhausting the Earth*，78-79。

② 谕旨，雍正1/4，见《清朝文献通考》（再版，上海：商务印书馆，1936），4871。参见宋希庠：《中国历代劝农考》（南京：正中书局，1936），75；彭雨新，70-71；Perdue，*Exhausting the Earth*，61。

款的豁免。①

根据彭雨新从户部档案中得到的数据，新开垦土地的数量增长迅速。这是因为地方官员们发现新即位的雍正皇帝关注的焦点已转到土地开垦方面，所以纷纷对此作出直接反应。② 在这一点上，没有人比鄂尔泰更敏感的了，那时他是西南地区云南和贵州两省的总督，也是雍正皇帝最欣赏的地方官员。在1726年和1727年，在一系列书信往来后，鄂尔泰及其君主创立了土地开发的所谓“云南模式”③。尽管这一模式的许多细节还不为人知，但本质上它是将大片土地承包给“官绅”、“委员”及地方官员们。作为对土地开发权的一种交换，这些承包人必须向省政府“纳捐”。他们将土地划分为小块，雇佣外省佃户开垦。政府为佃户提供贷款（“工本”），作为土地翻整和耕种的资金。一旦土地被证明有生产能力时，佃户将被授予所有权，以换取其接受纳税的义务。承包人也会按其开垦的面积被赐予一个荣誉地位。

清朝历史上有少数关于这方面的先例，结果并不是很乐观④，但是朝廷一直忙于安置和驯服西南土著人民，这其中还开展了激烈的战争。鼓励定居务农以及外省的汉人定居具有明显的政治利益。我们注意到，汉语中的“开垦”与英语中的对应词汇“reclamation”从语言学上掩盖了用一种土地使用体制取代另一种土地使用体制或者一群人替代另一群人的事实。与此同时，政府加紧开发西南地区的矿产资源，引发了非农业人口的移民浪潮，使得粮食短缺的问题更为严重，发展粮食生产变得刻不容缓。尽管鄂尔泰的计划有许多问题，但为了缓和粮食供应紧张，朝廷同意试一下。

当云南和贵州的土地开垦政策被运用到他的家乡广西时，陈宏谋开始参加到其中。广西与越南相邻，位于云南和贵州的东部。由于贵州省战乱不断，人口纷纷涌入广西，因此广西也有大量的少数民族居民。这里也一直是汉族移民定居的边疆地区。云南和贵州一直依赖食品进口，而广西已经是向广东和珠江三角洲地区输出粮食的主要地区，这是它们主要的不同之处。⑤

---

① 谕旨，雍正5，见《清朝文献通考》，4874－75，又见《大清会典事例》（1899；再版，台北：新文丰出版公司，1976），166：7。

② 彭雨新，73－74，282。

③ 有关摘要见《大清会典事例》166：6。

④ 参见 Perdue，*Exhausting the Earth*，78－79。

⑤ 参见 Inada；Marks，“Rice Prices”。

与此同时，广西出现了一批具有一定财富的、以市场为导向的种粮农民。

雍正新的垦荒政策最初并没有在广西引起重视。① 李绂是一位有争议的著名学者，他的政治生涯极不稳定，曾短期担任过广西巡抚。1724 年，他上奏声称，尽管有大量移民在过去几十年迁入广西，当地农业也有所发展，但依然有许多沃土没有被开垦。根据他的分析，原因不外下列几点：缺乏在山区耕作的技术知识；担心开垦的土地为土豪劣绅侵占；害怕政府征税。同时，他提出了如何克服这些障碍的重要建议。② 但是，或许因为不擅长为官，或许因为很快调走的缘故，他的意见没有起到作用，广西的开垦运动落后于其他省份。③

当雍正试图重新开始他举步维艰的计划之后，这种情况在 1729 年开始发生改变。那年夏天，雍正皇帝颁布了一项法令。该法令要求每个省份就如何开垦一切可以耕作的土地提出详细计划。当时，许多农户或许有开荒的热情，但没有资金。皇帝要求地方官员搞清他们的情况，并且从地方政府的经费中拿出一部分为他们提供必要的资金、谷物及牲畜贷款（“存用银穀”）。贷款的期限为 3 年，并且还有 6 年的免税期。④

雍正对广西有特殊的计划。那年年末，他将广西并入担任云南和贵州两省总督的鄂尔泰的管辖范围。1730 年新年刚过，热情积极的鄂尔泰呈上一份长篇的奏折。在奏折中，他描述了对这个新辖区的印象和经济发展的潜力。关于开垦，他是这样说的：

> 粤西地土肥沃，宽平不让内诸省。从前颇侧险隘之说，皆属虚捏。臣经过柳州府直隶宾州，即就目所亲见，可耕种者已不下数十万。据提

---

① 参见户部大臣孙渣齐奏折，雍正 1/3/16，又见于中国第一历史档案馆：《雍正元年垦荒史料选》，见《历史档案》1993.1，13－14。在此奏折中孙诉说了 1722 年对将近 1 609 亩稻田的开垦和他实施雍正的 6 年不征税的政策。

② 李绂：《修陈广西垦荒拾遗书》，见《皇朝经世文编》34：34－36。关于李绂多彩的职业生涯，参见《清代名人传》，455－57；冯尔康，209－20。Robert Marks 发现李的奏折实际上是从 1724 年代理广西巡抚的韩良辅提出的一个较早的奏折抄袭过来的；《宫中档雍正朝奏折》2：582－83。

③ 详见彭雨新书中提到的一些地方人物，73－74。

④ 谕旨，雍正 7/4，转引自宋希庠，77。曾提到的“公共基金”在雍正的税务改革期间为当地公共工程设置的县级预算的项目；参见 Zelin。

臣张溥言伊巡历所至，如此类旷土仍不止数倍，开弃地利诚为可惜。昨岁，抚臣金鉷赴粤与臣言及欲仿屯田为足兵计，臣云兵少不妨请添开垦之实，应力行屯田之名不必立。①

他还继续说，过去广西许多富裕农民没有上报其开垦的大量土地，为了把这些土地纳入到税收名册中，他命令对县档案里所有土地的所有权及承包情况进行详细调查。他进一步指示对所有的荒地做系统的调查，根据土地的潜在耕种能力划分不同等级，并且积极招揽开垦者。

前面引用的那段话暗示，广西巡抚金鉷是鄂尔泰执行这个开垦计划的候选人。金鉷来自汉军镶红旗，只有低级的科举功名（很可能是花钱捐的），是一位典型的雍正提拔的“新人”。皇帝将他视为一位边疆地区问题的专家。在皇帝的庇护下，他的官场职位得到迅速提升。在任巡抚的第一个年头里，金鉷已经在振兴广西铜矿开采方面取得了相当大的成功。② 在1729年末期，虽然皇帝继续表示对金鉷进取心和部分专业技能的欣赏，但由于对其奏折中语辞缺乏礼貌（甚至是按雍正相对粗俗的标准来衡量）和混乱的档案保存不满而变得日益震怒。在这个关键时刻，正是鄂尔泰出面进行调解。他强调：虽然金鉷的教育程度使他在处理许多事情上有待改进，但没有人比他更适合于发展广西的农业经济这项工作。③

金鉷清楚皇帝的不满，决心有所作为来显示自己的能力。他把重点转到开荒上。在得到皇帝的允许后，他在广西实施“云南模式”。在这一模式下，有头衔的绅士可以用钱来换取土地开发权，然后招募移民开垦土地。④ 最初的反响不是太热烈，金鉷又经皇帝的允许，采用“云南模式”的另一部分内容，即由地方财政提供开荒所需要的启动资金（“工本”）。因为效果不明显，金鉷最后采用一套新的方案。

这个新方法最初是金鉷的下属布政使张钺的想法。在1732年初，当按计

① 鄂尔泰奏折，雍正8/1/13，见《宫中档雍正朝奏折》15.463－67。

② 《金鉷列传》，宫中档，台北。

③ 鄂尔泰奏折，雍正7/8/18，见《鄂尔泰折》，收于《笔记小说大观》第8卷（台北：新星书局，1976），4－6。

④ 下面的内容是基于金鉷奏折，雍正10/1/12，12/12/17，见《宫中档雍正朝奏折》19.301－2，23.894－96。

划对土地开垦权进行拍卖的行为渐渐偃旗息鼓时，张钺告诉金铁，他与一个叫潘执（音译——译者）的人就临桂县的3 000亩“荒地”开垦达成了交易。潘执是广西荔浦县的前任县令。由于一连串的违法事件，包括提拔腐败的下属官员及亲戚的行为而被解职降级。作为对他在开垦事业上贡献的回报，张钺建议依据一项旧的营田开复法规来恢复潘执的官阶。这项规定曾被用在广西，但从未用于鼓励垦荒上。金铁恳求并得到皇帝的允许，恢复了潘执的县令职位。此后这件事在广西树立了新的鼓励开垦的模式，把许多降级的官员及外省的绅士吸引到广西开垦新的土地。

这个计划肯定接近完美。声名狼藉的绅士们有机会通过公共服务而得以恢复名声；辛苦劳作的开垦者得到他们原本买不起的土地所有权；国家得到现款，税收也立竿见影地大幅增加。在“云南模式”下，被开垦的土地很快就会登记纳入纳税名册，而不是享有长期的免税期，这是移民为获得土地所有权而付出的代价。更好的一面是，这个计划在实践中似乎十分奏效。1735年金铁报告说，在广西实行“云南模式”的第一年，只有20 880亩土地被开垦出来。实施开复法规后，新增加入册的土地亩数增加3倍，省财政还有50万两税金的额外收获。①

如果说政府、降职的外省绅士和移民都能从这项计划中受益的话，那么广西拥有大量土地的精英们感到自己成了新模式的牺牲品。这些人很快动员起来，意图揭露巡抚计划中隐藏着的欺诈。到1733年初，他们得到了最高级别的广西籍官员云南布政使陈宏谋的支持。

对于金铁而言，38岁的陈宏谋是一个致命的对手。正如我们已经看到的，陈宏谋精力旺盛、有强烈自信心、政治意志坚定。像金铁一样，他显然是文化相对落伍的边陲地区孕育的不够精致的产物，雍正皇帝委他以重任，视为具有处理边疆事务所需要的专门才干的官员。与金铁相比，他一入仕途，就建树不凡，更重要的是，还获得有权势的军机大臣朱轼和鄂尔泰的外甥尹继善的支持。

金铁在广西苛刻的为政风格早已引起陈宏谋的不满。早在1730年，他还在江苏任职时，就上奏指责金铁以不合理的经济剥削手段来开发广西的

① 金铁奏折，雍正12/5/27，13/4/20，见《宫中档雍正朝奏折》23.107，24.414。参见《广西通志》中的数据，22：1-2，在金铁的监督下于1733年编纂完成。

铜矿资源。① 1732 年到 1733 年的冬春时节，当陈宏谋返乡为双亲下葬时，他很快就在当地承担起领导家乡重修灌溉工程的角色。② 临桂县布政使张钺率先实行了营田开复计划的地方。作为当地的居民和大量土地的拥有者，陈宏谋有机会目睹了这一计划带来的恶劣影响。正如他给一位邻居杨星亭的信中所写道的："吾乡揑报之田，不下数十余万亩。今欲搜出欺隐，以图抵补，自不肯即为开除弹丸瘠土。生计无多，复添如许之新粮，田不加多，而赋将益重，粤民何堪。且以粤民之余田，作外省废员得官之捐费，于情于法均未得平。不识议者，以此事为何如也。"③ 当被任命为云南布政使时，他又有机会上奏皇上。甚至在动身去西南上任之前，他就开始了对金铁政策的指责。

当然，严格说来，官员们利用上奏皇上的特权来为家乡谋求利益是不合适的。但是，从另一方面来说，朝廷却可利用这些信息来监督地方官员的表现。比如，在 1729 年为了了解一项由广西新任学政颁发的有关风俗教化法令的执行情况，雍正甚至仔细询问了陈宏谋及其他广西籍官员对此法令的反应。④ 有时，如果一个官员从家乡返回而没有汇报地方的弊病，就难免有接受家乡官员贿赂的嫌疑，并为此受到处分。⑤ 因此，在这个案例中，陈宏谋肯定觉得自己有相当充分的理由向皇上汇报广西的情况。

陈宏谋 1733 年 4 月的奏折完全是一封对金铁在广西土地开垦计划的诉状。奏折是用谨慎的语言表达出来的，避免了一切有关巡抚渎职的直接指控。⑥ 在奏折开头他表达了对皇帝和鄂尔泰的感谢，因为他们对"边疆人民"（例如他的家乡）生计的关心。随后他指出有关开垦计划需要深入调查

---

① 《先文恭公年谱》1：17－18。

② 《先文恭公年谱》2：2。

③ 《陈文恭公书牍》1：3。

④ 《先文恭公年谱》1：12。

⑤ 要了解 1724 年这样的一个例子参见 Polachek，33。陈的行动中所含有的道德的模糊性在著名诗人袁枚为其编写的传记中体现出来。袁通常赞许陈在其从政的职业生涯中为避免任何损坏名声而采取的自我保护行为，但他有时也会非常隐晦地做些与此相反的事情。同样值得注意的是，袁在这篇传文中有意避免提到那个倒霉的受到贬谪的金铁，金曾是袁最早期的赞助人之一。袁枚：《小仓山房文集》，27：9－12。

⑥ 陈的奏折，雍正 11/3/1，见《宫中档雍正朝奏折》21. 194－95；同样在《先文恭公年谱》2：2－4 中被摘录讨论。

的五个方面：第一，按照“云南模式”，当资金被发放给新的开垦者之后，如果他不能在规定的时间内把它开垦出来，这块土地就不会被列入税收名册，可能被再分配给另一个垦荒者。这项规定在广西没有被采纳。第二，在估量用于开垦的土地未来的税收时，应该现场检验和确定它的实际生产能力，而不是依赖于过时的和武断的分类。第三，当开垦者认为开垦工作已经完成时，必须独立核实开垦工作是否如其所言全部完成。第四，有必要确保省外被贬官员和绅士们实际参与到所承包土地的开垦工作中去。一种鼓励的方法便是要求他们用开垦收获的粮食而非银两向官府纳税，目前广西就是采用这种方法。最后，陈宏谋建议，只有过去没有耕种过，开垦后用于粮食生产的土地，才能算作新垦的土地，那些用于其他作物如苎麻或作为牧场使用的土地，都不视为荒地。

陈宏谋在奏折里没有详细说明他十分确信的事实：广西在开垦中普遍弄虚作假，负责组织开垦的官员卖官鬻爵，而那些废员无益开垦尺土寸地。他们编造移民人口，冒领政府发放的“工本”，侵占被声称为荒地的土地的所有权。一旦钱款到手，甚至携款潜逃。但是，由于该地区及全省的土地税评估总额的增加，上缴国库的“捐资”也成比例上升。

为显示开荒政绩，金鉷及其亲信必须夸大虚报田税收入，那么，如何落实这些新增加的税收呢？在出卖官衔的同时，他们开始搜寻“隐匿土地”，这些田地是清初以来外来移民开垦出来的，对广西水稻生产贡献卓著。它们如果被算成新开垦出来的土地，它们的主人，陈宏谋所称的“老百姓”，不仅从中一无所获，还要负担与之相应的全部费用，有关税收自然也大幅增加。

雍正收到陈宏谋的奏折，作了一个令他满意的简洁批复，下令新任云贵总督尹继善（陈宏谋的恩师和朋友）对广西开荒进行全面调查。金鉷利用在1734年岁末作年终开垦报告的机会，为自己辩护。针对尹继善即将出炉的报告①，他解释了自己政策的来龙去脉，详细说明自己的每一步行动都是得到鄂尔泰的命令，并且事先得到皇帝的书面恩准。② 他反复申明，由于革新举

---

① 金鉷奏折，雍正12/12/17，见《宫中档雍正朝奏折》23.894−96。

② 我们只能想象鄂尔泰在这个卑鄙的调查泄露时的懊恼心情，他正作为皇帝最亲近的私人顾问待在北京。但是，如果鄂尔泰不是选择放弃令他尴尬的门徒，事件不可能如此了结。同时他也逐渐在实施他曾坚持不懈地推行的计划过程中意识到了失败。

措进展迟缓，他总是被迫采取新的政策，而改革进展缓慢是有多种原因的：首先，地方习俗对新的山区耕种方式有抵触。在十年前巡抚李绂就确认了这一点。其次，他承认在广西确实没有多少可以开垦的好地。他第一次对鄂尔泰所描述的和雍正皇帝急切盼望的大片肥沃处女地的美好前景提出了怀疑。他的怀疑使自己有点赞同陈宏谋的立场。陈宏谋指责金在开荒问题上，牺牲地方民众的利益，来换取皇帝的宠信。为回击这一批评，金铁精心炮制了第三个开荒失败的原因，也就是广西地方乡绅（其中包括他暗指的陈宏谋这些所谓的杰出官员）自私自利，阻碍了他开荒计划的实施。

金铁指出在广西这个偏远省份，存在的极少数乡绅财主紧紧控制了地方社会。多年来，这些地方的大人物欺凌百姓，欺上瞒下（使得百姓和国家遭殃），在税收上欺诈作假，侵占弱势穷人的土地，这一点在此之前李绂已暗示过。而正是由于这种不同寻常的政府监督，这类过去的不法行为才暴露出来。难怪这些乡绅们会联合起来反对他的土地开垦计划！金铁还在此指出他对土地情况的信息都来自对佃农（而不是乡绅）的广泛调查。

但是，无论金铁的反诉产生过什么样的影响，当尹继善的调查报告在随后的一个月出来以后，他的反诉被否定了。对金铁来说，这份十分详尽的调查报告全部是坏消息。① 尹继善认可了陈宏谋的控诉。尽管他声称，已经调查了布政使张钺及其他官员，但这份报告的内容强烈暗示，陈宏谋和他的下属才是主要信息的来源。报告的细节相当具有说服力并且很吸引人，但是在此我们不一一细说。实际上，尹继善发现有大量土地被称开垦（“开复”）是一个骗局。他还发现了一些在先前的奏折中没有提到的特别的欺诈行为。他暗示，鄂尔泰以依据土地等级征收地税的方法来评估广西土地开垦潜力是幼稚的。他支持陈宏谋提出的那些看法，整个广西的行政机构存在严重的失职，他们没有监督地方一级的土地开垦管理者，尹继善称后者为“土棍”。他断定采用外省缺乏诚信的投机政客来管理广西的开垦计划是鲁莽的表现。他建议在一些土地的真实耕作能力被独立查明之前，将其从土地开垦计划税收名册中删去。皇上将尹继善的报告转交到了户部，而没有作出任何评论。

1735 年 10 月 18 日（应是 10 月 8 日——译者），雍正皇帝突然去世，调

---

① 尹继善奏折，雍正 13/2/4，见《宫中档雍正朝奏折》24.104－8。

查搁置了。在年底，雍正的继承人乾隆明确地宣布了自己对全国范围内推行“开垦”政策的立场。正如我们将看到的，他的立场不容乐观。现在我们还是把注意力集中到广西的发展情况上来。

1736年的初夏，户部公布了它与尹继善协力合作的调查结果，调查发现在广西有大量的土地谎称被开垦。于是户部命令新任总督鄂弥达与金鉷一起寻求良策来整顿这种状况。① 这无疑使陈宏谋非常不满，又十分担忧，唯恐皇室的更迭会削弱他已经取得的胜利。同时，他期望能利用新皇帝对“开垦”政策的保留观点。陈宏谋呈上第二份奏折，他自信地称广西的事件为“大腐败”（“大弊”），并且大胆检举金鉷也牵涉其中。② 陈宏谋以家乡临桂为例说明编造的垦田数目是何等庞大。他说，有一个地区上报开垦了二十万亩土地，实际上却连一亩都未耕种。而且，就是那些确实已开垦的土地，也没有什么收获。按陈宏谋估计，即使几年之后，它们也不会有所收获，自然也不应该征税。陈宏谋愤怒地指出，由于金鉷的惰性，他简单地将调查谎报土地开垦亩数的工作交给“里甲”和其他地痞无赖。在这个争端中，陈宏谋是广西土生土长的精英，金鉷则是一个外来客，双方就谁才能真正为公共利益服务有很大的分歧。陈宏谋抱怨说：“焉能查从前之弊窦？”

对于自己的罪责，金鉷选择了一条其他被攻击的政客常走的路线。他找了一个替罪羊。他上奏声称布政使张钺第一个构思了“开复”计划，现在张钺由于年迈已经请求告老还乡。初秋，皇上准奏，用杨锡绂代替张钺。③ 这对金鉷来说是一个坏消息，因为杨锡绂和陈宏谋志同道合，彼此仰慕。④ 两

① 应注意的是，中国南部的行政管辖范围曾一度调整过，所以鄂弥达是广西和广东而非广西、云南和贵州的总督。

② 我无法找到这份奏折的全文。摘录自《先文恭公年谱》2：15-16。

③ 谕旨，乾隆1/7/24，摘于《长编档》，乾隆1：秋季，宫中档，台北。陈和杨的亲密关系为两人频繁的私人通信，陈1761年重编并出版了杨锡绂的作品《节妇传》，以及陈在掌握湖南行政权时明确地奉行杨早期的政策上所证实。

④ 杨锡绂（1701—1768）在广西待了10年，刚开始是任布政使，后来是巡抚。在那之后，与陈同时任省级大员，于18世纪60年代转到北京任职，那时陈是东阁大学士，杨是漕运总督。他们均在处理农业发展、水利管理和食物供应的问题上尤为出色。要了解他们相互通讯的情况，参见《陈文恭公书牍》2：10；杨锡绂：《四知堂文集》，23：1-2。Perdue 的 *Exhausting the Earth* 涉及许多关于他们同在湖南省的政策的比较。陈同样很欣赏杨1737年的作品《节妇传》并于1761年再版了此文。

周后，情况更加糟糕。金铁被传召入京面见圣上，同时带上为官记录提交刑部审查。京城中级官员杨超曾被派往广西，代任金铁的职务。在他上任之前，由杨锡绂履行其职责。① 从这以后，金铁的地位江河日下。1737 年春节刚过，刚上任的巡抚杨超曾就检举了金铁在开垦计划中作弊之外的其他一连串的违法行为。鉴于刑部认为金铁行为不当，但还不至于腐败，主张对他宽大处理。乾隆皇帝很生气，不同意这样处理。他亲自命令金铁带上枷具，当众受刑。后来关于广西“开垦”事件的最终调查报告由总督鄂弥达和巡抚杨超曾呈交给乾隆。它表明，金铁对陈宏谋所指控的所有不当行为都负有责任。② 直到 1740 年，当乾隆皇帝怒气有所减轻时，他才让金铁暂时担任职位较低的河南布政使。不幸的是，金铁已经去世了。③

在 18 世纪 20、30 年代，类似的情况还出现在其他许多地方。出于对粮食供应和国家税收的考虑，雍正皇帝急切地强调土地的开垦。这实际上是将不切实际的压力施加在相关官员的身上，促使他们虚报新的可征税的土地。巡抚反过来又将这种压力转加到县级下属官员身上。这些下属地方官员又想出各种手段把这种负担加到了地方百姓身上。结果当然是为朝廷表面上增加了可观的新耕地和农产品，但是这也造成了虚报谎报行为的盛行，以及社会与政府之间，甚至各级行政机构之间相互欺骗和攻击的混乱状态。许多省都有在广西所见到的各种反常现象：虚报新增耕地日渐成风。同时，为了征税，官府急切地搜寻当地原已被开发的土地，企图使其所有者承担日益增长的土地总税定额。广西采纳了云南的模式。根据这种模式，原先 6 至 10 年的免税期被减至 1 年。因此，广西民众的抵抗比其他任何地方都更加突然和引人注目。但在其他迅速地遵从雍正皇帝旨意的省份，免税期的终止同样招致了地方精英的抗议风潮。④

如钦差大臣尹继善在广西的调查所揭示的，早在雍正王朝的最后几年，这些反抗已经开始被皇上注意。一份 1734 年的户部指示反映了新的棘手问

① 谕旨，乾隆 1/8/3，见《长编档》，乾隆 1：秋季；谕旨，乾隆 1/11/30，见《长编档》，乾隆 1：冬季。

② 鄂弥达与杨超曾奏折，乾隆 2/10/30，见《陈文恭公书牍》55：15—16。

③ 金铁传稿，宫中档，台北。

④ 这个过程彭雨新有简明的讨论，76—81。

题——对土地开垦言过其实的报告（“报多垦少”）和截而不报（“垦多报少”）同样是非常严重的问题。① 一位中国学者认为，要不是他的众多忠诚拥护者的利益受到威胁的话，雍正皇帝在他的最后几年中本来可能采取引人注目的措施来整顿这种混乱的局面。② 乾隆皇帝的继位消除了所有这些对于改革的阻碍因素。

年轻的乾隆皇帝登基时已致力于大规模的政策调整，放宽了许多过于严厉的政策。这些政策都是他父亲统治时期的标志，其中最主要的是开垦政策。乾隆之所以立即着手采取措施是源于年逾七旬的大学士朱轼（1665—1736）所呈的一份奏折。他在乾隆登基一个月内递交了奏折，对全国范围内的开垦政策进行了抨击。③ 作为广大文人学士的代言人，他的批评内容深入全面且有凭有据。朱轼曾是乾隆少年时的老师，后退休离职，乾隆在即位之初将他特地召回担任私人顾问。他和新皇帝的特殊关系暗示了他的奏折是受皇帝本身积极性的影响。应该补充的是，朱轼也是那些京城高级官员中的一员，18 世纪 20 年代，陈宏谋曾努力与他结交。朱轼曾经与张廷玉共同担任会试主考官，而正是那一年，陈宏谋考中了“进士”。此后，陈宏谋将朱轼称作“吾师”。朱轼也是陈宏谋在翰林院进行《明史》纂修工作的直接领导。他对陈的发展有决定性影响，陈宏谋之所以推崇司马光、吕坤、王朗川、陕西关学学派，与朱轼的影响是分不开的。朱轼去世后，陈宏谋给他的文集写序言，赞扬了朱轼的学术实践（“实学”，见第四章）以及经济政策上的“务实”。④

朱轼的奏折中引用了许多省发生的众多欺诈行为的报告（尤其以金铁所辖地区为例），重申了康熙晚期的立场，那就是帝国中确实不再有足够多的未开垦土地等待耕种。朱轼认为，从粮食生产的角度看，新报垦的土地本来就是无法耕种的废地，皇帝把增加生产的希望寄托在它们身上，显然是不现

---

① 《文献通考》，4878。

② 白新良，17－18。

③ 朱轼奏折，雍正 13/10，见《朱文端公文集》（1869）补充卷 1：41－42。参见彭雨新的讨论，119－20。关于朱的职业生涯，参见《清代名人传》，188－90；Kahn，159－63。

④ 陈宏谋：《朱文端公文集序》，见《培远堂文集》2：12－14。参见《培远堂文集》2：33；《先文恭公年谱》1：8，1：12。

实的。他提醒皇帝，雍正那种对垦荒数量的刻意追求，会产生适得其反的后果。当务之急不是鼓励地方官民申报新开垦的土地，而是重新核查已经上报并开始征税的新开垦土地资料的真实性，弄清有多少是弄虚作假编造出来的，有多少是无法耕种的废地，再把它们从税收名册上删除。

乾隆的反应非常迅速，很明显，朱轼的奏折和皇帝随后的回应都是事先策划好的。乾隆首先指出，雍正开荒的措施，是为了发展农业生产，让人民更好的生活。但是，地方官员疏于有效地监督下属，带来许多麻烦，未能实现雍正所希望达到的目标。他声称，自己对开荒过程中的各种营私舞弊行为了如指掌，为实现父亲未竟之业，他必须作出某些调整，以此为自己对雍正政策的改变作出巧妙的辩护。“嗣后各该督抚宜仰体皇考爱民至意，诚心办理，凡遗报开垦亩数，务必详加查核。”但乾隆很清楚地指出：同雍正把国计和民生放到同等地位政策所不同的是，在乾隆自己的任期内，国计必须服从于民生。①

在颁布这一里程碑意义的新政策之后，各省开始了对开垦土地的审计。据保守的计算，在乾隆统治的最初几年中，有超过 380 万亩的土地从税收账册中删除了。② 还有一些官员被免职，不仅包括我们在前面所讲的金鉷，还包括河南和山东（应是四川——译者）两省巡抚王士俊（此处原文为 Wang Shijun，似误。——译者）。③ 正如朱轼所建议的，雍正计划在全国范围内的土地测量工作被乾隆取消了。朝廷公开暗示了对新耕土地瞒报行为的宽容政策。1740 年，这一宽容政策在一系列进度表中被正式化，按各省情况自行决定。根据这个政策，新开垦的小于特定面积的零星土地可以合法地不上报，并且永久免税。④ 其明显的意图是扩大的耕地面积应该给耕种的农户谋生之用，而不是给那些大规模土地开垦承包商谋利之用。

---

① 谕旨，雍正 13/10，见《大清历代实录·乾隆朝》，4：37－38。又见于《文献通考》，4881；《大清会典事例》，166：12。

② 彭雨新，124；相似的数据见白新良，31－32。

③ 很明显，王士俊（1721 年进士）被挑出来受到惩罚不仅仅是因为他在开垦方面有所违犯，而主要是因为他是直言不讳地公开批评乾隆当政后第一个月实施的倒退政策的官员。尤其是，王粗鲁地指责高宗在用人倾向上日益明显的对学者型官僚的偏爱。参见 Guy，“Zhang Tingyu”。

④ 谕旨，乾隆 5 和后来省一级的记载，见《文献通考》，4884－85。

对陈宏谋来说，他似乎已经取得了胜利。他的对手金铁已经被撤职，而他也达到了大量削减广西土地赋税的目的。① 他无疑成了当地的一个大英雄。他坚持不懈地在家乡和为官的各个辖区内积极支持建立社仓，使他高兴的是金铁的接任者杨锡绂在广西农村捐资建立了一系列的谷仓，并且是选择了利用向外地到广西开垦土地的开发者收取的营运资金（“工本”）的余款来建立谷仓。这些资金应该“应给民间之项，仍留为民间之用”②。但在他获胜之时，陈宏谋走得太远，引火烧身，不明智地制约了事情的自然发展。1737 年下半年他第三次从云南上奏指出，许多地方官的幕友，参与甚至直接操纵开荒活动中的营私舞弊。现在让这些人调查开垦荒地活动中的弊端，无异缘木求鱼，又如何能揭开事件的真相。③ 不过，乾隆已没有足够的耐心采纳这一建议，他甚至怀疑陈宏谋为广西地方士绅挟持，“恐启乡绅挟持朝议之渐”。他不悦地提醒陈宏谋，根据清朝法律，作为广西人的他没有理由干预广西的政事。皇帝将陈宏谋的举动交给刑部商议，并表达了自己的恼怒。

> 陈宏谋身为滇省藩司，此并非伊任内之事，其始初之奏，犹云据已知而直陈，以备采择，既降旨与他人查议，则伊事已毕，惟有静候，无再言之理。乃伊不待督抚议覆，而又是渎奏，竟俨然似以为不如伊所陈奏而不止者，是诚何心？④

陈宏谋连贬三级，降为天津道台。他吸取了教训。尽管他像所有官员一样，在幕后继续维护家乡的利益，但他再也不直接地去扮演支持广西省内事务的角色。他也不再公开激烈地指责同僚的政策主张。非常有趣的是，这件使陈宏谋陷入麻烦的事件也同样使他巧妙地重新获得皇上的赏识，并使自己停滞不前的事业又回到了正轨。雍正年间与他同在云贵地区任职的尹继善和鄂弥达的两份调查报告，完全支持他奏折中的主张，对他帮助极大。此外，

① 要了解国库对广西这些虚报上去的土地的重新划分参看巡抚杨锡绂奏折，乾隆 5/9，《四知堂文集》（1769），2：11－13。陈捍卫有关他家乡利益的英雄式的行为在《广西通志》（1800），260：14，《临桂县志》（1905），29：12 甚至近期的《桂林简史》（1984），114－15 中被称颂。

② 杨锡绂：《四知堂文集》，3：36－39。

③ 陈宏谋奏折，乾隆 2/9/12，中国第一历史档案馆。

④ 同上。参见《大清历代实录·乾隆朝》，53：14－15。

大约同时，尹继善和巡抚张允随安排出版了《全滇义学汇记》（云南的公立学堂指导）。该书详细介绍了陈宏谋在西南最显著的成就（见第十二章），并附有他们所写的充满赞誉之词的序言。虽然这本著作无疑对云南行政管理会有持续的实际功效，但是，这部书是在他受处分后刊行的，出版数量又相当大，以至于美国国会图书馆也有保存。这些不是偶然的，很可能是陈的两位保护人为他官复原职所作努力的一部分。① 1738 年春当他被高宗召见时，他很欣慰于"圣主不加严斥"，而只是被警告在新的职位上不要卷入是非。②

更为有趣的是，陈宏谋利用到京城的机会拜访了帝国最有影响力的官员军机大臣鄂尔泰（1680—1745）。③ 对他来说，这是明智的又有勇气的举动。毕竟，他曾单枪匹马瓦解了鄂尔泰所酝酿和寄予厚望的广西土地开垦项目，并在此过程中毁灭了金鉷的政治生涯。金鉷正是鄂尔泰在皇帝面前极力维护未果的亲信。但是这冒险一搏给他带来了极大的好处。据他自己描述，那次会面的大致情况是：

> 忆在戊午，始谒公于京邸，相见恨晚，云何不喜。次岁津门，舣舟河涘，更挥尘而深潭，每因端而竟委，名理豁于心脾，更严乎邪正公私之介，惟恐稍惑于他歧。④

陈宏谋不但消除了这位地位显赫的满洲军机大臣对他的厌恶，也找到了一个新的庇护人。他在西南地区为官时，曾间接地为鄂尔泰效力过。他尤其充分肯定了鄂尔泰在当地的教育工作方面给他的影响。⑤ 正因为如此，乾隆继位时在鄂尔泰提交的被提拔人选名单上，陈宏谋赫然在列。⑥ 不过此时，陈宏谋已经很明显地被当做汉族的军机大臣张廷玉的亲信。而张廷玉恰恰日渐成为鄂尔泰在皇帝面前争宠的对手。此时，陈宏谋主动地与鄂尔泰亲近，

---

① 陈宏谋：《全滇义学汇记》（昆明，1738）。

② 《先文恭公年谱》3：1。

③ 关于鄂尔泰的职业生涯参见房兆楹在《清代名人传》601－3 中编写的他的传记；冯尔康，476－81；K. Smith，"Ch'ing Policy"。

④ 《培远堂文集》6：23。

⑤ 陈的文告，乾隆 2/11/28，见《全滇义学汇记》，第二册；《皇朝经世文编》57：58－61。

⑥ R. Kent Guy，个人交流。

既表示了对近来公开冒犯的赎罪之心，也是个人政治活动中辉煌的一笔。陈宏谋继续讨好鄂尔泰，经常书信往来，讨论为官的种种应尽职责，称赞鄂尔泰对钦定农学著作《授时通考》的编纂所作的贡献。1745 年，鄂尔泰去世时，他还写了一篇深情的挽词（正如 10 年后他为张廷玉所做的那样）。① 在乾隆对 18 世纪 40 年代这两个大臣间派系之争日益反感时（其实早在 1738 年，孙嘉淦就对这两位大臣的结党行为进行了指责），陈宏谋仍然与这两个派别成员保持亲密的联系（也像孙嘉淦一样）。② 这足以证明，他在结交掌权者、建立庇护关系以及避免派系牵连这些方面具有卓越的才能。

（三）更多的逆境

1747 年春节刚过，陈宏谋遭遇了政治生命中的第二次大危机。这时他刚结束在陕西四年的为官历程，被调任湖北巡抚。然而在途中，他就被召回北京面见皇上。等待他的是一份毁灭性的 12 点指责。指责他的正是他以前的上司川陕总督庆复。1746 年年末，他已先于陈宏谋一步被皇帝召见，并在皇帝面前对陈宏谋进行了责难。在奏折中，庆复陈述了在陈宏谋治理下的陕西所面临的种种麻烦和问题。乾隆皇帝给奏折的批复说：虽然公论认为陈宏谋内外不一,看似正直，其实内藏祸心，但朕从来不怀疑他的清正廉明。他让庆复拿出指责的证据。于是，在 1747 年正月，庆复向皇帝报告了调查结果。在报告的最后他指出，虽然陈宏谋没有经济上的贪污行为（他用心阴险地指出，陕西巡抚衙门的养廉费用是如此丰厚以至于无须贪污），但却列举了陈宏谋工作方式上的种种不足。

他所列举的各项罪状大致可以被归纳为三个方面：第一，陈宏谋为官散漫。庆复暗示陈宏谋在谋求国家利益时十分懈怠以增加个人名声。用庆复的话说，陈宏谋在处理公务时懒散马虎，在审理案件时宽纵犯人。第二，陈宏谋选择随从下属全凭个人喜好，并且在遭受外界指责时袒护他们。第三，陈

① 《培远堂文集》6：22-25；《陈文恭公书牍》2：3-4。

② 因陈宏谋在 1740 年治理黄河的工作成效，他的上级直隶总督孙嘉淦将他推荐给皇上；《先文恭公年谱》3：16。要了解他们之间的通讯联系参看《陈文恭公书牍》2：13。

宏谋顽固傲慢。庆复说，陈宏谋“好自作聪明”，“爱憎任情”和“不持政体”。所有这些都是十分严重的弹劾。①

为什么庆复要把这些都抖出来呢？陈宏谋承认这种指责令他十分震惊或许果真是如此。在以后的官场生涯中，他再也没有如此地信任过他的同僚。当看到这些所列罪状时，他下意识地想到，过去几年在西北的工作中，他和庆复的关系是多么融洽。他自问为什么他的上司以前从未私下地对他的工作表示出什么不满呢？② 而实际上，据大量史料记载，陈宏谋和庆复在18世纪40年代中期展开了很多卓有成效的合作，例如调整当地的税收制度、开发新矿产、掌控货币税率、救济饥民等。③ 但是，可能他们之间的紧张关系在此之前已经逐渐滋生，但是陈宏谋没有察觉到。在指责陈宏谋的呈词中，庆复说他是如何耐心地、锲而不舍地试图将陈宏谋拉到正确的工作习惯上来，但是显然陈宏谋对此无动于衷。虽然袁枚同情陈宏谋，但是对他的弱点并不是一无所知。袁枚暗示正是陈宏谋强烈的事业心和卓越的能力激怒了总督庆复。陈宏谋一直藐视上司意见的行为导致了上司渐生愤恨，这是导致他遭遇指责的主要原因。④

大多数的资料显示，庆复对陈宏谋的指责实际是针对自己岌岌可危和不断下滑的政治地位的一种保护措施。庆复出生在一个汉军旗人家庭。他原本姓佟，后入满洲镶黄旗而成功改变自己的身份，又因祖母与皇族沾亲带故，从父亲佟国维那里继承了“一等公”的头衔。1743年他被任命为川陕总督，其主要任务是镇压四川西部的少数民族。到1746年战事进展不顺，那年末他被召回京城面见皇上，为战场上的失利作出解释。陈宏谋的几个同时代的传记作者将庆复对陈宏谋出人意料的攻击看做先发制人的打击，意图在陈宏谋面见皇上之前毁坏其信誉，以防止陈宏谋提供任何有关战事失利的进一步证据。陈宏谋传记的作者彭启丰更认为，庆复在陕西为弥补军费不足，私下征收苛捐杂税，对朝廷隐瞒不报，他怕陈宏谋泄密，就先下手为强，向皇帝诬

① 庆复奏折，乾隆12/1/13，宫中档，台北。有关批评，另参考《列传》中所收文献，5834；《清史稿》35：10559—60；《先文恭公年谱》6：9。

② 奏折，乾隆12/3/7，中国第一历史档案馆。

③ 参见陈氏奏折，乾隆8/8/26，庆复和陈氏奏折，乾隆10/2/9，中国第一历史档案馆；《先文恭公年谱》5：19。

④ 袁枚，27：10。

告陈宏谋。庆复曾声称抓获并处决了一个少数民族首领，可是这个头领在1749年再次发动叛乱，皇上因此赐庆复自尽。①

庆复对陈宏谋的指控促成朝廷彻底调查此事。事情后来集中在一个地方官员董三锡身上。陈很器重董三锡，在陈担任陕西巡抚期间，董在几个重要的县任县令，后因陈的举荐，升任山西汾州府知府。董在陕西任职时，积极支持陈的政策，在推行陈的政策中发挥了重要作用。例如，按照陈的指示，他大力发展农业，特别是桑蚕业。在做知府时，要求所属县官清理积压的司法案件；在修建陕西各县城墙时，采用雇佣方式招募所需要的劳工，用政府拨款取代向民间募捐的方式，筹集有关经费。为防止“强派累民”，陈始终重视市场的作用。董把陈的这一思想付诸实施，结果受到勒索百姓、挪用公款的指控。董三锡是陈宏谋所倡导的各项政策的模范实践者，因此当他遭受指责时，陈宏谋势必与他站在一起，尽管他是陈宏谋与庆复政治冲突的一个不利因素。②

了解这个情况之后，吏部建议削去陈宏谋的头衔，并解除其职务，但皇帝不同意。相反，他下令降了陈宏谋和董三锡的级别，但留任原职。③ 在以后的几年中，陈宏谋不仅官复原职，恢复其陕西巡抚的职位而且受命执掌兵部。所有的证据都表明他并没有失去高宗的宠信。但是，尽管皇帝从未相信过庆复的指责，但他很了解庆复控告的价值。乾隆采取了他惯常的方法，利用解决这一事件的机会又一次让陈宏谋聆听了严肃而又亲切的训诫：

> 此汝驾轻就熟之地，当秉公持重，毋立异，毋沽名。能去此结习，尚可造就也！④

皇帝关于陈宏谋沽名钓誉的言论与庆复的指责如出一辙。这番议论十分

---

① 彭启丰，14：6；李元度，16：1。要了解庆复，参见《清代名人传》，795－96。Pamela Crossley，“The Tong in Two Worlds：Cultural Identity in Liaodong and Nurgan during the 13th-17th Centuries，”该文研究了佟氏家族，*Ch'ing-shih wen-t'i* 4.9（June 1983）：21－46。

② 奏折，乾隆12/3/7，中国第一历史档案馆。

③ 高宗曾抱怨陈在重修陕西城墙的过程中疏于监管，他还听信庆复的话，认为陕西巡抚的养廉银过多，不免忌妒，下令陈自己掏钱来重修直隶丁村的城墙，皇帝对已有的城墙极为厌恶。奏折，乾隆12/3/24，中国第一历史档案馆。

④ 谕旨，乾隆12/2/25，全文见陈氏奏折，乾隆12/3/7（中国第一历史档案馆）和《清史稿》35：10559－60。

有趣，但也是切中要害的。在陈宏谋生前死后，他都被公认为是清朝中期最“受欢迎的”省级官员。他的遗稿管理者沈德潜和同时代的传记作者彭启丰都特别强调这一点。《清史稿》的作者在给他写的传记中，以官方形式记录了他对百姓不寻常的同情。① 最近的学术研究，尤其是中国国内的学术研究，也反复强调了这一点。过去在中国他被指责为精英阶层的满洲统治阶级的忠实代表，强调陈宏谋对百姓的同情只是为了减轻这种指责。② 他深受什么样的百姓喜爱，这是一个复杂的问题。众所周知，他与商人们关系密切，与那些精英阶层（如彭启丰、袁枚和方苞等代表的长江下游文人）也相处甚欢。与陈宏谋公认的“平民主义”相关的一些问题将在后面的章节进一步讨论。但是我们必须要加以注意的是他所关注的以及对他称颂不已的平民百姓的范围远不限于士人精英阶层。在陈宏谋为官生涯的早期，张允随曾用“以民心为己心”来描述陈宏谋执政的风格特点。这种特点一直伴随陈宏谋的为官生涯。③

魏丕信发现清朝中期许多地方官员和我们时代的一些“政治家”有着惊人的相似之处。他们都强调要接近底层民众，要让人民看到、听到和感受到他们对大众心声的关注。④ 魏丕信在一个典型例子中指出：陈宏谋在他大量关于为官者品行的著作中，强调了这样做的必要。⑤ 陈宏谋和魏丕信都把这种作风与建立同群众紧密联系基础上的良好治理方法结合起来，建立公开畅通的渠道，消除自私的中间人（政府职员或者群体领导者）为个人利益而改变行政政策的潜在因素。这当然是实情，但是这种策略是政治上的自我保护的手段：在相互倾轧的官场上，民众的支持是对付政敌攻击的一种武器。毫无疑问，陈宏谋深谙此道，他把自己在民众中的声望作为政治资本加以充分利用。

---

① 《清史稿》35：10564。

② 侯晓南，79。

③ 沈德潜：《培远堂文集》序（1769）。

④ Will，“La communication entre bureaucrates et paysans en Chine à la fin de l'empire：idéaux，méthodes，réalités”（蒙特利尔东亚国家文明社会研讨会论文，22－25，1992 年 10 月）。

⑤ 参见《培远堂偶存稿》11：37－41，20：11－23；*ZZYG*（此处原文如此，疑为《养正遗规》。——译者），前言部分和 2：14－29。

这样做也有不利的一面，其他官员可以以此为借口攻击诽谤他们。庆复就如此，他指责陈宏谋为取悦民众不择手段，哗众取宠。① 更糟糕的是，乾隆皇帝同意这种看法，用这种看法对他的了不起的省级官员进行训斥（他以类似理由同样地指责了尹继善）。② 例如，1759年当陈宏谋报告在苏州重建善堂时，高宗下诏表扬这种有助于公共事业的贡献，但开玩笑地在批复中加上“尔如意因此得名”③。在其他时候，他就没这么幽默了。相反，他经常反复训诫陈宏谋勿“市恩沽名”。1752年当皇帝看到陈宏谋提出要宽恕一些声名狼藉的罪犯的名单时，他加上这样一句话：“岂数年来，竟未悛改耶?”④

尽管如此，高宗还是保护陈宏谋，使他免于因勇于任事而受到的攻击。在18世纪后半叶，陈宏谋几乎不断受到来自方方面面的指责，结果总是被大事化小，小事化了。他要么被证明彻底无罪，要么加上一个留用察看的小小罪名，之后也很快就被撤销了。⑤ 对其他许多官员和陈宏谋来说，面临的真正危险时刻是在1755年。

乾隆统治的第20年是18世纪的一个不寻常时刻。众多材料证明，民族冲突突然成为政治的焦点，引发了皇帝的担忧和恐慌。1755年，就在高宗准备对准噶尔的大规模战争时，他下令处死在广西和湖南做过学政的胡中藻。理由是在所出试题中公然嘲讽皇帝。胡中藻的朋友，前甘肃巡抚鄂昌也被处决，因为他有诋毁蒙古的言论（被认为含沙射影地反对满洲）。与两名犯人有联系的一些人因牵连而受到较轻的惩罚。胡中藻和鄂昌都是已故军机大臣鄂尔泰的政治随从（鄂昌是他的侄子）。乾隆借这一事件，最终清除鄂尔泰和张廷玉在朝廷的余党。这两个重要的大臣都是前朝遗老。张廷玉的党羽时

① 参见谢康，239-40。

② 高翔：《尹继善》，31。

③ 《列传》，5834。

④ 谕旨，乾隆17/9/1，见《实录》423：1-2。

⑤ 要了解陈在1750年代的政治问题参见他的奏折，乾隆17/3/15，17/5/28，见《宫中档乾隆朝奏折》2.444，3.209-10。要了解对控告过程的描述和分析，参见Thomas，Metzger，*The Internal Organization of Ch'ing Bureaucracy*：*Legal*，*Normative*，*and Communication Aspects*（Cambridge，Mass.：Harvard University Press，1973），尤其是364-68。Metzger在同书310页讨论了有关的日常化过程。

常被称为“汉党”，而鄂尔泰的手下则被称为“满党”，指控鄂尔泰的追随者（而不是张廷玉的追随者）有反满言行，本身就是件令人觉得奇怪的事情。但是如果观察一下鄂尔泰的小集团，就会发现它都是由一些汉族化了的热爱诗歌的满族人组成，诸如他自己、尹继善、鄂昌，还有像胡中藻和袁枚等汉人。对于一个有强烈民族意识的皇帝而言他们自然构成了更大的威胁。①

陈宏谋在这件事上的立场是模棱两可的，他觉得自己在这个问题上，容易受攻击，这显然是有原因的。他似乎跟胡中藻并不熟悉，但他至少是鄂尔泰的门生。陈宏谋有很多满族的朋友（德龄、德沛和尹继善），在工作上和众多的满族人（鄂弥达、喀尔吉善）相处友好，1747 年，朝廷赐予他整部的《满洲氏族通谱》，作为对他功绩的奖励。② 1755 年初陈宏谋又幸免于对他不忠的指控。福建巡抚钟音是一位为官多年的省级官员，他的政治观点经常与陈宏谋有冲突。他报告，当他路经仙游县时，有个叫李冠春的地方生员拦轿递上一份申诉状。钟音认为其内容有煽动反满之意，因此建议将他斩立决。但李冠春辩驳说，很多年前他曾向前任巡抚陈宏谋递过类似诉状，却没有受到任何惩罚。钟音和他的上司（陈宏谋的老同事）喀尔吉善搜寻了省里的案卷。他们找到了文件，但发现它的内容比起决定李冠春命运的那一份更无关紧要。不管怎样，他们把这件事向皇上做了汇报，乾隆并不认为陈宏谋要为此事承担责任。尽管如此，他斥责陈宏谋过于宽仁，竟然对那个生员擅自上书的不当行为熟视无睹。陈不得不诚惶诚恐地表示悔过。但是即使澄清了这件对上不忠的罪名，几个月后看到胡中藻一案案发时，陈宏谋只会感到非常不安。③

陈宏谋观察了西北的情况，发现那里针对准噶尔头目阿睦尔撒纳的战事进展不顺。皇帝对此日渐失望。负责此事的官员，无论满人、蒙古人，还是汉人，都急躁不安地试图将皇上的愤怒转向同伴。陈宏谋以调解者的身份出现，独自承担起解决问题的所有工作。2 月，蒙古将军萨拉尔经过陕西时，

---

① 参见赖惠敏：《论乾隆朝初期之满党与汉党》，“中央研究院”近代史研究所，《近世家族与政治比较历史论文集》（台北：中国学术著作奖助委员会，1992），721-44；Kuhn，*Soulstealers*，60-66；《清代名人传》，602。

② 《先文恭公年谱》6：11。

③ 奏折，乾隆 19/12/21，见《宫中档乾隆朝奏折》10.386-87。

上奏指责前陕甘总督永常对军队的马匹管理严重不善。永常是一个旗人，并且是萨拉尔的上级指挥官。新任陕西巡抚陈宏谋奉高宗之命调查和落实责任。他连忙维护两人的名誉，但强调永常并不像所断言的那样是一位不称职的长官。在进一步调查中，他确实发现了底层官员的不称职。他责备葭州县令吴炳，并且要求吴炳对自己疏于监督的罪责同样进行调查。① 4月，陈宏谋突然调任甘肃巡抚，取代鄂昌。那时，鄂昌因他的民族言论和军队财务的粗劣工作已被紧急招回北京而接受审讯。陈宏谋与新到陕甘总督刘统勋一起对省府的账目进行审查。② 陈宏谋几乎没有发现关于鄂昌贪污的证据。但是大量证据证明他是完全不称职的。收支预算胡乱处理，诉讼积压令人震惊，档案记录保存一片混乱，很难弄明白其内容。③ 夏天时，军事战役失败，永常和刘统勋被迫上奏朝廷，他们将哈密以西的疆土放弃给了叛军。④

在这样的形势下，只有陈宏谋独自毫发无损。鄂昌被判处死刑。永常被重新召回京城去面对愤怒的皇帝，同年他就去世了（我还不能确定他是否也是被处死）。刘统勋同样被乾隆革职查办，但他成功地将错误归咎于永常。最后他又得以复职。在1760—1770年的绝大部分时间里，他留在京城，跟陈宏谋一样身为朝廷重臣。7月，皇帝下旨认定陈宏谋对驮马事件不负任何责任。8月，他因在战争中的模范作用（“军功”）而实际得以晋升。⑤ 毫无疑问，从此乾隆皇帝对这位他父亲的亲信有着特别的信任和宠爱。

这种情形持续到陈宏谋在江苏的下一个任期。当地的监督者彭启丰把陈

---

① 两部奏折日期都是乾隆20/2/11，见《宫中档乾隆朝奏折》10. 690－92；奏折，乾隆20/2/29，见《宫中档乾隆朝奏折》10. 825－26。关于Salar，参见《清代名人传》，10。

② 山东人刘统勋（1700—73）享有公正无私的声誉，因此他是调查鄂尔泰之侄鄂昌的受贿问题的合适人选；作为职位低下的官员，他曾于1741年以任人唯亲和行为腐化为由弹劾了鄂尔泰的支持者张廷玉。但刘本人则以中国北方出身的第三个派系的领袖身份出现，他被乾隆精心培养用来替代前朝遗留下来的两个派系。参见Guy, *Emperor's Four Treasuries*，70；Polachek，*Inner Opium War*，30，294。

③ 奏折，乾隆20/3/12，20/3/27，20/4/19，20/4/28，20/7/28，见《宫中档乾隆朝奏折》10. 878－79，11. 88，11. 208，11. 273－74，12. 222－23。

④ 《清代名人传》，533－34。

⑤ 奏折，乾隆20/5/24，见《宫中档乾隆朝奏折》11. 478；《先文恭公年谱》8：19－21。

宏谋和江苏历任积极进取的知名巡抚如受人尊敬的汤斌及张伯行相提并论，但彭认为陈宏谋取得了比他的前辈更高的成就，因为在反对既得利益集团方面，他得到了皇帝更坚定的支持。① 在18世纪50年代末60年代初任江苏巡抚期间，陈宏谋采取行动打击了因腐败而臭名昭著的漕粮管理机构，以及有权势的佛教和道教徒（这一行动让他在朝廷内树敌无数）。同时，他还颁布法令限制消费，以打击有钱人奢侈浪费的行为。他雄心勃勃革新水利工程却与当地河流管理官员发生冲突。② 当他不可避免地被指责时，罪名往往随意胡编乱造，以掩饰事情的真相。1759年，山东一位不知名的官员指责陈宏谋在消灭蝗虫灾害中未起到良好带头作用。他因此被取消了晋升的资格，但仍官留原职。③ 两年后，一条丑闻在徐圩海关流传。布政使胡温波对刚去世的负责人安宁提出了弹劾，但陈宏谋极力维护安宁的名声。苏州织造萨载经过独立调查后证实了对安宁的指控（可敬但迟钝的安宁确实多年没能查处他两名下属的腐败行径），巡抚陈宏谋被牵连其中，再次被训斥疏于管理。

作为一名省级官员，陈宏谋开始感觉有些力不从心了。1760—1761年冬65岁的他两次递交奏折，承认“臣力小任重谬误日多”。当去北京亲聆圣训时，他主动提出解除职务。但高宗认为，他实际上是想在京城里谋一个相对轻松的职位。皇上训斥他故作谦虚，令其留守原职。同时，乾隆也开始怀疑年老的他已殚心竭力，不可能再有所作为。④ 第二年，高宗就把陈宏谋从江苏调往更合其心意的湖南。这实际上也显示了自己对陈宏谋一贯的宠信，他被任命代理湖广总督和兵部尚书。⑤ 1763年底，陈宏谋被升职调往北京。

---

① 彭启丰（1701—1784）像陈宏谋一样，是得以存留于乾隆朝官僚之中的雍正的宠臣，并在1743—1768年期间升任兵部右侍郎。虽然实际上是京官，他仍和他在江南的家乡保留有紧密的联系，他断断续续地做着紫阳书院的山长，陈于江苏任巡抚期间在那里做定期的讲学。《清代名人传》，616－17，658。

② 要了解陈对江苏漕粮官员们的抨击，参见《培远堂偶存稿》40：15－18。要了解他对有权势的治平寺庙的指责非难，参见奏折，乾隆24/5，摘录在《先文恭公年谱》10：31。要了解这种行为和其政敌出现之间的联系，参见《临桂县志》29：14；彭启丰。

③ 《先文恭公年谱》10：32；《列传》，5843；彭启丰；蔡冠洛，1.148。

④ 《先文恭公年谱》11：12－14。

⑤ 两部奏折日期都是乾隆27/8/16，中国第一历史档案馆；《先文恭公年谱》11：30－33；《列传》，5834。

在完全结束对陈宏谋遭受的政治挫折的讨论之前，我们分析他的最后一个挫败。我之所以将它置于最后是因为它反映出陈宏谋的为官之道和朝廷相关政策的相互关系。那是1758年，他被正式任命为两广总督。这是他迄今获得的最高的地方职务。正如我们所注意到的，也正是在这个职位上陈宏谋极度荣幸地被准许治理他的家乡广西省。但使他解除职务的事件却是与广东有关，而与广西无关。事情发生在盐政上。广东惠州府有28个盐场，它们出产盐，供应东南六省所需。这些盐被分配给享有政府特权的商人。早春时节，广东省政府会为这些商人划拨贷款。商人们利用这些贷款到盐场去进货，然后，按一定比例将盐配送给指定地区，按规定的加价卖出。转售时收钱纳税，并偿还贷款，赚取一定的利润。这种做法一直长期沿用。

陈宏谋一到广东，就研究两广盐政的现状。① 在他看来，广西的盐政制度健全，产销两旺，盐商得到巨额利润，政府收取大笔税收，二者都把一部分收入用于地方发展。但是，广东的盐业存在许多问题。按他的看法，问题的核心是“商本”短缺。过去几年中，由于天气异常良好，食盐产量猛增，这种势头在今后几年还有可能持续。但陈宏谋认为，盐产量增加既是好事，也会带来新的危机。如果商人缺乏资本，就无法收购增产的盐。盐场势必把一部分盐卖给政府严禁的私盐贩子。他的解决方案是，增加盐商的销售定额和政府借给他们的贷款。盐商就能收购更多的食盐。即使他们无法在短期售完，政府也不必为剩余的盐担心，因为盐不会腐坏变质，那些商人可以在第二年继续销售。

陈宏谋对这一问题的分析和建议措施显示了正如以后章节所提到的，他以市场为中心、企业家式的工作方法。这个方法正是他治理风格的标志。他呼吁通过政府贷款的方式，来增加商业资本从而促进广东盐业的发展。他倾向于用市场的方法打击盐业走私者。他建议廉价出售官盐，而不是增强巡查和严厉打击私盐交易，从而将私盐逐出市场。虽然他通过从“国计”（国家金融——增加盐业税收）和“民生”（普通百姓生活——消费者生活必需品的供应大大增加）方面的好处来支持他的观点，还有另一潜在的好处，陈宏谋没有说，但其他人也不会说出，那就是“商利”（商人利益——商人通过扩大贸易收入也获得增加）。在陈宏谋的信念中，这些利益都是合法的，并

① 两部奏折日期都是乾隆23/3/4，中国第一历史档案馆。

促进地方经济繁荣发展。乾隆皇帝将陈宏谋的建议交于户部讨论，但户部最终没有采纳。①

在他的建议提交两个月后，陈宏谋开始感觉到还有更多先前不知道的情况。尽管他仍信任商人，但对制盐业职业道德的怀疑增加了。盐场的经营者有很多机会可以腐败，比如操纵给盐商的价格，掺假，或将盐卖给未经许可的贩卖者。过去由于管理机构负担过重，他们没有受到很好的监管。他建议将监管工作交于工作相对轻松的惠州兵备道。他们离盐场所在地常实（音译——译者）很近。朝廷同意了他的建议。② 但不到两个星期，朝廷特派钦差到广东，清理全省的盐务。陈宏谋自己被紧急调任江苏巡抚，此时距他上任两广总督不到三个月。③ 高宗对陈宏谋是否适合这个职位产生了明显的怀疑，陈宏谋对盐务的处理加重了这种怀疑。

去广东的钦差是户部高官吉庆，一位年轻但经验丰富的皇族成员。他曾做了多年的两淮盐务监察使。通过对盐务账目的深入审查，他提交的报告十分详细、全面和彻底。但结论却与陈宏谋的意见截然相反。吉庆发现广东的盐商并不是他们向陈宏谋所说的那样缺少资金。事实上，他们聚集的财富超过几十万两白银，即使中止从盐场的采购，他们手头现存的食盐也足以满足当地一年的需求。为什么他们却要求更多的贷款？吉庆发现商人们所拖欠的朝廷贷款债务共达五万两，而陈宏谋在奏折中却没有提起此事。此外，在盐业分配销售的每一个环节都有巨额亏损。他据此推断，长年以来商人们从盐业贸易中获取了大量收入，中饱私囊或投入到其他产业，他们要求更多朝廷贷款（陈宏谋已经草率地同意）只是为了增加他们的非法收入。④

吉庆强烈谴责陈宏谋增加商人贷款的建议，但并不完全反对陈宏谋对这一问题的分析。尤其是他认可了广东盐业管理的最大问题——食盐走私，在

---

① 《列传》，5834，宫中档，台北。

② 奏折，乾隆 23/5/7，中国第一历史档案馆。

③ 奏折，乾隆 23/6/2，中国第一历史档案馆。

④ 吉庆和署理两广总督李侍尧奏折，乾隆 23/6/29（a），中国第一历史档案馆。作为盐政事物方面的专家，吉庆被认为参与了 1748 年两淮规章制度（《两淮盐法志》）的编撰工作。关于他随后的褒贬不一的职业生涯，参见《清代名人传》，584–85；《中国人名大字典》，235。

很大程度上是由于政府分配的配额太低而不能满足不断增长的人口的需要。在草拟的修订规章中，他提高了盐场及本地市场上专营商的销售定额。① 像陈宏谋一样，他也寻求通过市场竞争来消除私盐贩卖。他主要的不同观点是：商人无需贷款，他们现有的资金足以购买新增加的售盐配额。

乾隆皇帝看了吉庆的报告后，确信了对陈宏谋最坏的担忧。他将这一事情交于吏部，审议对陈宏谋的惩罚，并附上评论："疏忽之失，谁则无之？但陈宏谋素以干练自居，乃自到粤省，诸事尚未设施，而先亟请盐本增帑，为取悦属员商人之计；且伊办事，非不如吉庆之彻底查本者也。是其市恩好名，痼习不但未改，而因升用益甚，此非寻常疏忽可比。著交部严加议处。"

面对严厉的批评，吏部没有别的选择，认定陈宏谋任职期间存在严重失职，建议革除他现任江苏巡抚之职。高宗将他降职，但仍"从宽留任"②。

我们从这一事情可以非常清楚地看到陈宏谋的政治观点使他陷入政治困境中。正如反对者所言，陈宏谋确实过于草率，这也与他用一种习惯方法来处理每个新任辖区内地方事务不无关系，但是也和他与高宗不同的政治观点有关。陈宏谋乐意接受商人的意见，对商人特别信任，因为在他看来，商人在经济和社会中作出了重大的贡献。③ 在整个分配销售中出现的商业赤字（"商亏"）引起了吉庆的警惕，但却没有引起陈宏谋的注意，因为他认为它们属于复杂商业网络中正常的信贷宽限范围。吉庆不是一位无能的人，没有特别的理由相信吉庆像其他攻击陈宏谋的人一样沉溺于党派纷争或者为维护潜在利益而行事。事实上如同乾隆皇帝一样④，吉庆赞同陈宏谋的一些政策

① 吉庆和署理两广总督李侍尧奏折，乾隆 23/6/29 (b)，中国第一历史档案馆。

② 《列传》，5834，宫中档，台北；蔡冠洛，1.148。

③ 陈的儿子，传记作家陈钟珂暗中为陈宏谋掉入商人们钱袋的指责做了辩护，他强调，甚至有关盐的争论仍在继续的时候，陈宏谋对在省会城市投机倒把抬高米价的广东谷商采取了强硬的措施。《先文恭公年谱》10：5–6。

④ 19 世纪陈的传记作家李元度断言，整个有关广东盐务的调查都是暗中进行的，因为皇帝自己看了陈宏谋原来的奏折的政策性含义之后恼怒不已；李元度，16：2。值得注意的是，那时的两广总督鄂弥达于 1738 年提出的一个相似的建议赢得了乾隆的认可，这个争议性的建议提出给广东的盐商一些资本金贷款；在其间的 20 年中，高宗在执行激进主义的政策方面显现出巨大的退缩，而他的长期重用的陈宏谋则远非如此。参见 Dunstan，*Conflicting Counsels*，162–63。

目标，但对其他一些并不认同。这些政策目标的差异会导致不同的个人政治生涯。

（四）周旋于清廷官场文化

陈宏谋漫长的职业生涯证明，他自己能在清朝独特的政治文化中，尤其是在省级官员群体中，游刃有余。孔飞力曾经将这种由省级官员构成的小圈子称为“高等俱乐部”，它在任何时候都是由一些三品以上的官员构成。他们都有一套自成习惯的理解和贯彻政策的方法，同样也有一套应付上司和下属的策略。虽然陈宏谋在其信件中多次用“吾辈”这个词来指代所有文人，但它常常仅指这个“高等俱乐部”。经历告诉他如何对待“高等俱乐部”的其他成员。① 像别人一样，但也许比别人要更加虔诚，他仔细查阅了“高等俱乐部”的内部刊物——《邸报》，了解别的省级官员采用的策略及内幕新闻。通过这种方式了解政治风向是在官场上生存的必不可少的政治手段。《邸报》同样也是一部掌握官场流行词汇的入门书。陈宏谋这样的实用主义官员可以从中找到一些获得认可的词汇，例如“尽地力”、“藏富于民”。由于这些词汇反映了朝廷当前的态度，因此对它们的引用很有可能使陈宏谋的提议得到批准。②

尽管他经常受到沽名钓誉的指责，但在官场上陈宏谋好像一直真诚地避免自我张扬，并将公众的赞誉视为官场生存和办成事情的手段。在1752年到1753年间，陈宏谋第一次到福建省任职。福建省是被官员和朝廷公认为难以治理的省份，但是陈宏谋在那里重新建立了“吏治”。显然，他的策略是尽可能多地让大家一起努力，而非给人留下单枪匹马反对现行体制的印象（可能被称做“海瑞综合征”）。首先，陈宏谋尽可能多地与总督喀尔吉善亲密地合作，他们共同签署了许多文件以便推行新政策。他时时显露出对喀尔吉善管理能力的敬佩，常常赞赏地提到喀尔吉善在他到来之前采纳的

---

① 参见给冯叙九信，见《陈文恭公书牍》2：8；Kuhn，*Soulstealers*，120–22。

② 要了解陈提倡并使用地保的事例参见奏折，乾隆17/9/3，19/12/17，见《宫中档乾隆朝奏折》3.749，10.347–48；寄托庸书、寄陈文纬书，见《陈文恭公书牍》2：5，3：9。

一些改革措施。事实上，喀尔吉善在这个职位上很多年，却明显缺少一种主动精神和意志力去独立处理好事情。喀尔吉善很愿意与陈宏谋共同分担一些政治风险（例如，提倡增强海上贸易），但需要陈宏谋提供动力和先见之明。

为了帮助贯彻其实用主义的政策，陈宏谋精心选出一些下属作为自己的亲信。这些人当中有著名的现任布政使德舒和前任布政使顾济美。陈宏谋非常欣赏这两位的才能。同样，他也知道必须有他的推动，他们才能按自己的意愿办事。福建的税务腐败是臭名昭著的，它是省级下层官僚与地方私人利益相勾结的结果。顾济美在任期内已经发现了这些问题，并且做了一些清理工作，但效果不大。在陈宏谋和德舒到达之后，情况有所好转。陈宏谋到福建时，顾济美已被解职，但陈巧妙地说服皇帝允许顾留在福建，并任命顾济美为按察使，兼任地方粮食督导和邮政督导。陈宏谋令其继续全面追查先前省财政机构内的腐败现象。顾济美和德舒知道陈宏谋在监督着他们，希望他们能互相鼓励，行动更加积极。事实证明，他们的确是这样做的。后来，升任学政的冯钤也成为喀尔吉善和陈宏谋的亲信。陈宏谋认为与他的前任相比，冯钤是一位大胆、谦虚的官员。陈宏谋授权冯钤查处一切腐败行为。在新的省级官员全部安排到位后，陈宏谋最终才将精力转向地方管理不善的问题上。①

我们将在以后的章节中看到，与朝廷打交道时，陈宏谋在必要时会表现出固执。但在与上司喀尔吉善的交往过程中，他却带有一种更加外交性的特点。以下是一段轶事，可能不可信，但至少说明了别人是如何看待陈宏谋的工作方法的。

陈宏谋任天津河道的时候，他和上司在一个问题上发生了分歧，上司喜欢的工作方法很幼稚和不切实际。陈宏谋先退一步，避免与他直接交锋。他称赞上司的计划是一个“目光长远的策略”，特别是其不切实际的

---

① 喀尔吉善和陈的奏折，乾隆 17/12/20，18/7/19，见《宫中档乾隆朝奏折》4.660－61，5.834－36；陈给乾隆的奏折 18/8/27，见《宫中档乾隆朝奏折》5.630－31。省布政使德舒看起来是个乐于革新的活跃的官员；参见他 1754 年的著名奏折（《皇朝经世文编》71：29－31），他建立了民兵组织来应付秘密行会在省里敲诈勒索的问题。

那些部分更是“了不起”。上司意识到自己的想法很不实际，就采用了陈宏谋的方法。①

在与一般同僚们的交往中，陈宏谋宽宏大量的名声显现出重要性来。在官场中，宽大对待其他官员的缺点是一种明智的举止。正是这一点才使得他能够在清朝这个险恶的官场中长期为官。但是他的行为也反映了他基本的宽容精神。这种宽容奇怪地与他的清教徒主义式的严肃、无幽默感和强烈的使命感共存。我们将会看到，这种宽容精神反映在他对那些衙门官员、被判刑的犯人、非汉族人及其他被剥夺权利的人的政策之中。陈宏谋不可能被当地的下级官员所喜爱，因为他毫不留情地对他们进行监督。他另外一个令人极不高兴的习惯就是他总将自己的“养廉”补贴用于公共事业，并且希望他的下属也这样做。② 正如清朝一位给陈宏谋写过传记的学者李元度所指出的，陈宏谋并不急于指控那些疏于或拒不执行他命令的人。甚至只有最令人震惊的以权谋私和腐败才会令他予以处理。③ 资料显示，在长达 30 年的任期中，他只弹劾过 4~5 个下属官员。④ 我们早已看到，由于太过于宽容下属的行为，他多次陷入困境之中。至少有一次他曾主动地为一位前任下属辩护，而且这个下属是被一位接任陈宏谋职位的巡抚所指控的（陈宏谋在《邸报》上看到了这个案子）。他还曾为一位辖区内已被撤职的下属辩护，希望他能官复原职。⑤

至于同僚（“吾辈”），陈宏谋建议一位熟人把荣誉给别人，把责任留给自己。⑥ 这是一种高尚而明智的情操，也是陈宏谋在某种程度上严格遵守的信条。在职业生涯中，每当他到一个省赴任，并看到前任的糟糕工作时，他

---

① 英和：《恩福堂笔记》，见王炳燮：《国朝名臣言行录》（1885），14：9。英和很谨慎地隐讳了那个高官的姓名，但陈在天津任职时精心与两名上司孙嘉淦和黄廷桂相处。参见《陈文恭公书牍》1：12；《先文恭公年谱》3：16。

② 要了解仅仅其中一例参见《先文恭公年谱》6：2。

③ 李元度，16：3。

④ 最主要的指责对象不是当地官员，而是 1747 年在任的陕西盐吏曹绳柱和 1756 年在任的湖南布政使杨灏，因为他们都挪用公款。参见《列传》，5834；《先文恭公年谱》6：11；《临桂县志》29：13。

⑤ 奏折，乾隆 17/3/4，19/12/17，见《宫中档乾隆朝奏折》2.370，10.347−48。

⑥ 《陈文恭公书牍》3：2。

多少次地叹息不止，但选择了沉默。唯独对鄂昌的情况是例外（事实上，鄂昌的不胜任已是广为人知）。正如他给一位同僚的信中所指出的，在大多数情形下告发别人是无济于事的。当一位官员接任另一位官员职位时，“知必一一清楚，乃能起行，足见慎重，公项随处脚踏实地，克己恕人，此中已见学识。居常谓，骨肉至亲，一经交代，互相责望，鲜能相好如初者，皆由恕己太甚求人太苛耳”①。陈宏谋内心深处有强烈的个人优越感，但为他在官场多年形成的与其他官员相互照应的习惯所冲淡，否则，他是无法在官场立足的。

正如我们所看到的，陈宏谋既宣称自己憎恶派系活动，又证明了自己善于在积极结交权贵时避免卷入党派斗争。他自己也没有结党营私。无疑像多数清朝官员一样，陈宏谋认为自己会识别有才华的人，并予以扶持。他十分赏识那些尽心尽力地为他办事的下属和学术观点与他相似的人。尽管他所推荐的许多人在朝廷中留下来，但没有证据显示他们形成了一个由忠诚门徒组成的小集团。甚至极少有事实表明，陈宏谋曾刻意庇护这些人以后的为官生涯。陈宏谋的下属中有一位是真正地获得显赫声望的人，他就是王杰。

王杰出生在陕西偏远但商业繁荣的韩城县。他是一位著名的书法家，曾就读于西安关中书院（研究新儒家学说的关学学派的中心）。1756 年王杰是陕甘总督尹继善的秘书。不久以后尹继善调离该地区，他继续为新巡抚陈宏谋服务。1760 年他通过乡试，次年会试后很快升为大学士。除了好书法以外，王杰中状元是乾隆对 1761 年殿试非同寻常地干预的结果。在那次考试中，阅卷大臣推选著名的江南学子赵翼第一，王杰第三，但乾隆见陕西学子一再被拒之于状元的荣耀之外，于是他授意将排名倒过来。乾隆的介入是他为遏制当时江南士人在科举考试中占有压倒性多数的优势和军机处的大权独揽局面的努力的一部分。经调查，发现赵翼正是军机处的官员。② 但是很少注意到，赵翼降级的受益人王杰是来自桂林的一位可敬省级要员的亲信。

---

① 《陈文恭公书牍》2：12。

② 王杰：《葆醇阁集》，《年谱》，4-6；《清代名人传》，75，137，373。要了解这个事件的完整描述——其中没有提及陈宏谋——参见 Iona D. Man-Cheong，“Fair Fraud and Fraudulent Fairness：The 1761 Examination Case，” *Late Imperial China* 18.2（December 1997）：36-70。

(五) 友谊

如果说在大多数情况下陈宏谋和朝廷存在的政治派别保持明显的距离，但他通过私人书信的往来发展了一些分散的却广泛的熟人关系网，他们头衔不同却都位居高官。其中有张廷玉、鄂尔泰、张允随、孙嘉淦、黄廷桂，还有德龄。我们已提过这些人在陈宏谋的仕途中所起的作用。更让人惊讶而值得一提的也许就是陈宏谋和方苞（1668—1749）之间的交往。同样来自安徽桐城县的方苞是张廷玉的一个姻亲。他比陈宏谋几乎大 30 岁，也许表面看起来他们两个不可能成为朋友。毫无疑问，方苞是一位精英人物。他是一位优雅的古文文风的倡导者。他认为对古文的掌握是验证一个人是否品味高雅的标准。他长期居住在南京，没有涉足过地方政治。他的性格与政治是极不相符的。他痛恨技术统治论和任何对“实践”超越学术的强调。他的学术声望如此之高，以至于朝廷任用他担任一些与文化学术有关的高级职位（其中一个就是在 18 世纪 20 年代掌管翰林院，在那里他遇到陈宏谋），时而对皇帝的决策产生影响。方苞是康熙晚期的一位官员，失宠于雍正统治时期，这丝毫不令人感到奇怪。他十分坦率地批评了雍正的强化朝廷经济干预的改革。但在乾隆时期，他又东山再起，被提拔担任学士。方苞重新得宠阶段恰巧也是陈宏谋官场不得志的时期。作为一个典型的雍正“新人”，陈宏谋的一部分政治见解令方苞和高宗都深感厌恶。正因为这原因，方苞也许是陈宏谋要拉拢的极不寻常的一位保护人，如果他们之间个性和意识形态的差别可以被克服的话。①

不过他们确实存在调和的基础。尽管方苞有强烈的精英意识和高雅的品位，但与陈宏谋一样，都强烈批评精英们不得当的铺张浪费，他们都喜欢宋学而不是汉学，欣赏诸如李光地（1642—1718）等清朝早期程朱学派人物，认为礼仪制度在维持地方社会秩序中起到了至关重要的作用。他们不相信强制的经济政策。陈宏谋看起来是真心实意地尊敬方苞的学问。在他 1754 年的

---

① Guy，《方苞》；Benjamin A. Elman，*Classicism*，*Politics*，*and Kinship*：*The Ch'ang-chou School of New Text Confucianism in Late Imperial China*（Berkeley：University of California Press，1990），11－15；《清代名人传》，235－37。我同样非常感谢周启荣和高翔，他们和我作了有关方苞的交流，有助于我对此人性格的了解。

部分藏书目录中，170 种书中至少有 10 种是方苞的书，他是当时收藏方苞著作最多的学者。① 像其他一些长江下游地区的文人袁枚和彭启丰等学者一样，方苞很欣赏陈宏谋管理广西省的灵活而又不失原则的方式。② 到 18 世纪 40 年代中期，陈宏谋和方苞在信件中辩论诸如《周礼》含义（见第四章）以及天才的定义等问题。陈宏谋态度谦恭，但也坚持自己的观点：与家庭背景和风度举止相比，道德品质更为重要。③

我们发现与陈宏谋有固定通信联系的还有其他两位高级官员——德沛和尹会一。这两位都是非常有意思的人。德沛（1688—1752）是一位皇子。他仿效汉族士大夫取了一个号——德经济。1735 年在雍正皇帝的劝说之下，德沛放弃了平静的赋闲生活。他先后担任过几个重要的地方职务，其中在 1742—1743 年间曾任两江总督。陈宏谋在江西任职期间，德沛与这位第一次担任巡抚的官员共同应付严重的饥荒。④ 但陈宏谋发现德沛的学术观点比他的处理行政事务的能力更让人着迷。这位皇子对各种信仰表现出了超凡的适应性：程朱新儒家伦理学、易经的先验神秘主义、基督教（他在 1718 年接受洗礼）、西方科学和当时对“实践”的强调。1736 年他出版了《实践录》，解释他对上述问题的观点。它是对宇宙无穷力量（“灵性”）和人的精神（“人之灵性”）的抒情赞美，陈宏谋说这些观点影响了他。⑤ 尹会一（1691—1748）是一位崇尚吕坤和汤斌实学思想的士大夫。尹会一校订并再

---

① 《培远堂偶存稿》34：30-39。

② 方苞：《方望溪遗集》（合肥：黄山书社，1990），53-54。我非常感谢 Pierre-Henri Durand，他引起了我对这部作品的关注。

③ 寄方望溪先生苞书，见《陈文恭公书牍》2：12，2：15；见《方望溪遗集》，63-64。

④ 参见奏折，乾隆 8/inter4（即闰四月——译者）/27，中国第一历史档案馆。陈在甘肃任职期间同样吸取了德沛在茶务上的改革成果；奏折，乾隆 20/7/28，见《宫中档乾隆朝奏折》12.220-22。

⑤ 寄德济斋先生书，见《陈文恭公书牍》1：13。德沛第一部作品的复件保存在北京图书馆（即今中国国家图书馆——译者）。陈随后寄去的信件出现在《陈文恭公书牍》2：7-8 和 2：10，其中都涉及了宫廷中的道德行为，在 18 世纪 40 年代后期德沛曾任职于宫廷。要了解德沛的概况，参见《清代名人传》，714-15。Arthur Waley, *Yuan Mei: Eighteenth-Century Chinese Poet* (London: George Allen and Unwin, 1956), 31，注意德沛同样是袁枚的支持者。

版了他们两人的作品。他在学识方面对陈宏谋的深刻广泛的影响将在第四章讨论。自从陈宏谋在1739年担任天津河道以来，尹会一一直扶持这位年轻官员，并在管理事务上为其作出表率。①

与陈宏谋有通信来往的人中最重要的人物还包括周人骥、宫尔劝、雷鋐、朱晓园、朱南湖和家圣泉、家雨泉兄弟。他们都是陈宏谋关系非同寻常的知己。从遗留下来的陈宏谋与这些人的信函中可以看出，在信中的语气比他的其他信件要亲密得多。他们中大多数人是陈宏谋早期为官生涯中所认识的无名小官，陈宏谋情愿与他们一直保持联系。陈宏谋好像是在西南任职的最初几年认识周人骥和宫尔劝的。他们两人始终在西南地区为官。周人骥于18世纪60年代升任为贵州巡抚。宫尔劝（一位小小的诗人）升任为云南布政使。② 雷鋐是福建省一位不太有名的程朱理学学者。陈宏谋是18世纪30年代初期雷鋐参加会试的考官之一。之后雷鋐经常拜访与其谈论理学思想。在担任很短时间的都御史后，雷鋐就卸职了。在18世纪50年代陈宏谋在福建当巡抚时，曾邀请雷鋐接任管理福州很有名的鳌峰书院。③ 关于这个小集团里的其他人员的事情就鲜为人知了。④

陈宏谋同这些人的关系发展明显遵循着"友谊"的文化模式（"友"或"交友"）。交友在17世纪早期就已被认为具有深刻意义。这个观点至少持续到19世纪早期。这种对友谊的重视与正统程朱理学中对友情刻意地漠不关心不同。它是对经典儒家学说中"五伦"之一的朋友——也即儒学中唯一讨论地位相同的个体如何相处的概念——进行的明显的重新诠释。⑤ 这一观念

---

① 《陈文恭公书牍》1：6，1：7。关于尹会一，参见他的《健余先生文集》（1750；再版，上海：商务印书馆，1936）；《清代名人传》，710，921；《中国人名大字典》，51。

② 关于周，参见工部奏折，乾隆26，见陈：《物料价值则例》（直隶省版），1：1-3；关于宫，参见他命名为《南溟集》（1760）的诗选和《中国人名大字典》，771。两者都在陈的《书牍》中表明是收信人。

③ 《培远堂文集》，7：24-25，10：6；《先文恭公年谱》5：5；《中国人名大字典》，1346。许多给雷的信件也仍存留在陈的《陈文恭公书牍》中。

④ 陈确实为家圣泉写了一篇颂文，她也许曾是陈最亲密知己的女性笔友；参见《培远堂文集》7：35-37。

⑤ 关于这种冷淡的态度，参见 M. Theresa Kellcher，"Back to Basics：Chu Hsi's *Elementary Learning*（*Hsiao-hsüeh*），"见 Wm. Theodore de Bary 和 John Chaffee 编：*Neo-Confucian Education*：*The Formative Phase*（Berkeley：University of California Press，1989），232。

在晚明的复兴显示出了明显的早期近代文化趋势。它显然与“好交际”和“礼仪”的概念密切相关。自从郎世宁和伊拉斯姆（Erasmus）时期以来，“好交际”和“礼仪”的观念吸引了无数欧洲精英。确实正如周绍明所证实的那样，促进这一观念在明朝晚期流行起来的特定因素是利玛窦在1595年所写的短文《交友论》。① 在这篇极具影响力的文章中，他将有关这一主题的西方思想整理和列举出来。在近代早期中国，友谊所重新产生的强大吸引力超越了政治思想的界限。许多持有不同社会观念的代表人物都对它作了重要的描述，这其中包括提倡打破旧习的平等主义者李贽，致力于程朱理学复兴的陆世仪，汉学倡导者朱筠和倡导改革的经世学者魏源等人。② 就好像明朝晚期的东林党和19世纪初的宣南诗社所显示的那样，友情作为一种文化形象可以在集体政治行为中产生，但它远远超越了这些。集体行为在陈宏谋个人的友情观中显然不占有一席之地。据朱筠的观点，友情基本分三类：(1) 出于相互之间个人利益的考虑，尤其是出于政治利益而产生的；(2) 只是简单地为了消遣（像饮酒作诗之类）而结交的；(3) 君子之间以相互促进自我修养的提高为目的而形成的。③ 新型的近代早期的友谊主要是属于第三类。

陈宏谋发现建立友谊对个人而言是十分重要的。在他的《训俗遗规》中，他详细地引用了清初杰出人士陆世仪和魏禧的话。他们认为真正朋友的责任是责备并纠正对方的不良行为。在对扬州学者史播臣的一番评论中，陈宏谋写道：“志同。”④ 在他写的一篇阐述“有朋自远方来”的科举考试范文中，他把建立一个广泛的朋友圈描述为逐步认识自我的唯一正确途径。他总结道：“朋友讲习。”⑤ 这就是陈宏谋努力在他最密切的通信者中所建立的朋

---

① McDermott, “Friendship and Its Friends in the Late Ming,” 见“中央研究院”近代史所：《家族与政治》，67—96。比较一下我在本书第十二章有关“文明”的讨论。

② 参见 Wm. Theodore de Bary, “Individualism and Humanitarianism in Late Ming Thought,” 见 de Bary 编：*Self and Society in Ming Thought* (New York: Columbia University Press, 1970), 145—248; Guy, *Emperor's Four Treasuries*, 54; Benjamin Elman, “The Relevance of Sung Learning in the Late Ch'ing: Wei Yuan and the *Huang-ch'ao Ching-shih wen-pien*,” *Late Imperial China* 9.2 (December 1988): 75。

③ Guy, *Emperor's Four Treasuries*, 54.

④ 《训俗遗规》2：36，3：28，4：5。

⑤ 《课士直解》1：7—10。

友关系。在狭义上，“吾辈”是与大量庸俗官员（“俗吏”）相对的。①

在这个朋友圈中，陈宏谋吐露了自己职业和道德方面的困惑。然而，在这种通信联系中一个显然持续的主题是，对仕途变迁和官僚政治中为了生存而永无止境地斗争感到沮丧。他悲叹道：“宦海无定，经一番波浪，增一番阅历。古人于横逆之末，必三自反，非空空引咎也。正可即此以为熟察人情，克治身心之地耳。”他对地方官员的仕途生涯有过一段入木三分的描述：默默无闻地劳作，期盼自己的业绩得到上级的注意，捧着有关升迁的报告一字一句地读着，渴望从中发现自己的名字。看着那些能力不及自己的家伙飞黄腾达，心如刀割，而又无可奈何。对于大多数人而言，令人难过的结果是退缩放弃，逐步习惯惰性和官僚主义的随波逐流。

对于那些坚持主动为百姓服务（“为民”）的人来说，他们经常要遭受旁观者的吹毛求疵和公开的政治攻击。在面对他人的控告和指责时，一个人必须要能忍受并保持冷静，陈宏谋总结说：“弭谤在此，免祸亦在此，舍此而别生角抵之计，恐无益而有害也。”1741 年，他警告朱南湖留意手下那些阴险狡诈的和背后伤人的官员们：“益知吾辈官场中，虽极应为之好事，尤须脚踏实地，详慎之乃为得策。盖人心不同，如其面焉能必世人皆我知？即或知矣，能必知我者即皆信我而为我也？惟有事事求其自信，稍有不信，不敢自欺。至于人之肯信与否，则竟可不计，此吾辈所宜审端而用力也。”② 陈宏谋对自己能力和才华方面的自信，对人性的乐观，以及对政府在改变人民生活方面所起积极作用的信念，都是强烈而执著的。这与他官场的消极看法形成了非常鲜明的对比。

官场的派别纷争和个人政见的关系是相当微妙的。如果我们可以把陈宏谋为官一生所追求的明确政治立场追溯到一个具体的派别的话，我们将会省力得多。实际情况是没有资料显示存在这样一个派别。即便是对于他所辅佐的和给了他极大恩宠的两位皇帝，陈宏谋的观点立场是否与他们相适仍值得怀疑。虽

---

① 寄家圣泉书，见《陈文恭公书牍》2：1-2。当然，陈宏谋的个人通信选集是在清朝及以后的时间里被广泛地再版。这些信应看做在这样一个圈子里如何交流沟通的模式而不是他思想的记录。

② 寄朱南湖书，见《陈文恭公书牍》1：14。关于一个官员职业生涯所面临的危险，参见《陈文恭公书牍》1：4，1：7，1：9，1：14，2：5-7，2：9，2：13，2：19-20。

然他被看做雍正时期的一位“新人”，但是他并不像雍正那样热衷于建立一个强大的集权政府。在许多问题上他更倾向于站在乾隆的一方。只要觉得有必要，他也情愿反对两位皇帝的观点。正如我们将了解的，他比雍正更积极地支持矿产开发，而在粮仓的高储备方面，他比成熟的乾隆皇帝要积极得多。

在陈宏谋结交的并断断续续帮助他发展仕途的许多高级官员中，有几个人特别突出。他们极大地影响了陈宏谋在地方任职期间所寻求的主要工作方向，也影响了后来支持陈宏谋发展的特殊机构。虽然大官僚张廷玉和鄂尔泰都用自己的方式极大地促进了陈宏谋的提升，令人感到惊奇的是他们并没有对陈宏谋的政策形成起到多少引导作用。然而真正起作用的是雍正的幕后操纵，乾隆的早期政策者和陈宏谋的“恩师”朱轼。朱轼的政策内容则似乎十分接近于自己门生的政策。陈宏谋曾经称赞朱轼的文集实事求是。仔细阅读它的时候，我们会发现书中所关注的一系列问题，比如反对政府对商品和劳动力采购实行限额，大力发展水利基础设施和特殊机构（例如“义学”）、社仓和“乡饮酒礼”，都在陈宏谋个人政策措施中占有非常显著的位置。① 然而朱轼并不是唯一对他有影响的人。陈宏谋自己就强调他的经济观点是受在云南时的上司张允随的影响。他从甘汝来那里学到了普及教育的实际价值和解决民族冲突的方法。在方苞的推动下，他大力实施低税收并促进主要粮食作物的生产。从高其倬（1676—1738）那里学到了支持向移民和贸易开放沿海的边境地区。高其倬在1721年任广西巡抚时对陈宏谋给予支持，是陈宏谋1730年到1731年任职于江苏时的上级，任职于福建时的前任。② 从他长期的思想指导者和知己尹会一那里学到了对通过制度方式对辖区内人民实行道德教化和文化改革（“训俗”）追求的支持。③

---

① 《朱文端公文集》（1869）。

② 《先文恭公年谱》1：5，1：17，1：21。

③ 这些见解和他们实际性的应用是尹的《健余先生抚豫条教》（1750；再版，北京：中华书局，1985）的主题。这是一部相当不寻常的著作，收录了巡抚给下属的各种指示，很像是陈在编自己的《规条汇钞》（1757）时所参考的范本。《规条汇钞》把陈在陕西时对下属的训示汇编成册，予以出版。尹的著作可能也是陈的不朽而又独一无二的《培远堂偶存稿》编辑成书的灵感来源，该书的编者收集陈在地方任职时对下属所作的指示。“训俗”这个尹会一很爱使用的词汇，同样被陈宏谋应用在他的《训俗遗规》的标题中。

陈宏谋的政治、经济和文化政策既不是独立于真实的清朝官僚政治之外而凭空产生的，也不是他的庇护人、恩师和朋友影响力简单累积的结果。随后的章节将展示陈宏谋的多种政治立场，比如他反对用军事方法解决边疆问题，坚持给予社会边缘群体同样的仁慈和应有的尊重，支持政府大力投资于经济发展项目和国家高水平的粮食储备，对商业交换的绝对热情。虽然这些在他最亲密的朋友圈中都有异议，但陈宏谋却以不同寻常的热情来实施他的某些政治主张。

政治活动和政治立场以复杂的方式相互作用。即使陈宏谋不曾属于某个以单一的意识形态为基础的派系或者“经世小集团”，然而关于这点我们仍然可以提出另外两个适当的结论：第一，18 世纪已有一整套确定的计划和制度，可供倡导实学的士大夫选择推行，尽管他们对其中一些计划和方案的效果和可取性有激烈的争论；第二，尽管个人背景截然不同，对一些具体政策存在分歧，但这些精英在一点上是一致的：把实学思想付诸实施并为此相互信任和相互支持。

第三章

天

按照通常的观点，哲学思辨曾是宋明儒学的主流，但到清初它已从那个时代的批判性思潮的主要议程中消失了。陈宏谋不仅赞同这种变化，而且他比同时代的人更加旗帜鲜明、立场坚定地把抽象的理论思辨斥为对人生社会“空洞无用”① 之物。然而，这并不意味着陈和他同时代的人已经变得完全“世俗化”，放弃了对天的基本信仰，或者说这种信仰在他们的人生哲学中已经变得微不足道。准确地说，陈宏谋的观点与此恰恰相反。他把这些观念放到信仰的层面而不作批判分析，并非表明它们并不相关，而是证明了这些观点已经嵌入到了他的思想深处。

总体说来，陈宏谋有关天的见解可以用正统和平庸来形容，因此这些见解似乎无法引起别人的兴趣。然而他根据自己的理解接受这些观点，在这一过程中做些细致的修改，或改变其侧重点。因为在清朝很少有人公开争论形而上学的学说，但人们普遍认为应该有更多的自由去修正这些观念以适应自己的思想。虽然陈宏谋远非一个有创见的思想家，但他无疑是一个不易受任何人左右、独立地形成自己观点的人。

在本章，我们试图从陈宏谋分散各处的评论以及多部著作中发现他关于本体论的最基本的观点。下一章我们将会更具体地看到这些观点如何使他更有意识地遵循中国思想发展的历史传统。尽管陈宏谋缺乏理论的独创性，而且并不情愿思考这类问题，可是在本书余下的部分您将会越来越清晰地看到，他关于人和宇宙本质的基本观点对于他的社会、经济思想以及行政政策的形成是多么的重要。

---

① 《培远堂文集》2：30-33。

（一）天

陈宏谋信仰古代儒家经典中揭示的真理，深信它是三代黄金时代曾经实践过的治国之道，但是，他没有从理论上阐述这些观点的来龙去脉，这是他与同时代的人最明显的差异。① 当然，陈赞成经常地将先人（“昔人”、“古人”）的行为和他同时代人（“世人”）世风日下的行为加以对比，这种怀旧的情结构成了他话语中的基调。但他从不因为一种行为与古代正统的行为规范相一致而就为之辩护。这种特质使陈与其同时代很多的人有许多不同之处。例如，最近对18世纪中国思想家所作的研究，特别是对考据学派所作的研究指出，现存的文献对古代学者的记载，因为抄写、校对不精等问题，存在许多错误，如果一个思想家能改正这些错误，他就能找到正确的研究方法。这种观点即使是在当代对于思想家的研究计划也是非常重要的。② 陈宏谋没有这样的远大抱负，在一篇值得注意的短文中（后面我们肯定会谈到），他主张崇奉孔夫子、维持周朝遗留的礼仪习俗。这并非因为他对这些习俗的合理性深信不疑，而是出于对政治上权宜之计和可操作性的考虑。③

陈宏谋所持的相对主义和实用主义态度，说明了他对朱熹《四书》里人本主义伦理的偏爱远超过《五经》，因为《五经》以大量的古代神话为基础，而且由于他非常热衷于历史研究，陈是郝若贝（Robert Hartwell）所称的“历史类比家”。陈经常引证历史资料，使用以前的论据，包括古典的史料；但是他绝不是一个不加丝毫批判的古典主义者。相反，他有选择地引用历史：在某一个时期和某一地点，某人以某某方式行事，竟然成功了！《四书》

---

① 我用 Wm. Theodore de Bary 对“原教旨主义”一词给出的解释：“新儒学的一些共同倾向”，见 David S. Nivison 和 Arthur F. Wright 编：*Confucianism in Action*（Stanford：stanford university Press，1959），34-38。

② Kai-Wing Chow，*The Rise of confucian Ritualism in Late Imperial China：Ethics，Classics，and Lineage Discourse*（Stanford：Stanford University Press，1994），尤其是8-9，170-71；Cynthia Brokaw，“Tai Chen and Learning in the Confucian Tradition，”见 Elman and Woodside，257-91。这个运动部分是对已有的关于“考据”运动评价的一个回应，自五四时期开始，学术界很强调清代考据学运动中世俗与近代科学相近的一面。

③ 《课士直解》5：13-16。

被称做圣人之言并被大家所认可，并非因为它们包含了显而易见的真理，而是因为它们传达的信息是有道理的、真实的、切实可行的，不像后来的哲学家们“空洞无用的唠叨”①。《四书》和古代传统值得推崇和研究，但它们本身不是标准价值观念的来源，也不是陈致力于建立和维护的社会、政治、道德体制合法性的源泉。

最终，那个源头就是天。② 天作为一个术语经常出现在陈宏谋的话语中，而且经常以复合词形式出现，如天理、天伦、天良，它们具有独立于“天”本身之外的意义，但是我认为它们不可能完全脱离天的字面意义。陈宏谋只是偶尔地向我们阐述了他对天的本质的不成系统的见解：天是除了各种派生功能以外的一种实体。可是这些不经意的提及足以使我相信，他坚定不移地认为天实际上是某种“外界”的存在物，而不仅仅是一个用来简单地解释某些自然和社会现象不断重现的原因的抽象概念。

比陈宏谋年轻点儿的同辈章学诚认为（正如倪德卫［David Nivison］所描述），天即自然。倪德卫说：“道来源于天，但是章尊崇天乃自然的秩序，因此它的道支配了宗教的绝对存在，即使它不是超自然的。”在章看来，由于天可以还原为“支配历史和人类生活力量的总和”，因此他“对人类道德秩序怀有基本的虔诚，同时他把人类道德秩序完全当作发展的、自然的”③。

陈宏谋天生是人本主义者，很多时候他认为天不仅仅意味着这些，他对待天的虔诚超越了章学诚的以人为中心的自然主义。与章的观点一样，陈认

---

① 《吕子节录》1：5。要了解 Hartwell 对中国过去运用传统为现实服务的研究，参见他的“Historical Analogism, Public Policy, and Social Science in Eleventh-and Twelfth-Century China,” *American Historical Review*76. 3（June 1971）：690—727。

② 一部分传统儒家强调古人遗留的典范，宋代理学家则把天理作为价值观的基础，Peter Bol 近来对两者作出区分，他的观点与我这里所提出的很类似。Peter Bol 将唐朝到宋朝的转变看做以第一位到第二位的转变为标志，并将此与唐代晚期所经历的社会政治的混乱联系起来，那次混乱直接导致了对古典模范信仰的丧失和对一种更加可信的人类行为准则的探寻。这种对可信的道德伦理根基的探寻对陈偏好正统道德的第二形式的倾向施加了影响，但是，在我的研究中，我对 Peter Bol 将此与社会混乱联系起来的观点持谨慎态度。Bol，*This Culture of Ours*，1—3.

③ David Nivison，*The Life and Thought of Chang Hsüeh-ch'eng*，*1738—1801*（Stanford：Stanford University Press，1966），141—42，157—59. 在引用 Nivison 的作品时我冒昧地改动了他原书罗马体印刷的格式，与本书的印刷方式保持一致。

为天是合乎道德的、理性的、可知的。它是规则制定者，是世间一切制度之源。从政治角度来说，它使统治者的权力合法化，他的“圣德如天”①。尤其是当陈宏谋使用复合词“天地”时，他似乎要表达所谓的“系统宇宙”的观点，把神与自然视做统一的整体。例如：“万物禀气于天，成形于地。天地之德，虽同日生，而生之功惟地居多，犹人之于母也。”② 但是，更多时候他明确地把天说成是独立于人类日常经验之外的力量，它创造了秩序和预见性以摆脱混乱状态，它制定了人们的行为准则和赏罚标准③，统治者和其代理人求助于它来影响天气。④ 追溯到汉代的儒家思想，陈进一步把造物主的一些特征归之于天：“万物并齐于天，成形于地。”⑤

除此之外，天也属于神的范畴。1757 年陈宏谋在湖南省担任巡抚时编制了《湖南省志》，这部志书按陈的计划，把重点从华丽的用于歌功颂德的文学辞章转向吏治民生。他采取了不同寻常的写法，以统治全省命运的“星空”（“星野”）作为全书最长的第一章。根据汉朝伟大的天文学家张衡（78—139）的《灵宪》所阐述的（宇宙的无限性）原理，陈宏谋制作了一个表示宇宙秩序（“分野”）的模型，这个模型显示“天有九个方位，地有相应的九个区”，他又重新绘制了详细的星空图，揭示自然的能力以及在湖南实行仁治细节的秘密。因为苍天和大地领域是“自然相生”，绘制并测量它们显然是陈的责任，关键在于观察本地区星座的变化以预测天将给该省带来何种变迁。⑥

---

① 寄黄秉直书，见《陈文恭公书牍》2：17-18。

② 《吕子节录》1：2 和 2：41。陈关于宇宙、社会、政治和个体这些领域之间联系的看法将在作品随后的部分中讨论。

③ 《吕子节录》2：41-42。

④ 《训俗遗规》1：27。

⑤ 《吕子节录》1：1。陈把上天理解为“一切事物的祖先”，它虽然不具有人的特点，“但有意识和道德目的”，自从儒家思想于公元前 2 世纪经董仲舒发扬光大之后，陈就一直跟随着一种比较传统的观点。参见 Kwang-Ching Liu 和 Richard Shek，“Early Taoism in Retrospect：Cosmology，Ethics，and Eschatology，” 见 Kwang-Ching Liu 和 Richard Shek 编：*Heterodoxy in Late Imperial China*（Berkeley：University of California Press，待出）。

⑥ 《湖南通志》（1757），卷 1。关于张衡的思想参见 Joseph Needham，*Science and Civilization in China*，第 3 章（Cambridge：Cambridge University Press，1959），216-18。要了解帝国晚期“分野”的理论，参见 Jeffrey F. Meyer，*The Dragons of Tiananmen：Beijing as a sacred City*（Columbia：University of South Carolina Press，1991），122-27。

但在陈宏谋看来，如果人们能在异常的个人干预行为中感受到天存在的重要性，那么毫无疑问它更大的作用在于它以原则（“理”）、规则（“常”）以及稳定的关系（“伦”）支配着整个宇宙。陈自称是程朱新儒学的拥护者(见第四章)，他的文章中大量充斥着新儒学的“理”的概念。① 它是宇宙的基本法则，它合乎道德、富有理性并不可违背，人们普遍接受这样的理解。陈证明了他最基本的信念：“道为天下古今所共由。”如果一个人领悟了理，他从内心里就成为自己的主人，并且能够领悟人类的天性。② 而且，人类都有自己与生俱来的性情（“本性”），事情本身都有事先决定的原则（“定理”）。一旦时机成熟，某件事情就不可避免，事情过后的争论无非是浪费时间。③ 陈宏谋与同时代的其他人一样拥护理学，但他更善于用经验和实用的方式解释理。文章写道：“至理不离日用。”④ 换句话说，陈对理的解释符合功能主义者的标准：正确的、合乎道德的必然在实践中行得通，实践中真正行得通的必然是正确的、合乎道德的，因为它与理相通。

天理作用在于确保了自然界和人的行为具有永恒的理性法则（“常”），如果正确地理解了这个法则，个人行为和政府政策就能适应这个法则，该法则就能为所有人谋取最大的利益。⑤ 陈宏谋用同一个术语“常”来谈论经济行为中永恒的规则，表明这些法则也是天的重要计划的组成部分——天创造并实施了这些法则，从这个意义上说，任何违反它们的企图都是不道德的行为。⑥ 例如，他谴责偷粮食的行为，认为这违反了天理（见第

① 陈同样偶尔使用“道”这个词，显然可以和“理”替换，但陈明显倾向于使用后者。这种偏爱可能部分来源于他对理学有意识的认同，但同样是因为理和日常生活事实上有着更紧密的联系。

② 《培远堂文集》2：30。

③ 《培远堂偶存稿》20：19。

④ 《训俗遗规》1：21，2：16。这是18世纪东亚思想的主题，Wm. Theodore de Bary和Irene Bloom所编写的*Principle and Practicality*：*Essays in Neo-Confucianism and Practical Learning*（New York：Columbia University Press，1979）对此有详尽的讨论。我们将在随后论述陈的实学思想时回到这个问题上来。

⑤ 《吕子节录》1：82；王昶，27：12－13。

⑥ 《培远堂偶存稿》16：3－5；《陈文恭公书牍》2：14。陈同样提及了作为“定理”的经济法则；奏折，乾隆21/6/29，见《宫中档乾隆朝奏折》14.759－60；《培远堂偶存稿》12：12－13。

六章)，因为粮食应该属于那些生产粮食的人。陈清楚地表达了他对“自然法则”的信任，因为永恒的规则和“定理”主导自然秩序并且约束人们的行为。他成功达到了目的，并且没有丧失他所珍视的务实和灵活的品质：无论这些自然法则是如何玄奥，它们都可以被理性所认知，这样人类就能发挥更大的能动性，即不仅要理解这些法则还要按这些法则行事。①

陈宏谋经常用“伦”来形容人们之间的正常关系，并与“常”（规则或法则）或者“理”（原理）以复合词组的形式来强调它在事物自然秩序中的基础作用。像理和常一样，这种正常的关系是天的杰作——它们是天伦。②尽管植根于中国传统家庭体系中特殊的关系，陈宏谋把“伦常”、“伦理”视为人类文化行为中既定的规则。事实上，正是因为对伦理的理性认识和遵守，人类才与动物截然分开。③ 通过与当地社会道德规范的融合过程，陈把中国精英的社会道德——儒家的社会道德，变成绝对必要的事情。因此，非汉民族的文化习俗，甚至（也许尤其）是中国穆斯林的文化习俗都被视为违反了天理。④ 但是许多汉民的文化习俗也是如此，尤其是未受教育群众(“愚民”）的习俗。

在陈宏谋的关于自然法则的见解中有一个“是/应该是经典问题”——理想与实际合二为一。尽管他坚持认为人们行为的主要动机来源于无所不能的天意，但他必须承认这些动机在实践中常常是违背天意的。诚然，天确实偶尔会通过一些征兆给人们以警示，使人们的行为服从它的意志。例如，1745 年陕西省遭遇旱灾，巡抚陈宏谋把它解释为（至少一部分是）老天不高

① 参见 Derk Bodde 有思想性的讨论，其文为“Evidence for ‘Laws of Nature’ in Chinese Thought,” *Harvard Journal of Asiatic Studies* 20 (1957): 709－27; Derk Bodde, “Chinese ‘Laws of Nature’: A Reconsideration,” *Harvard Journal of Asiatic Studies* 39 (1979): 139－55。R. P. Peerenboom, *Law and Morality in Ancient China: The silk Manuscripts of Huang-Lao* (Albany: State University of New York Press, 1993)，其中论述到古典儒学缺乏自然法则，但古代黄老思想特别强调它；如果是这样的话，那么在陈宏谋的时代它一定已被吸收进理学传统之中了。

② 参见《训俗遗规》1：8。

③ 《训俗遗规》3：33。

④ 《规条汇钞》2：66。

兴的暗示，他立刻采取应对措施将监狱里的犯人释放出来（表示重新致力于仁政），但那些违反伦常的犯人则不予赦免，陈认为天已经制定了支配人们行为的规则和关系（“伦常”），就应该严格遵守。① 然而，尽管在自己的职权范围内尽了最大的努力，但他不得不承认这样一个事实——人们违背天意是常事。

在陈宏谋的思想中，他试图解决道德规范中是/应该是的问题。尽管这个问题自宋朝以来一直是理学思想的一个基本问题，但当时陈仍感觉到特别需要不断强调理、伦和人心、人情的一致性。② 我们稍后会了解陈的思想中有关于人情的部分，在这里我们仅仅强调陈宏谋内心深处的信条，即天理与人们的情感是完全统一的。因此，它不仅“可知”③，而且是与生俱来的。值得注意的是似乎极少有人遵守它。

陈宏谋经常称之为“吾辈”的一群学者精英，他们的作用就是使大众更加了解真实的自我，以至于明理、明伦，并“承认”（意识到和实现两层含义）自己对于理和伦的本能感悟。④ 国家的责任就是“治理”。陈经常将天理与人心或人情一起使用，也经常把天理与王法一起使用。⑤ 陈宏谋敬仰的统治者颁布的法令通过审判程序将“无理”变成“有理”。⑥ 天伦与人心是相同的，如果天伦还没有完全“融入”“人心”，那么问题就出在政府。⑦ 陈一直认为，朝廷不断地表明它忠诚地致力于维护和扩展天创造的规则和各种关系⑧，并且由此证明它统治的合法性。

---

① 《培远堂偶存稿》20：32–33。

② 参见《培远堂偶存稿》20：19，21：27；《训俗遗规》1：21。

③ 陈引自于唐鉴，5：11。

④ 参见《皇朝经世文编》58：39，68：6。

⑤ 参见《培远堂偶存稿》32：8。在这个情况中陈追随了吕坤的观点，吕通常将天理、人情和王法看做个人必须顺从的无可置疑的权威；参见金耀基：《人际关系中之人情分析》，见杨联陞：《中国文化中报、保、包之意义》（香港：中文大学出版社，1987），78。至于对清朝法律实践中天理、人情和王法这三个概念之间关系更深入的讨论，参见 Philip Huang：*Civil Justice in China：Representation and Practice in the Qing*（Stanford：Stanford University Press，1996）。

⑥ 《规条汇钞》2：66。

⑦ 陈，见王昶，27：12–13。

⑧ 参见《培远堂偶存稿》3：14，23：20。

在外界批评家看来，以上所说的似乎都是为自己的统治服务，在逻辑上是站不住脚的，可在陈看来，这完全是正确的。然而另外两个关于天理运行的问题——变化和命运，却明显困扰着他。陈一直强调世事是一个不断变化的过程。在他死后出版的“语录”里，他谈及自己坦然接受这样一个事实：“恒言平稳二字极可玩，盖天下之事，惟平则稳。行险亦有得者，终是不稳，故君子居易。”①（出自陈宏谋63岁时［乾隆二十二年三月］亲自手书的屏幅。——译者）他给朋友的书信中，在讨论《周易·系辞》里的一段文字时有过类似的论述，这段话说明无论世事多么复杂，都能用“易”和“简”来解决。陈基本同意把易、简理解成“安逸”和“简约”，但解释为“变化”和“本质”更加恰当。换句话说，这段话决不表示人们面对问题是被动的，不需努力的；相反，处理这类难题需要不断的努力，因为没有任何解决方法是永恒的，可以永远不受环境变化的影响。②

在陈宏谋看来，环境的变化不是因为理，而是因为理本质上就是变化过程。他没有严密地思考这个问题，似乎也没有得出问题的答案。例如，在再版的李亨机记录宋朝名臣言行的著作中，陈宏谋认为他们的事迹仍然有示范作用，因为“时势不同，心理则一”③。然而别的文章鲜明指出，这种相同不是静态的平衡，而是不断发展变化的。陈告诉我们“变化而无穷”④。因此，任何人都需要想方设法研究“不停发展、永无休止”（“经尽而不及”）的事物，深入研究当代问题（“通当世”），观察正在发生变化的情况。事实上，恰恰是理发展变化的本质使陈认为它是判断人类行为是否正确的最终标准。他把价值观建立在发展这个第一原则之上，超越经典原教旨主义者的权威，努力寻求更加务实和灵活的方法解决当时的社会问题。

另一个问题——命运，更加困扰着陈宏谋。为什么在以德为本的宇宙中好人会不得好报？陈百思不得其解。对于智力难题，如果给他足够的时间，他自信能够解决。他思考这个问题的同时，深信天会奖励合乎道德的行为、

---

① 《陈榕门先生遗书》，《语录》，16。

② 参见寄张松亭之浚书，见《陈文恭公书牍》3：7。

③ 《从政遗规》1：52。

④ 《培远堂文集》2：30。

惩罚不道德的行为（“报”、“报应”）。正如一些学者最近强调，这个古老的信念在中国近代早期社会的大众文化印刷品中体现得淋漓尽致，陈宏谋也不能不受到它的影响。① 我们可以看到，在他的个人生活经历中，陈往往把他科举考试的最终成功归功于闹饥荒时他把粮食分发给当地灾民。② 毫无疑问，对他来说这种“积德于己”将会得到报答，通过不正当的手段获得的粮食最终肯定会失去，对仆人的残忍势必会给家庭带来灾难。③ 问题在于如何证明这个以理学思维为基础的信念是合理的，同时不带有佛教或神秘主义的色彩。

他似乎尝试了很多方法解决这个难题。受吕坤著作的启发，他所有的尝试都从上天预兆这一理论出发。他认为这样的征兆并非宇宙中的某些神秘力量，而是一个与理完全相符的逻辑（“由当今致理”），这些征兆要求关注有德之人的反应。只要你留心不断纠正德行，它们预示的灾难就能够避免，就能得到好的结果。他接着把家庭的延续置于一个更广阔的道德领域，以宣扬信仰和理性：

> 人君事天地，犹子之事父母，父母恶之固当益加孝敬。父母喜之，亦未有可懈其孝敬者也，因祥瑞而不修德，是恃受而骄也。然灾异而不恐惧修者，是竟以天变为不足畏。④

陈宏谋用形而上学和心理学的方法解释了不端行为会遭到惩罚的原因。他坚持认为，这类行为使人们觉得自己做错了事情而感到惴惴不安，因此会在他的言谈举止中表现出来。例如，如果违反者像他一样是个官吏，他的内疚感就会通过判案时荒谬而不合常理的行为表露无遗，这不可能逃过

---

① 杨联陞：《报之意义》；杨联陞：“The Concept of ‘Pao’ as a Basis for Social Relations in China,” 见 John K. Fairbank 编：*Chinese Thought and Institutions*（Chicago：University of Chicago Press，1957），291－309。参见 Mc Mahon，*Causality and Containment*，尤其是 14－15；Paul Ropp，*Dissent in Early Modern China*：“*Ju-Lin Wai-shin*” *and Ch'ing Social Criticism*（Ann Arbor：University of Michigan Press，1981），第 5 章；Cynthia Brokaw，*The Ledgers of Merit and Demerit*：*Social Change and Moral Order in Late Imperial China*（Princeton：Princeton University Press，1991）。

② 《先文恭公年谱》1：7。

③ 《训俗遗规》4：43；《教女遗规》3：1－3；《培远堂偶存稿》2：12。

④ 《吕子节录》2：41。

公众的注意。① 陈认为他对人性有敏锐的判断力，他揭示了相面师相面的秘密："以心为相"。然而，他紧接着补充说，这里面没有神秘的技巧，因为面部表情反映出来的道德心与自然的法则一致，这些法则构成了理。②

第三个问题，认为报应是通过社会显现的，它通过一个人在同伴中积累的声誉（"名"）来反映。陈认为，对于任何一个儒生来说，名誉不仅是意义重大的道德标志，也是宇宙以德为本最可靠的证明："为善得祸，为恶得福，每每有之。断未有为善而得恶名，为恶而得美名者也。故君子不争一时之祸福，而争千古之名义，穷之流芳百世。"③ 这样，社会名望就成为遭遇厄运的好人最终的慰藉。这表明天通过社会给予这些人恰当的补偿，但这无法解释这些厄运为什么会发生。这个问题比其他问题更令陈不得其解。

陈对这个问题的回答是典型的理学式的，但同时不无自己的见解——区分了理与命运（"数"）作用的不同。④ 像理一样，命运代表着天意，并已事先确定（"定"）；但与理不同，人们无法通过判断力感觉它的存在："身世之事，凡可知者，皆理也。凡不可知者，皆数也。"⑤ 天提供了理运行的预兆（事实上，人们可以通过逻辑推理得出迹象），却没有展示命运的运行，人们只能无意中发现命运运行。⑥ 除此之外，陈不想推测命运的本质。事实上，如同占卜和其他流行数术所进行的推测，都是试图了解（在定义上）不可预知的事物，这无疑是在浪费人力。

然而命运远远比理更能决定人生的际遇：一个人的经济地位以及仕途轨迹（很明显陈和他的圈子里的人高度关注的）。令人深思的是陈关于理的讨论绝大部分（虽然不是全部）都是来自公开的文章，而他对命运的思索主要出现在他与一群官吏来往的书信中，这些官吏同他一样有些不得志。命运还决定了一个人管理政策的结果，这是另一个烦恼的来源。他是这样安慰自

① 《培远堂偶存稿》20：12－13。

② 《训俗遗规》1：15－16。

③ 《吕子节录》2：42。

④ 陈同样用"命"这个词来形容命运，有时看起来可以和"数"替换，但是其他时候要表达一种理性的观点，而"数"则明显缺乏这种含义。

⑤ 寄朱浚伯亭衎书，见《陈文恭公书牍》2：9；唐鉴，5：11。

⑥ 《吕子节录》2：41。

己的：

> 其事理正自确不可易。夫果报者，数也。数或有时难知，理则千古可信。居官者听其数于在天，而守其理于在己，岂非所谓脚踏实地者哉！①

成功的人生并非完全出乎我们的掌握之外，关键是把精力集中在一个人真正能掌握的事情上（“为我”或“在我”），让命运决定那些无法控制的事情。② 一个人活在世上需要担负那些可以控制的事情的责任（“责己”），同时，对那些无法控制的事情要服从命运对它的安排（“安数”、“安命”）。③陈宏谋认为，后者毫无疑问需要更大的努力。

（二）超越理性主义

陈宏谋经验主义和实用主义的思维模式很容易使我们把他看做与西方启蒙运动中产生的自然神基础上的理性的人本主义者相似的人物，这种看法是错误的。事实上，陈认为天地中包含着比理性哲学更加丰富的东西。在此，我试图强调陈信仰中的宗教特征——他信奉被罗梅因·泰勒称为中国封建王朝末期的“官方宗教”。这种宗教不同于普通的宗教传统，但它们又具有许多共同特征。④ 官方宗教的核心是对天的膜拜，但其内容又远不止这些。它还延伸到阿瑟·沃尔夫（Arthur Wolf）所说的即“神、鬼和祖先”三位一体的概念。⑤

首先是神。陈认为正统的众神当中，最为出类拔萃的是文昌神。陈虽没有对这一非常抽象的神进行说明，但他却费尽苦心在他任职的每一个地方建

---

① 《从政遗规》2：14。

② 寄王鼎文书、寄胡侄倩德球书，见《陈文恭公书牍》1：14，2：20。

③ 寄黄秉直书，见《陈文恭公书牍》2：17-18；李元度，16：4。

④ Taylor 在一系列的文章中发展了此观点，包括“Official and Popular Religion and the Political Organization of Chinese Society in the Ming，”见 Kwang-Ching Liu，*Orthodoxy in Late Imperial China*（Berkeley：University of California Press，1990），126-57。

⑤ Arthur Wolf，“Gods，Ghosts，and Ancestors，”见 Wolf 编：*Studies in Chinese Society*（Stanford：Stanford University Press，1978），131-82。

造或重修文庙、学宫，这些都是祭拜文昌的主要场所。① 陈和很多人都认为，这个场所是培育正统宗教习俗的关键因素，也是改造当地那些离经叛道的文化、实施“教化”的关键因素。陈对文庙资助政策的倾向是如此明显，以至于我们可以看到他对文庙的信仰是为公而非为私的。不过，他在文庙建设上的过分花销以及对礼仪装备、礼拜仪式细节（见第十二章）的过分关注似乎表明，这些与他自己的精神生活密切相关。毕竟，陈是一个公众人物，他肯定会坚决否认他个人信仰有悖于公众宗教信仰。

但他并不热心支持“官方宗教”中其他的神：城隍和土地。陈认为，这些都是传统的神（“正神”），它们都有朝廷规定的礼拜仪式，他可以容忍这些礼拜。但是，很显然这些神对他并没有任何个人含义。我们看到，尽管陈宏谋对社会阶级的见解很复杂，甚至是相互矛盾的，但在这种情况下他的宗教观点似乎反映了他的阶级意识。土地公是属于普通百姓（“小民”）的；他们是普通百姓与天进行交流的最合适的媒介②，他们与陈这样的官方精英关系不大。

亡灵是什么？陈认为祖先具有一种真正的超自然的力量。他将祖先的牌位供奉于宗祠的神案上，希望自己的子孙得到祖宗神灵的保佑。③ 但他对死后到底会怎样解释得并不清楚。他支持及时处死那些罪行确凿的杀人犯，在他看来这是对含恨而死的受害者必需的补偿；然而，这一陈述的背后也明确了陈深知（或希望可以阻止的）以男性亲属复仇的方式要求凶犯偿罪的习俗。④ 受他自己信念的影响，陈努力推广正统儒家倡导的葬礼仪式和埋葬做法，但又用矛盾的语言为其进行辩护，比如，“既死之后，仅存枯骨，无贵无贱，入土为安”⑤。他否认思想狭隘的佛教和其他异教邪说所宣扬的来生。但他强烈主张一个人应该急公好义为自己积累功德。⑥ 有趣的是，清朝传记作者李元度记载的陈的一个声明：“生平无他嗜好”，这段话与陈的训诫——

① 参见《培远堂偶存稿》1：19–21，12：36–38，29：17–18。

② 《培远堂偶存稿》11：29–30。

③ 《宗谱流传》；寄杨朴园景素书的信，见《皇朝经世文编》58：39。

④ 《培远堂偶存稿》9：43。

⑤ 《培远堂偶存稿》9：26–27。

⑥ 《训俗遗规》4：43。

不遗余力地立刻完成手边的任务——有异曲同工之意，但是他声明中激进的人本主义色彩仍然令人震撼。①

如前所述，陈宏谋对当日流行的来世观念持怀疑态度，在他眼里，官方认可的神灵只是一种统治工具。但他很明显接受了某些中国民间宗教传统共同的信仰。1746 年春天，陈任陕西巡抚时，他命令在西安重建供奉“三神”——马王、药王和龙王的神殿，“以妥神灵”和“以昭明肃”。他如此解释说：

> 使者奉天子命抚兹土，祝兹神，亦惟日继自今雨暘顺而百谷穰……神之福我陕民。……不忘始事云。②

因此，在很多职位上，陈总要试图求助于当地的神灵。③ 然而，在解释神灵影响当地气候的原因时，陈继续坚持认为，人类可以通过对神灵真诚的崇拜来左右他们，而政府和每个官员的道德品质是获得这种结果的关键。④

1768 年陈在任大学士时主持庐湛 1693 年出版的《关帝圣迹图志全集》的再版事宜，新版本插图很多，适合大众读者的口味，讲述了广受欢迎的三国民间英雄关帝的“贤明事迹”。关帝的神性毋庸置疑，但是他个人的道德品行——他模范的孝道和忠诚——是该著作的主要内容；他的军事才能值得赞赏，但他最受重视的是他的社会美德——正义感和对古典文学的精通。正如一个学者所言，《圣迹图志》是对关帝的大规模儒化，关帝这个神可以做多种阐释，其中一些具有潜在的颠覆性。⑤

---

① 李元度，16：4。陈在这个问题上明显的矛盾心理使人想到了 Donald Sutton 最近的言论，他说在晚期中华帝国的儒学精英中，事实上“没有就关于是否存在上帝和灵魂，他们是否干预人类的存在和他们是否有道德目的问题达成共识”。Sutton，“Ming and Ch'ing Elite Attitudes Toward Shamanism，”见 Liu and Shek，*Heterodoxy*。

② 《陈榕门先生遗书》，“补遗”，8。

③ 参见《培远堂偶存稿》34：1-2；《先文恭公年谱》6：13，6：16。有关当代民间宗教对“灵”的解释，参见 P. Steven Sangren，*History and Magical Power in a Chinese Community*（Stanford：Stanford University Press，1987）。

④ 《培远堂文集》10：18-19；《吕子节录》2：41。

⑤ 《关帝圣迹图志全集》（苏州（?）：敦五堂，1768），卷 5。陈与著名的学者、苏州紫阳书院的山长，也是他的老朋友沈德潜被列入了这个新版本的编纂者。转引自 Prasenjit Duara，“Superscribing Symbols：The Math of Guandi，Chinese God of War，”*Journal of Asian Studies* 47.4（November 1988）：784。由于 Duara 描述，庐湛的作品表现了“描述关帝的至高境界”。

图5 年轻的关羽告别父母

《诣郡陈言》记载:"圣帝生而英奇,忠孝性生,读书明易传,尤好左氏春秋,以古今事为己任。"

资料来源:《关帝圣迹图志全集》,卷一,1838。

陈宏谋对神灵的敬奉是公开而谨慎的,但这并不表明不是他的个人的信仰。作为一位地方大员,他经常显示政府对民间宗教的宽容。但是,一旦发现民间宗教过分活跃,举行大规模的公众集会、威胁家族权威或者大肆铺张浪费,他就加以制止。他坚持认为,神灵既不会回应那些背离正统道德规范的祈祷,也不会回应那些有明显浪费行为的祈求。① 正如我们后面将要看到的,在陈的职业生涯中,他积极"改革"任何他认为会危及社会道德或经济生产能力的宗教仪式。但就像他采取的方针一样,他也经常坚持认为地方官员的基本职责就是在神灵面前能恰当地代表人民——审慎

① 《皇朝经世文编》68:4-6。

地履行他在宗教仪式中的职责，首先要表现出他的“诚敬”。① 而供奉神灵在性质上是为公共利益的，这一点至关重要，它的主要目的在于为广大人民的利益祈求风调雨顺。陈告诫那些祈祷者在神灵前祈求过多的个人要求不仅是无益的，而且是渎神的，但他承认有某些例外。例如，子女孝顺父母的行为，子女祈求神治疗父母的疾病，甚至发誓为此全力效忠于神灵，这是正当的。② 如前所述，陈并不忌讳为个人利益祈求神助，他曾求神保佑顺利中举。

具有讽刺意味的是，尽管陈是一个以实用技术治国论者和严谨的理学主义者著称的人，但是，早在他在世之时，陈宏谋祈神的效果已经被世人崇拜为唐纳德·萨顿（Donald Sutton）所称的“儒教魔力”。③ 他的选集（1769年出版于苏州，当时陈还在任职）收入了他在任职几个省 8 次祈求降雨的文章。④ 在陈逝世后的 1787 年出版的《神仙通鉴》，一本关于道家神灵的大百科全书，也公认为是他写的，尽管我被告知这是个错误。⑤ 更有意思的是，《伐蛟说》一文，毫无疑问是由陈所作，在清朝成为他的代表作。这篇文章讲述了巨兽常出没江西隐山的故事。这条龙从元朝起定期地出现，给人类带来毁灭性的洪灾，陈记述了历代官员如何成功地将龙赶回巢穴的情形。这篇著作被重印了很多次：首先被收入陆燿 1775 年出版的《切问斋文钞》（陈唯一被当时士人所选文集收录的文章），王昶的《湖海文传》（1800 年编辑），贺长龄和魏源的《皇朝经世文编》（1826），徐栋的《牧令书》（1838）以及

---

① 《培远堂偶存稿》1：19–21，12：36–38，29：17–18，32：34–35。

② 《培远堂偶存稿》15：5，19：32–33。

③ Sutton，“Elite Attitudes.” Sutton 提出有趣的观点，在他看来，众多官员对算命先生、巫师、法术的极度敌视，不是建立在对其法术功效理性主义的否定的基础上，而是出于试图打破他们垄断的竞争对手的天然仇视。

④ 《培远堂文集》，卷 10。

⑤ 这种特征出现在 Alexander Wylie 的 *Notes on Chinese Literature*（Shanghai：Presbyterian Mission Press，1922），223，并被引用于 Rufus Suter 编写的陈的传记中，见《清代名人传》，87。我在耶鲁大学的斯特林图书馆中查询了《神仙通鉴》一书，馆藏注明由陈创作。但文章本身却并未提到陈，还将此创作全部归于“正大真人”和黄掌纶的身上。在陈的其他作品，他编写的《年谱》和有关他作品的中文传记或名录中均未提及这部作品。

几种地方志都有收录。①

在任地方官时，陈经常在他管辖范围内祈雨。他不仅在省城正式地祭坛祭拜，还亲自去遭遇严重旱灾的地方现场祭拜，去偏远山区的庙宇朝拜以求寻找更为灵验的神。② 令他的同僚吃惊的是，他通过审查监狱记录和释放罪责较轻的犯人这种通常的做法，向上天显示他仁慈的管理，只不过做得更加彻底罢了，以此与祈祷者一道祈求神灵。③ 陈将祈雨作为应对干旱问题策略中的一部分，这个策略还包括分发救济，精心准备，一有雨的迹象就重新栽种，或者一旦有必要就决定栽种耐旱作物。然而没有迹象表明，陈对神灵的祈求仅仅是为了装饰门面，他也没有把他的祈求看成是对灾难的不大"实用"的回应；它只是一系列正确反应中的一部分。当他的祈福得到迅速回应时他感到非常自豪。④ 由于他治理旱灾的成功而名声大增——一种被视为包含祈祷的力量的成功——他几乎成为朝廷中一个善于解决难题的人，专门任职于那些将要发生旱灾的省份。

在陈宏谋"法力超群"的名声大增的同时，他也非常急切地否认他的行为背离了理学的正统信仰。一定程度上说，他的宗教思想含有民间宗教的内容，但是，他又把民间宗教纳入正统观点使之标准化（这里我使用华琛的观点）。⑤ 例如，我们看到，他坚持认为他关于容貌的展示性力量的信仰并不是源自于任何神秘艺术，而仅仅是天理的反映。在重印的一篇关于怎样通过合理饮食而长寿的文章中，他说此文章的闪光之处在于它没有类似的文章中经常出现的"道家经典的空"的观点。⑥

---

① 陆燿，20：23－25；王昶，18：5－8；《皇朝经世文编》45：31－32；徐栋：《牧令书》，22：41－42；《武昌县志》，1885。这部作品在冯柳堂，272－73中被讨论。有趣的是，虽然众多来源都一致将此作品归于陈的创作，它却没有出现在任何一部陈自己的选集中，这暗示了陈的文学顾问们对其有悖于儒家正统性的某种不安。

② 参见《培远堂偶存稿》20：25－26，34：1－2；《先文恭公年谱》8：25。

③ 《培远堂偶存稿》20：32－33，26：12－13；《先文恭公年谱》6：16－17。

④ 《先文恭公年谱》6：12－13。

⑤ James L. Watson，"Standardizing the Gods：the Promotion of T'ien Hou（'Empress of Heaven'）Along the South China Coast，960－1960，"见 David Johnson，Andrew J. Nathan，and Evelyn S. Rawski 编：*Popular Culture in Late Imperial China*（Berkeley：university of California Press，1985），292－324。

⑥ 参见《训俗遗规》（1769），4：13。

在陈的个人生活中，他经常会请算命先生作决。① 然而，尽管承认算命占卜的效用，他却试图给它一个常识性解释并嘲笑他们对自己法力的吹嘘。关于风水的例子尤为如此。比如，陈引证清初学者魏象枢关于墓地选址的几个注意事项——不建在沼泽地，不建在城墙内，也不沿主干街道建造——并以魏自己否认的声明做结论："风水之说，于理之有乎？"接下来他列举了清朝初期王夫之的长篇评论，严厉斥责因过分考虑风水而导致葬礼的延期，在陈看来，这是"堕落的现代倾向"。②

为了表明他广受赞扬的高超求雨技术有别于那些旁门左道，陈引用了王阳明的一段话：

> 古者岁旱，则为之主者，减膳、撤乐、省狱、薄赋，修祀典，问疾苦，引咎贬乏，为民遍请于山川社稷，故有叩天求雨之祭，有省咎自责之文，有归诚请改之祷。……《春秋》书……皆此类也。仆之所闻，于古如是。未闻有所谓书符咒水，而可以得雨者也。③

正如唐纳德·萨顿所言，陈宏谋慎重和庄严的儒家法术，因它的"道德内涵"而区别于众多竞争者的巫术，而这些竞争者试图以"粗略的直接的"方式来操纵超自然力。

陈反对流行的民间宗教，反对拥有共同精神领袖的诸如佛教、伊斯兰教和基督教之类的宗教，出于维持社会秩序和发展经济的实用主义的考虑，他积极捍卫一个统一的有支配性的精英文化，特别是积极捍卫他个人的信仰体系。这都影响了他对世界的认识并成为他政策选择的基础。

(三) 天良：人性的道德实质

在陈宏谋公开的和私下的作品当中，他经常涉及"人性"这个主题，他

---

① 参见他的家书，乾隆29/4/28，见《陈宏谋家书》217－19。民国时期的学者元舒山相信陈确实认可占卜的作用，参见 Richard J. Smith，"Divination in Ch'ing Dynasty China，"见 R. Smith 和 D. W. Y. Kwok 编：*Cosmoogy*，*Ontology*，*and Human Efficacy*：*Essays in Chinese Thought*（Honolulu：University of Hawaii Press，1993），153。

② 《训俗遗规》3：31，4：34－43。Ropp 指出，顾炎武以后的儒家改革派一直持续不断抨击风水（见其书第 5 章）。

③ 《训俗遗规》1：27。

对这个问题的看法显然影响到他对生活和政治的总体态度。陈对人性强调的思想使他与同时代的其他学者和精英区别开来。如周启荣最近提醒我们，在晚明时代，有关人性的哲学讨论达到顶峰，但这些讨论在清朝初期和中期已经不再时髦，也不再为人注意了。① 那些仍然试图概括人性的人，如陆世仪、李光地和李颙，他们不是用“心”而是用“性”来概括，这一概括轻易地超越了新儒学理论中人心、道心的二元论。② 陈自己在这个问题上采用了他们的观点，尽管他不时地使用“心”的观念。

陈宏谋坚持认为人性本善，这使他脱离了那个时代的主流思想（但也与陆世仪、李颙相一致）。他经常在官方言论或私人信件中表明这个观点，他特别积极地捍卫那些源于性本善的激进政策。这些行为毫无疑问说明他认为自己在捍卫一个神圣的哲学立场，虽然它早已在他同时代人中失宠。

陈宏谋对人性的思考集中在两个相关联的词语：天良和人情，许多官僚经常使用这两个词语。但在很多情况下，这些人对它们的含义有不同的理解。陈坚定地认为最具有社会意义的解释是正确的。

陈用很多几乎可以互换的词来指人的本性，诸如“本心”、“良心”、“德性”、“天性”和“天良”。在他的文章中，“所有人的内心都有天良”这句话反复出现。正如我们在第九章将要全面讨论的，陈尤其喜欢援用这句话来指已开化人类以外的社会阶层：无文化的农民、衙门差役、非汉族土著居民、回民等。③ 在和这些群体打交道时我们必须记住他们的天性与我们的天性是相同的，也跟我们一样，他们有根深蒂固的道德行为倾向。他以同样的思想方法来对付这些群体，要求他们以内心的天良作为行动的准则。我们知道，被清朝精英社会所褒奖的行为准则——重视家人亲

① Chow，*Confucian Ritualism*，46.

② On-cho Ng，“Toward an Interpretation of Ch'ing Ontology，”见 R. Smith 和 kwok，47－48；Ng，“*Hsing*（Nature）as the Ontological Basis of Practicality in Early Ch'ing Ch'eng-Chu Confucianism：Li Kuang-ti's（1642－1718）Philosophy，”*Philosophy East and West*44. 1（January 1994）：79－109。

③ 要了解仅有的一些例子，参见《陈文恭公书牍》1：5，2：6，2：19；《培远堂偶存稿》16：10－12，19：31，21：36－37；《养正遗规》1：5；《训俗遗规》1：8；《培远堂文集》1：18。

情关系，尊敬老人，邻里和睦，同情苦难者——是普遍的和不可违反的，因为它们是天生的而不是由后天的文化环境决定的；它们“根于至性”。①

在知识分子和官员圈子里，人类乐观主义的重要因素不再被广泛接受，所以陈宏谋只能以一种独特的方式谨慎地强调人类的善与与生俱来的理性。在清朝初期和中期，这样的观点与王阳明（1472—1529，卒年应是1528——译者）的良知学说密不可分。很多人认为良知导致了明末思想界激进的反传统信仰，以及明朝覆灭前的社会与文化的动乱。② 确实，尽管陈经常用“天良”或其他术语来谈论他对人性本善的理解，但他从不回避自己有时使用王阳明的术语“良知”，他间或直接通过与王的“良知”进行比较来维护自己的立场（接下来我们将看到陈怎样通过王遗留下来的思想来确立他自己的立场）。陈表示完全同意明朝学者的观点，即人性无有不善，善良或良心不会被隐蔽，制定官方政策应该主要以诉求内在的道德意识为基础。例如，他认为地方官员正确的治理方式是：“迁善远罪之良心，无缘而动耳。上以君子长者之道待人，而人不以君子长者之道自待者，非人情也。”③

陈经常在他的著作中表达他对心身二者的认识。比如，在他的《养正遗规》中，他引证方孝孺（1357—1402）的评论：鉴于我们的本性乃上天所赐，唯有身体属于自己，因此我们应当警惕我们的天性退化为兽性。④ 他还引用吕坤的话（他赞成这个人的看法）：阳道生，阴道养。陈还紧接着补充道，“人身一小天地也”⑤。

陈拒绝新儒家心、身二元论学说，在这一点上他的思想和近代早期的思潮是一致的。不过，他似乎完全了解同时代的其他人和新儒家理气二元论的决裂（“气”一词很少出现在他的著作中，在那时几乎没有一点形而上学的意味；最普遍的，它包含在复合词“运气”中，意思是“命运”和“元

① 《培远堂偶存稿》24：38-39。

② 在众多关于这个血统问题的讨论中，参见 de Bary，“Individualism and Humanitarianism，” 155-56；Chow，*Confucian Ritualism*，第 1 章。

③ 《在官法戒录》，前言。

④ 《养正遗规》1：14。参见 Morgan，195-205。

⑤ 《吕子节录》1：1-2。

气”，指个人和社会经济上的生产能量)。① 在这一点上陈深受陆世仪的影响。陆为清朝初期的程朱学说的复兴者，以激进的一元论者和唯物论者的态度看待先哲的教义。正是陆世仪使陈坚持认为肉体最终也生于天然。② 接受理、气或身、心二元论，陈将难以为正常的人情辩护，而人情在他的知识体系中是很重要的。

然而，否认良心和肉体之间的冲突的观念使另一个潜在的矛盾更加复杂化，这个矛盾就是陈对人性的乐观看法和人经常偏离道德标准的客观事实。就我所理解，陈从没有试图用一种系统的方法来解决这个哲学问题。他对人性大量但零散的论述，传达了人性对人的实际行为具有决定性影响。不过，他的观点是相当模糊的。陈将良心等同于理：它是永恒的、普遍的和先决的。③ 它对人的行为没有约束力。如同西方良心的观念，天良容易被遮蔽(“昧良”)。④ 教师、官员或社会精英的作用就是使人们了解他们更好的本性，通过理性去诉求天良，培育天良，“唤醒”天良并使天良发挥作用。⑤

依我看，陈宏谋相当谨慎地重视儿童的天真。比如，他认为，教育家的职责就是在这种天生的单纯和真挚消失或堕落之前开发利用它。陈引用了朱熹对溪流的生动描述——在山泉水清，出山泉水浊。⑥ 当然，陈不可能完全

---

① 在某场合中，陈确实将相信“理”的高级官员与相信“气”的庸俗官员做过比较，参见《从政遗规》1：1。要了解理气二元论的传统解释参见 Wing-tsit Chan 编写的 *A Sourcebook of Chinese Philosophy* 中有关程颐的部分（Princeton：Princeton University Press，1963)，568—69。要了解清朝早期思想史中反二元论者，参见 Ng，“Ontological Basis of Practicality，”95—102。

② 《训俗遗规》2：23。关于陆世仪的唯物主义，参见 Ng，“Ontological Basis of Practicality，”47—48；Chow，*Confucian Ritualism*，63；特别是 Wing-tsit Chan，“The *Hsing-li Ching-i* and the Ch'eng-Chu School of the Seventeenth Century，”见 Wm. Theodore de Bary 编：*The Unfolding of Neo-confucianism*（New York：Columbia University Press，1975)，543—79。

③ 《培远堂偶存稿》20：19；《从政遗规》1：52。

④ 《培远堂偶存稿》12：33—35，16：3—5，20：23，24：43。

⑤ 《培远堂偶存稿》16：10—12，19：31；《在官法戒录》，前言。

⑥ 《养正遗规》2：18 和补充卷的前言。关于对此隐喻的启发式的讨论，参见 Donald J. Munro，*Images of Hunran Nature*：*A Sung Portrait*（Princeton：Princeton University Press，1988)，43—44，67—68。

赞成如此贬低努力（“功夫”）在自我培养中的作用。后来，他在写给一个朋友的信中强调了儿童美德的脆弱：“赋性原本孱弱，自幼读书，勇猛不复。”突现真正的“天然”美德的确要经历一个长期、复杂的自我检查的过程。这个过程包含很多因素，特别是要长期与“患难”（随着年岁渐增，陈的论述中不断出现的关键词）相伴。① 陈宏谋认为人内心的善是不争的事实，但他却没有很明确地将这与婴儿的原始状态联系起来。

陈宏谋认为人有精心计算的手段和达到目的的实用理性，这种理性与人内在的善是一致的。在这一点上，我认为，陈比其他人更加固守理学传统。这种联系与陈反复提到的论断，即道德行为和政治经济是一个问题的两个方面相一致，并且为地区综合发展规划提供伦理的基础支持。比如，1745 年陈到达陕西时，就列出了当地农民应受责备行为的清单，包括违背正确的人类关系的行为和那些低效率利用资源的行为。然后他问到这些行为是如何产生的，并作出自己的回答。这些答案如此不同寻常，让人想起马克斯·韦伯（Max Weber）著名的社会行为类型学的方式：这些只是人们直接意识的反应（韦伯的“情感”行为），或源于“习俗影响”（韦伯的“惯例”行为）。相反，陈提出的行为过程用韦伯的话来说是“理性”的；它们符合人性的、合理的内在美德以及长期经济规划的要求。②

尽管陈宏谋认为，在一定程度上，本能的情感反应（或经济方面的目光短浅）应该对不道德的与荒谬的人类行为负责，但他不赞成将人的欲望或需求作为掩盖人类天生的善的重要因素（事实上，“需求”、“欲”或“人欲”等术语在从孟子到戴震等人的儒家道德学说中很重要，但很少出现在陈的著作中）。我们看到，陈对“情感”、“欲望”的看法，与当时为其辩护的思想家的观点是一致的，也就是认为人的欲望和道德实践是相互促进，而非相互冲突的。陈在陕西发现的两类违背道德的现象中的第二类，即因循守旧，缺乏独立见解才是导致道德败坏的主要因素。

个人和社会群体受到习惯的严重影响，而不是以清晰的良心来面对每一

---

① 寄朱晓园书，见《陈文恭公书牍》3：7。

② 《培远堂偶存稿》19：21—40。与 Max Weber 的 *The Theory of Social and Economic Organization* 做一下比较，由 A. M. Henderson 和 Talcott Parsons 译（New York：Free Press，1947），115—17。

个新的局面。坏习惯变得根深蒂固。比如，他警告说过分地溺爱小孩将使他们养成不健康的心态和脾性。① 在儿童教育中，为追求华丽的文风而进行过多的训练，或对晦涩文章的死记硬背将腐蚀学生的道德判断力（“良心”）。② 群体内的人们中还会有一个令人害怕的传染性。比如，农民盲目的从众心理致使他们懒于创造性地回应所面临的问题。③ 陈和很多其他清朝中期的官员最讨厌的健讼风气，就是由于地方民众相互效仿，习以为常而成为一种社会流弊。④ 寡妇守节行为，本来是她们内在善良本质的外在体现。但是，地方民众受习俗的影响，鄙视寡妇的贞洁，不把贞洁的寡妇看成是她们自身存在的善的标志。⑤

和许多其他理学信徒一样，陈宏谋对于习惯做法如何破坏了人内在的美德这一关键问题保持沉默。当重印和讨论明朝中期的王阳明在南昌任职时提出的乡约时，他才讨论这个问题。王阳明认为，“民俗”质量是地方习惯日积月累的产物。当地方习俗变质时，个人的行为就会偏离个体内在道德之善所规定的方向。王阳明认为这些问题出自两个因素，都是人类对舆论敏感的产物。第一类来源于地方精英，其职责是监管民俗，而他们无意中干了不合理的事情，然后在公众舆论面前将他们的错误行为合法化了。第二类，当谣言把不道德的行为错误地归咎于集体中的一员，这个人由于受到同辈群体的排斥而变得自暴自弃，使得谣言成为现实。⑥

王阳明这些粗略的解释，也正是陈宏谋对这个问题的看法。显然，他对找到这个逻辑问题的答案并不感兴趣。习惯做法腐蚀了内在的善，他毫不怀疑地接受这种说法；而为什么会这样的原理，对他来说，是不值得费脑筋思考的问题。

“世俗”被视为对于想象中的古代（三代）礼仪淳风美德的背离总是含有贬义，但值得注意的是，陈认为“习”或“风俗”不见得是负面的。的确，作为一个极其务实的人，一个对现实生活变化极为敏感和重视的政治

① 《养正遗规》1：13。
② 《养正遗规》1：17。
③ 《培远堂偶存稿》4：43-46。
④ 《培远堂偶存稿》12：33-55；《陈文恭公书牍》3：14。
⑤ 王昶，27：12-13。
⑥ 《从政遗规》1：22。

家，如果陈对风俗完全嗤之以鼻倒是咄咄怪事。像陆世仪和清初其他文人学士一样，陈宏谋认为，如果个人经常用正确的行为典范纠正自己的“习”，那么它确实是培养一个人内在的善的恰当方式。① 他认为，“风俗”不仅包含着需要纠正的“弊”，也包含许多值得保留鼓励的“利”。② 正如我们将会看到，除弊兴利构成了陈行政管理的主要目标。在《训俗遗规》一书的前言中，他是这样概括他的立场的：

> 古今之治化，见于风俗。天下之风俗，征于人心。人心厚，则礼让兴而讼端息矣。……司土者平时未尝教之，而遽以刑之，父母斯民之义其谓之何？③

（四）人情：人类情感反应的力量和恰当性

陈宏谋认为“天良”是值得珍视的古代遗产，但他担心这笔遗产失去魅力，为人忽略，所以采取上述努力使人们重新认识到它的意义和价值。但是，他对“人情”观念的推重有着不同的含义。在陈宏谋的时代，很少有人像他那样对“情”或“人情”这个问题如此兴致勃勃。他对这个概念的关注大部分旨在缩小这个词语的内涵，因为该词语当时有种种解释，他为了自己的道德和政治目的而捍卫这个概念。对“情”或“人情”含义的争论是清代早期特有的文化现象，陈宏谋作为这场争论的积极参加者显示出他是一个真正属于清代早期的人物。

“情”是中国古代的一个词语，《易经》中已经广泛地使用这个概念，有“环境”、“真诚”、“现实”、“喜爱”、“欲望”等不同含义。在古典文本中，它经常成为“七情”的缩写，即喜、惧、怒等七种情感。“人情”经常（但

---

① 陈引用了陆的观点，见《养正遗规》2：18。要了解清早期其他学者的一些相关的见解，参见 Chan，“Hsing-li Ching-i”；Wei-ming Tu，“Yen Yuan：From Inner Experience to Lived Concreteness，”见 de Bary，*Unfolding*，511－42；Chow，*Confucian Ritualism*，63。奇怪的是，尽管他们许多观点都很相似，陈却从未直接地承认过颜元的影响。

② 参见《培远堂偶存稿》23：20－29。

③ 《训俗遗规》，前言。

并不是全部）和“情”同义或缩写为“情”，它在汉代《礼记》中指的是子女和家庭情感的纽带。帝制后期“人类情感”的意义可延伸为“同感”、“互相的责任”、“爱情”、“赏识”、“共同的态度”，甚至是（我们将在第十一章中看到的）“舆论”等不同概念。①

明朝晚期到清朝中期这两个词语的语义共同经历了剧烈演变，意义扩大并引起了争论。让我在这儿引用一些例子：

1.《大清律例》遵循明朝先例，单独用“情”这个词或组合成“神情”一词（依人的感觉表达或行事），为在法律上根据罪犯和受害人群体间的亲缘关系程度来实施不同惩罚提供依据。②

2. 乾隆皇帝为1740年修订的律例写了一篇序文。在这篇文章中，他遵循先例指出，法律既是依据“天理”，也依据“人情的权衡标准”。黄宗智研究了清代法律在地方民事判决中的作用后，认为当时的法律当事人彼此住得很近，为保全双方的面子，法官常以人情为标准要求双方作出妥协。③。

3. 在《红楼梦》和其他明清小说中，“人情”通常用来表示世故、社交的完美或对世俗的领悟。④

---

① 金耀基：《人情之分析》；杨联陞：“Concept of ‘Pao’,” 292。有关对当代中国民间人情的讨论，参见 Richard Madsen, *Morality and Power in a Chinese Village* (Berkeley: University of California Press, 1984), 61－62，人情在这里总是指对自己熟悉的人的关照；Andrew G. Walder, *Gommunist Neo-Traditionalism: Work and Authority in Chinese Industry* (Berkeley: university of california Press, 1986)，第五章；Yeo-chi King, “Kuan-hsi and Network Building: A Sociological Analysis,” *Daedalus* 120. 2 (Spring 1991): 63－84；Mayfair Mei-hui Yang, *Gifts, Favors, and Banquets: The Art of Social Relationships in China* (Ithaca: Cornell University Press, 1994), 67－72；Yunxiang Yan, *The Flow of Gifts: Reciprocity and Social Networks in a Chinese Village* (Stanford: Stanford University Press, 1996)。

② 《大清律例增修统纂集成》(1899)；居焕武（音译——译者）：《清律的处罚与申请》，见“中央研究院”近代史研究所：《家族与政治》，847－900。

③ 《大清律例通纂集成》，乾隆皇帝所写的前言，日期乾隆5/11；Huang, *Civil Justice in China*，尤其是第8章。同样，正如Huang所证明的那样，在清朝地方法官的实际工作中，为作出裁决他们执行三合一标准：天理、人情和国法。决定通常都是在考虑了以上三个原则而妥协的基础上作出的。

④ 金耀基：《人情之分析》。

4. 清朝迅速发展的经商指导书中常用“人情”这个词，说明良好的人际关系。并建议读者与经商伙伴、雇员、顾客培养这种关系。①

5. 明末的官员和社会评论家吕坤，用“人情”和“民情”来指“人民的情感”，要求地方行政官员体察这种情感。②

6. 1598年汤显祖非常受欢迎的戏剧《牡丹亭》主要依赖于“情”的强烈影响力。这种用法被白芝（Cyril Birch）译为“激情”。③

7. 最后，著名短篇小说家冯梦龙（1574—1646）出版的《情史类略》，用故事和逸闻说明了这个词不同的流行说法，不下27种，坦率地承认了对“情”的理解在他那个时代有巨大的争论。④

与所有为情辩护的观点（虽然以各种不同的形式加以掩饰）相对立的是宋朝的理学传统，虽然该传统没有谴责人类情感，但毫无疑问，它倾向于通过一系列实体论的方法把情和理、人性分离开来，认为情在人类生活中具有有害和诱使堕落的作用。例如程颐写道：“心本善，发于思则有善有不善。若既发，则可谓之情，不可谓之心。”根据朱熹的观点，性是所有人共同的，并与理相一致，而情随个人性格而异，个人性格同人类共同的本质完全不同。朱熹补充道：爱恨皆情，然而爱善憎恶却是性的一部分。⑤

情和性（或者情和理）的二元论以及在道德上对情感极度不信任是随后几个世纪风行的宋朝新儒学思想遗产的关键部分，而宋儒对性情之间的复杂关联的重视为后来的信徒忽略了。恰恰是这种二元论和对情的消极观点在近代早期社会受到了彻底的挑战。读者将会留意到在明末清初，像上述的例子

---

① Richard Lufrano, *Honorable Merchants: Commerce and Self-Cultivation in Late Imperial China* (Honolulu: University of Hawaii Press, 1997).

② Joanna F. Handlin, *Action in Late Ming Thought: The Reorientation of Lü K'un and Other Scholar-Officials* (Berkeley: University of California Press, 1983), 149-58.

③ 汤显祖的《牡丹亭》，由Cyril Birch翻译（Bloomington: Indiana University Press, 1980）。

④ Anthony C. Yu, *Rereading the Stone: Desire and the Making of Fiction in "Dream of the Red Chamber"* (Princeton: Princeton University Press, 1997), 54.

⑤ 朱曾在别处尝试用不同的方法来解决这个哲学问题，试图区分“道心”与“人心，”后者体现人类的欲望。参见Paolo Santangelo, "Is the Horseman Riding the Horse, or the Charioteer Driving the Two Steeds?" 载*Ming Qing Yanjiu* (Rome) (1993) 81-112，本书采用了Paolo Stantangelo的翻译，但作了修改。

中提到的，“情”的每个不同用法都包含了积极的含义，这也包括了《牡丹亭》里的激进用法，在这本书里“情”被视为抵制和战胜了“理”，而“理”被理解为因循守旧的道德伦理。① 后来各个流派的新儒学思想家，从相对反传统的何心隐、李贽到正统的（虽然带有其自身的创新）吕坤、颜元、钱大昕和戴震都参与了为人类情感恢复名誉的集体文化工程。② 同时，在迅速发展的平民文化出版物里，情的广泛流行引人瞩目，甚至成了一种膜拜。在那个时代充满浪漫色彩和色情的大众化小说里，在流行的诗集中（日益以女诗人为代表的诗集），情作为浪漫的爱情和强烈的情感成为中心主题。正如明末一位文人所说：情是生命的全部！③ 明末著名诗人和社会活动家陈子龙在其著作中对情感具有全新的评价，他把理想化的爱情与英雄般地效忠朝廷的情联系起来，从日常的经历中提炼出了美德和忠诚。情，不是对人天生善良的腐化，而是对高尚道德的凝结。④

在这种错综复杂的语境中，“情”和“人情”这两个习语占据了陈宏谋思想和话语的中心地位。最重要的是，他高度强调和始终如一地坚持一点：不论是本体论还是伦理道德，都没有将情和理二者截然分开。二者不过是一个事物的两个不同的方面。在陈看来，他的感情政策应包含人情和天理两方面；他用四个字的习语将情和理联系起来，例如“合情合理”或“通情达理”。他经常简单地把这两个词合并为一个词，“情理”。⑤

---

① 参见 Paul S. Ropp，“Vehicles of Dissent in Late Imperial Chinese Culture”（paper presented to the symposium on state and society in East Asian Traditions，Paris，May 1991）。

② Yuasa Yukihiko，“Shindai ni okeru fujin kaihō ron-rikyō to ningen teki shizon”（On women's emancipation in the Qing：lijiao VS. human nature），*Nippon-Chūgoku gakkaihō*4（1952）：111－25；de Bary，“Individualism and Humanitarianism”；Handlin，*Action*；Chow，*Confucian Ritualism*，63，188－89.

③ 叶少原，引自 Dorothy ko，“Women's Culture in the Private and Public Spheres in Seventeenth and Eighteenth Century China”（paper presented to the Colloquium on Poetry and Women's Culture in Late Imperial China，UCLA，October 1990），23。

④ Kang-i Sun Chang，*The Late Ming Poet Ch'en Tzu-lung*（New Haven：Yale University Press，1991），尤其是 9－18。

⑤ 这些例子包括《培远堂偶存稿》15：21－22；《训俗遗规》1：21，2：9－10，4：1；ZZYG（此处疑为《养正遗规》——译者）1：34－35；《吕子节录》1：6，1：58，2：38－39；《陈文恭公书牍》2：20；《先文恭公年谱》5：2。

在一定程度上这是近代早期对“情”的理解，与程朱理学的观点针锋相对，但陈宏谋却不这样认为。不过，他从不引用宋代作者对此问题的阐述，而是视自己为程朱理学传统正统的代言人，清楚地表明自己的观点已经反映了程朱理学。然而陈至少在一个场合暗示，人情和天理的二元论是后来对传统经典原意的曲解。他赞许地引用了明末学者高肃卿的观点：

> 余尝有言曰：天理不外于人情（指情之公者），然圣人以人情为天理。而后儒远人情以为天理，是故圣学湮，圣化窒。夫事有本情，人有本心。出吾本心以发事之本情，则议道而道不睽，作之于事，可推四海而准；通千古而不谬，何者？天理人情，固如是也。①

但是如果宋朝的道德哲学家总是把理和情对立起来，那么陈那个年代的通俗文学也是如此。差别在于哲学家认为理占有绝对的优势，而在文学作品中情战胜了一切。陈宏谋对人情的复兴，将人情与天理等同起来，这可以被视为同时反对两种主张——道德理想主义者及浪漫主义者的主张。②

尤其是，由于人情和天理不能区别开来，人情成为陈宏谋个人行为和公共政策的基础。例如，他详述了一些虐待他人的常见形式，并在每个事例后询问读者：这种行为跟人情真正相符吗？他认为能被一般人所接受的恰当的行为都是合理的，因为它“符合人类情感的标准”（“准于人情”）。人情为人际关系中的互惠（“恕”），为与他人产生同感（“体人”），为他人承担责任（“责人”）和教育他人（“教人”）的个人能力都提供了基础。③只要把尊重人情的原则在逻辑上稍微引申一下，就能找到适当的治国安民之策。学术官僚们常担负着论古以治今的使命，但这一使命只有符合人情才会被完成。陈认为“王道本乎人情”④。

但是在陈的用法里“人情”的精确含义是什么呢？首先，他使用的这个词显然不只有一个意义。例如，当他用“不老实”来描述湖南的人情时，他

---

① 《学仕遗规》2：16。

② 就像我们会在第十二章中看到的，陈一直否认人情和礼教之间有任何矛盾。

③ 《教女遗规》3：1－3；《训俗遗规》1：21；《吕子节录》1：71。

④ 《吕子节录》1：6；《训俗遗规》1：21；《学仕遗规》2：16。

指的是一种特定的当地流行的习俗，而非任何超常的现象。① 陈也把“人情”延伸用来说明某些我们可翻译为“公共舆论”的内容。尽管这些词的交叉使用耐人寻味（他用描述人类感情和理性的术语去描述“公共舆论”，用这种方式赋予“公共舆论”一种在其他语境中不具有的魅力），但在这里它不是我们直接关注的。我们所关注的是陈在他那个时代里使用这个广为流行的词语的方式，并声称是自己独特的方式——缩小词语的内涵并赋予道德的内容。

陈宏谋对人情的理解包含了人类理性和人类的情感，二者在道德上都是有积极意义的。它们具有强烈的冲击力，但几乎不轻易引起或表现出来（汤显祖把情作为一种强烈的感情，肯定是与陈的用法格格不入的）。人情每一点都跟天理一样，是“自然”的。与理相同的是，情呈现出了“规律性”或固定的、可预计的运作规则（“情理之常”），它与理一样，是不可“亵渎的”（“不可非”）。② 个人考虑行动的步骤或政府制定政策都不能忽视或压制情。③ 这样它对政治行动进行了有效的限制：例如，一项对百姓有过分要求的政策是与人情相违背的，因而是无法操作的，也是不合乎道德的。④ 陈当然也意识到，在现实生活中，国家制定的政策并不总是与人情相互协调的。例如，他引用了一些社会精英的剥削行为的例子，这些例子很明显与人情背道而驰，却不被法律所禁止。因而，他认为他的责任就是与这些人的行为做斗争。⑤

情/人情是一种不可抑制的力量，在市场行为中表现得最为清晰，这里

---

① 陈的奏折，乾隆21/6/29，见《宫中档乾隆朝奏折》14.763－65。更为常见的是，陈倾向于用“民情”这个词来表达这个概念。比如，在注释顾炎武的《日知录》中的一段文章时，原文中使用“人情”，陈在自己的评论中则代之以“民情”一词；《在官法戒录》1：12－13。

② 《吕子节录》1：58，1：95；《先文恭公年谱》5：2。注意问题也可能会出现在这里。情和理不仅是理想，还是切实可行的法规，它们仍为类似1742—1743年的江西饥荒那样的社会危机削弱或瓦解。为维护人类道德秩序，国家或受过良好教育的精英介入干预是必不可少的。

③ 《吕子节录》1：70。

④ 《吕子节录》1：6。

⑤ 《培远堂偶存稿》12：33－35。

政策的含义意义非常重大。商人们按对自己有利的价格买卖商品无非体现了他内在理性对市场供需条件的反映，这类行为既合情又合理，政府制定政策时必须注意这一点，允许商人按市场供求关系从事交易。①

但是人情不仅是理性的简单运算，同时还是爱或同情（“体恤”）。② 最明显的例子是生活在中式家庭里的人们的行为方式——出于（陈认为普遍是正确的）人情的冲动，因为它显示出对家人自然和理性的情感。③ 人情是一种同感，它对一个人所期待的大众行为加以约束，正如人情是一种市场运行一样。例如，陈认为，忽略人们对礼仪的普遍看法，敦促他们不折不扣地履行礼仪规范，这本身就构成“过礼”的行为。由于我们全都分享了这种人情，当仪式上的要求不太适宜时，我们能通过自我检查，通过我们自身苦难和忧患经历的积累来确立正确的行为规范。④

对陈宏谋的人情观影响最大的是明末经世思想家吕坤。陈宏谋在注解吕坤的著作时，提出一个过去学者们未深入讨论但对人类情感的真正理解至关重要的问题。这个问题是，人情和自我利益的关系如何？⑤ 陈认为宣称公共利益（“公”）与人情完全相等是天真的，只讲对了一半。实际上，人类情感既包含公共意志的因素也包含私利的因素（“人情有公，亦有私”）。就整体而言，私情是真实的，是内在的人情；严格说来，它们不能也不应该被压制和忽视。陈运用许多策略试图使私情和人类情感的全部含义相吻合。他当时阐述说，虽然作为一般现象的人情是一种公共情绪，一旦降低个人行为（“个做”）的层次，它们就变得只关注自我。在其他地方他把情分为两部分：一部分表达天理，另一部分反映个人利益；他进一步坚持认为这些都是“自然的”。他还把人情分为三部分：自然和直觉的部分（“自然”）、个人必须去做的部分（“当然”）和个人不能回避的部分（“不得不然”）。

那么，问题在于如何确定偏袒自己和接近自己的感情是理性的、合法的，并防止他们过分沉迷于自我。陈对这个问题的回答是模糊的，这是他思

---

① 《培远堂偶存稿》15：20-23。

② 《从政遗规》，1：5。

③ 《训俗遗规》1：21。

④ 寄张纶书，见《陈文恭公书牍》2：3；《吕子节录》1：58。

⑤ 下面的一段是基于《吕子节录》1：70-71和1：95-96的内容的。

考过程中真实想法的反映，他没有得出使自己完全满意的解决办法。人们必须受到自己内在原则标准的指导（“准之于理”），关键是要保持同情心，能一直将自己放在别人的位置上思考（“体他”）。总的来说，陈对社会进程很有信心；通过社会各界相互之间不断地协商，在实践中可以达到利己和利人的平衡。

最终，陈也回到了对人们尊重秩序和先后次序的信任。他引用了吕坤关于市镇交通流动的一个奇怪而乐观的隐喻：当人们在街道上相遇时，男士让路给女士，骑马者让路给步行者，行动灵活的人让路给行动迟缓的人，年轻人恭敬地让路给年长者。在吕这个理想化的街道场景里，特别要注意的是，他是如何把正统的儒家顺从的例子（年轻人屈从于年长者）和无疑是非儒家的谦让的例子（男士让步给女士）并列对照，以及如何把坚强的给弱者让步的例子和与其相反的例子并列对照。陈挑选了上述例子放入其集注中：

> 尝见五都之市，车马喧阗，往来杂遝，动辄争嚷，毫不饶让，而道途相遇，人让轿马，马又让轿，轿马让车，小车让大车，轻车让重车。

在这个意义上人情简单地显示出物理——统治实际生活的原则，即“人们无需法律强制就能自觉遵守的”原则。陈由此得出结论：国家在制定政策时没有比利用这些根深蒂固、自然的秩序观念为指导更好的方法了。①

陈宏谋提出的关于自利这个哲学问题的各种答案（可能除了最后一个）都是传统的，没有留下深刻的印象，但是他对问题的关注本身却有着重要的意义。当然，某种程度上，陈只是参与了余国藩所说的围绕个人欲望问题所展开的“哲学与诗词之间的争论”，哲学家们坚持认为情要为道德和社会所接纳，必须合乎逻辑并受到风俗习惯的节制（“节”）；正如余国藩指出的那样，这场争论至少早在荀子那个年代就已经开始了。② 然而，更为特殊的是，陈宏谋反复强调，人类欲望是合法的，是不可压抑的。他同中国近代早期的其他思想家为自利（“私”）和个人好处（“利”）这些观念平反，把它们从

---

① 《吕子节录》2：38-39。

② 余国藩：《再读〈石头记〉》，53。

宋朝理学传统强加于他们的幼稚、简单、肤浅的责难中拯救出来。[1] 正如我在以下几章中所认为的，陈和他同时代的人已经将个人的重要性向前提高到了与集体主义相等同的一个崭新的意义，这对当时思想和政策的演变有着广泛的影响。

① 对此运动的开拓性研究是 Mizoguchi Yūzō，“Chūgoku ni okeru *koshi gainen no tenkai*”（中国“公”和“私”概念的演变），*Shisō*669（1980）：19-38。

第四章
学

如果陈宏谋的声誉是建立在对中国传统学术的贡献上，那么他时至今日仍然会默默无闻。他不是一位独创性的思想家，也没有对哲学问题进行深入的思考。他也不是一位优秀的作家，他受人尊敬的出版物也主要是编选他人的作品。他出书的目的是为了教化民众。正如梁启超所评价的那样：从广西的范围来看,陈宏谋“有著书，时论颇称之。然以置他省，车载斗量矣!”①陈宏谋首先是一位政治活动家，总体来看，他的观点相当的平庸。

但是，学术作为一种理想，在他对生活的理解中至关重要。正如我们所见的那样，陈宏谋从心里鄙视任何形式的学术卖弄或者象牙塔式的学问。他认为任何自称是学者的人都必须是一位服务于公众的积极分子。但同时，他又认为，一个人的学术追求如果不是建立在长期不懈的经史研究基础上，那么他的道德实践的基础是不稳固的，也不可能取得有价值的实质性成就。“知行合一”是陈宏谋最后一本为道德教育编选的《学仕遗规》（1769）的主题。他在书中写道：“学所以求得乎道也。道统物我，学兼知行，成己即所以成物。”② 从年轻时起，陈宏谋就对此深信不疑。1758 年，他在写给苏州著名的书院紫阳书院掌教的信中还强调：“学问之无关于身心者，其病在求知而不求行。”③

---

① 梁启超：《近代学风之地理的分布》，36。

② 《学仕遗规》1：79。如果该书标题中的“学”、“仕”，如陈本人强调的那样，分开理解，那么这个题目就可以被翻译成 *Sourcebook on the Interrelationship of Scholarship and Public Service*。

③ 《陈文恭公书牍》3：10。关于表达了超过 30 年的相似的情感，参见 1740 年（寄家圣泉书，见《陈文恭公书牍》1：9）和 1769 年（《陈宏谋家书》251－53）的信件；陈兰森：《课士直解》前言。

陈宏谋一生都在一丝不苟地阅读前辈学者们的著作，并且像其他读者一样用自己的方式进行阅读。他阅读广泛，深入了解许多学派的学术文献（有时甚至包括一些儒家正统作品以外的古典作品）。① 如同其他学者一样，陈宏谋深受不同学术观点的影响，在这一点上，他没有特异之处。但是，他用一种独特的方式把自己所学的东西融会贯通，为自己为政之道奠定基础。如下所述，这种方式在陈宏谋的时代及其后世，对实学和经世思想基础的形成有重要贡献。

（一）主流学术之外

陈宏谋自觉地与他所处时代的学术主流保持距离。特别是在他的私人信件中对油腔滑调和卖弄学问的学术风尚予以批评。这种批评是他信件中最引人注目的主题。他的信件充满着改革者的热情和个人道德的优越感，而且全部都是直截了当的批评。对考试体系和以考试为主导的学习模式的批评也明显地表现在这些抱怨中，这不会令人感到惊讶。正如很久以前倪德卫（David Nivison）所说，到 18 世纪，这些抱怨已经几乎与它们所谴责的学问一样变得司空见惯。陈宏谋严厉指责那些在平时很少翻开课本，当考试来临时死记硬背而不求甚解的学者们。整个教育体系已变成了唯利是图地追求自身利益，而不是为了提高整个社会的文化水平（"教化"）。对学生自己来说，这样的学习甚至只能给他们带来一个不好的影响。带着同样的激情，陈宏谋谴责了这样一个事实：那些通过科考取得功名的人从此再也不学习了，他们将会专心地追求他们的仕途，而不会继续阅读传统的文献巨著。这种错误很大程度上在于考试和主考者。主考者往往根据考生的文采判卷，注重的是文辞是否优美，很少考虑立意思想是否深刻。这种考试制度年复一年的结果就是，科考举子录用后一旦升到较高职位时，就无法胜任所交予的工作，不能很好地为国家服务。②

---

① 参见陈在《学仕遗规》一书中对于管子和墨子的积极评价，1：74 和 1：76。另一方面，他十分轻视道家理论并始终严厉地对待佛教学说。

② 《皇朝经世文编》2：33；《陈文恭公书牍》2：6；《学仕遗规》2：89－90，3：61；David Nivison，"protest Against Convention and Conventions of Protest，"见 Arthur F. Wright 编：*The Confucian Persuasion*（Stanford：Stanford University Press），1960），177－201。

事实上陈宏谋将科举考试视为国家招募人才的一种手段，并且在实际工作中，努力保证考试体系的公正。① 同时，他认为科举考试是一种手段而不是一个结果。在他心目中，科举功名并不是什么神圣高尚之物。所以，他比其他同僚更喜欢利用捐监制度出售功名换取有益于国计民生项目（如社仓）所需要的资金。他也不认为应试教育和真正的学术研究是相通的。虽然如此，他相信如果考题水平有所改善，考试就会更有利于社会。在1769年他完成了为士人考试所作的指南《课士直解》，这是他最后的一部作品。在书中他列举各种在他看来至关重要的问题和答案。这些问题涉及地方公共安全机构、礼仪基础和一系列其他的道德和行政问题。②

这种科举考试文化有助于形成一种陈宏谋十分烦恼的、更为广泛的文化和道德氛围。他经常用“揣摩”这个词来概括这种不快。在一般的用法中“揣摩”是“摸索”或“猜测”，但是在儒家伦理的理论里“揣摩”有时是一种积极的含义：通过反复地对照范文或人物，一个人可以使他或她自己的行为举止变得高雅。陈宏谋却讽刺地运用这个词，“揣摩”指任何因为表面的缘故而进行的行为，例如当一位官员作出一个政治或司法的决定时，仅仅是去揣摩上司的喜爱。③ 在学术方面，他用“揣摩”这个词描述那种不用脑子地复制或模仿以前的文章（在书籍里经常可以看到）中悦耳和能打动读者段落的文学剽窃形式。④“揣摩”，实际上是用华而不实的讨巧来取代扎扎实实的思考和研究，并且按陈宏谋的观点，“揣摩”是当时社会的一种流弊。

除了对千军万马过独木桥式科举考试的抱怨以外，陈宏谋最反感的是文

---

① 要了解仅有的一些例子，参见奏折，乾隆17/3/4，17/5/28，18/1/19，见《宫中档乾隆朝奏折》2. 366－67，3. 209－10，5. 834－36；《培远堂偶存稿》17：36－37，17：54－56，25：36－37。

② 关于《课士直解》和陈兰森与葛正笏在它的汇编工作中所扮演的角色，参见陈的家书，乾隆34/11/9，见《陈宏谋家书》251－53。

③ 《培远堂偶存稿》17：10－11，20：19－20；《陈文恭公书牍》1：13，3：2；《吕子节录》1：75。

④ 《培远堂偶存稿》4：3－4；《学仕遗规》3：90。Paul Ropp将“揣摩”翻译成“仔细的研究”，但是他提到，清代文献在使用这个词时通常带有嘲讽之意。18世纪40年代的小说《儒林外史》中一个不讨人喜欢的学究宣称：“‘揣摩’二字，就是这举业的金针了。小弟乡试的那三篇拙作，没有一句话是杜撰，字字都是有来历的。”Ropp, *Dissent in Early Modern China*, 103。

人中间舞文弄墨之风。包弼德（Peter Bol）已经指出：对国势衰落的南宋知识分子来说，“文”代表了中国文化，与“体”和“用”一起组成了儒家文学价值的不可分割的三位一体。① 如果问到这个问题，陈宏谋肯定不会不同意这种观点。他承认一个学者的文章（“文”）或者文学作品对展示自我和对社会的贡献是必需的；除“文”之外，按陈宏谋的观点，我们没有更好的手段来考察一个士人是否通过自己毕生的探索形成一套成熟的世界观。② 在晚年陈宏谋还更进了一步，好像承认通过对一个精心构思的文化作品的研究能促进“道”的运用和社会风俗的改进（“道存风雅”）。虽然他一生都对诗很讨厌，但他在1760年劝说皇帝重新印刷《钦定唐宋诗选》，并广加刊行。这样做的目的是为了使考试更加人性化，减轻年轻学者们为通过考试而造成的残酷竞争。即便如此，文学审美鉴赏本身的价值，在陈宏谋的思想中没有或只占微不足道的地位。他从历代文学遗产中挑选值得一读的作品时，关注的是它们的“文教”③ 功能。那些卖弄文采、空洞无物、没有思想的作品从来都是他批判的目标。在1744年的一篇文章里，他抨击道：

> 近来功利词章之习，流而不反；读书者所在不乏，顾书自书，而我自我，每见读书之人，与未读书者无以异；读书之后，与未读书时无以异。竟似人不为科第，则无取乎读书；读书已得科第，则此书可以无用矣。④

对于陈宏谋而言，大部分读书者都是“书自书，而我自我”。他们的作品看起来好，但他们的个人行为却表明没有达到应有的教养程度。⑤

在陈宏谋看来，“文”如果按正确的标准来理解，与个人的道德实践和士大夫们经世治国的使命是不可分割的。陈宏谋在给许荛的信中抱怨道：“近世论者皆云某某长于文章，某某长于政事，似乎分道扬镳，理难兼擅。”⑥ 出于同样的原因，文学技巧更适合地应用于某个学科。他谴责那些靠舞文弄墨、无病呻吟而生活的人，或在商业出版界里，制造一些“粉饰”去

---

① Bol, *This Culture of Ours*.

② 《陈文恭公书牍》1：16。

③ 奏折，乾隆25/3，重印于《先文恭公年谱》11：5。

④ 《陈文恭公书牍》2：6。

⑤ 寄靖果园书，见《陈文恭公书牍》3：2-3。

⑥ 寄许荛书，见《陈文恭公书牍》3：1。

满足大众口味的人。“人亦未尝不以读书人目之；究之于身世，毫无所益；甚有所行所存，与书全相反者。”他抱怨当时文章的油腔滑调，责备所有“浮乡”的空洞。① 他认为正确的写作主题是对“道”的说明。至少应该同样重要的是说明“道”是“日用事务”。将“道”视为一个“谈元凿空”主题必将会坐失良机！②

阐释“道”的文章必须有清晰和朴实的写作风格。桐城派（方苞等）发起的古文运动是为了反对文学矫饰。陈宏谋十分同情这个运动，可他也一度批评古文运动盲目复古的主张。认为模仿那种古老和深奥（“古奥”）的写作形式，只能妨碍有效的交流。陈宏谋认为：“作文发自中心。”③ 如我们已经看到，当白话文大大地方便了听众的理解时，他对运用通俗文字感到十分欣慰。

陈宏谋如果同情令人厌烦的、卖弄学问的“考据”或“考证”的话，那么对科举考试文化、无关紧要的主题和自我沉醉的格式上的优雅的批评就不会将他置于当时士大夫的主流之外。“考据”这种学术研究形式迅速地成为当时的主流文化。它的起源总是被追溯到17世纪伟大的学者顾炎武，它代表了一种对宋明理学的拒绝。后者作为一个哲学系统，因为它的形而上学观点、理气二元论、获取个人圣贤地位的自私追求目标以及道德可以通过人的直觉而非通过阅读经典而理解的观点，受到了考据学者的抨击。作为一个毫无生机的教育工具，理学服务于科举考试体系并且束缚学者对道德和政治的独立思考。在寻求清除伪造、篡改和古代文集抄写的错误方面，考据的参与者逐渐地形成了一套训诂考据的方法，并把这种新方法应用于那些令外行人眩晕的文献考据、校勘和辨伪争论中。④ 在这个强

---

① 《陈文恭公书牍》1：7-9，2：20。

② 寄欧阳瑶冈书，见《陈文恭公书牍》，3：9-10。

③ 寄吴湘皋书，1741-1742，见《陈文恭公书牍》1：14，1：16。

④ 有关考据运动的系统论述，首先见于梁启超的《清代学术概论》之中，梁著的英译版由 Immaneul C. Y. Hsu 完成（Cambridge，Mass.：Harvard University Press，1959；中文原著，1921）。Yamanoi Yū 的“Minmatsu Shinshu shisō ni tsuite no ikkosatsu”（An investigation of late Ming and early Qing thought）里做了更深入的分析，*Tōkyō Shinagaku*11（1965），37-54。英文世界对此问题的主要作品是 Benjamin Elman 的 *From Philosophy to Philology*：*Intellectual and Social Aspects of Change in Late Imperial China*（Cambridge，Mass.：Harvard University Press，1984）。一项更近的历史唯物主义者的分析是中国学者陈祖武的《清初学术思辨录》（北京：中国社会科学院出版社，1992）。

调语言训诂和反形而上学倾向的基础上，梁启超或胡适等爱国学者已趋向于将考据置于竞争的文化潮流之上，视之为中国本土产生的崇尚科学精神的学术传统。然而正像周启荣已经令人信服地说明那样，考据学内部也存在着一股强大的儒家原教旨主义精神，刺激这些考据学者运用考据来恢复古代道德的完美，并且恢复那些被近代粗俗腐败学术所清除掉的礼仪制度。①

由于考据学者不喜欢宋代的新儒学，他们逐渐成为汉学学派的信徒。他们的对立面则是坚定拥护程朱理学的追随者。从 18 世纪 30、40 年代开始②，自称是汉学拥护者的古典学者惠栋认为：《五经》的权威性应在朱熹所喜欢的《四书》（《论语》、《孟子》、《大学》、《中庸》）之上。那些朱熹学术的追随者把《四书》变为科举考试的核心内容。他们还批评朱熹对儒家经典的注解明显是用来曲解《五经》的思想以适应他所生活的时代。正如艾尔曼（Benjamin Elman）所说，考据学，特别是汉学是一个非常地域性的现象，主要集中在扬子江下游的经济发达地区。该地区无可匹敌的财富使考据学赖以发展的图书文献收藏成为可能。考据起源于这个地区有声望的并受到大量捐赠的书院和学术研讨。江南和扬州的学术共同体内部有意识地相互交流引发了许多促进考据运动发展的学术争论。③ 像盖博坚所证明的，这个地域化的学术团体和它的学术议程也逐步演变成了一场政治运动。通过日益增长的对各种科举考试成绩评定的控制，和通过对官员任命更加系统的影响，汉学支持者成功地成为封建官僚机构内的一个重大的利益霸权团体。这个霸权在陈宏谋职业生涯的最后几十年里变

---

① Chow, *Confucian Ritualism*. 要了解儒家原教旨主义式的复古思潮对考据运动领袖人物的推动，参见 Brokaw，"Tai Chen"。Elman 的 *From Philosophy to Philology* 以其观点的原创性著称，但过于强调考据学派的科学主义特点。这种倾向在 John B. Henderson 的 *The Development and Decline of Chinese Cosmology*（New York：Columbia University Press，1984）也可以发现。

② 惠栋（1697—1758）与陈宏谋几乎完全是同时代的人，在此后的几十年中，他在苏州知识分子界影响很大。在那段时间的许多年里，任江苏巡抚的陈也待在苏州。但是我没有找到两人联系的任何记录，也未在陈宏谋的作品中找到对惠栋的明确提及。

③ Elman，*From Philosophy to Philology*，119-23，203.

得日益明显。依据盖博坚的看法，在18世纪70年代和80年代初期的《四库全书》编写过程中，这种霸权达到顶峰。该书的编纂几乎为汉学家所垄断。①

程朱理学在清朝早期和中期拥有它自己的信仰者。康熙在位的最后一些年里，理学也得到了皇家的大力提倡，例如在1712年提升朱熹在孔庙祭祀的规格；1714和1715年，又把朝廷纂修的《朱子全书》和《性理精义》（主要是程朱关于人性和原理的学术）列为科举考试的必读书目。但所有这些只是作为一种政治平衡，在考据学者中宣扬理学。正如艾尔曼提出的，在汉学鼎盛时期，长江下游以外的地方（艾尔曼特别指出是湖南、广东和福建这些地方，但如我们将要见到的，也有其他的一些地方）程朱理学还有一定的影响。② 但是，总的说来，理学支持者在18世纪中期汉学咄咄逼人的攻势下处于守势，最终导致了18世纪80年代由桐城派学者和不受人喜欢的《四库全书》编辑者姚鼐对汉学展开反击。③ 这种反击在19世纪的第二个25年里，随着方东树和其他学者对汉学的凌厉抨击而达到高潮。也就在这个时候陈宏谋受到学界文人的重视。

陈宏谋是如何应对那个时代的学术争论的？像在政治中所表现的一样，在学术上他谴责门户之见，并试图将自己置于这场争论之外。他认为，知识分子的派性只不过是一种不体面的赶时髦的表现。他在给知己靖果园的信中指出："今日讲学，只须辨别何为有益何为无益，正不必分门别户，另立宗主。"④ 清代另一位陈的传记作者唐鉴（他本人是一位19世纪积极的宋学支持者）认为陈宏谋一生远离学术派系的争论。⑤ 在陈宏谋最活跃的年代，汉学和宋学还不是壁垒分明，这个事实有助于他保持这种态度。显然这与他的

---

① Guy, *Emperor's Four Treasuries*.

② Elman, *From Philosophy to Philology*, 12.

③ 姚鼐既是张廷玉和方苞的同胞又是其亲属，两人均为陈宏谋早期的支持人。1766—1771年期间，姚鼐在兵部、礼部和刑部中担任小官，而陈则任尚书和大学士。虽然我没有找到专门的记录，但看起来在这段时间里两人不可能没有接触。关于姚在清代宋学思想体系的形成中所扮演的角色，参见Guy, *Emperor's Four Treasuries*, 140-42; Elman, *From Philosophy to Philology*, 244。

④ 《陈文恭公书牍》3：2-3。

⑤ 唐鉴，5：9。

人际关系方面也有很大关系。有一个令人印象深刻的例子涉及诗歌和文学批评家沈德潜（1673—1769）和苏州著名的紫阳书院。由清初的士大夫张伯行（1652—1725）创立的紫阳书院是程朱理学的中心。但是在1751年，主持书院的沈德潜开始将它的课程转向日益流行的汉学训诂学。他聘请的教员包括年轻有为的考据学名家钱大昕（1728—1804）和王昶（1725—1807）。① 在18世纪50年代中期的大部分时间里，任江苏巡抚的陈宏谋也经常在这个学院讲学，讲述战胜自我（“克己”）和学者为官的责任之类的道德主题。沈德潜对此印象十分深刻，以至于在1769年他为陈宏谋的文集写序时，尽管比陈宏谋年长20余岁，但仍称自己是陈宏谋的晚生。②

然而，事实上陈宏谋一直谴责考据所代表的脱离实际的学术风气，甚至在给紫阳书院掌教董之诚的书信中也批评这种风尚“其病在不尚理，而尚词”③。他特别憎恨好古癖。在一封被魏源收录到《皇朝经世文编》中的著名信件里，陈宏谋称他这个时期的经典学者“多泥于古而戾于今”和“惟知学古，不知居今”④。他指出：“考证”的真正目标是“考古证今”，这恰恰是当今人文学者没有做的工作。⑤ 那些时人推崇的烦琐考证在他看来毫无意义，他抱怨说：“人看道字似另有一物，如古董玩器之类，不曰自某传之于某，则曰此为某之功派，无非从字句迹象上讲究是古是今，绝不于人情物理上讲究是真是假。”⑥ 陈宏谋尤其强调任何有价值的学问都应该注重在道德和政治领域的实际应用。他的观点受到好友和政治盟友孙嘉淦的欣赏。孙是考据学的重要支持者，但不是一个纯学者，在政治上颇有建树。

① Elman，*From Philosophy to Philology*，122.

② 沈德潜：《培远堂文集》序。值得注意的是，陈给考据学者王昶留下了极其深刻的印象。后来，王在他自己的《湖海文传》（1800）中收录了陈的好几篇作品。事实上，“汉学”和“考据”这两个概念容易让人产生误解，因为正像Elman所说的，由沈德潜和钱大昕教授的紫阳书院课程还包括了历史研究、地理、数学和国家管理。换句话说，尽管沈德潜和钱大昕在授课时是从汉学角度出发，而陈是从宋学出发，但他们都对实学发生了兴趣。详参本书后面的进一步讨论。

③ 寄紫阳书院掌教董之诚先生书，见《陈文恭公书牍》3：10。

④ 《皇朝经世文编》2：33。

⑤ 唐鉴，5：12。

⑥ 寄家圣泉书，见《陈文恭公书牍》3：15。陈认为他的哥哥陈宏诚因考官挑剔细枝末节而在科举考试中屡次失败。

1747 年在陈宏谋给孙嘉淦的信件中，他悲叹地说："近见人毕生读书，而不能有用，皆坐看得书中所言不甚亲切之故。"陈宏谋认为如果一个人不能将《五经》有效地用于实践中，那么他根本不能称已经真正彻底地研究过它。①

显然陈宏谋从不写也不阅读考据学著作。1829 年阮元出版的大型著作《皇清经解》是一部汇集了考据遗产的大型丛书。尽管十分尊重陈宏谋在治国安民上所取得的成就，但《皇清经解》中没有收录陈宏谋的一篇文章。② 1754 年陈宏谋赠送给福建鳌峰书院的 170 部书籍都是新老理学家的著作，没有一部汉学书籍。③ 在那个理学处于学术上不流行和在政治上日益衰落的时代，陈宏谋仍然对程朱理学忠贞不渝。

（二）理学传统

正如我们所见到的那样，陈宏谋将自己看做一个理学学者。同时代的人以及清代和以后时期的传记作者们也一直这样描述他。虽然他没有将自己描述成一个狭隘的朱熹或宋学的拥护者，但后来的作者们一般都将他描述成一个理学追随者。④ 他在江西、江苏任职期间，十分关心当年朱熹生活及教学过的地方如江西的白鹿洞书院和江苏的紫阳书院。⑤ 陈宏谋极其尊敬朱熹有关教学的著述，所以在《养正遗规》开始几卷收录了朱熹和他的弟子的作

---

① 《陈文恭公书牍》2：13。有意义的是，这一段同样是被宋学学者唐鉴引用到他为陈写的传记中。

② 阮元：《皇清经解》（1829）。陈做云南布政使时所下的指令的引用做比较，这些指令被阮选择收入了他 1835 年的《云南通志》。关于陈对"考据"学派的冷淡可参见刘乃和：《陈宏谋与考据》，109－10。

③ 《培远堂偶存稿》34：30－39。我很感谢艾尔曼和周启荣，他们的建议对我研究有关的文章很有帮助。

④ 要了解一些例子，参见袁枚写给陈的信，重印于高吉人，79－80；《广西通志》（1800）260：15；蒋方正：《榕门全集》（1837）序言；李祖陶：《培远堂文录》前言，见李祖陶：《国朝文录》（1839），卷 44；王志纯：《陈文恭公书牍》前言（1869）；《清史稿》35：10563－64；谢康，235。

⑤ 奏折，乾隆 9/4，摘录在《先文恭公年谱》5：13；《培远堂偶存稿》13：7－8；寄广西府书，见《陈文恭公书牍》1：13。

品。他每到一省任职，就把朱熹的《小学》、《近思录》、《朱子全书》和官方编著的理学著作《性理精义》列为官办学校的基本读物。① 在1740年江苏恼人的清税运动中，他写信给家圣泉说："年来精力渐不如前，而又当此繁剧之地，随事经理，已苦难支……一经朱子悉归醇正。有如布帛菽粟，可以疗饥，可以御寒。"②

任何人在读他人著作时，都会有自己的理解。陈宏谋也不例外，他对朱熹的阅读体现了他的独立思考精神。正如我们将看到的一样，陈宏谋所了解到的朱熹是一位经历了6个世纪解读所筛选出来的朱熹，也是一位被有选择性地解读的朱熹。例如，在上述章节中，我们已经认识到陈宏谋并不认同或根本忽略理气二元论和对"人情"的谴责（如18世纪的大多数学者一样，他也认为这种谴责是不恰当的）。我们还能看到他有关"理"的概念充分考虑到了历史的变迁。我们将在其后的章节中看到他是如何对那些近乎最苛刻的妇道规范进行有力辩解的。与陈宏谋同时代的学者认为这些规范都是程朱理学的特征。陈宏谋眼中的朱熹是一位杰出的思想实践家，而不是一位近代早期学者所描绘的不食人间烟火的学究。像陈宏谋写道："是真理学，必有真事功；理学由于所习，事功征于所遇；既遇矣，而又无事功，必非真理学也。不然，此何赖乎有理学，人亦何必重理学耶？"③ 在陈宏谋的话语中，理学是理性原理和道德原理的研究。它一般与"经济"（政治经济的研究和实践）一起出现。④ 它们是不可分割的一对，互为必要的补充。

最能说明陈宏谋是朱熹信徒的地方是他认为《四书》比《五经》更贴近当代生活。当时，大多数考据学者轻视《四书》，视其为宋代学者的新杜撰，它们即使不是对儒学宗旨的公然歪曲，对《五经》真正意义的阐发也是不完善的。在考据学者看来，雍正皇帝将以《四书》为主题的文章作为科举考试

---

① 《养正遗规》1：1-9，2：4-6；《培远堂偶存稿》18：43-44，22：27，22：49；谕旨，乾隆2/11/28，见《全滇义学汇记》，第二册。同样参见陈为新版朱的《近思录》编写的前言，此书为带有注释的重印版，见《培远堂文集》1：19-20。

② 《陈文恭公书牍》1：9。

③ 《学仕遗规》3：91。参见高吉人，89。

④ 参见《培远堂偶存稿》17：39-40，34：47；谕旨，乾隆2/11/28，见《全滇义学汇记》，第二册。

基础的决定使许多人更加深受其害。① 对于陈宏谋而言却不是这样的。陈宏谋称赞《四书》的简洁、易懂和对个体修养的关注。他称它们是经典作品的根源和理解那些更深奥的经典作品的阶梯。② 实际上他对《四书》的偏爱还走得更远。他有个深信不疑但又不愿公之于众的观点，那就是如果不懂《四书》的精髓，而仅仅只是为应试中举而记诵，那么，《五经》只能是与现实生活无关的可以束之高阁的古董。他说：有些学者贬低理学家推崇的《四书》，抬高其他经典的做法是武断的。在他自己的学术、道德实践和教育观点里，我们几乎看不见《五经》的踪影。③ 与之形成鲜明对比的是，他常在自己任职的省份刊印《四书》，分发给有关书院，同友人讨论它们的含义，并和省内知名学者辩论其中的精髓。在他和孙子陈兰森一起编辑的一本最新的关于《四书》人名及地名的著作——《四书考辑要》中，他又一次强调该书的重要性。正如陈宏谋所希望的那样，这本《四书》参考书后来广为流传，现在还继续再版。④

毫无疑问《大学》是《四书》中最核心的部分。它无与伦比的优雅和强有力的文字系统地展示了修身、齐家、治国、平天下的统一。《大学》的主题是和谐、规范、均衡、默契，相信人性本善和道德的感化能力，认为人类生存在一个理性的、可预知的道德世界，对人类发展的看法持乐观主义态度。陈宏谋认为这些很符合他的思想。他认为《大学》是理解其他经典作品的关键。⑤ 张灏一方面强调《大学》在帝制后期的儒家传统发展中的重要性，但另一方面又指出，它的吸引力是短暂的。在某个时期，当保守派反击独立批判精神时（如个性解放思潮激荡的晚明和质疑经典权威解释的盛清时

---

① 冯尔康，422—27；Elman，*From Philosophy to Philology*，46—47。

② 《培远堂文集》1：19—20。

③ 寄雷翠亭铉书、寄杨星亭书，见《陈文恭公书牍》2：4，2：19；《培远堂偶存稿》24：49；葛正笏：《课士直解》前言。

④ 陈宏谋：《四书考辑要》（桂林：培远堂，1771）。关于编纂的过程参见家书，乾隆32/4/23，见《陈宏谋家书》248—49。这部作品在晚清时期出版多次，有许多版本，可以在世界各地的图书馆中找到，有时被冠以不同的书名。在台北发行的重印版仍在印刷之中。

⑤ 陈宏谋：《培远堂文录》，见李祖陶编：《国朝文录》（瑞州，武夷书院，1839［音译——译者］），44：2。

代），他们特别欢迎这部经典。与此同时，有人又认为它包含着参与现实社会政治活动所需要的注重实效的精神。① 这两者都适用于陈宏谋。和同时代的许多人一样，陈宏谋强调《大学》对理解世界和公共道德义务的重要性，但又为人们忽略其中的经世致用精神而感慨不已。陈宏谋在讨论《大学》时，使用了一个他自己不常用而我们译为“经世”的词。他认为：《大学》应该是“经世”和服务社会物质需要的实际指导，否则它就是一个充满空洞说教的小册子。②

在帝制后期，《大学》一直是一系列有关道德和政治秩序论著的框架，其中最重要的是1229年真德秀的《大学衍义》和1488年丘濬的《大学衍义补》。《大学衍义》是围绕《大学》“八条目”的前6条而构架的，目的是为了实现天下秩序。该书进一步阐明了儒家修身齐家之道。丘濬所撰的宏大的160卷续篇，涉及了被真德秀所遗漏的两个条目——“治国”和“平天下”。这两部著作博引经、史、子、集中的大量例证来阐明自己的主题，到了清代，被视为如何实施仁政的权威性指南。③

陈宏谋深受这些著作的影响，甚至视它们是启蒙学生的必读作品。但是，由于它们卷帙浩繁，不适合文化落后地区的学生使用。为解决这个问题，他在1736年将两本原先共计203卷的书浓缩为仅仅18卷的删节本（其中《大学衍义辑要》6卷，《大学衍义补辑要》12卷），并且除了他的序言以外，没有为它添加任何注释。那年他印刷和分发这个删节本给所有的云南学校，1744年又在陕西省进行分发。陈宏谋对真德秀和丘濬著作的普及使该删节本实际上变成了他的最流行的出版物之一。一位著名的江苏

---

① 张灏：《儒家经世思想》；孙康宜：《儒家宇宙学中的神话和新儒学中的超然存在》，见R. Smith and Kwok，11—34。

② 陈宏谋：《培远堂文录》，44：1。

③ 关于这些作品和它们的作者，参见Wm. Theodore de Bary，“Chen Te-hsiu and Statecraft，”见Hymes和Schirokauer，349—79；Hung-lam Chu，“Ch’iu Chun’s *Ta-hsüeh yen-ipu* and Its Influence in the Sixteenth and Seventeenth Centuries，” *Ming Studies* 22（fall 1986）：1—22；Chu，“Intellectual Trends in the Fifteenth Century，” *Ming Studies*27（Spring 1989）：1—33。关于他们在陈宏谋时代的处境，参见Chun-shu Chang，“Emperorship in Eighteenth-Century China，” *Journal of the Institute of Chinese Studies*（Chinese University of Hong Kong）7.1（December 1974）：331—69。

巡抚建议把它收录到1782年完成的《四库全书》中，并且在清朝后期经常被重印。①

理解陈宏谋能在《大学衍义》和《大学衍义补》中发现如此多有用的东西并不难。在写作方式上，这些书依赖于其所收集的历史事例所产生的说服力，而不是依赖于一个假想黄金时代的社会环境。在内容上，它们认为国家统治和存在的基础是满足人民的需要。满足人民需要必须保持低税收，避免令人烦恼的采购配额，避开无效的政策，建立粮仓去促进剩余的积累，开放边境进行海上贸易，并且鼓励商业市场充分发挥其促进生产力和有效分配社会产品的作用。② 最重要的，真德秀和丘濬的著作可能是对“体用一元”最有说服力的证明。按陈宏谋的判断，大多数同时代学者常把道德上的自我培养（“体”）和政治经济管理技能的实际应用（“用”）割裂开来，这种趋势又因为人们分开研究这两部书而加剧。陈宏谋将二者结合起来的目的就是要强调它们的不可分割性。③

在这一点上，陈宏谋认为司马光（1019—1086）的观点与自己的最相吻合。北宋学者和官员司马光是陈宏谋最敬仰的理学伟人之一。在陈宏谋自己编辑的82卷司马光作品里，他附上了自己为这位伟人写的传记，并将它呈交给皇帝当做现成的参考书。④ 陈宏谋特别钦佩司马光的个性、简洁明了的

① 陈宏谋：《大学衍义辑要》和《大学衍义补辑要》，1736年的原版，均于1842年被宝书堂重新发行。参见《先文恭公年谱》2：14；《培远堂偶存稿》18：43-44；《四库全书总目提要》，18：91。陈同样欣赏真德秀的其他作品，在他自己的《养正遗规》1：13-14中收录了真德秀的《教子斋规》，还将真德秀的《西山文录抄》收录到他的《学仕遗规》1：1-27的开头部分。陈并不特别喜欢丘濬，但值得注意的是，丘濬同样是朱熹的《朱子家礼》的汇编者，此书在陈宏谋的时代广为传播并深受陈宏谋的喜爱。

② 《学仕遗规》1：17；de Bary，“Chen Te-hsiu，”369；Pierre-Étienne Will，R. Bin Wong等编：*Nourish The People*：*The State Civilian Granary System in China*，*1650-1850*（Ann Arbor：Center for Chinese Studies，1991），12；Timothy Brook，*The confusions of Pleasure*：*Commerce and Culture in Ming China*（Berkeley：University of California Press，1998），101-4。

③ 陈的1736年汇编版本的前言，见《培远堂文录》44：1-2。这篇对儒家体用合一观充满激情的阐述，后来被收录于李祖陶于1839年编的《国朝文录》中。这一事实表明该问题对于面临19世纪危机的学术官员们的重要性。关于体、用两分法和西方历史学家对它的误解，参见de Bary，“Chen Te-hsiu，”358。

④ 陈宏谋编：《司马文正公传家集》（南昌：培远堂，1741），卷82，包括禅位的诏书，乾隆7/7/29。参见《先文恭公年谱》4：5，4：21；高吉人，80。

文风、对国计民生始终如一的关注。他发现司马光在妇女伦理和家庭管理问题上的观点比程颢、程颐兄弟和朱熹的态度更宽容、更温和。司马光认为在这两种情况里对个人和物质的思考是对正确礼仪的补充。因此，在《训俗遗规》中，他给予司马光的《居家杂仪》而不是朱熹的更为人知的相关文献一个骄人的地位。[①] 他与司马光有相同的信念，既要强调礼教对民众的重要性，又要避免细节上的过分苛求。他也理解司马光对只为科举考试而学习的批评，以及司马光对来自皇帝最喜欢的经济发达地区的学生垄断科举考试的攻击。[②] 陈宏谋尤其欣赏的是：司马光是所有的宋代儒家学者中最专注的政治家之一，极少进行形而上学思考，他赞美司马光的生活和工作是“体用一元”的完美典范。

司马光思想中的两个方面对陈宏谋特别有影响。第一个是强调历史的巨大借鉴作用。司马光不朽的历史著作《资治通鉴》问世后，朱熹编了一个名为《通鉴纲目》的节本。到了明代，顾锡畴又以朱熹的著作为基础，编了一部题为《纲鉴正史约》的新节本。陈宏谋对顾锡畴的书进行修订再版，并于1737年在云南和1745年在陕西分发给所有官办学校。陈宏谋也在《资治通鉴纲目三编》的编辑过程中起到了一些作用。该书是皇帝下令编纂，1746年在张廷玉指导下编辑。作为司马光著作中关于明朝历史部分的续篇。[③] 在云南分发新版《纲鉴正史约》的过程中，他写道：甚至在边疆地区刚入门学生都应该熟悉它的主题，“学者治经而外，读史要矣，顾经以贯道”[④]。像郝若贝（Robert Hartwell）描述司马光一样，陈宏谋是一个“历史的比较学

① 《训俗遗规》1：1-4。参见 Patricia B. Ebrey：“Conceptions of the Family in the Sung Dynasty,” *Journal of Asian Studies*43. 2（February 1984）：225-26；Ebrey：*Chu Hsi's Family Rituals*，19-20；Ebrey：*Family and Propriety*，32-49。

② E. A. Kracke Jr.，*Civil Service in Early Sung China*，*960 - 1067*（Cambridge，Mass.：Harvard University Press，1953），68，74；Thomas H. C. Lee，*Government Education and Examinations in Sung China*（Hongkong：Chinese University of Hongkong，1985），242-43.

③ 陈编辑的顾锡畴的作品出现在他的《榕门全集》（1837）第33-52册中。参见《先文恭公年谱》2：19，5：24。《榕门全集》还包括了《资治通鉴纲目三编》的全文，表明显然陈至少是一个合著者，但是，《三编》的所列的编者名单和张廷玉的奏折都没有提到陈，对此问题，我一直没有得到令人满意的解答。

④ 陈宏谋：《重印〈正史约〉序》，见王昶，25：13。

者”，他相信对相似历史现象的比较研究可以为理解当代的政治提供一个准确的指导。同时郝若贝指出：这两个人都处于帝制后期主流思想之外。主流思想认为，儒家经典和理学道德说教在制定政策中比历史经验更为重要。①

司马光对陈宏谋的第二个巨大影响是司马光对王安石（1021—1086）新法的反对。② 11 世纪司马光与王安石之间激烈的争论是帝制中国政治历史上的关键时刻之一。这两位伟大的儒家学者和政治家在政治上持相互对立的观点。王安石设计的政府有能力控制经济运转以满足全社会的需要。司马光则要求把政府的作用减低到维护社会秩序的最低限度以防止侵犯个人利益。按包弼德的说法，在以后的几个世纪里，这两种观点给了士大夫们一个经典的选择。③ 据我所知，陈宏谋甚至于从没有在他的著作中提起王安石。这个奇特的事实仅仅可以用在帝制后期的历史记录中王安石受到了强烈批评来解释，特别是那些来自于陈宏谋所属的强调“封建”和地方自治阵营的攻击。④ 公开引用王安石的观点（甚至于在不同意他的观点的情况下）肯定被认为是一个打破常规的行动。然而，王安石是一个坚持变法人物的观点是不可怀疑的。王安石不仅是陈宏谋崇拜的司马光的一个对手，而且也是他认为的危险的政治路线的鼓吹者。这两点在陈宏谋的政治意识里是无可置疑的。

---

① Hartwell，“Historical Analogism，” 694，698－703，717.

② 下面段落中对王安石和司马光思想的描述，是以下面这些作品为基础的：James T. C. Liu，*Reform in Sung China*：*Wang An-shih*（*1021－1086*）*and His New Policies*（Cambridge，Mass.：Harvard University Press，1959）；Anthony William Sariti，“Monarchy，Bureaucracy，and Absolutism in the Political Thought of Ssu-ma Kuang，” *Journal of Asian Studies*32. 1（November 1972）：53－76；Paul J. Smith，*Taxing Heaven's Storehouse*：*Horses*，*Bureaucrats*，*and the Destruction of the Sichuan Tea Industry*，*1074－1224*（Cambridge，Mass.：Council on East Asian Studies，1991）；P. Smith，“State Power and Economic Activism During the New Policies，1068－1085，” 见 Hymes and Schirokauer，76－127；Peter Bol，“Government，Society，and Stale：On the Political Visions of Ssu-ma Kuang and Wang An-shih，” 见 Hymes and Schirokauer，128－92；Schirokauer and Humes，对 Hymes and Schiro kauer 的简介，1－58；广为发行的 Bol，*This culture of Ours*。

③ Bol，“Government，society，and State，” 128.

④ 参见 J. Liu，13；Paolo Santangelo，“Gu Yan wu's Contribution to History，” *East and West* 32（1982）：167。

陈宏谋对王安石和司马光的许多对立政治观点的看法是了解他的社会政治价值观念和目标的一个非常有效的渠道。

通常地称为“激进的”或“乌托邦式的”王安石新政具有一种令人好奇的现代特性。受到了儒家经典著作（特别是《周礼》）的启示，王安石的治国之道是要尽可能动员中央集权制国家现存的和潜在的能量同时实现两个目标：一是通过以增长为导向的中央计划来增加国家和社会的财富；二是指导社会发展来实现社会经济的平等。他往往认为贵族、地主和工商协会等垄断者手中的私人利益和私人财富是实现他的计划的主要阻碍。他的政策的主要内容包括以下几个方面：(1) 一个详细地指导国家经济的中央财政规划委员会；(2) 土地税负担均衡；(3) 一个为农民提供每年种子谷物借贷的“青苗”管理会；(4) 贡品运输和分发部门，管理国家对农业和其他产品的收购，以实现全国范围内价格稳定；(5) 国家贸易系统绕开中间人和协会，从小商人那里购买货物和管理它们的分配；(6) 在诸如茶叶和马匹等特定的生产部门中建立大规模的国家企业；(7) 建立为地方政府投资的建设和维护项目的人力需求的雇佣服务系统，从强迫劳役转向雇佣劳动；(8) 为基层政府职员提供薪水而不是奖金；(9) 一个强化的“保甲”公共安全机构，纳入征兵操作的军事后备系统中；(10) 提高招募官员的科举考试的重要性，改革考试科目，增加技术方面的比重；(11) 扩大国家学校系统，以便于从社会各阶层招募人才。

王安石对私人利益的攻击和对社会资源所做的进一步控制都招致了许多愤怒的反应，并最终导致了他的计划失败。司马光的反应是最复杂的，也可能是最起决定性作用的。司马光出生于北方的一个贵族家庭，他是宋朝新儒学的先锋。作为一个在自我道德修养方面（陈宏谋称作“体”）令人心悦诚服的学者，王安石的非人性和机械一般僵硬的政治经济政策使他大为不满。司马光不像王安石那样对人性那么乐观，他怀疑孟子，更乐于接受荀子关于人性更负面的解释。他首先考虑社会秩序和纪律的维持。社会按照其作用适当地分等级；个人必须通过实践去接受教育和适应社会，进行自我约束，去完成自己角色应尽的义务。这肯定是一个保守的和等级社会的观点，也是阶级主义的观点。

司马光并不否认一个强大的中央集权和法律制度的必要性，他认为国家本质上的作用应局限于维持社会秩序，而不是主动追求对社会经济事务的操纵。虽然司马光满怀热情地要求官员在工作中应有公共思想（“公”），但由于受道家宿命论的影响，他怀疑任何国家行为的功效。他认为王安石崇尚国家干预的必然结果是：产生一个臃肿的、挥霍的官僚机构（本身就是一个利益团体）；这个庞然大物更多地考虑达到主观臆断出来的生产定额，而不是产生一个对人民的需要作出敏锐反应的官员。毫无疑问，司马光觉得：对社会变迁、平均主义或者其他方面的精心培育，都不应列入国家议事日程中来。他反对借官办学校和科举考试作为提升社会地位的推动器。相反，他热衷于在各级官员推荐的基础上招募官员。他公开否定国家计划产生经济增长的可能性（他在这方面的言论在后来时代经常被重复），任何为此目的而制订的国家计划都是属于不恰当地追逐利润，其结果是适得其反的。在任何情况下，将财富留在私人手中对社会是更有用的。经济资源的分配最好由市场决定。同时，司马光也谴责当前经济向商业化和经济货币化发展的趋势，并且认为精英们的任务是领导人民回到农业生产上来。

像后面的章节将阐明的，陈宏谋的许多观点和政策，与其说接近司马光，倒不如说更接近王安石。与王安石一样，他热情地拥抱孟子“性本善”的乐观主义观点。在诸如追求利润、发展商业和铸造货币等问题上，陈的观点比司马光更积极（在任省级官员期间，陈宏谋是一位坚定的铸造新币支持者）。像王安石一样，陈宏谋相信产生新财富的可能性，甚至可能实现在按照人均基础上的经济增长；相信国家经济发展计划在这方面可能起到积极作用。在具体的政策方面，同王安石一样，陈宏谋认为，政府进行建设时，应实现从强迫劳役到市场招聘的转变，尽管后者会增加地方开支①，他还支持发展地方官办学校。支持学校的发展表明陈宏谋比司马光对现存的社会流动更满意。像王安石一样，他对国家在这个过程中所发挥的积极作用感到满意。虽然陈宏谋基本上同意司马光的社会身份的观念，但他的观点实际上比司马光更少等级意识，更少贵族色彩。安于社会身份的原则对陈宏谋是没有任何意义的，因为它是一种对积极寻求社会或物质自我改善的否定。

---

① 正像 James T. C. Liu 阐释的那样，司马光在这个问题上的立场是更为复杂的，并不限于反对王安石的以雇代征的计划；参见 J. Liu，103—7。

尽管如此，陈宏谋仍然坚定地站在司马光一边，而不是那个争议不断的王安石，他将司马光列为他最喜欢的历史伟人之一。他能这样做是基于什么？在政治经济思想方面，他完全认同司马光的主要信念：相比于公共需要，私人财产和私人利益是不可侵犯的。如我们将看到的，甚至在出现可怕的食物危机时，陈宏谋禁止将私人财富充公这种不适当的和弄巧成拙的行动。他完全同意司马光对各种政治干预（规定价格、政府垄断等）的抨击。虽然陈宏谋可能更愿意用低税收去满足实际需要，但他们相信低税收的本身就是一种好处。与想象的或者宽容的国家政策相比，陈宏谋眼中的理想国家应在经济、社会和文化发展中扮演司马光可能无法接受的积极角色。不过，在司马光的许多作品（特别是《资治通鉴》）中，又可以找到对不同形式的国家干预的支持。面对日益上升的汉学潮流，陈宏谋仍然相信司马光的历史主义而非王安石“黄金时代”的理想主义。① 司马光展示出了“体”和“用”之间的一个完美平衡。王安石是一个理想主义者，但是，他既轻视精通实用知识的人才又忽略体制的复杂性，这种倾向是危险的。司马光则认为一个公职人员，不仅要精通专业，还要对个人道德品质有不懈的追求，而且应以一种人文主义精神处理政务，这些都是他一直坚持的观点。考虑到所有这些情况之后，我倾向于认为：尽管他们有分歧，陈宏谋和司马光基本的立场观点在本质上是一致的，只不过陈宏谋的观点是适应了清代前期的物质与文化环境而已。

有一点很清楚，陈宏谋所阅读的宋代理学著作都是被清初理学信徒重新解释过的。这些给人印象深刻的程朱学者官员包括陆世仪（1611—1672）、张履祥（1611—1674）、魏象枢（1617—1687）、陆陇其（1630—1693）、李光地（1642—1718）、张伯行（1652—1725）和他们的影响者。他们生活在17世纪和18世纪初期，长期以来被20世纪早期的民族主义中国学者认为是不合时代的和政治上的机会主义者。以梁启超为例，在《清代学术概论》中，他认为自己对这些学者的忽略是正确的。因为他们都是“守残垒者……皆硁硁自守”。钱穆1937年完成的《中国近三百年学术史》中也同样忽略了这些学者。而在20世纪60年代由狄百瑞和陈荣捷所编著的《中国哲学史资

① 关于这个关键的问题，尤其参见 Bol, *This Culture of Ours*, 213-14。

料集》中，他们对这些学者更是只字未提。① 但在最近时期，主要通过狄百瑞和陈荣捷后来的工作，我们不仅逐步认识到他们在清代思想界的重要性，而且认识到他们对宋代理学传统作出的颇具影响力的解释。②

他们对陈宏谋的思想和政治活动有重要影响。所有这些人都在陈宏谋的各种著作中有重要位置，并且他的来往信件中都以十分尊敬的态度提到这些人物。在这些人任过职的一些地方（例如张伯行任职的福建和江苏），陈宏谋随后也任过职，他将他们的观点作为自己政策的参考。③ 1715 年在康熙皇帝的旨意下，由李光地编辑了《性理精义》。如陈荣捷所说，该书被李光地及其支持者添加了一些经世思想。在陈宏谋所任职省份的小学里，《性理精义》被始终如一地作为一种基础读物而推广。陈宏谋明确地表示自己如此喜欢这些人的东西是因为他们对程朱传统的忠诚以及他们思想上坚持不懈的伦理宗旨，而不是那种在陈的时代占主导地位的以考据学为代表的为学问而学问的研究风格。④

正是从这些清朝初期的程朱理学大师们那里，陈宏谋汲取了我们在第三章讨论过的对道德自我反省不懈追求的激情。在他的眼中，当众多的人醉心于追逐名利、舞文弄墨、谈玄说性之时，这群学者（特别是《思辨录》的作者陆世仪）却还在去寻求个人道德的完美。如卫德明（Hellmut Wilhelm）和

---

① 梁启超，23；钱穆：《中国近三百年学术史》（1937；再版，台北：商务印书馆，1964）；Wm. Theodore de Bary 等编：*Sources of Chinese Tradition*（New York：Columbia University Press，1960）Wing-tsit Chan，*A Sourcebook in Chinese Philosophy*（Princeton：Princeton University Press，1963）。但是这些人物中的大部分在是 Hummel 的 *Eminent Chinese of the Ch'ing Period* 都有相应的传记，该书人物的入选标准是名望而不是学术原创性。

② 关键的研究是 Chan 的 "The *Hsing-li Ching-i* and the Ch'eng-Chu School of the seventeenth Century," 见 de Bary，*Unfolding*，543—79。Chan 对这个群体重新评价被收在 Hellmut Wilhelm 1965 年的文章 "Chinese Confucianism on the Eve of the Great Encounter" 中。要了解中国学者近期的评论，参见陈祖武：《清初学术思辨录》；高翔：《论清初理学的政治影响》，载《清史研究》1993. 3，66—75。

③ 《养正遗规》2：18—23 和增补卷 32—40；《训俗遗规》2：33—40，3：21—23；ZZYG（此处疑为《养正遗规》——译者）2：42—47；《学仕遗规》3：1—9；《培远堂文集》10：9；《培远堂偶存稿》34：47—49。

④ 《养正遗规》补充卷 35；《训俗遗规》2：33；《学仕遗规》3：8。

吴佩宜曾经强调，在这些人的自我修养中含有一种负罪感的虔诚成分，这种成分在理学传统范围内是十分显著的。在陈宏谋寻求“克己”的过程中，这种强迫和焦虑是十分明显的，并且部分地通过他的影响传递给了诸如唐鉴等19世纪的宋学支持者。① 陈宏谋的“克己”观念深受陆世仪的影响：礼仪风俗是维护社会秩序的工具，而不是一个为世人盲目崇拜的考据学研究的重要目标。②

但是像陈荣捷所指出的那样，显然，在理学传统内，这群学者的重大价值是将程朱思想的重点引人注目地转移到现实问题上。作为一个集体，在对形而上学的厌恶方面他们与同时代的考据学家没有什么区别，而有些学者即使将形而上学当作宋学的主要中心，他们也摒弃了朱熹所持的在理和物质力量（“气”）问题上的学术二元论，以及二元论对物质问题的轻视，他们认为二元论有损于朱熹的哲学。这些人认为，朱熹对“穷理”主张的是一种对经验主义研究的倡导。朱熹的著作《近思录》又重新受到欢迎，陈宏谋尤其喜欢它，并以更强烈的经世意识做了阐述。清朝初期程朱支持者是一些讲求经世致用的学者，他们在实现国家的经济从朝代变迁的萧条中恢复过来起了作用。他们也对西方科学感兴趣。像陆世仪写道：人们不仅仅每天必须学《六经》，也必须学习天文学、地理、河流工程和灌溉、军队管理等这些实用的东西。那些带着优越感谈论自然和命运的庸俗学者对这个世界是毫无用处的。③ 当然，陈宏谋欣赏对理学思想的实用意义的再强调。在他的《养正遗规》（此处应为《学仕遗规》——译者）里陆陇其受到了赞扬，因为在他的作品和生活中表现出研究儒家经典如《四书》的人是如何在这个日常的世界里运用他们从经典中学到的知识的。④ 在陆世仪和他的支持者的著作中，强调个人道德与妥善处理“体”和“用”是同样重要的。

---

① 尤其参见《训俗遗规》2：33－34。Wilhelm，“Chinese Confucianism,”292－93，302－3；吴佩宜：《自省与忏悔罪过》，20－22。

② 《训俗遗规》2：38；Chow，*Confucian Ritualism*，48－49。

③ 我这里采用 Chan 的翻译，“The *Hsing-li Ching-i*,”564。陈认为，清朝程朱学者常从经世致用的角度重新解释某些理学经典，他的这一观点可以在《清代名人传》473－475 页找到新的佐证；Wilhelm，“Chinese Confucianism,”297；高翔：《清初理学的政治影响》；Ng，“Ch'ing Ontology,”47－48；Ng，“Ontological Basis of Practicality”。

④ 《学仕遗规》，3：1。

在陈宏谋自己的时代，一群来自安徽的官员学者也是程朱理学信徒。我们已经看到，其中张廷玉是陈宏谋的最杰出的早期支持者。同时，知识渊博的桐城派人物方苞是另一位陈宏谋敬仰并经常保持通信联系的学者。他们的政治立场，特别是政治经济方面，是十分相近的。陈宏谋不是一个桐城派支持者，因为那个阵营的文化精英主义成分使陈宏谋反感。而且，他对方苞和他的学生提倡的文学审美观点并不十分欣赏。然而，陈宏谋完全同意桐城派所鼓吹的忠于宋代理学和《四书》的观点，并且他自己对这个传统方面的理解很显然受他们的影响，特别是受到了方苞的影响。我们知道陈宏谋收藏阅读过的方苞著作超 10 本，其中包括他对《礼记》和《春秋》的研究。陈宏谋特别认同方苞在礼制问题上的学术权威地位。①

许多最富有争议和政治上敏感的礼制问题都与《周礼》（或称《周官》）有关。《周礼》是一部几乎任何人都可以据之为自己思想观点辩护的神秘书籍。宋朝的王安石引用它为自己最终没有成效的经济计划辩护，李觏（1009—1059）等其他经济思想家却又从中得出了对私人财富的不干涉的论点（“保富”）。顾炎武在书中得到的是精英人物领导的地区自治的规定和对任何形式的大政府的批评。明朝创始人朱元璋从中引经据典创建一个官方的世袭的职业等级制度。乾隆皇帝利用它发起 18 世纪 30 年代和 40 年代的农业改革。清朝早期学者颜元和李塨把它看做重建严格的礼教风俗的基础。显然，《周礼》可以成为任何人从不同角度加以利用的经典著作。到了清朝初期，越来越多的考据学家认为《周礼》是一部公元 1 世纪成书的真伪参半的著作。

方苞是折中派，他自己的观点也在不断变化，后来他认为该书的一部分内容是周代成书的，其他部分内容则是后世作者所添写的。18 世纪 40 年代，在朱轼、张廷玉和鄂尔泰的共同主持下，方苞以其他学者注解为基础，编写了汇集诸家注解的《钦定周官义疏》。方苞学术的最终成果被历史学家们以不同的方式解读。例如艾尔曼强调作为一位“古文”支持者的方苞努力复原《周礼》的本来面目，而周启荣倾向于强调方苞的怀疑主义。陈宏谋自己好像接受前者的观点。在一些场合陈宏谋称赞方苞在恢复他所欣赏的一部著作的权威性地位方面所取得的成功。该作品不仅是“黄金时代”某位作家的作

① 《培远堂偶存稿》34：30−39；方苞，《方望溪遗集》，2−3。

品，而且是当时经世的实用指导（该书不同于王安石的观点），特别是提供了如何降低税收和节约政府开支的一个妙方。①

让陈宏谋和桐城派及其他激进“宋学”信徒保持距离的原因之一是他能接纳明朝伟大的哲学家、政治家王阳明的思想。正是这一点使他一直声称对理学不同派别持不偏不倚的态度。我们早先已经看到：在许多使陈宏谋走向成熟的地区（陈宏谋的出生地广西，取得十分显著成功的西南地区和第一次出任巡抚的江西省），王阳明是一个深入人心的历史人物，并且陈宏谋对王阳明及其在社会与文化改革和制度建设领域所取得的实际成就都怀有深深的敬佩。他也深深地被王阳明的道德观点和认识论观点所吸引。明末时期，这些观点在被以激进的个人主义和平均主义为特色的泰州学派利用并曲解后，受到众多士大夫的谴责。他们感到应该拯救受王阳明荒谬理念所造成伤害的文化传统。② 一些陈宏谋十分敬佩的明末清初的理学学者（例如陆世仪、吕坤、李颙和汤斌）团结起来捍卫王阳明基本的正统观点；但是有更多的一些人（包括顾炎武、陆陇其、李光地、张履祥和方苞）不能原谅王阳明，因为在他们看来，他的观点促成了明朝的灭亡。③

---

① 寄方望溪先生苞书（1749），见《陈文恭公书牍》2：15；陈宏谋：《陈榕门〈周官析疑〉序改稿》，见方苞：《方望溪遗集》（合肥：黄山书社，1990），2－3。要了解《周礼》的各种版本和清朝时关于其真实性的争论，参见高王凌：《发展和政策》，98－99；Dunstan，*Conflicting Counsels*，128－33；Thompson，“Statecraft and Self-Government，” 196；Elman，*Classicism*，*Politics*，*and Kinship*，11－15，150－57，207－8；Chow，*Confucian Ritualism*，41，64－67，150－52。一位西方学者 Bernhard Karlgren 的“The Early History of the Chou Li and Tso Chuan Texts”，从语言学角度断定该书是西周初年的作品，*Bulletin of the Museum of Far Eastern Antiquities* 1（1929）：1－59。关于《周礼》本书，我参考了 William Raymond Gingell 的英文节译本：*The Ceremonial Usage of the Chinese B. C.* 1121，*as Prescribed in the Institutes of the Chow Dynasty Strung as Pearls*（London：Smith，Elder，1852）；减少税收和开支的段落在第 29－30 页。

② 对明朝晚期王阳明的门徒的传统研究，详参 de Bary，“Individualism and Humanitarianism”；清朝早期对王学后裔的批判见 Chow，*Confucian Ritualism*。

③ 清朝早期对王阳明的批判体现于陆陇其对王学的厌恶上，而陆陇其却是一位陈宏谋特别敬仰的人。关于这些参见 Fuederick Wakeman Jr.，*The Great Enterprise*：*the Manchu Reconstruction of Imperial Order in Seventeenth-Century China*（Berkeley：University of California Press，1985），1091－93。和清朝早期王阳明的辩护者一样，陈尽量强调王与朱熹在学术上的兼容性。这是陈为准备科举考试常出的模拟题目之一。

陈宏谋本人非常相信王阳明的观念，在他的各种有关道德教化的小册子中都选录了王阳明的文章。王阳明有关礼仪风俗的社会功效的观点、在地方社区与公共安全组织上的制度革新和教育方法，特别是以道德讨论为中心的讲学方面的论述对陈有很大的影响。① 但陈宏谋对王阳明强调将自我体悟作为自我修养的一种方法不感兴趣。② 陈宏谋发现王阳明的思想最吸引人的是他最出名的两种学说——良知学说和知行合一学说。

良知学说是非常有争议的，因为它正好是王阳明思想中最受清代学人责备的方面。他们担心良知学说有激进的个人主义含义。像我们在第三章已讨论过一样，陈宏谋认为王阳明关于所有人都同样地具有与生俱来的分辨是非的理性和追求正义的倾向是文明思想的最核心部分。王阳明的这些思想赋予人类固有的尊严，也是仁政得以开展的前提。陈宏谋认为许多同僚关于人性的更加悲观的观点产生了精英主义和命令主义的政策，而这些政策最终被证明是无效的。相反，陈宏谋坚持普遍理性和仁慈的假设是鼓励人民完成使命和社会角色的更加开明政策的基础。③ 良知学说的危险成分使陈宏谋的同时代人十分惊恐，他自己承认该学说已经在明末产生了可怕的后果，其危险性在于因强调个体内在的道德体悟而忽略了自我道德完善所必要的工夫。王阳明一直强调良知只能通过不断学习经典才能付诸实践，这个关键内容被后来的追随者们将自己的“蹈空之弊”引入到王阳明的思想中时被忽略掉了。通过清除这些后来添加进来的对王阳明思想的曲解，陈宏谋寻求恢复良知/良心这两个用语的文化思想活力，并且揭示这些思想所包含的社会政治思想的本质。④

---

① 《养正遗规》补充卷，16—24；《训俗遗规》2：5—9；《从政遗规》1：18—32。陈还收入了陆王心学的创始人之一著名学者陆象山（《训俗遗规》1：8—12），以及其他受王阳明学术思想影响的学者的作品，例如黄施锷，见《学仕遗规》4：42—43。有关王对陈的保甲政策的影响参见 Hsiao，570。

② 有学者认为王阳明的学术更亲近于佛教的禅宗而非正统的儒家传统。陈写道：“王阳明学术造诣很高并有用于世。我们怎么可以斥之为禅宗一类的东西？”《学仕遗规》3：80。

③ 《从政遗规》1：118—19。这些职业显然包括了商人。余英时指出，在新儒家传统的主要代表人物中，王阳明是最重视商业的人，并明确地将商业活动看做“一个人之良知”的体现。这当然是重视商业的陈发现王的思想很合他的口味的另一个原因。参见余英时：《商人精神》，尤其是 93—94 页。

④ 《训俗遗规》2：5；《从政遗规》1：18—19。陈宏谋同样试图阐明“良知”学说正是构成了无可指责的正统的朱熹学说的基础；参见《养正遗规》1：1。

对陈宏谋来说，王阳明的知行合一认识论不需要类似的辩解。不管所有清朝初期的程朱支持者对王阳明的其他观点的态度如何①，他们都接受知行合一的认识论。并且如我们所见，知行合一是陈宏谋自己思想的基石。在某个场合陈宏谋指出这样一个令人啼笑皆非的事情：许多宣传王阳明的“良知”的追随者却从这个理论中找到为他们那种脱离现实的幻想生活辩解的武器。然而王阳明自己曾再清楚不过地阐述了下列观点：智慧仅仅表现在承担义务的日常实践中。② 作为杰出的政府官员，王阳明和司马光的经历为陈宏谋树立了如何将道德思考、学问、个人生活实践结合起来的榜样。

（三）北方新儒家：吕坤和关学

尽管陈宏谋出生于南方，但他对北方社会和思想界更加关注。陈宏谋深深地理解中国北方文化所包含的那种“质朴”的内涵，他更喜欢北方文化的这个特性，而不是江南和东南沿海的优雅。当然几个世纪以来，理学传统一直是长江下游的大书院和学术团体推崇的主题。但是早在南宋，甚至在明清交替之后，在浙江、江苏以外的儒家精英们，以地域为单位形成不同的学术流派（例如福建的闽学、湖南的湘学、河南的洛学和陕西的关学）。③ 在许多对陈宏谋有学术影响的因素里，与北方地区学派的联系很可能是一个重要因素，但这种影响根本不像其他一些对陈宏谋的思想发展有最直接和最接近的影响的人（例如宋代的司马光和清代的魏象枢、陆陇其和张伯行）那样明显。

在这些精英人物中，河南宁陵人吕坤（吕新吾，1536—1618）几乎肯定是对陈宏谋的生活和思想有最大影响的人物。他在1574年就考取进士，并且在中国北方和西北地区出任地方和省级官员。在此过程中，他著有大量教科书用来提高管辖地区人民的道德行为。作为一位刑部侍郎，1597年他在一份

---

① 参见高翔：《清初理学》。

② 《学仕遗规》1：7-8。

③ 杨念群：《儒学地域化的近代形态：三大知识群体互动的比较研究》（北京，三联书店，1997），尤其是59-61，119-20页。

奏折中提出：政府增加开支时应该考虑到可能对百姓造成的困扰。当明朝万历皇帝不理会他的提议时，他辞职引退，回到他的家乡。在那里他将精力转向包括建立学校和救灾粮仓在内的各种制度改革上。① 虽然吕坤强烈否认与任何特别学派的联系，但他的活动和作品在清代有很广泛的影响，并在包括陈宏谋在内的理学活动家中享有崇高地位。吕坤的著作被李颙和陆陇其、朱轼、陈宏谋的同事和朋友尹会一，19 世纪的魏源、林则徐、曾国藩等经常地引用和重印。陈宏谋自己十分推崇吕坤。在陈宏谋关于教育、社会改革和官员行为的各种读物中，吕坤和他的父亲吕得胜的作品比包括朱熹在内的其他任何人的作品都占了更多的篇幅。1736 年陈宏谋附有评论地编辑了吕坤的《呻吟语》，并用"吕子节录"作为题目收录到《四库全书》，该书被后人广泛传阅。②

吕坤对陈宏谋的影响是极其广泛的，几乎影响到陈宏谋思想的每个方面。许多东西已经被简略地介绍过。在陈宏谋及其他清代经世学者心目中，吕坤思想的基本轮廓是什么呢？这就是我在这里要尝试回答的问题。吕坤从宇宙和人类社会的高度有序的观点出发，认为宇宙和人类社会被一种他称为"道"的自然法则（而不是听起来更学究的"理"）所构造和驱动。他对儒家文本的传统的诠释着重强调它的自然性和人文主义特性，不重视或者甚至反对它的形式主义和理想主义特性。③ 但是这种诠释也是一种很标准的诠释，它将取得个人道德的完美（或"治身"）和社会的道德和物质的改善放在学者任务的首位。他称学术和社会行动的这种联系是"实学"，并且强调它实

① 关于英语世界对吕坤的研究，详参 Handlin, *Action*。对吕的一生的概括见该书第 109~11 页。

② 《养正遗规》2：7-18；《教女遗规》2：1-37；《训俗遗规》2：16-17；《从政遗规》1：34-52；《学仕遗规》1：79；《吕子节录》；《先文恭公年谱》4：34；《四库全书总目提要》18：113。

③ 吕对形式主义的厌恶和他人文主义的观点使得他对舞文弄墨，甚至包括新儒学大师朱熹的文章持批评态度。吕的清朝崇拜者也认为他走到另一个极端，他们中的绝大多数把自己看做在一个对宋学不友善的时代中的宋学传统的护卫者。比如陆陇其，或者说吕坤的一位信徒，就不赞成吕的上述观点。陈宏谋否认吕的观点有矛盾，尽管他拒绝将自己的主张等同于新儒学的正统传统，但是在他看来，吕的一生和他的作品实际上是宋学的楷模，为它在陈时代的复兴指明了道路；《学仕遗规》1：79。

用的内容。陈宏谋给尹会一的信件中说："吕新吾先生学问经济俱可见之施行，非空谈性命者可比。此公间亦有偏处，而一腔忧国忧民之意，发于本心而不可遏。其不可及处，正在于此。"①

吕坤之有序的宇宙观点转化为强调等级秩序和精英主义的社会观。他对流行文化的评价是消极的，他是许多流行文化形式改革的倡导者。② 陈宏谋似乎已经相当地淡化了吕坤的精英主义统治的观点，很明显，他比吕坤更乐意接受社会流动的现实。在其他方面，他基本都能接受吕坤的社会和文化观点。吕坤为建立一个稳定的、秩序良好的地方社会（社会礼仪、"乡约"和"保甲"制度）而制定的制度给陈宏谋留下了深刻印象，并且陈宏谋接受这些方法，尽管他做了某些修改。另一方面，吕坤完全信奉所有人的可教育性原则。在个人道德自我修养方面，吕坤强调道德规劝和教育的重要性，而不是强制和纪律惩罚。这是他建设学校的工作基础，也是他出版各种各样宣传道德礼教小册子的动力所在。与陈宏谋一样，吕坤坚信精英们影响普通大众的能力，并且相信为了这个目标采用适合民众接受的通俗语、打油诗和大量图片等方式是有道理的。③

陈宏谋有着强烈的人道主义信念，他的人情观念是根深蒂固的，他坚信对每个人的感情和物质需要的尊重是道德行为的真实基础，这些观点使他淡化吕坤思想中的等级意识。此外，他反对任何武断、不合人情、烦琐的习俗规矩，特别是宋代理学传统对妇女生活所作的苛刻规定。吕坤的人情优先的信念牢固地扎根于他对宇宙的自然主义观点。像"物情"一样，"人情"的存在是一个客观的实在。与"人情"不相适应的东西都是不道德的和无结果的。因为人是道德的、有序的宇宙和人类本能的一个微观世界，一旦去掉了长年积累的坏习惯，就形成一个道德行为的可依赖的指南。陈宏谋十分喜欢吕坤这个方面的思想。陈宏谋滔滔不绝地讲"吕新吾先生，凡有著述，悉有功于世道人心"④。

这个观点也有政治含义。仁慈官员既不会随心所欲也不会拘泥于过时陈

① 《陈文恭公书牍》2：3。

② 《吕子节录》1：33。

③ 《教女遗规》2：4-5；Handlin，"Lü k'un's New Audience，" 16-18。

④ 《教女遗规》2：4；《吕子节录》1：2，1：70；《先文恭公年谱》4：34。

腐的教条，而是更仔细地注意到民情，然后作出相应反应。在管理社会时，法律和惩罚的强制执行远不如开放、有道德意义的对话有效。命令式的经济政策远不如一个尊重受市场牵引与个人欲望推动的大众需求和愿望的政策有效。在他的《实政录》及其他著作里，吕坤十分详细地阐述了每位官员如何在热爱和同情平民的基础上完成工作任务的实际方法。这些方法被陈宏谋大量地引用到自己的管理指南中去。①

从为官生涯开始时，陈宏谋就已经受到了吕坤的影响，很可能是与受到桂林的以经世为目的的书院教育有关。他对相关的（但更地方化的）北方新儒教主义流派的理解似乎是后来获得的东西。1739 年，陈宏谋已经从云南省布政使解职，降职担任天津道，受命治理黄河水道。由于这个工作需要与河南巡抚尹会一进行协作，所以他们经常相互通信。② 雍正的宠臣尹会一（1691—1748）只年长陈宏谋几岁。他们两人有许多共同之处。他们都喜欢相同的书，并且都对重新编辑和在辖区内给学生分发自己喜欢的儒家传统典籍有一种激情。1738 年，尹会一改编并出版了《吕语集粹》。在此之前他已经出版了朱熹的《近思录》和真德秀的《大学衍义》的新版本。尹会一自己编的《四鉴录》是一系列源于司马光《资治通鉴》的道德教育课程，该书面向统治者、大臣、绅士和妇女。它与陈宏谋的《五种遗规》有明显的相似性。在他们的来往信件中，这两位官员经常交流他们对以前这些特殊学者群体的喜爱，以及再版这些学者著作的目的。③

来自直隶博野县的尹会一也是陈宏谋早年不太熟悉的清代北方理学传统

---

① 《从政遗规》1：50 和书中各处。关于吕的在行政管理方面建树的讨论，参见 Handlin, *Action*, 104－7; Chang Chun-ming, "The Chinese Standards of Good Governance: Being a Study of the 'Biographies of Model officials' in Dynastic Histories," *Nankai Social and Economic Quarterly* 8.2（July 1935）：230－31。

② 关于尹会一的传记资料，见《清代名人传》，710 和 921 页，还有《中国人名大字典》，51。陈写给他关于水利问题的信件见《陈文恭公书牍》1：7，3：3。正如在第二章讨论的那样，看起来在那些年中，尹在陈的政治上东山再起的过程中发挥了作用，其任河南巡抚时写的《健余先生抚豫条教》应该对后来陈出版的作品提供了灵感。

③ 尹会一：《士鉴录》（1748；再版，上海，商务印书馆，1937）。尹为他其他的重印版的作品所作的前言收录于《健余先生文集》。参见《陈文恭公书牍》1：6－7，2：3；《从政遗规》1：34－50，陈在其中承认了自己受惠于尹编写的关于吕坤的传记。

的继承者。在 18 世纪 30 年代后期，尹会一重订和再版了魏一鳌 1646 年的《北学编》和汤斌 1673 年的《洛学编》。[①] 这两本书在大约半个世纪前被伟大的 17 世纪学者官员孙奇逢（1585—1675）的两位学生首次编辑过。两本书反映了孙奇逢调和朱熹和王阳明的思想的决心和对实用的管理和社会改革的强烈取向。陈宏谋发觉这两本书合乎自己的想法，于是写信告诉尹会一自己对魏一鳌及其作品的欣赏[②]，但是尹会一认为河南籍经世官员汤斌（1627—1687）和他在开封的大梁书院创建的洛学课程更接近陈宏谋的思想。

汤斌是陈宏谋在江西、陕西和江苏任巡抚时的一位杰出的前辈，并且陈宏谋明确地引用汤斌在这些省份的管理作为自己的榜样。汤斌以他清教徒似的个人生活而出名，他既是士绅阶层奢华生活的反对者，又是偏离儒家道德规范的民间文化的尖锐批评家。[③] 汤斌的《洛学编》收录了宋代河南伟大的理学大师程颐、程颢和邵雍的文章，但更显著的是选用了来自于另一位更近代的河南人吕坤的文章。吕坤是程颐的形而上学研究的批评者。汤斌为自己编纂的吕坤文选写序言时，称赞他对体用兼备的重视。对于同时代的读者而言，体用兼备就像在人背上泼冰水一样刺激。他补充道：

> 余居近先生之里。见其邑之城郭井野、里甲赋役之法，与夫冠昏丧祭、安飨丰约之仪，皆先生手定，数十年无敢改易者。儿童妇女，至今犹称吕夫子也。其《实政录》所载，如乡约保甲、义仓社学、编审丈量、养老学幼，种种俱有成规，周详变通，而无繁琐难行之患。余潼虔之政，实奉先生为师。[④]

在雍正和乾隆统治时期，从吕坤到汤斌，再到尹会一和陈宏谋（而且很

---

① 尹会一：《北学编》前言，见《健余先生文集》，2：10－11；汤斌的《洛学编》，尹会一编写的校订版，1738。我非常感谢 Timothy Brook 给我提供了后者的复印件。

② 《陈文恭公书牍》1：6。

③ 《从政遗规》2：36－42；《陈文恭公书牍》2：14－15。汤的传记见《清代名人传略》，709－10。他对王阳明的思想有不满之处，但又十分欣赏。有关他这种矛盾心态，参见 Chow，*Confucian Ritualism*，5；Thomas A. Wilson，"Confucian Sectarianism and the Compilation of the *Ming History*，" *Late Imperial China*15. 2：65－66。尹会一自称为汤斌的信徒，信服他的学术和经世思想。

④ 汤斌：《洛学编》，4：79。

可能一大批其他人)，我们看到一个以强调经世为特色的政治思想传统。

然而，对陈宏谋的社会和政治思想的发展有更大影响的是北方的第三个学派——关学。像尹会一所认为的那样，该学派与北学和洛学拥有一个共同的方向。毫不夸张地说，在 18 世纪 40 年代早中期，当陈宏谋发现关学时，他找到了自己思想真正的发源地。关学没有崇尚玄学的风气，反对浮华的文辞，也没有烦琐的考证，只重视道德修养和经世致用，并坚持二者的同等重要（“体用兼备”)。它的观点与陈宏谋的思想完全吻合。

在帝制末期，关学的大本营是在西安古老的关中书院。它的大多数主要倡导者都在那里进行过讲学。① 关学称自己是古代圣贤的直接继承者，它的领域被认为是以陕西为基地的，但是它的教学更直接地追溯到北宋伟大的理学学者和陕西人张载（1020—1077)。它也声称明代中期的几位新儒家复古主义者都是关学学派的：薛瑄（1389—1464)、薛敬之（1434—1508）和官员吕柟（1479—1542)。这三位学者都是热烈的程朱理学的支持者（带着一种对司马光的特殊感情)。吕柟曾公开批评并质疑王阳明的学术。② 到明朝末期，学者冯从吾（1556—1627）编辑了一部有关陕西历代学术发展的著作

① 关学传统的基本文献被收录于宋联奎编写的《关中丛书》(台北：艺文出版社，1971)。正如清朝早期其他宋学学者一样，关学群体同样为钱穆在民国时期所写的清学史名著《中国近三百年学术史》所忽略。这一段和下面一段有关关学的讨论是以下列作品为基础的——陈俊民:《张载的哲学与关学学派》(台北：学生书局，1990)；陈祖武，第八章；《清代名人传》，498－99；Anne D. Birdwhistell，*Li Yong*（*1627－1705*）*and Epistemological Dimensions of Confucian Philosophy*（Stanford：Stanford University Press，1996)；Ron-Guey Chu，“Scholarly Autonomy and Political Dissent of Local Academies in the Early Ch'ing”（paper presented to the Symposium on Civil Society in East Asian Countries，Montreal，October 1992)。我感谢 Birdwhistell 博士和我关于这个问题进行有益的讨论。

② 陈俊民，27－28；《中国人名大字典》，338；L. Carrington Goodrich and Chao-ying Fang 编：*Dictionary of Ming Biography*（New York：Columbia University Press，1976)，616－19，1010－13。吕柟既是程朱正统学说的领衔人物，同时又是对王阳明思想思想开放的批评者，Willard Peterson，“Confucian Learning in Late Ming Thought”对此有详细讨论，该文收录于 Denis Twitchett 和 Frederick W. Mote 编：*The Cambridge History of China*（Cambridge：Cambridge University Press，1998)，第 8 章，717－18。陈宏谋为薛瑄的《读书录》写了一篇序，他在文中宣称薛瑄是明代作家中唯一的，也是最杰出的体现体用结合的代表。参见高吉人，82。

《关学编》，"关学"由此得名，成为一个学术传统。① 面对家乡日益增长的社会和生态危机，冯从吾倡导战胜自我和关注社会弊病。他对不同新儒家派别有意识地采取折中态度。尽管他曾重修关中书院并在那里讲习王阳明的思想②，但他对阳明思想的接受是有选择的，将王阳明思想分为有用部分（良知的概念）和危险部分（王阳明"心学"的直觉主义）。冯从吾尽管受程朱思想影响，强调对地方民生的关注，但与同时代的属于王阳明传统的主张变革的学派，包括遭受贬损的泰州学派，有许多共同之处。关中书院每周举办"会讲"，讨论冯从吾指定的读物。在冯从吾的坚持下，会议对任何农民、工匠和真正有道德责任的商人是民主开放的。与会的几百名成员要求不准抽烟、喝酒、相互攻击、投身于明末日渐腐败的官场。③

在清朝初期和中期，关学的大旗由包括李颙（1627—1705）、王心敬（1656—1738）和杨屾（1699—1794）在内的一群杰出学者高举着。李颙是全国著名的消极反抗（包括进行绝食）清朝统治的人。李颙出身贫穷，几乎完全是自学成材，但因为他在学术界的声望极高，所以被康熙皇帝授予一个官职。他勇敢地谢绝了这个职务④，并十分自觉地投身到教育和学术研究中。他将重修的关中书院作为基地，制订社会和农业重建的实用计划以重振饱受明朝末期李自成起义所造成浩劫的陕西省。⑤ 在江南和中国东部其他地区的

---

① 1613年的《关中书院志》或许可被看做冯从吾掌管该书院时试图恢复关学传统的宣言。要了解关学学术传承，参见陕西巡抚崔英琦（Cui Yingqi）为该书作的前言；关于冯自己对此的论述，参见该书5：1-6。

② 讲学是一种强调口头传授和在公共场合公开辩论自己观点的学风，尤其为王阳明的众多门徒倡导，并备受争议。参见Peterson：Birdwhistell，127-32；Chow，*Confucian Ritualism*，23-24；Ronald G. Dimberg，*The Sage and Society：the Life and Thought of Ho Hsin-yin*（Honolulu：University of Hawaii Press，1974），87-91。

③ 《关中书院志》，3：8。有关该书院所藏图书，参见卷8的藏书目录。关于所得的至关重要的土地捐赠，参见卷7。

④ 陈宏谋后来为责备李不出仕清朝而道歉，因为李的父亲死于明清之际，如果出去做官，就无法在家中照顾他的寡母；《学仕遗规》3：61。

⑤ 陕西地处西北，易于受到外来和地方叛乱者的袭击。因此，关学学者对于兵法军事有强烈的兴趣。这种倾向反映于清初的李颙和王心敬的学术思想中，也体现于嘉庆时期的关学学者严如熤的作品中。严如熤在白莲教起义时从一个关学学者变成了团练组织的倡导者，后参与平定西南苗族起义。参见收录于《关中丛书》中的严的作品。

往来讲学中，他在全国范围内传播他的思想。李颙对朱熹和王阳明不偏不倚的理解，对真德秀的《大学衍义》和丘濬的《大学衍义补》的推崇，对吕坤所提出的经世方案的特殊喜好，都对陈宏谋有影响。王心敬是一位致力于更深远地传播李颙教育思想的学者。他的主要作品《丰川札书》包括3个部分：农业技术、饥荒救济和家庭社会礼仪。在第七章将要提到的杨屾是王心敬的学生，也是《豳风广义》的作者。他在书中为乡间农民介绍农业耕种技术。杨屾长期担任陈宏谋私人顾问和陕西养蚕局的头领。

陈宏谋回忆，他对关学的最初认识是在18世纪20年代中期，那时他是一位翰林学士，在张廷玉和朱轼领导下从事明代历史编纂工作。陈宏谋称朱轼是“我的老师”。朱轼曾经在关中书院教学，还编辑过一部张载的作品集。作为王心敬的一位狂热崇拜者，朱轼邀请王心敬到北京参与明史编纂。王心敬以生病为由谢绝了这个邀请，但是他通过信件的方式表达一些看法。① 这个时期陈宏谋对北方学派的兴趣仍然不是很高，直到1739年尹会一才激起他对所有北方学派更大关注；在1744年第一次任陕西巡抚时（陈第一次任陕西巡抚是在1743年。——译者），他开始完全信奉关学。他在许多场合称关学是“切实的”②。在陕西的两个任期之间，陈宏谋在1747年担任过一段短期的湖北巡抚。这期间陈宏谋接触到黄冈人靖果园。靖果园是王心敬在西安时的一位学生。他们两人热烈地交流这位最近已故的关学大师的有关情况。③ 返回西安后，陈宏谋拜访了王心敬出生的村庄。在那里他参观了王心敬的书屋和他收藏的书。他为王心敬的《王丰川先生续集》及王心敬补充编辑的冯从吾的《关学编》的重印版写序。他也成功地奏请将王心敬的牌位立在北京的孔庙。④ 虽然陈宏谋的前5本道德读物《五种遗规》都是在他的第一个陕西任期之前编辑的，没有受到关学的影响，但是关学后来成为他的其他有关著作（如1769年的《学仕遗规》）的重要内容。书中22位学者中，有不少于5位是陕西的学者。⑤

---

① 《培远堂文集》2：30－33；朱轼：《朱文端公文集》，1：18－19。

② 《学仕遗规》3：61。

③ 《陈文恭公书牍》2：14，2：19。

④ 《培远堂文集》2：30－35。

⑤ 这五个人是吕柟、冯从吾、明朝的寇慎、清朝的李颙和王心敬；《学仕遗规》，卷2，3。关于陈在北京作为大学士时作品的编写，参见《陈宏谋家书》243－45，251－53。

在他担任陕西巡抚的四个任期中，陈宏谋一向都不失时机地公开赞扬该省特殊的学术遗产。他大力资助关中书院和直接参与它的管理工作。他在全省范围内安排特殊的考试，为关中书院招收最好的学生，并规定这不意味只是录取“能文”的人们。王杰是这些被录取的生员之一，他后来成为了陈宏谋的门生和清朝内阁大学士。他在全省征寻关学学者散落的作品，并将它们收藏于书院中。在1751年陈宏谋将一批作品交给乾隆皇帝并编入《四库全书》。① 1754年陈宏谋任福建巡抚时，他也捐献了部分关学作品给福州的鳌峰书院，并且下令：学院的学者必须仔细阅读这些书，从中得到如何在自己的省内改进农业生产的方法。②

在陕西省，许多陈宏谋最竭力推荐的经世政策都直接受到关学的影响。陈宏谋承认，陕西的灌溉基础设施的扩建是根据王心敬以前提出的模式开展的。重振陕西养蚕业的想法也是受杨屾启发和领导的。1745年，陈宏谋在陕西开展“兴除”运动，要求各级官员认真调查地方经济与人文风俗，这也是受王心敬几十年前所提出建议的影响。③

就像陈宏谋理解的一样，关学的核心可以简化为两个命题。第一个是一种卓越的整体论。这个观点在于关学一再强调的格言“天地万物一体”中。张载思想深邃的《西铭》是关学起源的作品，“乾称父，坤称母；予兹藐焉，乃混然中处。故天地之塞，吾其体；天地之帅，吾其性。民吾同胞，物吾与也……凡天下疲癃残疾，茕独鳏寡，皆吾兄弟之颠连而无告者也”④。在1744年陈宏谋任陕西巡抚时，他写信给鄂尔泰：这篇文章的深度以一种前所未有的方式打动自己。这篇文章给他个人提出两种义务：关心他人的义务和接受所有的事情作为个人的职责的义务。⑤ 张载的道德超越论与朱熹理学体系、王阳明的良知学说以及《大学》中微观世界与宏观世界的和谐，成为对类似20世纪90年代的行动主义口号“思想全球化，行动本地化”的一个直接召唤。

---

① 《培远堂偶存稿》22：32－33，28：1－2，30：3－4，30：33。

② 《培远堂偶存稿》34：47－49。

③ 《培远堂偶存稿》19：21－40，23：14－15，26：41－42；《培远堂文集》2：30－33。

④ 这里采用 Wing-tsit Chan 的 *Sourcebook in Chinese Philosophy* 一书中的翻译，497。

⑤ 《陈文恭公书牍》2：3－4。

关学的第二个关键认识是变化的实在性。在为王心敬最新版的《关学编》写的序言里，陈宏谋写到《六经》里最重要的作品是《易经》，正是在这本书里作为后世学术传统一部分的“道”第一次得到系统阐述。周公和孔夫子所在的“黄金时代”认为“道”一直是一成不变的，这种想法没有认识“道”（或者你可以说是“理”）的本质特点——它是一直变化的。为了恰当地领会“道”，必须研究历史（这是关学传统学者和陈宏谋的主要要求），并且仔细研究自己时代的条件。陈宏谋指明：正是因为关学对“道”变化的实在性的接受，所以关学可以为当前政策的制定提供如此有用的指导。正是这个认识促使陈宏谋这位思想坚定的人去“救世”①。

经世精神始于自我道德培养。陈宏谋钦佩李颙的事情之一就是：在那些学术生涯开始于明朝末期并拒绝为清朝效力的大人物顾炎武、黄宗羲、王夫之等人中，唯有李颙从明朝的灭亡中吸取教训，即个人道德提高方面艰苦的努力是一个必需的学习重点，并且李颙因此将“体”和“用”置于同等重要的地位。就像陈宏谋自己长期所做的一样，李颙和他的学生注重自我批评、自新和“反身”（自省或重新做人）的持续过程。他的作品《反身录》在陈宏谋的《养正遗规》中被大量地引用。《反身录》与顾炎武的以考证和时政为主要内容的《日知录》形成鲜明对比。通过援引王阳明的观点，李颙主张自我批评和自新是取得王阳明所称的“致良知”的真正途径。②

在关学关于社会改良的方案中，个人和公众的教育起着中心作用。从明朝中叶的吕柟到陈宏谋的朋友杨屾，关学学者们一直抱怨他们时代的考试科目缺乏实质性内容。他们抱怨当代学术褊狭自私的风气。这些学术要么追求通过考试成功来获得往上爬的机会，要么过分炫耀复杂的考证方法。关学认为通过学校和讲学形式的公开演讲，个人的学习和平民教育首先必须是对社

---

① 《关学编序》，见《培远堂文集》2：33-35。

② 《学仕遗规》3：61；陈祖武，153-57；Birdwhistell，160-66。王阳明用“心”字代表自我，而李颙看起来有意选择“身”作为自我的同义词，这是唯物主义者的偏爱。李颙于17世纪使用“反身”这个词，20世纪的中国共产主义者则使用“翻身”，两者的第一个字不同，但内在意义有共同之处，这种连续性引起了我极大的兴趣。它们都起源于陕西，有强烈的自我反省的意味（分别见于 Matthews1781 和 1796）。William Hinton 用“翻身”一词作为他的 *Fanshen: A Documentary of Revolution in a Chinese Village*（New York：Vintage，1966）一书的标题。

会有用之学。学术必须以程朱传统的《四书》为基础，也强调博学，摈弃门户之见，重视历史和实用学科。像李颙和王心敬强调指出，公共教育必须包括重教化、厚风俗，也应通过研究经济发展探求改善民生之道。王心敬是一位民间学者，从未在官场待过一天，但对经世之道及其运用有精湛理解，这令陈宏谋感到大为惊讶。① 陈宏谋在18世纪40年代逐步发现了关学，关学为他的思想和行动提供了一个连贯的、明确的、学术上的基础。他从孩童时代起就一直在追寻这种学术，所以陈宏谋诚心接受了关学。

(四) 实学

陈宏谋经常引用“实学”来指在他看来唯一值得相信的有价值的学术。“实学”通常翻译成“实用的学术”，并且与后来出现的“实践”联系在一起。作为17世纪末期和18世纪学者们的战斗口号，实学是一种跨文化的运动，它直接与朝鲜和日本德川的实学思潮联系在一起。② 从梁启超时代起，在中国的实学研究中，实学通常被等同于河北学者颜元（1635—1704）和他的学生李塨（1659—1733）倡导的学术和实践观。③ 但是值得注意的是：陈宏谋尽管无数次地提到实学，倡导实学不遗余力，但从未提到颜元和李塨（尽管他的思想密友尹会一来自河北博野，是颜元的同乡）。实际上，像最近的学者强调的那样：在帝制后期，实学的发展是复杂多样的，直到18世纪初、中期，那些不同的思想观念才汇合为一种更广泛的“实学”思潮。

对“实学”一词的最有权威的解释见于朱熹对《中庸》的注释。在注释中，他称实学是这本书的中心要旨。④ 在明朝，实学与王阳明的学派关系密切。王阳明自己常使用这个词，他的“知行合一”理论与实学的本质相接

---

① 《学仕遗规》2：87—88，3：61，3：79；杨屾：《修齐直指评》，见《关中丛书》，第十一章。

② 狄百瑞和卜爱莲，特别是狄百瑞的序言，1—36。

③ 梁启超，40—42。参见钱穆，第5章；Wing-tsit Chan，*Sourcebook*，第37章；Chung-ying Chang，“Practical Learning in Yen Yuan，Chu Hsi，and Wang Yang-ming，” de Bary and Bloom，37—68。

④ 陈祖武，19；Chung-ying Chang，55。

近。但实际上，在16世纪和17世纪，这一口号又是那些痛恨王阳明心学带来的空疏不学、脱离实际风气的学者所高扬的理论大旗。他们包括常州经学家和古文大师唐顺之（1507—1560），上海诞生的政治家、农学家和基督教徒徐光启（1562—1633），苏州东林书院的宋学复兴运动的倡导者们和河南的经世学者吕坤。进入清朝初期，实学的大旗由那些视自己为明朝遗老的学者们所挥舞，包括杰出的隐居湖南的王夫之（1619—1692）和更具影响力的受人尊敬的孙奇逢（1584—1675）。18世纪40年代陈宏谋开始喜欢北方新儒学，那时北方新儒教以省为界线形成很多不同的学派。孙奇逢是这些学派一个主要的为人瞩目的人物。许多孙奇逢的弟子，如刁包（1603—1669）、魏象枢和汤斌都是“实学”的强烈拥护者，他们也是陈宏谋自己喜欢的人物。① 实学一词也被诸如李光地和陆陇其等清朝初期程朱信徒们所使用，李光地甚至以对“性”的新解释为实学构建了一个形而上学的基础。② 像我们所将看到的那样，陈宏谋是通过其他途径倡导实学。

实学只是一个流行的漂亮口号吗？如果真的如此，它又意味着什么？在许多人看来，反对实学的和支持实学的学者一样多。在16、17世纪实学支持者从反对为应付考试而记忆空洞的文学作品，逐渐发展到反对抽象的哲学讨论。直到陈宏谋晚年时期和19世纪时，汉学家的琐碎考证代替它们而成为实学倡导者主要批评的对象。③ 但在运用这个词语的人当中存在很多分歧和异见。例如有些人认为对实学的提倡是捍卫朱熹旧式的道德和礼仪价值观，然而其他的一些人（例如颜元）则猛烈抨击朱熹的学术思想。

从它的积极内容上说，实学至少包括两个不同的类型。朱熹本人和诸如东林学者这些宋学信仰复兴者认为实学的核心部分是道德主动性和伦理自身的培养。但是在其他的人（特别是徐光启）看来，实学意味着对世间目标

---

① 关于实学与当时其他学术流派的复杂关系，尤其应参见“Yamanoi Yū “Minmatsu Shinsho ni okeru keisei-chiyō no gaku” (The *jingshi Zhiyong* scholarly movement in the late Ming and early Qing), *Tōhōgaku ronshu*1 (February 1954): 136－50。同样参见 Elman, *Classicism*, 78－79, 84－85; Handlin, *Action*, 18; Hao Chang, *Chinese Intellectuals in Crisis: Search for Order and Meaning, 1890－1911* (Berkeley: University of California Press, 1987), 15－16, 72。

② 高翔：《清初理学》；Ng, “Ontological Basis of Practicality”。

③ 冯天瑜：《道光咸丰年间的经世实学》，载《历史研究》1987. 4，141－42。

(特别是经济繁荣和政治军事力量的强大) 相当注重实效的追求。从明末到清朝中期期间，这个词语的历史是这两种最初不同类型的 (有时令人感到不舒服的) 混合体。就像实学逐步变成“实学致用”一样，实利主义和功利主义成分被日益突出；戴维·雷诺兹 (David Reynolds) 已经指出：在清朝中期的非正式用法里，实学是指西方科学的普通专有名词。① 但是许多实学的支持者看来，道德成分没有丢失，它只是被重新解释为对道德行为的新型研究。这种研究真诚地考虑人的情感需要和实际的社会和政治状况。在这个意义上来说，它又是“实用的”。②

当我们研究陈宏谋自己对这个术语的运用时，我们可以十分清楚地看到实学的综合意思。“实”本身可能已经是他所喜欢的形容词。他对“实”的使用几乎是独一无二的，它被作为万能的形容词来描述他非常喜欢的东西。在陈宏谋引用和欣赏著作的标题中，“实”这个词连续不断地出现，例如吕坤的《实政录》(1598)，黄施锷的《实学录》(约 1730) 和德沛的《实践录》(1736)。一位日本学者认为，中国近代早期多数学者都很关注“实”与“名”的讨论。③ 像同时代的大多数人一样，陈宏谋用“实”反对“名”、“空”、“虚”和“浮”，而不是反对可能照字面意义翻译成的“错误的”或“异端的”等词语。换句话说，“实”意味着“真的”或“真实的”或“实体的”或“有实质的”，但很少是指“正确”。在讨论个人品格时，陈宏谋所说的“实”与他常使用的另一个词“朴”(见第一章讨论) 一样，描述一个包括诚实、坦率、节俭和不虚伪在内的积极的性格品质。这种品质可以通过教育来培养 (理想的教育是结合农业劳动经历的教育)，并且可以给人以力量。他写道：“是故此心贵虚，把意念沉潜得下，何理不可得。把志气奋发得起，何事不可做。”④

在陈宏谋的官方语言里，“实”指任何它要求的东西：粮仓确有粮食，

---

① David C. Reynolds, “Redrawing China's Intellectual Map: Images of Science in Nineteenth-Century China,” *Late Imperial China* 12: 2 (June 1991): 41.

② 尤其参见 Yamanoi, “Keisei-chiyō,” 142—43；陈祖武，17—22；de Bary, *Principle and Practicality* 序言，24—25，32。

③ Yuasa, 16—17.

④ 《陈榕门先生遗书》，“语录”，16。参见《培远堂偶存稿》19：22—23；《训俗遗规》(1796)，4：10—13。

而不是只见于公文之上；政府人员实有其人，而不只是花名册上的空头人名；法律诉状是真实和公正的，而不是伪造的；上级对司法审查的过程是真正执行的。若与上面情况相反的就是“有名无实”。实用而且真正被贯彻的政策将产生“实效”。官员的辖区的情况是真实的、现时的，而不是仅仅从过时的档案里推断出情况是“实在的”。陈宏谋经常把“实在的”与“及民”联系在一起使用，描述一种真正与地方有联系的管理风格。下属必须较少地关注于理解一个指示的文辞（“名”），而应更多地关注它的精神和实质（“实”）。实际上，过多的文牍手续和过细的法律条例都会导致管理有“名”而无“实”。与吕坤一样，陈宏谋把效率、切合实际、勤奋、正直称做“实政”的根本。实政是一种事实和表现真正一致的体制（“循名则实”）。①

陈宏谋也偶尔巧妙地使用“实践”一词，不过，他对实践的理解不同于山井涌（Yamanoi Yū）在他文中所称为的“实践派”。陈宏谋的“实践”远非功利主义者的实用主义。它肯定而不是回避道德自我修养的需要。按照关学模式，他给需要追求“反身实践”的学生讲学。② 尽管陈宏谋坚持认为学习必须与对物质和社会的实际观察结合起来，但是与颜元一样，他认为“实践”并不以否认学习儒学经典的重要性为前提。关键是“践其实”，把书本上学到的东西应用于日常生活中。按陈宏谋的观点，名副其实的学问是理解“理”的本质，并将“理”用于实践（“穷理实践”）。③

“实学”不是“实际的学问”，而是一种同时关注个人道德规范和社会、经济管理技能两方面的“真实的学问”。如他所言，陈宏谋对这个概念的使用既超越门户之见，有鲜明个性，又使人感到这是他的一个深思熟虑的举措和行动。在陈宏谋年轻时所在的桂林学术团体（宣成书院和秀峰书院）里，“实学”实际上曾经是一个战斗口号，他初次进入政界就不遗余力地倡导它。1729 年作为山西省乡试的副主考官，他坚持只有展示实学的考生才能通过考

① 参见陈的奏折，乾隆 5/8/22，中国第一历史档案馆；《培远堂偶存稿》3：40－44，5：3－5，10：1－2，11：7－9，17：10－11，19：34；《从政遗规》1：34；《规条汇钞》，前言；《陈文恭公书牍》3：1；高吉人，122。

② 参见李元度，16：4。

③ 寄德松如先生书、寄靖果园书，见《陈文恭公书牍》1：13，2：19；《训俗遗规》3：1；《学仕遗规》2：72；《吕子节录》1：7。

试。6年后，在云南，他为数以百计的新建和重建的官办学校制定规章制度，要求学校的教学内容必须是实学的而不是别的内容。①

1736年，在乾隆即位第一年的元旦，云南省布政使陈宏谋大胆上奏，提议鼓励实学和对考试体系进行改革。陈宏谋上奏折的时间使他的部分意图很可能被看成是鼓励这位新皇帝大体上继续采用受雍正支持的这个脚踏实地、朴实无华的治国之道。像其他雍正的宠臣一样，陈宏谋自己强烈地倾向于这种为政之道。陈宏谋认为，国家急需的不是只懂琐碎考证的学者，也非只会吟诗作赋的作家，而是通晓实际事务的学者。基于这一点，他呼吁朝廷把科举考试的重点放到它的第三部分，也就是以关注现实问题为中心的“策”。他发现：朝廷过去曾在这个问题上有过指示，不久前皇帝在这件事情上已经提出了几个计划，但是懒惰的考试官员还坚持把考试重点仅仅放在考试的第一部分，也就是八股文，而忽略其他部分。有鉴于此，考生们也只好把精力都集中在第一部分上。②

为了向朝廷显示他在纠正不良学风方面的工作，陈宏谋在云南的书院确立了一个每月一次的考试来把他的实学概念付诸实践。在考试的第二个部分，论或“论述文章”的重点放在《四书》而不是《五经》，并且集中在基本的个人道德问题上。第二个部分的“判”和第三个部分的“策”要求讨论国家或者地方管理方面的“时事”问题。在所有场合里，对问题的回答必须简单明了，而不是墨守成规，敷衍了事。③

陈宏谋赞扬真德秀、范仲淹这些令人尊敬的学者和诸如刁包等其他的同时代学者，但他最频繁地做的事情是把关学学派成员视为实学的典范。他将

① 《培远堂文集》1：1-4；《培远堂偶存稿》3：5-11；《桂林简史》112；高吉人，7-8。

② 陈更深入地发现，八股文是科举考试的第一步，也是是否录取的最重要的一步。许多考生为了中举，只研究揣摩现成的范文，缺乏独立思考，导致学术的衰落。

③ 《培远堂偶存稿》4：3-4。在陈随后的职业生涯中，他以自己的实学观为标准，考察选拔江西的豫章、紫阳书院和陕西的关中书院考生，《培远堂偶存稿》15：39-41，22：32-33；《陈文恭公书牍》1：13。关于雍正乾隆两朝对科举制度的改革，参见 Benjamin Elman，“The Inter-relation Between Changes in Ch'ing Classical Studies and Changes in Policy Questions on Civil Service Examinations，”见《清代经学国际研究会论文集》（台北：“中央研究院”文哲研究所，1994），尤其是37-41。

这些人从只会死记硬背和其他卖弄学问的伪学者中区分开来。实学不是机械地获得的东西，它必须通过学习和在日常生活中不断地提升。1755 年左右，在他写给一位满族朋友成德的信中，他把实学与经常出现在他个人和职业发展中的困难联系在一起。他说：“历一番烦难，增一番识力。受一番艰苦，见一番劳绩。此官场安身立命之实学，均须努力。”①

陈宏谋经常使用“有用之实学”一词，它包括个人道德义务（战胜自我）和积极承担社会责任，熟悉我们现代称之为社会科学的复杂管理知识。例如，唐朝名臣刘晏（715—780）的经济政策和他的同僚在减少运作失灵的税收制度方面的努力，在陈看来都是实学的一部分。《四书》比《五经》更有利于追求实学，但是实学也要求经常以历史和地理知识为依据掌握具体时间地点的不同情况。② 经史之学除非为现实服务，否则就无实用价值，它们必须与《邸报》之类文献里的事情结合并得到补充。只有这样“实质的”和“有用的”方式的学习才能对个人的经世使命有帮助。③

（五）经世

经世（韩明士和希罗考尔［Hymes and Schirokauer］恰到好处地把它译为“ordering the world”）之学涵盖的内容不只是实学，西方和东亚的中国古代史学者一直对经世思想抱有浓厚的好奇心。主要原因之一是它为了解 19 世纪清代精英如何应对西方扩张这一艰巨复杂的问题提供了新线索。但是即使是在那些最关心这个问题的人看来，经世被证明是一个非常难以定义的概念，因为它既是所有新儒教者赞成的部分基本信条，又是公共行动的一个具体的而且有争议的风格，而且还是一个特别的政治计划；它既有一个横跨时间限度的价值系统，又反映着不同历史时期的特殊问题、困惑和思潮。

---

① 《陈文恭公书牍》3：7。

② 据说乾隆皇帝曾赞扬过陈对实学的掌握，并将其理解为有关历史、地理、制度和技术的复杂知识。他于 1767 年任命这位长者为“三馆总裁”，同时负责国史馆、玉牒馆和三通馆；家书，乾隆 32/4/23，见《陈宏谋家书》248－49。

③ 参见《培远堂偶存稿》的各种版本 15：39－41，22：32－33；《学仕遗规》1：11，1：17，2：17，3：46，3：79，4：32，4：42，4：47－48；《陈文恭公书牍》2：6，3：16；《皇朝经世文编》2：33；唐鉴，5：11。

余英时对中华帝国后期思想有精彩分析，他给经世一个广泛的定义，视之为一种与《大学》“平天下”之道相一致的对现实生活和问题的积极参与。它还包括关于宇宙学和个人伦理学的传统假设。它是儒家绅士所必需的生活方式。[①] 但是诸如艾尔曼的学者们认为：一个分析上更有用的定义必须包括对水利、绘图和天文历法这些领域的技术能力的特别强调。在察觉到其他文人的冷漠和反对时，一些自觉的经世思想执行者们捍卫这些技术能力。[②] 其他的学者们已经提出更加不同的诠释，他们突出一个更加关注的政治议程。例如濮德培（Peter Perdue）认为清朝经世特点是一种通过政府机构的创造性手段全面地改善地区状况的献身精神。[③] 然而，傅佛果（Joshua Fogel）认同20世纪初期日本汉学家、经世思想的狂热爱好者内藤湖南的观点，他认为高度的地方自治和不受官僚的干涉才是“经世”的本质。[④]

张灏也许是对这个问题思考时间最长和最努力的学者。他认为清代经世之学有两个特异之处。第一是大胆而明确地把实用作为评价政治行为的尺度。张灏承认，所有新儒家文化体系成员都承认本体论以及《大学》和其他相关文献所阐述规定的行为准则的权威性，但是经世的支持者们更愿意把实用的和新儒家倡导的权威行为规范区分开来，只有在时机适当时才认可后者。第二，张灏发现，帝制后期的经世思想已经公开为追求财富和权利辩护，把经济和军事知识研究看做值得追求的研究对象。但是张灏又谨慎地指出：这个解释仅仅应用于一个特殊类型的经世学，他交替地用“实用的经世”或“官僚经世”来指这种经世学。同时他指出：经世与“内圣之学”兼容并蓄，这种“内圣之学”很少留意政治经济实用问题，坚持新儒家对儒家经典所做的权威性正统解释。刘广京基本上接受张灏的分析。他进一步主张：直到19世纪初，经世才被解释为“实用之学”，这一新解释构成了清代

---

① Yingshi Yu, "Toward an Interpretation of the Intellectual Transition in Seventeenth-Century China," *Journal of American Oriental Society*100. 2 (April-June 1980): 115-25.

② Elman, *From Philosophy to Philology*, 53-54; Elman, "Scholarship and Politics: Chuang Ts'un-yü and the Rise of the Ch'ang-chou New Text School in Late Imperial China," *Late Imperial China*7. 1 (June 1986): 64; Elman, *Classicism, Politics, and Kinship*, 76.

③ Perdue, *Exhausting the Earth*, 11.

④ Joshua A. Fogel, *Politics and Sinology: the Case of Naitō Konan (1866-1934)* (Cambridge, Mass.: Harvard University Press, 1984), 60.

后期基本的和独特的近代学术思潮。①

19世纪20年代及之后的经世运动吸引了许多学者的注意，并且很大程度上影响了我们对早期经世的理解。② 在这些年间，有一批在朝在野的学者从经学转向现实政治问题及相关的体制改革所需的技术知识。这批学者包括包世臣（1775—1855）、龚自珍（1792—1841）、贺长龄（1785—1848）、魏源（1794—1856）、陶澍（1779—1839）和林则徐（1785—1850）。当时的政治腐败产生的危机感推动他们作出这一转变。前些年的和珅腐败丑闻以及洪亮吉著名的抗议，灾难性和损失巨大的白莲教起义，西北边境日益增长的防御问题，作为交通要道的大运河的逐步淤塞，鸦片流入和白银流出问题，所有这些导致道光统治初期令人担忧的经济衰退。③ 特别像冯天瑜所证实的：这些文人和他们的追随者投入到一个日益自觉的运动。这个运动不仅包括对考据学的学术攻击，也包括协调官僚派系的自我提升。④ 在随后的年代里他们的学生中出现了包括曾国藩和左宗棠在内的一些帝国最具权势的政治家。最能代表经世思潮的著作《皇朝经世文编》于1826年经贺长龄倡导，由魏源编辑出版。它是一部具有划时代意义的著作，后来的学者还编了许多续集，它们成为晚清学者官僚的为政指南。

《皇朝经世文编》涉及内容广泛，但正如刘广京所指出的：不同于明代

---

① Hao Chang, "Ching-shih Ideal"；张灏：《儒家经世思想》；刘广京：《经世思想与新兴企业》（台北：联经出版社，1990），2。

② 对19世纪经世的重要研究包括了 Frederic Wakeman Jr. 有关《皇朝经世文编》的文章，载《清史问题》1.10（1969）：6—22；刘广京、周启荣：《〈皇朝经世文编〉关于"经世之学"的理论》，载《近代史研究院集刊》15.1（1986年6月）：33—100；刘广京：《经世思想与新兴企业》；Judith Whitbeck，"From *k'ao-cheng* to *Ching-Shih*：Kung Tzu-chen and the Restoration of Literati；Commitment in Early Nineteenth-Century China，"见《近代中国经世思想研讨会论文集》，323—40；李国祁：《道咸同时期我国的经世致用思想》，载《近代史研究院季刊》15.2（1986年12月）：17—65；冯天瑜：《道光咸丰年间经世实学》；Benjamin Elman，"The Relevance of Sung Learning in the Late Ch'ing：Wei Yuan and the *Huang-Ch'ao ching-shih wen-pien*，" *Late Imperial China* 9.2（December 1988）：56—85。

③ 关于这些相关联的现象，参见 Suzuki Chūsei，*Shincho chūkishi kenkyū*；Susan Mann Jones and Philip A. Kuhn，"Dynastic Declin and the Roots of Rekellion，"见 John K. Fairbank 编：*The Cambridge History of China*，第10章，*Late Ching*，第一部分。

④ 冯天瑜：《经世实学》，140—41。

陈子龙的类似著作，它不是按时间顺序而是按不同主题编排收文章，这种新颖的编排方式清楚地表明，编著者的兴趣不在于纯学术而是现实问题。① 这本书主要的重点明显是在技术专业知识和张灏所称的制度的“渐进革新”方面。在书的内容安排上，把大量注意力放在可能促进经济发展的政策上，并且如刘广京认为的那样，著作本身对商人和商业活动采取十分同情的态度。② 但是《经世文编》绝不仅仅是实用主义和功利主义的。礼教伦理和实用知识受到同等重视。为了维持“体”和“用”之间的平衡，该文集收录了大量清代理学家有关道德自我修养方面的作品。③ 甚至也收录一些文学领域的研究。令人惊讶的是该文集没有收录关于形而上学和训诂考证方面的作品。正如魏斐德（Frederic Wakeman）很久以前指出的：这种风格是一种历史主义，而不是黄金时代的古典主义，反映了历史变迁和“合乎时代”的需求。④

然而，“经世”一词并非19世纪出现的新名词，先秦时代的哲学名著《庄子》早已使用这个词，但仅指“经历不同时代”，意思与后世完全不同。《后汉书》才在接近后来关于社会政治管理的含义上使用这个词。到了宋代，新儒学倡导者为反对以出世为去向的佛教哲学，广泛使用“经世”一词。此后，它便在中华帝国后期的知识界广泛传播开来。新儒家及其他流派的学者都喜欢“经世”这个词：从激进的改革者王安石，到数学家邵雍（1011—1077）、心学先驱陆象山（1139—1193）、浙东实用主义者陈亮（1143—1194）和叶适（1150—1223）（他们的功利主义哲学被朱熹一语双关地称为“利学”）。从陈亮和叶适身上，我们也看到一种将在后世重现的思维模式：对制度研究或者经世充满激情的兴趣起源于一种从社会政治经济危机中拯救世界的需求。浙东学派源于从野蛮的金国夺回宋朝北部领土的努力。15世纪中叶，作为对1449年的“土木之变”的反应，知识分子对经世产生新的热

① 刘广京和周启荣，83。

② 刘广京：《商人与经世》，见刘广京：《经世思想与新兴企业》，595-620。这与李国祁得出的结论不同，李认为19世纪的学术官员实际上仍被早期的“重农抑商”的偏见所困扰。我个人认为李的结论完全站不住脚。

③ 尤其参见Elman，“Relevance of Sung Learning”。Elman注意到称这种经世观与宋明内圣之学的联系，并认为这种联系是魏源时代的新产物，而我们近期对陈宏谋的研究表明，这种关联在清朝很早的时候就产生了。

④ Wakeman，“Ch'ing-shih wen-pien，” 10.

情，1488年问世的丘濬杰作《大学衍义补》就是当时经世之学的新高峰。①

19世纪的“经世运动”与开始于16世纪末期的经世学术复兴有最直接联系。根据经世思潮的最重要的研究者山井涌的观点，在王阳明心学失去主导地位的17世纪和考据学主导学界的18世纪初以前，经世思潮是学术界的主流。山井涌认为明代后期从追求内圣之学转到政治经济问题是士大夫对日益严重的社会、政治、经济危机的一种回应，也反映了“一条鞭法”改革所代表的商品经济发展对知识分子生活的重大冲击。这些冲击迫使当时的知识分子转向更实际的、世俗的问题，强调他们的社会责任感。山井涌从东林学派的活动中看到这种经世复兴的先声，但他也注意到了基督教和其他西学因素的影响。②

余英时指出：“经世”是一个在明末清初时期新儒学及其他学派学者一致推崇的主张，将它视为一个完全独立的“运动”可能是一个错误。③ 我认为，至少有三个彼此相当不同的学派都很重视经世思想，他们都对清代后期的经世思潮再次崛起有着重要影响。其一是吕坤、关学和北方的其他新儒家遗产的倡导者，他们经常使用“经世”一词，但极少被历史学家们认为是属于明末清初的经世传统的一部分。像我们下面将讨论到的一样，它对塑造后来经世思想的影响远非微不足道。④ 另外两个与17世纪的经世思想有联系的学术路线都起源于江南地区，并且十分显著地与陈子龙和顾炎武的名字联系在一起。

松江人陈子龙（1608—1647）是1638年《皇明经世文编》的主编。《皇明经世文编》可能比以前的任何著作都做了更多工作去将“经世”这个词记载在帝国不朽的政治词汇中。陈子龙是政治团体复社和几社的一位年轻领导者，这两个团体的一些观点来源于倡导复兴程朱学术的东林党，但是也许甚

---

① 参见 Schirokauer and Hymes 的前言，55－58；李国祁，18；张灏：《儒家经世思想》，3－7，Winston Wan Lo，*The Life and Thought of Yeh Shih*（Gainesville：University Presses of Florida and Chinese University of Hong Kong，1974）；Hung-lam Chu，“Intellectual Trends in the Fifteenth Century，” *Ming Studies* 27（Spring 1989）：10。

② Yamanoi，“Keisei-chiyō” and “Minmatsu Shinsho shisō.” 参见陈祖武，17－22，其中的内容证实了 Yamanoi 的论点。

③ 余英时，“Intellectual Transition in Seventeenth-Century China，” 119。

④ 要了解关学学者对经世一词的理解，参见陈俊民，30－36。

至更多地来源于上海农学家、基督教皈依者和政治家徐光启的学术主张。陈子龙也再版了徐光启的著作。① 顾炎武是17世纪最著名的学者，他是地理学家、政治理论家和考据学开山祖师。陈子龙和顾炎武有许多共同之处：厌恶形而上学和舞文弄墨、无病呻吟的文风，反对王阳明的学派和过多考虑个人自我修养，重视礼教的社会政治功能，关注社会风俗的变化，以及对灭亡的明朝事业的忠诚（这种忠诚促使他们满怀热情地寻求社会政治解决方案）。但是他们在寻求解决方案的特点上存在差异。就像墨子刻所说：陈子龙代表一个"温和的"或"现实的"改革方法，强调逐渐地变革和"管理的灵活"；而顾炎武（和黄宗羲之类的人）更倾向于一个"基本的变革"或"激进的"方法，他们宣扬根本改变帝国政治结构。② 我们会马上讨论顾炎武的政治思想，但我们必须指出，顾炎武相信经典的原貌是可以还原的，这是顾炎武对清代考据学运动影响最大的观点。③

这里我对近来的经世思潮研究做一简述，目的是通过展示明清时代经世思潮的走向来回答本节的主要问题：陈宏谋从何处融入经世思潮中？了解他所起的作用对全面理解经世思潮演变有何意义？多数学者认为，考据学已取代经世之学，成为繁荣稳定的18世纪中国的学术主流。按他们的说法，明清易代前后发生了以经世为基础的政治改革。两个世纪后，也就是19世纪，由于经世思潮的再次兴起，士人关注的焦点再次转向衰落中的帝国，唯独在18世纪，我们看不到经世运动的踪迹。④ 19世纪的经世思潮常被人视为明清之际经世运动在某种程度上的复兴，但很少有学者认真思考其中的复杂性，很少探讨构成经世思想的种种复杂观念是如何在康熙和道光两个时期之间发展

---

① 参见 William S. Atwell，"From Education to Politics：The Fu she，"见 de Bary：*Unfolding*，348；Wakeman，*The Great Enterprise*，743－52。

② Thomas A. Metzger 等编："*Ching-shih* Thought and the Societal Changes of the Late Ming and Early Ch'ing Periods：Some Preliminary Considerations，"见"中央研究院"近代史研究所：《经世思想》，21－35。参见 Metzger，*Internal Organization*，76－78；Hao Chang，"*Ching-shih* Ideal，"51－56。

③ Chow，*Confucian Ritualism*，170－71.

④ 参见 Yamanoi，"Keisei-chiyō，"149；冯天瑜：《经世实学》，138－39。刘广京为《经世思想》（台北，"中研院"近代史研究所）一书所写的序言仍然把经世之学在18世纪的中断作为他讨论的出发点。

演变的。艾尔曼认为江苏常州的今文经学是清代中期里唯一保持经世观点的学派，按我的观点，这有点太片面。① 其他的人已经指出：在道光时期经世之学复兴之前，18 世纪末期历史学家和思想家章学诚是明确地倡导经世学问的一位学者。② 此外，学者们在陆燿 1776 年编著的《切问斋文钞》一书中也发现经世观念，该书在道光年间被重新出版，并在它的题目中添加了已成为时尚的“经世”一词。③ 但是在西安和湖南这些人们相对不重视的地方也有学者坚持经世观念，稍后我们再谈他们。

陈宏谋有意识地将自己与经世思想联系在一起。有些学者很早就认为陈宏谋的思想和著作以经世为取向。一个例子是陈宏谋的孙子以及他著作的编辑者陈兰森，另一个是曾与陈宏谋共过事并为他在 1785 写过传记的彭启丰，这两人都认为陈的核心思想就是经世。自魏源选定陈宏谋为治国之术的楷模后，在 1826 年的《皇朝经世文编》里，魏源收录陈宏谋的作品达 53 篇之多（像我前面已经说过，数量上是仅次于顾炎武的作品）。19 世纪中期诸如蒋方正（1837）、许泽舜（音译——译者，1846）、王之春（1868）和李元度（1869）这些陈宏谋作品的编辑和传记作者都使用“经世”一词来概括陈宏谋学术的特点④，当今许多学者和历史学家也是这样做的。⑤

然而，陈宏谋本人似乎从不强调经世思想。与实学（如我们已经看到，“实学”是陈宏谋经常使用的学术术语）对比，“经世”在他的话语中出现得很少。尽管如此，但似乎带有一点据为己有的色彩，他经常十分频繁地和有针对性地使用相关的词语“经济”。有时和“实学”一起组成“经济实

---

① Elman, *Classicism, Politics, and Kinship*, 76. 我并不否认 Elman 所说的今文运动对 18 世纪经世思想出现的重要性，但是，在我看来，它的出现还有其他原因。

② Kai-wing Chow, “Ordering Ancestors and the State: Chang Hsüeh-ch'eng (1738－1801) and Lineage Discourse in Eighteenth-Century China,” 见“中研院”近代史研究所：《家族与政治》，297－326；刘广京为《经世思想》作的序，6；冯天瑜：《经世实学》，139。

③ 黄克武，84－85。

④ 陈兰森：《学仕遗规》前言；彭启丰，14：12；蒋方正：《重刊序》，见《榕门全集》；许泽舜：《陈文恭公手札节要》（1846）前言；王之春：《陈文恭公书牍》前言；李元度，16：1。

⑤ 谢康，235；Fu-mei Chang Chen，140；Perdue，*Exhausting the Earth*，11；蔡冠洛，1. 149。

学”，有时称：“理学”是任何可敬学者必须学习的内容。因为“经济”是以“经世济民”的缩写形式出现，所以陈宏谋可能认为这两个词语是本质上互换的。① “经世”这个在他那个时代有公认影响力的术语很少出现在他的修辞中是引人注意的。至少可以说他不认为自己是任何同时代的自觉经世运动的一分子。

根据我的统计，在1769年之前，陈宏谋在自己的现存重要著述中只使用过“经世”一词五六次。到1769年，他已70岁，不再是政坛最活跃的分子。在这之前他将这个词应用于古典著作《大学》和《周礼》的教学中；将它与“克己”和“责己”两个类似的任务联系在一起；要求在考试课程中包含更多的与经世相关的题目；并且指出“经世服务”是正确的学习目标。②但所有这些提到的“经世”都是孤立的和短暂的，相比于他的最后的主要作品《学仕遗规》而言，这尤为明显。陈宏谋用“经世”一词概括许多观点不同的学者的观点，例如冯从吾、辛全、葛端调、刁包、魏禧等，他们的作品都被摘要选录到陈宏谋的论著中。③ 必须要说明的是：所有这些作者都是17世纪经世浪潮的一部分，如果不是全部的话，至少大多数的学者都在他们的话语里展示了“经世”倾向。所以，在陈宏谋生命的最后一些年里，他对这个词产生了更强烈的爱好。这种现象在很大程度上是反映在他编书时收录的作品上。当然，这些作品不是随意选择的，它们反映了陈宏谋成年后一贯的思想信念。

很显然，那时北方的关学学派对陈宏谋思想有决定性的影响。我们谈过：总体上关学给《学仕遗规》提供了主要的分类题材。从明朝中期的吕柟、冯从吾、李颙和王心敬到陈宏谋同时代的朋友杨屾，每位关学学者在他们的学术思想中都很重视“经世”思想，这一点尤其明显地反映在他们被陈

---

① 关于陈频繁地将经世与理学结合的例子，参见《培远堂偶存稿》44：1和《训俗遗规》3：24。关于“经济实学”，参见《学仕遗规》4：32。“经济”一词来源于“经世济民”，参见Tetsuo Najita，*Visions of Virtue in Tokugawa Japan*：*The Kaitokusho Merchant Academy of Osaka*（Chicago：University of Chicago Press，1987），8。陈可能已经清晰地意识到了这个词源表现在他偶尔使用的缩写形式“济世”，正像在《学仕遗规》2：17中的那样。

② 《陈文恭公书牍》1：15，2：15-16；唐鉴，512。

③ 《学仕遗规》3：17，3：38，3：46，3：99。

宏谋收入《学仕遗规》里的那些文章之中，陈宏谋在前言和其他有关这些作品的论述中进一步突出了其中的经世倾向。[1] 换句话，虽然陈宏谋好像没有将自己定位为自觉的经世运动参与者，但他逐步认识到自己至少是关学的间接继承者。对于关学而言，“经世”倾向是它的基本成分。

比较而言，陈子龙和顾炎武对陈宏谋的影响似乎不太明显。墨子刻认为陈宏谋的观点属于强调行政制度灵活性的不那么激进的一派，他视陈宏谋为介于 17 世纪的陈子龙和 19 世纪的魏源之间诸多影响经世思想发展的重要人物之一。[2] 陈子龙和陈宏谋的思想有许多相似之处，但要说明他对陈宏谋的直接影响将是困难的。就我所看过的他的作品里，陈宏谋从来没有一次提到陈子龙及其经世名著《皇明经世文编》。这可能是因为陈子龙的作品充满着被清朝禁止的对满人的批评言论[3]，而陈宏谋恰恰不是一位想招惹这种政治危险的人。但是在半个世纪以后对这本书的深刻记忆仍足以让魏源在编辑《皇朝经世文编》时去引用它。所以我倾向于认为：对于陈宏谋而言，陈子龙和他的复社同仁们所代表的经世思想路线不是陈宏谋所满意的，相比较而言，他更倾向于其他形式的经世主张。

顾炎武的影响是值得研究的，但对我们理解陈宏谋的社会政治思想有更大的潜在意义。尽管两人有一些相似的观点，但我发现，要说明 17 世纪最著名的经世代表人物顾炎武对 18 世纪最具代表性的人物陈宏谋的直接重大影响是困难的。司马光、真德秀、丘濬、吕坤或王心敬等历史上的著名学者和思想家都在陈宏谋编辑、重新出版的书籍里经常被提到，并在自己辖区内积极表彰的人物。陈宏谋非常频繁地在各种书信中赞扬这些他认为是过去和当时重要的学者，但没有一次提到顾炎武。在陈宏谋的《训俗遗规》、《从政遗规》、《在官法戒录》三本书里，陈宏谋的确从顾炎武最著名的作品《日知录》里摘录了涉及有关葬礼、家族组织、衙门职员方面的短文，在这些地方，陈宏谋只是用顾炎武的观点为他自己的论述开个头，并不是为阐发顾的思想。例如，陈宏谋曾引用顾炎武对衙役小吏恶行的批评，但接下来他就提

---

① 《学仕遗规》2：38，2：72，3：80；《培远堂文集》2：30－33；《培远堂偶存稿》30：33；陈俊民，30－36；陈祖武，152－78。

② Metzger，*Internal Organization*，24－26.

③ Elman，*From Philosophy to Philology*，237.

出与顾完全相反的观点：这些衙役如给予合理的待遇，就会痛改前非。如同对待其他陈欣赏的历史名人一样，陈宏谋对顾炎武不吝赞扬之辞，但是，他并不接受顾炎武的许多观点，相反，他认为顾的不少观点失之迂腐，不合实际。①

陈宏谋欣赏顾炎武的这些方面：一贯强调思想和行动的统一，广博知识，重视实证的治学风格（他特别赞扬顾炎武注重实地考察的治学特点），他的历史主义和广博的历史知识。② 陈宏谋对《日知录》的摘要表明，他同意顾炎武关于礼仪的社会政治功能的观点和改革地方风俗习惯的重要性的观点。另一方面，像白慕堂（Thomas Bartlett）已证实的，到陈宏谋时期，学界对顾炎武的推崇已经从他的经世作品转向他对考据学的开创性贡献，而考据是一种陈宏谋不感兴趣的学术。③ 而且，陈宏谋几乎肯定地发现顾炎武对内圣之学的忽略，那恰恰是宋明理学的当务之急，而顾炎武却又故意地轻视它。在陈宏谋看来，像顾炎武自己所鄙视的王安石一样，顾炎武似乎只有“用”，而完全没有“体”。

陈宏谋如何对顾炎武的相当令人吃惊的政治观点作出反应？这个问题对于人们理解经世究竟是什么东西是至关重要的。如同孔飞力和闵斗基在各自里程碑一般著名的文章里所指出的那样，清代存在着一种与正统意识形态相反的思潮，它又称为“封建”论，坚持对中央集权官僚统治的批评，倡导某种形式的地方自治和强调地方精英人物的参政。④ 顾炎武因为对这个问题的系统论述而成为它在清初的最重要的代言人。在大约著于1660年的一篇著名文章《郡县论》里，顾炎武建议把地方行政官员改为世袭制，由地方大族推举产生，他们有权罢免那些无能或腐败的高级官员（如巡抚）。⑤ 根据孔飞力和闵斗基的看法，在中央集权政治全盛的18世纪，这种观点曾一度销声匿迹（尽管诗人袁枚仍然坚持这一点），但这种传统又在19世纪随着魏源和

---

① 《从政遗规》2：29—36；《训俗遗规》2：28—33；《在官法戒录》1：12—13。

② 关于顾的历史循环论，参见Santangelo，“Gu Yanwu's Contribution to History”。

③ Thomas Bartlett，“Ch'ing Period Views of Ku Yen-wu's Statecraft Scholarship，”见“中研院”近代史研究所：《经世思想》，39—69。

④ Kuhn，“Local Self-Government Under the Republic；” Min，“The Theory of Political Feudalism in the Ch'ing Period.”

⑤ 顾炎武：《郡县论》，见《亭林文集》(上海：中华书局，1927)。

冯桂芬的出现而得到恢复，并且在康有为和其他改革者提出地方代议制的方案时达到了顶点。因为顾炎武、魏源和这个传统内的其他人士也明显地引用“经世”一词去描述他们所追求的东西，历史学家们经常把这种“封建”思想与中华帝国晚期更大的经世传统合并在一起。① 并且因为魏源和冯桂芬等对 18 世纪楷模陈宏谋的行动非常感兴趣，他们含蓄地称陈宏谋是他们阵营中的一员，所以就有理由认为陈宏谋是属于“封建”论阵营之内，也就是属于反中央集权政治和主张地方自治的阵营之内。

但是陈宏谋是如何很好地融入这个经世思想传统中的？在我们讨论陈宏谋关于经济、亲属关系、社会和国家的观点时，我们可以清楚地发现这种融入是很不自然的。陈宏谋注意到市场自身的特点，同意给地方政府以更多的权力处理经济问题，还试图扩展与地方甚至地方商业精英分享权力的途径。但他也经常从这些观点后退。如本书第十章所显示，在实践中没有人比陈宏谋能更努力去增进地方官僚的权势及其对社会的控制。在扩大巡抚对行政制度改革和地方资源分配的监督控制方面，他的热情是非同一般的，这与要求废除巡抚职位的顾炎武恰恰相反。

虽然陈宏谋从顾炎武著作中摘引的每篇文章都不可避免地有一些根深蒂固的反中央集权意识，但是，陈宏谋收录的顾炎武著作，却没有一篇直接提到顾对帝制政治进行根本改革的计划。我的确怀疑，当陈宏谋有些模糊地说顾炎武的观点不切实际之时，他实际上是指那些改革建议。这可能是顾炎武实际上是属于一个“激进”的经世思想派别，而陈宏谋则是属于现实主义或者灵活管理的派别。② 顾炎武可能更倾向于地方自治与中央集权主义互相平衡的封建一方，而陈宏谋也许有点倾向于郡县制一方。但是，两个人（陈宏谋的创造性是无人匹敌的）都努力开发在国家控制和私人利益（我们将在第十一章里讨论）之间的中间地带，也就是公共责任、积极行动和舆论的这些断断续续地称为“公”的舞台。顾炎武和陈宏谋两人在后来魏源追溯性建立的规模宏大的经世传统中都占有一席重要之地。

---

① 关于其他的可能性，参见 Fogel，*Politics and Sinology*，60；Perdue，*Exhausting the Earth*，11。

② 这些是 Thomas Metzger 的用词。Elman 使用同样得体的“改革者”对应“秩序的维护者”，陈宏谋属于后者。

（六）与湖南的关系

如我在引言中所说，在19世纪里陈宏谋是背景不同的改革派官僚学者所推崇的权威。相比于19世纪20年代（道光危机时期）兴起的自觉的经世理论家、参与者和19世纪50、60年代（反太平天国运动时期和同治中兴时期）的继承者，没有谁比陈宏谋更富有吸引力。我们注意到这些人物大多来自湖南（更准确的是湖南的湘江流域和洞庭湖地区），其中包括魏源、贺长龄、陶澍、唐鉴（1778—1861）、罗泽南（1808—1856）、胡林翼（1812—1861）、曾国藩（1811—1872）和他的弟弟曾国荃（1824—1890）、左宗棠（1812—1885）、刘蓉（1816—1873）、郭嵩焘（1818—1891）、李元度（1821—1887）和蒋益澧（1832—1874）。在这个研究过程中，我们已经观察到在这个所谓的湖南精英派系中（其中包括像冯桂芬一样的人，虽然不是湖南人，但与湖南派有十分密切的联系），强调陈宏谋对自己社会政治观点有重要影响的人是何其众多。① 唐鉴在许多方面都是这个派别内的重要人物。他写了一本模范的经世官员陈宏谋的言行录，在书中他写道："学以诚一，不欺为主，不尚空谈，不取辨论，溯考古圣贤名臣名儒之嘉言懿行，一一尊而奉之，践而履之，心与古印，事与今定。"② 后世常常视湖南改革者为19世纪中、晚期中国历史的重要缔造者，他们为何对陈宏谋，一个百年以前的官员有如此特殊的兴趣，回答这一问题就是本节的中心任务。我这样做的目的是希望为清代经世传统的思想研究作点贡献。

我们已经看到陈宏谋的祖先可以追寻到湖南的湘江流域，但是如果后世的湖南人知道这个事实，他们也不会重视（例如，在唐鉴的自传里就没有提到它）。一个更重要的个人纽带是：在18世纪50年代和60年代陈宏谋两次就任湖南巡抚，并且一个世纪后，人们记得这位湖南的特

① 参见魏源：《古微堂内外集》，6：7；贺长龄：题跋，见《陈宏谋家书》178－79；曾国藩：《曾国藩全集》，"家书"，1：145－47，154－55；李元度，16：1－4；蒋益澧：《养正遗规》（1865）前言；冯桂芬：《皇朝经世文续编》，55：4－5。湖北布政使王之春，在他为陈的1868年版本的书信集所写的序言中，认为陈在他那个时代很受欢迎首先是因为魏源对他的推崇。

② 唐鉴，5：9。

殊恩人。① 他的两位侄子钟理和钟璐，也长时期就职于湘江流域。如我们将在第六章看到的，陈宏谋购得并遗赠给他的后人一大块长沙乡下的土地，这样就使他成为了曾氏兄弟及其追随者中的一员。② 但是，我认为（在此我乐意承认我是做一个大胆的推测），更多相关的联系是陈宏谋成长的地区与他后来的湖南敬慕者成长的地区社会环境有相似之处。③

在清朝中叶，广西的漓江流域和湖南的湘江流域是我称作“半边缘”的地区。该地区与沿海或亚洲内陆接触较少，这使它们带有一点本土文化特性；这两个地区同样有大量的非汉族人口，这造成一种文化边疆的自觉意识。这种意识又为源源不断前来垦荒的内地移民所强化。这些新移民者和移民的记忆仍清晰的那些开拓定居者的思想强调激进的实践与基本的、一般民众的道德价值观进行结合。两个地区都自豪地拥有一个自己的文化传统，具有一批杰出的书院，但这些书院与国内其他地区的文化思潮无太大关系。

湖南和广西分别是粮食无法自给的江南和广东的主要米谷供应者，并因稻米贸易的发展而经历了一段相当长的经济繁荣。这种繁荣在两省创造了适度的但令人印象深刻的财富。这些财富为教育的发展和考试成功创造了有利条件④，甚至为这些地区的本土子弟进入到国家政治显赫地位创造了条件。谷物输出贸易主要由地区以外的商人控制着（江西人控制湘江流域，广东人控制漓江流域）。商人们控制着这些地区中稍稍发达的城市。⑤ 这个事实意味着本地的经济和文化精英主要来自农业人口，他们的价值观是促进农民利

---

① 参见程焕采：题跋，见《陈宏谋家书》170。

② 参见家书，乾隆30/12/26，见《陈宏谋家书》238。

③ 林增平试图把清代湖南士人生活和当地人口与经济发展联系起来，这种尝试在我看来，是很难信服的，参见 Lin Zeng ping，“A Preliminary Investigation of the Culture of Hunan in the Pre-modern Period,” *Social Sciences in China* 1990. 3，139—62。

④ 关于湖南人的例子，参见 Evelyn Rawski 在她的 *Agricultural Change and the Peasant Economy of South China*（Cambridge，Mass.：Harvard University Press，1972）一书中详细的分析。

⑤ 关于湘江流域的例子参见 Peter C. Perdue，“Insiders and Outsiders：The Xiangtan Riot of 1819 and Collective Action in Hunan，” *Modern China* 12. 2（April 1986），166—201。

益，但他们的源于市场的财富又同时使他们倾向于支持商业活动。当然，那些拥有这些财富的人还没有想到建立藏书丰富、足以供考据学者从事学术研究的大型私人图书馆。①

像陈宏谋的家乡桂林一样，湘江流域有它自己的思想传统。这种反映了特殊地方社会形态和社会环境的思想传统可追溯到宋代。伟大的新儒家先锋周敦颐（1017—1073）是湘江流域思想传统的鼻祖。他遗留给后来的湖南学者的不仅仅是“濂学”，还有一个理性主义传统，相比于他之后的其他新儒家们作品中所支持的“理”，这个概念更深地扎根在唯物的、自然的神秘主义之中。② 但是对濂学有更大的个人影响的是岳麓书院的杰出的主持四川人张栻（张南轩，1133—1180）。作为《易经》和《孟子》方面的权威，1167年张栻在岳麓书院与他的好友朱熹进行了一场著名的讨论。在讨论中他接受了朱熹理学的基本观点，但在这个框架内他强调知识和实践的统一，以及更关注政治管理技巧的经世研究。从人类思想道德本性的角度出发，张栻认为：人的欲望、自私和追求利益动机是天生的，决不会必然地与理性原理有冲突。从那天开始，张栻辩论的论点决定了岳麓书院和湖南其他书院的课程内容。③ 如我们在第一章中看到的，张栻在桂林的长期旅居也对该地区的学术文化发展起了决定性影响，而陈宏谋恰恰就成长在这个地区。这也许不是一个巧合。

---

① 关于这点参见 Kai-wing Chow，“Invention of the T'ung-ch'eng School”。桐城学派对陈宏谋和湖南学术有如此巨大的影响，这很可能与桐城地区半边缘的地理位置有关。它位于安徽北部的偏远地区，无法通过水路与江南都市化地区有密切关系。而且正如 Hilary Beattie 像人们展示的，清朝早中期在桐城出现的全国知名人士与当地通过跨地域粮食及其他农产品贸易而致富的地主集团有直接的关系；参见 Hilary Beattie：*Land and Lineage in China*：*A Study of T'ung-ch'eng County*，*Anhui*，*in the Ming and Ch'ing Dynasties*（Cambridge：Cambridge University Press，1979），第 2 章。

② 杨念群，121-22。

③ 关于张栻参见 Chan，*Sourcebook*，26，600；《中国人名大字典》，948；杨念群，182-83，350-60；赵宁：《新修岳麓书院志书》，1687。张为个人利益和实用之学的辩护使他对实学思潮有极大的影响。他对个体欲望和思考能力的尊重使他受到了思想激进的泰州学派的崇拜，包括李贽（1527-1602）；参见容肇祖：《李贽年谱》（北京：三联，1957），59。张栻明确地代表了理学传统中一个强大而部分受压抑的另类学术传统，与程朱正统学派相反，后者被后世学者视为强调道德内圣之学的传统。

正如杨念群所说，在明朝末期社会文化的变迁和满洲入关的动荡之后，岳麓书院和湖南其他主要书院（长沙的城南书院、湘潭的龙潭书院、浏阳的南台书院和其他的书院）追求的文化议程呈现一个更加鲜明的湖南特色。晚明泰州学派的神秘主义和流行趋势向现存的意识形态权威提出挑战，不同省份的学者为应对这一挑战提出了彼此差异的学术观点。杨念群提出：为恢复被当下的风气所腐蚀的圣人之道（“复古”），长江下游的学者们转向泰州学派鄙视的古典考证；出于同样的原因，湖南书院的学者们重新更完全地投身于治理社会的实际技巧的研究。在湖南出现的是一个深深地立足于历史经验的学术性话语和旨在培养未来的政治家而直接设计的课程。在为解决当代治理问题寻找切实可行的解决方法的过程中，这些未来的政治家要搜寻历史的记录。①

1763 年，陈宏谋第二次出任湖南巡抚。在这期间，他在复兴湘学传统中起到一个非同寻常的作用，为 19 世纪 20 年代魏源和唐鉴倡导的湖南地方学术传统的自觉复兴奠定了基础。陈宏谋在长沙重新建立纪念当地杰出人物和杰出官员的祠堂，用作纪念历任巡抚和宋代经世大师真德秀。② 他从事第一部《湖南通志》的编辑工作。他说，在湖北武昌以前编辑的省志（包括湖北和湖南）里，忽略了湖南的情况，将湖南学者们放到次要的地位。在陈宏谋编辑的新通志里，他们获得了应有的中心地位。③ 他要求将以前那些一直专注于“有用之实学”的伟大的湖南学者们的著作列为他为岳麓书院捐建的新图书馆的藏书主体。④

了解陈宏谋是否在私底下把王夫之（1619—1692）列入湖南先前的杰出人物之列肯定是件十分有趣的事情。王夫之是 17 世纪伟大的哲学家，他对满洲的抨击使得在清朝的大部分时间里都严禁公开讨论他的作品。虽然在 19

---

① 杨念群，189-91，343-46。正如 Benjamin Elman 所指出的，有关历史文章在 1770 年之后在科举考试中占有越来越重要的地位。但是在这之前，包括陈在世其间，历史知识远不受重视。即使如此，史学在湖南的显赫地位也是引人瞩目的。

② 《培远堂偶存稿》48：42。

③ 陈宏谋：《湖南通志》，1757。参见《四库全书总目提要》15：50 中对该书的评论。关于陈对他自己编纂此书意图的讨论，参见《培远堂偶存稿》48：36-37；《陈文恭公书牍》3：7-8。

④ 《培远堂偶存稿》48：15。

世纪中叶声望处在顶峰的贺长龄、曾国藩和郭嵩焘致力于这位湖南文化名人作品的出版①，但一个世纪前的陈宏谋对王夫之著作的出版肯定是极为慎重的。无论如何，王夫之的反满思想和华夷观念可能使陈宏谋从中退缩。但他可能公平地欢迎王夫之著名的主张——“理势合一”。“理势合一”是对宋代理学从唯物主义和历史相对主义角度的重新解释。② 更确定的是，在陈宏谋的湖南名人祠中明显地包括深受当地人喜爱的宋学教师王之铁（湘阴县人，康熙时期的生员）。王之铁醒目地用方言表达家庭管理、妻子行为和婚葬礼仪中该做和不该做的道德观念，陈宏谋认为这些观点足以与吕坤的类似的见解相媲美，同时在他自己的 4 本遗规中大量地引用它们。③

陈宏谋对湘江流域文化传统发展最持久的贡献是与书院有关的。在明末的衰退和朝代变迁的巨大破坏后，岳麓书院在 17 世纪后期开始被一些省和地方官员修缮。④ 但是 1756 年陈宏谋把岳麓书院转变成一个更加重要和公共的高等教育机构。为了选择能真正代表湖南省的最聪明学生的入学，他在省内各地举行特殊的考试，并给那些贫穷的学生提供奖学金和路费。⑤ 7 年以后，当他重新就职于湖南巡抚时，他完全重建这个学院。学生人数从 1756 年规定的 14 人提高到 70 人（50 个正规学生和 20 个非全日制的学生）。陈宏谋称：受当地多山地理环境的影响，与世隔离的岳麓书院是一个很好的学习环境（可以严格地限制来访人员和学生外出）。但他也承认远离河流的地理位置使得一些今后的学生进入不方便，所以将长沙郊外的城南书院作为一个分校合并进来。他给这两个书院提供了总计 8 700 两银子的捐赠。这些银两被

---

① 贺长龄在 1848 年重新出版了王夫之的部分作品。更多的部分由王眉叔（胡林翼的学生）于 1860 年在江苏由两江总督曾国藩的支持而出版。这个版本在郭嵩焘的监督下由长沙城南书院再版。参见 Ōtani Toshio, “Shinmatsu Konan kanryō Keisei Katei ni tsuite,” *Tōyōshi kenkyū* 44. 2（September 1985）：73−75。

② 杨念群，122−31。

③ 《教女遗规》3：19−24；《训俗遗规》4：34−43；ZZYG（此处疑为《养正遗规》——译者）2：63−73；《学仕遗规》4：72。关于王之铁的职业生涯，参见《中国人名大字典》，78。

④ 《新修岳麓书院志书》3：10−11。

⑤ 《培远堂偶存稿》38：1。关于这个书院的历史参见邓洪波：《试论岳麓书院的历史地位和作用》，见《岳麓书院一千零一十周年纪念文集》（长沙：湖南人民出版社，1986），3−15。

投资到汉口的盐业和长沙的典当业，每年产生 1 938 两的可观利润。这笔钱用于为学生提供生活津贴，聘请最好的教师，支付给首席教师每年 360 两银子的薪水，外加他的全部生活费用。学院受捐赠的稻田每年出产 500 石粮食，供他们直接消费。①

图 6 岳麓书院（约 1867 年）

资料来源：《新修岳麓书院志书》。

陈宏谋也亲自规定这两个书院要学习的课程，从一开始就规定课程的学习方向必须是面向严肃的实学。由于学校的教学目标首先是为行政部门招募和培养最好和最聪明的人，所以在很大程度上这意味着是一个以应试为指导的学习过程。在每三年一次的乡试年份里，这两所学校的学生人数将增加接近 50%；教学材料集中于政府颁发的考试课本，例如《御纂诸经》、《钦定史鉴》和《钦选古文原览》；学生被要求每月参加两次考试，考试由他们的导师和一个高级别的省级官员（包括巡抚自己）轮流主持。尽管如此，在帝国正统观念的框架内，陈宏谋对实学的理解包括：考试将特别地强调有关当代政策的问题；课程设置仍限于宋明理学的有限范围，以及真德秀的《大学衍义》等与实学有关的著作。如我们已经看到的，书院的图书馆将鼓励学生更广泛地阅读地方文献和省内严守道德规范的学者们的作品。

---

① 《培远堂偶存稿》48：9—20。

大概同一时期，陈宏谋将他的注意力转向另外一个书院——涟滨书院。在湖南粮食输出中心地带的湘乡县，乡绅们想提高当地的教育水平，并且通过他们自己建立的涟滨书院来从当地的官僚机构中夺取对教育的控制。他们直接向巡抚陈宏谋寻求支持：陈宏谋为书院的落成题了字，为学校的捐款提供官方的保护，命令将以前圣人和杰出人士的牌匾重新置于书院中，并且宣布这个学校将是未来地方官员考试的考点。作为一个比岳麓书院少些政府管理的书院，涟滨书院为了迎合更年轻学子（通过特殊考试从县里的学校中选拔出来的）的喜爱，设立了更广泛、更加倾向于“有用之实学”政策方面的课程。陈宏谋表达了自己对书院的期望：要像全国著名的江西白鹿洞书院一样，涟滨书院要培养在政治经济方面有专业技能的学者和专心于“及民之实事”的官员。① 我还不能断定19世纪来自湘乡的杰出人士罗泽南、曾国藩兄弟、刘蓉、蒋益澧是否在年轻时真正在涟滨书院上过学（如果有的话），但在任何时候书院对他们个人发展的影响极有可能是很大的。

在19世纪初期，地方书院（大部分是陈宏谋重建的）变成了强大的思想运动中心。这场运动涉及的人员后来成了咸丰和同治统治时期的最主要的斗士和政治家。② 在19世纪的最初10年里，贺长龄、魏源和唐鉴都在岳麓书院里学习。③ 在19世纪30、40年代，唐鉴成了岳麓书院的主要教师，他的学生有曾国藩、刘蓉、郭嵩焘以及许多其他因消灭太平天国而闻名的官员。在后太平天国运动时代，城南书院院长郭嵩焘延续着这种教育。

19世纪湖南的思想运动的核心是一个日益坚定的宋学正统——新理学。唐鉴在自己的作品《学案小识》里清楚地阐述新理学。胡林翼（他的父亲是

① 《培远堂文集》4：44-47。

② 在所有作品中，首先参见 Ōtani Toshio，“Shinmatsu Konan kanryō Keisei Katei ni tsuite,” *Tōyōshi kenkyū*。还有梁启超：《近代学风之地理的分布》，32-34；冯天瑜，141-42；Wilhelm，“Chinese Confucianism,” 298-300；Wilhelm，“The Background of Tseng Kuo-fan's Ideology,” *Asiatisch Studien* 3/4（1949）：90-100；Wright，*The Last Stand of Chinese Conservatism*，59-60；Elman，*From Philosophy to Philology*，240-47；Elman，“Relevance of Sung Learning,” 57-62；收录在《清代名人传》中的相关人物的传记。

③ 参见唐白顾：《岳麓书院与贺长龄》，李汉武：《岳麓书院与魏源》，均见《岳麓书院纪念文集》，160-75。

一位杰出的宋学教师）、罗泽南和曾国藩都发表了大量著作弘扬程朱传统。湘江流域宋学的复兴部分地归功于李光地、陆陇其和其他清朝初期的理学大师，但最终更多的是归功于桐城派的方苞和姚鼐，因为在道光年间来自桐城的教师到岳麓书院和其他湘江流域的学校进行讲学。在这个“新理学”思想的酝酿中，有顾炎武的影响、有清代今文经学家对《公羊传》的新解释和对地理学的倡导①，但根本没有支持考据学的倾向。② 唐鉴在道德上严厉的自我批评是湘江流域观点的核心，它与所有湖南学者认可的经世政治行动议程紧密联系。如唐鉴所说：一个扎根于理学的道德责任（“理”为湖南学者从类似唯物主义和历史主义的方法重新加以解释）是有效经世的唯一基础。陈宏谋肯定会同意这种观点。

在本章中我们纵览了大量对陈宏谋的思想有影响的学术传统，这些传统文化与战胜自我和服务公众的持久使命感，以及对崇尚辞藻和卖弄学问的憎恶结合在一起。虽然如此，这些影响却是折中的，就像陈宏谋学术上远离门户之见的特点所表明的一样。这些影响中也包括王阳明、顾炎武和方苞所产生的影响。但我要说明，这条主线是从司马光到朱熹和张栻，经过吕坤和明末清初的关学学派到陈宏谋自己。在 19 世纪它被魏源、唐鉴和曾国藩等湖南杰出人士重振旗鼓，继续推行。还要考虑到唐鉴和湘乡的理学学者和反太平天国运动将军罗泽南。罗泽南是曾国藩的亲密朋友，1841 年毕业于城南书院。1852 年罗泽南在长沙负责陈宏谋新编加注的吕坤《呻吟语节要》（此处应为《吕子节录》——译者）的再版工作，他强烈赞同吕坤对其所处不平静的时代所作的悲痛的大声疾呼，并且赞同吕坤和陈宏谋救治当时社会现状的方法。③ 就像我希望去表明的内容一样，虽然这可能仅仅是晚清经世体系中的一个，但它是一贯的和极其重要的一个部分。

---

① 魏源、罗泽南、胡林翼和李元度都撰写过地理专论。值得一提的是陈宏谋也认为地理学知识至关重要；他在 1755 年领导了一项绘制详细到村一级的湖南本省地图。《培远堂偶存稿》37：5－12。

② 非常巧合的是，唐鉴反对汉学的《学案小识》一书的出版与考证运动的衰落同时出现，详参方东树《汉学商兑》（1838）。参见 Elman，*From Philosophy to Philology*，242－43；冯天瑜，141。

③ 罗泽南：《罗忠节公遗集》，4：2－4，“年谱”，9。提到“纠正时弊”是李颙和关学的中心观点之一。

在被 19 世纪文人回顾性地构建的清代经世的广泛传统里，“经世”这个普通的名称是一个特定的政治议程或政治风格，而不是知识分子的一系列爱好。这些也许更完全地展现在陈宏谋身上。这些因素包括：必须知行合一的信念；从具体时间和空间的脉络而不是从经典教条思考问题的思路；对管理实践中细节的密切关注，对各个领域（主要在政治经济领域）技术专长的关心；对流行风俗习惯进行不断改革的信念；至少对大多数理学传统内的人来说，对个人道德提升（治理外部世界的先决条件）的激情追求。

第二部分

生　财

第五章
食

我们已经了解了陈宏谋对天、地、人世的种种理念，现在我们可以看看这些想法是如何反映在他从政思想和实践中的。本章中我们将首先较深入地研究他在某一领域的政策，这些政策实际上充分体现了陈的治世方略，并反映了他在经济、社会方面最为基本的观念。在我看来，该政策领域在中国清代也是至关重要的，至少在西方史无前例的军事和文化威慑到来之前是这样的。那便是食品供应方面。①

除了对清朝水利系统的更新和扩大所作的巨大贡献之外，陈宏谋最为其时和后世记述的当属他在供应领域的一番作为了。如果说 18 世纪的清政府在粮食供应方面的雄图伟略在中国历史上是空前的，就如人们有时所讲的那样，那么陈宏谋更是志在于此了：确保国中人人有足粮，同时增加粮食储备，使其能跟上甚至超过清朝人口的快速增长。对陈在这一领域大量著述的研究，不禁会使人惊诧于他那广阔的视野，包括他对经济发展和环境因素的理解，一整套为实现目标而采取的政策措施以及在各种压力面前的灵活应对。清朝中叶的诸多官员或许都如此，但是人们普遍认为相比其同僚，陈在行动上更机智，更富有活力，更具有创造性。

（一）人口、食品与价格

首先让我们考虑一下问题的实质。首当其冲的便是人口增长问题。大约

---

① 尽管有大量的关于晚期帝国供应政策的中文、日文和西方语言的文献，但现今任何撰写这个课题的西方学者都必须首先承认 Pierre-Étienne Will 和 R. Bin Wong 在这个领域的卓越贡献。参见他们的 *Nourish the People*；Will，*Bureaucracy and Famine in Eighteenth-Century China*，Elborg Forster 译（Stanford：Stanford University Press，1990）；Wong，“Food Riots in the Qing Dynasty”；Wong and Peter C. Perdue，“Famine's Foes in Ch'ing Ching，” *Harvard Journal of Asiatic Studies*（43. 1）（June 1983）：291—332。

在1744年，陈宏谋在一封信中就清楚地写道："盛朝休养日久，生齿殷繁，纵尽水滨山涯皆为民业，犹恐有限之地，不足以养滋生之民。顾坐视其地有余力而不为之，所辄曰事无近效也，或曰无动为大也。以官养民，而不以民养民，力所不及，势有所穷。此司土者所不能不转展于心，惧无以印副圣天子惠元元之意。"①

正如铃木中正所指出的那样，中国目前的人口问题源于18世纪。在此之前，人口与资源的矛盾关系从未成为政府所担忧的事情。而到了陈宏谋生活的年代，我们完全可以说几乎所有的政府官员都在为此煞费苦心了。②

尽管学术界对中国帝制晚期的人口数量及增长规模尚无定论，但是我们能够仔细地估算出在400多年间人口几乎增加了5倍，从1400年的约6 500万增至1850年的约4亿。虽然明朝期间人口已有了显著增长，但是何炳棣与德怀特·珀金斯（Dwight Perkins）的数据表明了在陈宏谋生活的年代，人口增长速度更为迅猛，从1700年的约1.5亿（一个世纪前在明末人口数量大量减少之前，也出现了同样速度的人口增长）发展到1771年陈去世后的约2.7亿。③ 这一阶段的年均人口增长率——从清朝初年到中叶约是1.3%——是世人闻所未闻，而且始料未及的。④ 并且人口增长在时间的分布上也不均匀。按10年计算，人口增长的高峰先后出现在18世纪40年代和50年代，这也恰是陈宏谋在各省做官最繁忙、活跃的时期。⑤

---

① 寄托庸书，见《陈文恭公书牍》2：5。参见奏折，乾隆9/3/1，中国历史档案馆。

② Suzuki，29–37。参见彭雨新，284–85。

③ Ping-ti Ho, *Studies on the Population of China, 1368–1953* (Cambridge, Mass.: Harvard University Press, 1959), 277-78; Dwight Perkins, *Agricultural Development in China, 1368–1968* (Chicago: Aldine, 1969), 16, 24. "中国"的领土当然在这些年里极大地得到扩展，但是Ho和Perkins的数据还是被纠正以反映出固有不变的边界。有关最新成果，详参赵文林和谢淑君：《中国人口史》（北京：人民出版社，1988），377–82，但他们不足以取代Ho的著作。

④ Perkins，24；高王凌：《18世纪中国人口的增长和清政府的农业经济对策》（中国社会科学院未发表的讨论论文，1982），2–3。

⑤ Lin Man-houng, "From Sweet Potatoes to Silver: The New World and Eighteenth-Century China as Reflected in Wang Hui-tsu's Passage About the Grain Prices," 见Hans Pohl编：*The European Discovery of the World and Its Economic Effects on Pre-Industrial Society, 1500–1800* (Stuttgart: Franz Steiner, 1990), 308。

在人口增长5倍的400多年中，耕地总面积只增长了不到3倍。① 尽管政府竭力展开了开荒活动（如在第二章中讨论到的措施），耕地面积在人口猛增的时期却快速减少了。按照全汉昇的计算，土地面积增长速度从康熙时期的年均0.45%跌至雍正时期及乾隆统治早期的0.18%。② 到了约1760年，陈宏谋写道："生齿日繁，农田所入，止有此数。"③ 可耕土地的单位产量在数百年间当然也有所增长，但不足以抵消人口的增长，至少在人口增速处于高峰的几十年间是这样的。④

在帝制晚期的中国那样复杂的经济环境下，食品供应问题并不仅仅是严肃的生产与消费问题。它的复杂性在于一部分人口完全不生产食品或者生产的食品并不足以自给，甚至以往生产粮食的那部分人也要不时地依赖别人生产的粮食了。粮食在清代中国境内大量流通。其流通渠道有四：（1）通过国家手段（包括以财政系统、正规的粮库体系［ENG］和危机时刻通过定点购粮实行的粮食再分配）；（2）通过民间手段（包括地方粮库以及由寺庙、家族和地方名流提供的粮食救济）；（3）通过收取地租和高利贷利息；（4）通过商业市场。⑤ 陈宏谋大体通过前两项渠道在粮食再分配方面作出了种种努力。不过在研究他的措施之前，我们应简单考虑一下第四种渠道，即商业渠道。根据新近的一项估算，清朝初叶和中叶，通过该渠道流通的粮食至少有通过政府手段流通的粮食的4倍之多。⑥

毫无疑问，18世纪的中国是农业国，但也是世界上几个高度商业化的国度之一。据吴承明测算，18世纪末期清代中国水稻总产量的10%进入市场，共计年均约25亿斤。⑦ 这当中的大部分或许都在当地销售了，但也有相当一部分得以远销。历来水稻产量不足的地区从一些产粮区购买大米，自明朝晚

---

① Perkins，16.

② 全汉昇：《乾隆十三年的米贵问题》，见全汉昇：《中国经济史论丛》（香港：崇文书店，1972），560。

③ 寄杨星亭书，见《陈文恭公书牍》3：8。

④ Perkins（17）估计1400年平均亩产是139斤，到1770年增长到每亩203斤。

⑤ 这种破裂是基于Wong所说的"Food Riots"，768－69，但是加入了第二种类型，Wong不知为何将其略过不提。

⑥ 吴建雍：《清前期的商品粮政策》，载《历史档案》1986.3，87。

⑦ 吴承明：《论清代前期我国国内市场》，载《历史研究》1983.1.99。

期商业快速发展以来，这些地区逐步成为商品粮基地。业已成型的、高度体制化的粮食贸易成为清代经济的特征。粮食流通的方式包括：（1）粮食相对自给的地区以内的流通（比如沿海的以商业城市经济为主的福建，其粮食由闽江上游各县提供；湖南茶乡新化县和安化县的粮食由珠江上游的武岗县等供应）①；（2）相邻的地区之间的流通（比如陈宏谋的家乡广西为广东三角洲提供大部分的粮食）②；（3）距离很远的两地区之间。正如许多学者指出的那样，江西、四川、尤其是湖南的多数地方在18世纪时已是专门的粮食生产基地了，它们为很多地方特别是高度城市化的生产纺织品的江南一带供应粮食。③ 据全汉昇和克劳斯（Kraus）的统计，仅通过第三种粮食流通方式，粮食的交易总量在18世纪的头几年里已达到每年800万石至1 300万石。④ 值得注意的是，上述粮食输出地区里的许多稻米种植者还会到市场中去购买质量较差的粮食以供日常所需。

在这样一个高度商业化的农业社会里，人口增长的压力意味着粮食价格的不断上涨。有学者指出，尽管其他因素如增加货币供应量及提高商品流通速度对确定价格起着主要作用⑤，但是影响市价的最根本因素还是求大于供。虽然部分受到来自新世界新增货物品种的影响，比较一下欧洲和中国在现代之初都曾经历的“价格革命”，欧洲在17世纪晚期及18世纪早期开始进入

---

① Yeh-chien Wang, “Food Supply in Eighteenth-Century Fukien,” *Late Imperial China*7. 2 (December 1986): 80—117; Wong, “Food Riots,” 774—75.

② Marks, “Rice Prices”; Inada.

③ 要了解有关谷物运输的研究，参见Abe Takeo, “Bikoku jūkyū no kenkyū-Yōsei shi no issho to shita mita,” 见Abe, *Shindaishi no kenkyū* (*Studies in Qing History*) (Tokyo: Sōbunsha, 1971), 411—522; Han-Sheng Chuan and Richard Kraus, *Mid-Ch'ing Rice Markets and Trade: An Essay in Price History* (Cambridge, Mass.: Harvard University Press, 1975)。关于湖南在这场贸易中的角色，参见Shigeta Atsushi, “Shinshu ni okeru Konan beishichō no ikkosatsu” (An investigation of Hunan rice markets in the early Qing), *Tōyō bunka kenkyūjo kiyo* 10. 8 (1956): 427—98; 钟永宁：《试论十八世纪湘米输出的可行性问题》，载《中国社会经济史研究》1990. 3，65—71。

④ Chuan and Kraus, 77.

⑤ 参见全汉昇：《乾隆十三年的米贵问题》，564—66; Kuroda Akinobu, “Kenvyū no senki” (The inflation of copper cash in the Qianlong era), *Tōyōshi kenkyū*45. 4 (March 1987): 58—89; Lin Man-houng, “Sweet Potatoes to Silver,” 315—17。

了长期的粮价下调阶段。① 而在中国粮价的调整期却要短得多，主要指从1660年至1690年康熙在位的经济衰退期。在此阶段，尽管粮农时常抱怨粮价过于低廉②，但常用的数据资料却显示米价的持续上升。按银两计算，1690年左右，每石米约合白银0.8两。而到1800年每石米则需白银2.2两。理所当然，粮价上涨最快的时期也正是人口增长最快的时期，即18世纪四五十年代。③ 人口增长的压力最根本地导致了粮价的上涨还可由另一现象说明，即这一时期的地价也快速地上涨（据一项统计，1720至1770年间地价上涨了十倍）④，而非粮食商品的价格却一直到18世纪末还只是小幅上升。⑤

布罗代尔（Braudel）和斯普纳（Spooner）在一篇著名的文章中谈到，18世纪早期欧洲跨地区市场的高度整合，永远结束了以往曾出现的“令人恐

---

① Fernand Braudel and Frank Spooner, “Prices in Europe from 1450 to 1750,” 见 E. E. Rich and C. H. Wilson 编, *The Cambridge Economic History of Europe*, 第四卷（Cambridge: Cambridge University Press, 1967）400。

② Kuroda Akinobu, “Shindai bichiku kō（A study of the Qing granary system）”, *Shirin* 71.6（1988）: 6—10. 参见 Mio Kishimoto-Nakayama, “The Kangxi Depression and Early Qing Local Markets,” *Modern China* 10.2（April 1984）: 227－56; Richard von Glahn, *Fountain of Fortune: Money and Monetary Policy in China, 1000—1700*（Berkeley: University of California Press, 1996）, 211—15。

③ 彭信威汇编的数据被引用在 Kishimoto Mio, “Shinchō chūki keizai seisaku no kichō（A preliminary investigation of mid-Qing economic policy）”, *Chikaki ni arite* 11（1987）: 18; 参见 Kishimoto, *Shindai Chūgoku no buka to keizai hendō*（Prices and economic change in Qing China）（Tokyo: Kenbun, 1997）, 126—27。Yeh-chien Wang 对彭信威的方法和其一系列有关价格的结论持怀疑态度。但是，从我们的角度看 Wang 自己的发现佐证了彭信威的观点。Wang 发现苏州和南昌这两个帝国最重要的大米市场的米价，在18世纪大约出现了增长125%，其中大概三分之二的增长来自那个世纪的前半段。Wang, “The Secular Trend of Prices During the Ch'ing Period（1644—1911）,” *Journal of the Institute of Chinese Studies of the Chinese University of HongKong*（December 1972）: 351。

④ Suzuki, 43. Kishimoto（*Buka*, 153）发现江南一等稻田的价格在1765年之后才大幅上涨，但这也许并不能代表整个帝国范围内的耕地价格。绝大多数的说法是，18世纪在人口已经非常稠密的江南地区人口的增长速度比其他地方要慢。

⑤ 这是汪辉祖著名的言论，在 Lin Man-houng 的“Sweet Potatoes to Silver”中作了讨论。参见 Kishimoto, *Buka*, 139, 144, 棉布和丝绸纺织品的价格都增长又非常缓慢。

怖的”大饥荒。18 世纪中期以后欧洲只出现过相对小规模的粮食匮乏，这种匮乏可以通过商业渠道向未受灾荒影响的地区购买粮食而解决。① 类似的情况也出现在清朝中叶的中国，只不过这里的变化没有欧洲的那样巨大。和欧洲大陆一样，清帝国的经济体系也处在不断整合之中，然而仍有许多地区（如西北和西南）在市场整合程度方面不及欧洲。另一方面，与欧洲不同，清代中国有一个集权式的政治体制，由少数人管理却又颇有效率的中央官僚机构把持（贯穿大半个 18 世纪）。不稳定的气候导致的区域性粮食匮乏不断地侵扰清代中国，食品供应潜伏的问题比同时期的欧洲更为严重。在清代中国那样一个广阔、高度商业化的经济环境里，区域性粮食匮乏显现出的并非粮食的根本匮乏，而是粮价的反常上涨，从直接受灾的地区波及通常为它们供应食品的地区。由此将会导致各种社会冲突的发生，不同地区的粮食生产者、运输者和消费者互有矛盾，而政府的处境相当尴尬。在 18 世纪的欧洲，完全是市场自身降低了饥荒的严重性，而清朝统治时的中国却要在很大程度上依赖政府人为调节。

毫无疑问，清政府努力地保证国民的食品供应。1740 年当年轻的陈宏谋还在担任江苏按察使时就向朝廷上奏：“积贮为民命所关，亦当今切时要务。”②，他的做法毫无政治风险，满朝官员都以此为念。三年之后乾隆亲口称：“民既以食为天，朝廷当以农为本。”③ 上至天子，下至朝廷百官，都开始认识到在人口增长不受控制的情况下，食品供应问题的严重性。从 18 世纪头十年开始康熙帝就不断承认人口增长给国家粮食供应带来的威胁，并颁发诏书，令官员们尽力寻找解决办法，而他的继任者雍正和乾隆更是如此。陈宏谋和他的同僚也都对此十分关注。④

粮价的上升与人口增加的关系成为共识。早在 1683 年著名政治家李光地

---

① Braudel and Spooner，395—96.

② 奏折，乾隆 5/8/22，中国第一历史档案馆。

③ 谕旨，乾隆 8/4/1，见《实录》189：1—3。

④ 乾隆在这个问题上的一项关键谕旨法令是乾隆 3/1，重印于《东华录》乾隆朝，7：46。Suzuki 详细讨论了帝国的担忧，29—37；彭雨新，70—71；白新良，136—37；高王凌有特别系统地讨论，见《18 世纪中国的经济发展和政府政策》。关于陈宏谋对此问题特别的关注，详参他的奏折，乾隆 9/3/1，中国第一历史档案馆；《皇朝经世文编》34：50—52。

就警告大清帝国，中心地区的米价在上升，并把原因归为人口的增长。① 1717年康熙帝也提出云贵、广西和四川部分地区的较低粮价源于这些区域内较低的人口密度。② 此后，康熙的继任者们都反复指明人口增长与粮价上涨之间的关系。这种关系也成为高层官员们的主要议题。③ 尽管大家都意识到粮食价格过低将影响生产者的积极性，并且要通过使粮价保持稳定的方法来防止这一局面的出现，但在18世纪大部分时期内，粮价的实际升高被认为是于“民”极不利的，而控制粮价的种种努力不断成为政府经济政策的重中之重。

回头再看，清政府抑或能选择多种政策以解决互相关联、日益显著的人口增长问题、人均粮食供应下降问题以及不断上涨的消费价格问题。其中的某些策略从官方意识形态看显然是错误的，因而不曾受到政府的考虑。即使有关于人口增长对粮食供应产生压力的最严厉的警告，由于当时的政治理念将人口增长与施行仁政密切相连，因此任何限制人口增长的行政措施都是一种禁忌（即使大量的证据显示清朝的百姓往往主动采取措施控制生育）。④

财政政策亦如此。可以想象，增收人头税和财产税会打击生育人口的积极性，从而间接地提高人均粮食供应量。然而清朝统治者们却继续相信相反的观点。例如在1743年乾隆帝自诩自己通过减轻土地税和徭役，自如地应对了持续增加的人口压力。⑤ 然而按铃木中正的说法，事实上1712年康熙帝冻

---

① Suzuki，30.

② 陈金陵：《清朝的粮价奏报与其盛衰》，载《中国社会经济史研究》1985.3，64。

③ 参见谕旨，乾隆8/4/1，见《实录》189：1－3；陈的奏折，乾隆13/6，见《实录》316：15－16；喀尔吉善和陈的奏折，乾隆17/9，见《宫中档乾隆朝奏折》3.910－11。

④ 1754年陈任职陕西巡抚时的一项例行年终人口报告表明，男性占了一个省人口的56.6%。或许会有一些少报的女性，但是在陕西只有有限的男性只身移民或旅居。对此性别上的失衡的可能的解释是杀害女婴的事件屡屡发生。陈的奏折，乾隆19/12/21，见《宫中档乾隆朝奏折》10. 385－86。关于认为清朝已限制人口减少对资源压力的观点，参见李伯重：《控制增长以保富裕：清代前中期江南的人口行为》，载《新史学》5.3（1994）：25－71；James Lee and Cameron Campbell，*Fate and Fortune in Rural China：Social Organization and Population Behavior in Liaoning，1774－1873*（Cambridge：Cambridge University Press，1997）。

⑤ 谕旨，乾隆8/4/1，见《实录》189：1－3。

结土地税的做法很可能是人口增加过快的另一个原因①，乾隆在位的头15年里施行宽柔的税收政策，也似乎对应了在18世纪中期迅猛的人口增长和粮价上涨。② 18世纪的中国，没有像同时代欧洲各国面临战争而导致普遍财政困难的政治局面。在儒教思想以及经济理论的共同作用下，国家金融的良好状况需要尽可能充分地表现在低税收政策上。本书的主人公就是此观念的积极拥护者。陈和他的同代人似乎都忽略了将由此付出的潜藏代价。

清政府没有走上的第三条道路，即没有鼓励城市化或农民进入非粮食生产行业去影响食品生产者和消费者之间的平衡关系。我们将看到，尽管清政府确实要把农业劳动集中在基本粮食作物的生产上，但他们也坦然地认识到人口增长超过了可耕农田的增长，使得任何较大范围内的农村振兴政策都变得难以实行。他们在这一方面的努力乏善可陈。

（二）供应

即使上述可能采取的措施都不可行，清政府仍然采用了一套供应方案，在福利国家出现之前的人类历史上，其全面性是世界一流的。③ 方案的关键在于建立全面的信息收集系统。这一方案是在陈宏谋任省职时期形成的，专家们认为这一系统的准确可靠可以与世界上其他被采用过的方法媲美。

早在18世纪初期，康熙帝就要求县官按月向他和其他省官上报、奏明每县的天气、收成和粮价。省官要在每年年终上报“奏销案”，由布政使编制，禀明县政府现金收入、支出账目结算以及粮食存量。不仅如此，乾隆帝

① Suzuki，32.

② 乾隆“从宽的”财政改革在戴逸的《乾隆帝及其时代》（98－118）和白新良（23－34）中被全面地研究。Kishimoto的“Keizai Seisaku”和Lin Man-houng的“Sweet Potatoes to Silver”讨论过18世纪40年代相似的人口增长和迁移。Lin Man-houng统计的以十年为单位的人口增长的数据和Kishimoto统计的谷物价格的通货膨胀的数据表明，两种趋势的放缓与雍正当政的1723—1735年间严厉的税收政策有关。18世纪50年代之后，当军事冒险强迫乾隆再次转而寻求增加财政收入时，人口的增长似乎暂时再次放缓。

③ 关于这项计划的讨论，参见吴慧、葛贤惠：《清前期的粮食调剂》，载《历史研究》1988.4，122－35；冯柳堂，147－49；Kishimoto，“Keizai Seisaiku,”22－27；高王凌：《一个未完结的尝试》，14－19。

还于1740年下令官员呈交所谓民数、谷数的记录册，按年提供县级人口和粮食存量的总数。每份报告上均附有详细记录的账本。①

清政府的粮食供应政策可以分为以下五种（大致以争议性的大小顺序排列）：（1）打击奢侈浪费，鼓励节俭，这同时适用于政府机关和民间社会；（2）鼓励增加粮食生产；（3）提倡最大限度的粮食商品流通；（4）尝试以行政手段处理零星的局部的粮食危机；（5）维持政府手中大量的永久性粮食库存，并以此来控制日常状况下局部地区的粮食供应量。前四种将在本章剩余的篇幅中说明，第五种需单独列章说明。

首先是提倡节俭。② 这秉承了理学正统意识形态和司马光《资治通鉴》所崇尚的主张。《资治通鉴》被清朝皇帝和陈宏谋奉为宝典，如我们所见，它也符合了陈个人的口味。在他任期内，他一贯严厉要求下属行事俭朴。③ 虽然经常面对强烈的反对，陈还是一再说明需要政府庞大投资的具体工程（如水利工程）会产生长期的、有效的结果。然而他似乎不认为政府的支出将会刺激经济发展。④ 陈宏谋在一封给方苞的信中总结了他的主要想法："米贵民穷，当今通患。致患者非一端，则补救亦非一策。大要不外《大学》所云'生财之大道'、《孟子》所云'开源节流' 而已。"⑤

在探讨雍正和乾隆早期实行的开垦政策时，我们已经考虑了粮食生产这方面的状况。土地开垦只是清政府早、中期为刺激国家基本粮食生产而采取的强有力、多层面且又颇有成效的措施中的一个部分。这项政策涉及的项目

---

① 陈金陵，63－68；Chuan and Kraus，3－16，72－73；Will and Wong，25－26，253－55。陈呈上的事例收入他的奏折，见《宫中档乾隆朝奏折》2. 232，3. 387－88，6. 847－88，10. 385－86中找到。在乾隆年间的一封指示中，陈要求对地方官员的月报予以严密的关注。

② 要了解对清朝开展节俭运动的看法，参见Suzuki，37－45；有关更广泛的讨论，参见杨联陞，"Economic Justification for Spending-An Uncommon Idea in Traditional China，"见杨联陞，*Studies in Chinese Institutional History*（Cambridge，Mass.：Harvard University Press，1961），58－74。

③ 仅有的一个例子，参见《培远堂偶存稿》24：23－24。

④ P. Smith在*Taxing Heaven's Storehouse*之188页中提到，这样一部法令可能曾出现在宋朝王安石颁布的"新法"中。关于司马光主要的反对意见参见Bol，*This Culture of Ours*，247－51。

⑤ 《陈文恭公书牍》2：15。

包括鼓励移民、为移民提供政府贷款和免税期、播种适合大范围农业种植的新农作物（特别是红薯）、拓宽灌溉系统、改良已有耕地、推广高产量的粮食品种、鼓励尽可能利用边缘土地植树、饲养家禽以及在可能的情况下鼓励将种植经济作物的土地用来耕种粮食作物。陈宏谋在上述每一个项目中都发挥了切实的领导作用，这会在之后的篇幅中谈及，这里我想简单看一下他在最后一项措施中采取的行动，它自然是最具争议性的。

清政府对粮食供应的关注使它定期地采取官方行动，促使种植非粮食作物的土地返回成生产粮食的土地，这一行动会使人联想到毛泽东在20世纪五六十年代的类似政策。举例说明，1727年雍正皇帝回应来自陈宏谋家乡广西一位巡抚的请求时，不准许在适合粮食生长的土地上种植甘蔗。1748年，面对遍布全国的粮食短缺困境，陈的好友和支持者，眼光长远的两江总督尹继善，提议将种植本区域内最有经济价值的作物——棉花的土地退还为粮食耕地。① 陈自己倒绝不会做到这一步。不过，他明确赞成采取行动严厉限制米酒酿造者拥有的粮食数量及种植烟草的土地面积。在18世纪的前几十年间，政策的执行还只是对这两个行业略有微词，但是当乾隆1735年登基后，这一项政策的开展已达到了高潮。部分出于对前朝政策的全面回顾，乾隆鼓励官员对酿酒、烟草问题公开辩论。最公开的反对派领袖是资深要员方苞，陈宏谋长期以来一直希冀方苞的眷顾。方最大的对手是孙嘉淦。在听取双方意见后，1737年这位新皇帝决定把问题留给个别的土地官员处理，让他们根据情况在各自的权限范围内自行解决。②

陈宏谋在任期内始终对制酒表示反对，但是只有在当地出现粮食短缺的时候，他才积极地禁止酒类的生产。③ 他对烟草的态度更加强硬。1743年，陈在遭受旱灾的江西任巡抚时，建议把种植烟草的范围限定在城墙以内的小块园地和不适于粮食有效生长的分散的边角地上，为此他受到了方苞本

---

① 尹继善奏折，乾隆13/7，引自高王凌：《一个未完结的尝试》，18；冯尔康，196。

② Dunstan把这场政策争论中的主要文件译成英文，并给予详细讨论。见其所著*Conflicting Counsels*，第5章。参见Kishimoto，“Keizai seisaku，”23-24；高王凌：《一个未完结的尝试》，18。关于孙嘉淦的政治态度，参见李洵：《孙嘉淦与雍乾政治》，载《史学季刊》1984.1，38-44。

③ 陈的奏折，乾隆14/7/5，见《军机处副录奏折》；《培远堂偶存稿》27：3-4。

人的嘉许。① 但也遭到了相当大的抵制，从户部的做法就可以看到，尽管应允了这项建议，却放宽了限制范围，允许在城郊和村镇的土地上种植烟草。陈和方终究承认，由于烟草需求量增长之快，江西的烟草种植者希冀能够从烟草种植上获得相当于其他作物三倍的收益。

陈在烟酒生产上的立场是否表示他是厌商轻贾呢？并非如此。实际上，他浓烈的清教徒式作风起了关键的作用。他对烟酒生产的抵制不只是做做表面的道德文章，这些物品的消费属于清闲享乐之举，而闲乐之事在一定程度上使陈宏谋于心不安。但是更直接地讲，陈的反对态度建立在他功利主义的处事之风上——烟酒“无益于民”——以及对上天厚赐的节俭；在烟酒上的消费是费民财，烟酒的生产是耗地利。

当我们讨论清朝的第三项基本供应策略“市场流通”时，陈宏谋重商的根本观念就显现出来了。商品市场能比任何政府手段更为有效地在幅员辽阔的国家境内分配资源，这是自 11 世纪司马光批判王安石的变法政策以来朝廷制定政策时的最根本信念。② 1480 年（此处应为 1488 年——译者）丘濬在其《大学衍义补》中详细阐述这一点，它后来成为清朝统治的指导思想。陈宏谋自然是司马光和丘濬上述观点的忠实拥护者，1737 年他编撰并发表出版了《大学衍义补辑要》12 卷。③

在“民办”、“以民养民”的口号下，清初的每一位统治者都以政策鼓励私营的粮食贸易，乾隆是其中最力行其道者。按照他的治国构想，1735 年这位新皇帝以此作为“宽政”的基石，乾隆用“宽政”取代其父推行的强调政府干预的统治模式。1748 年他写道，人人都了解“商贩流通”④ 是使民购粮的最佳手段。户部的官员们得知后，有不计其数的人上奏请愿，响应乾隆的说法，用它为任何市场手段正名。商业利润被公开地看做合法和有益于社会的。正像对乾隆朝历史的研究权威戴逸总结的那样，乾隆最初几十年的

---

① 陈的奏折，乾隆 8/intercalary 4（即闰四月——译者），摘录在《先文恭公年谱》5：5；方苞，《遗集》，53－54。

② J. Liu；Bol，*This Culture of Ours*；P. Smith，*Taxing*，*Heaven's Storehouse*.

③ 陈宏谋辑：《大学衍义补辑要》（1842）。要了解丘濬的思想，参见 Hung-Lam Chu，*Ch'iu Chun's Ta-hsüeh yen-i pu*。关于作品中的经济思想，参见 Will and Wong，12。

④ 谕旨，乾隆 12/12，见《实录》乾隆朝，304：16。相似的说法见乾隆早期的谕旨，乾隆 7，重印于冯柳堂，250－51。参见吴建雍，87；吴慧和葛贤惠，129－30。

治理目标就是增大和加快全国范围内的粮食商业流通，并且获得了超出预期的成功。①

我们将在稍后的详尽分析中看到，无论市场政策是多么的“自由宽松”，也绝不等同于完全放任自流。政府的目的与其说是“任”市场自主，还不如说是“促”市场自主。为此一系列的具体措施得到了采用。排除政府的行政干预只是其中颇为重要的一条罢了。乾隆和雍正都一再禁止地方官员限制粮食输出，这当中充满了政治利益的斗争。为彰显诚意，乾隆于1736年取消了内地从东北地区买进粮食的禁令，这一禁令已实施了很长一段时间。② 但是清政府的目的是促进流通，而非推进完全的自由经济。所以政府官员会定期清除商人自设的种种障碍——如囤积居奇、中途拦截等做法。有这些行为的商人被当作“奸商”和公众利益的敌人受到严惩。在18世纪以前，政府还通过给主要贸易线路上的粮食运输者颁发许可证来清除不法商贩。③

鼓励粮食流通最激进的措施之一是免除国内关税。乾隆在位头一年，兵部尚书甘汝来（陈宏谋早年的保护人）就上书乾隆，请求他下诏免除给贫困地区运输粮食船只的船运税。乾隆甚至还允许船商在归途中运输粮食以外其他商品时也免交船运税。在1742年全国萧条时期，乾隆更加果断、彻底并“永久性”地取消所有粮食和豆类经营的关税④（只有个别的几个例外，这些例外实际上让地方官员继续收缴粮食税，但要不断向民众表明政府这样做的意图）。⑤ 陈宏谋十分欢迎这一举措。可是1748年当危机形势更为严峻时，乾隆阅读了江苏关税专员图喇的奏书后说，粮价并未因他宽宏的财税手段下降或稳定下来。显然免税带来的节余并未转移给消费者，而是被“奸商”掠夺了。乾隆于是恢复了粮食税，并将得来的税金用在西部金川

① 戴逸：《乾隆帝及其时代》，300—301。

② 高王凌：《一个未完结的尝试》，180。

③ 冯柳堂，250—51；吴慧和葛贤惠，129，133；Will，*Bureaucracy and Famine*，214—15。

④ 《培远堂偶存稿》15：20—23；吴慧和葛贤惠，130—32；冯柳堂，248—49；Dunstan，*Conflicting Counsels*，170—72。同时，Dunstan翻译甘汝来的奏折（196—201），该奏折引发朝廷在1736年的辩论。

⑤ 陈的奏折，乾隆8/intercalary 4（即闰四月——译者）/27，中国第一历史档案馆。

的军事行动上。① 清朝统治的重点至此转变。

清朝政府还采取积极措施发展地区间的粮食流通：支持鼓励粮农去市场交易粮食，发放低息贷款资助长途运粮的船商，对向长期粮食匮乏地区输送粮食的商人授予荣誉称号和官职。许多学者指出，在上述措施中政府方向明确：积极促进商业化、鼓励地区生产的专业化、劳动分工并形成预想线路上的粮食流通——总而言之，是要建立一个可靠的、可预测的、高度系统化的国家粮食市场。

在本章剩余的篇幅和以后的几章中，我们将看到陈宏谋是如何直接参与实施了这些政策，并在市场政策的推行中勇做旗手的。他的积极举措源于这样一个信念，即市场不仅“应该”运作，而且不可避免地“会”运作，这不会因政府的限制干预而有所改变。因此有智谋的官员会顺应市场状况，因势利导，使之有利于国计民生。② 下面让我们看看两个有代表性的例子，从中了解陈是怎样推动这方面的国家政策的。

这两个例子都与钱相关。它们均表明身为政府官员的他如何有别于其他墨守成规的儒生们，在当时的货币化经济下，在市场关系至少能起一定作用的清朝社会里，他是如何从容自若、应对自如的。1743 年，江西粮食极其匮乏，高昂的粮价夺取平民百姓家庭的大部分收入，他们最终甚至无法糊口度日。陈宏谋注意到这一点，他解决问题的办法是从购盐的财政基金中拨出白银三万两的现金，贷给全省的各家当铺，在当铺于收割季节收齐欠款后还款。陈看出在这样一个高度商业化的农业经济中，供养百姓的最好方式是给他们提供现金（与美国联邦储备系统的模式很相似），而不是粮食本身，而获得现金的最佳途径是借助放贷营利的商人，而不是政府直接操作。③

几十年之后，当陈担任湖南巡抚时，他遇到的问题不是缺乏而是盈余带来的，即清人所说的“熟荒”，丰收带来的贫困。湖南当年的粮食大获丰收，

---

① 吴建雍，87-88；冯柳堂，249。吴建雍估计从 1742 年到 1748 年间乾隆每年豁免的民间的粮税至少在一百万两。Immanuel Hsu 测算出第一次金川战役（1747—1749）耗资超过八百万两，参见 Hus，*The Rise of Modern China*（New York：Oxford University Press，1970），52。

② 详情可查看寄辉观察色书，见《陈文恭公书牍》2：14。

③ 《先文恭公年谱》5：6。

以致粮食产量超过了需求量，粮农被迫亏本卖粮，甚或是粒米难卖。他们因而没有现金像惯常地那样去购买所需的非粮食物品。在这种情形下，陈给政府官员规定了一项任务，此前在江西时，他从未做过这种规定（只有一次除外）。他要求通过政府资本刺激（而不是避开）市场。陈发现当时江南有大米批发商前往湖南去买粮，然后装船返乡。他下令湖南的县吏们去购买本地的粮食，然后再把购买所得的粮食转卖给刚刚到达的外省商贩们。陈又补充说“自然的流通模式”（“自相流通”）是绝不允许这种干预手段来控制的，比如强行规定农民卖给国家的粮食配额。其实，这种政府行为只是为了促使市场运行得更为“及时”（“及时”是陈宏谋的一个关键的经济概念）。① 常言道“谷贱伤农”，陈宏谋的干预就是确保粮农的生存，因为他们是国家跨地区不稳定粮食市场的基础。

（三）粮食进口

魏丕信曾指出，无论清朝中期的统治者们花多大的力气来保证最大限度的国内粮食流通，他们对海外贸易都要谨慎得多。② 这其中当然有战略的因素，也有文化的因素。然而在这里，在18世纪诸多领域中，粮食问题是头等大事。③ 清朝中期的几位皇帝都一直禁止粮食出口，以维护国内的粮食供应。然而出于同样的原因，他们对粮食进口却宽容得多。也正如在其他领域一样，陈宏谋是最积极倡导灵活性和创新精神的官员。

进口大米不在全国范围内供应，而只是在一些粮食缺乏的沿海地区供应。这其中最为著名的地区当属福建的泉州和漳州这两个人口众多的滨海城

---

① 《培远堂偶存稿》37：1—2。Shigeta 对此事件的表述稍有不同，见“Shinshu ni okeru Konan beishichō no ikkosatsu,” 439，486。有关熟荒问题，可参见吴建雍，90；Von Glahn，*Fountain of Fortune*，211—215。如 Dunstan 所说，《汉书》对“贱粮伤农”一词有权威性解释，视之为公元前5世纪的法家学者李悝首次提出的；*Conflicting Counsels*，52。

② Will，*Bureaucracy and Famine*，224；Will，“Discussions About the Market-Place and the Market Principle in Eighteenth-Century Guangdong，”见“中央研究院”中山人文社会科学研究所：《中国海洋发展史论文集》（台北：“中央研究院”，待出版）。

③ 冯柳堂，232—35。

市。到 18 世纪中叶，这两个地区的粮食进口需求已经达到了每年 150 万～200 万石。而其中只有小部分来自内陆的粮食供应。一个来源是苏州的批发市场，另一个来源是相对富庶的温州府（位于浙江沿海）。其余的粮食供应来自海外。① 最重要的粮食供应来源就是台湾。一个正蓬勃发展的产粮大区。台湾与泉州隔海相望，并且有越来越多的泉州、漳州过剩人口迁往台湾。据王业键估计，台湾在 18 世纪 50 年代每年对泉州、漳州的粮食供应都超过了 100 万石。如果不是出于政府供应环节上的拖沓，还不止这个数字。17 世纪的时候，出于安全的考虑，皇帝下诏书禁止了台湾大米走私。到 18 世纪初，台湾又出现了粮食短缺。然而，台湾“大米”走私反倒逐渐上升。1712 年的时候，福建官员都试图使这项贸易合法化。真正迈出合法化第一步是在雍正时期。1725 年，雍正皇帝批准买进台湾的粮食以帮助福建沿岸地区的粮食供应。翌年，他又批准了闽浙总督高其倬的请求，允许一部分受到控制的商业海运。② 然而，在 1752 年和 1753 年，也就是在陈宏谋担任福建巡抚的短短两年间，他上呈奏折，成功地说服了皇帝解除对海峡之间贸易的限制。这样一来，不仅大陆的粮食需求得到了满足，而且台湾的经济也得到了发展。③

当时的台湾是福建治下的一个府。就政治上而言，比从台湾买进粮食还要敏感的是从南洋进口粮食，也就是东南亚。事实上，这其中有两个相对独立又相对关联的因素：一个是贸易本身，任何国家的商人都可以从事这种贸易；另一个是清朝臣民的参与。据一位当代学者的描述，在陈宏谋担任福建巡抚的短短任期内，他为解决这两件事情作出了里程碑式的贡献。④ 1717 年，康熙皇帝恢复了对中国人海外旅游与居住的海禁（目的之一是为了制止粮食外流），并且他还命令所有在南洋居住的中国人必须在三年内回国，否则会面临刑罚。然而，在高其倬总督的请求下，雍正皇帝于 1727 年放宽了禁令，允许中国商人和船长一次性可在国外逗留两年；1742 年乾隆皇帝又把期

---

① Yeh-chien Wang, “Food Supply,” 89－91.

② John R. Shepherd, *Statecraft and Political Economy on the Taiwan Frontier* (Stanford: Stanford University Press, 1993), 164－165；冯柳堂，227－228。Shepherd 说，政府之所以在进口谷物合法化问题上犹豫不决，是因为他们害怕这样会导致岛内的种族冲突，这样更不好收场。

③ 《先文恭公年谱》8：6；《清史稿》，35. 10558－64。

④ 庄国土：《中国封建政府的华侨政策》（厦门：厦门大学出版社，1989），94。

限延长至三年。①

但康熙皇帝下诏书的本意也并不是要取消一切贸易，事实上，诏书明确提到外国船只仍然可以停靠中国港口。后面的几位皇帝更是积极鼓励外国商人贩运东南亚大米。1722年，雍正皇帝刚一继任就宣布福建沿海地区可免税享用进口大米，两年以后广东也照此政策办理。1728年，雍正下令从厦门入关的暹罗大米也享受免税待遇。最终，在1742年，为了进一步鼓励大米进口，乾隆下令：所有载有从南洋进口大米的船只，其所有的其他货物可享受最高达50%的关税减免，具体税率根据大米进口量而定。②

雍正皇帝即位后，越来越多的福建商人立即从事日趋繁荣的南洋贸易。据王业键估计，往返于厦门南洋的中国船只数量从18世纪20年代的每年20到30艘升至18世纪中叶的每年50到75艘。③ 但是还有一个遗留问题妨碍了中国商人更加充分地参与对外贸易。这个遗留问题就是清朝政府只允许中国商人在海外逗留每次不超过三年。陈宏谋成功地找到了解决这一妨碍因素的办法。

不管是在福建还是在其他地方任职，陈宏谋始终把人民的粮食供应放在第一位。例如，1753年，陈宏谋上奏这样一件事：一位暹罗船长称，他的国王得知在我国大米的价格非常高，就征募一些个体商人运7 000石大米到厦门出售，这位船长到港后请求准许售卖这些大米。陈宏谋说自己允许他们出售这些大米，并要求这些大米价格合理，禁止不合理征税和投机倒把。④ 同年，陈宏谋与上司闽浙总督喀尔吉善联名上奏，提议以进口暹罗大米的多少来给中国商人授予名誉头衔。他认为，这种运作方式有利于将大米进口从官办变为民办。这项计划取得了巨大成功、名震四方，3年后被推广到广东，并最终由户部定为法令。⑤

---

① 陈宏谋曾在他给乾隆的奏折中对立法的历史进行了总结，奏折，乾隆19/4/28，见《宫中档乾隆朝奏折》8. 138－40。参见冯尔康，410－15；庄国土，74－75；Leonard Blussé，*Strange Company*：*Chinese Settlers*，*Mestizo Women*，*and the Dutch in V. O. C. Batavia*（Dordrecht：Foris Publications，1988）133－35。

② 冯柳堂，235－36；王业键，91－92。

③ 王业键，92；Shepherd，165。

④ 奏折，乾隆18/8/6，见《宫中档乾隆朝奏折》6. 73。

⑤ Sarasin Viraphol，*Tribute and Profit*：*Sino-Siamese Rice Trade*，*1652－1853*（Cambridge，Mass.：Harvard University Press，1977）98－99；冯柳堂，236。

虽然陈宏谋将粮食供应放在第一位，但他解决海外“三年逗留期”限制方法显示了他开阔的经济发展观，更广泛的经济发展需要进一步开放海外贸易。他认为不仅要鼓励大米进口，还要鼓励白银（通过马尼拉进口的美洲白银）和其他商品的进口来造福于民。① 他还有一个更为全面的考虑：福建沿海百姓的民生与海外贸易息息相关，这使得蕴涵着积累财富潜力的整个地区的经济，要求政府放宽海外旅行法律上的限制。②

陈宏谋利用了陈怡老一案来解决这一问题，陈怡老在 1749 年因超期逗留而被定罪。1736 年，闽浙总督郝玉麟上书给登基不久的乾隆皇帝，提出有些居住在南洋的中国商人由于种种原因不能在三年内结束他们的生意，并清算所有的账目。他请求皇帝允许这些人继续逗留而免于惩罚。翌年，郝玉麟再次请求皇帝允许这些商人将自己的家属送回国，甚至在这类商人去世后仍然允许其家属回国。军机处批准了郝玉麟的这两项请求，但仍保留查办有罪商人的可能性，这些罪名在 1717 年康熙诏书中的规定不太明确。正是这一灰色区域害了陈怡老，并使得三年期的限制一直延续，直到陈宏谋来解决这个问题。

陈怡老一案大体上是这样：荷兰东印度公司任命陈怡老为巴达维亚的华人社区首领。他一回到福建就被看做外国派来的间谍而非经商商民（“贸易良民”），而只有经商商民才可以安全回国。1754 年夏，陈宏谋上了一封重要奏折，他承认陈怡老的行为的确构成了犯罪，但他同时也很遗憾这个案子会被海外中国商人误解成大清不欢迎他们回国。陈宏谋认为南洋的风向难以预测，这使得商人有时难以在 3 年内回国。陈宏谋的这一观点明显是在请求清朝统治者对海外中国商人的经商时间取消限制，如果他们愿意，可以在结束生意后回国。③

---

① 陈曾说：发展海外贸易将保证帝国的白银供应，类似的观点早在 17 世纪 80 年代到 90 年代经济衰退时期已经出现，并得到很多人的赞同（如顾炎武）；也可参照 von Glahn 的 *Fountain of Fortune*，216—22。陈试图探究的其中一项未指明的“其他商品”很像是木材。正如冯柳堂（236）所述，福建商人已经习惯了经常不乘坐自己的船只去东南亚，而是利用那些东南亚国家丰富的木材资源制造自己的货船运输大米，到岸后将货船拆掉变卖木材。

② 奏折，乾隆 19/4/28，见《宫中档乾隆朝奏折》8. 138—40。

③ 同上。参见《清朝文献通考》（上海，1936），7465—66；Blussé，134—35。

这也一定是早先众多福建官员的愿望，包括高其倬和郝玉麟。但是陈宏谋却把握了最佳时机。军机处了解陈宏谋的请求后决定：所有居住在海外的经商商民回国都不会受罚，逗留期限不做限制；另外，军机处还告诉那些打算出国的人：南洋的局势非常不稳定。虽然有些商人意愿良好，但他们不可避免地会超期逗留。不尊重他们回国的愿望的确有失妥当。军机处还建议正式赋予沿海省份巡抚权力，让他们决定是否惩罚个别的叛逃者。据史料记载，这些巡抚大多数都非常看好南洋贸易。① 此后不久，陈宏谋的故交，当时的两广总督杨锡绂引用陈宏谋的奏折请求清政府明确废除三年期限，这一请求获得乾隆皇帝的批准。②

陈宏谋迅速将这一好消息传遍福建省。他重复了雍正帝的《大义觉迷录》中的名言，告诉兴奋不已的百姓“中外一体”，由此，所有阻碍对外贸易的禁令都废止了。同时，他也采取了一些措施来确保东南亚的海外华人团体也知道这一消息。③ 海禁最终得以废止。

（四）解决粮食危机

在其漫长的封疆大吏生涯中，陈宏谋多次遭遇饥荒。其中他在江西（1742—1743）和陕西（1747—1749）的任期内遭遇了18世纪中国最为严重的饥荒。而这两省更是重灾区。近代学者指出，陈宏谋解决这些危机的方式实属典范。④ 他的成功也为当时的人们所推重。我们可以看到，到他为官生涯的中期，陈宏谋一直都被乾隆帝看做善于解决地方突发性事件和难题的专家，常被派往那些正在遭受或即将遭受粮食危机的省份。例如，1752年，他突然从河南调往福建，原因是沿海地区的洪灾使得饥荒和瘟疫迫在眉睫。乾隆在任命上这样写道：“实力行之，汝不须朕多训也。”⑤

陈宏谋意识到自己是“好官”的典范，同时，他与其他巡抚也有不同，

---

① 乾隆19/intercalary 4（即闰四月——译者），见《实录》乾隆朝，463. 17。

② 《先文恭公年谱》8：4-6。

③ 《培远堂偶存稿》34：51-52；庄国土，94。

④ 参见Wong，“Food Riots，”772-74。

⑤ 《先文恭公年谱》7：12。《清史稿》陈的传记同样也对他的应对饥荒的政策进行了称赞。

他愿意着眼于其他省份来帮助他们解决粮食危机。在陈宏谋政治生涯晚期，一次因赈灾措施不力，使得陈宏谋招致了批评和争议。1755 年，陈宏谋时任湖南巡抚，他从老朋友两江总督尹继善那里得知江苏的一些地区正遭受严重饥荒。皇帝已经准许尹继善减少上缴大约 20 万石的贡粮，并且朝廷也从河南调运了 20 万石的小麦储备，全部可用于救灾。同时，陈宏谋也上奏，主动从湖南调出 20 万石的大米来救灾。

尽管那一年湖南的收成不错，但陈宏谋早先就通过国家收购来确定了粮食的出仓价，由此，商业粮也就不再便宜。他写到，在市场上弄这 20 万石的大米还是有可能的，但这样一来就打破了供求平衡，会损害本地消费者的利益。许多外省商人每年来湖南采购时会因为粮价过高而降低采购量，而这些粮食的采购对湖南的粮食和外省的消费者都是至关重要的。陈宏谋还写道："官买仍不能多，而反阻商贩之流通，亦觉非宜。"因而，他倡议从湖南常平仓调出 20 万石的应急盈余粮，将其适时买补存入。这批救灾粮不是免费发放到灾区，而是在灾区的市场公开销售。这不仅增加了粮食供应，还压低了由饥荒而抬高的粮价。尽管如此，湖南和江苏两省的粮价差异足以让尹继善拿出收益的一部分，以湖南的低价标准来偿还陈宏谋的粮食款，余下的部分用于运费以及今后应急。①

乾隆皇帝对陈宏谋的这一安排非常满意，在经过几番对碾磨和运输等后勤问题的协商之后，粮食即装船运走②（最终，陈宏谋运往江苏的部分粮食在路上被转运至安徽，以缓解当地严重的粮荒）。③ 一切本来都很顺利，可湖南的买补却改变了事态。1755 年下半年，前任湖南巡抚同时也是陈宏谋故交的杨锡绂上奏表示湖南常平仓补充粮食刻不容缓，他还建议陈宏谋从湖南省的财政中拿出现款发给众知县购买粮食。杨还建议知县应当支付的谷子价格不超过一石五钱。陈宏谋对此表示，前任的湖南巡抚似乎对湖南长期的粮价上涨孤陋寡闻，陈宏谋同时还承认在今年丰收过后的几个月中粮价的周期性上涨之大，超出了他的预料。按照杨建议的粮价，知县根本不可能在本地市场上买到粮食。陈宏谋知道，自己调往江苏的粮食并不来自于常平仓的储备

---

① 陈的奏折，乾隆 20/10/5，见《宫中档乾隆朝奏折》12. 597—98。

② 《先文恭公年谱》8：23—24；蔡冠洛，1. 147。

③ 陈的奏折，乾隆 20/11/27，见《宫中档乾隆朝奏折》13. 96。

粮，而是应急赢余粮，因此他建议当前不要急着补充常平仓储。他更倾向于等第二年粮食丰收后在周期性的低价时，再次购进粮食（在每年粮食价格最低时维持粮价也帮助了粮农），而不是让知县们去采取实为政府无偿占有性质的粮食收购。通过县与县粮仓储粮之间的直接调度就可以解决两年收获季节之间地方粮价差异的问题。皇帝再次批准了陈宏谋的计划，事实上这个计划也得以实施。①

这件事印证了我的看法，即陈宏谋的粮食政策和更为宏观的经济政策中有一个关键因素：对市场运作的高度敏感，尊重完全的市场运作，并且利用国家资源来参与市场运作以达到所需的社会目的。同时这件事也达到了其他的一些目标，尽管不同的人对这些目标有不同的看法。陈宏谋的眼光不仅仅局限在自己的管辖区域，他还看到了其他地区的需求，这毫无疑问地显现了他非同一般的全局观，同时也为其日后受到上级的提拔创造了有利条件。而在这件事情上，那位上级正是陈宏谋的故交和靠山尹继善；在陈宏谋从政生涯的早期，位高权重的方苞一直都很赞赏陈宏谋愿意牺牲自己辖区的利益来保证商业粮进入方苞的故乡。② 同样，陈宏谋利用国家收购的做法和对跨区贸易的一贯青睐（特别是将粮食从自己的辖区运往外地）都可被视做帮助粮农、支持地区发展的积极做法，也可以说明陈宏谋是“地主阶级的代表”（重田德［Shigeta Atsushi］语）。③ 任何对这一问题单向的解读都会失之简单，但通过这件事情，我们可以清楚地看到陈宏谋对复杂的公务和个人事务的敏感。这种敏感性在他处理本地粮食危机的时候表现得更为明显，下面我们就来讨论这个问题。

在清朝，遇到饥荒时，受灾地区官员基本上有三种求助方式：（1）国家

---

① 陈的奏折，乾隆20/11/27，21/1/17，见《宫中档乾隆朝奏折》13.99－100，13.477－80；《先文恭公年谱》9：1。人们对杨锡绂写这封奏折的动机仍不清楚，他有可能只是想给他的老朋友陈宏谋一个对彼此来说都不实际的价位，事先制造一个借口，来拖延在此购买的时间。也可能是两人在粮食政策总的方向是一致的，但是，对“维护高的仓储量还是防止粮价暴涨”的问题上有着不同的优先考虑。也可参见他们关于1748年减少仓储的争论（详参第八章讨论）。

② 方苞，给“朋友”的一封信，见《遗集》53－54；给“陈宏谋的一封信”，见《遗集》64。尽管祖籍在安徽桐城，但方苞是在南京出生和生活的。

③ Shigeta，“Shinshu ni okeru Konan beishichō no ikkosatsu，” 478.

直接救济；（2）个人赈济和集体自助；（3）市场。与多数同僚一样，陈宏谋三种方式都利用了，但是他对三种方式的利用程度反映了自己鲜明的政治见解和世界观。许多学者都曾指出，陈宏谋的政治生涯所处的雍正时期和乾隆早期都是国家直接救济的巅峰期。在此期间，国家直接救济都取得了巨大的成功。封建政府对其力量越来越自信，对自身在社会事务上的积极态度也满怀信心。与此同时，却不大相信地方的富人会愿意救济灾民。魏丕信写道："有产阶级和普通百姓在经济上和思想上的隔阂现在看来真是太深了。"① 陈宏谋虽然特别强调地方领导和集体自助，但是他似乎也认为这种隔阂太深。② 然而，也有学者提醒我们，如果将清朝强盛时期的救灾视做"官派做法"(明末和清末救灾都是"民间行为")，那么就会掩盖这样一个事实：即使是包括陈宏谋在内的那些最有创造性的利用国家资源来救灾的人都承认国家也有局限性。其中一点就是下级政府机构不可靠。这些人同时也积极寻求集体自助和市场的方式来救灾。③ 即使是在国家救灾活动搞得热火朝天的时候，私人的救济也被视做一种不可缺少的方式。

18 世纪 40 年代是艰苦的十年，特别是在 1742—1743 年的粮食危机中(陈宏谋那时正在江西解决粮荒)，朝廷和主要的省级行政官一同拟订了一套国家救济分配的规定。这套规定在此后的一个多世纪一直是操作规范。④ 例如，饥荒灾民被分为两类：极贫和次贫；根据这种分类和灾民的粮食损失数量，这些灾民会在规定的几个月中领到抚恤和灾赈。每人每天领到的救济是 0.005 石粮食，儿童减半。然而，即使是在这套规定下，朝廷和许多赈荒手册还是敦促各个官员灵活和创造性地采取权宜之计，来适应当地的状况。事实上，陈宏谋及其同僚都被赋予了不少的自主权，陈宏谋就完全利用了这一点。⑤

---

① Will, *Bureaucracy and Famine*, 74—75, 286; Zelin, 170.

② 参见陈的奏折，乾隆 8/3，见《宫中档乾隆朝奏折》1.19—20。

③ Wong and Perdue, 315—317. 例如，陈本人并不信任办理赈济饥民的地方官，常常绕过他们进行救灾工作，参见《培远堂偶存稿》5：11—12，5：19—21，17：18—19，22：19—20，26：24—28。

④ 乾隆皇帝这些年相关办法的一系列谕旨清楚地展示了他的救济政策的演变，见彭元瑞编：《钦定孚惠全书》(1796)，卷 27—30。

⑤ 《培远堂偶存稿》26：24—28；《从政遗规》2：14—29；冯柳堂，290；Will, *Bureaucracy and Famine*, 84, 109, 130—31。

第一项任务是确定问题的范围和严重性，确定受灾人员，并将他们分类、登记。陈宏谋也常常深入百姓以及自己辖区内的受灾地区来估定救济数量。① 他还不断要求自己的下属汇册详报，并根据这些报告来制定省级的灾情报告。② 他告诉下属，只有通过挨家挨户的访问才能根据灾民的受灾程度分类、登记，才是真实可靠的。为此，陈宏谋还委派专职人员来完成此项任务，防止衙门的腐败官员参与此事。陈宏谋严正声明：凡是有哪一家在登记过程中被不公正地遗漏掉了，都可以起诉，要求补偿。让那些必须受理诉讼的地方官员加重负担。这一点也许就是清政府真诚承诺救济灾民的最好证明。③

一旦分类确定了灾民，第一步就进行财政救济。乾隆皇帝特别愿意受理对粮食歉收地区免税的请求（这一点在以“宽松”为时代口号的乾隆早期尤为明显）。陈宏谋的此类请求就常常获准，即便是在粮食歉收状况较轻的时候也是如此。④ 为了使那些没有土地的农民也能享受免税的好处，陈宏谋还经常要求地主给予佃农相应的免租。⑤

还有四大类更为积极的救济形式：卖粮、借粮、以工代赈、直接援助。卖掉政府的储备粮起初是用来控制粮价（参见第八章），但是加大出售粮或加快出售速度也是处理粮食危机的特别手段。从国家粮库借粮也是常规以及紧急救济的手段。陈宏谋大胆运用卖粮和借粮两种方式来缓解面临的最严重的粮食危机，最明显的例子就是1742—1743年的江西粮荒和1748年的陕西粮荒。在江西粮荒中，陈宏谋卖掉了将近一百万石的政府储备粮。⑥

这些都是常见的权宜之策。陈宏谋更具创造力的办法是以工代赈，或简

---

① 奏折，乾隆16/7/4，16/12/17，19/6/13，见《宫中档乾隆朝奏折》1.58-59，2.229-30，8.775-76；《先文恭公年谱》7：4，8：6。

② 参见《培远堂偶存稿》16：13，17：18-19；《先文恭公年谱》3：4。

③ 《培远堂偶存稿》5：11-12。

④ 参见《先文恭公年谱》5：20，6：19。

⑤ 《培远堂偶存稿》45：25-26。参见Kishimoto，*Buka*，308。

⑥ 江西方面可参见陈的奏折，乾隆8/3，见《宫中档乾隆朝奏折》1.19-20；《乾隆实录》175：30-32；《培远堂偶存稿》16：6-7；《先文恭公年谱》5：6；Wong，“Food Riots，”772-74。陕西方面可参见陈的奏折，乾隆14/7/5，见《军机处副录奏折》；《培远堂偶存稿》26：1-3，26：24-28；《先文恭公年谱》6：21。

称“工赈”，他非常喜欢这个策略。在《从政遗规》一书中，陈宏谋引述了吴遵路的做法，吴遵路巧妙地利用了本地市场来解决粮食危机。吴遵路命令当地的百姓拾柴，并用政府的钱来向他们购买这些柴草。百姓便用卖柴草挣来的钱来购买粮食。到了冬天，等到粮食丰收，缓解了最严重的粮食短缺以后，吴遵路就把那些柴草再卖给百姓。陈宏谋评价说：“官不伤财，民再获利。”①

这种化危机为有利条件的策略（特别是通过市场的调节作用）构成了更为普通的以工代赈政策的基础。帝制后期的中国人将以工代赈视为北宋政治家范仲淹的发明。这种办法受到了雍正和乾隆的重视，特别是当他们处理1724年黄河泛滥和随后1737—1738年（此处应为1738—1739年——译者）粮食危机的时候。② 陈宏谋时为天津道台，在第二次危机的时候深入到受灾地区的腹地，那个时候雇佣灾民的计划已经得到开展。他立即接受这一计划，同时通过引导，成功地按照自己的意愿改造了这项计划。陈宏谋对待治理经济的办法，从这件事情上得到了最早的、最明显的体现。

首先，他给自己的朋友和上司尹继善写信，提到当前治水的计划应当大规模扩展。与其对大堤进行修修补补、保证几个工人不挨饿，还不如利用这个机会对直隶和山东境内的黄河排水系统进行全面改造。陈宏谋说：“虽为费甚距，而以三、四年捐赈之费为之有余。”再说水利基础设施的年久失修问题如果得不到解决，那全面改造将不可避免。陈宏谋还为其提议辩解到，大规模的国家投资最终会帮助百姓自给自足。“仰食于官”是不明智的。通过开展这项计划，实现“藏富于民”才是明智之举。③ 我们将看到“藏富于民”是清朝的政治经济话语中最有号召力，也是最具争议性的词句。

其次，在考虑以工代赈的酬劳方面，陈宏谋坚持认为劳动者及其家人的吃饭问题都必须考虑在内。很明显，这是一个劳动力的买方市场。但是根据陈宏谋的计算，在直隶省劳动者所获得的以工代赈酬劳仅有平时水平的30%，甚至比其他省份的同期水平还低。这是目光短浅的做法。这种以低于市场价格来雇工的做法违背了市场的规律，实际上是一种派夫行为。为国家

① 《从政遗规》2：29。

② 杨联陞：“Spending,” 68–69；冯柳堂，295。

③ 寄尹元长继善书（1739），见《陈文恭公书牍》1：7。

出资的项目提供有竞争力的酬劳，这种观点得到了其他以工代赈倡导者的响应，并成为陈宏谋经济政策的重要组成部分。①

以工代赈在治理18世纪30年代黄河洪灾时收到了奇效，此后以工代赈成为了陈宏谋和朝廷在救济饥荒时的一大选择。在此期间，很多本来让民间开展的计划也得到了政府的经济支持。早在1737年，乾隆就下令在全国范围内对城墙和护城河进行检查，目的在于选定翻修工程，以便适应以工代赈的需要。② 面对江西和陕西的饥荒，陈宏谋是最系统贯彻这一思想的人之一。在江西，他也制定了一套以工代赈的计划，以全面翻修南昌外围的赣河圩田，这得到了朝廷的大力支持。③

当免税、卖粮、借粮和以工代赈这些办法都用尽，还不能保证所有人的温饱，最后只有直接援救了。但是直接救助的资源从哪里来呢？来自受灾地区，也来自其他地区；来自政府，也来自商界。第一个来源肯定是省级财政。这通常就是常平仓系统的财政。和同僚一样，陈宏谋利用常平仓来发放救济，在自己的辖区内根据各地的情况开仓济贫。④ 也可以利用其他的省级预算，例如盐业管理。⑤ 当一个地方自己解决不了问题时，朝廷就会准备从其他地方调来钱和粮食。例如，1748年陕西大旱，陈宏谋上奏，成功地说服朝廷从河南常平仓调来粮食。半年后，又从粮食富足的江西调来5 000石粮食。⑥ 陕西地处中国西北，而中央政府支配的主要粮食（“漕粮”）都是通过东部的运河运往北京，陕西的地理位置使它无法利用漕粮来救济。陈宏谋在江西为官的时候，能够并且曾经利用过这种资源，他成功地截留了10万石从广东漕运至北京的粮食，并将这些粮食用以救济。⑦

---

① 《培远堂偶存稿》7：11−12。对于陈的同龄人晏斯盛的观点，参见Will, *Bureaucracy and Famine*, 258。

② 杨联陞：“Spending,” 69；Will, *Bureaucracy and Famine*, 262。

③ 陈的奏折，乾隆13/4/29，见《军机处副录奏折》；《先文恭公年谱》4：27，4：30，5：1；《清史稿》35. 10561。

④ 参见《培远堂偶存稿》26：24−28。

⑤ 《培远堂偶存稿》14：18。

⑥ 《先文恭公年谱》6：21；《培远堂偶存稿》28：3−4。

⑦ 陈的奏折，乾隆8/9/25，8/10/22，中国第一历史档案馆。关于漕粮对缓解当地食物危机的作用的系统的讨论，可参见吴慧和葛贤惠，122−124。

王国斌和濮德培推断，雍正、乾隆时期，政府为缓解粮食危机而调度的粮食总量堪称中国历史之最，甚至世界历史之最。① 18 世纪 40 年代，中国官方越来越感到了人口增长对资源造成的压力。事实上，乾隆朝也经常接到提议，这些提议都想扭转财政税收货币化的历史趋势，要求以实物支付土地税。其目的是增加政府的粮食供应，来缓解粮食危机。② 但是，这些提议都未得到朝廷批准，原因很明显：朝廷知道（陈宏谋的意见最具说服力）即使国家粮食供应效率再高，也赶不上日益扩大的市场。大量的商业粮在全国范围内的日常流通有两点重要性：（1）官员利用商业粮流通来向所需地区供应粮食；（2）国家可以利用这一资源直接发放救济粮。例如在江西，陈宏谋就通过两种方式利用了这一资源。一是当四川运往江南的粮食途径江西时，陈宏谋都会买下一些为救济用；二是他会派员到繁荣的湖广市场去购买粮食。③

谈完国家救济的来源问题，我们再来看救济的发放问题。陈宏谋及其众多同僚在依靠市场发放救济问题上，体现更为明显。在灾荒问题上，清朝的官员和学者争论最多的话题之一就是如何赈济灾民，是发放现金，还是实物救济。陈宏谋旗帜鲜明地支持现金救济。这并不是说，他不考虑那些不得不进行直接粮食救济的情况。比如，在重灾区，他就迅速建立了粥厂网络来救济灾民。④ 另外在市场不畅通的地方，陈宏谋知道只能拿出粮食来救灾。⑤ 但是，陈宏谋在一切尽可能的地方推行现金救济。他对此的解释是，洪灾灾民需要现钱来重建家园⑥，但他经常不止做这些。

1748 年，甚至是在较为偏远的陕西，陈宏谋根据每人每天的救济粮限额和不同地方市场的粮价来发放救济银。这些钱是通过售卖当地常平

---

① Wong and Perdue, "Famine's Foes," 320–26.

② 高王凌：《一个未完结的尝试》，16。

③ 《先文恭公年谱》5：6–7。

④ 陈的奏折，乾隆 13/10/1，见《军机处副录奏折》；奏折，乾隆 16/12/17，见《宫中档乾隆朝奏折》2. 229–30；《培远堂偶存稿》7：11–12；《先文恭公年谱》6：24。

⑤ 参见《先文恭公年谱》6：19。类似的救济包括散发药物遏制因饥荒而导致的传染病。参见《培远堂偶存稿》14：18。

⑥ 奏折，乾隆 16/7/4，见《宫中档乾隆朝奏折》1. 58–59；《先文恭公年谱》5：20。

仓的储备粮食得来的。同时，他也发放贷款，使得当地人更加买得起他卖的粮食。① 换言之，这套复杂的计划目的是以对国家来说相对小的成本，来提供最多的救济（当灾荒有所缓解，人们就要偿还贷款。常平仓卖出去的粮食以低价再次购进）。同时，通过增加市场上的粮食供应，陈宏谋制止了市场价格的膨胀。整套做法不仅推动私营粮食市场和货币化的农村经济的运作，而且也促进了那个市场和经济的发展。对陈宏谋来说，在如此商业不发达的地区开发这种市场，是发放国家直接救济的一大副产品。

在《从政遗规》一书中，陈宏谋谈到了自己偏爱发放现金的原因。他在任职陕西期间就用这一方式救济灾民。在他看来，这一方式既能事半功倍，又能使更多的灾民受益。他还引述了明朝晚期福建学者颜茂猷的话来证明自己的观点：

> 盖远者用钱，可免减窃拌和之弊，转运耗费之艰。且村民得钱，非唯取赎农器，经理生业，亦可收买杂料，和野菜煮食。一日之粮，可化数日之粮，甚简甚便。

在余下的篇幅里，颜茂猷（陈宏谋也是）阐述了现金救济的其他好处：通过依靠并刺激市场，下级的贪污现象减少了，救济的发放也更为公正有效，群体控制方面的问题也减少了。最重要的是，通过对灾区农村经济的注资，百姓的经济生产力得以稳固和发展。② 随着商业经济在清朝的发展，越来越多的官员都赞同陈宏谋的想法。而陈宏谋为官时期，救济或许一半是现金，一半是物品，而后来逐步发展到几乎都是现金救济。③

饥荒救济中另一个巨大争议是对提高生产力的忧虑：到底是将救济发放至受灾地区更好，还是发到受灾中心区更好？陈宏谋老家是一个偏僻的农村，他主张平等对待外围地区和中心地区以及农村和城市（无论是救济还是其他政策）。他还引述了颜茂猷的话："然所贷者，每及下户。而中等自守头面，坐而待毙，尤为狼狈。又城市之人，得蒙周恤。而乡村幽僻，拯救不及。此尤宜周详曲处者也。"④ 这种忧虑与陈宏谋的想法不谋而合，他强调计

---

① 《培远堂偶存稿》26：24-28。

② 《从政遗规》2：14-29。

③ Will, *Bureaucracy and Famine*, 133; Wong and Perdue, "Famine's Foes," 315.

④ 《从政遗规》2：25-27。参见《培远堂偶存稿》22：19-20。

划必须得到调整，以保证农民继续耕作。因此，1748 年，陈宏谋在陕西颁布的最佳政策便是在受灾的农村地区广泛建立赈场，这样一来每位灾民每天都能得到救济。这项政策受益人就是农民，其他的从业者（工匠、商人、差役、士兵）以及能够“自给自足”的农民（即有役畜的农民）都不享受此政策。①

然而，情况往往是，灾情过于严重或政府的反应过于迟缓，以致一大批有地和无地的农民都逃到城里或是有粮食的地方。面对这种难民逃荒的情况，雍正王朝逐步制定了一套完善的政策：留养（在逃难地给那些难民提供粮食）和资送（灾情一旦缓解便帮助难民返乡）。根据铃木中正的描述，早在 1748 年，鉴于计划执行中的问题和腐败现象，乾隆皇帝重新考虑了这些计划，并且实际上对它们不抱任何希望，但在处理 50 年代的经常性局部洪灾时实行的还是这些计划。②

陈宏谋在几个地区实行了留养资送的政策，包括 1730 年在扬州，1742 年在江西，1748 年在陕西以及 1752 年在福建。我们通过陈宏谋在此期间的书信可以大致了解这套政策本身的弊病。江西和福建的例子都牵涉到西迁的问题，这也是铃木的忧虑所在。来自安徽凤阳的洪灾难民自 1741 年冬开始途经江西涌向湖北，这些难民认为湖北粮食充足，很可能因为汉口作为国家粮食口岸吸引了饥民。陈宏谋在九江的长江口岸尽力截住了一些难民，只有那些能够证明自己有湖北亲戚并且愿意接纳他们的人才能放行。在陈宏谋的严格监督下，其余的难民在九江整个冬天都吃到了粮食，并于翌年的春分时节返乡。③

陕西的情况就更加困难些。1748 年，陕西严重干旱，陈宏谋不得不一再命令不愿意合作的地方官员为难民提供粮食，不管这些难民来自哪里。他尽

① 《培远堂偶存稿》26：24—28。

② Suzuki 认为，大批从东南地区来的移民和西北边缘地区的人口膨胀最终导致了 18 世纪 90 年代“白莲教”的灾难性地兴起。Suzuki，73—74。参见 Will，*Bureaucracy and Famine*，229—32；Wong and Perdue，“Famine's Foes，”312—13。若想知道乾隆在 1748 年下旨重新考虑这个政策，可参见 Dunstan，*Conflicting Counsels*，93—97。

③ 《培远堂偶存稿》12：15—16；《先文恭公年谱》4：10。关于陈的扬州经历可参见《先文恭公年谱》1：18 和彭启丰 14：7。关于福建可参见陈的奏折，乾隆 17/4/19，见《宫中档乾隆朝奏折》2.698—99。

可能将灾民安排到指定的救济中心，但是也命令地方知县在条件不允许的情况下采取灵活政策。陈宏谋还尽力保证留养的资金供应和难民的遣返工作。收获过后，当灾情出现缓解，他立即停止救济，并告诫难民返乡。对于大多数人，这个办法都不可行。因此，陈宏谋下令各地知县仔细勘查当地的荒地，并确定其中的可耕地，让难民重新安家。他还下令各地知县尽力为难民安排有报酬的工作。①

陈宏谋将创造就业机会视为解决农村混乱局面的办法，这是他的经济发展计划的一大特点，在第七章将会谈到。但是陈宏谋最大的目标还是在于让尽可能多的人从事农活。他多次告诫下属他担心难民变成游民。他担心长期失业的状况会加重。他不惜一切代价也要保证人民最大的生产能力。在1748年的陕西灾情尤为严重，他最大的忧虑在于大量的人会失去他们的耕地，变得游手好闲，这会扰乱经济秩序和道德风尚。

有了这个忧虑，陈宏谋开始重视尽早恢复生产，这一点他做得比任何同时代的官员都负责。陈宏谋的角色类似于现在的农业顾问，他建议农民在什么时候应当放弃受灾作物或转而种植抗灾害的作物，比如豆科作物和块茎作物。1757年和1760年，陈宏谋在担任江苏巡抚的时候甚至开创了一种技术以便在苏北种植小麦，洪水过后苏北的土壤太湿，不适合种植常规水稻。必要的时候，陈宏谋的衙门还会保证麦种的供应。② 当粮荒过后的首次丰收来临时，陈宏谋要求官员尽一切努力，确保最有效地节约用粮。

（五）流通接济

上述的所有饥荒救济措施本质上都是直接的国家积极救助。正如我们看到的，陈宏谋大力运用了这些措施，并由此声名大振。然而，在陈宏谋那个时代，更具争议的是他约束政府直接干预的程度。陈宏谋坚信市场比政府能更好地解决百姓的粮食问题，而且政府的干预越小时，市场运行就越好。甚

---

① 陈的奏折，乾隆13/10/1，见《军机处副录奏折》；《培远堂偶存稿》26：1－4，26：10－11，27：5－7，27：14－15。

② 陈的奏折，乾隆14/7/5，见《军机处副录奏折》；《培远堂偶存稿》27：9－10，40：1－2，41：3－4，46：24－25；《先文恭公年谱》5：6；Ping-ti Ho，180。

至是在粮荒严重的时候，陈宏谋都始终相信最佳救济方式是他反复讲的“流通接济”，一种通过商业流通的救济方式。时至今日，这些观点仍然引人注目，因为我们总认为传统的儒家官僚是排斥贸易的。而事实上，当时的情况却是恰恰相反。

1742年的乾隆诏书中提到，乾隆和雍正都反复对官员强调自己的看法，这几位皇帝都认为对地方粮荒最可靠的救济方式是“商贩流通”①。18世纪的时候，陈宏谋在两个方面独树一帜：一是他系统发展了“商贩流通”思想；二是他大力实践了这一思想。我们在下一章会详细谈到：跨区贸易商人往往在低价地区购进粮食，又在高价地区卖掉粮食。这一原则被陈宏谋提到了经济规律的高度。换句话说，物资匮乏促使进口，而反过来，这同时又是稳定价格的最有效机制。在《从政遗规》一书中，陈宏谋引用了颜茂猷著作中的经典事例：“范仲淹知杭州，斗粟百二十文，仲淹增至百八十，众不知所为，仍多出榜文，具述杭饥增价，招引商贾，争先趋利，价亦随减。”② 面对地区性的粮荒，陈宏谋认为，粮价陡涨的主要原因是粮食跨地区自由流通受阻，而不是粮食产量陡降。③ 因此，他认为国家干预市场如果阻碍了自由流通，那这种做法是“非宜”的。④ 也是基于同样的道理，陈宏谋倾向于国家发放现金救济，以刺激受灾地区的粮食进口。

陈宏谋一心致力于推行最大限度的商品粮食流通，尤其在粮食短缺期，同时，他还十分重视有碍粮食流通的三个问题：（1）地方实施的粮食出口禁运；（2）政府对粮价的控制；（3）对私有粮食储备的大规模查封。⑤ 我们分

---

① 1742年的谕旨，又见冯柳堂，250－251。在随后的讨论中将变得明朗的是：清朝的粮食供应方案与同时代许多法国的经济学家和管理者的观点相似，最著名的当属Turgot（1727－1781）。参见Sohn W. Rogers Jr.，“Subsistence Crises and Political Economy in France at the End of the *Ancien Régime*,” *Research in Economic History* 5（1980）：249－301；Steven L. Kaplan，*Provisioning Paris*：*Merchants and Millers in the Grain and Flour Trade in the Eighteenth Century*（Ithaca：Cornell University Press，1984），尤其是24－29；Richard Cobb，*The Police and the People*（Oxford：Oxford University Press，1973），尤其是270－271。

② 《从政遗规》2：27。

③ 《培远堂偶存稿》15：20－23。

④ 奏折，乾隆20/10/5，见《宫中档乾隆朝奏折》12.97－98。

⑤ 但一些清政府的官员却认为：自由的粮食市场所引起的积极作用可能会带来第四种潜在的威胁——清政府自己买粮食。比起上面所讨论的三种因素，陈对上述问题的异议要模糊得多。这个问题在第八章将会有更为详细的讨论。

别来研究这些问题。

1742—1743年陈宏谋担任江西巡抚的时候经历了一次最为严峻的考验。① 江西一直以来都是粮食大省，虽然江西赣江一带的几个产粮大县在1742年遭受了洪灾，但是整个江西却躲过了长江下游及东南沿海的粮食绝收。1742年冬到1743年春，粮价上涨超过了往年同期水平。陈宏谋先是采取了往常的补救措施，出售和借贷政府储备粮。然而百姓对消费价格上涨的忧虑和怨气甚至接近恐慌的程度。陈宏谋还了解到，民间舆论认为，涨价的主要原因在于对江苏灾区过多的粮食出口影响了本地的粮食供应，对生态恶劣的苏北粮食出口量尤其巨大。因此，全江西的百姓联合起来阻止粮食外流。陈宏谋立即对此行为下了最严格的禁令。在新年到来之前，乾隆皇帝得知江西的情况（或许也是回应陈宏谋的请求），下诏书禁止任何地方阻止粮食出口。陈宏谋立即将诏书内容传达到全省各地。②

然而，事态却一再恶化。1743年春末夏初，粮价急剧上涨，陈宏谋将其直接原因归咎于大范围的乡级禁运。江西省内的水路交汇处都被封锁，整个省实际上在打价格战，每个乡各自确保自己的利益。不仅江西省的粮食出口基本中断，而且省内一些通常缺粮的地区（尤其是南昌和九江两大城市）也面临饥荒。而每个乡里都存在利益冲突，粮食储备者和消费者矛盾重重。据说这些粮食储备者拒绝在本地市场出售粮食，他们有的想将粮食偷运至其他乡，因为那里的粮食短缺使得粮价更高；有的想将粮食囤积起来，日后涨价再抛售。③ 最终，1743年的粮食大丰收，加上陈宏谋的粮食短缺管理政策（见下文）共同化解了这场危机。江西饿死的人数虽没有记载，但似乎不多。

---

① 有关陈处理江西饥荒问题，详参他对其下属和当地人民的告示，见《培远堂偶存稿》卷15、16；参见奏折，乾隆8/3，见《宫中档乾隆朝奏折》1.19-20；《先文恭公年谱》4：33。王国斌同样在他的“Food Riots”中讨论了这个问题。

② 冯柳堂，250-51。

③ 阶级冲突的激烈化的一个特殊的表现就是抗租。这不仅是被绝望所逼。当那些欠租的佃户看到他们的粮食迅速增值，由于担心粮食安全而且想从粮食中赚到一些利润，他们拒绝按契约向地主交租，或至少要求就契约的条款再进行商量。陈却要求他们全部还清地租，他的理由（虽然是正确的，但不是很现实）是：市场的粮价不应改变双方签定的契约。事实上，他捍卫的是契约的神圣性和财产权的观点，这也是我们重点要谈的一个问题。《培远堂偶存稿》15：22。

是谁搞的封锁？通过陈宏谋在危机中发布的多次公告，我们可以看出他对肇事者的态度越来越强硬。公告最初只是称这些人为地方“贫民”，但他们逐渐被称为“无赖痞棍”，最终干脆称“贱民”和“刁民”。这在某种程度上反映了陈宏谋正在遭遇越来越大的困难，同时他也努力将肇事者从善良的贫民中孤立开来。然而，很有可能这也反映了一个事实：越来越多的“地头蛇”参与粮食出口封锁，他们随时准备利用民众的不满和愤怒来进行投机倒把。陈宏谋逐渐认识到内中还有知县们也害怕以后会出现大面积的饥荒，他们也越来越支持粮食禁运。

1742 至 1743 年，陈宏谋在江西仍坚持自己的全局观，这种从全局出发的思想始终贯穿他对政策的制定。他的这种全局观甚至是以本地的利益为代价，也因此赢得了上级的赏识。陈宏谋很清楚自己身为大清的官员，不应该有地方排他主义思想。他不断提醒江西民众，其他省份的百姓还要经常依赖江西的粮食赢余；他还将第一批封锁粮食贸易的人讽刺为“乡村无知愚民”。这些愚民不仅无视其他地区的需求，而且不懂自己的最大利益所在。

毕竟，陈宏谋是出了名的支持百姓的好官，他对江西禁运的抨击，目的在于指出禁运损害了百姓自己的根本利益。根据市场规律，跨省粮食出口不会对本地粮食供应造成多大影响。甚至在新年的前夕，陈宏谋告诉百姓：浙江和福建商人到过江西，但由于江西的粮食价格超出了他们的承受能力，他们赚不到钱，这些外来商人只好空手而归。① 问题不在于商品粮出口，而在于禁运。陈宏谋宣称：“本地有无不能相通，价值益见其贵矣。”我们很容易看到，江西省内的粮食流通受阻导致了一些省内缺粮地区粮价上涨，但是陈宏谋坚持认为：禁运不是卖出粮食，反而促使粮食储备增加，这样一来粮食富足地区的粮价也会节节攀升。

陈宏谋坚定不移地反对禁止粮食出口，但这绝非机械反应。陈宏谋注重实际的商业流通有其实践的经验。这如我们看到的，1755 年湖南粮食短缺，

---

① 当然，陈考虑到了，由于政府通过强制方式收取粮食以供出口，这可能会妨害当地人民的利益，也会降低商业买主的购买兴趣。他承认，他曾经带领赈灾船只到扬州向受灾严重的江北地区分发灾粮；但他也坚持，鉴于这些灾粮来自于国家粮仓并且还未曾从市场上直接调用，这是不会影响当地的粮食价格的。《培远堂偶存稿》15：20—21。

他还是采取了坚持粮食出口的政策。湖南与江西一样，历来是产粮大省，即使在粮荒年份，湖南的情况也会比外省强得多。然而陕西的情况却大不相同，陈宏谋1748年至1749年担任陕西巡抚时曾面临粮食饥荒，相比较长江沿岸省份，陕西与国家粮食市场接轨实在不够。在风调雨顺的年份，陕西都会有适量的粮食进口和出口，但是大多数粮食都在省内流通，总的来说还算自给自足。因此，陕西需要不同的政策。

1747年春，陕西滴雨不下，出现大面积的粮食歉收。陈宏谋"迫不得已"禁止粮食出口（主要是对山西的粟类和豆类出口）。直到1748年春的大丰收才真正解除禁令。1749年夏的持续降雨又使得粮价回落。① 此后，遇到不太严重的情况（如1752至1753年的轻度粮食短缺），官员们都纷纷效仿陈宏谋的做法来禁止粮食出口，钟音就是其中之一，他表示痛恨"奸商"。②陈宏谋对此特别懊恼，因为他的做法根本没有流露出这种对商人的敌视态度。

事实上，在禁止粮食出口外省的同时，陈宏谋更强调保证省内的粮食继续流通，并宣告，无赖痞棍胆敢对此阻挠必将受到严厉惩罚。这种省内粮食流通正反映了粮食自由买卖，不论是道德方面，还是实用方面，这种自由都不应该受到国家或民间的人为强制干涉。③ 1748年晚秋，陈宏谋在一份指令中宣布给从事省内粮食运输的客商发执照。同时他还宣布在水陆交汇处设立关卡来查验执照和防止贸易封锁。陈宏谋还设法打消地方百姓的疑虑，其手段是规定在关卡截获的无照运输粮食将被没收并投放当地市场。但是同时他还明确规定：这种管制的目的在于保证粮食的不断流通，而不是阻碍。地方官员纷纷抗议，他们认为应该在自己的管区保留粮食，这只是显示他们对经济的一窍不通，抗议遭到了轻蔑的驳回。这些官员禁运的主张实质上妨碍了他们自己的粮食供应。④

陈宏谋斥责了地方粮食禁令，与此密切相关的是他还斥责了官员和民间

---

① 奏折，乾隆14/7/5，见《军机处副录奏折》；《培远堂偶存稿》26：1-3，27：3-4，27：16-18。这些文件的最后一部分已经由Dunsfan译为英文，参见*Conflicting Counsels*，264-67。

② Dunstan，*Conflicting Counsels*，267-71；Will and Wong，145-46.

③ 寄辉观察色书，见《陈文恭公书牍》2：14。

④ 《培远堂偶存稿》26：16-18。

对粮食的限价行为。在下一章我们会进一步讨论陈宏谋充分相信市场确定价格的观念：他是在高度政治敏感的情况下来捍卫此原则的。“不抑价”的命令实际上是清朝中央粮食政策的主要内容①，但是地方政府时常感到来自民众的压力而被迫无视这一命令。1743年在江西，1748年在陕西，陈宏谋告诫其下属不要屈服于这种压力。他认为，他们辖区内独特的高粮价才是缓解当地粮食短缺的最佳保证。这些粮价会吸引当地的储粮大户将其储粮投放到市场，同时也会吸引粮食进口。官方控制粮价则会造成相反的结果。这种做法是“无用”的，事实上是不利于生产的。②

陈宏谋在陕西处理军队给养一事也显示了他对此原则的坚定不移。由于陕西是清政府向西北征战的基地，因此在陕西，军队规模巨大，其军饷以现金发放，每个人的军饷依据他的预期粮食消费量按其服役地区一年的均价来计算。1748年粮价大幅上涨，军饷立即变得不足以购买所需粮食。陈宏谋面临三种选择：他可以发政府粮给军队，或者他可以要求粮店按规定价格将粮食卖给士兵，或者他还可以从吃紧的省财政中拿出一部分钱以暂时补贴军饷不足。尽管这会对省财政造成一定困难，但陈宏谋还是选择了第三种做法。③限价肯定行不通，而且虽然陈宏谋说的不多，但他坚信军队愿意并且有能力购买涨价的粮食，因为他能吸引从外省进口粮食。

陈宏谋极力反对地方官员或百姓扣押私人粮食储备。受灾地区的大批群众会扣押地主或商人的储备粮食，并强迫他们低于市价出售粮食或借给穷人。陈宏谋在其任职的地方多次遇到这种情况，即使在粮食缺乏较轻的地区也是如此，而他总是急速对此作出回应。例如，1750年，河南桐柏县粮食大丰收，而相邻的湖北随州县却粮食歉收。随着桐柏的粮食销往随州，桐柏的粮价也被抬高。出现这种情况以后，桐柏百姓扣押了富人的储备粮食，并强迫他们在当地市场上出售粮食。陈宏谋大力查办了肇事者，同时他还命令桐柏知县开仓售粮以降低当地粮价。他认为，粮价下降能更好地促使粮食储备者主动立刻抛售粮食。④

---

① 吴建雍，90。

② 《培远堂偶存稿》16：3–5，28：3–4；《从政遗规》2：26–27。

③ 奏折，乾隆13/10/1，见《军机处副录奏折》。

④ 奏折，乾隆17/3/28，见《宫中档乾隆朝奏折》2. 538–39。

当然，在许多有不同文化背景的地区也发生过类似的民众行为。以不同的文化视角来看待此问题的学者指出这些问题的发生有其规律、可预测性和文化上认可的特点。① 与其他地方的法律制度捍卫者一样，陈宏谋一贯坚持原则。虽然他似乎认识到了这些习惯性行为的基础，但他还是认为这些行为是一股“刁风”。虽然他知道那些肇事者都是来自处境窘迫而又平素安分守己的本地家庭，但他将他们定为“无稽刁徒”②。这些肇事者都未能做到“安分守法”。

可是，陈宏谋对强迫买卖的公开宣战并非完全基于法律和秩序的因素，这些因素甚至都不是主要的。他更多考虑的是公众利益的经济因素。暴乱唆使者声称私人大量积累粮食是“侵占集体财富”，而事实上这些积累对社会有益。如果没有丰富的私人储粮，百姓遇灾缺粮时就得基本依赖政府粮食储备，而政府的储备显然是不够的。他问陕西百姓：“当此米贵之年，岂有不愿出卖之理？”③

1742至1743年在江西粮食危机期间，陈宏谋的论断更有启示作用。富人的粮食是富人自己的，不可按百姓的意愿将其剥夺，富人完全有自由在任何时间、地点处理自己的粮食，这是合情合理的。富人选择保留一些粮食以便在最佳时机出售，合乎人性，也符合情理。政府也必须“听其随时出粜”④。

但这种尊重私有财产的态度决不意味着陈宏谋在粮食危机的时候不干预富人。事实上，他用尽方法去劝说他们满足百姓需求。每当他告诫下属不要强制剥夺富人的粮食储备，他都会建议如何让那些富人自愿（或半自愿）把粮食拿出来。这些策略综合了正常的、有报酬的和（稍加掩饰的）强迫的方法。当价格开始上涨，陈宏谋便巧妙运用天良典故：我知道各位尊敬的、有文化修养的人们，你们生来就具有理性和美德——现在便是你们通过卖粮给

① 最著名的例子就是 Charles Tilly, “Food Supply and Public Order in Modern Europe,” 见 Tilly 编, *The Formation of National States in Western Europe* (Princeton: Princeton University Press, 1975), 380-455。

② 陈的奏折，乾隆 8/3，见《宫中档乾隆朝奏折》1. 19-20。

③ 《培远堂偶存稿》28：3-4；参见《陈文恭公书牍》2：14。

④ 《培远堂偶存稿》15：20-23，16：3-5，28：3-4。在随后的章节中我们可以看到，强调“适时”成为陈宏谋的经济思想的核心观念。

身边的饥民来展现你们大度的时刻（实际上是你们享受精英地位的权利）。陈宏谋观点鲜明地把“理性即美德”与“理性即利益最大化”这两个观念结合在一起：你“应当”现在卖粮，尤其现在是“以获厚利”的最佳时机，这也是凭你的卓越才智可以看到的一个事实。① 然后就是实质性行动。陈宏谋在陕西禁止粮食出口到外省，当粮价仍然居高不下时，粮食储备者不妨在本地卖粮。此外，随着政府开仓出售救济粮，高粮价不会维持很长时间。② 在极端情况下，比如 1743 年的江西，陈宏谋可以痛斥粮食囤积者。他说：你们的行为“近于盘剥”。他毫不隐讳地抬出“众怨”的鬼魂。他说，官府虽然能尽力去做，但不能控制住“众怨”。百姓所痛恨的囤积居奇者肯定会得到应有的惩罚。因为宇宙报应的规律规定，如此不道德获得的财富是不会维持长久的。③

陈宏谋会及时宣传精英们主动合作的事例。这些事例包括私人开办慈善粥厂和一个非常创新的组织有序的慈善行为。江西某个集镇的许多商家拿出了 280 石大米，并以市场价 80%的水平卖出，其收益被用来以市场价购进更多大米，这些大米又以折扣价卖出，依此循环直到 280 石大米的资金耗尽。通过宣传这些行为，陈宏谋的美德理论影响力越来越大。他自己也承认这是“乐观向上”的理论。“由一乡而推之一邑，由一邑而推之邻境。”④

他鼓励精英阶层积极行动起来，要求每个人在自己的家族或村子内部行动起来，并且表扬了地方社会自助的例子，每个镇、每个村都本着互助和同情精神来提供救济。⑤ 在他长期从政的地区陕西，他将当地精英阶层慈善行动的自发性赞为陕西优良风俗的表现。⑥ 但是陈宏谋很快地对这些慈善行为提供了更多的物质奖励。每当危机缓解，他都会将这些粮食、钱财和劳动力方面的贡献一一记录，并奏请皇帝按照既定的标准嘉奖甚至授衔。⑦

---

① 《培远堂偶存稿》15：20—23。

② 《培远堂偶存稿》28：3—4。

③ 《培远堂偶存稿》16：4。

④ 《培远堂偶存稿》16：1—2。

⑤ 奏折，乾隆 14/7/5，见《军机处副录奏折》。

⑥ 《培远堂偶存稿》26：1—3。

⑦ 奏折，乾隆 14/7/5，19/9/28，见《军机处副录奏折》；《培远堂偶存稿》16：14—15；《先文恭公年谱》6：16。

除了鼓励精英阶层的自愿行动外，陈宏谋作为巡抚也开展了自己的“流通接济”计划，这些皇上准奏的计划有时还会得到国家资助，但通常它们依靠两大支柱：私人市场和本地的社会精英赞助。县级政府应当通过几种方式参与流通过程。那些希望卖粮而又不想暴露自己的粮食储备者可适度将粮食卖给知县，知县将粮食拿到市场上卖，同时又保守粮食来源的秘密（陈宏谋规定在这种情况下，知县应当在同一地区买卖粮食）。① 县级“公项”在某些情况下被用来资助上述提到的由社会精英投入的递减粮食基金。最为了不起的是，陈宏谋仿效朱熹推崇的榜样，将县里的“公项”资金发放到每一位精英手里（他们大多可能是职业商人，但具体未弄清），他们持有政府发放的执照，到省内的其他地区或外省买粮再回来卖。在运输途中严格禁止官员干预运输。粮卖之后，原银要返还给县财政，但精英们还可以得到预期的利润（执照持有者廉价购进，高价卖出）。陈宏谋明确赞成以利润驱动来加速粮食流通，这种利润的获得，由于政府资助更加合法化了。②

即便这些努力使地方精英投入到了对百姓的救济，粮荒还是不可避免地使富人与穷人势不两立。而且由于陈宏谋对精英们买粮和卖粮自由的维护，又加重了这种紧张关系。他对此非常清楚。他在1743年江西和1748年陕西的情况报告中尽是关于“贫富相持”（意即穷人与富人间的冲突）的评论。③ 但他实事求是，没有危言耸听。一位学者统计：仅在1743年，江西的“粮食暴动”就不下160起。④ 我们已经注意到，知识渊博的历史学家重田德（Shigeta Atsushi）认为陈宏谋的做法是为地主利益服务的。⑤ 但是陈一贯将自己打造成在危机中与广大“民意”一致的人（我们在下面会谈到这一点），并且他还认为：“本都院于富户、贫民，本无歧视。”⑥ 他的这一说法是有道理的。

虽然陈宏谋对此坚信不已，成功地将自己打造成百姓斗士的形象，但他

---

① 《培远堂偶存稿》16：3-5。

② 《培远堂偶存稿》16：6-7，16：14-15，27：14-15；《从政遗规》2：25。想了解朱熹对这些建议的支持，参见 Richard von Glahn，“Community and Welfare：Chu Hsi's Community Granary in Theory and Practice，”见 Hymes and Schirokauer，226。

③ 《培远堂偶存稿》16：14。

④ Wong，“Food Riots，”774.

⑤ Shigeta，“Shinshu ni okeru Konan beishichō no ikkosatsu，”478.

⑥ 《培远堂偶存稿》15：20-23。

的一些经济逻辑还是缺乏远见。他有一个假设：理智的人都会及时应对市场变化，因此当需求产生，储备粮食就得以对买家和卖家都公平的方式投入市场。但这种假设是幼稚的或者错误的。由于它完全忽视了经济杠杆作用，忽视了可自由定价粮食拥有者和无粮的迫切需求者之间不平等的事实。当他用压低粮价的办法，来维护小生产者家庭的生存的时候，由于其不了解市场经济中的这种不平等的事实，他的政策肯定有利于富人。

不过，陈宏谋在赈灾工作中采取的措施远不仅仅是源于上层精英自我关照的偏见，而是更多地出于他对社会和国家职能的特别考虑。陈宏谋总是告诫穷人“安分”才是最大的利益所在①，富裕和贫穷主要都是命运。维持社会秩序与和谐本身是一件好事，且造福所有人。基于这个假设，陈宏谋可以说自己在1748年陕西饥荒中强化管制，完全是出于“爱民”②。他承认阶级利益不同的现实，但仍寻求超越现实，并通过加强乡邻亲友关系来努力缓和阶级间的紧张气氛。③ 虽然他认为的聚众暴力和富人对穷人疾苦的麻木不仁都是不道德的，但他将这两种行为都斥为反社会行为。社会和谐是所有人的长远利益所在，但是由于人们通常目光短浅，开明的官员就有责任使人们看到自己善良的本性，同时要重申顾全大局的重要性。

（六）一种可选的经济方式

陈宏谋关于国家和市场职能的卓越见解从何而来？在当时又有多么卓尔不群？宋史学者韩明士分析了一名不为人知的南宋官员董煟在其《救荒活民书》的短文中表明的观点。他的看法与陈宏谋在六百多年以后提出的见解不谋而合。④

---

① 《培远堂偶存稿》15：23，26：2，27：15。

② 《培远堂偶存稿》26：2。

③ 《培远堂偶存稿》27：15。

④ Robert P. Hymes，“Moral Duty and Self-Regulating Process in Southern Sung Views of Famine Relief，”见 Hymes and Schirokauer，280－301。以下将要谈到的是董煟的文章，其题为《救荒活民书》，收录于俞森的《荒政丛书》（1690；再版，台北，文海出版社，1989），卷1。我对董煟观点的讨论以这部丛书所受的董煟著作的影响为基础，此外，还参考了 Hymes 的研究，我完全同意他的观点。若想了解其他有关成果，可参见 Will，“Market-Place and Market Principle”。

董焻和陈一样坚决反对政府妨碍粮食生产的三种干预形式：首先是禁止本地粮食外运。其次是管控价格，董焻认为："官抑其价，客米不来。"① 最后是多种形式的针对富人的强制性售粮或供粮，在这一点上，董焻的看法颇受争议。董焻认为这种做法美其名曰"劝分"，但毋宁说是"病民"。他这样写道：在价格最合适的时候,存粮户自会卖粮。任何强迫卖粮的做法，其实质都是区别对待富人和穷人，其结果只能是迫使存粮户偷藏米粮，而穷人因为市场无粮遭受的不幸是最大的。②

董焻指出在防范饥荒时，政府应积极主动地应对市场需求。他提议依靠常平仓来影响地方的粮食供应和价格，与陈宏谋的做法如出一辙（参见第八章)。不过与陈相比，他更相信地方粮食供需能自发地指导合理的粮食价格。③ 政府的作用理所当然地包括在受灾严重的地区分发救济物资。不过，和陈宏谋一样，董焻认为用现钱救济胜于用物品救济，因为现钱能够刺激市场交换行为。董焻将"劝分"一词反其道用之，声称"劝分"的最佳途径是召集地方上的权贵从事真正有利可图的买卖，以低价从外地购粮再以高价在本地售粮。

正像韩明士（Hymes）所观察到的，董焻实际上希望市场是一个能够自发调节的必然的组织形式，而市场行为当然是完全合乎人之常情的。④ 韩明士认为在这一点上董焻基本上与推崇朱熹理学的赈灾人员背道而驰，尽管两者之间也有相当多的相通之处。后者强调有权势的人讲求道义，慷慨解囊，捐粮助困，并更加认同政府对道德责任感的推行。⑤ 虽然我们看到陈宏谋采取的措施没有像董焻描述的那么强硬——比如在某些情况下他会禁止粮食外运，另外，他也会责令地方的存粮户开仓放粮——但是陈显然与董焻的立场相近，所以韩明士认为陈宏谋不太受理学思想的约束。韩明士对以上两种立场的对比有些失之偏颇（毕竟陈宏谋表明两种立场在实际情况下是能够彼此调和的)，不过我们不免仍要惊叹，一个生活在 18 世纪的朱熹的忠心追随者

① 俞森，1：5；参见 Hymes，296。
② 俞森，1：4；参见 Hymes，297。
③ 俞森，1：1。
④ Hymes，298–99.
⑤ 参见 Hymes：Southern Sung Views，尤其是 286，299，309。

陈宏谋在观点甚至在用词上能与董煟如此契合。

韩明士并未着重渲染董煟的作用。他认为即使在董煟所处的时代，董煟也只发出了不同于主流的声音而已，看不出对后世有什么久远的影响力。可是研究现代初期的学者却持相反的观点。清朝的官吏可能不知道董煟是何许人也，但是不会不知道他的著作。明末知名的社会活动家陈龙正（1585—1645）将《救荒活民书》再版并加注；俞森于1690年编写的《荒政丛书》是在清朝初期和中期最广泛发行的有关供应政策的书籍，其中董煟的著作被全文重印，成为丛书的首卷。全文重印后的《救荒活民书》还被搜集在1781年编写的《四库全书》里。① 魏丕信的研究也表明清朝其他时期编写的手册也选用了该书。② 俞森在注解中大力推崇董煟的见解。例如针对避免价格管控，他评述道："盖价高，则远贩自多。"米多，则价值自平。这便是"理势之必然"。③

相当奇怪的是，没有发现陈宏谋在其作品中提及董煟或俞森。实际上，他自认在赈治饥荒的政策上受到了17世纪福建学者颜茂猷著作的影响。在他于1742至1743年间赈济江西饥荒期间编定出版的《从政遗规》中摘引了颜茂猷的《官鉴》。④ 显而易见陈在赈灾方面的成熟想法是于江西任职时期形成的。早先，像1736年他在云南的时候，他似乎更乐于强令存粮户"平价"售粮。⑤ 然而韩明士告诉我们这样一个不容忽视的事实，正是在董煟思

---

① 据我推测，陈龙正之所以再版董煟的著作是因为俞森的版本中包括许多陈宏谋所写的读书注解。

② Will, *Bureaucracy and Famine*, 9. 至于董煟的著作在明朝所带来的影响，Joanna F. Handlin Smith, "Chinese Philanthropy as Seen Through a Case of Famine Relief in the 1640s," 见 Warren F. Ilchman 等编, *Philanthropy in the World's Traditions* (Bloomington: Indiana University Press, 1998), 147-148。

③ 俞森，1：5-6。

④ 《从政遗规》，序言（所注日期为"乾隆七年冬至"），2：14-29。颜茂猷（1634年进士）也是明朝丰年运动的发起者和宣传者，他同时还创办了一所当地的慈善救济会（同善会）；参见 Handlin Smith, "Chinese Philanthropy," 尤其是151-152。当陈宏谋在江西任职的时候，其著名的京城同僚方苞向他推荐了一个姓付的、姓赵的和方苞三兄方舟（1665—1701）的关于赈灾的文章。但是我不能证实陈是否读过这些东西。方苞：《遗集》，64。

⑤ 《先文恭公年谱》2：14；Kishimoto, "Keizai seisaku," 23。

想的基础上，清政府形成了以江西赈灾模式为传统的政治经济理念。①

无论是知其人还是不知其人，董煟的思想显然都构成了代代相传的赈灾理论，或者说更宽泛意义上的政治经济理论，从12世纪一直延续到清朝。这一政治经济理论不仅仅代表了儒家的立场，更确切地说，它由来已久，合乎情理，而且我觉得在步入近代早期之际的中国，它更加深入人心，被广为接受。举例来说，岸本美绪描述过一场18世纪40年代的辩论，针对1743年皇帝斥责囤积居奇的诏令，为数众多的高级官员，像安徽巡抚范璨、两广总督策楞等都公开反对价格管制，赞成个人的存粮做法，认为这种行为既合乎道义又造福社会。② 几乎与此同时，苏州学者惠士奇（1671—1741）也指出价格管制阻碍外粮运进，最终会得不偿失，事与愿违。③ 虽然这些人都不曾与陈宏谋打过交道，却与陈宏谋英雄所见略同。

由此可见，为解决生存危机而断然采用市场手段的决非陈宏谋一人（我们已经看到一位与方苞名望相当的人对陈的措施的极力赞赏），这种观念当已包含在清朝高层官员的主流思想中。当然陈的做法也非人人欣赏，它受到了来自双方面的反对。一些人，如陈在陕西巡抚的继任人钟音采取了较为强硬的立场，在一次不算严重的饥荒中，强令粮商以每石不高于成本0.3两的价格出售粮食。④ 然而另一些人，如陈宏谋18世纪40年代在江西任职时的下属以陈允许个人存粮（或许是出于权宜的考虑而不是理念）为由，放纵自己的行为，大肆囤粮，被陈谴责为有悖"仁政"⑤。在这场粮食供应问题上政府应不应当干预的持续争论中，陈宏谋所做的最特殊的贡献当属他在实践中摸索出的一系列行之有效的方法。在下一章里，我将探讨在粮食供应以外的领域里，陈是如何贯彻他的市场理念的。

---

① Robert P. Hymes, *Statesmen and Gentlemen: The Elite of Fu-Chou, Chiang-Hsi, in Northern and Southern Sung* (Cambridge: Cambridge University Press, 1986), 164-166.

② Kishimoto, "Keizai seisaku," 23, 28.

③ 惠士奇：《荒政》，见《皇朝经世文编》41：7-41：9。

④ Will and Wong, 145-146.

⑤ 《培远堂偶存稿》16：3-5。

第六章
养

上一章我们讨论了陈宏谋关于粮食供应的看法，这一章将进一步探讨陈与同时代的人如何看待经济运行。经济政策的目标是什么？政策的制定是为了保护或促进什么样的价值观念和风俗习惯？政府干预经济过程所受到的限制是什么，以及政府能在哪些领域中有效的干预？

陈和他的同僚们在讨论经济问题时，常频繁使用一些概念来阐述他们的观点，这一章就从分析他们是如何使用这些关键词为切入点展开讨论。18世纪的中国既没有当代西方式的经济学传统，也没有关于政治经济学的哲学讨论，他们使用一种可与他们的听众相互共鸣的术语制定政策、为自己的政策辩护、建立他们的经济观点，分析这些语言或许是进入18世纪中国精英阶层经济思想的一条捷径。尽管这些习惯用语绝大部分起源于古代，我没多大兴趣追溯它们的历史，我的兴趣当然是更加具体地理解这些术语在陈宏谋那个时代的含义，以及陈在运用它们时是否展示出他自己的独创性。

我引用研究明朝史专家罗梅因·泰勒（Romeyn Taylor）颇有争议的观点作为开篇，他最近极富挑战性的研究在许多方面对于我形成自己关于中国帝制后期精英思想的观点至关重要。在一项明显受卡尔·波兰尼（Karl Polanyi）实体论影响的分析中，泰勒宣称在"非现代"社会——帝制后期的中国社会，"经济"概念不像在"现代"世界是"自治的市场"的概念。经济范畴在一定程度上"从属于别的多种社会关系"。经济被解释为"生计"比较恰当，即"一个已经实施的满足物质需求的相互合作的过程"①，仅此而

---

① Romeyn Taylor, "Chinese Hierarchy in Comparative Perspectine," *Journal of Asian Studies* 48.3（August 1989）：491. 有关Polanyi的理论，见George Dalton编：*Primitive, Archaic, and Modern Economies: Essays of Karl Polanyi*（Garden City, N.Y.：Anchor Books，1969）；特别可参见Dalton的介绍，9-14。关于"实体主义"和"形式主义"辩论，参见Philip B. Curtin, *Cross-Cultural Trade in World History*（Cambridge：Cambridge University Press，1984），14。

已。他接着说："中国帝制后期的思想体系中，普遍把经济理解为人们实实在在的生计，因从属于官方意识形态而得到它的认可，与利润（'利'）截然不同，利润来自于谋取私利的邪恶。"① 当然，泰勒承认在实际生活中试图谋求利润最大化的市场行为是存在的，而且文化和政治精英也意识到了这一点。然而，他坚持认为，"正统的社会秩序总是用一个又一个方法与其斗争"，因此，一个"现代"的自治的市场尽管从来没有被完全"压抑"②，但却被有效地控制。

然而，本章和整本书中提供的证据表明泰勒的观点若从儒家经典所阐发的社会思想来看似乎是非常有道理的，但实际上是大大夸张了，而且任何参照实体论的模式试图去理解清朝的经济思想和政策将会误导人们。清朝的经济思想如同在任何社会一样都是在特定的文化背景下加以理解和阐释的，并且经济政策通常都是服务于为文化认可的价值观念和风俗习惯。然而，这决不意味着当时的人们对于不以文化观念为转移的自主的又有约束性的经济规律一无所知——事实上，他们创造性地运用这些规律，甚至试图追求可以超越满足于最低的物质需求的经济发展。

我们的研究对象——陈宏谋，无可否认属于 18 世纪中国精英阶层的一员，而且是一位精通经济问题的行家里手，他的经济观点在相当程度上代表了士大夫思想的主流。本章内容将会展现陈复杂的经济思想及其特殊的文化内涵。

（一）民生

我们应该首先理解"生计"这个概念，泰勒认为这个概念是帝制后期经济思想的核心。恰如中国惯用的"民生"，"生计"确实是清朝学术界经济论述中使用最基本、最广泛的术语。记得孙逸仙先生在"国民的生计原则"（"民生主义"）中"生计"一词的使用，"民生主义"是被广为传布的"三民主义"之一，民生的概念不是孙先生首创。事实上，正如大卫·斯特兰德（David Strand）所阐明的，即使在孙那个时代，他用当时流行的词语也是为

---

① Taylor, "Chinese Hierarchy," 494.

② Taylor, "Chinese Hierarchy," 500-501.

其思想目的服务。[①] 事实上，比孙逸仙早两个世纪，“民生”一词就充斥于陈的话语之中。

陈宏谋几乎一直把民生认为是任何一个官员应首要考虑的政策目标，任何人接受官职都要把民生作为自己的使命。[②] 张允随是一个对陈的官场生涯产生重大影响的前任上司。陈颂扬他时，突出强调了张一心一意致力于民生，给陈作传的作家也颂扬陈为官之道即为民生。[③] 这决不表示陈在当时是多么的不同寻常。确切地说恰恰相反。尽管在漫长的帝制时代中民生可能一直都是官吏们的主要议题，但从来没有像 18 世纪中期那样占据了如此显著的地位。在整个国家范围内对生计的关注一下子跃到官员意识的首位。从 1735 年至 1737 年，新登基的乾隆皇帝宣布把致力于解决民生问题作为他未来统治的重点，他制定的一系列综合法令为他的统治奠定了基调。在随后的几十年里这个词在众多关键的皇家话语中占据最突出的位置。[④] 他手下的官吏无论他们自己偏爱什么都必须与此保持一致。

民生作为政策目标好似任何事物一样都需要“培育”（“养民生”），或者于民有利（“利民生”），陈喜欢简称为“帮助”或“便利”（“资生”）。[⑤] 在许多使人意想不到的领域，陈宏谋提出了引导官员们关注民生的合理倡议，这些领域包括改革税务征收、处理民事诉讼、禁赌、镇压土匪等。[⑥] 民生受到普遍关注而且成为不容置疑的行动的目的。

那么，“民生”到底意味着什么？解答这个问题的方法之一就是看这个词在话语中是怎样搭配的。正如许多年前墨子刻所说，清朝官员的文章在论

---

① David Strand, *Rickshaw Beijing: City People and Politics in 1920s China* (Berkeley: University of California Press, 1989) 128－29, 256－57.

② 这里有很多例子，参见《培远堂偶存稿》20：24；《训俗遗规》4：1；《从政遗规》2：1；《课士直解》7：10－12；《陈文恭公书牍》1：8，2：4－5，2：6，3：5－6。

③ 《培远堂文集》8：29－33；《临桂县志》29：12－15。

④ 至于 1736—1737 年间的法令可参见宋希庠，78；Kishimoto, “Keizai seisaku,” 31。后期重要的例子包括以下谕旨：乾隆 3/1（《东华录》7：46），乾隆 12/12（《乾隆实录》304：16－18），乾隆 13/7（《东华录》28：26）。

⑤ 奏折，乾隆 21/12/30，见《宫中档乾隆朝奏折》16. 217－18；《陈文恭公书牍》1：4－5；《先文恭公年谱》4：20。

⑥ 《培远堂偶存稿》12：12，13：32－34，15：7，29：10，34：28－29。

证时有一个典型的形式，即强调一项建议性的政策要一举两得，要同时有助于X和Y。① 陈宏谋有这方面的偏好，他经常将民生——社会的安乐和政府的利益结合起来。他经常将民生与官员维护秩序（“吏治”）的利益，与成文法律（“国法”）的利益，与税收（“国课”）的利益联系起来，更为常见的是将它与完成国家预算的利益（“国计”）联系在一起（以上所有情况表明都是将民生利益放在首位）。② 陈命令下属详细调查他们各自管辖范围内的情况，并将民生确定为必须向他汇报的四个方面内容之一，另外三个分别是当地的行政管理（“吏治”），民众的精神状态（“人心”）以及当地的社会习惯（“风俗”）。③ 很明显，民生指的是人们生活的物质状况，在某种意义上指的是生活水平，陈宏谋强调指出最近几年民生下降，原因是人口增长日益给资源造成了很大的压力。④

以上引用的乾隆皇帝的圣旨主要在特定的环境谈及民生——粮食生产，似乎在皇帝的思想里二者有相同的外延。陈宏谋并不如此认为。当然，他的确将民生和“民食”（百姓的食物供给）联系起来，然而在他看来二者明显不同。实际上，陈所说的民生不只限于单纯的粮食生产，还包括其他东西。他赞成扩大货币供给以刺激商业经济促民生，支持开采矿藏作为非农业产业和就业的新经济部门以促民生。⑤ 陈在这些场合使用“民生”一词很可能代表了他在当时的论述中有意尝试着使民生这个词的含义得到民众的认同。然而，这个词明显具有广泛的含义。

我认为，陈宏谋是用强调生产力和财产的含义来淡化民生本来表示生计和稳定就业的含义。例如，1747年在湖北省推进税务改革时，他声称他的目标是普通人（“小民”）可以达到“无忧虑其财产，维持其生计”（“乐业管生”）的状况。1737年在云南省他提出劳力服务改革，这些改革旨在减轻

① Metzger, *Internal Organization*, 55-56.

② 奏折，乾隆7/6/18，宫中档，台北；《培远堂偶存稿》11：7-9，11：42-43，13：28-30；《在官法戒录》，序言；《先文恭公年谱》5：8；《皇朝经世文编》53：27-30。

③ 《培远堂偶存稿》17：3。

④ 奏折，乾隆7/4，引自《先文恭公年谱》4：20。

⑤ 奏折，乾隆7/2/21，9/3/1，中国第一历史档案馆；乾隆10，见《皇朝经世文编》53：27-30；乾隆21/12/3，见《宫中档乾隆朝奏折》16.217-18。

“加于人民身上的负担”，刺激他们“生产个人财产”（“生业”）。①

如何提供有利于激发人们生产力（或“民力”）的环境一直是陈的文章关注的焦点。他明确表示，民力既包括劳动力，也包括其他的生产性的资产（土地、劳动工具、劳动技能），他对民力的看法不只是简单地局限在经济方面，而且还有对道德和宇宙观的理解。这个词语有时候与“元气”——宇宙原生的生产能量交换使用。他清楚地认为民力是天良的主要构成成分，也是天赐予人类最基本的资源。② 因此，官员不只是对人民而且对天有道德义务，保护和培育人民的经济生产力。陈经常反复地援用这项义务作为依据，命令免除沉重的税赋。对民力的关注就是轻徭薄赋，一旦灾害发生，立即免除百姓的税赋。对民力的关注也要求关心税收使用的方式。陈从不曾忘记提醒他的同僚：要求人们抬一次轿，都是在消耗他们一部分有限的民力。③

然而，爱惜民力并不证明无作为完全是合理的。例如，陈宏谋1750年为陕西省一场清理未偿还的粮贷辩护，理由是当时的民力已足够承受政府要促使偿还的贷粮。而且政府富有创造性的政策实际上能释放出（“输”）民力，使它效率更高，更勤奋（“劲”）。这也是官员们的道德职责。④ 民力是一项重要的资产，政府管理者应仔细计算，不仅要监督它的支出，而且要精心规划其投入。

（二）财产

除了民生和民力，人民还有一个特性——民业，陈宏谋把它作为国家经济政策的目标。与它现在的用法相同，清朝中期“业”也不止有一个意思。它的含义很广，从工作、职业或行业到单个生意或一个企业，还有物质财产

① 《培远堂偶存稿》2：32—35，25：47—49。

② 奏折，乾隆7/6/18，9/3/1，中国第一历史档案馆；《培远堂偶存稿》2：28，4：44—45；《陈文恭公书牍》2：18。

③ 《陈文恭公书牍》3：10。参见《培远堂偶存稿》26：1—3；《先文恭公年谱》4：20，6：18—19。对维护“民利”的关注也是乾隆皇帝登基期间开展全国范围内减税运动的根本原因，参见徐旺瑜的奏折，雍正13/11/20，引自Zelin，267。

④ 《培远堂偶存稿》4：45，29：14—15；《陈文恭公书牍》1：4。

或资产等。单独使用时只是强调一种或另一种独立的意思；陈宏谋所有的意思都使用过，经常是一次表示多种意思。例如，他谈及一个家庭在追求生产效率最大化时，女性和男性不同的业（这里很明显指的是“任务”或“工作”）必须相互配合。① 他也经常谴责“无业”（失业）的情况。他认为一些地方的失业率正在升高，导致了民力资源的浪费。此处失业和“无财产”的意义相同，因为他有时在类似的段落里用没有歧义的“无产”（没有财产）代替意思更为广泛的“无业”。②

通常，当陈谈及国家保护民业的义务时，他在强调私人财产这个意义。③当陈提到因政府健全的政策不断增加的农田时，他显然在强调人们的总财产或总财富。他将通过社仓贷粮给“有业之人”，尤指用贷出的粮食作种子的农民，这里“有业之人”是“有财产的人”的意思。④

当我们在第九章中阐明陈关于人的经济地位的观点时，对于财产从何而来他不时地得出相互矛盾的解释。一方面，他安慰穷人，一个人财富的多少基本上是命运决定的（“贫富有命”）。另一方面，他认为私人财产的积累来自祖先传下来的财产（“祖富贻已”），或个人的劳动和节约（“本人勤俭”）。无论来自哪一方面，个人财产权利都几乎是不可侵犯的。⑤

这里我使用权利一词似乎有些问题，但我认为这是站得住脚的。人们经常注意到（确切地说，就我能确定的情况）个人的“权利”这个概念从西方引进以前从没有在中国的词典中被清楚明白地解释过。例如，最近一项有见地的研究表明，汉语“人民的权利”（“民权”）一词直到 19 世纪 70 年代末期才出现，是从日语中借用来的新词。⑥ 这个概念没有明确的定义显然揭示了中国相对贬低个人价值的传统。然而，正如黄宗智在研究清代民事诉讼的基础上，已经明确地证实法典中有一个“积极的原则”（虽然还没有阐释），

---

① 《训俗遗规》(1769)，4：12。

② 《培远堂偶存稿》10：3-18。参见奏折，乾隆 9/3/1，中国第一历史档案馆；《培远堂偶存稿》26：1-3；《皇朝经世文编》34：50-52。

③ “民业”这种用法可能是当时习语中的“小民动业”的简写，这个词曾在康熙晚期的奏折中出现过，高王凌在他的《人口的增长》中（26）引用过这个奏折。

④ 寄托庸书，见《陈文恭公书牍》2：5；《培远堂偶存稿》33：17-22。

⑤ 《培远堂偶存稿》15：20-23，20：18-19；徐栋：《牧令书》，4：25-26。

⑥ 熊月之：《中国近代民主思想史》(上海：上海人民出版社，1986) 11。

即私有财产权利事实上已经存在，而且国家积极地保护这项权利。① 我以为当陈宏谋主张私人财产所有制的概念“最终来自理性的原则”（“原属情理”）时，实际上他已经相当具体地表达了这个概念。

基于优先考虑的理由（它是天意），同时为了维护其统治，政府当局有义务尊重和保护私有财产权利。那些被剥夺了私有财产的人在社会道德秩序中没有利害关系，因此他们对社会的威胁是显而易见的。陈写道：那些没有财产的人（“无产”、“无业”），自甘堕落。国家只有通过向他们提供财产、生计和就业才能改造他们——所有这些可以简单地概括为“恢复他们的业”（“归业”）。② 同样，陈劝导人们不要因为诸如赌博、滥诉或者闹饥荒时逃跑等劣行而失去他们的财产和生产能力（“失业”）。③

陈引用一系列相关的词语表示他关注的目标——“民膏”以及“民肥”（照字面意思即“人民的脂肪”），这些词语毫无疑问揭示出他的所有权理论包含的两个观点：生产和盈余的积累。他指出，私人拥有的谷物盈余代表“普通人的血汗”，为了“以蓄民膏”，政府应当适时调整修改财政政策。④ 按照陈的观点，即使是税赋也不应该被看做国家理应得到的，应该看做人民自己积累的一部分盈余（“肥膏”），他们将其交给国家用于管理公共事业；因此称职的官员应始终注意将税赋维持在最低水平。⑤

同样，这一思想还贯穿于陈解决诸如救济分配和宅基地的经济政策之中。在制订这些政策时，他强调不仅要鼓励经济自立而且鼓励企业家能力；在一项政策说明中，他使用现代词语“资本”一词表示私人粮食

① Huang，*Civil Justice*，第4章。Melissa Macauley 曾进一步论述道：18世纪的清政府曾在民事判决中通过向广大老百姓灌输不动产所有权的概念来试图巩固私人财产权，参照中国东南部的许多按惯例而形成的不完整的所有权体系（例如田皮和田骨的所有权）。参见 Macauley，“Civil and Uncivil Disputes in Southeast Coastal China，1723-1820，”见 Kathryn Bernhardt and Philip C. C. Huang 编，*Civil Law in Qing and Republican China*（Stanford：Stanford University Press，1994），85-121。尽管这不是陈宏谋所一贯重视的，但他还是试图于1734年在云南通过禁止任何有条件的或带有赎买权的土地交易；《培远堂偶存稿》2：16。

② 《培远堂偶存稿》10：3-18。

③ 参见《培远堂偶存稿》26：1-3，3：45-47。

④ 《培远堂偶存稿》22：21-22。

⑤ 奏折，乾隆8/8/26，中国第一历史档案馆。

的积累。① 像一个新古典经济学家那样，他认为私人财富——盈余积累的结果有助于维护集体的利益（“大利”）；它不仅是歉收时期可供社会使用的储备物资，也是刺激商品流动和促进经济健康发展所需的购买力。② 因此，在各个不同的政策领域，陈始终认为私有盈余的积累永远不能被国家或社会力量擅自挪用。③ 财产所有人对盈余的保留权和处理权必须得到尊重。

在我看来，所有这些观点与西方现代财产理论，尤其是约翰·洛克（John Locke，1632—1704）信奉的理论非常相似。④ 很明显，陈与洛克生活的政治和文化背景相当不同，因此不应做太多的类比。然而，我感到将洛克的观点作为参照物，将有助于我们更好地了解哪些观点陈有所阐述，哪些没有。如同我所读到的陈宏谋的资料，他与洛克的观点在以下几个方面是一致的：(1) 所有权是神灵（洛克称为“上帝”，陈称作“上天”）赋予的天然的权利；(2) 这个权利包括了最基本的人本身的所有权（这一点所隐含的个人自由问题，陈从未作系统的阐述，但大部分认为是当然的）；(3) 个人的劳力是个人的财产，因此可以自由地在市场上买卖（看下面我对苦力的阐述）；(4) 一个人积累盈余的权利随他投入的劳力的大小而变化，至少大部分情况如此；(5) 所以，对财产权和社会剩余产品的权利不是特权阶级天生的权利。一位是信仰天的虔诚的理学拥护者，一位是敬畏上帝的基督教徒，对陈和洛克来说，所有这些原则都是天意在人间的反映。

但是，洛克（或西方国家紧随其后的继承者）还提出陈及其同时代的中国精英所没有的观点，它们同样非常重要。第一，这些观点把“无限剥夺”财产当作天然的权利。陈宏谋却恰恰相反，他认为个人所有权与他的美德/

① 《培远堂偶存稿》16：3。

② 《训俗遗规》(1769)，4：21。

③ 参见奏折，乾隆 7/6/18，中国第一历史档案馆；《培远堂偶存稿》21：13；《培远堂文集》10：17。

④ 我对 Locke 的观点的理解是基于他的 *Second Treatise of Government*，(C. B. Macpherson 编，Indianapolis：Hackett，1980)。一些研究清朝经济的历史学家所作的与 Locke 有关的比较性研究也给我很大启发。这其中包括 Lin Man-houng，参见其 “A Time When Grandsons Beat Their Grandfathers：The Rise of Liberal Political-Economic Ideas During the Monetary Crisis of Early Nineteenth-Century China，” *American-Asian Review* 9.4（Winter 1991)：6–9，该文把 Locke 的观点与龚自珍的观点放到一起讨论。

理性（“天良”）并不冲突，但每个人应为人类共同的利益而节制自己的贪欲。第二，洛克认为一个人的理性程度是由一个人的经济地位决定的（也就是说，计算收益和损失时作出理性的判断由日常的需要决定）。而陈认为理性和财产权都来源于上天共同的原则（“天理”），二者必定为所有人具有。

更微妙的是关于剥夺公民权的问题。像 C. B. 麦克弗森（Macpherson）①解释的那样，洛克认为财产所有权是成为完全意义上的文明社会成员的必要条件，那些为了生存而不得不出卖劳动力的人（放弃他们的人身所有权）由此失去他们的理性以及所有的政治权利。政治代表权对洛克是一个问题，但对陈宏谋无所谓，陈关注的是社会和共同体成员资格的问题。像我们看到的那样，陈非常不信任那些没有财产的无产者和无业者，在某种程度上把他们看做社会的累赘。但由于相信无产者天生的潜在理性和善良，他认为与其划一条界线将无产者排除在外，不如挽救他们。

就本书主旨而言，洛克和陈宏谋经济思想里最显著的不同之处在于他们对财产所有权的不同看法。从我的整个研究中，我发现陈与其同时代人的许多观点，即使称之为“个人主义”也不为过。但是，按照洛克的观点，财产所有权的中心是个人，在陈所持的正统儒家思想中所有权的归属是家庭。②陈认为，财产权若与家庭无关联，就无丝毫社会经济意义。例如对社会不负责任的阶级之所以威胁社会是因为他们既没有财产（“无业”）也没有家庭（“无家”），陈宏谋制定各种政策目的是改造他们。③ 将所有权归属固定到中式家庭的决定当然与文化有关（西方现代化初期决定将所有权归属固定到个人也一样是与文化有关），这凸显出文化因素对经济思想和理念的制约。陈

---

① C. B. Macpherson, *The Political Theory of Possessive Individualism: Hobbes to Locke* (London: Oxford University Press, 1962)，特别是其中的第 5 章。Macpherson 对 Locke 观点的唯物主义地诠释招致了许多批评。其中最有影响力的批评当属 James Tully, *A Discourse on Property: John Locke and his Adversaries* (Cambridge: Cambridge University Press, 1980)，特别是其中的第 6 章。但是，对于我这样一个对 Locke 思想的起源和历史背景没有兴趣但喜欢做比较研究的学者，Macpherson 和他的批评者之间的观点是可以融合的。

② 陈宏谋看来，所有权可以是一个大的实体，譬如家族或地方社区的财产所有权，像他常说的“公物”和“官物”；《培远堂偶存稿》4：22—25。也可参见我在第十一章中对社区和公共部门的讨论。

③ 《培远堂偶存稿》，10：3—18。

宏谋认为他的家庭所有权的观点与自然揭示的真理相一致，洛克对自己的财产权理论也作如是观。

（三）家庭结算（家计）

伊沛霞（Patricia Ebrey）敏锐地注意到帝制后期中国两种可能对立冲突的家庭模式的不同，一个是以宗教仪式活动和父系关系网为中心的父系家庭（“宗”），另一个是强调物质利益的家庭群体（“家”）。① 一旦把他们看成是截然相反的概念，那么以宗为中心与以家为中心规定的行为选择经常不一致（例如收养的习俗）。尽管伊沛霞的区分非常有用，但这两个概念在陈宏谋关于家庭所有权归属的观点中天衣无缝地交织在一起，这一点非常重要。例如，回忆一下他是怎样强调财产的双重来源——个人勤劳和祖先留下来的财产——二者都被当作财产权利不言而喻的理由。同样，家庭财产不仅是目前家庭成员的财产而且是未来后代的财产：“所言月计、岁计、子孙计，非沾沾惟利是计也。量入为出，理自如此。人之物力，止有此数，妄用则不继。”②

在陈宏谋看来，不是任何一种家庭结构都可以成为财产所有权适当而且经济上最有效的栖身地，只有那种高度个体化并符合儒家礼教规范的家庭组织才堪此大任。不了解这一点，就无法进一步理解陈宏谋的财产权理论的文化内涵。陈在18世纪30年代在云南省任职期间，极度热情地致力于用典型的儒家式的家庭取代当地土生土长的少数民族的亲属结构。理由是文化同化可以提高经济生产效率。③ 同样，在清朝高度发达的江南地区，陈痛心疾首地斥责一些家庭习俗，例如婚庆上铺张浪费的彩礼和琐碎的仪式，不仅背离了传统的文化而且威胁着相关家庭的家计——财务偿付能力和预算规划。④

一言以蔽之，陈把家计，主要指对家庭财产的统筹，视为经济和社会的

---

① Ebrey, “Conceptions of the Family,” 225–26.

② 《训俗遗规》1：12。可比较一下龚自珍关于赋予“农宗”财产权的讨论。Lin Man-houng 在“When Grandsons Beat Their Grandfathers”一文讨论过这个问题，6–9。

③ 参见 Rowe, “Education and Empire,” 尤其是 424–425。

④ 《皇朝经世文编》68：4–6。

根基，因此，政府的任务就是保护家计持续不断和有效地运行。家计是“家庭规章制度”（“治家”）中一个极其重要的组成部分（虽然不是全部），《大学》和大量由陈宏谋及其他与之思想相近的知识分子所著的文章中将家计确定为人类最基本的道德责任之一。陈认为合乎文化正统的“治家方式”（“家道”）是达到全社会最大物质富足（“大利”）最稳妥的途径。① 因此，在每一个职位上，他都要求下属根除有害的文化习俗，向他们治理下的民众灌输“小家庭的预算规划”（“小民身家之计”）的思想。②

在这方面，陈自觉地融入清朝中前期制定经济政策的主流思想，该思想反复强调维持小生产者家庭（“家给民足”）是其经济政策的目标。③ 正如陈自己断言的那样，以家庭为单位最能维持人民的生计，促进经济的发展以及“永远消耗不尽”（“无穷”）地扩展经济利益。④ 因此他认为开垦土地的计划不应该当作大规模的全国计划，也不应该交给大的私人土地开发者，这项计划必须建立在小生产者家庭的基础上才会有效；他也力促政府购买粮食，作为支持农业价格的手段，尤其是使小生产者家庭受益，避免出现灾荒时这样的家庭“无法维生”（“无接济”）。⑤ 重点应是家庭的繁衍，而不仅仅是生存；在一篇重要的论述中，陈声称：“败家门者，止于一家。败家世，必贻害于天下。”⑥

小生产者家庭世代繁衍是文化和经济的自然需要。在1755年陈宏谋给湖南省县官发布的指令中最好地说明了这一点，陈指令他们买光粮食，由于谷物的价格因为丰收而大幅度降低。他写到，小生产者把依靠政府购买所获取的现款用来支付婚丧嫁娶所需的费用，这两种礼俗是一个家庭繁衍不断的保证。在此他把这两项经常的开支（与税赋）列为极其重要的项目。至少在该文中，他认为，农家为了保证这些事关家庭繁衍不绝的礼仪活动的进行而从

---

① 《训俗遗规》(1769)，4：12。

② 《培远堂偶存稿》4：46。

③ 高王凌：《人口的增长》，25。高的注释非常用心，我很同意这一点，那就是这个经常被提及的习语决不暗示任何自然经济形态下家庭的自给自足。

④ 《培远堂偶存稿》33：17。

⑤ 奏折，乾隆19/9/9，见《宫中档乾隆朝奏折》9.533－34；《培远堂偶存稿》29：14－15，32：40－42；《皇朝经世文编》34：50－52。

⑥ 《训俗遗规》3：22。

事商业化农业生产，通过进入市场而获取现金，这类行为是理所当然的。①

陈个人的家计管理与他上述的理论是非常一致的，使我们更具体地了解一个向上层阶级进取的家庭是如何管理账目的。② 他在经济迅速发展的桂林和长沙修建新的住宅，最初是为了自己家庭居住，后来为了出租。③ 除此之外，他的大部分资金投资似乎还用于商业性粮食生产的稻田以获取营利（他家也贷了一些现金）。他看起来很少在自己的家乡横山扩充祖传的财产，可能是他意识到（我们在第一章已经讨论过）那里农产品的市场相对狭小。在18世纪50年代，他把注意力集中在永福县——他的出生地临桂近邻的县城，在那里购置农田（“庄”）。这项产业后来变得相当庞大，甚至陈在1762年从中拿出500亩作为礼物捐赠给县城学校后，仍然能足够维持他日益增大的家庭的日常所需。但是在湖南湘江流域投资商业性大米生产可能获利更多（而且，他声称，作为一个祖居湖南家族的后代，他有义务为家乡作点贡献）④，他逐渐地把大部分的地产投资转移到这里。从18世纪60年代初期起，他开始获得长沙县枫塘镇一片地产，并用“不小”描述这项财产的规模，1765年他在石马铺集镇外又增添了一块地产。

这些各种各样的地产由佃农（陈通常知道他们的名字，光景不好时，陈还免除他们的地租）耕种，由陈家的仆人（“家人”）密切监督。⑤ 在陈的信件里，提到几乎十一二个这样的家人。他们既不是亲戚，也没有姻亲关系（他们有各种不同的姓氏），他们结婚生子（陈曾抱怨其中管理一项地产的家人家里有那么多孩子要养活，以至于用他们经营管理不合算），他们明显没有签订雇佣合同（一个在陈家工作得很出色的家人最终离开他，自己去做生

---

① 《培远堂偶存稿》37：1-2。

② 以下几段是依据《陈宏谋家书》中收藏的20封信的数据而完成的。

③ 家书，乾隆21/7/25，见《陈宏谋家书》207-9。陈宏谋生命的最后十年是在他北京的寓所中度过的。这寓所是乾隆皇帝赏赐的，后来经陈宏谋重新修缮过。至于陈退隐和死后这项财产是如何处理的，我们就不得而知了；《陈宏谋家书》211-217。

④ 陈宏谋曾告诉他的家人，他在长沙购置地产的初衷来源于他所咨询的一个算命先生，那人告诉他，这样可以确保他的“寻祖”计划得到成功；家书，乾隆29/5/16，见《陈宏谋家书》219-22。

⑤ 有时候，陈是依靠专业代理（即“经手”）——如当铺——来经营他的田产的。但是如果不是切实可能，他也不会这样做，因为这样做可以使他避免任何个人管理上的疏忽。

意了)。陈经常给这些管理者委派一项又一项工作——有时还抱怨有可靠经验（“老成”）的管理者太难找了——他们不停地在所经营的地产、陈在首都的个人居所与桂林的老家之间奔波。他们必须这么做，因为陈坚持亲自作出对于自己财产最重要的决定①，这些决定包括到哪里买财产（从管理角度上看，拥有两个如此分散的地产是否合算，像他在长沙的情形，这个问题使他踌躇了好长时间)，更为重要的是什么时候买（我们发现他决定每一个新的购买意向时都要详细衡量各种因素：土地价格、出租后的生产效率以及产品的市场价格)。总之，他的投资战略非常明确：将成本维持在最低限度，只要有可行性就把利润大胆投资于更多的土地。

做京官时，陈宏谋抱怨自己作为尚书的俸禄还不足以支付他暂住在北京高昂的生活费用，但他自己只是依靠湖南地产收益的一小部分生活，绝大部分收益都旨在维持日益增加的家庭开销。他坚持“详细地记录”（“细账”）收支，并且期望他的家人也这么做。在日益扩大的家庭内部，账目被分成几个部分（“房”）；陈远在京城任职还试图管理每一个依靠大家庭支持的小家庭开支，他定期详细地询问每个家庭的需要。他明确说明他死后的财产归他和他两个兄弟仍然健在的长子们共同拥有，并将继续供养他们的后代。所有的家庭成员都必须遵守将花费编入预算的规矩；每一个人必须对自己的收支状况负有财务责任（“各有责成，各有绩考”）。只有通过这种方式，才能达到陈从不讳言的目标——他的后代家庭仍能拥有巨额财富（“百万富家”)。②这也是他经常给追随者的建议。

（四）节俭

典型的小生产者家庭的生计依靠土地耕种，又参与商业化生产，他们是

---

① 陈的两个侄子陈钟璐和陈钟理同为湘江流域的地方官，他因此终于松了一口气，因为他们可以时不时地回到长沙的家里照顾田产。他也解释道，他很看重乔光烈的市场头脑和在收购土地时机上的建议。作为陕西巡抚，陈宏谋于1764年建议皇帝提拔乔光烈。后来乔光烈继陈宏谋之后任湖南巡抚（1764)。家书，乾隆29/9/11，见《陈宏谋家书》224—28。

② 陈在家书（乾隆24/7/15）中对此进行了详细的安排，这是他在江苏任上写下的；《陈宏谋家书》209—211。

陈宏谋热情洋溢的倡导节约（“节省”）的种种论述的第一读者。正如我们所看到的，这些论述根植于陈自己的家庭历史和18世纪清朝应对粮食供给危机的众多方法。陈1746年给陕西民众作“鼓励节约公告”是一个典型的例子，他提醒各家庭要抵制丰收后经常出现的损耗（“磨费”）或挥霍（“花费”）的强烈冲动，避免在食物、饮料、旅游或娱乐方面毫无节制地花费，或把钱花在不必要的烦琐的礼仪习俗上。预料到未来的需要，陕西人目前必须节省上苍慷慨的赠予。①

这个关于节约的布告有好几个方面都非常重要。第一方面就是公开地强调用途。陈经常将“有用的”（“有用”）与“无用的”（“无用”）家庭开支，“有利可图”（“有益”）与“无利可图”（“无益”）进行对比。他直截了当地指出后者表现为朝山及其他类似的求神拜佛的活动就属于“无益”的活动。这些期望得到神灵恩惠的请求是徒劳无益和极度浪费的——换句话说，用于这些方面的家庭开支是糟糕的投资。按照陈自己非常实利主义者的做法，“把无用变成有用”（“化无用为有用”）是小生产者家庭的最好方法。②

这直接引领我们关注陈第二个方面：节省的概念。节省已被确定为产生新财富的一种途径，这个概念标志着清朝的经济思想具有新的、与众不同的特点。在清朝以前的朝代里，有些政治家如11世纪末的王安石、16世纪末的张居正，都试图通过国家干预增加政府收入（“生财”），保守的批评家经常使用“节省”这个词语予以批判。③ 相比之下，陈宏谋觉得两种观点都同样恰当，在内心深处，他认为二者不仅可以兼容，而且节省再配以明智的投资必然滋生财富（见第八章）。“源源生息”一词描述了一个不断进行投资、获取利润的过程，陈经常把它运用于专门管理国家粮仓的账目结算及私人家庭的预算。陈的一段话反映出他理想中的小生产者家庭经营之道，他命令在云南的下属教导人们如何细心地积聚夜间粪便，把它当作肥料，生产有用的、逐渐积少成多的

---

① 《培远堂偶存稿》24：23－24。参见奏折，乾隆14/7/5，见《军机处副录奏折》。

② 《培远堂偶存稿》19：29－30，22：9－14。

③ 参见von Glahn，*Fountain of Fortune*，153－154。

作物。节省而不是挥霍“资本”（“本”），资本将“渐渐地一天天地增多”（“日渐加多”）。①

然而，最令人感到有趣的是，像近代早期世界其他地区的经济学者一样，陈宏谋把功利化的经济活动和道德善行结合起来，从他一篇文章里逐渐更换语言的使用方式中，我们可以看到这一点。例如，在一篇颂扬某一具体品质的文章中，他开始用“节省”（单纯意义上的节约），后来进行文字替换时，首先使用了“节俭”（自我约束，既有道德意义又有经济意义），最终换成了“俭朴”（经受苦难而毫无怨言的乡村风格，没有丝毫的伪装，陈以为这是至上的文化理想）。② 再如，在“鼓励节约公告”里，题目中带有确定的经济属性的“节俭”不久就被道德属性强烈的“质朴”（自耕农般的单纯和直率）一词所取代。③ 挥霍的习惯是“陋习”（被贬低），而节省、储蓄和积累是“实”（真正的、真实的）——一个被认可的全能词语。正如我们在第四章中看到的，陈把这个词应用于他认为有道德价值的任何事物上。

有许多原因证明节俭是高尚的。它表示对于上天给予人类各种资源的负责任地管理。它显示出为了家庭和社会更广阔的利益，而拒绝个人的放纵行为（“一人沉醉”——陈生气地警告——“必致合家受饿”）。④ 最令人瞩目的是，实行节俭还可以提供一个人认识天生的道德本质（“天良”）的新途径。相比之下，大肆挥霍和轻浮的行为本身都是道德上的堕落。⑤ 由于这些原因，陈再三断言，政府官员倡导节约及制定地方积累资本的计划，不仅是维持经济甚至繁荣经济的重要手段，也是向人们灌输道德规范、移风易俗的重要手段。

这样的想法中有强烈的精英意识，也许还有一点伪装的阶级利益。欧洲历史学家汉斯·梅迪克（Hans Medick），分析了“资产阶级的节俭”，把它作为精英阶层维护自己霸权的工具，我认为这种分析，若用于陈宏谋的个案，要比用于梅迪克讨论的西方历史更为恰到好处。正像梅迪克描述的那

---

① 《培远堂偶存稿》4：43—46，13：9—14，19：29—30，22：9—14。

② 《培远堂偶存稿》19：23—24。

③ 《培远堂偶存稿》24：23—24。

④ 《培远堂偶存稿》26：2。

⑤ 《培远堂偶存稿》19：31；《皇朝经世文编》58：4—6。

样，对于那个舒舒服服、生活水准远远高于贫困线的阶级来说，节省和积累的观念有实际的好处，他们可以把这些观念说成是普遍的道德准则。因此社会精英关注自己获得更大幸福的权利（因为我们更加节约，生活就更加富裕），同时将实际上是自己阶级特有的价值观念强加于下层阶级的人们身上，这些价值观念其实与下层群体不相关。实际上，如同梅迪克指出的，“把钱花光”的行为和“请客文化”（例如，发薪水那天请同事们在酒馆喝一顿）与节约相比是对他的资源更加合理地使用，因为他们通过节省而获得物质利益增长的机会是微乎其微的，但是今后他们也许需要依赖被款待朋友的支持。①

从这一角度看，陈宏谋极为自信的节俭观点不无一点阴暗面。他固执地不去承认一部分富有的村民“把钱花光”行为所包含的实际意义，就体现了这一阴暗面。比如说，这些村民主办“感谢上天”赐予丰收的巡回戏剧表演，或者大肆宴请参加婚礼的邻里亲朋，这些都属于“把钱花光”的行为。在第九章中我们将会更加充分地看到，阶级利益总体上不是陈观点中主要的组成部分，一旦阶级意识出现在他面前时，他还斥责这种公开的阶级意识。当然，对实际的食物供给的问题促使每一个清朝的行政官员倡导大众的节约行为。然而事实是，对任何一个像陈宏谋一样有资产的官员精英来说，节俭是一个最合适、值得拥护的信条。

（五）商业

几十年来，在清史研究中，“重农抑商”（促进农业，抑制商业）的观点占据了支配地位，这个观点在汉朝时期已经得到了最好地阐述，并在整个帝制时代被无数次重复过。在学院里受过经济发展主义观训练的西方学者和知识扎根于五四运动激进的反传统主义的中国学者都赞成把那些看上去最进步的清朝思想家和政治家（那些拥有治国思想的人，如魏源和曾国藩）看做持有重农抑商偏见的俘虏。根据这种广为流行的历史观点，中国的精英只有在

---

① Hans Medick，“Plebeian Culture in the Transition to Capitalism，” 见 Raphael Samuel and Gareth Stedman Jones 编，*Culture*，*Ideology*，*and Politics*（London：Routledge，1982），84-113。

接受西方思想的影响之后，才摈弃了对商人固有的偏见，肯定商业和商人的价值，这个转变直到19世纪末才出现。这一观点仍然流行，甚至在中国和西方学者对清朝政治经济进行的富有创新的研究中也可以找到它的影子。①

然而，最近几年，许多历史学家（余英时、高王凌、邓海伦等）对这种解释提出强有力的反驳，在他们看来，最近中国商业飞速发展的经历似乎表明，要用新的方式来看待帝制后期的那段历史。② 这些新观点是对传统观点的修正，它清楚地表明，尽管在漫长的帝制历史中，偶尔支持商人的政治声明从没有缺乏过，但只是在近代社会初期——特别是18世纪——商业社会和经济价值才取得精英阶层的广泛认可，这是以前从没有过的。"同情商人"（"恤商"），或者避免"累垮商人"（"累商"），成为官方常用语，也是众多支持商业政策得以实施的强大武器。这成为清朝经济思想的主流，而不再是支流。

我们在陈宏谋的经济思想中看到农业家庭仍然占有重要地位，尽管如此，他实际上是当时对商人明确表示同情的官员之一。③ 在陈的文章中当然不时地会出现"重农"（促进农业）的古老词汇，但我能确定，"重农"的必然结果"抑商"（抑制商业）和"轻商"（不重视商业）这两个词在他的文章里从没有出现过。依陈之见，运转正常的经济是一个综合体，农业只是

---

① 在英语的学术研究成果中，这种观点与 Mary Wright 1957 年的经典著作 *The Last Stand of Chinese Conservatism* 所表达的观点颇为契合。台湾著名的历史学家李国祁对其观点有进一步的强调和论述。若想了解雍正王朝经济政策的特征，可参考冯尔康的著作第5章，更令人吃惊的是，这种观点还出现于一个武汉学者冯天瑜的不无新见的著作中，可参见他的《道光、咸丰年间经世实学》，特别是145页。Pierre-Étienne 的著作从总体上讲是突出了清朝重视商业政策，但是他有时却将这些政策视为与当时主流经济观点相反的例外。参见 *Bureaucracy and Famine*，212—23。

② 参见余英时：《中国近世宗教伦理与商人精神》（台北：联经出版社，1987）；高王凌：《关于康乾盛世的几个问题》，21—26；Helen Dunstan，"Wang Yuan's *Pingshu*: A late Seventeenth-Century Chinese Utopia," *Papers on Far Eastern History* 35（March 1987）：31—78，和他的其他著作。在刘广京的《经世思想与新兴企业》（特别是595—620）中，他的论述则较为分散；吴慧和葛贤惠，130—132；Albert Feuerwerker，"The State and the Economy in Late Imperial China," *Theory and Society* 13.3（1984）：297—326。

③ 陈引用习语"恤商"的一些例子，参见他的奏折，乾隆7/2/21，8/6/28，中国第一历史档案馆；彭启丰，14：7—8。

发挥一个方面的作用。例如，他在1769年修订版的《训俗遗规》中，插入清朝湖南籍学者王之铁的一段颇有争论的话：除了耕种和粮食生产，还有许多其他行业是任何一种旨在增加社会财富的政策方略所不应忽视的……从最狭义的角度理解，这些职业非常有用，因为他们有助于食物和其他的日常必需品的供给。从广义上来看，它们有助于促进商业流通，商业流通反过来又导致全社会的富裕。①

陈宏谋经济思想的中心原则就是通过商业流通，以最大的流量和速度满足人们的需求。循环的代名词"流通"（有时也用"相通"或互相交换），在他的公函中是一个清晰而且有积极意义的关键词语，用来证明各个领域政策的有效性。因为它涉及粮食和货币流通，所以提倡最大限度的流通在陈那个时代一点都不新鲜。宋朝时期形形色色的作家如欧阳修、董煟以及科学家沈括（1031—1095）都强调流通。17世纪的黄宗羲、王源和其他的许多人也重复过这一思想。② 但只有在18世纪50年代人们才又一次确认了它的新的合理性和紧迫性，这一时期最大限度的流通成为帝制政府经济政策的中心目标。特别是乾隆皇帝，在18世纪40年代，他颁布的许多重要圣旨里都着重声明他对流通重要性的强调。③ 当时的政治话语里，"互相流通"（相互交换和商业循环）几乎拥有绝对正面的地位。

如我们在前面一章所看到的，陈宏谋高度评价流通，把它作为确保向物资缺乏地区提供稳定供应（"流通接济"或"通过商业循环进行救济"）的手段，同时也是稳定价格的最有效的手段（乾隆皇帝写道："夫商贩流通，贵则征贱。"④ ）。不仅如此，陈进一步认为，在任何特定的地方经济里，流通量越高，民生越好，因为商业产生了就业，促进了财富的积累。⑤ 他比其

---

① 《训俗遗规》(1769)，4：12-13。我很感谢高王凌，他使我注意到这条材料。

② P. Smith, *Taxing Heaven's Storehouse*, 310 - 11; Hymes, "Famine Relief," 296-297. 杨联陞, "Spending," 69; Lynn A. Struve, "Huang Zongxi in Context: A Reappraisal of His Major Writings," *Journal of Asian Studies* 47.3 (August 1988): 478; Dunstan, "Wang Yuan's *Pingshu*," 62。

③ 关于其他的理由，参见 Kishimoto, "Keizai seisaku," 22; Kuroda, "Bichiku kō," 2; 吴建雍，87；冯柳堂，250-51；Will, *Bureaucracy and Famine*, 192。

④ 谕旨，乾隆12/12，见《实录》304：16-18。

⑤ 参见奏折，乾隆19/11/18，见《宫中档乾隆朝奏折》10.105-7。

他人更明确地强调，只有在特殊的情况下“自由”或“自相”的贸易流通（“自相流通”）才应该由政府出面干预。①

陈宏谋对商人作为社会团体没有敌意。尽管他经常猛烈抨击奢侈的生活方式，但他没有（像别的诸多人那样）把离经叛道的行为方式专门与商人的财富联系在一起；事实上，陈的许多批评的对象不是那些努力工作的商人，而是那些靠收租生活的无所事事的文人。陈没有对商业中存在剥削的可能性视而不见；他热情地重印一本关于大众道德的书籍，里面规定了哪些应该做、哪些不应该做的商业伦理。并且像清朝所有官僚一样，他把那些没能达到这些标准的商人骂作“奸商”（奸诈的商人）。② 总的说来，商业企业家在陈的话语中都是以肯定的意义出现；他们不只是“商人”而且是“贸易良民”——碰巧从事贸易而遵守法律的平民。有时他甚至建议，由绅士们自己从事的商业行为应该视为合法的而且对社会有益的。③

这里我们简单罗列一下陈宏谋整个职业生涯中所提出的各种有利于贸易发展的管理措施。最令人瞩目的是，他始终坚持并精力充沛地致力于改善大清帝国的交通网络。他自始至终地为这些工程辩解，认为它们有助于进一步提高贸易发展的水平（即使当时最直接的目的是军事补给）。④ 他寻求各种方法鼓励更多地使用这些交通路线，例如沿路开设小客栈和旅馆，在瘟疫流行区建立巡逻队为做生意的游客提供紧急救助，加强安全系统打击偷盗活动和海上掠夺。⑤ 他采取各种措施保护到异地做生意的商人不受掮客、路霸和

---

① 《培远堂偶存稿》37：1-2。也可在我的文章“State and Market in Mid-Qing Economic Thought：The Career of Chen Hongmou”（*Etudes Chinoises* 12.1，1993）中找到更为详细的讨论。

② 《训俗遗规》4：45-46；《培远堂偶存稿》12：12-13。

③ 奏折，乾隆 19/4/28，见《宫中档乾隆朝奏折》8.138-40；乾隆 19/inter 4（即闰四月——译者），见《乾隆实录》463：17。若想了解清代对商人重新评价的情况，参见余英时：《商人精神》，97-104。

④ 参见奏折，乾隆 14/7/5，见《军机处副录奏折》；乾隆 19/10/19，19/11/18，《宫中档乾隆朝奏折》9.810-11，10.105-7；《培远堂偶存稿》4：42，5：43-44，16：21-23，35：15-17，35：27-29；《先文恭公年谱》3：8，5：21。

⑤ 《培远堂偶存稿》4：40-41，16：21-23，35：13-14；《先文恭公年谱》4：7。

官府下属差役的盘剥。① 他不断地劝导当地政府取消苛捐杂税，因为他认为这些可恶的税赋抑制了商业的活力。②

如我们所见，陈宏谋明确反对颁布旨在保护地方粮食市场的贸易禁令，以便于“客居商人”（“客商”）能在家乡或自己熟悉的地方之外自由地进行贸易活动，他采取的重要措施是放宽清朝与东南亚的海外贸易政策的限制——当然主要是为了增加粮食供应，而且因为“这项贸易进口的银子和其他商品（非谷物）给人民带来了极大的好处”③。他经常为他致力于增加货币供给的政策辩护。增加供给是想要“显示对商人的恩惠”（“惠商”）。④ 他授权在政府征税仓库附近开设商业米铺，以便于纳税人在交纳谷物贡赋之前，能以现金购买谷物。连陈本人都承认这一决定在官僚们中间不受欢迎。⑤ 这一决定向更加商业化的农业和以商品为基础的粮食供给制度迈出了实质性的一步，也许是对一个更加完备的货币化财政体系的隐晦的赞同。

陈宏谋使用通行的“招商”方式让商人承担行政机关认为对公众有利的区域性经济发展项目，例如，在陕西促进蚕业发展、在西南的采矿以及西北边境的商业一体化。这种政策模式实际上早在西方工业化浪潮之前就已经有悠久的历史了，然而今天我们对它的作用最清晰的记忆就是 19 世纪末期半官僚制企业招商局（轮船招商局）。陈热衷于此，他运用这种模式显著的一点是高度强调商人的自愿和尊重他们对利润的追求。与其他许多招商项目的官方发起者不同，陈认为单纯招募人事和资本没有作用；如果项目无法给商人提供预期的收益，那么这个项目就应该由政府自己做或压根儿就

---

① 奏折，乾隆 19/4/28，见《宫中档乾隆朝奏折》8.137；《培远堂偶存稿》13：2，13：15，13：28－30，16：32－33，34：50；袁枚，27：9。这里提到的陈的指示，参见 Dunstan，*Conflicting Counsels*，295－96，311－12。基于她对这个事件的理解，Dunstan 恰如其分地将陈宏谋称为“商业干涉主义的朋友”。

② 奏折，乾隆 20/7/28；见《宫中档乾隆朝奏折》12.220－22；《培远堂偶存稿》4：1－2，17：28－29；《先文恭公年谱》8：21－22；彭启丰。

③ 奏折，乾隆 19/4/28，见《宫中档乾隆朝奏折》8.138－40。他在强调外贸对于经济的促进作用，以及商人在经济建设中积极作用时，常以丘濬的《大学衍义补》——他在 1736 年出版了该书的删节本——找到了证据；参见 Brook，*Confusions of Pleasure*，101－4。

④ 参见奏折，乾隆 7/2/21，7/7/1，中国第一历史档案馆。

⑤ 《培远堂偶存稿》25：45。

不要做。①

商人的经济利益不能由于参与了对社会有益的项目而遭受损害，而实际上他们应从这些项目中获取利润，这一观点贯穿于陈的文章。例如，他认为某些税收改革是正当的，具体理由是这些改革将会“丰富”或“增多”商人的财政能力（“商力”）。② 在各种不同条件下，他宣布非常乐意将政府贷款贷给商人以扩充他们的“运作资本”（“公本”，“成本”，“商本”）。③ 正如我们在第二章所看到的，这种观点竟出自陈宏谋这样的政府要员，在当时是不为人接受的。他因此受到批评，从长期受人垂涎的巡抚职位上被撤了下来。

（六）利润和私利

这个问题使我们要思考陈与同时代人经济思想中更普遍的概念——利润和私利。依我之见，关于这个问题最普通的看法在1980年由孟旦（Donald Munro）所写的一篇经典文章中早有明确阐述。孟旦研究了19世纪中叶西方冲击来临前中国人的思想，他认为在中国人的观念中，个人或集体的利益（“利”或“益”）从来没有被看做一个哲学命题，总是被人们专横地否认有任何道德价值。在任何经济道德的讨论中，注意力都集中在个人责任而非利益上。中国伦理的宗旨强调和谐——不是利益的和谐，而是可能相互冲突的社会责任和个人行为之间的协调。孟旦的观点在罗梅因·泰勒（Romeyn Taylor）的著作中进一步发展。泰勒认为利益的概念在中国经济思想中没有任何地位。“利”来源于“追求私利的罪恶”，因而被直截

① 奏折，乾隆19/10/19，见《宫中档乾隆朝奏折》9.810—11；《培远堂偶存稿》30：30—32；《先文恭公年谱》6：19。若想了解招商中的国家干预，参见E-tu Zen Sun，“The Finance Ministry（Hubu）and Its Relation to the Private Economy in Qing Times”，见Jane Kate Leonard and John R. Watt编，*To Achieve Security and Wealth：The Qing Imperial State and The Economy，1644－1911*（Ithaca：Cornell University East Asia Program，1992），尤其是12—14。

② 奏折，乾隆20/7/28，见《宫中档乾隆朝奏折》12.220—22；《先文恭公年谱》8：21—22。

③ 奏折，乾隆23/3/4，中国第一历史档案馆；《先文恭公年谱》2：20。

了当地抛弃。①

当然，从孟子开始，就不乏支持这些观点的证据。即使是修正论者余英时也承认在帝制后期占支配地位的知识传统——程朱理学也充斥这样一种观点，合乎道德规范的举止和私人利益是根本对立的（“义利之辨”），在经济上可以概括为天理和人们欲望之间的对立（“理欲之辨”）。② 但是，即使是在最狂热的宋代儒家复古主义者中间也会发现与这种观点相对立的思潮。余英时自己倾向于将这种思潮与朱熹的新儒家对手陆象山学派以及他在明朝的继承者王阳明联系起来，但是近来其他的学者明确指出，观点更接近程朱理学的历史人物，如欧阳修、司马光以及不怎么引人注目但最终相当有影响力的董煟，他们对私利也持有肯定看法，这倒令人大惊不已。③

沟口雄三和余英时的作品表明，近代早期，也就是16世纪到18世纪的中国，已有许多人开始质疑程朱理学对利益的贬斥。这一质疑在一群政见极其不同、风格各异的作家的思想里都可以找到。例如李贽、吕坤、顾炎武、黄宗羲以及戴震，这些学者都主张为人类的欲望平反，否认“天理”与“人情”之间内在的对立——第三章讨论过，每一位学者都以自己的方式促使人们在追求集体利益中重新评价私利（“私”）的作用。④ 我想补充一点，这一新的趋势明确包括吕坤和陈宏谋，他们把自己视为程朱理学学派完全忠实的拥护者。当然还包括自觉地尊崇儒家思想的专制君主——乾隆皇帝，他早在1738年颁布的圣旨中明确地为国家追逐利润、充实国库的行为辩护。他认为国家追逐利润是促进公共利益的手段。⑤

近代早期中国为利润和私利的观念正名，将它们从长期的道德理想主义

---

① Donald J. Munro, “The Concept of Interest in Chinese Thought,” 载 *Journal of the History of Ideas* 41.2 (1980) 179-187; Taylor, “Chinese Hierarchy,” 494。

② 余英时:《商人精神》85-86。

③ 关于陆、王的思想，参见余英时:《商人精神》，93-94，关于欧阳修的观点，参见 P. Smith, *Taxing Heaven's Storehouse*，尤其是 310-11。关于司马光的思想，参见 Bol, “Government, Society, and State,” 尤其是 149 页。关于董煟，参见 Hymes, *Statesmen and Gentlemen*, 164-166；也可参见第五章关于董煟的讨论。

④ Mizoguchi, 25-32；余英时:《商人精神》，97-104。

⑤ 谕旨，乾隆 3/6/14，Dunstan 的英译见她的 *Conflicting Counsels*, 185-88。同样可以看一下她在 163 页的关于此事的讨论。

传统的谴责中拯救出来，这一过程与西方国家现代化初期的过程惊人地相似。18 世纪最著名的为利润动机辩护的当然是亚当·斯密的“看不见的手”，它强调追求私利的企业和私利的积累将有助于整个经济。但是正如阿尔伯特·赫希曼（Albert Hirshman）指出的，私利的价值更加广义地被视为社会和道德良方的价值一般。① 霍布斯、洛克和孟德斯鸠等理论家善待“利益”的大部分理由与许多中国的同行相一致：因为现在“利益”被认为是理性的(用中国人的话说，就是与“天理”相一致)，因而也有助于维护社会秩序。正如陈宏谋认为市场有自己理性的、可以预见的规律（“情理之常”，相同的“常”在更加古老的出处表示儒家道德的“一致性”)。欧洲也是如此，“一个由利益支配的世界”被评价为公平的“永恒”，而理性的市场则被视为道德社会的模板。

陈宏谋认识到利润和私利的价值，在这一点上，他完全跟得上时代步伐，而且他实际上是清朝中期建议利用利润和私利为公共利益服务的最有热情的倡导者之一。当然，在陈的作品中仍然有陈旧的诋毁利润的内容，但是已经有了很大的节制，几乎不能代表他总的看法。例如，他引用吕坤和陆世仪的观点，来谴责追逐“名誉和利益”（“名利”）的不当行为，但是他并没有将二者一起贬低，他坦率地补充说，那些淡泊名利的人反而会常常得到物质和地位的奖励。② 他引用司马光的话谴责那些“唯利是图”（“言利”）的官员，这么做的目的是谴责没收私人合理财富的财政主义政策。③

“利”（利润或利益）在陈的文章中常常带有肯定的含义。像顾炎武过去一样，他常用“利”来与“弊”进行对比，区分起作用与不起作用、资产与债务。④ 陈常用“利”、“益”或二者联用来表示他认为是由经济发展政策带来的物质利益。在这些情况下，这些词几乎等同于有效的生产力。相反，陈

① Albert O. Hirshman, *The Passions and the Interests: Political Arguments for Capitalism Before Its Triumph* (Princeton: Princeton University Press, 1967).

② 《吕子节录》2：81；《训俗遗规》2：36；《在官法戒录》(原文 ZGYG 有误——译注) 1：65−66；《陈宏谋家书》243−245。

③ 陈宏谋编：《司马文正公传家集》序；《训俗遗规》2：33。若想了解司马光的观点，参见 Bol，“Government，Society，and State，” 149−156。

④ 《培远堂文集》8：29−33；《规条汇钞》，前言；《先文恭公年谱》5：16。最著名的例子当属顾炎武的《天下郡国利病书》(1662)。

将其贬斥为非生产力的社会活动，例如，大众的宗教庆祝活动、戏剧表演和其他类似的活动，被认为是“没有好处的”（“无益”）。①

有效地使用资源所产生的盈余将会为全体人民所享有，陈有时会使用“大利”（很多利益）来阐明边沁（Benthamite）的“最大多数人的最大利益”。沿袭吕坤的观点，他至少有一次承认，个人业主的利益或损失（“一己之利害”）与更大的社会的利益或损失（“大利大害”）可能存在冲突。② 但是这并没有太多地困扰陈。个人家庭的利益作为人类行为的目标，被明显地认可，即使这个行为可能与集体利益相抵触，例如各家储存市场所需的谷物，以期获得更高的回报。③ 不管怎样，陈都毫不犹豫地呼吁保护利益动机，使当地百姓支持他的各种发展项目，例如修建新道路、开发新产品用于地区输出、建立公共粮仓等。与亚当·斯密的“看不见的手”的观点相似，陈认为这些项目给所有人带来的利益（“利人”）同它们给自己带来的利益（“自利”）一样多。④

陈宏谋在1740年给江苏省盐政倪家恺的信中阐述了物质鼓励的政治用途。陈劝告倪家恺，以他目前的职位，他享有极佳的机会将大清帝国最富裕省份的巨大财富变为“有利”的用途，因为如果管理有效，盐可能带来很大的公众利益。他指出即使经典著作拥护“将礼仪作为利益的真正形式”（“以义为利”），但经典也承认人们对获取财富最基本的欲望无法用法律消除。如果情况是这样的话，聪明的官员应研究如何最有效地运用利益契机（“因利乘便”）“变无用为有用”。商人和其他人对利益的渴望本身是自发的、道德上是中立的。基于这一点，官员能将这种渴望转变得符合道德并使全社会受益。⑤

---

① 需要注意的是，“利”和“益”被经常交换地用以表达“利润”这个概念，但二者仍有区别，前者比后者更多地用于表述赢利的含义。雍正曾注意到上述区别，如他认为种植烟草对社会“无益”，即使它给种植者带来一些“利”。谕旨，雍正5，引自宋希庠，76-77。

② 《吕子节录》2：25。参见《训俗遗规》（1769），4：12；《皇朝经世文编》34：50-52。

③ 奏折，乾隆7/2/21，中国第一历史档案馆；《培远堂偶存稿》15：20-23，34：44-46。

④ 《培远堂偶存稿》19：31-32，也可参见15：32-34，22：38-40，24：32-33。

⑤ 《陈文恭公书牍》1：10。

我们简单看几个例子，看看陈在他倡导的具体的经济政策里是如何调和关心个人利益与追求公众利益二者之间的矛盾的（他为证明这些政策的合理性而使用的语言，也揭示出当时的政治环境）：

1. 也许最有争议的政策是1758年他建议将政府的低息贷款贷给广东盐商，希望提高他们的竞争能力以打击走私者（第二章已经讨论过该建议）。在奏章中，陈为此类贷款辩解，他认为此项计划使官营食盐占有更大的市场份额，有助于政府收入（“国计”），增加供给、降低必须消费品成本，将有助于百姓生活（“民生”）。可能由于这项计划太直白了，结果不能令所有人都满意，他有意不去强调他的政策将会给第三方面的利益——商人利益（“商利”）带来直接的好处。然而，陈明确认为（这里或其他地方）使第三方受益的同时将惠及另外两方；在关心商利与关心国计和民生之间没有冲突。乾隆皇帝并不这么认为，陈因此丢了官。①

2. 四年以后，陈担任江苏巡抚，他试图帮助能力还未充分发挥的盐务管理机构。两淮地区的盐商受法律限制不能购买淮北盐场生产的盐，更不用说购买盐场。然而，陈知道有一个未开发的市场，这个市场能利用这一生产潜力进一步挖掘产品。先前在陕西任职期间，他注意到都是天津的盐场给陕西供盐，天津盐场合法地垄断了那里的食盐销售，但是由于艰苦的运输条件，食盐的供应相当紧缺，价格又昂贵。而淮北食盐往陕西运输就便利许多，又更加合算，因此他建议向两淮盐商开放陕西市场。另外，他还认为通过扩大贸易可以给陕西人民的粮食供给带来潜在利益（“民食”），并给国家税收带来好处（“国课”），并认为他的建议将引起朝廷的兴趣。这次，在奏章的开头他就明确指出，他主要关注扩大市场的政策给淮北商人带来的利益（“利”）以及对地区经济的推动，当时该地区农业由于洪水灾害大幅度减产。陈又一次过多地考虑商业利益而忽略中央政府的利益，户部断然拒绝了他的请求。②

---

① 奏折，乾隆23/3/4，中国第一历史档案馆。我们可以回忆一下乾隆皇帝在1748年粮食供应紧张进入高峰时下令恢复对粮食交易征税时所持的观点：免税省下来的钱流入商人的腰包，对平民百姓没有好处。在皇帝看来，二者的利益却是经常对立的。参见冯柳堂，249。

② 奏折，乾隆27/7，摘自《先文恭公年谱》11：29－30。

3. 在1748年的奏章里，陈宏谋提议在陕西允许私人开发石墨矿，其中一部分产出卖给国家制造铜钱，余下的部分在市场公开买卖。这里他明确指出将有三方受益："国计"、"民生"以及"民利"（矿产所有者的利益），尽管这次他谨慎地将第三类受益者确定为"民"（人民）而不是"商"（商人）。① 但是在1743年的奏章里，他公开宣称他认为："商人"和"人民"实际上是同一的("商、民原属于一体")。②

4. 1755年陈在甘肃任巡抚，次年到了湖南任巡抚（此为1755年当年之事——译者)，他竭力主张保护那些政府特许进入西北市场销售湖南茶叶的商人的利益。随着18世纪初期政府逐步中止与内陆亚洲人民进行的以茶换马匹的交易，贸易额开始减少，然而国家以税赋形式要求从这一生意带来的商业利润中分享的份额却进一步增加。再加上湖南安化县的地方官员投机倒把——那里是运往西北市场的茶叶的生产基地。陈认为这些事情联合在一起构成对商人的沉重负担，使他们无法进行贸易。除非大幅度削减税赋，消除腐败，即除非商人的利益得到保护，否则，政府财政收入（"国课"）及茶叶生产商的生计（"民生"）将无从保证。③

5. 1754年陈宏谋上奏，为陕西有商业头脑的精英们辩解，当时他们因为在现金日益短缺时期囤积货币而受到指控（陈没有这样说，但看起来他心目中这些精英是银行家；此时很多陕西人已加入范围遍及全国的由山西商人建立的以票号为中心的金融网络)。陈辩解说，虽然这些人确实持有大笔现金，但不能指控他们"囤积"。反而，作为理性的、对市场极其敏感的生意人，他们在投资这笔钱，"将它周转使用，获取利润"（"转图生息"）。也就是说，他们正富有成效地使用这笔钱。那些匿名反对陈的政策的人想让这些精英们通过购买土地处置这些钱，以为这样可以将货币投放出来供当地的耕种者使用。但是陈争辩道：商人使用钱的方式就是在寻找它在投资土地上所得不到的最经济的用途，政府经济政策应该支持这种高效地使用资产的方式。④

---

① 奏折，乾隆13/5/27，见《军机处录副奏折》。

② 奏折，乾隆8/6/28，中国第一历史档案馆。

③ 奏折，乾隆20/7/28，21/6/29，见《宫中档乾隆朝奏折》12.220－22，14.763－65；《先文恭公年谱》8：21－22，9：4－5。

④ 奏折，乾隆19/9/28，见《宫中档乾隆朝奏折》9.648－50。

在总结陈宏谋经济思想中利润和私利的论述时，我认为牢记它的局限性是聪明之举。无论陈宏谋的思想有时多么接近亚当·斯密“看不见的手”的理论，可是从当时中国人的思想中是无法发现欧洲理论中两个意义深远的推论。第一，允许竞争并认可它在经济方面的正面意义。据我所知，至少在19世纪之前没有任何一个清朝的经济思想家拒绝接受儒家思想里社会和谐的理想，而支持买卖活动不受约束地竞争的观点，尽管这种竞争能通过商品和技术的优胜劣汰促进经济发展。① 当然陈自己不支持这一观点。第二，正如我们在某种程度上已经看到的，或者在下面将要详细看到的那样，尽管尊重各种市场力量和利润动机，反对政府对买卖活动的干预，但绝不表示他们赞成自由放任的政策。这种政策从道德层面上是不能接受的，因为它意味着对仁政理想的背弃。

（七）经济规律

我们注意到，陈认为经济的运行要依据某些不可违抗的（但可以充分理解的）法则，它们是事物自然秩序的一部分。市场受可以预知的法则支配绝不是近代早期社会的一项新发现，例如，早在唐朝，著名的财政大臣刘晏（715—780）就系统阐述过“交换价值规律”。② 到了18世纪这样的理解渗透于各种各样的官方和私人文件及出版物中，从皇帝的圣旨、地方官员之间的信件到各个商人使用的一般参考手册。那么，让人感兴趣的不是陈承认这些法则这样一个简单的事实，而是他试图寻找巧妙的方法来调和“自发市场”与传统的道德世界观之间的矛盾（正如罗梅因·泰勒试图指出，二者之间的关系可能很紧张）以及他坚持将经济规律作为决定政策的基础。

例如，陈从没像刘晏那样用法家的语言“法”来观察市场规则，而是沿袭宋朝以后的新儒家学派经济思想家的传统，把它们称为“理”（原则）或“常”（永恒），这些术语带有强烈的道德本体论含义。供求因素决定当地市场的价格，商品找到它们能以最高价格出售的市场，商业机构试图贱买贵

---

① Perdue在他的*Exhausting the Earth*（235）将后来的重要学者崔述（1746—1816）的观念视为一种新的观念。

② Hartwell, “Historical Analogism,” 719–22.

卖，所有这些都是陈认为的“已被牢牢确定的原则”（“已定之理”）。① 更引人瞩目的是（也许在今天看来更不同寻常），陈甚至用这些商业原则为那些谋求利益最大化的行为辩护，即便是它们与国家和公众的利益明显背离。例如，出售剩余产品获取私人利益是不变的原则，在粮食缺乏期间囤积粮食以期高价格出售是“基于理性原则的永恒法则”；铜钱的面值若低于它所含有的铜在市场上的售价，把朝廷铸制的铜钱回炉熔化为铜就是理性行为，即便它违反国家法律。② 就像赫希曼（Hirshman）描述的欧洲近代早期，这些行为恰恰因为它的可预知性，而获得某种程度的道德合理性。

陈宏谋清楚地了解，这些经济规律的力量给政府制定政策设置了不可动摇的限制，在某种程度上朝廷的中坚力量和他的同僚也了解到这一点。他承认自己职务行为中存在的这些限制，最典型的例子是1742年在江西省制定的货币政策。当时，江西省缺乏官铸铜钱，这促使铜钱和白银的比价远远超过一千比一的官方比价，非法铸造的铜含量低的硬币（“小钱”）占据了货币市场的大部分。即使他主观上坚决支持通过禁止小钱流通的政策来控制金融市场，客观上，他不得不承认这类政策只能适得其反，因为小钱受禁后，市场上的铜钱流通量将进一步减少，维持铜银官价的可能性更微乎其微。③ 陈写道：通过行政手段压制市场的运行几乎是不可能的。④ 他又说：“不图善后，何所底止。”⑤

以上例子表明，自发市场的规律不仅仅是经济政策制定的限制，同时也是可以利用的工具。如果正确地了解、解释这些规律，它们就能成为官员掌握的强大武器。典型的是，陈与其他帝制后期的精英学者通过“必然”、“自然”或简单的副词修饰语“自”（自动地、当然的意思）之类的词语展示经济规律自身的威力。如果我们采取某某行动（比方说，降低政府货币中铜的含量以便使出售回炉重铸的货币的行为无利可图），市场规律一定会使我们

① 《培远堂偶存稿》12：12-13，27：16-18；《陈文恭公书牍》2：14，3：12。

② 奏折，乾隆7/11/24，中国第一历史档案馆；乾隆21/6/29，见《宫中档乾隆朝奏折》14.759-60；《培远堂偶存稿》15：20-23，16：3-5。

③ 奏折，乾隆7/7/1，中国第一历史档案馆。

④ 奏折，乾隆8/6/28，中国第一历史档案馆。

⑤ 《皇朝经世文编》53：30。

试图调整的行为“自动地”产生。① 如果我们允许在粮食缺乏的地区暂时出售高价粮，那么本地区以外的商人会“自动地”调入粮食以补充供给不足。② 以一种更激进主义的态度，如果我们疏浚河道以便于商业运输更加便利，商人们“不用号召”就会自动地来寻找有利可图的市场。③

（八）时间与空间的相对性

尽管陈宏谋将基本的经济规律视为经久不变的，但是制定经济政策时一个根本的要素就是根据地理和时间的具体情况凭经验作出细微的调整。这一相对性固然不能过于强调，但是，它是清朝中后期用于治国安民的经世之道的中心特征，陈与经世之学关系密切。“适当的地点”（“因地”或“随地”）以及“适当的时间”（“随时”）这两个短语在他的文章中无处不在，而且经常成对出现。它们几乎是在所有的领域制定政策时都必须考虑的前提，从移民、商业发展到粮仓管理。④ 例如，时间的敏感性意味着有市场价格意识（见下文），买卖商品时留意或“服从”（“听”）市场价格。⑤ 陈认为，人们这么做是出于本能，聪明的官员应该顺应这一做法。时间的敏感性也意味着在征用苦力和其他劳力时要考虑“人们的时间”（“民时”），特别是农业耕种周期。⑥

对时间敏感的必然结果是“及时”（及时性），陈宏谋频繁地使用这个词，而且专门地强调这一点。在文章中他写道：“况事势成败，各有其渐。”⑦ 无论一个人对经济规律的理解多么深刻，必须牢记一点：没有任何一项具体政策是永远恰如其分的。这显然是陈焦虑的一个原因，他不能漠视自

---

① 奏折，乾隆7/12/24，中国第一历史档案馆。

② 俞森，1：5。

③ 寄庄滋圃有恭书，见《陈文恭公书牍》3：12。

④ 参见奏折，乾隆9/3/1，中国第一历史档案馆；《培远堂偶存稿》4：5−7，27：5−7。

⑤ 奏折，乾隆21/6/29，见《宫中档乾隆朝奏折》14. 759−60；《培远堂偶存稿》27：16−18，28：3−4，32：40−42，37：1−2。

⑥ 寄孙隽书，见《陈文恭公书牍》1：11。

⑦ 《皇朝经世文编》26：60。

己在任何一个职位上任期的短暂，于是长期思考如何制定有真正“永久性”（“永远”）的政策。1757年他自豪地将在陕西任职四年期间颁布的所有重要法令收集出版，但在序言中他承认：那些后来证明是无益的政策因为时代的要求必须加以修改或者废除(“随时”)。①

对地点或地理位置变化的敏感同样重要。这一信条促使陈热衷于详细调查管辖范围内所有地方及其“优势和缺陷”（“利弊”）。例如，救济和粮仓管理政策必须“因地制宜”，必须“意听其便”②。行政管辖范围，比如产盐区甚至县城边界（可能的话，如西南部行政管理不固定的区域）应该重新划分，以便于适应土地本身的状况，特别是适应自然的营销区域。③ 陈试图依据土地和水流的地理形势（“地势” 和 “水势”）修改他的经济发展规划，特别是灵活使用土地。难能可贵的是，作为一名汉人官员，他承认与固定的农业相比，游牧民族的畜牧业可能更加经济、有效地利用某种地势。④ 随后我们将详细地看到，陈对生态的敏感也延伸到人类的生态；“地势”显然包括当地特有的技术水平及文化偏好。

（九）价格

在前一章我们注意到清朝中期基本商品的价格稳步增长（18世纪大米的价格用银两表示大概增长了两倍多一些），清政府敏锐地意识到这一点，十分关注这一物价上涨（总体上来说，认为物价上涨对人民的利益是有害的），而且政府中绝大多数官员认为人口的增长给资源造成日益严峻的压力，这是促使价格升高的首要原因。在这些方面，陈宏谋与同僚的观点没有什么差别。我们还注意到清朝官员对价格的理解已经相当的精细，陈宏谋和其他许多官员认识到价格体现了一个特定地区市场上商品的供求关系。他们也知

---

① 《规条汇钞》，前言。

② 《培远堂偶存稿》16：18-20，37：1-2。

③ 奏折，乾隆8/6/28，中国第一历史档案馆；《培远堂偶存稿》7：3-5，16：26-27。

④ 奏折，乾隆20/7/28，见《宫中档乾隆朝奏折》12.223-26；《培远堂偶存稿》4：26-32。

道，在区域经济分工高度发达，跨地区商业交流达到相当高水平的帝国疆域内，价格的上涨将影响货物的流通，价格同时也会对货物供应上的变动作出反应。这个问题太复杂了，这里我们无法详细讨论，但是这里我们要注意一点，绝大多数清朝官员对价格是货币供给的函数这个事实非常敏感，陈显得尤为突出。在一个以铜钱和白银两种货币为基础的经济体中，要保持价格稳定，就需要持之以恒地监控铜银比价，制定一套对市场反应及时的货币政策。①

不过，陈对价格的态度最引人注意的是他始终坚持尊重市场价格。② 例如 18 世纪 40 年代初江西省粮食短缺，他反复告诫县级下属，无论当地的粮价暴涨到多么令人惊恐的地步，他们都不能实施政府的价格管制（“官不违宪”）或者强迫粮食所有者以低于市场的价格出售（“短价勒卖”）。③ 正如我们看到的那样，按陈的逻辑，这些行为不但不合适，而且会产生相反的结果。

当然，清朝各地的行政官员之所以违反尊重市场价格的原则，不是出于忽视私营部门的利益，而是他们需要从微薄的财政预算中拿出一部分钱购买用于公共事务的商品——即政府购买领域。在陈宏谋整个为官生涯中，他强烈反对以“强制的”低于市场的价格（“勒价”）征购，即使忠实于市场价格会妨碍自己的施政目标。例如，1733 年任扬州知府时，他坚持主张用于资助一所公立的孤儿院的大米只能以现行的市场价格购入；1748 年在陕西，他坚持他管辖的县官接受以丰收后较低的市场价格偿付的粮食种子的贷款④；在云南，处理苗族问题期间，他命令以市场价格而非强制价格购买军用的驮畜⑤；

---

① 在我看来，对 18 世纪财政货币金融历史和其与物价的关系最高水平的分析当属陈昭南的《雍正乾隆年间的银钱比价变动（1723—1795）》（台北：中国学术著作资助委员会，1966）。参见 Endymion Wilkinson, *Studies in Chinese Price History* (New York: Garland, 1980)，此书对研究官僚的报价特别有用。陈宏谋对货币和价格的理解见他的奏折，乾隆 10，后被收入《皇朝经世文编》53：27—30。

② 陈有时候将他的观点在字面意思上表达为“市价”，但更多的时候却用“当前的物价”这个词组来表达这种概念。

③ 《培远堂偶存稿》15：20—23，16：3—5。

④ 《培远堂偶存稿》1：40—49；奏折，乾隆 13/12/10，见《军机处录副奏折》。

⑤ 《培远堂偶存稿》3：35—44。

1740年任天津道承担重要的修理黄河堤坝任务时，及后来在1752年任河南巡抚时，他更新建材支付计划，以与私人市场价格相同的价格购买建筑材料。①

正像最后一个例子表明的那样，陈不否认地方官员需要一本应为建设公共项目支付多少人力和物力的指南式读物，他也不否认行政管理机关有制定这些价格的权利。在他看来，这种“定价”应该尽可能地接近当地市场实际价格，而且应该随着时间和空间的变化而定期地调整。在这种观点的支配下，陈进行了一项耗时多年的全国工程，从1761年任江苏巡抚开始，他调查了数百种不同的建筑材料、运费及人工的市场价格，涉及整个帝国的大约1 557个县。这些价格详细的一览表最终在陈1769年任东阁大学士期间以各省分别立卷的形式出版，命令各地方官员进行政府购买时必须遵守。②

这些指南值得注意的地方不仅仅是它们的全面详细以及对不同地域的区别（例如，我们了解到在直隶的古安县，每天支付木匠师傅0.15两，帮徒0.08两，而在邻近的良乡只有0.13和0.06两）③，而且更引人注目的是陈和朝廷在政府采购时普遍愿意接受市场价格，即使这样做会大量牺牲国家财政利益。我们可以看到围绕这个话题存在各种不同政见的蛛丝马迹。例如每年每种商品的平均价格在各县都不相同，高、中、低水平的市场价格在1763年末开始被普遍接受，工部成功地向上奏请只有每年的低价格（“缓价”）被记载下来作为支付的标准，给出的理由是这一价格能最准确地反映“人们实际使用的价格”，并且它的采用能有效地消除“丰收年和歉收年境况的变化”，但在大多数情况下，这个价格最有可能接近每年的最低价格。④ 然而，由于多数情况下这一新的价格表代替了1740年以来书上记录的各种采购价格，考虑到18世纪中叶以来长期的通货膨胀的趋势，毫无疑问修订的总的结果就是大大提高了实际支付的采购价格。当然这正是陈宏谋和他的

---

① 《培远堂偶存稿》8：44-46，31：25-31。

② 陈宏谋编：《物料价值则例》（1768）。在这些则例中，至少有6篇仍然可以在世界各地的图书馆中找到。其中的云南和直隶篇是相当值得称道的。他们的标题、前言和格式都十分相似，只是物料和价格的种类有所不同。有关“布价”简洁而实用的讨论，参见Zelin，44。

③ 《物料价值则例》（直隶篇）1：25，1：34。

④ 《物料价值则例》（直隶篇）1：10。

亲密盟友——贵州巡抚周人骥的意图。他1761年第一个要求使用新的价格细目表。

早在18世纪30年代中期陈宏谋第一次担任省级职务——云南布政使时，就热衷于国家以市场价格采购的原则。极有可能事实上是陈对18世纪西南地区著名的铜业繁荣发挥了无人可及的巨大作用。由于铜是最重要的货币金属，因此即使是陈也承认国家享有自己定价收购部分铜矿的权利。然而，他提出直接按种类（“课”）对私人矿主采挖出来的一定数量的矿石征收固定数额的税收，其他部分不论数量多少，则以市场价格向矿主收购。这一政策似乎只试用了很短的时间，就遭到了政治上难以克服的反对意见。另一种采用的政策是强迫矿主以固定价格而非税赋的方式向国家出售更大额度的铜。然后允许矿主在公开市场上出售任何剩余的产出，可以用于制造厨具及其他用途。果然，在通货膨胀的经济形势下，问题随即出现，铜的市场价格（以银两表示）迅速升高，达到了与征购的价格相差甚远的地步；一旦多数可挖掘的矿藏被挖掘后，矿主的运行成本也升得很高。为了保护矿主持续生产的能力（他们的“运行资本”，“工本”），陈分别在1736年（与云南巡抚张允随）和1742年催促朝廷调整征购价格，使它更接近市场价格。韦庆远和鲁肃后来证明，由于朝廷没有采纳以上建议造成了云南铜矿的衰败，导致18世纪后期铜的严重短缺。①

陈宏谋在云南任职期间，非常全面地批评国家直接征用苦力和以低于市场上的工资标准强制征用劳力（“勒价短发”）。他将二者统称为“派”（征用），在他的文章中这个词常带有否定含义，有时用在复合词“派累”和“派扰”（征用骚扰）中更增加了否定意味。即使大清在云南的军事战争打得正猛时，陈也再三禁止强迫当地居民当挑夫，而是坚持以当地流行的搬运价格雇佣劳动力满足所有这类的需要。② 除此之外，他还命令在整个云南境内各种劳动力，例如，疏浚港湾，扩大水利工程，衙门和城墙建设，行文官考试抄写员，反走私巡逻兵，海关、盐仓、粮仓、矿山以及监狱的卫兵等都必

---

① 奏折，乾隆7/2/21，中国第一历史档案馆；《培远堂偶存稿》2：54－55；《先文恭公年谱》2：20；韦庆远、鲁素：《清代前期的商办矿业及其资本主义萌芽》（北京：中国人民大学不定期论文集，1981）。

② 《培远堂偶存稿》2：13－16，2：32－35。

须以市场价格支付。① 他最为重大的独一无二的创举是1733年建立了驿道中转（“站”）系统，成功地用来将铜运到省外，将粮食运进省内；陈一到云南上任就取消了临时的苦力强征体制，代之以专门用于雇佣劳力的体制。②

总体上说，陈在云南省任职3年期间，给该省政府采购带来了彻底的转变，从行政命令到以市场为手段，从以“官方价格”（“官价”）支付到按“市场价格”（“民价”）支付。这是他漫长的职业生涯始终遵循的政策方针。例如，18世纪40年代中期在陕西负责整修全省范围内的城墙时，他完全修改了该省的法令，按照过去的法令规定，这些工程应该由无偿征集的劳工来完成，陈改变政策，按市场价格雇工修建。③ 类似地，在湖北西北部疏浚河道时，他用雇佣劳动力取代苦力；在西北获得军事供给过程中，他坚持以市场价格而非远低于市价的官价支付驮畜饲料；他坚持认为，地方官员在计算所需征收的土地税时，一定要使用当地现行的银、铜兑换价格，而不是另定价格，因为人为价格在计算过程受操纵而有利于政府。④

为什么会这样呢？陈宏谋内心深处认为“派”以及以低于在私人市场交易的价格获得物资和服务的征用不妥，这种情况部分基于政治和文化方面的考虑。在经过战争蹂躏的西南，这么做是为了大清基业赢得民心的运动的一部分，特别是赢得少数民族民心。陈认为少数民族是大多数强征服务计划的对象，这是不公平的。而且在帝国的每一个区域，强制征收给民众造成不公正，以及官员腐败的印象（事实也经常是这样），因此损害了朝廷的声誉。

但是他最重要的依据还是经济上的。像云南铜矿那样，低于市场价格征购阻碍了生产，粮食价格管制阻碍了贸易发展。政府以不低于民间市场的价

---

① 《培远堂偶存稿》2：2-3，2：29-30，3：16-17，3：40-44，7：3-5；《先文恭公年谱》2：7。

② 《培远堂偶存稿》1：27-28，2：19-23。

③ 奏折，乾隆12/3/7，中国第一历史档案馆。

④ 奏折，乾隆8/8/26，中国第一历史档案馆；《培远堂偶存稿》24：1-2，26：16-18，28：10-11。看起来陈在乾隆年间的徭役政策转变中（即从强征劳役逐渐转换到雇佣劳力到西北重要边塞军队中服役）起了重要作用；参见Kataoka Kazutada，“Shindai koki Senseisho no sayō ni tsuite”（On corvée in Shaanxi province during the late Qing），*Tōyōshi kenkyū* 44.3（1985）：1-24。

格和工资进行支付是保证政府获取地方最好的物资和劳动力的最佳办法。例如，云南昆明府修理堤坝基本上是由土地所有者的苦力完成，他们经常补充苦力，然而这些苦力无法胜任此项工作并且消极怠工。因此，1734 年整修时，陈废除所有的苦力，自己另雇了大约 5 000 名劳力。他声称这些劳力比先前 1 万苦力干得好多了。① 虽然我认为这种推理不能过于渲染，至少在某些情况下，比如说那些"通过劳动减轻灾难损失"（"以工代赈"）的行为，但是陈相信国家雇佣和购买会刺激整个经济的发展。

最根本的一点，陈宏谋坚定地认为，由完全自由的市场确定的工资和价格是对任何区域经济里存在的劳力和物资的最合理的配置，他认为按照市场原则处理是对上天赐予的物质财富最有效的使用。他在 1739 年写给同僚的信中最清晰地表达了这一观点，这位同僚当时供职于非常贫穷的湖南西部，"所知者舵桿之役，尤为劳民伤财之最，本为利济而设，究于利济无甚实效，得大贤为之保，厘定能抚摩噢咻，俾三湘日有起色也"②。陈认为，解除这样的负担能使市场将公众的精力转向产出最多的（"生业"）地方。

稍后我们将重新探讨这一思想。首先我们需要简单地考虑一下，陈宏谋信奉市场规律，那么在影响价格方面他认为政府的职责是什么？我将确定两种主要的与价格相关的政府干预类型，陈赞成并且热心于实行这两种干预类型。第一种类型称为"积极参与型"。本身作为一个市场参加者，一个独一无二的财政天平，国家处于一个极有利的位置，通过灵活地调整买入或卖出某些商品的方式影响供求比率。它应该恰当地利用自己参与市场的机会，不仅满足自己实际的物资需要，而且有意地对价格施加向上的或向下的压力。毕竟，这是清朝常平仓体制的首要目的——据考证它是清政府甚至全世界试行的最大和最全面的管理基本粮食价格的体制（见第八章）。它也是清朝货币政策的重要部分：通过战略性地买入卖出大量银子和铜币（铸币时，灵活

---

① 《培远堂偶存稿》2：2-3。

② 寄冯光裕书，见《陈文恭公书牍》1：8。需要指出的是，对于国家以低于市场价格收购的批评是有很多先例的，例如，在真德秀和司马光的作品中就出现过（参见 de Bary，"Chen Te-hsiu，" 373，P. Smith，*Taxing Heaven's Storehouse*，237-45）。强调市场分配的积极作用似乎是陈宏谋及其时代的特征。

地调整铜含量)，陈和同僚试图将市场银铜兑换率维持在有利于当地经济发展的水平。① 在各种“积极参与型”干预的事例中，最关键的原则是“通过市场手段影响市场本身”。陈（与无数思想相似的其他清朝官员）热切地期望通过国家自身的市场活动影响价格，并强烈反对任何操纵市场商品价格或货币交换的行为。

第二种类型的干预更加直接，但适用范围更加有限。我称这种类型的国家行为为“有控制地”干预。在某些非常具体的事例中，陈希望通过立法禁止某些商人利用在市场的特殊地位垄断价格。他严禁搬运工团伙在山间要隘索要令人望而却步的运输费用。他抨击地方“奸诈的掮客”（“奸牙”），他们剥削试图在市场上销售产品的农民。货运商有意地减慢将货物运送到急需地区的速度，以至于造成更加严重的物资短缺（这种行为称为“居奇”），陈提议打击这些货运商。②

尽管在每种情况下陈宏谋都使用法定的词语——打破“垄断”（“把持”)，但是他不会真的为了任何假设的“自由市场”的利益实施这一政策(许多情况下所谓的垄断者只是单纯地运用他们自己的自由市场的杠杆作用)。相反地，像许多现代政府官员一样，陈管理市场活动首要的仅仅是为了社会利益。特别值得注意的是，他所要保护的社会利益不仅指“价格公正”的经济道德，还包括那些因为垄断行为而受损害的商品流通所产生的最大利益。

（十）私有化

到现在为止已经越来越清晰地表明陈宏谋制定经济政策时带有明显地反对政府干预的倾向，强烈希望保护私有部门以满足基本的经济需要，这种倾向基于这种假定——在多数（不是全部）情况下，市场是比行政管理更加高

---

① 例如参见《培远堂偶存稿》32：6—7。

② 奏折，乾隆18/8/6，见《宫中档乾隆朝奏折》6.73；《培远堂偶存稿》2：13—16，4：1—2，12：12—13，33：2—3；《先文恭公年谱》2：14，4：7。陈更经常攻击地方官员和衙门官员操控市场价格为自己牟利。参见《培远堂偶存稿》32：40—42；《先文恭公年谱》6：8；《临桂县志》29：13。

效的资源配置手段。1742和1743年，陈对铜政和盐政的发展提出自己的建议，官营和私人经济在这两个行业纵横交错，他的建议反映出他对私人贸易长处和缺陷的看法。这两个例子尤其能体现陈将他的经济假设付诸实践的一般风格，值得我们仔细研究。

第一个建议是答复乾隆皇帝命令调查江西盛行走私盐时提出的，皇上把走私盐归咎于地方官员执法不力。然而，事实并非如此，陈在江西看到盐业管理机构在组织结构上有根本的缺陷，执行着一套设想完全错误的政策。该省大部分盐政区划根本不适应商业营销。他注意到，在这种情况下，走私的盐"自然"比官盐便宜（从产盐区的途中走私盐运输成本较低），当地人"自然"买它。在某些受影响的地区，陈建议遵照实际的商业往来流向重新划分盐政区划。他说：通过行政命令手段限制自然的营销模式实际上是不可能的。

不过，在江西别的地区情况完全不同。那里的官盐定价非常低，足以与走私来的盐竞争，但是政府特许经营盐业的商人所获取的利润没有在邻省的湖南多，因为那里的管理机构定的价格高一些。结果，这些盐商就寻找各种途径将大部分分配给他们的定额从江西转运到湖南，寻求高额利润。结果导致江西盐供给量减少，消费者实际支付的价格上升。政府有必要刺激商人将盐卖到政府指定他们出售的地方。

作为综合处理江西盐走私问题的一项战略，陈宏谋相当大胆地建议，全面撤销国家对盐业经销的直接管理，国家只发挥基本的监督作用。他说，设想一下，盐商基本上都是良民，他们的利益与消费者的利益不是势不两立的。因此，我们应该让商人自己根据成本和当地的供求状况决定最优的运输路线、最佳的销售市场以及最合适的价格。① 国家的职责应该是拘押走私者和惩戒那些尔虞我诈的官商。国家和商人"各有适当的职责"（"各有责成"），"公正处理"（"无所偏倚"）。②

---

① 陈1762年做江苏巡抚时，曾建议增加两淮盐商的售盐配额，允许他们进入现行政策禁止的陕西市场。

② 奏折，乾隆8/6/28，中国第一历史档案馆。皇帝从心里同意陈的建议，但是命令他与盐政官员一起制定可行的实施办法来，盐政官员很有可能在此问题上与他持有不同的观点。关于陈接下来在江西不那么激进的方案，见《培远堂偶存稿》16：26-27。

第二个建议完全是陈宏谋主动提出的。刚到江西担任巡抚，他反省了自己先前在云南和江苏的经历，提出关于铜矿开采政策的基本看法。像全国绝大多数地区一样，江西的铜也严重匮乏。人们为了其他非货币的目的需要铜，例如厨房用具（器盆），而市场上铜供给不足，人们“不可避免地”非法地熔毁政府硬币。这反过来引起严重的铜钱短缺，损害了江西业已高度发展的商品经济。铜的输入来源也不可靠，因此，需要逐步增加省内的铜产量。

陈宏谋重申了以前曾多次阐述的观点，在西南地区指定的“官方矿山”（“官矿”），支付给特许经营商的购买价格需要调高，使他们免遭财务上的困难。除此之外，我们需要考虑开发很多新的完全非官方的铜矿（“民矿”），主要用于供应市场非货币用铜。我们应该从江西和别的地方诚邀私营企业主（“招商”）开发新矿。当然，这类铜矿比官矿更能吸引资本和劳力。为了给官矿经营者一个缓冲，陈建议每个省相应的官矿和民矿的比例应该予以规定。但正如我们将要看到的，他实际上并不想这么做。

至于新开的民营铜矿，需要向政府提供总产量的10%作为交纳的税收，剩余的90%由经营者“自由地”（“自行”）运输到全国任何一个市场，以他们希望的价格出售，并满足人民的各类需要。事实上，国家拥有的10%的份额也并非全是制造货币所需，没有用于造币的铜同样被官员们再卖给私人市场。这是陈以市场为基础解决执法问题的另一种途径，人们之所以常常违反法律，因为这些法与经济现实背道而驰。他辩解说：这些新矿产的铜应投放市场,向市场投放的铜越多，为其他用途而熔化毁损的官铸铜币就越少。

像在他关于盐业问题奏折中写的那样，陈宏谋全面地论述了私有化的观点。他回忆说，雍正末期在江苏任职时，他曾建议所有的铜矿，无论是目前正在开采的、还是尚待开发的，都要作为私人企业来经营。这样不仅确保了高水平的生产效率，而且与国家所说的“在人民中贮藏财富”（“藏富于民”——一个清朝经济话语中至关重要又颇有争议的词语，后面会讨论）的目的相一致。户部否决了这一建议，理由是，这会让商人独享几乎所有的好处。但是，他到江西后，发现国内铜匮乏的程度比他想象的还要严重，他不得不再次上奏请求，对现行政策实行大胆改革，否则，民间铜匮乏的问题将无法解决：国家应把所有的铜矿完全私有化，包括云南那些目前陷入财政危机的“官矿”。①

从这两个奏折中，我们可以看出，与国家经营相比，陈宏谋更加偏爱私人经营，这实际上一直是陈经济政策的主题。我们已经看到他在湖南争论粮食采购问题时说：“官买仍不能多，而反阻商贩之流通，亦觉非宜。”②，而且他不断地寻求使东南亚进口贸易私有化的方法。在西北边疆，他一再强调应该尽可能减少对民间贸易的干预。③ 1754年金川军事战役高潮时，他大胆地提出，以支付士兵现金和诚邀商人（“招商”）通过商业途径满足部队的食物供给需要，来代替已经建立的、通过陕西直接向部队供应食物的制度。陈宏谋分析说，这样做不仅提高效率，而且有助于利用军事行动促进当地的商业发展。④ 政府“过度控制”商业（“吏治太多”）并且“侵占”（“盘踞”）商人的正当职责，其结果只能是经济上的损失。⑤

本章分析了陈宏谋以及某种程度上也是清朝中期官员精英们的经济思想和政策赖以支持的一些基本观点。陈宏谋心目中的经济生活受到市场各种互相联系、互相约束、可预见的规律的支配。尽管这些规律是用一些与陈所处时代的文化价值观念相一致的术语来表达，但是，在陈看来，这些规律之所以有效不是因为它们与已有儒家道德规范相一致，而是因为它们符合理性和经验。陈认为这种经济建立在小业主家庭基础上，每个家庭都强烈地要求（事实上，也是正当的）拥有财产——祖传的财产及家庭成员的劳动成果。这样的基本经济单位追求私利、利润最大化以及有计划地积累资产都是自然的，也符合社会的需要。

在政府害怕人口增长给资源造成日益严重压力的情况下，商业流量和流

---

① 奏折，乾隆7/2/21，中国第一历史档案馆。乾隆皇帝下令把陈的激进建议交政府高级官员，也即“九卿”，而不是反对陈建议的户部讨论，这体现了他对陈建议的重视。至于陈宏谋奏折的直接影响，就不得而知了。但是，正如韦庆远和鲁素（19-21）指出的，清朝中期的长期采矿政策的确是沿着陈建议的方向走的。

② 奏折，乾隆20/10/5，见《宫中档乾隆朝奏折》12.597-98。

③ 奏折，乾隆20/7/28，见《宫中档乾隆朝奏折》12.223-26。

④ 奏折，乾隆19/10/19，见《宫中档乾隆朝奏折》9.810-11。回忆当时的情况，陈也曾出于类似的原因而偏向于以直接调拨救灾款的方式来解决饥荒问题。

⑤ 寄周人骥书（约1741年），见《陈文恭公书牍》1：15；《先文恭公年谱》6：8。

速的最大化就成为经济政策的中心目标。在这一过程中，商人和商业企业家被给予了高度评价。市场，是消费品的提供者，生产力的促进者以及价格的主宰者，是最高效的资源配置者。史蒂文·卡普兰把这一思想叫做“市场原则”，它是法国同时期重农主义思想的核心。事实上，在西方经济思想的众多流派中，我发现陈与许多同僚的经济思想恰恰和重农主义有许多共同之处。① 二者的主要共同之处在于都强调要把重农政策和鼓励商品经济发展有机地结合到一起。此外，二者都尊重私有财产权和私人利益最大化的冲动，视之为生产发展的动力，承认私有财产具有多种社会功能：创造就业的手段，扩大消费，刺激流通，减少供应匮乏。在很大程度上，这就是清代中期官僚精英“藏富于民”主张的内容。

当政治权威遵循市场法则时，它在经济生活中的作用就受到限制，但是这并不意味着它的角色是被动的。清朝中期的信条并非某些作者认为的完全自由放任的经济自由主义。② 相反，政府官员只要深刻理解市场，尊重市场运作规律，就能创造性地实施一套有助于市场经济发展的管理政策，以此改善人民的生活，某种程度上，如陈所言，甚至可以“补造化之缺陷”。③ 下一章我们将考察一些具体如何实施的例子。

---

① 将市场原则作为重农学派的核心，这种观点源于 Kaplan 的 *Provisioning Paris*，25-29。我对重农思想的理解也源于 Elizabeth Fox-Genovese, *The Origins of Physiocracy: Economic Revolution and Social Order in Eighteenth-Century France*（Ithaca：Cornell University Press，1976）；Joseph J. Spengler，“Mercantilist and Physiocratic Growth Theory，”该文收录在 Bert F. Hoselitz 编著的 *Theories of Economic Growth*（Glencoe：Free Press，1960），3-64。

② 在众多西方学者中，Helen Dunstan 是将清朝中期思想中的一些观点与 Smithian 的“经济自由主义”结合得最为紧密的一位。在她对此种话题最为详细的论述的著作 *Conflicting Counsels* 中，Dunstan 尽管对此有所保留，但是，就我的理解，她仍然不止一次地认同这一观点。但是，在帝制中国晚期出现的任何经济观点，都不认为自己属于某一理论或学派，如果历史学者一定要把他们划入不同西方经济理论或学派，那只代表这些学者本人的观点，与那些观点的提出者当然无关。

③ 《培远堂偶存稿》1：40。

第七章

生

在价格管制、商业监督和政府采购问题上，陈宏谋强烈反对他的同僚们所惯用的以政府干预为中心的管理方式，而主张尽可能地让市场来满足社会的经济需求。另一方面，如前所述，在经济领域的诸多方面，陈不仅不反对，反而倡导政府的作用，例如，他在通过持续努力控制地方货币供给，使之成为促进贸易和控制物价的手段方面，表现出极大的创造力。① 尽管他主张对食盐和茶叶交易实行更大程度的私有化，但他仍认同并极力维护当时国家实行的对食盐和茶叶（垄断程度略低）的垄断经营。② 他参与了对某些他认为价值较低或有害于人民健康的产品（如酒和烟草）或具有潜在军事用途产品（如硝）的生产管制。③ 尽管陈宏谋把市场视为缓解地方饥馑的最终、最可依赖的手段，但他认为国家应承担起救灾的责任，包括在以工代赈项目中国家充当非常时期雇主的角色。在陈宏谋看来，政府还负责为财产纠纷提供仲裁服务，并通过处理民事诉讼保证契约的实施。④

国家在经济生活中具有一项重要的管理职能，就是反对“把持”。“把持”一词通常译为“垄断”，但更恰当地应看做“对贸易的限制”，即最大限度地限制货物流通。掮客首先要担当把持的罪责，正因为他们对物价施加影响才使之不同于由供求关系而生成的物价。⑤ 商人也要承担把持的罪责，

---

① 参见奏折，乾隆 7/7/1、7/12/21，中国第一历史档案馆。

② 例如，有关陈宏谋在这些贸易中打击走私维护国家权威的观点，参见奏折，乾隆 23/5/17，中国第一历史档案馆；奏折，乾隆 20/7/28，见《宫中档乾隆朝奏折》13.99—100；《培远堂偶存稿》12：12—13，36：38—40。

③ 有关硝石矿，参见《培远堂偶存稿》23：16—18。

④ 陈认为，对财产、职位和世业争夺所产生的无法调节的纠纷给政府带来威胁，使它必须处理民事纠纷。《培远堂偶存稿》33：45—47。

⑤ 例如，可参阅喀尔吉善和陈的奏折，乾隆 17/9；见《宫中档乾隆朝奏折》3.910—11；《培远堂偶存稿》33：2—3。

因为他们故意不把货物“及时地”运到他们能获利的销售市场，尽管陈宏谋认为，商人们基于合理的自身利益有权选择在适当的时机出售其商品。① 陈宏谋常常将打击把持的目标定在那些通过霸占某个特殊地点，譬如某个山隘或某条窄狭的水道，对商品运输实行垄断的运输行会。陈宏谋谴责的不是这些行会在运输服务业的主导地位，而是他们利用这种强势地位提高运费严重地阻断了货物流通。陈宏谋对此问题的解决办法不是令该行业对外开放，实行竞争，而是对其收费规定一个上限，如他们拒绝这一限制，他们对该行业的控制就会被取消。②

陈宏谋清楚地知道，他所处时代的商品市场并不是无所不能的。我们已经看到，他在危急时刻如何招募商人作为政府代理人（虽然私人得利）调运粮食启动以市场为基础的赈济；反之，当外来买主姗姗来迟之时，又如何通过政府临时性地收购谷物以支持地方生产者。清王朝的一些地区地处偏远，人烟稀少，出于成本效益原因，即使在正常情况下，也很少有商人光顾那里，结果，这些地区就被排除在地区市场之外了。在某些类似情况中，陈宏谋坚信政府作为商业中介者进行干预可以解决这个问题。例如，1743 年他在江西下令地方官员用行政预算的钱购买食盐，再卖给边远地区州县的居民，而这种事情是唯利是图的商人所不愿意做的。③

总的看来，这些措施可视为是一种不放任自流非常全面的“前市场干预”手段。然而，陈宏谋最激进的经济政策主要集中在两个方面：其一是他一贯努力控制的物价，实际上是通过复杂的官方和半官方的粮仓系统，来操控社会财富的积累，这将在下章讨论；其二是他为发展清王朝的生产力所进行的非凡努力，这也是本章的主题。

（一）农业

当认识到 17 世纪动乱的恢复工作已经基本完成的时候，雍正皇帝和乾

---

① 《先文恭公年谱》2：14，4：9，10：7。

② 换句话来说，陈在这里更像是当代的一个公共事业活动者。参见《培远堂偶存稿》2：56–57，13：3–4，13–15，16：32–33，26：16–18，27：1–2。

③ 《培远堂偶存稿》16：26–27。

隆皇帝均将制定一个促进经济发展的计划作为其当政的首选要务。在他们即位不久就颁发了冗长而措辞强硬的诏书，详细说明他们希望各级官吏要将完成这方面的任务作为己任，不仅要提到议事日程上来，而且要在未来几十年中拿出主要精力研究这个议题。① 毫不奇怪，努力的重点是改进传统的农业（“劝农”，或曰“鼓励发展农业”）。然而，如高王凌和其他学者的研究表明，这些文件所追求的不仅仅是主要农产品的增加，甚至超出了农业领域，完全可称之为是一种“发展经济”的自觉纲领。②

陈宏谋的经历非常清楚地表现出他的观点。毋庸置疑，他因为在发展经济方面专心致志早已被人们看做“官员楷模”（“循吏”），循吏也是他本人刻意和孜孜以求的一种文化理念。③ 陈宏谋的雄心壮志是与他的能力相称的。他在其所辖省份内对经济发展的所有可能性进行了广泛而深入的调查，还在许多地方发动过无数次以提高生产力为具体目标的运动。他无情地驱使其下属，并催促其上司为发展经济而不懈努力。

陈有一套语言描述自己为经济发展所做的努力，这套语言反映了他的宇宙观以及他对自己在其中位置的看法。要了解他在经济发展上的贡献，途径之一就是分析这套言语。正如在其他场合所做的那样，他在农业问题上对当时官僚精英们讲话时所使用的是平常的语言，但语气比较强硬，并在涉及个人时有几分迂回曲折。他在讲话中最一贯的主题是对“天造地设”的巨大恩惠表示出的半宗教性的尊敬。与此同时，他又认为天地的恩惠只有在人类开拓大自然的过程中才会得以充分发现。这远非田园牧歌，在陈宏谋以人类为宇宙中心的儒家宇宙观中，大自然的“壮丽无比”存在于其服务于人类社会的价值之中。④

有一个词汇——“地力”在陈宏谋的著述中以极高的频率出现，其含义为土地的“利益”或“能力”这两个音近义异词汇中的第二个词（即土地的“能力”）的意思。诸多自然资源，即上天的恩赐，无偿地允许人类来

---

① 更多的研究，参见冯尔康，193－203页；白新良，136－44；戴逸：《乾隆》，263－86；宋希庠，71－84。

② 高在他的文章《关于康乾盛世的几个问题》中对这个问题有详细阐述，他的其他论著也讨论这个问题。

③ 参见常春明。

④ 例如，可参见奏折，乾隆20/7/2，见《宫中档乾隆朝奏折》12.8－9。

"开辟"或"兴举"。① 人类开发自然所作出的努力与其说是一种机会主义行为不如说是一种道德责任。他写道："惟念上苍之默佑孔多，人事之勤修宜力。"② 当他看到18世纪30年代云南地区尚未得到充分开发的情况时，他认为这是一个与其理念相悖的重大甚至是有罪的事件，他指出："非'地力'之不足，乃'人力'之未充分调动者也。"③ 对自然资源进行有效的开发需要通过调动广大人民同心协力（"同心"）来实现，而这又是官员的任务。他写道："小民衣食，皆在山川林麓之中。官司经理，无非生聚教养之事。"④

在任何特定的地方，一个官员完成任务的质量如何，取决于其是否有开阔的眼界及随之而来的灵活性。陈宏谋三番五次地强调对不同情况需要逐一分析的重要性：对资源的适当管理（"经理"），只能根据当地的条件（"地势"）和时间的具体要求（"及时"）方能获得成功。⑤ 只有这样，才能在为人类社会提供物质基础过程中最大限度地充分利用地力和人力。陈宏谋认为，世界上没有不可开发的土地，没有不能充分利用的人民。⑥ 在这个人口剧增的时代，没有什么事情比开发自然资源的潜在利益更为重要。⑦ 在清朝中期，官员们一般都呼吁要"尽地力"，该短语被濮德培（Peter Perdue）辛辣嘲讽地翻译为"耗尽地力"⑧，而对陈宏谋来说，比其他官吏更有紧迫感，这些我们将在下面的论述中看到。他深知这种对土地的攫取是有限度的，而他自己的工作重点和使命感又是非常清晰的。

---

① 奏折，乾隆13/6，见《实录》316：15－16；奏折，乾隆9，见《皇朝经世文编》34：50－52。在雍正发展农业生产的诏书中，"地利"问题居中心地位，参见谕旨，雍正2/2；宋希庠，76页。

② 《培远堂偶存稿》3：3－4。

③ 《培远堂偶存稿》4：5－7。

④ 《培远堂偶存稿》24：32。

⑤ 奏折，乾隆9/3/1，中国第一历史档案馆；参见《培远堂偶存稿》4：5－7；徐栋：《牧令书》，9：23－26。

⑥ 参见陕西乡试的策论试题，雍正7/7，《培远堂文集》9：5－6。在这里，陈好像是重申皇帝的圣旨，参见雍正1/4；参见宋希庠，75。

⑦ 奏折，乾隆93/1，中国第一历史档案馆。

⑧ Perdue, *Exhausting the Earth*, 12. 陈经常援用这个短语，参见奏折，乾隆15/12，摘自《先文恭公年谱》6：34。

在18世纪30年代中期清王朝广袤土地上的垦荒热潮中，陈宏谋作为号召者发挥了关键作用。有点令人难以置信的是，他一生中都是开垦活动的倡导者。在当时的非常时刻，陈宏谋一方面在其家乡广西同各种罪恶势力进行着不懈斗争，另一方面又以同等的热忱（但又不失谨慎）领导着云南边境的开垦运动，这一大规模运动使云南人口在18世纪增加了一倍。① 他在甘肃和台湾边陲开垦新农田，在湿润的苏北复垦抛荒的土地。② 在其四任陕西巡抚期间，陈宏谋领导了旷日持久的垦荒运动，特别是在陕南的汉水高原及延安和榆林等北部的荒漠府县。③

在皇帝面前，陈宏谋也是一个开垦土地的坚定不移的鼓吹者。例如，在1744年皇帝召见他时，他极力主张对江西（他刚刚离任的省份）林木茂盛的丘陵地区进行系统开发，以便开垦和耕种。这些地区早在15世纪初由于惧怕成为土匪的巢穴就被宣布为禁入地区，而陈宏谋认为防止土匪据为巢穴的最好办法莫过于移民务农。但是由于没有说服户部，陈宏谋的建议被否决了。④ 然而几年以后，陈宏谋便承担起为清朝增加粮食供给的重任，他认为最紧迫的任务就是要进一步开垦任何可耕种的土地。⑤

与皇帝一样，陈宏谋对垦荒的激情来源于对经济和社会文化的考虑。早在1728年雍正皇帝就指出，垦荒对于“改进地方习俗”具有空前的意义。⑥ 18世纪中叶的垦荒倡导者相信垦荒与社会责任感、礼教、恒产和实践儒家伦理的功夫是一个相互不可分割的整体。毫无疑问，垦荒运动在清帝国的边远地区具有双重重要意义。在这些地区开垦新农田意味着吸引汉族移民，意味

① 《培远堂偶存稿》4：53—57。有关云南的人口情况和其与新开垦土地之间的关系，参见 James Lee，“Food Supply and Population Growth in Southwest China，1250—1850，” *Journal of Asian Studies* 41.4（August 1982），尤其是720。

② 奏折，乾隆18/11/24，乾隆20/7/2，见《宫中档乾隆朝奏折》6.846，12.8—9；奏折，乾隆23/10，摘自《先文恭公年谱》10：18。

③ 奏折，乾隆13/12/10，见《军机处录副奏折》；139；Evelyn S. Rawski，“Agricultural Development in the Han River Highlands，” *Ch'ing-shih Wen-t'i* 3.4（1975）：63—81。

④ 《皇朝经世文编》34：50—52；《先文恭公年谱》5：1；彭雨新，143。

⑤ 《先文恭公年谱》6：19。

⑥ 谕旨，雍正2/2，引自宋希庠，76页。

着向野蛮民族输入“文明”（“化”）以及减少边疆文化落伍的面貌。在清朝中期官员们眼里，文化、经济以及实际政治和军事因素是联系在一起的，而且是相互促进的，这使垦荒运动成为迫切需要的东西。

随着18世纪30年代末期对开垦运动的非议越演越烈，如何在取得开垦的显著效益的同时又避免相伴随的缺陷成为亟待解决的问题。首当其冲的弊端是谎报问题。正如我们在第二章所看到的那样，雍正皇帝发现这个问题的严重性之后，采取了一项重大调整措施，即从税册中勾销了地方官员谎报“开垦”的几百万亩土地。陈宏谋早在18世纪30年代中期就在其故乡广西谴责了这种谎报做法。当他自己领导开垦运动时，他也十分注意防止此类问题的发生。他照例稽查最新上报的可纳税土地，并在1753年斥责了一个台湾地方官员的谎报行为。① 尽管垦荒运动已进行了一两年，他仍注意免除贫瘠土地的税负，因为这些土地过于贫瘠以至于不能维持连续耕种。②

哪些新开垦的土地应该纳税哪些不该纳税，仍然是垦荒运动的核心问题。1740年，乾隆皇帝采取了解决这个问题的重要步骤，他宣布从今以后任何“零星小块的”土地在开发中均可继续享受免税待遇。③ 这道诏书有效地减轻了地方官吏对每一小块新垦土地征收赋税的负担，从而重新启动了因1736—1737年的丑闻而一度搁置的全国开垦计划。何谓“零星小块”的土地，如何丈量，各省的政策是不一样的，也没有统一的标准。陈宏谋比皇上更重视经济生产力，而不是财政收入，他自然非常欢迎这个新政策，并热忱地向管辖区域内的民众宣传这个政策。与此同时，他继续敦促皇帝对新开垦的土地进一步实施开放税收政策。④

赋税并不是18世纪垦荒运动中唯一引人关注的问题。在整个清代，尽管国家经常鼓励和奖励向新区移民，但政府常常要面对许多未经批准的、甚至与政府意愿相抵触的移民问题。在江西和长江沿岸的一些省份，一些在丘陵地区游荡的棚户居民（“棚民”）便是明显的例子。他们虽然常常通过商业

---

① 奏折，乾隆18/11/24，见《宫中档乾隆朝奏折》6.846；彭雨新，122-124。

② 《培远堂偶存稿》4：14-15，4：39，4：50-52；《先文恭公年谱》2：14。

③ 冯柳堂，159~161；宋希庠，82；彭雨新，125。

④ 《培远堂偶存稿》19：25-26；《先文恭公年谱》6：20。正如彭雨新所描述的（129-135），进一步的自由化是乾隆年间对新开垦土地税收政策的特点。

性种植，采伐林木和烧制木炭与当地市场联为一体，但是他们的行为导致了某种不安定状况，并与长期定居于平原地带的当地居民不断发生冲突。① 陈宏谋对这些情况了如指掌，但他不愿采取严厉的限制措施，而是静观事态的合理发展以便将这些居民置于政府的掌控之下。无论在内地还是在边疆，无论是主持兴修水利还是修建粮仓，陈宏谋所考虑的不仅仅是经济目的，而且同时怀有把那些“无根无基”的零散居民组织起来共同奋斗的明显意图。②

租佃关系或许也是个问题。在清朝早、中期的垦荒和移民过程中，形成了不同的阶级或阶层和高度剥削的财产制度，正如傅衣凌所说，其中出现了清王朝其他领域从未有过的最“资本主义化”③ 的土地制度。大地主可以获取大片土地的所有权，然后将其分给承租人作为可开垦的土地进行经营，劳动力则由转租人（或再转租人）提供，而这些转租人经常陷入以劳役偿债的状况，并由作为债权人的地主招募。陈宏谋非常了解这种紧张的地方局势，并寻求改善的措施。他主张官方的土地契约应该以最可能小的单位面积颁发，以消除大的土地承包者并将土地所有权直接授予被开发地区的实际垦荒者。当开垦土地的赋税下调或免除时，地方官员应对其进行严密的监视，以确保承租人可以获得因赋税下降而应得到的经济利益。此外，那些将已开垦土地的承租人赶走的大地主们必须绳之以法。④ 总之，对陈宏谋来说，垦荒运动的真正利益在于形成新的以乡村自主的小生产农户和睦相处的传统模式为基础的地方社会。

清朝中期的垦荒运动所导致的一个最终后果是生态环境的恶化，这个问

---

① Suzuki，66－96；彭雨新，138－150。E. Rawski，“Han River Highlands”；Stephen C. Averill，“The Shed People and the Opening of the Yangzi Highlands，” *Modern China* 9.1（January 1983）：84－126；Anne Osborne，“The Local Politics of Land Reclamation in the Lower Yangzi Highlands，” *Late Imperial China* 15.1（June 1994）：1－46.

② 奏折，乾隆 20/7/7，见《宫中档乾隆朝奏折》12.8－9；奏折，乾隆 6，见《皇朝经世文编》28：33－35。

③ Fu，“Capitalism in Chinese Agriculture：On the Laws Governing Its Development，” *Modern China* 6.3（July 1980）：311－16. 若想了解详细的例子，参见 E. Rawski，“Han River Highlands”；Johanna Meskill，*A Chinese Pioneer Family：The Lins of Wu-feng，Taiwan，1729－1895*（Princeton：Princeton University Press，1979），第三章。

④ 《培远堂偶存稿》4：53－57，19：25－26。

题陈宏谋和他同时代的人慢慢地才领会到其严重性。整个清朝对河流上游高地的森林采伐使大量表层土壤流失，这反过来又导致了河道的淤塞，增加了洪涝灾害（这个问题我们将马上谈到）并且使高地本身的土壤退化。对贫瘠土地的过度耕种也导致了一些地区的地力耗尽和沙漠化。陈宏谋三番五次要求只能在适于耕种的土地上进行耕种，他的指令并没有真正解决这个问题，因为当时是着眼于生产效率的最大化而几乎没有考虑生态环境问题。

陈宏谋在植树造林问题上颇有远见卓识。节约使用林地资源以多种方式纳入了他的发展观。早在1736年他就下令在云南的一些地区重新植树，因为这些地区的林木遭到了汉族移民的过度采伐。他将这项措施列为其“长期”计划的当务之急，他认为，只有持续不断的植树造林才能确保全省未来许多年薪柴和林木腐殖肥料的长久供给。① 在1744年就国家开放江西省的一些过去禁农地区表示赞美的奏折中，他细心地指出，这些地区应当保留林地并且专用于林木产品的种植。② 1745年他在陕西省甚至列举了许多林木产品的名称，他向他的下属列举了核桃和栗子、蘑菇和木耳、中草药、桐油和油漆以及竹笋等在其下属所辖地区可以经系统种植所获的林木产品。他还对该省汉江上游林地的过度采伐行为（多用于造纸）给予了严厉处罚。③ 1757年陈宏谋在江苏省发动了一场轰轰烈烈的沿河植树运动以便更好地保护堤岸。④ 更令人称奇的是，他在1754年下令禁止在福州附近的山区进行林木采伐，他认为这些林木具有超自然的抑制鬼神出没的力量，可以使全省的气候正常运转。⑤ 如果说陈在这个行动中，通过一种非常特殊的文化观表达出某种对生态的敏感性，这不会是夸大其词吧。

陈宏谋的开垦政策中值得人们关注的最后一个方面，是他在政府土地的私有化方面所作出的努力。在清王朝建立之初，相当大部分帝国农田或多或少地被确定为国家所有，这包括八旗土地（“旗田”）、军队拥有的土地

---

① 《培远堂偶存稿》4：43-46。

② 《先文恭公年谱》5：11。

③ 《培远堂偶存稿》19：26-28，24：32-33。

④ 《列传》5834，台北，宫中档。

⑤ 《培远堂偶存稿》34：1-2。

(“屯田”)、作为向驻守官兵提供军粮的土地（“卫所”）和与某种特定的民事和军事用途相关的特殊用地（“官地”）。随着时间推移，这种国有土地大多数转为私人所有（“民田”），尽管其转变过程几乎是在不知不觉中完成的。我们在前边已经看到陈宏谋为减少政府对食盐和茶叶贸易垄断并鼓励私人经营所做的工作。当时，许多待开垦土地属于国有，禁止私人开发，他又不辞辛苦屡次三番地在朝野上下进行说服工作，允许民垦民有。例如，他强烈主张在整个陕西省全面推进始于雍正早期的将过去的屯田转为民田的计划，并且最终完成了几百万亩农田的所有权变更。①

陈宏谋在陕西东南部汉水上游商业快速发展的兴安地区处理的两个案例，反映了他将私有化与提高生产力结合在一起的处事风格。在1746年，作为陕西巡抚的陈宏谋下令将兴安的茶园私有化，这片茶园在垦荒初期曾被兴安县衙门宣称归其所有。陈宏谋认为这种侵占行为在经济上是缺乏效益的，在道德上也是不公正的，它表示了县政府对当地所有居民潜在利益的侵占(“盘踞”)。他认为应当“邀请”私人业主们（“招民”）来分块经营这些茶林，使他们能够充分共享土地的恩赐（“地力”）。② 大约五年以后他又将注意力转向了兴安的旗田。当地驻防的旗人把大量土地用于放牧，围绕这些土地的官司与日俱增。利用这一情形，陈宏谋奏请皇帝批准对这些用地进行重新勘察，以便一劳永逸地解决有关此事的争议。同时他坦率地预先声明，他的勘察很可能会发现有高达40%的目前被认为是旗田的土地（大约八千亩）根本不是旗人财产，他打算将这些土地向平民开放用于耕种。令人吃惊的是，乾隆皇帝非常痛快地批准了这个计划，他与陈宏谋的观点是一致的，即由私有农户经营的传统农业会更有效地“发掘土地的利益”（“尽地利”）。③

与通过扩大耕种面积而最大限度地发掘地力的政策相匹配的是通过移民而充分使用“民力”（劳动力）的政策。移民计划一直是清朝早期经济政策的一个显著特点，但是这些计划的要旨现在发生了变化。与17世纪移民运

① 《培远堂偶存稿》22：5-8。

② 《培远堂偶存稿》24：32-33。

③ 《先文恭公年谱》6：34。若想了解乾隆在其统治时期允许旗人土地的私有的情况，参见白新良，137-138。

动旨在通过妥善地向人口稀少地区输送人口而充盈国库的目标不同，雍正和乾隆时期的移民运动主要是为了增加粮食供给，并为过剩的人口提供就业出路。陈宏谋深切地意识到，随着人口增加，失业情况正在愈演愈烈，无论从社会安定角度还是从经济角度都迫切需要重新安置这些“穷困潦倒的流浪者”（“穷民”，“无业者”）。① 在这一点上，他与雍正皇帝的观念是一致的。早在1724年就昭告所有官员要设法既利用民力又利用地力，不仅是因为粮食供给问题（尽管是现实问题），同时也要通过常规的生产劳动来重建民众的道德（“化”）问题。②

五年之后雍正皇帝宣布，恢复清朝初期鼓励民众利用政府贷款购买耕牛和粮种兴家置业的政策。③ 然而，如何具体实施这项政策则很大程度上取决于各个地方官员的积极性和首创精神。毫无疑问，陈宏谋是这项政策最热情同时又最具创造性的实施者之一。从18世纪40年代到50年代，他在陕西精心制订了一个移民计划，这个计划是在该省荒凉的北部地区，即延安和榆林地区，向垦荒者发放现金贷款，并允许其在首次大丰收粮食入库之后偿还。④ 在陕西的四次任职期间，陈宏谋采取类似的举措创造了成千上万亩的新农田。⑤

清朝另一项推动农业移民的标准政策是减免赋税，陈宏谋对这项政策非常赞同。例如，1737年他在云南呼吁免除滇池周边沼泽地带农田的赋税，该沼泽地带过去一直是牧场后来被成功地改造为农田。两年之后，当陈宏谋就任天津道时，他命令下属各州县官员对其所辖地区的黄河滩地进行详细的调查，并通过许诺永久免除赋税来邀请新移民参与开发。⑥ 1748年乾隆皇帝向

---

① 参见奏折，乾隆9/3/1，中国第一历史档案馆。

② 谕旨，雍正2/2，引自宋希庠，75-76。

③ 谕旨，雍正7/7，引自宋希庠，77。

④ 陈不遗余力地对从前任鄂弥达手中接管的计划加以改革，其特点主要体现在：建立一个更为严格的账户报告和审计系统；严禁官员向不愿借款的借户强迫贷款（“降派”）；借户按照合同用粮食偿还贷款时，折算方式以市价，而非事先制定的价格为标准。参见奏折，乾隆13/12/10，见《军机处副录奏折》；《培远堂偶存稿》18：23-24，23：7-8。

⑤ 《乾隆实录》32/6，转引自白新良，139。

⑥ 《培远堂偶存稿》4：53-57，5：31-40；《先文恭公年谱》2：20。

百官征询抑制粮价上升的良策，陈宏谋的建议最直接且简单，即通过免税待遇来进一步推动移民。① 事实上，陈宏谋在适当的时间和地点一直在实行尽可能减少税负的措施。甚至当人们一再援引当时描述经济政策的双重目标，即“国家财政和百姓生计”（“国计民生”）的时候，陈宏谋在实践中几乎总是把后者放在优先的位置。

（二）水利

与土地的生产能力（“地力”）和人力（“民力”）一道，水资源的潜力（“水利”）是陈宏谋三位一体的经济发展观中的第三个要素。1740 年陈宏谋在给一位同僚的信中写道：“所以收水利而广地利也。”② 陈宏谋还被同时代的人评为水利管理上首屈一指的专家。在《皇朝经世文编》中收录的陈宏谋的 52（此处应是 53——译者）篇文章中很大部分都是有关水利管理方面的文章，在清朝以来关于他的传记文章中也总是着力展示他在水利工程方面的丰功伟绩。③ 他之所以被选派为若干个省的执政者也主要基于他在水利建设方面的声望。尽管许多对其水利工作方面的赞许是在控制洪水方面，但我们仅在这里集中讨论陈宏谋为提高和加强农业生产力所进行的在疏浚和灌溉方面的努力。

纵观陈宏谋长期担任各省巡抚的生涯，他承担了许多疏浚漫滩的大型工程项目，例如 18 世纪 60 年代在江苏省北部的项目④，然而更有纪念意义的是 1751 年和 1752 年在河南省的项目。河南省东北部的归德府和周边地区被黄河多条支流所环绕，上游的涞水和开封高地一带未被土壤吸收的降雨在这里汇集，然后通过一条通往江苏北部的主要出口，流出本省。由于河道的长期淤塞和缩小，造成了整个归德地区的生态退化并使该地区最终成为一片人类难以居住的沼泽。在整个乾隆时期，由于疏浚的不利该地区仅有过两次称

---

① 《先文恭公年谱》6：19。

② 《陈文恭公书牍》2：8。

③ 参见《列传》5834，见台北，宫中档；《清史稿》，10559－10564；彭启丰 14：9－10；袁枚，10－11；《广西通志》260：14－16；《临桂县志》29：12－15；《桂林简史》，114－15。

④ 《先文恭公年谱》第 10 卷。

得上是丰收的年景。数位河南巡抚实施了若干项暂时性措施，但没有一项措施取得过明显的持续性效果。1751 年陈宏谋任河南巡抚后，亲自对该地区进行了调查，并对这个问题的历史档案进行了深入的研究。然后他制订了一个对该地区所有水道进行疏浚的宏伟规划，并分派地方各村村长和地主尽可能地承担本村的疏浚责任，同时投入近十万两白银的政府基金用以完成超越县级权限或超越地方群众能力（“民力”）的疏浚工作。与陈宏谋的任何前任所最为不同的是，在疏浚归德下游出口通道方面，他得到了江苏省政府（以他的老相识尹继善为代表）的通力合作。归德地区农业复苏的显著性和持续性是大家所公认的。①

疏浚滩涂是水利建设的一项战略，修建和修复灌溉设施则是另一项。在 18 世纪的清王朝，也许没有人比陈宏谋更积极地参与兴修新的地方水利基础设施了，例如，与清朝的其他大多数官员不同，陈宏谋总是在实施其开垦运动的同时进行供水设施的建设。② 在陈宏谋任职的大多数省份，他除了大力修复灌溉系统之外，还分别于 1736 年在云南、1740 年至 1741 年在江西（此处应是 1741 年至 1743 年在江西——译者）、1748 年至 1751 年在陕西、1755 年在甘肃以及 1758 年在江苏，开展了对现存灌溉设施进行大力扩建的工程。③

在陈宏谋看来，兴修水利是国家理应承担的责任。1747 年，他在一份奏折中写道：“凡关水利，随时兴修，如工费浩繁，官为借给，工力计议，悉听于民，则既无妄费，又免阻挠。”④ 他认为，国家在没有了解群众真正需要哪些水利工程的意见（“民情”）之前，决不应该武断行事，并且一旦水利工程上马，国家应心甘情愿地给予支持。⑤ 由于民众是分散的并且目光短浅，同时官员们也不能长期等待地方民众对那些项目是否合意而迟迟拿不出意见。而杰出官员的特点是，他能以其深邃的洞察力，对开展的新工程以必要

---

① 奏折，乾隆 16/12/29，乾隆 17/4/19，见《宫中档乾隆朝奏折》2. 320－22，2. 697－18；《培远堂偶存稿》31：34，32：11－13；蔡冠洛，1. 146；彭启丰，14：10。

② 彭雨新，282－83。

③ 关于江西，参见《列传》5834，见台北，宫中档。关于江苏，参见《皇朝经世文编》106：36－38；徐栋《牧令书》，9：23－26。陈的其他省份的资料将会在下文适当的被引用。

④ 奏折，乾隆 13/6，见《乾隆实录》316：15－16。

⑤ 奏折，乾隆 20/7/2，见《宫中档乾隆朝奏折》12. 8－9。

的管理和督促（“督催”）。① 实际上，如何提醒地方民众认识到当地有待开发的资源和土地，这是地方官员“教育和教化”（“化诲”）民众的道德使命的基本组成部分。②

每当来到一个新的省份，陈宏谋总是指派其下属官员对其各自的管辖区进行调查，建议修建新的水利设施，同时亲自对设施的建设加以指导。在设计水利项目的时候，地方官员应当使其设计构思与当地的地理条件和农业发展相适应，以便“在给定的环境中获得最佳的使用效果”（“随势利导”）。③ 官员们一定不要吝啬小气，尽管陈宏谋深具节俭的美德，但他在兴修水利上的特点是，为了地区的长期生产效率几乎不惜花费任何代价，而从来不从短期考虑投资问题（“日计”）。④

通过从云南开始的各省一系列重要的水利设施建设，我们可以非常清晰地看到这一点。在18世纪30年代中期陈宏谋来到云南省的时候，该省除了位于东北部的首府昆明一带，几乎没有什么地区拥有水利灌溉设施。为了迎接即将涌入的大量移民，使他们尽可能迅速做到衣食自给，陈宏谋为其地方官员草拟了一个兴建水利基础设施的详尽的综合规划。云南是多山的省份，基本的灌溉水源大多来自山上顺流而下的雨水，因此首要问题就是如何将这种潜在的灌溉用水引到平原中进行分配。于是陈宏谋指导群众在山腰上开挖了一系列小型水库，每个水库建有一个或多个蓄水坝。蓄积起来的雨水通过一个精心设计的用瓦制水槽和竹制水管组成的复杂网络，分散到相当广阔的地域，使一处水源可以灌溉尽可能多的农田。在重力作用下大多数灌溉设施是非常有效的。对于那些位于山腰之上的农田，陈宏谋还设计了一个具有战略意义的水车系统进行灌溉。

为了使水利系统得以展开，陈宏谋命令每个云南地方官员对其所辖各县的地形和水流情况进行详细的调查，并亲自将调查资料编入一个该省的水利图。他还要求地方官员对各地区地主的财力状况进行仔细的分析，以此考察对新建项目的投资能力（陈宏谋知道这是兴修水利过程中最困难的一个方

① 《培远堂偶存稿》36：26－28。

② 《培远堂偶存稿》20：13－15。

③ 《培远堂偶存稿》17：3－11，19：21－40；《皇朝经世文编》106：36－38。

④ 参见《皇朝经世文编》110：28－29。

面，因此他精心设计了一个最大限度地减少腐败和瞒报的方案)。然后他将总体工程分成若干个部分，一部分由地主提供的以亩为出资受益基础的资金兴建，一部分由群众集资配合政府启动贷款兴建，另外一些部分则由政府直接投资兴建。云南的土地税收对这项工程来说是远远不够的，因此陈宏谋说服总理大臣鄂尔泰允许保留云南省官府所有土地（“官庄”）的租赁收入用于水利工程。最后，陈宏谋对所有兴建或改进水利灌溉系统的土地公布了一项十分慷慨的税收政策，以此消除参与这项计划的任何障碍。总之，他把他的水利计划概括为“设法疏修泉源，以资灌溉”①。

在陕西，陈宏谋的灌溉扩展计划可分为两个阶段。第一阶段是在1747年至1751年间，他完成了他的前任崔纪的一项雄心勃勃的水利计划。该计划始于约十年前，设想在西安和潼关地区的八个县开挖32 800多口灌溉水井。根据陈宏谋的调查，截止到18世纪40年代末期，崔纪设计的水井只挖掘了小部分，但是这些水井，包括咸阳县的大约700口水井，已经在当地转化为明显的农业效益，即使在最干旱的年份在当地也能种植蔬菜和一些其他农作物。作为其灌溉扩展计划的组成部分，陈宏谋命令他的下属官员定期巡视所辖乡村，一方面督促完成所有崔纪确定的掘井项目，另一方面在西安和潼关以外的地区系统地寻找掘井地点。陈宏谋首次在陕西主政的两年中，他宣称共有67 500口灌溉水井投入使用，在1747年至1748年的大旱年头，那些拥有水井的地区所遭受的损失明显少得多。然而，当1751年初陈宏谋返回陕西省的时候，他对在其离任期间没有增加新的水井十分不满。于是他通过在适当的地区提供政府资助的方式，再次在地方官员中掀起促进水井建设的热潮。在当年夏末，陈宏谋在西北边陲鼓励垦荒与掘井并进的奏折成功地获得批准，并且为参与这两项活动的热心农民赢得了政府贷款的资助。②

然而，陈宏谋在那时已经开始意识到，除了在远未开发的地区，通过进

---

① 《培远堂偶存稿》4：26—32，4：43—46；《先文恭公年谱》2：14；《皇朝经世文编》106：24—26。

② 奏折，乾隆16/6，转引自蔡冠洛，1.146。另见《培远堂偶存稿》20：13—15，26：41—42，29：48—50；《先文恭公年谱》6：20；《皇朝经世文编》38：16—17。陈宏谋在获悉自己的凿井计划成功后，下令在省城贡院内挖井，供应试举子饮水之用，参见《培远堂偶存稿》30：36—37。关于崔纪，参见《中国人名大字典》，907。

一步开挖水井所获得的利益已近极限。他指出，水井是灌溉平原地区农田的有效工具，但是在渭河以北的陕西大部分高原地带，开挖水井不仅收效不大而且非常困难，在那里人们所需要的是一种将山中溪流吸引出山的沟渠网络。因此自1751年夏季以后，陈宏谋将他的精力转向了沟渠建设。然而，陈宏谋令其下属调查其所辖地区并提出修建沟渠计划的指令，却得到如下例行公事的回答：由于溪流的河床低于需要灌溉的农田，因此无法实现灌溉农田的目的，陈宏谋对此非常不满。根据陈宏谋在云南的经验，他知道下属官员的汇报未必属实。于是他亲自到所涉及的地区进行调查。陈宏谋认为，地方民众不懂水利技术知识，有赖于地方官员向他们传授；当传统的技术失效时，地方官员应当亲自提供新的技术。解决上述问题的办法就是水车系统。陈宏谋在云南已经使用过这种技术，尽管这种技术在中国南方早已被广泛应用，但在西北地区尚不普及。陈宏谋在陕西北部树立了几个制造水车的样板并向地方官员推广，根据他的指示各地官员开始在自己的辖区生产水车装置。①

在1751年中秋，陈宏谋提交了两篇陈述他在陕北高原实施综合开发灌溉河渠计划的冗长奏折。他的计划是就近开发所有的山涧溪流，使其形成一个可以灌溉两万多亩农田的河渠系统。这并不是说他当时试图对当地的地形进行一个根本的改变。有些河渠过去就有，但陈宏谋认为大多数这种河渠一开始就修错了地方，因此人们就不难理解为什么这些河渠已经老朽和失效了。陈宏谋认为，人们并不情愿维持一个运作起来不能令他们满意的灌溉系统，但是为了避免承担责任，人们又会不可避免地发生争论，因此，新的工程建设不仅是一个技术问题还是一个社会政治问题。陈宏谋对驾驭前者颇有信心，但是后者却牵涉到某些群众的意愿。

水利工程成功的关键是了解，有时还要塑造地方群众对它们的热情及对公平分配水利使用权和所需劳动力的看法（“民情”）。在可行的情况下，陈宏谋亲自参加地方民众的乡村集会收集意见，或者委托巡回按察使或其他中级官员做同样的事情。在大多数情况下，权利和责任是以现存的粮食税为基础进行估算的。每当陈宏谋发现某个村庄的劳动投入明显过于繁重的时候，他就准予从地方政府的粮仓中拨出粮食补偿村里的劳工。作为当时的惯例，

---

①《先文恭公年谱》7：6；《培远堂偶存稿》30：25-27。

县官们非常期望用提供建筑材料的方式补偿他们的行政预算，有时这种补偿达五千两白银之多。灌溉计划是一个宏伟而耗资巨大的工程，但陈宏谋认为，大众生产力的“永久性”提高将证明这些花费是值得的，清朝政府也认可了这种说法。最后的结果似乎使各方面都得到了满足。①

在1755年陈宏谋短期担任甘肃巡抚期间，他煞费苦心地将其在陕西创建的水利设施向这个边远的合并省份及其更远的地区扩展。这里的确非常干旱，春秋季节几乎无雨。虽然陈宏谋管辖的某些地区，如今天的宁夏地区，已经通过从黄河上游引水得到了灌溉，但大多数地区由于距黄河太远而无法实行引黄灌溉。唯一的解决办法就是大规模地修建河渠体系从该地区的高山上引出融化的冰雪进行灌溉。陈宏谋指出，考古发现证明在远古时代先人已经在某些地区实行过这种灌溉方式，同时他对如今享受灌溉地区农民的美好生活与得不到灌溉的干旱地区的农民生活之间的明显差异感到十分吃惊。这确实说明人类的劳动可以改善和“美化”造物主的恩赐（“天造地设”）。②

陈宏谋为他预想的水利设施编辑了大量的非常详细的地图和手册。这些地图和手册不仅涵盖甘肃省，还包括嘉峪关以外后来成为新疆的广大清朝统治地区。陈宏谋还将整个工程分成许多细小的部分（“段”），责成每个地方官员对自己所承担部分的工作负有明确的责任，并从地方民众中推选“灌渠负责人”（“渠长”）和“用水管理者”（“水老”）领导每个部分的工作。灌渠要尽可能地靠近已有的或新修的大路，以便作为大路的排水沟，并且这还有助于将各地区的物流和商业融为一体。然而，陈宏谋的计划刚刚确定，他就突然接到赴湖南的调令。在1758年秋季陈宏谋离开甘肃之前，他向他的继任者吴达善详细地介绍了他的工程计划，并且试图通过推进计划实施的一篇奏折，这篇奏折后来得到了皇帝的高度认可，以确保其计划的完成。

陈宏谋在甘肃水利计划中用于表达其观点的政治话语听上去似曾相识。甘肃的民众目光短浅，对水利建设缺乏统一观点，无动于衷，而地方官把群众的缄默误认为是对新水利计划的消极态度。官民之间围绕水利问题有深深的隔阂，那些基于过去经验制定的水利计划因此是笼统的。陈宏谋指出，相

① 两份奏折，均为乾隆16/8/11，见《宫中档乾隆朝奏折》1.385－387，1.389－391；《先文恭公年谱》7：3，7：5－6。

② 《培远堂偶存稿》36：26－28，36：33－37。

反，政府所应发挥的正确作用是将社会舆论重新集中到水利项目上来，强调这些项目其不言而喻是为公众利益的。国家没有理由再像过去那样对水利建设采取放任主义（无涉）的态度。当考虑到水利项目所必须支付的成本时，我们应当理直气壮地为未来生产力的提高而投资，个别官员不应当对这一充分有把握完成的项目止步不前。

然而，在甘肃的案例中陈宏谋似乎添加了一项额外的议题：即文化扩张主义。这种可能性与皇帝的想法不谋而合。在陈宏谋临离开甘肃省所写的奏折中，他援用了乾隆皇帝所宣称的誓将近来被准噶尔侵占的领土“重新并入”（“归附”）清朝领地的意图，他还宣布了邀请大量汉族人来此地移民的打算，同时他为皇帝描绘了一幅未来社会最为生动逼真的图画：跨地区的市场将把甘肃的农业区和帝国的其他省份连为一个整体，经济发展将创造出超出温饱所需的财富，一个本地的、代表公众意愿的精英领导阶层将会自然而然地出现。陈宏谋自豪地说：“俨同内地。”①

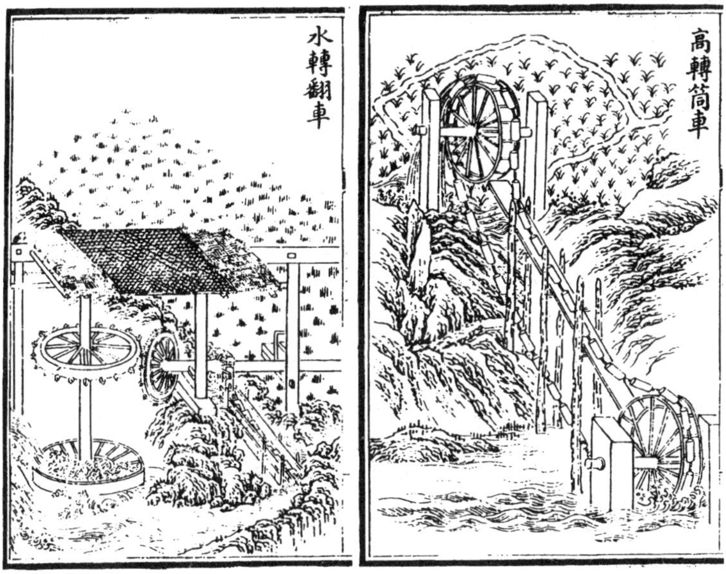

图 7、8　18 世纪中国水车的两种类型
（右边的水车专为灌溉高于水源的农田而设计）

资料来源：《钦定授时通考》（1742）。

① 奏折，乾隆 20/7/2，见《宫中档乾隆朝奏折》12.8—9。

但是陈宏谋绝不是那种忽视对原有水利设施的日常维护而专注于兴建新的豪华水利系统的人。事实上在他历任的每个职位上他都仔细检查所有水利设施的情况，并且指导逾期设施的修复工作。他曾多次修复年代久远的水利设施，在修复过程中他还查阅历史档案或进行考古研究，以使修复的设施在运行时能够保持过去的风貌。在定期维修中，他除了更新建筑材料（用铸铁和陶瓷管道或石灰管道替代夯土沟渠）之外，还对整个系统进行升级改造。每当下属官员就维修水利设施申请省级财政大笔资助的时候，陈宏谋总是毫不犹豫地予以批准。①

陈宏谋经常将地方官员在维护水利设施方面表现得勤奋与否，视为其总体业绩考评的一个重要指标。他煞费苦心地根据每个官员的能力分配相应的工程量，以确保所有官员都明确他们在工程中所承担的个人责任。甚至在仕途不顺的时候，他也尽力在他的下属中树立起集体主义的精神。正如他在给一位同事的信中所说："至于河工水利，合之则皆是，分之则皆非。有司河员联之则为公议，歧之则为私见。惟力破众议，扫除积习，一视同仁，身先作则，始觉改观。"② 在18世纪60年代陈宏谋成为京城大员的时候，他仍在继续思考如何为维护水利设施最好地给下属官员分配责任，以及如何激发他们在这方面的创新精神等问题。③

陈宏谋在他的每个任职岗位上，在制定为维修水利设施而征用劳役的核准程序方面，以及在查找不合理征派劳役、收受贿赂、无效劳动和最突出的劳役需求与农业劳动力不足之间的冲突等弊端方面做了大量的实际工作。我们在前边已经看到，陈宏谋认为强征劳役从根本上就是错误的，因为它代表了对物品或劳务的强迫占有（"派"），他认为这种方式比市场分配的效率要低得多。出于实践或政治上的考虑，他并不认为在水利建设中消除劳役是明智之举，但是他在水利工程中明显倾向于选择诸如以工代赈（"工赈"）和雇工等其他方式。

---

① 《培远堂偶存稿》30：23－24，37：24－27；《皇朝经世文编》114：13－14；《先文恭公年谱》7：4－5。

② 寄高澹齐先生晋书，见《陈文恭公书牍》3：11。参见《培远堂偶存稿》38：2－3；《先文恭公年谱》4：8；奏折，乾隆6/12，转引自蔡冠洛，1.144－145。

③ 参见奏折，乾隆28/12，转引自蔡冠洛，1.149。若想系统地了解陈对官权下放的看法，可参阅第十章。

在陈宏谋的早期官场生涯中他就对他的想法进行了试验。滇池是云南昆明附近地区四个县的排水通道，是保证这几个县免遭涝灾的关键水系，因此需要每年对其进行疏浚。这个庞大工程通常需要上万名劳工来完成，这些劳工通常要从地方农民中征派。但是在实施过程中任何负担得起的农民都可以花钱雇一个劳工替其服役，而这些劳工一般比较懒散、好争吵并且发挥的作用非常有限。负责征招劳役的地方工头们一直通过一种含混不清的方式，即全面提高劳役的估价的方式从这项工程中牟利。在1733年，时任云南省布政使的陈宏谋在滇池的年度疏浚中全面废除了古老的强迫劳役制度，实施了按市场价格雇佣劳工的办法。根据陈宏谋的计算，这项措施可以比过去效率更高地完成水系的维护，使用的劳工比过去少得多，疏浚工程总共花费白银大约200两，相当于通常分配给强迫劳役的支出。通过依靠市场规律，同时政府又扮演直接雇主的角色，陈宏谋的改革措施减少了地方行政当局的腐败，改善了水利设施的质量，降低了农民的负担，并且为云南省日益增加的非农业劳动力提供了就业机会。总之，陈宏谋的改革措施起到了一石多鸟的作用。①

陈宏谋的试验热情在水利建设的另一个领域，即圩垸建设中遇到了前所未有的挑战。几百年来中国农民一直通过建造各种各样的围堤（“圩堤”）来开垦湖滨、河岸和海岸，以便种植水稻。随着陆上人口压力的增长和清朝前半期一些地区出口稻米的增加，新的圩垸建设大幅度增长，这导致了江河蓄洪能力的逐步下降（尤其在长江中游的一些省份）并对地方水利设施的安全造成了严重威胁。陈宏谋是最早认识到这个问题的首批清朝官员之一，尽管这暗示着对其“尽地力”基本政策的怀疑。

在陈宏谋历任各省官员的早期生涯中，他大多热衷于圩垸建设。1741年，刚刚被任命为江西布政使的陈宏谋就开始竭力要求加大政府对圩垸建设的支持。② 他认为，围堤筑垸虽然始于农民的私人行为，但是现在圩垸对全

① 《培远堂偶存稿》2：2—3。

② 关于陈在江西围湖造田的政策，参见奏折，乾隆6/10，见《皇朝经世文编》28：33—35；《培远堂偶存稿》11：44—46，12：11，15：17—18，16：28—29；《先文恭公年谱》4：27，4：30，5：14。关于陈支持在1752年在福建沿海围湖造田的情况，参见奏折，乾隆17/8/26，见《宫中档乾隆朝奏折》3.684—85。

省盈利颇丰的稻米生产是至关重要的。因此，虽然他并不亲身参与新的圩垸建设（在1742年至1743年的缺粮时期，他曾运用以工代赈的方式修建了一条新坝以支持现存的圩垸）①，但却竭力强调政府在加强圩垸维护工程中的作用。当时实行的是每年一次的所谓民堤维护体制，即将维护工作大部分交由半自愿的“圩头”（“圩长”）负责管理，这种体制低下的效率使陈宏谋非常不满。他认为在这种体制下，个体农户会逃避其分担的责任，从而对整个工程质量造成损害，还将导致良田的大量减少、农民间相互指责的增加和县衙门中官司的剧增。百姓中间出现了要求加强对圩垸维护者进行监管的呼声，陈宏谋利用这种呼声，主张政府在圩垸维护中应发挥更为积极的作用。他提出，赣江沿江各县的县丞和县佐，应该负起监管所有圩垸每年修复的责任来。对这些官员提交的详细报告应该进行审查并汇编成册，然后逐级上交至省府衙门。陈宏谋向这些官员许愿，将视他们所监管的圩垸的质量好坏为其加官晋爵的一个重要决定因素。

尽管国家对圩垸建设的监管一直比较严格，但绝大部分圩垸建设仍然是“私人性质的”（“民建”），并且圩垸维修的劳工和财务支出仍旧在农民中以谁使用谁负担的方式进行。政府不直接介入此事一方面可以更好的保证生产力的稳定，另一方面又可以更为全面的了解现有圩垸的状况，从而在更高程度上对整个地区的水利设施安全进行控制。然而陈宏谋认为，对于那些年久失修而地方民众又无力维修的“民堤”，政府必须出钱进行维修。作为第一步，他下令各县官员从其自由支配的“公共”基金中拨出银两进行资助。在某些情况下如果这笔资金不够用，他又会奏请朝廷批准从省级盐税中划拨资金给予补充。在这个过程中，陈宏谋巧妙地将私人（“民”）、集体（“公”）和政府（“官”）的资金融为一体，在不增加国家所有权的情况下强化了政府干预和对水利工程的控制。

然而，在陈宏谋于1755年和1763年两任湖南巡抚期间，他对圩垸建设所持的利大于弊的观点开始发生了变化，他主张国家应进一步加强对圩垸的控制。江西省位于长江下游，因此受长江及其支流每年一度春季涨水的影响较小，而与江西的情况大不相同，湖南已经遭受到由未受抑制的圩垸建设所导致的恶性生态后果。陈宏谋在江西一直致力于强化国家对水利设施的各种

---

① 《培远堂偶存稿》14：39－40。

监管。在湖南省由于面对其他地区对湖南稻米需求的日益增长，这类监管已经放弃了几十年，在生产稻米潜力很大的洞庭湖和湘江沿岸，圩垸垦荒热潮一浪高过一浪。① 早在 18 世纪 40 年代，一些省级官员已经认为，湖南其他地区日益增加的洪涝灾害与未受抑制的圩垸建设热潮有联系，于是他们开始反对朝廷为发展稻米生产强行推进圩垸建设的政策，认为政府应对圩垸建设的发展速度加以控制。经过长期的辩论，湖南巡抚杨锡绂于 1746 年赢得朝廷批准暂停所有新的圩垸建设。②

当陈宏谋十年后第一次来湖南的时候，他重申了这个禁令。他之所以接受这个现实或许出于他对杨锡绂的长期尊重，抑或出于他与家圣泉更为持久的友谊，时任湖南巡河道的家圣泉是清朝最受尊重的水利安全专家之一。③ 陈宏谋仅仅是暂时反对圩垸建设，在他首次担任湖南巡抚期间，他的工作热情与其说倾注在禁止新的圩垸建设上面，不如说倾注在对现有圩垸维护的进一步控制上面，因为这样可以保护被圩垸所围土地的生产力。④

在八年之后陈宏谋第二次任湖南巡抚的 1763 年，他从保护生态的角度明确表达了反对扩大圩垸建设的论点，这些论点在陈宏谋身后若干代仍旧被官方奉若神明。在陈宏谋所撰写的可能是最为著名的奏折中，他把湖南描绘成农田与河湖水域相互争夺的战场，一旦农田侵占了河湖水域必然会遭致其强烈的反攻倒算。通过回顾历史资料，陈宏谋得以证明，长期以来洞庭湖面积的大幅度缩小与日益增长的有规律的严重洪灾之间存在着因果关系。每年春季从高原流向湖南地区的大量融雪需要足够的湖泊加以容纳，直到下游河流逐渐地减轻这个压力，而连续不断地对湖滨与河岸的侵占已经剥夺了湖南大量的容水空间。在目前这种脆弱的平衡状态下，任何新的侵占都将必然导致某处水利设施的崩溃。因此，不仅应当禁止新的圩垸建设，还必须在洞庭湖的四周开挖新的出水口（“水口”）以减轻定期的水流压力。未经许可而修建的现存圩垸在开挖新的出水口时必须加以摧毁并且不允许重建。乾隆皇帝当

---

① 参见彭雨新，171－90。

② Perdue, *Exhausting the Earth*, 219－21.

③ 关于陈和贾在翰林院时期的关系，参见《培远堂文集》3：8－11。

④ 《培远堂偶存稿》37：24－27，38：2－3，38：54－55；《陈文恭公书牍》2：19。

时对陈宏谋的奏折非常赞赏并欣然接受了他的意见，他下令工部将陈宏谋的建议纳入其基本政策。① 半个多世纪之后，魏源仍将陈宏谋的建议赞为湖南人所见到的对圩垸问题最明智的处理意见。②

然而，陈宏谋敏锐感觉到，湖南的情况远非像他的水情分析那样明白简单。由于复杂的习惯势力和经济利益纠缠在一起，致使当时湖南的情况相当混乱。陈宏谋断定围绕着圩垸建设和由此所导致的洪涝灾害存在着大量诉讼欺诈。就此问题魏源补充到，由于过去官方对此问题的忽视，已经产生了一个通过设法获得圩垸建设的批准而为自己牟利的地方官员小集团。③ 陈宏谋的决策遭到了地方利益集团和非法圩垸所有者的反对。通过对湖南水利管理的深入研究，濮德培认为陈宏谋的政策至少在一个案例中造成了恶果。1763年陈宏谋下令拆毁湘阴县的一条非法堤防，即杨林寨大堤。然而，其后果是灾难性的：受杨林寨保护的其他四处堤防随之崩溃，许多农户因此而破产，并产生了许多诉讼案件。地方文献认为陈是一个好官，但他为当地的衙役愚弄了，这些衙役是地方特殊利益集团的成员。④

陈宏谋出版的论文集在他二入湖南反对圩垸建设之前就谨慎地终止了。至于是否还有可与杨林寨事件相比的事件存在，答案很可能是肯定的。在1763年，陈宏谋奉调离开湖南前往北京赴任内阁大臣，并且从此在京城当差，再未担任过任何省级官员。后来，类似于杨林寨那样的尴尬事件在广东和江苏接二连三地发生，这使朝廷确信，尽管人到暮年的陈宏谋富有经验，分析问题敏锐，但是他已经不再能够准确地把握地方社会的脉搏了。

（三）农业技术

在年轻的陈宏谋被任命为山西省乡试副考官的1729年，他形成了如下政

---

① 陈的原版奏折（乾隆，28/6/13），收录在《录副奏折》中，中国第一历史档案馆，转引自《列传》5834，台北，宫中档；《临桂县志》29：14；蔡冠洛，1.148。

② 魏源：《湖广水利论》，收录于《古微堂内外集》（1878），“文集”部分，6：7。

③ 寄许荩书，见《陈文恭公书牍》3：18；魏源，6：7。

④ Perdue, *Exhausting the Earth*, 228.

策理念：农业在为朝廷和社会提供物质基础方面具有独一无二的重要作用。然而，大家都知道农业劳动比其他行业的工作要辛苦得多。那么一个政府官员怎样才能鼓励足够多的人力安心于农业生产呢？陈宏谋的回答是：通过提供先进的农业技术以减轻农业劳动的负担，同时提高农业的物质回报。①

“鼓励发展农业”（“劝农”）并由此全力推进农业技术是雍正和乾隆王朝始终坚持的核心任务。两位皇帝在当政伊始发布诏书的时候，都明令所有地方官吏在其所辖地区想方设法提高农业发展水平，乾隆皇帝甚至还要求翰林院将农业生产方法作为一个专门的课题加以研究。② 正如我们已经看到的，皇帝的倡导与陈宏谋在广西老家就形成的认识一拍即合，这就毫不奇怪为什么他比许多其他官员更能深刻理解皇帝的意图了。他在其最早的顶头上司，后来成为他终生仰慕之人的云南总督张允随手下的工作经历，进一步加深了他对劝农事业的热爱。张允随在 1737 年提交了名为“劝农三策”的著名奏折，在奏折中他描述了将西南地区改造为农业生产地区的系统战略，并制定了许多实施原则，例如，在判定一个地区的生产潜力的时候要十分留意该地区的生态环境，这条原则陈宏谋一直牢记终生。③

然而，也许正是陈宏谋本人比任何其他官员更好地概括了雍正和乾隆皇帝所倡导的劝农运动的儒家道德内涵。④ 运动倡导者认定各地的农民都是目光短浅的，而被视为受过良好教育并且经验丰富的官员必须克服这个问题。这需要通过对农民进行耐心的教育和指导加以解决，同时要尽可能避免采用任何可能“扰民”（“累民”）的强制方式。陈宏谋几乎从不强令农民采用新的技术，而总是怀着根深蒂固的儒家乐观主义思想，期望农民能够直观地认识到他所推荐技术的优越性。由于先进技术的介绍必然会增加农民对有效生产力的合理应用，而合理性与道德规范又是不可分的，因此劝农运动本身可以说就是某种形式的道德教育。1724 年，雍正皇帝在其著名的劝农诏书中强

---

① 《培远堂文集》9：5-6。

② 宋希庠，75-76；白新良，136。

③ 张允随的奏折相当的著名，见《皇朝经世文编》（1826），36：17-19。参见宋希庠，78-79。

④ 我在这里的讨论受 Pierre-Étienne Will 未发表的论文的影响，题为“Of Silk and Sweet Potatoes：Efforts at Improving Agriculture in Eighteenth-Century China,”该文于 1991 年 10 月提交给康奈尔大学的“东亚计划”。

调指出，对平民进行技术教育是更广泛的道德文化改造（“教化”）使命中固有的重要组成部分，因而是各级官员的基本任务。同样的，皇帝和像陈宏谋这样的各省主管还敦促地方官员要发挥自己合理的创造精神去满足地方民众的需求，而不要不动脑筋地照搬前面所述的“劝农”规章。

陈宏谋像许多省级大员那样，而又比他们的大多数更坚决地要求其下属官员系统培训农民使用先进技术。① 达到此目的有效方法之一就是树立使用先进农业技术的样板，即“农民模范”（“老农”）。根据朝廷的规定，这类样板可以享有各种各样的奖励和荣誉，对他们的奖励与是否成功模仿先进技术成正比（目前台湾和大陆似乎都在为农业技术进步而奋斗）。一般来说，农民模范从当地居民中遴选，然而在某些情况下，陈宏谋也会从技术先进的中国其他地区的外来户中挑选。例如，在云南的少数民族地区，他就使用自己的薪水，安排了若干汉族农民向当地传授正确的堆肥技术。②

虽然评选农民模范是一种历史悠久的改进农业技术的措施，但是在中国扩展印刷文化的新时代（作为许多流行道德专著作者的陈宏谋对此非常赞赏），农业技术手册的发行也具有空前广泛的重要意义。其中陈宏谋最看重的一本入门书是1742年发行的由清政府资助的在鄂尔泰指导下编辑的《授时通考》。该书的基本技术（和道德规范）摘自1628年由徐光启编写，1642年又由陈子龙修改的《农政全书》。《授时通考》还采用了明朝末年由宋应星编写的图册《天工开物》中的一些素材，使该书变得更为通俗易懂。③ 陈宏谋不仅自己经常翻阅《授时通考》并要求其下属也这样做，而且他还感到这本书非常适合进行实际操作的农民阅读。因此，当他1742年在江西任职的时候，他曾请求南昌府学校长李安民编写了一本《授时通考》的简本，然后他大量印刷了该简写本，并在全省范围广为散发。④

---

① 参见《培远堂偶存稿》19：25—30。

② 《皇朝经世文编》10：33—35。关于征募和奖励“模范农民”体系，最权威的解释当属《周礼》，这也是在陈宏谋那个时代这本著作颇为流行的原因；同时，张允随认为它还是他最喜欢的农业改良计划的指导，张允随。参见宋希庠，78—79。

③ 《清代名人传》，103，318，603，691；宋希庠，78。徐光启（1562—1633）和他的学生陈子龙（1608—1647）都强调把提高农业生产力——充分地开发“地力”——作为当时经济政策的最重要目标，参见von Glahn，*Fountain of Fortune*，199—202。

④ 《培远堂偶存稿》15：7；《先文恭公年谱》4：25。

陈宏谋在不同任职岗位上所倡导使用的农业技术改进包括：插秧（相对于散播）、精耕、除草、嫁接、轮作、复种和对耕种牲畜的各种使用（包括避免它们过早地被屠宰）。根据不同地方，他介绍了各种肥料生产和使用的方法，例如：圈养牲畜以便于积肥，节俭使用粪便和有机肥料以及利用树叶和野草沤肥等。为了获得各种干鲜果品和树脂、生产肥料、保护堤岸和道路以及减少水土流失，陈宏谋大力促进在所辖省份开展植树运动，这与清朝政府所要求的主动精神是一致的。换句话说，如果把农业同其他生产部门联系在一起，即同林业、畜牧业和我们将马上看到的贸易联系在一起，它就能发挥出最大的生产效率。①

为了选择最佳的粮食作物，陈宏谋非常关注农业的微观生态环境，他还要求他的下属也这样做。陈宏谋长期坚持不懈的一项课题，就是细心考察种植所谓“杂粮”的可能性。杂粮是指除稻米和小麦之外的任何含有丰富卡路里的粮食作物。清王朝（特别在雍正时期）把以杂粮耕作为基础的农业发展视为保证食品供给的重要手段。② 而这也正是陈宏谋所热烈拥护的。例如，我们在前面已经多次看到过下列情况，当水灾或旱灾导致稻谷或小麦暂时无法耕种的时候，陈宏谋果断下令地方民众转而种植杂粮。然而值得一提的是，也许在陈宏谋的任职生涯中再也找不到像 18 世纪 30 年代中期，即雍正王朝的最后几年，他在云南任职期间亲自动手选择粮食作物那样的事例了。

陈宏谋将云南的农业视为一张白纸，他非常希望能使该省尽可能地达到粮食自给，尽管该省农业以外的人口（士兵、矿工和商人等）占有相当大的比例。云南的农民大多是近年来的移民，他们到达云南后就一直定居在地势较低的地区并且从事水稻生产，这些外来农民和当地居民从未认真思考过通过旱地耕作技术使该省广阔的山地得到合理利用的问题。陈宏谋对上述情况非常不满。他认为，云南的出路就是种植包括荞麦、高粱、芝麻、各种豆类、红薯和其他粮食作物在内的杂粮。从 1734 年开始，陈宏谋调进和分发了大量杂粮种子并且建立了对赢得农民好评的村长、乡长（“乡保”）和村官实行奖励的制度。他一直坚持贯彻这些措施直到三年后他调离云南为止（陈于

---

① 参见《列传》5884；《培远堂偶存稿》4：5－7，4：43－46，19：21－40，24：32－33；《先文恭公年谱》2：10，4：11－12；徐栋：《牧令书》，10：33－35。

② 冯柳堂，149。

1737年十二月奉旨赴京候命，1738年初赴天津任命——译者）。①

在一位最主动推进陈宏谋施政方针的云南下级官员看来，在云南耕种杂粮不应是简单地维持生计而应被认为是一种主要的商业活动。这位官员就是少数民族居民很多的罗次县县令张应钧。陈宏谋认为云南人不愿意实行旱地耕作是因为不懂技术，张应钧对此谨慎地提出了不同意见，他认为其真正原因是政府并没有努力使农民了解种植杂粮带来的较高经济效益。张应钧相信在地广人稀的一般条件下他能够证实耕种杂粮的优越性。于是，他在自己的县城之外建立了一个官办田庄，雇佣当地劳工种植了各种选择好的杂粮。他开挖了若干口水井并建成了一个牲畜圈以便蓄积肥料。张应钧的做法就是要把云南的杂粮耕种变为一种赢利的商业活动。当丰收到来之际，张应钧把收获的粮食作为奖励分发给当地劳工，并建议他们将其中的大部分拿到当地市场出售。陈宏谋随即将张应钧的成功事例作为典范在云南其他地区广为宣传。

在之后的1745年，陈宏谋又发动了一场更为著名的种植杂粮运动，这就是将甘薯引入陕西省。源于美洲的粮食作物甘薯早在18世纪初叶就已成为许多福建山区的主要食物并且开始在其他东南地区推广（这还包括广西省，陈宏谋在青年时代就接触过甘薯）。② 根据戴逸的研究，甘薯被成功地引入中国北方始于乾隆时期。尽管皇帝宣称支持这项活动，但实际工作是其他人完成的，首先是在山东省经商的福建商人将甘薯引入了山东，然后是直隶和河南的地方官员偶然将甘薯引入以上两省。而陈宏谋将甘薯种植推广到西北地区的行为，是该种作物推广过程中前所未有的策划最周密的高水平的官方运动。③ 甘薯耕作技术在1742年钦定的农业手册《授时通考》中已有记载，正是对这本书的研究使陈宏谋产生了在陕西推广甘薯的念头。

陈宏谋非常热情地宣传甘薯的各种好处，包括其味道甜美、营养丰富、易种植、亩产高、受气温和雨量的影响很小、抗病虫害能力强等。另外，甘

---

① 《皇朝经世文编》37：37－39；《培远堂偶存稿》2：25－26，2：43－44，3：3－4，4：43－46。

② 《训俗遗规》（1769），4：13，关于甘薯种植，参见王业健：《18世纪福建的粮食供应》，89。

③ 戴逸：《乾隆帝及其时代》，274－77。

薯的最大好处是适于在沙土地种植，而地处黄土高原的陕西与福建沿海具备着相同的条件。陈宏谋还注意到，甘薯可以同其他作物轮种或同豆类间种，它可以被制成面粉以供烘烤，另外它还可以用来酿酒（当然这要经过批准）。在一个对地方官员的指令中，陈宏谋非常详细地解释了在耕种甘薯时如何准备好土地，如何储存种子，如何收获，对留下的薯藤如何处理以及其他技术细节。他从《授时通考》中摘下一些相关内容和易于模仿的图画，然后汇编成一本小册子在全省广为散发。根据他从其云南下属张应钧身上所获得的经验，他命令各县县令在其县衙门附近建立试验田，展示甘薯成功地在陕西生长的情况。另外，由于许多陕西现任官员本身就是福建人，他们应该或多或少具备一些可以向当地农民传授的种植甘薯的个人经验。一旦少数农民掌握了种植甘薯的必备技能，他们就会被指定为“农民模范”，他们有责任向周围农民传授种薯技能。①

怀着对市场供给法则的信念（即使在偏僻的西北也不例外），陈宏谋只分发了少量薯种。根据他的观察，从东南地区到陕西经商的商客为数不少。一旦发现他们熟知的作物种子在这里有巨大市场时，盈利冲动就会驱使他们带来大批种子以满足当地的需要。

那么，陈宏谋将甘薯引入到西北地区的计划究竟取得了多大成功呢？据对陕西农业有精深研究的魏丕信推测，该计划很可能是个失败，当地农民对这种南方稀奇玩意儿的抵抗程度之强烈，很可能令一个乐观的巡抚难以克服。然而根据包括戴逸和伊夫林·罗斯基（Evelyn Rawski）在内的其他学者所发现的越来越多的证据表明，在陈宏谋当政和他离开陕西的几十年间，陕西高原地区的居民确实将甘薯当成了主要食品。下面的事实似乎同以上结论是一致的，这就是在陈宏谋离开很久以后，甘薯在陕西仍被称为“陈公薯”。②

对陈宏谋和他的王朝君主而言，“劝农”也包括了为市场而生产的观念。尽管偶尔会听到某些对专注于维持生计的粮食生产的不同意见（见第五章），但清王朝的主流意见都是要加强包括粮食在内和棉花及其他经济作物的农业

---

① 《培远堂偶存稿》20：1，20：45－48，22：38－40；《先文恭公年谱》5：17。

② 戴逸：《乾隆帝及其时代》，75；E. Rawski, “Han River Highlands,” 70, 78, 第33行。

生产。当时的许多农学著作，包括陈宏谋的《从政遗规》，都倡导与地方生态相和谐的高效率的商业化和专业化的农业生产，这种主张与18世纪中国农业发展的趋势是一致的。正如许多学者所指出的，18世纪是一个商业性种植业高速发展的时代，并且地方手工业的成长也很快。① 讨论至此，大量的证据告诉我们，陈宏谋在全国推行的劝农运动都把实现商业化既当作一个既定的目标又当作一个企望的目标。18世纪40年代和50年代陈宏谋在陕西推行的养蚕运动，也许是陈宏谋所有繁荣经济的活动中最为引人注目的。

从19世纪20年代的魏源开始，中国农业政策的研究者们就一直对这种表面上看起来近乎于不切实际的试图扭转地区专业分工（这种地区专业化使陕西的纺织品消费一直依赖长江下游省份的输入）历史趋势的尝试怀有极大的兴趣。② 陕西所发生的情况可视为一个地区由工业落后转向商品经济的典型事例。众所周知，根据《诗经》记载，古代豳国（今陕西中西部栒邑县附近）曾经盛产丝绸，但是随着时间的推移，该技术已逐渐失传。其原因一部分在于长期以来生态环境的恶化，森林的采伐以及18世纪由于过度放牧造成的土壤肥力的下降③；一部分在于东南地区纺织工业成本效益率的提高，这使本地的丝绸生产商转而寻求更有竞争力的行业。虽然陈宏谋一般对地区专业分工的经济优势很敏感，但是他发现在陕西这种优越性被忽视了。根据他的看法，那些过去买得起当地生产的丝绸的陕西普通消费者，由于对输入丝绸的依赖，今天已经忘记了对地方产品的更新换代。④ 很明显，陈宏谋希望通过本省养蚕业的复兴和一个适度的跨地区市场的重新建立，促进整个经济的繁荣。⑤

陈宏谋推行的养蚕运动除了具有重要的经济利益之外，它与地区特点、大众文化的重建以及文人阶层的使命感也是联系在一起的。这个运动无论对

---

① 关于这个增长最好的研究当属吴承明：《论清代前期我国国内市场》。有关清政府政策支持农业商业化背后的意识形态，见高王凌：《十八世纪中国人口的增长和清政府的农业经济对策》，23-30。参见戴逸：《乾隆帝及其时代》，276-86。

② 魏源将陈倡导养蚕业的三个重要文件收录在《皇朝经世文编》37：8-13。最新的学术研究包括宋希庠的著作（写于19世纪30年代），83；高王凌：《人口增长》，19-21；Will，“Of Silk and Sweet Potatoes”。

③ 《培远堂偶存稿》35：33，39：1。

④ 《培远堂偶存稿》19：26-27。

⑤ 陈也试图在该省中提高棉花产量，但收效甚微；《培远堂偶存稿》19：27-28。

陈宏谋本人或是当时的其他官员都是一个新的课题，而且它也不是对任何朝廷具体指令的响应。然而它在陕西省确实有其历史背景。早在康熙时期，就有个别官员在陕西省最南部的汉江上游谷地的部分地区尝试过引进养蚕业。然而，18 世纪中叶对养蚕业的直接推动者却是一位民间人士，他就是兴平县（属陕西西安府，今属咸阳市——译者）的乡绅杨屾（1699—1794）。

杨屾是 17 世纪晚期陕西新儒学关中书院主讲李颙的弟子。① 正如我们在第四章讨论过的，关学在很多方面对陈宏谋有着深刻的影响，陈宏谋在 18 世纪形成的经世思想也部分受其影响。然而从关学一词的含义看，它是一个具有鲜明地方特色的学术传统。文化上，对于来自江南和其他文化“先进”地区满足于浅薄的书本知识和愚笨的填鸭式考试的学风，关学信徒（杨屾本人从来拒绝参加任何考试）嗤之以鼻，他们主张道德上的自我教育和对地方社会的“改造”；希望从经济上摆脱对江南城市经济的依赖。杨屾有关养蚕的著述充满了回归道德上的纯洁和弘扬古代豳国独立精神的怀旧愿望，这种地方沙文主义者的措辞是在陈宏谋本人有关陕西丝绸生产的著述中所未见的。

杨屾一生倾心于农学研究，他强调指出，只注重粮食耕种而不同时注重畜牧业、林业和养蚕业是当今农村社会经济贫困和道德沦丧的根本原因。在他的著述中，他始终强调的一个重点是把农民四季的生产活动安排的紧凑，避免因农闲带来的道德和精神上的空虚。通过将种粮和其他农业活动进行精心安排，再结合相对严格的男女劳动分工（杨屾每个月都列出男女劳力不同的劳动任务），将会不断加强传统农业家庭的经济模式。于是，同陈宏谋一样，杨屾将家族小生产模式看成无论从礼仪正统上还是经济效益上都最佳的模式。②

---

① 杨的著作参见《关中丛书》第 11 卷。同时还有张元吉为他写的一段相当有用的传记。刘翠溶：《汉水流域的商业贸易和其对经济发展的影响，约 1800—1911》（台北：中国学术著作奖助委员会，1980）116－118 页中讨论了杨屾的经济学思想；高王凌：《十八世纪中国人口的增长和清政府的农业经济对策》16－17，21；高王凌：《十八世纪中国的经济发展和政府政策》，38－45。

② 有关清政府鼓励妇女参加农业生产活动的进一步分析（这种活动也曾涉及陈宏谋和杨屾在陕西开展的养蚕业），参见 Francesca Bray，*Technology and Gender：Fabrics of Power in Late Imperial China*（Berkeley：University of California Press，1997）第 5、6 两章。

杨屾从1725年就开始在他自己的农地和他居住的小镇及其周边地区进行植桑养蚕试验活动，为此他专门从长江下游省份引进了桑树和蚕种（据说这些试验是如此的闻名遐迩，以至于那个小镇的名称从三家镇最终改成了与其读音相似的桑家镇）。到1741年杨屾获得了撰写其著名养蚕专著《豳风广义》的足够经验，成书之后他将该书分发给了几位地方和省级官员。① 有一位地方官员读了该书并且留下了深刻印象，他就是凤翔县丞张文杰。凤翔县在杨屾的老家兴平县偏西一点，位于土地相对肥沃的渭河谷地。张文杰本人实施了一个指导性的植桑养蚕计划，并在一份写于1744年的奏折中报告了他的成功结果，他还提议在全陕西掀起一个重新系统引进桑蚕养殖的高潮。经过一番考虑，川陕总督庆复同意了张文杰的提议，并在盛夏命令在陕西各处的官田中实施类似的指导性植桑养蚕计划。因此当陈宏谋大约半年后抵达陕西开始其在陕西第一个巡抚任期时，植桑养蚕的舞台已经搭好了。陈宏谋找到杨屾之后，将他请进其在西安的衙门，授予他多项官方荣誉，并劝说他留在省府担任他的智囊。在陈宏谋四任陕西巡抚期间，杨屾既是陈宏谋的私人顾问又是他所推行的养蚕运动的首要负责人。②

尽管陈宏谋长达十三年的养蚕运动（1745—1757）并不是前人所从未从事过的，但它仍然具有高度的创造性。养蚕运动涉及丝绸生产过程各个不同阶段之间的方方面面，这些阶段包括：种植桑树、养蚕、缫丝、纺纱和织布。陈宏谋的一个关键性战略原则就是通过劳动分工，使每个人都能在丝绸生产过程的任何阶段找到最适合自己的工作，从而使尽可能多的农户参与进来。他还寻求建立一种激励机制，以吸引那些产量非常之少，以至于从事养蚕活动几乎无利可图的农户也能加入进来。他最终设计的体制非常类似于现在有时被称作“原始工业化”的体制，这种体制由中央实行控制，由地方组织，由高度分散的以家庭为单位的集体劳动者生产低技术含量的产品供市场出售，这个市场至少有一部分是跨地区的。③ 陈宏谋的体制与其他原始工业

① 杨屾：《豳风广义》（北京：农业出版社，1962）。《豳风广义》同样也被收录在《关中丛书》第18卷中。

② 《培远堂偶存稿》21：1。

③ 关于此体系最经典的描述当属 Franklin Mendels, “Proto-industrialization: The First Phase of the Industrialization Process,” *Journal of Economic History* 32.1 (March 1972): 241-261。

化体制（如近代佛兰芒亚麻工业或江南棉纺工业）的主要区别是，在陕西，原始工业化的主角不是商业资本家而是省级政府扮演的。这个范例堪称近代工业化战略中的一个非凡案例。

图 9 陕西省地图（标注文中所提到地方）

当陈宏谋第一次到陕西任职的时候，该省基本上没有桑树生长，无论是野生的或是种植的。陈宏谋亲自在全省巡视多次以决定在哪里可以成功地引进桑树，后来他乐观地得出结论，在该省延安以南的大多数地区都能种植桑树。于是他命令所有的下属官员在其所管辖的各县的官田中试种桑树，并且要求他们详细地汇报结果。政府还鼓励各地农民种植桑树，如果私家商人未能收购，各县政府要随时准备购买农民的种桑成果，而私有商人不允许收购农民的桑树。成就显著的种桑者将会受到政府的奖励。政府严禁砍伐桑树和偷窃桑叶。政府将各地的种桑专家（“老农”）聘用为技师，陈宏谋并从1751年开始从省城向各地派遣种桑专家提供技术咨询。在其广为倡导的种桑活动中，陈宏谋将重点放在较短的两年成熟期的树种上以使新种下的桑树尽快发挥效益，他甚至将所有零星的土地都用于种植桑树，这包括城镇中的土地和县政府所在地。1757年是陈宏谋在陕西四任巡抚的最后一年，他最终认识到种植桑树是全省丝绸业发展的关键，作为最后的努力，他命令下属各级官员在其衙门附近兴建苗圃，免费向所有愿意种植桑树者提供树苗。①

虽然急切想使桑树种植在陕西获得成功，但是，陈宏谋坚持贯彻了他的两条基本经济原则，即自愿原则和市场激励。为了防止地方官员为取悦于他强迫农民种植桑树或强行摊派种桑定额，或是惩罚种桑失败的农民，陈宏谋屡次告诫下属官员应尊重农民的意愿。把桑叶卖给收购者换取现金应该是农民种桑唯一的动力（尽管那些买主可能就是官员们自己）。陈宏谋对其下属官员说，只有“使民间自己图种桑之利”，陕西的种桑运动才算获得成功。②

与此同时，陈宏谋认为必须找到另外一种发展养蚕业的途径。因此，在继续推进种桑运动的同时，他很快将主攻方向转向引进一种野生、可以以其他树叶为生的蚕种上，这就是原产地在山东省的所谓“山蚕”。这种山蚕可以靠一种特殊的栎树很好地喂养，而这种栎树在陕西中南部的渭水高地和汉江高原到处都有。大约半个世纪以来，地方上曾经有过零星的将山蚕引入陕西的尝试，但是都没有持续下去。到了1744年，川陕总督庆复将引进山蚕纳入了其全省范围的养蚕计划，两年之后陈宏谋又开始进一步施压，要求各地官员在其辖区开展引进山蚕的试验。陈宏谋下令，禁止砍伐栎树林，同时扩

① 《培远堂偶存稿》19：6-8，30：32-33，35：33-34，39：13-16。

② 《培远堂偶存稿》20：39。

大栎树的栽种，引进山蚕及相关物件并将其无偿分发给农民，由省府衙门出资征募山东专家对地方民众进行山蚕养殖技术的培训。如果在官地中发现合适的栎树林，陈宏谋便命令所在地官员将栎树无偿移栽到山蚕养殖场（“蚕场”），并且确保将所有的盈利留给蚕农而不是留给县财政。如果栎树林生长在私人地里，政府就会“鼓励”该地地主（“山主”）就地雇工养蚕，或将土地出租给养蚕者。通过大力宣传养蚕的成功事例，陈宏谋十几年来持续不断地鞭策其下属官员竭尽全力地从事这一事业。①

由陕西不断增加的养蚕劳力所生产出来的丝绸基本上并不在民间销售，尽管桑叶和蚕茧是经济作物。虽然陈宏谋作了许多努力，但是丝绸纺织技术并未像杨屾想象的那样在广大农民中普及，而政府培训出来的少数专业技工又多集中在西安附近及少数养蚕中心城镇。虽然纺纱技术比丝织技术扩散的范围要广一些，但截至陈宏谋离开陕西的1757年，似乎大多数实际的纺织产品都是在效率较高的政府蚕馆生产的。这些政府蚕馆的建立体现了陈宏谋养蚕计划中最引人注目的特征。

陈宏谋于1746年年中向朝廷通报设立的新的陕西丝绸署（“蚕政”）是他的一大创举。② 陈宏谋在1745年曾占用省造币厂的设施建立了所谓的养蚕管理局（“蚕局”），并任命杨屾主管其事，该局在第二年搬到了附近一个经过改造的衙门中。1755年，在西安西门外商业兴旺的近郊的一家旧的驿站中，又建立了一个规模很大的蚕局分支机构。在陈宏谋当政的这些年中，他敦促下属官员在自己的辖区建立养蚕作坊（“蚕馆”），若干个蚕馆后来也真正建立了起来，其中最成功的当属建在凤翔县和位于西安北部渭水谷地的三原县的蚕馆。起初这些蚕馆只简单地向自愿养蚕者分配桑树种和蚕子，并向当地百姓就丝绸生产的各个方面提供现场指导。然而大约在1750年左右，随着陈宏谋开始从南方引进富有经验的丝织工人以充实各个蚕馆的技术力量，蚕馆的功能也发生了变化：首先，蚕局和蚕馆变成了雇佣职业工人生产蚕丝和丝绸的工厂；其次，蚕局和蚕馆成为当地农民和技工的票据交换所。巡抚陈宏谋向陕西老百姓保证，他的蚕馆将会：（1）从种桑者手中以公平的价格收购所有的桑叶，然后再将其转售给养蚕者；（2）从养蚕者手中收购所有的

---

① 《培远堂偶存稿》24：18－20，24：30－31，39：10－12。

② 奏折，乾隆11/4，摘自《先文恭公年谱》6：11。

蚕茧再将其转售给纺纱者；(3) 从各地纺纱者手中收购所有的蚕丝，然后将其转售给个体织丝户或由蚕馆本身进行加工。

陈宏谋在陕西推行的养蚕计划曾被描述成一种面对日益扩大的地区之间市场而偏要回归“地方自给自足”的保守行动①，但是这种描述只说对了一半。用本省所产丝绸替代外省丝绸的输入当然是陈宏谋的一个主要目标，但是将这种新的地区特产向外省市场输出也是陈宏谋所欢迎的。这种由集中管理的陕西丝绸工业所生产的产品被冠以“秦”的品牌对外销售。当时销售的产品就有秦线、秦丝、秦纱、秦缎和若干等级的秦绸等。这些产品大多在西安的蚕局或各地的蚕馆向商人出售，并且在省内外行销②，其余的部分则向朝廷进贡。历史上，陕西巡抚衙门每年向朝廷进贡若干数量的秦线和秦绸，但是在陕西丝绸工业长期不景气的年代，该省巡抚也一直被迫责成省钱局购买外省丝绸以充贡品。陈宏谋在陕西任职的15年间，他一步一步地完成着进口替代的过程，即用本省丝绸署（“蚕政”）的产品代替从外省购买的丝绸。尽管我们无法估算陕西丝绸产量在多大程度上支持了本省的财政，而不是市场的需求，但毋庸置疑的是，北京朝廷的纳贡需求非常有助于推动陕西丝绸工业的发展。③

对陈宏谋来说，为陕西蚕政筹措资金，为日益增加的劳工提供薪酬以及购买农户生产的半成品都不是轻而易举的事情。起初，运作经费较少，一直是由陈宏谋本人负担，为此他捐出了三个月的养廉银。④ 后来陈宏谋逐渐找到了一种更为常规性的资金来源。他在咸阳和长安县附近“发现”了若干块可供出租的官地，另外他还发现省财政投资于西安典当行的有利息的贷款750两白银也可以利用。这两项资金来源每年共获得118两白银的收入，这笔收入正好可以用来支付蚕局的管理费用。⑤ 此外，省财政每年要花800两白银从蚕局购买丝绸用于进贡。在1757年陈宏谋将要离开陕西前不久，他听到其下属越来越多的抱怨，他们认为这些贡品如果从市场上购买要比从蚕局

---

① Bray, 229.

② 《先文恭公年谱》5：20。

③ 《培远堂偶存稿》21：1，30：30-32，35：33-34，39：1-3。

④ 《培远堂偶存稿》23：14-15。

⑤ 《培远堂偶存稿》39：1-3；《先文恭公年谱》9：14-15。

图 10、11 在作坊中缫丝和纺纱

资料来源：杨屾，《豳风广义》（1741）。

购买便宜得多。陈宏谋虽然承认这个事实，但他仍然坚持现行的做法，他认为，对该省稚嫩的丝绸工业来说这是一笔划得来的投资。陈宏谋满怀信心地预测，将来总有一天我们不再需要这样的补贴，但从目前的实际情况来看，他力劝他的继任者们维持现行的做法。①

陈宏谋有理由那么自信吗？清朝中期陕西的养蚕运动真的复兴了古代有过的丝绸业吗？当然，陈宏谋注意到的生态环境退化确实存在，而且陈宏谋的最狂热崇拜者袁枚承认，在表面上看上去桑树生长繁茂的地区，所种的一多半桑树几乎刚种下去就死掉了。② 清朝官僚的特有的问题，即官员们在快速轮替的情况下想争取主动的倾向，在陈宏谋多次在陕西任职期间也困扰着他。在 18 世纪 50 年代初期当他回到陕西时，他对在他短期离任期间他所建立的省丝绸署的活动被大大压缩的情况，感到非常遗憾。他将其归咎于（根据他的性格特点）官员破坏性的榨取，以及正在进行的军事战役。③

① 《培远堂偶存稿》39：56－57。

② 袁枚，10。

③ 《培远堂偶存稿》39：2。

图 12　织丝绸

资料来源：杨屾，《豳风广义》（1741）。

然而，大多数清代陈宏谋的传记作者认为陈的养蚕计划一直很成功，并且在整个清朝后期，陕西省的省级和地方官员都继续按照他（和杨屾）所指出的方向，将养蚕活动扩展到该省的其他地区。一位见识广博的经济历史学家断定，在清朝后半期，至少在陕西南部，养蚕活动确实得到了“显著发展”，大量的蚕茧和生丝进入了汉口（湖北）和南阳（河南）的市场，同时在陕西汉江边的港口城市汉中也形成了有一定规模的丝织产业。①

总而言之，陈宏谋的养蚕运动很好地体现了他关于地区经济发展的思想。他的目标是要动员该地区相对贫乏的资源和地区人口中未被开发的生产潜能——这与杨屾所倡导的男女分工有明显的区别。陈宏谋之所以大力提倡养蚕运动，部分原因在于它可以使所有人都参与其中，不分男女和老幼。养蚕运动从一开始实质上就是百分之百商业化的农业活动。陈宏谋认为，在推进这场运动过程中不应有任何的强迫和命令，相反，一旦这种活动的潜在利益得以展现，那么人类固有的盈利动机（“得利”）就能确保其获得成功。当然，这场运动绝不是仅仅靠或主要靠市场来驱动的。陈宏谋曾三番五次以最严厉的口吻斥责行动迟缓的下属官员，他对他们说，带领和指导老百姓追求

---

① 刘翠溶，118-122。

最佳的经济利益仰仗的就是你们。就养蚕来讲，要靠你们引进新技术、提供物美价廉的生产资料和其他形式的政府补贴，整合复杂的、多阶段的生产过程，并且（也许是最有创意的）通过提供一个有保证的产品销售市场来激励生产者的积极性。陈宏谋推行的养蚕计划也许一直是不切实际的，但是它代表了如何最好地实现经济繁荣的、一种非常有经验的思想。

（四）采矿业和制造业

与同时代的其他许多官员不同的是，陈在处理农业和非农业经营关系上显示出引人注目的灵活性。陈宏谋把 17 世纪学者王之铁的一篇具有启迪性的文章收入了其《从政遗规》下卷，那篇文章的重点就是这个问题。① 该文章没有拘泥于应充分利用全部人类资产以满足人类需求的假设，一开始便坦率地承认，每个人在体力和智力上是不同的。一个社会要想取得成功就必须根据这种差异来分配人们的职业。一方面王之铁和陈宏谋都承认农业劳动对于人们的道德观念的形成具有特殊的价值（使人联想起毛泽东主义），但另一方面他们又不同意如下的观念，即在理想的社会每个人都应当从事农业劳动。相反，正如经济政策必须与具体的时间和地点相适应一样（“随时”，“随地”），每个人的职业也必须与人们的具体才能相适应。假如这个社会的所有人都能有一些农业方面的第一手经验那当然很好，但这个条件可能只会令一个富有同情心的人感到满意，这个人很可能就是陈宏谋自己。②

在陈宏谋赞同非农产业的案例中再没有比他的采矿政策更著名的了。在陈宏谋的为官经历中，他始终是倡导私人采矿最积极的官员之一。的确，他这方面的许多论点都是基于寻找新的造币金属资源，尤其是铜的需要，以及

---

① 《训俗遗规》(1769) 4：10－13。我很感激高王凌，他使我注意到这篇文章。

② 它对研究陈宏谋的社会和经济思想很有价值。例如，它认为，如果一个人的智力超过体力，他有理由不参加体力劳动。土地所有制也为地主找到了一个理由，但条件是地主既需要发挥其用处（例如，在学习社会和经济管理的实际技能方面）。他们也要在高尚的农业生产过程中积极地参与不同阶段的劳动。看起来这种政策有点倾向于小规模的土地所有者，并且在大多数情况下明确地排斥无故旷工，认为这是不合乎社会情理的。

他对在飞速发展的商品经济中日益紧张的货币供给的担心。① 然而，在扩展采矿生产的过程中，他一次次地展现了更为广泛的兴趣，以下我们就此展开讨论。

在雍正皇帝继位时期，政府严格禁止私人开挖新矿。政府之所以推行这个政策出于各种考虑，其中最主要的是，担心大量无地（并且通常无家）矿工聚集在一起会造成该地区的社会安全问题。在18世纪的第二个和第三个25年——陈宏谋为官时期，各省官员持续不断地上奏朝廷，请求在自己辖区允许恢复商人开新矿。但是这些请求总是得不到以过时经验管理该领域的京城官员的回音。在各省官员的催促之下，清朝有关新矿开采的决策逐渐朝着较为自由的方向转移，形成了两位中国学者所称的清朝中期的采矿“热潮”。② 然而，清王朝态度的转变过程颇为曲折。雍正皇帝在其整个当政期间一直非常强硬地反对开采新矿（除了铜矿之外，因为要增加铜钱产量以缓和当时日益严重的铜贵银贱问题）。但是，实际上他逐渐容忍了既成事实的其他种类的新矿存在。最近的一项研究估计，清朝多达30%的新矿开采发生在雍正时期。乾隆皇帝则对新矿开采表现出更为开放的姿态，正是在其当政时期，采矿业真正成为清帝国总体经济中的一个重要的产业。③

陈宏谋在1744年4月初皇帝召见时亲手呈递给乾隆皇帝的一封奏折中，表现出他对这场辩论（就开采新矿）最重要或者说最具影响力的贡献。当时陈宏谋正在从江西转往陕西的途中，他抓住觐见皇帝的机会展示了他在近期任上所碰到的许多问题，并且就江西的未来施政提出了一系列的系统性建议。陈宏谋利用这次少有的直接向皇帝进言的机会，强力建议在所有可能的地区推进新矿的开采。而在一年之前，位高权重的丞相张廷玉（有时是陈宏谋的支持者）已经提出了相似的大规模开采新矿的建议，他指出，开采新矿不仅可以满足造币之需，而且可以满足对煤炭等其他矿产的迫切需要以便生产出更多的农业工具和家用器具。④ 陈宏谋考虑得更为深远，他认为开采新

① 参见奏折，乾隆7/2/21，中国第一历史档案馆；乾隆13/5/27，见《军机处副录奏折》。

② 韦庆远，鲁素。

③ 冯尔康，203－208；白新良，149－153；高王凌：《关于清代矿政几个问题》，载《清史研究》，(1993年1月) 20－22。这里使用的数据来源于高王凌。

④ 高王凌：《矿政》，21。

矿最主要是给老百姓的生计带来积极的作用。

陈宏谋的出发点涉及我们已熟悉的日益增加的人口压力，和随之产生的对开发上天恩赐的然而又有限的土地资源的需求。在首先提出开放过去禁止进入的山区供小自耕农耕种的计划之后，他又重点提出开发矿产是根治江西日益增长的失业（“无业”）人口的灵丹妙药。他重点列举了在玉山县附近开采大型铅矿的例子。陈宏谋认为，在江西省各个地区政府没有必要为矿产开发预先拨款，因为地方上并不缺少财力雄厚并且具备经营技巧的人（即商人），他们非常乐于在矿产丰富的地区进行试验性采掘。另外，现成的劳力到处都有，因而就没有必要招收外地劳工（或者确实可以禁止招收外地劳工），而担心外地劳工正是造成过去许多矿山开发计划流产的原因。陈宏谋最后指出，江西省即使在最近的缺粮时期也是一个可靠的粮食盈余省份。因此这可以避免输入高价粮食供应矿工的问题，与此同时，这种经济上有可靠收入的人集中在一起，为该省许多有商品粮出售的农民提供了一个颇受欢迎的新市场。①

总而言之，陈宏谋提出了一个与全国经济规划联系在一起的地区发展模式，而这是我们过去很少提到的。他开始纠正一直被看成是马尔萨斯的粮食供给的问题，并且建议通过发展总体经济中的非粮食生产部门——这实际上是资本主义工业化道路——去帮助解决粮食供给问题。他认为，如此进行商品生产可以用矿产交换粮食，而且在此过程中，江西目前有稻米盈余的省内市场也将会得到发展。通过建立经济部门之间的系统联系，全省经济将会以一种稳定的自我良性循环的方式取得进一步繁荣。

尽管陈宏谋根据地方条件提出的建议非常有说服力，而且他的论点也给人以深刻印象，但是在廷议中，户部以国家安全等惯用借口驳回了他的建议。② 然而，陈宏谋的观点毕竟广为所知。其后若干年间，随着越来越多的矿藏得到开发，陈宏谋提出的养民观点在其拥护者中越来越被经常提到。1756 年陈宏谋提出了在湖南系统开采铜、铅、锡及其他矿藏的建议并得到了朝廷的允许，而这已是他在江西提出建议未被采纳的十多年以后。被说成是

① 奏折，乾隆 9/3/1，中国第一历史档案馆。这份奏折同样出自于《皇朝经世文编》34：50－52。

② 《先文恭公年谱》5：12。

"天地赋予的财富"（"天财地宝"）的湖南省丰富的矿产资源，确实需要开发以"作为对贫苦老百姓维持生计的一种帮助"。陈宏谋补充道，那些反对私人采矿的传统论点已经完全站不住脚了。① 在陈宏谋看来，养民不仅是一个加速粮食生产的问题，更是一个多部门经济发展的问题。

(五) 发展商业

考虑到陈宏谋认清了市场和商品交换（"流通"）的诸多优点：保证粮食供给、稳定物价、刺激生产，那么，他将贸易看做民生的来源和经济发展的组成部分而放在重要地位就不足为怪了。1761 年陈宏谋有关农业和商业同是发展生产的有效途径的观点得到了彰显，该年，他上奏要求划拨资金开挖一条连接常熟县（位于上海北部的长江三角洲地区）和出海口的运河，以便利商业运输，奏折获得了批准。正如我们所知道的，陈宏谋一贯为发展商业而兴建交通基础设施，但是在常熟案例中所值得关注的是，他这样做所选择的方式。他建议由省资本项目基金（"公项"）借钱给常熟商人和其利益共同体乡绅进行建设，根据贷款给农民待新农田形成后清偿的法定规则（"出夫田地"），贷款在新运河发挥效益的两年内偿还。换句话说，政府向商人贷款与向农民贷款一样，都是发展经济的有效投资方式。②

商业是陈宏谋的地区经济发展综合规划中的重要组成部分。1755 年当陈宏谋在资源贫乏的西北边陲任职的时候，他对发展商业的问题作了比他在其他地区任职时更为大胆、明确的表述。他认为，在这里，发展贸易是促进地区繁荣和促使该地区经济和文化与内地结为一体的最佳途径。在陈宏谋主政的那些年，陕西和甘肃正处于旷日持久的备战状态，是乾隆皇帝连续不断的中亚战争的运输中转站和后勤基地。这些战争包括：1747 年至 1749 年的第

① 奏折，乾隆 21/10/20，见《宫中档乾隆朝奏折》15. 799，和两份同为乾隆 21/12/3 的奏折，见《宫中档乾隆朝奏折》16. 215－18。六年以后回到湖南，陈宏谋同样上书开采湖南省的硫黄矿。硫黄主要是用来造火药的，因此其产量是直接售给国家。但他不止一次地说矿主应该被允许将其产品销往湖南省外的兵工厂。他的观点并不是基于硫黄的战略需求，而只是将其视为湖南人的一项潜在的生计和利益。参见奏折，乾隆 27/12，见《先文恭公年谱》11：34。

② 录副奏折，乾隆 26/2，见《先文恭公年谱》11：14－15。

一次金川战役、1755 年和 1756 年至 1757 年的两次远征准噶尔的战役和同时发生的镇压回民起义的战争，以及 1758 年至 1761 年的与厄鲁特蒙古人的战争。根据 18 世纪 30 年代中期他在西南地区的经验和在陕西任职的经验，陈宏谋这时已经成了颇有名气的军事后勤专家，于是在 1754 年至 1755 年他第三次在陕西任职期间，他将大部分精力投入到了备战后勤工作。在这期间他的最大贡献是组建了能将物资迅速送往前线的运输系统（“站”）。① 然而，在那年冬天，陈宏谋提交了一份奏折，强烈要求在作出每个后勤决策的时候都要着眼于有利于地区商业化，并且他本人一直在为此目标而奋斗。例如，他主张经过陕西的士兵用现金而不是实物发放粮食配额，然后邀请粮商进入该地区提供士兵们所需要的粮食（“招徕铺户”），以此作为将现金引入地区经济的措施，并为除粮食以外的商品创立一个潜在的将来可发挥作用的市场基础。②

在陈宏谋的奏折中，还附有一份进一步阐述其观点，并反映其长期政治生涯中最大胆行为的“密件”（“密陈”）。在密件中，他“愚蠢而真诚地”恳求朝廷重新考虑针对准噶尔的军事行动。此时他开始显示其谨慎老练的手法：自从当今皇帝当政以来，准噶尔人已经逐渐变得文明和驯服起来。（“向化”）他们已向朝廷进贡，并且允许清朝官员到其领地视察、进行日常管理和发展地方农业。他们还与相邻的汉族人民建立了互惠的贸易关系。的确是，（在这里陈宏谋引用了雍正皇帝《大义觉迷录》中的一句话）“中国与周边各族人民已经成为了一个大家庭”。但是，目前蒙古部族首领达瓦齐篡夺了当地的领导权，形成了对清王朝的挑战。毫无疑问他应当受到惩罚，因此乾隆皇帝在甘肃和陕西大量陈兵是正确和适当的。但陈宏谋接着又建议是否可以用非军事手段来解决此问题。以强大的随时随地可以投入使用的军事力量为后盾，朝廷只需一封令其悔悟的诏书就肯定能够迫使其就范。也许这时陈宏谋联想起了 17 世纪 70 年代三藩叛乱时期在其家乡广西所发生的情况。他认为，一场真正的军事行动“肯定不会给这个地区带来益处”（“非利”）历史昭示我们军事手段从来不会带来持久和平。相反，陈宏谋主张以亚当·斯密式的方式解决此问题，他认为，我们应当努力加强汉人和准噶尔人之间

① 陈有许多材料提到这方面的工作，最有代表性的见《培远堂偶存稿》36：5-6。

② 奏折，乾隆 19/10/19，见《宫中档乾隆朝奏折》9. 810-11。

在商业上的相互依存关系，以确保他们的和平与繁荣。①

陈宏谋肯定事先认识到乾隆已下决心一战。幸运的是，乾隆皇帝没有直接驳回陈宏谋的规劝意见。他的御批非常简单：这是一个大臣忠诚而直率的意见。反映此种要求（即令达瓦齐悔悟——译者）的诏书事实上早就颁布过了。② 换句话说，陈宏谋没有因为对时局不完全的看法所提出不合时宜的建议而受到皇帝的责罚，他被溺爱地宽恕了。于是，战争继续按照计划进行。

在下一个月，即1月，陈宏谋提交了一份政治不那么敏感的奏折。在奏折中他又一次阐述了如果实施一项协调地区商业发展的政策将会给西北前线带来的各种好处。根据他刚刚完成对陕西北部荒凉而多山的延安和榆林地区的考察，他详细介绍了这片贫瘠的地区过去如何一直同其北部和西部的蒙古地区存在着经济往来，并且他认为这种经济交往还应当进一步发展，以至于成为一座蒙古同内地交往的桥梁。首先，与陕西北部接壤、蒙古境内的鄂尔多斯地区是一个土地相对肥沃的地区。很久以来，延安和榆林的季节移民，每年都作为蒙古地方首领的承租人，到这个地区进行商业性的粮食耕种。陈宏谋向清王朝建议，通过建设灌溉设施和在这个地区兴建粮仓，来促进这种和平的移民过程。其次，鄂尔多斯盛产食盐，出售给相邻汉族人民。这个地区的蒙汉牧人还生产皮革和羊毛。所有这些地区特产都在繁荣的门户城市韩城与内地产品进行交换，其中最多的是棉纺织品。接着，陈宏谋讲述了他与其他陕西巡抚，例如黄廷桂，如何通过不断修建韩城周边的交通设施，进一

① 奏折，乾隆19/10/28，见《宫中档乾隆朝奏折》9.866–68；《先文恭公年谱》8：11–12。关于达瓦齐的暴乱和清政府的反应，参见《清代名人传》，9；Thomas J. Barfield，*The Perilous Frontier*：*Nomadic Empires and China*（Oxford：Basil Blackwell，1989），292–294。

② 陈宏谋可能是第一位对乾隆好战的西北地区政策表示不满的汉族官员，但是其他的人马上随之附和，其结果是他们并不好下台。在陈宏谋上交他的“密信”一年后，就连大学士刘统勋这样的高官都被罢免了，因为他抗议清政府在哈密的边境市场以外建立防线。后来，更为尖刻的文人学士都来批评这项政策。虽然陈因其组织安排战役的后勤有功而受到过清政府的嘉奖，乾隆还是极厌烦地说他“作为一名中国人，他对军事并不在行”。可参见 Will，“The 1744 Annual Audits，” 40。有关汉族官员反对对中亚的军事冒险计划更详尽的描述参见 James A. Millward，*Beyond the Pass*：*Commerce*，*Ethnicity*，*and Empire in Qing Xinjiang*，*1759–1864*（Stanford：Stanford University Press，1998）第一章。

步促进这种商业循环（“流通”）从而改善整个西北地区人民生活的情况。由于这种“对彼此生活的相互支持”，这个地区的各族人民和睦地生活在一起，清王朝所宣称的“夷汉一体”已经成为了现实。①

来年4月，陈宏谋调任甘肃巡抚，这是一个距前线更近的地方。对他这个最近刚刚发表过和平言论的人来说，这是一个具有讽刺意味的岗位。在甘肃四个月——这是陈宏谋任职生涯中最短暂而又最繁忙的四个月——的任期中，为了准备这场他现在知道已经不可避免的前线战争，他历经千辛万苦组建起该省的后勤保障系统。② 事实上，他通过很多事实证明他所付出的辛劳是有回报的：毫无疑问，18世纪50年代后半期在西北地区进行的多场战争，通过交通设施的改善和这些战争遗留给该省的资金，将甘肃省的商业化水平和融入清朝内陆市场的进度大大提高了一步。③

1755年夏末当陈宏谋即将离开甘肃的时候，他提交了最后一份奏折，就西北地区的政策取向提出了自己的全面设想。在奏折中，他讨论了对甘肃茶叶和马匹管理的私有化问题（见第六章），把军事辖区（“卫”）转变为民事管理单位（“厅”）的问题，以及安置中亚穆斯林的问题等。然而在奏折中他认为最紧迫的问题是，必须大力发展商品经济以及河西走廊内外及中央和地方的贸易关系。怀着反映地方“民意”的激情，陈宏谋写道：

> 查准噶尔地方需用内地货物甚多，如茶叶、衣服、绸缎、布线等件尤为难得。向来贸易三年一次，及贡使携带货物皆归宰桑头人经理抽分，其实番众得利有限。今既内附无非赤子自纨为之，推广以昭圣主加惠。外藩之意其日期或一年一次，一年两次，不必官为经理，远近商贾听其以货易货，亦不必令其进关抵肃。臣查现在口外到处市集，俨同内

---

① 奏折，乾隆19/11/18，见《宫中档乾隆朝奏折》10.104－05。乾隆皇帝基本上是同意陈的奏折的。只不过稍稍责备他将蒙古人称为“蛮人”。虽然陈的错误微不足道，但是人们不禁会想到乾隆皇帝正是抓住了此机会指责陈宏谋，陈宏谋曾不断地要求采取和平的民族关系政策。很可能，陈宏谋屡次在乾隆面前大谈雍正政策令乾隆大为恼火。

② 参见《培远堂偶存稿》36：19－22，36：29－32。

③ Peter C. Perdue, “The Qing State and the Gansu Grain Market, 1739－1864,” 见 Thomas Rawski and Lillian Li 编：*Chinese History in Economic Perspective* (Berkeley: University of California Press, 1992), 100－105。

地。……稽查违禁之货物，量定税则，于关口抽税。准噶尔人等西来贸易，亦于哈密等处查验放行。①

乾隆皇帝将这篇奏折转交给内阁商议，后来其主要建议基本获得批准。②在这短暂的与中亚前线相邻的甘肃任上，陈宏谋主要以增强商业活动和商业私有化为基础，提交给朝廷一个融合扩张主义、跨文化和地区经济发展的计划，并取得很大成功。③

三年以后，陈宏谋发现自己作为坐镇广州的两广总督又来到了另一个前线，即海防前线。1758年5月，正是在这一任上，他发布了一个有关中欧贸易的重要公告，而且这是一个有效的公告。在18世纪50年代末期，清王朝的对外贸易额开始快速增长，相伴而来也经历了各种各样的贸易摩擦。1757年，作为对外国人将贸易扩展到宁波的回应，清朝政府采取了限制西方商人在广东经商的措施（对西方商人来说是不受欢迎的）。由醉酒的外国海员引起纷争所导致的广东地区的排外行动，特别是辱骂和丢石头等行为，也已成为严重的问题。这些情况导致中国地方政府对外国来访者行动自由的限制有日益强化的趋势。英国和法国的押船官员在1758年12月就这些限制向陈宏谋的继任总督提出了抗议，但被简单回绝。④ 在这种敌意不断升级的气氛中，陈宏谋在该年5月至7月任两广总督。陈宏谋在5月份发布的指令，要求省级和地方官员努力制止暴力事件，没谈到限制外国人的活动，也没谈到让中国的“担保商人”对其西方贸易伙伴的个人活动承担责任。公告要求地方民众不要妨碍外国人的自由行动，公告还公布了对那些对外国人有骚扰、抢劫、欺诈或其他“侵害”行为的中国人的惩罚措施，并且规定了对行为不端的外国人由民事当局报告处理的办法。⑤

为什么陈宏谋会如此的宽宏大量？值得注意的是，在陈宏谋“朝贡思

---

① 奏折，乾隆20/7/28，见《宫中档乾隆朝奏折》12.223－26。这与他鼓励商人发展与东南亚贸易的努力有很明显的相似性（详见第五章）。

② 《先文恭公年谱》8：22；蔡冠洛，1.147。

③ Millward在他的著作中讨论过陈宏谋如何加强新疆与内地的商业联系的设想。

④ 西方学者对这关键几年情况所作的细致描绘，参见Earl H. Pritchard，*Anglo-Chinese Relations During the Seventeenth and Eighteenth Centuries*（Urbana：University of Illinois Press，1929），126－134。

⑤ 《培远堂偶存稿》42：10－12。

想”的信条中，从未将商业看成是对夷人管理中经济上无关痛痒而礼仪上重要的一种工具，而这正是那些年来中国同西方进行贸易的所谓占支配地位的传统观念。① 这里所涉及的国家包括“我国”（“国家”）和英、法“两国”，从道理上来说至少它们处于同等地位。陈宏谋的指令认为，同西方进行贸易的理由非常简单：首先，它对地方民众的生活来说非常重要；其次，同远在天涯的外国人进行商品交换（“流通货物”）其本身就是值得的。特别值得注意的是，这不是一种进口所需粮食的贸易活动，而我们已经看到，进口粮食是陈宏谋早期推进同东南亚开展贸易的主要动机；当时广东的贸易活动主要是用茶叶交换香料和纺织品。② 然而，对陈宏谋来说，开展贸易活动当然是一件好事。

但是陈宏谋并不是唯一持这些观点的人。早在 18 世纪 20 年代，心直口快的地方官员蓝鼎元（1680—1733）就认为，畅通的海外商贸（“外通货财”）“既对国家有利又对百姓有利”（“利国利民”）。尽管没有发现蓝鼎元有关发展海外通商的详细论述，但是他确实曾明确指出，即使通商产品的价值不高，贸易双方也愿意彼此交换它们所缺乏的物品（“通济有无”），这对促进经济发展非常有利，因此应当加以培育。③ 随着具有沿海经验官员的数量不断增加，陈宏谋似乎也明显持有相似的观点。在陈宏谋的生命即将走向终点的 1768 年，时任内阁大学士的陈宏谋进一步提出，创建一只沿海海军部队，用以专门保护日益扩大的“珍贵的”（“贵重”）远洋贸易免受海盗侵扰。④

本章我们讨论了陈宏谋阐明并实施的一套内容广泛、但前后一致的策略。这些策略体现了他为提高不同部门经济生产的利益，国家应发挥强大作用的激进主义思想。同时也要避免阻碍生产力的任何命令主义或榨取行为的思想。下一章我们将要讨论的是，陈宏谋如何细心维持国家干预和市场激励之间的平衡以逐步积累生产出来的财富的过程。

---

① 参见 Hsu，*The Rise of Modern China*，186。它对与广东贸易有关的朝贡心态有权威的描述。

② 关于西方国家在 1751 年与中国贸易，可参考 Pritchard 一书所附的图表，123。

③ Will 在“Market-Place and Market Principle”中引用并分析蓝鼎元在 1724 年的信。

④ 奏折，乾隆 32/11，见《先文恭公年谱》12：20—21。

第八章
益

18 世纪，大多数清朝官员认为他们的经济目标优先考虑的自然是人民的生计和人口的繁衍，但除此而外，还应包括财富的不断积累。① 与其他官员相比，陈宏谋更相信社会的高效生产能够产生盈余，反过来可以使资本稳定、持续地增长（“源源生息”）。这种扩大再生产的可能性给他长期坚持的节俭思想提供了（除道德之外）基本的经济理论基础。在农业经济社会中，财富最普遍的表现形态就是粮食，因此，陈宏谋所设想的社会财富积累的最基本的工具就是粮仓。

清朝存在着各种各样的国有、半国有和私人的粮仓。陈宏谋在他的官场生涯中致力于处理各种与这些粮仓有关的问题（例如巡抚直属的军事和财政粮仓）②，但是他制定的政策集中于两种具体类型的粮仓：常平仓和社仓，它们都与粮食的供应有直接关系。魏丕信、王国斌和他的同事们对常平仓给予了详尽的和权威性的研究③，所以在这一章中我们将更多地关注陈宏谋自己对常平仓政策的阐释，突出他观点中革新的或与其他官员的不同之处。然后我们会介绍他对社仓及其运作的看法，这是他经济思想中最具特色之处。他可能是清帝国时期提倡社仓最著名的人之一。

首先我们简要地讨论一下陈宏谋和他同时代的人为他们对社仓的兴趣辩护时所使用的语言。清朝关于政治经济的话语中有两个非常富有意义的短语——“以民养民”和“藏富于民”，这两个短语因朝廷的广泛使用而广为流传，极具

---

① 我认为高王凌在他的《十八世纪中国的经济发展和政府政策》和其他著作中对此事的讨论很令人信服。

② 参见奏折，乾隆 13/8/25，乾隆 13/10/1，乾隆 14/1/7，乾隆 14/4/29，见《军机处录副奏折》。

③ Will and Wong, *Nourish the People*.

权威性。这两个短语是非常正面的，因此几乎能够用来涵盖提出的任何政策，并赋予它们合法性和必要性。虽然这些词语的一般意思大家可以理解，但对它们的解释仍然是灵活的，而且容易引起具有不同经济观点的官员们产生争论。在特殊的情况下，如我们将要看到的，在清朝统治阶层中这些词可能被参与者创造性地引用，来证明那些非常可能的甚至相互矛盾的管理计划的合理性。

我们前面已经看到陈宏谋和其他官员对“以民养民”有一定的偏爱；他认为，允许人们依靠自己的主动性和生产能力远比“以官养民”好得多。“以官养民”体制是不可取的，因为一个政府要养活像清朝统治下的庞大数量的人口是根本不可能的——这是“力所不及”的。如果没有“以民养民”的一贯政策，国家并不宽裕的资源将会被逐渐侵蚀，随之而来的是国家的权力和合法性的消失。陈宏谋在1742年的一份奏折中认为，允许人们自给自足的最基本的方法是限制强制性的苛捐杂税，而实际上这是他为官生涯中一直追求的一项政策。① 当然，在某种意义上，政府的粮食储备是不足以作为大众日常所需的主要来源。

但是“以民养民”绝不是表明政府可以袖手旁观；值得注意的是，“以民养民”的内涵是政府在养活人民事业中如何去发挥人民自己的主动性与潜在的能力。陈宏谋利用一切机会极力宣传“以民养民”的思想。他认为“以民养民”比“以官养民”更好，确保人民自给自足能力的最好方法是依靠当时有巨大政府投资的特殊工程，也就是创建新的水利设施或者建设新的粮仓网络。② 在人口增长的情况下，必须考虑生产量的长期增长，政府却是唯一处理这种事情的机构。政府在“以民养民”过程中应起到主导作用，这与干涉主义的政策是相悖的。

对于“藏富于民”也有相似的情况，这是乾隆早期官场中一个响亮的口号。它传达了这样一种观点：不仅人民是生存产品的生产者，而且他们应该是生产盈余的储蓄保管者。③ 与“以民养民”相比，“藏富于民”一词隐含

---

① 奏折，乾隆7/4，见《先文恭公年谱》4：20。

② 寄德松如先生书，见《陈文恭公书牍》2：5；《与粤西当事书》，见《皇朝经世文编》16：35。

③ Dunstan对《礼记》和《孟子》中的“藏富于民”观点有详尽的讨论，参见：*Conflicting Counsels*，151。

着反对官府存储或积累这些盈余的做法。政府应该尽可能地远离私人财富。

陈宏谋非常喜欢“藏富于民”这种词，认为它有强大的吸引力。例如，18世纪40年代中期，陕西在长期干旱之后，经历了连续两年的丰收，陈宏谋指出朝廷免征税款的决定是“藏富于民”这一善行的一个实例，他抓住机会发起在全省范围内的节俭、存储和联合建立粮仓的运动。① 可是在另外一些地方他用“藏富于民”为他的其他政策服务，例如，用这个词为发展生产力而不仅仅是存储辩护，证明更多而不是更少的政府投入是合理的。他主张在水利工程建设方面政府大规模的投资可以被看做“藏富于民”，因为这使国家土地资源发挥更大的效益，而且通过减少国家对劳役的需求，让人们的劳动力更多地用于直接生产。② 早在1739年担任天津道期间，他奏请朝廷用巨额投资来修建水利设施，认为这些设施可减少洪水的泛滥，并确保将来有更多的收成，由此证明皇帝对“藏富于民”的承诺。③ 这些例子都是陈宏谋“藏富于民”的理论在另一种情况下的实际应用。

然而在其他的情况下，他对于“藏富于民”最新颖的用法之一是扩大私人采矿业。在1740年的奏折中，他认为减少对西南新的采矿业的限制，允许业主对矿产的自由支配，提高铜的收购价格会有利于刺激民众的生产力，这也正好体现了“藏富于民”。④ 在下面关于粮仓的讨论中我们将会看到陈宏谋创造性地使用这个说法的更多的实例。

（一）政府粮仓

乾隆皇帝在1738年写道：储粮养民是“国家第一要务”。⑤ 十年之后，当皇帝自己开始对此重做考虑时，长期担任省级官员的陈宏谋继续坚持认

---

① 《培远堂偶存稿》22：9-14，24：23-24。

② 寄孙隽书（1740），见《陈文恭公书牍》1：11。

③ 寄尹元长继善书（1739），见《陈文恭公书牍》1：7。

④ 奏折，乾隆5/8/22，中国第一历史档案馆。陈在18世纪40年代为私人矿业辩护时使用了这一俗语，但扩大了其含义；值得注意的是，清政府在一个世纪后最终废除禁矿令时，也用“藏富于民”一词阐述自己的新政策。参见Lin Man-houng，“When Grandsons Beat Their Grandfathers，”16。

⑤ 参见谕旨，乾隆3/1，见《东华录》，乾隆朝，7：46。

为：只有当粮仓储备充足的时候人民才不会被不堪忍受的高粮价所伤害，而且，“粮储重地，颗粒均资民食，举动即关利弊。常有在官视为无甚紧要，而施之于民，即为苦乐关头者”①。雍正和乾隆两代君主属于中国历史上少有的政府粮仓体制的热情支持者，但仍然无法与陈宏谋的热情相比。他建立、维护政府粮仓，并积极运用政府粮食储备，供养人口和积累财富。

所谓“常平仓”是指由地方政府控制的粮食储备，专门用来补充民众粮食的供应——也就是地方政府从自己的收入中拿出一部分资金购置储备粮——这是在帝制中国历史上很受重视的一项制度，一直是明朝经济管理突出的特点。清朝，尤其在18世纪，仍沿用这一制度。但是，无论是在中央一级的协调程度上还是在该体系的宏大规模上，却与以往截然不同。如魏丕信和王国斌所指出的，清朝的粮仓制度是唯一的，因为它试图解决地方粮食供应中的波动，不仅补救大的缺粮危机，而且确保全国各地按平价供应粮食。②常平仓首先由顺治皇帝在1655年建立，25年后康熙皇帝命令在全国各县设立。然而，大多数学者认为实际上是在18世纪雍正皇帝后期主持的，为各省集中储备配额制定严格的年度报告的体系之后，清朝才真正开始有严格的粮仓管理体制。③

清朝常平仓政策的目标在于“稳定粮价”（“平价”）——也就是粮价随空间（粮食丰收地区相对于歉产地区，产粮区相对于缺粮区）和时间（每年的农业周期，丰收年份和歉收年份）的变化而实行调控。大多数学者在研究清朝中期历史的过程中，认为这一制度在控制粮价上很成功。④稳定价格的主要手段就是所谓的“平粜”制度，它通过丰收后低价购进粮食、春夏季粮食紧缺时再卖出来调剂市场上粮食的余缺。当然，主要目的是平抑太高的粮价，同时也防止供过于求时粮价太低，关注的焦点之一是保证商品粮生产者

① 奏折，乾隆11/5，见《先文恭公年谱》6：5；寄家元若书（1747），见《陈文恭公书牍》2：13。

② Will and Wong，40。参见吴慧和葛贤惠，125。

③ 《大清会典事例》189：3；《江西通志》88：2；Suzuki，30－31；Kishimoto，“Keizai Seisaku，” 24－25。

④ Quan and Kraus，*Mid-Ch'ing Rice Markets and Trade*；Wang，“Food Supply，” 106；Perdue，“Gansu，” 101－106.

有利可图，陈宏谋特别注意到“谷贱伤农”这一点。①

然而，将粮食存储于政府的粮仓中，至少还有其他两个目的：在缺粮期间贷给农民做种子以及提供直接救济。借贷粮种不是常平仓的最初目的，但是在实践中逐渐被用于这一目的。陈宏谋在他的巡抚任内允许这种借贷做法，但是他更喜欢将这个任务纳入“社仓”制度中。② 至于直接救济则是次要的目的，如魏丕信和王国斌主张的，在这个意义上，常平仓制度至少是部分地调控财富再分配的机制。例如，顺治皇帝1660年颁布的法令建议，每年低价购进高价售出所得的利润应该作为救济分配给“贫民”。③ 随着时间推移，通过国库储备和漕运，有更多重要的来源作为紧急情况的救济。在陈宏谋看来，他希望只是在最紧迫时才将常平仓储备用于直接救济，常平仓制度主要作用是稳定价格，将该体系的利润用于国有财富和经济的稳定增长上。④

常平仓制度的支持者是全国各地越来越多的非粮食生产者——既包括以种植经济作物为主的农民，也包括城市自由职业者、店主、技工和体力劳动者，所有这些人都依靠市场得到每日所需的食物。粮仓地点的选择通常设在行政中心和县城（虽然陈宏谋力争在人口众多的集镇上建立分仓）。⑤ 粮仓的设立是涵盖粮食生产者和消费者的地方经济的一部分。日本学者山本进和黑田明伸曾经分别指出，它是政府粮食政策从采买转到仓储的结果。采买就是通过在便宜的地方购进粮食再在缺粮的地方卖出来实现价格稳定；仓储就

---

① 奏折，乾隆19/9/9，乾隆20/3/7，见《宫中档乾隆朝奏折》9.533－34，10.854－55。

② 陈认为，常平仓储粮和种子贷款是性质不同的两回事，这在他的一份奏折（乾隆5/8/22，中国第一历史档案馆）中有清楚说明。他有时用常平仓的粮食发放种子贷款，也只是权宜之计，参见奏折，乾隆13/12/10，见《军机处录副奏折》。总体上，他对用常平仓储粮作为种子贷款的做法十分反感。关于这一点，参看奏折，乾隆17/3/4，见《宫中档乾隆朝奏折》2.366－67。至于有多少常平仓的粮食用于种子借贷，还无确切的记载，可能比例很少。

③ 《钦定授时通考》55：14。参见Will and Wong，496。

④ 陈在一封奏折（乾隆18：2，见《先文恭公年谱》，7：18）中建议把常平仓带来的利润用于投资，再用投资收益扩大常平仓的规模，从奏折看，他对此十分积极。但同时，他却不愿将常平仓用以赈灾，这种极端的做法参见（与喀尔吉善合作）奏折，乾隆17/9，见《宫中档乾隆朝奏折》3.910－11。

⑤ 奏折，乾隆11/5，见《先文恭公年谱》6：5。

是在同一个地方，而不是异地，基于市场价格波动而购买、存储、转卖粮食来获得价格稳定。① 仓储体制在 17 世纪就已经萌芽，例如，1680 年康熙皇帝命令常平仓储备只能用于本地直接救济，而不是援助邻近地区。② 但是山本和黑田都把各地独立的粮食储备体系的出现看做从雍正统治时期到乾隆前期的产物。无论他们正确与否，陈宏谋都极力认可这种方法，并且如我们下面看到的，它有多种具体的结果。③

虽然这种地方性的粮食储备是为满足生产粮食的地方社会的某些特殊要求，但常平仓制度和它的资源是政府所有，理当受政府管理。陈宏谋自己也反复强调这个事实，极力主张操作上实行更加集中的控制。的确，雍正之后的清政府在日常经济管理中没有比对常平仓制度更明显的主动干预。然而同样需要强调的是粮仓制度是一种通过市场调剂来起作用的政府行为，政府利用其杠杆作用成为一个独特的市场参与者来影响市场，让市场向政府认为有益于社会的方向发展。

在陈宏谋担任巡抚期间，他的下属在管理常平仓事务中表现出来的强迫命令的倾向如强迫按定额从粮仓购买或出售粮食，使他只得不断努力地与这种现象作斗争。陈宏谋认为，老百姓同政府粮仓的交易应该是自愿的、靠市场驱动的。④ 通常粮仓被作为市场的补充来运作，而不是控制或排除市场。在这一点上乾隆和陈宏谋一再告诫他们的下属不要过多地依赖固定的管理规则来控制地方粮仓，而是在他们的管辖范围内对变化的市场情况作出自由而灵活的反应。⑤ 实际上，常平仓政策的一个主要目标是以市场自身运作更好，例如使私人囤积（当供应减少时收回要卖的粮食以期待获得更高利润），成为吸引力更小的选择。黑田评论说，清朝中期的粮仓政策，通过强化在每个地方粮食市场运作和有效地保证地方上粮食与现金的兑换，大大地促进中国

① Yamamoto Susumu，“Shindai zenkai no heichō seisaku”（Pingtiao policy in the early Qing），*Shirin* 71.5（1988）：38—70；Kuroda，“Bichiku kō，” 1—28.

② 《钦定授时通考》，55：14。

③ 参见奏折，乾隆 17/7/16，见《宫中档乾隆朝奏折》3.389—90。

④ 奏折，乾隆 21/6/9，见《宫中档乾隆朝奏折》14.759—60；《培远堂偶存稿》32：6—7，38：9—11。

⑤ 乾隆七年的谕旨，见《大清会典事例》189：18—19；奏折，乾隆 10，见《皇朝经世文编》40：19—20。

粮食供应长期商品化。常平仓储体制在19世纪中期消失了，但如魏丕信和王国斌指出的那样，这不是政府功能的失灵，相反，它是这一制度成功刺激地区间粮食市场发展的产物。①

然而，陈宏谋在当时并不急于承认这一事实。18世纪的经验使官场有一个共识，常平仓制度的建立在某些地区比其他地区更重要，更迫切地需要储存更多的粮食。虽然似乎大体上都接受了这种观点，但是陈宏谋在他的每一个职位上几乎总是能够找到足够的理由制订一个特别有活力的粮仓政策。地区间的粮食贸易要求在某些地区有足够的粮食贮备，像陕西北部这种土地贫瘠、经常歉收的地区，甘肃这种军事重地，以及所有偏远的贫困地区，都需要粮食储备。即便在像湖南、台湾这样非常富饶的、粮食输出的地区，陈宏谋认为粮仓也是非常重要的，因为它能够满足其他地区对粮食难以预料的需求，而且保护本地人民免遭因大量出口需求而引起高粮价的影响。在他任职过的地方，如江南，虽然缺粮，但商品化程度较高，粮仓也许不是至关紧要的，即使在那里也必须有充足的粮食储备来消除外地供求关系变化引起的价格波动。一个运转有效的粮仓体制显然会使陈宏谋睡得更安稳。②

提高全国范围内县级常平仓的粮食储备水平是18世纪第二个25年的长期任务。陈宏谋一直要求在他的管辖省份范围内粮食储备要达到定额（通常是指第一次），在没有限额的地方要提高储备水平。③ 的确，我们可以跟随陈宏谋的步伐走遍中国——云南、江西、陕西、湖南、湖北、福建等地，这些省份——按照他的要求把粮食储备增加起来。在这一时期，皇帝批准了一系列县级常平仓最初的储存方法，陈宏谋都一一试行，并根据不同地域的不同情况进行适当的调整。常平仓储备的粮食尽可能地从市场购买，购买粮食所需的费用从下列几个渠道筹集：省一级财政拨款，如果这一来源不可靠，就利用地方公项，如果这两方面的资金都不可行，那就调拨一部分官员的养廉

① Kuroda, "Bichiku kō," 1–28; Will and Wong, 193.

② 奏折，雍正9/8/12，见《宫中档雍正朝奏折》18.661–63；乾隆13/10/1，乾隆13/12/10，见《军机处录副奏折》；奏折，乾隆17/5/28，乾隆17/7/16，乾隆17/9，见《宫中档乾隆朝奏折》3.207–8，3.389–90，3.910–11；《培远堂偶存稿》34：44–46，38：9–11；Perdue, "Gansu," 105。关于清朝对地方常平仓发展变化的讨论，参见Will and Wong, 191。

③ 参见奏折，乾隆13/10/1，见《军机处录副奏折》；《培远堂偶存稿》27：11。

银或盐商的机动基金。在一些地方，陈宏谋通过改变漕粮或军粮运输路线，或购进途经他所在省份的粮食，或者通过地区间的货物转移购进部分粮食到他所在的省，或者通过从储备充足的城市将粮食转移到周边县区储备不足的粮仓来保证常平仓的粮食储备。他有时更有创造性，例如 18 世纪 40 年代后期在陕西他恢复了一项计划（最初是由他的前任鄂弥达创立的），省财政借贷现金给北部延安和榆林地区的早期移民者，他们最后以粮食的形式在第一次丰收后把贷款偿还给在开垦的地区新设立的常平仓。①

然而，陈宏谋明显地更喜欢的一种地方粮仓储备方法是寻求地方精英分子捐献粮食来换得绅士身份——所谓的捐纳制度，或者更专业说是“捐监”（通过捐献换得“监生”身份）。一些学者认为，捐监制度是清初政府财政困难时采用的一种权宜之计，但到 19 世纪却变得更加普遍，这是清朝走向衰落的一个象征。② 实际上，清朝中期常平仓的经验证明这种观点是错误的：地位身份的买卖是清朝统治活力和国库状况极盛时期国家政治经济的一个至关紧要的组成部分。从康熙最后几十年开始，地方精英给常平仓捐献是默许的，然后逐渐与授予监生地位联系起来。这种联系在 1726 年被雍正皇帝正式批准。在 18 世纪 30 年代后期的一系列法令中，新登基的乾隆皇帝继续鼓励这种趋势，为了促使更多的乡绅通过向常平仓储备捐助粮食换取功名，他不仅降低各种功名的价格，还缩减了其他类别捐监项目的数量。正如乾隆在 1738 年亲自写道的：“盖以士子读书向上者日多，留此以为进身之路，而所捐之费仍为各省买谷散赈之用。”③

有人也许会怀疑作为一位像陈宏谋这样严谨的理学学者和积极的教育改革者竟然会与这种贬低绅士身份的事件相关，但是事实确实如此。像其他的许多新儒教的信徒一样，陈宏谋并不认为一个人的学术建树可以完全用科举考试所

① 关于帝制后期粮食储备政策的演变，参见：《大清会典事例》189：3－9。关于陈所主张的行为，参见奏折，乾隆 13/12/11、乾隆 14/10/2，见《军机处录副奏折》；《培远堂偶存稿》16：18－20，16：24－25；《先文恭公年谱》6：33；蔡冠洛，1：147。

② 这是一个经典研究的观点，参见许大龄：《清朝纳捐制度》，载《燕京学报》1950 年特刊。

③ 谕旨，乾隆 3/1，见《东华录》，乾隆朝，7：46。参见：《大清会典事例》189：9；吴慧、葛贤惠，126；Will and Wong，27－30。

提供的成功标准来衡量（尽管他确实地捍卫了科举系统作为一种促进个人发展和选拔官员制度的完整性）。与一些学者相反，陈宏谋对捍卫自身所在阶级的排他性特权和地位并不太感兴趣，这种捍卫只会促使他支持关闭暴发户渗入绅士阶层的渠道。事实表明：陈宏谋认为，捐监制度提供了新的“进身之阶”，这是捐监制度的一个优点。当人们考虑陈宏谋本人卑微的出身时，他的这种看法并不会令人感到惊奇。① 同时，在陈看来，监生的头衔，是国家拥有的可以也应该创造性地投资于改善其臣民社会和经济福利的一种货币或者说是资源。

陈宏谋以出售绅士地位作为储备粮食的一种方式。早在 1731 年，他就任江南驿盐道的时候，曾奏请取消各省征收的浮费。他认为这种浮费抑制了捐监交易。在随后担任巡抚时，他开始审查捐监账目，旨在根除各县强行征收附加费。② 1743 年江西饥荒之年他又要求朝廷下令允许将售卖的功名数量加倍，皇上批准只一年。在江西他屡次试图让朝廷同意以降低捐监的价格的方式来刺激售卖，在户部的强烈的拒绝下，他最终获得了 20%的折扣和一个对买家更加有利的以粮食折现金的方式。③

在 18 世纪三四十年代，当通过捐监来充实常平仓日盛时，捐献的形式及在什么地方捐献和由谁来接受捐献等争议也越来越多。陈宏谋处于这个争论的中心。在雍正年间和乾隆早期建立粮食储备的事项中，捐监法定程序是：捐监者以现金的形式上交到北京的户部，然后他们将总收入分发给各省用于购买常平仓的粮食，对粮食的需求由中央决定。但在 1737 年末，乾隆皇帝接受了陕西巡抚孙国玺（事实上此时孙国玺任安徽巡抚——译者）的请求，仅仅只在陕西省，允许捐监者可直接纳捐，无须上交北京。第二年年初乾隆帝又推广这种政策，鼓励其他省的巡抚也采用同样的办法。很多省很快就采取了这种政策。④

始料未及的是，在捐监这个极具竞争的市场中，捐监人自己可以选择在

---

① 《培远堂偶存稿》15：12。

② 奏折，雍正 9/8/12，见《宫中档雍正朝奏折》18.661－63；《培远堂偶存稿》18：6－8。

③ 奏折，乾隆 7/9、乾隆 8/11，见《先文恭公年谱》4：26，5：10；奏折，乾隆 8/intercalary 4（即闰四月——译者）见蔡冠洛，1.145；《培远堂偶存稿》15：9－12。

④ 谕旨，乾隆 3/1，见《东华录》，乾隆朝，7：46。

京城，也可以在本省，或者是在他们认为更具吸引力的其他的省份捐监。在陈宏谋看来，由于18世纪40年代初江西面临粮食危机，常平仓需要更多的储备来抑制当地飞涨的粮食价格。江西省的捐监人不愿用高价粮来换取头衔，许多人选择在北京或其他省份（如甘肃）用现金购买监生职位。更糟糕的是，一些人将粮食带出省，换成现金来购买监生职位。① 正如我们已经看到的，陈宏谋作出的反应是：一方面将当地的捐监价格降低，另一方面试图消除各省因捐监产生的竞争。

在1742年的秋末，陈宏谋又奏请户部停止捐监以免影响江西和其他受灾省份的捐监。朝廷为此颁布法令同意中止一年。6个月以后，朝廷又下旨禁止跨省捐监，从而避免了省与省之间的竞争。虽然乾隆皇帝体察到陈宏谋的苦衷，但他另有考虑。高宗开始怀疑采用捐监的办法实际上阻碍了粮食的市场流通，反而不利于缓解当前的饥荒。所以，在1743年初，高宗又下令禁止捐监。② 对此陈宏谋大为惊恐，因为江西急需增加常平仓储备。他寻求获准了江西省捐监制度中止的短期豁免。他告诫县令们充分利用这个短暂的机会，于是江西省暂时成了唯一的可以捐监的地方。当豁免到期时，他又在两江总督尹继善的鼎力支持下获得了另一个豁免期。③

在这里我们看到陈宏谋这位新儒家的坚定性，他一方面极力维护政府手中有充足的粮仓储备，另一方面他又赞成将财富（经常是商品财富）换成绅士地位。在那段时间里，我们也可以看到陈宏谋坚决捍卫地区间的粮食贸易以反对粮食的地方保护主义，但他又主张常平仓储与捐监机制应以各省调配为原则，各省地方官员以其为手段使其管辖下的民众免受缺粮之苦。

然而，陈宏谋对捐监制度作用的看法远不止于此。在1743年末，朝廷将要下令削减所有捐监名额时，他下令江西省的各位县令加快出售尽可能多的捐监职位。并以此为例证，上奏朝廷，执行捐监不仅使本省的常平仓储满额，而且也是在春、夏季稳定粮价和秋后重新储粮的手段。大量捐监应该结合当地粮仓年度周期交替的实情，这可在很大程度上避免县级政府在粮食收获以后到市场上重新购粮。主要的捐监应限制在本地的殷实之家。陈宏谋设

---

① 《培远堂偶存稿》15：9−12。

② 谕旨，乾隆8/4/1，见《乾隆实录》189：1−3。

③ 尹继善和陈宏谋的奏折，乾隆8/12/16，中国第一历史档案馆。

想这种机制将会成为一个准政府的、生衍不息的地方自养的过程："永为年年平粜补仓之计，随时出粜，随时即可补仓。自此以后，以江西之谷，养江西之民。收捐于秋冬，而借粜于春夏。不必采买，仓储常足。"① 陈宏谋争辩说：在这种情况下，常平仓储将真正成为"以民养民"的体制，即利用人民来养活人民。换句话说，它可以用来完成当地的粮食存储系统的再分配——从富者通过捐监再分配到穷困至极的人——不需要通过金融体系调拨私人的财富。同时这种体制有助于粮食资源的稳定积累。

我还不知道陈宏谋是不是确实以这种方式向朝廷奏请过，如果确实上奏过，朝廷是怎么接受的。然而我们知道，这种捐监体系，正如陈宏谋曾经希望的那样，确实地在一些省份是作为一种对市场重新购粮的补充。② 然而由此引发出社会和政治问题时，1742 年乾隆开始对捐监制度作为一种粮食存储手段表示犹豫。由杰出的官员孙嘉淦领导的改革者谴责了过多地捐监，称其将会贬低科考入仕和士大夫阶级，尤其谴责了出售职位给商人的做法。③ 陈宏谋虽然不同意这种意见，但是他还是注意到了一些要考虑的因素。在 1747 年时任湖北巡抚的陈宏谋写道：绝大多数的捐监者是在历次科考中落选的举子，或者地方上颇具声望但想拥有一定功名的富人。然而也有这么一小部分人影响到捐监的口碑：这些家伙凭着自己的绅士地位在当地作威作福。他们利用自己的新身份去欺压百姓、挑起诉讼、拒交税款，甚至利用身份做掩盖开妓院或者其他非法勾当。④ 陈宏谋不是采取削减捐监的方式，而是现场调查以清除那些不良分子。

保守的绅士们越来越多地控告，捐监过程中不断增多的牟取暴利的行为，加上人们一贯认为捐监制度确实抽走了地方所需要的粮食，在这种情况下，乾隆皇帝在 1749 年严格地限制了这个制度的执行范围，并且在 1766 年全部废除了捐监制度⑤（在取缔捐监后不久，他的担心就证实了。在 18 世纪 70 年代末期的西北地区，由于禁令的临时放松，使得甘肃在 1781 年爆出了大清建国以来的最大丑闻）。到此我们可以看到，陈宏谋对这种以捐监作为

---

① 《培远堂偶存稿》16：19。

② 参见 Wang，"Food Supply，" 107。

③ Alexander Woodside，"The Divorce Between the Political Center and Educational Creativity in Late Imperial China，" 见 Elman and Woodside，474，480。

④ 奏折，乾隆 12/8/24，见《军机处录副奏折》。

⑤ 谕旨，乾隆 14/3，见《乾隆实录》330：33–35；Will and Wong，51–52，226。

常平仓存储的手段的信念从来没有被减弱过；直到 18 世纪 50 年代，他仍然支持这种潮流，不断地上书朝廷，允许他在迫切需要的地方出售更多的职位来增加粮食存储量。① 在经济方面（作为管理资源的方式）和社会方面（作为促进社会流动性的一种方式），捐监制度是一种他能够容忍的制度。

（二）库存量

1748 年朝廷对常平仓储量维持在一个如此高的水平表示了极大的不满。众所周知，雍正皇帝从主要以现金方式购进粮食来维持当地储藏量，转到以货物代款方式维持当地储藏量。从 18 世纪 20 年代到 40 年代后期，全国常平仓储藏量已逐步达到约 5 000 万石的水平。②

但是随着粮食价格的不断上涨，朝廷开始担心常平仓储量的增长将加剧粮价的暴涨（已在第五章讨论过）。1727 年雍正皇帝颁布的法令中已经将这两者联系起来考察，法令表明：抑制粮食价格暴涨的最好的方法在于增加常平仓储藏量。这将不仅使政府提高救济紧急事件的能力，还能及时将储备粮卖出以平抑暴涨的粮食价格。1738 年到 1740 年，乾隆认可了上述观点，而且下令增加地方粮食储藏量。③ 大约从 1743 年开始，乾隆对此政策产生怀疑，认为这可能是粮食价格稳步上升的主要因素。④ 在乾隆看来，此问题仍然主要在于管理，而且地方官员应该可以以更加谨慎和市场的方法来解决常平仓重新储粮问题。

由于连年粮食收成不好给粮食供应带来压力，高宗皇帝在 1747—1748 年冬季针对粮食价格暴涨问题提出疑问：地方政府巨大的粮食储备是符合国家的最大利益吗？他要求地方官员各自提出自己的分析和政策建议。人们都知道

---

① 奏折，乾隆 15/4，见《先文恭公年谱》6：33；奏折，乾隆 16/4，见蔡冠洛，1. 146。

② 谕旨，乾隆 12/12，见《乾隆实录》304：16－18。

③ 谕旨，乾隆 3/1，见《东华录》，乾隆朝，7：43；《大清会典事例》189：8－9。

④ 谕旨，乾隆 8/4/1，见《乾隆实录》189：1－3。正如 Kishimoto Mio 所说，朝廷的忧虑至少部分与所谓的“浙江派”（浙江巡抚卢焯和学监孙浩以及徐易圣，他们都是浙江本地人）有关，“浙江派”代表着长江下游广大消费者的利益，支持市场导向的粮食管理政策。参见 Kishimoto，“Keizai seisaku，” 24。

市场流通对降低价格有一定的作用，但近几十年来，粮食价格为什么呈现持续上升呢？这个问题值得怀疑。持续上涨时间太长，它也不会是连续几年收成不好造成的。恐怕最根本的原因可能与康熙晚期和雍正初期建立粮仓储备有关。①

皇上收到地方官员的反映几乎全部证实人口的增长对我们越来越不利：食物供给不足是粮食价格暴涨的最基本起因，而粮仓的高库存量恐怕是影响粮食持续高价的关键。对粮仓储量的多少要考虑地域上的差异。边疆各省市场化程度不高，对粮食市场影响不大，那里的官员（包括在陕西的陈宏谋）强烈要求高储存量。但绝大部分在高度商业化地区的官员认为储存量太多。②当然还必须注意到这些地区的官员的人际关系的影响。在政治上与陈宏谋关系很密切的两个人：一个是在主要粮食进口地区——江南的尹继善；另一个是在主要粮食出口地区——湖南的杨锡绂。③

---

① 谕旨，乾隆12/12，见《乾隆实录》4：16－18；《大清会典事例》190：3。当时的湖南巡抚杨锡绂曾对此诏书有回应。这封诏书的英译，参见Dunstan，*Conflicting Counsels*，279－91。

② 高王凌曾在他的《一个未完结的尝试》中对此作出了系统的回应，详见22－24页；Kishimoto，"Keizai seisaku，"25；Yamamoto，63－64。大部分都节选自《实录》，卷307－323。杨锡绂非常详细地分析了由下令减少粮食储备量而导致通货膨胀的原因，关于他的回应，参见《皇朝经世文编》39：21－25；Dunstan的英译：*Conflicting Counsels*，279－291。正如全汉昇、Kishimoto和高指出，他们的分析没有考虑货币投放量增加（这是因为进口白银）或货物流动速度增长对通货膨胀的影响，这表明了18世纪中国的价格理论还不成熟。

③ 虽然从经济地理学的角度来讲，尹继善和杨锡绂的奏折，实质上是为乾隆的观点辩护，这其中的原因似乎已经很顺理成章了，但是在1748年的关于粮食储备的争论中，我们还是可以看到政策和个人的政治主张不寻常地紧紧缠在一起。就在皇帝为这个具有争论性的问题寻求他们的政策支持时，他们俩也成了政治迫害的首要对象，因为皇帝由于皇后去世，尚在极度悲痛中，那时候要是哪位官员不听命，他就要治罪，要知道这期间犯错误是要付出相当大的代价。皇帝也是想借机看一下那些臣民是否忠诚于他（可能特别是对于那些雍正的遗臣的）。在12月份，周学健不就被砍头了吗？他可是一个高级官员，以前乾隆还很器重他，他还是和尹继善及陈宏谋在1723年乡试中同年。陈自己并没有被牵扯到这次治丧仪式的风波中来，这可能使得他有相对的言论自由，从而在粮食储备问题提出与皇帝不同的见解（尽管如此，我们可以回忆一下第二章，他还是因为一个毫不相关的事件遭到了上级庆复的弹劾）。有关治丧风波，参见Norman Kutcher，"The Death of the Xiaoxian Empress：Bureaucratic Betrayals and the Crises of Eighteenth-Century Chinese Rule，"*Journal of Asian Studies* 56.3（August 1997）：708－25。

由于得到了大家的几乎一致的赞成，并且又受到了春夏期间，浙江、江苏、福建以及其他地区粮食动乱的影响①，皇帝于1748年秋季下令：主要省份的常平仓储量削减到康熙和雍正时的定额，同时派出钦差大臣与各省巡抚协商其他省份的粮食削减事宜。他用一种并不是所有官员都赞同的逻辑——“化整为零”，指出：“然聚之官者多，则藏之民者少。”② 最终，在1749年春末，他下令削减所有省份的定额，总计约减少了当时的30%。③

许多已经研究过1748—1749年常平仓定额削减的学者们认为：削减所带来的具体效果不尽如人意。得益于全国范围内的一系列好的收成，粮食价格上升得到缓解，而长期的上涨趋势仍在持续。再则，地方的常平仓实际储量极少下降。在一些场合，为了减到不同的预计界线以下，“定额”一词只是改换了一个名称而已。在其他一些实际储藏量一直远低于定额的常平仓，无论如何改变定额，影响都不大。实际上，18世纪中叶以后，常平仓系统的粮食储藏量仍在稳步增长。④

许多学者已将此视为国家（至少是朝廷）在管理粮食供应以及更广泛意义上管理经济的方法上的一个转折点。岸本美绪认为这是迈向不干涉主义的关键一步；邓海伦（Helen Dunstan）认为它标志着经济“自由主义”的上升；吴建雍指出它与国家通过招商寻求解决供应问题的努力在时间上是相似的；高王凌则认为这是中国帝制后期，朝廷为削减经费的一个“未完成的实验”的终结。⑤ 正如第二章所述，粮仓储备量的削减实际上的确与乾隆前期的其他政策，如土地开垦、财政体系、社会阶层以及官员招募等的变化有联

① 关于这项骚乱的探讨，参见全汉昇：《乾隆十三年的米贵问题》，552；Kishimoto, “Keizai seisaku,” 19-20。

② 谕旨，乾隆13/7，见《东华录》，乾隆朝，28：26。

③ 谕旨，乾隆14/3，见《乾隆实录》330：33-35。新的省际定额分配，参见《大清会典事例》190：3-5。根据Will计算，大致比例是30%，见*Bureaucracy and Famine*，193。

④ 参见Will and Wong，276-78，501；Yamamoto，65；Kuroda，5。

⑤ 高王凌：《一个未完结的尝试》；Kishimoto, “Keizai seisaku,” 28-29；Dunstan, *Conflicting Counsels*引言部分；吴健雍：《商品粮食政策》。高在他后来的著作中对这个决定的意义有恰如其分的分析，参见《十八世纪中国的经济发展和政府政策》，136-48。

系。这些变化与高宗皇帝对帝国应该是什么样的，政府的角色是什么等的重新界定有关。

但是高宗削减仓储定额的旨意对陈宏谋却没有太大的影响，在1748—1749年的一系列的削减粮食储备量的法令颁布之后，陕西巡抚陈宏谋提出许多理由要求朝廷准许陕西缓行这些新政策：例如，正在西北进行的军事行动需要大量粮食储备；陕西许多地方土地贫瘠，需要一些应急粮的储备；陕西远离商贸主干道，通过市场购粮救灾有困难①，他奏请皇上予以通融。皇上同意了陈宏谋的反复请求，不得不承认：在粮仓一事上，陕西是一个例外。陈宏谋高兴地按原定计划（高宗未下令削减定额之前拟订的陕西常平储量的计划）继续在省内建立常平仓储。② 过去陕西从来就没有规定定额，事实上，陕西的常平仓储量远远低于规定的定额。

然而陈宏谋并不希望陕西省是一个例外。长期以来，陈宏谋支持市场商贸的信念是不容怀疑的，他始终把政府粮仓储备作为一种促进国家经济发展的手段。陈宏谋就乾隆提出的粮价何以上涨问题所作的答复肯定是一种少数派意见。而且，他的回复并不符合皇帝想要的答案，也就是减少常平仓的粮食储存。从这个角度看，陈宏谋作出这样的反应是相当勇敢的。在陈宏谋看来，全国范围内粮食供给和价格上涨的严重问题，并不能通过削减仓储定额来解决，而应该从本质上执行自雍正早期已经制定的更加积极的政策来解决。这些政策包括土地开垦（确保种植者开垦，而不是谋利的开发商和地主来开垦）、灌溉系统的扩大以及地方上社仓的增多和更充实的粮食储备，以便进一步加大政府在地方经济上的驾驭能力。③

在陈宏谋看来，应把增加粮仓储备量看做为了“藏富于民”。陈宏谋乐于使用这个儒家官员学者都不会反对的说法。在其他的一些政策方面，他也创造性地解释“藏富于民”。实际上，他把政府为老百姓生产力的任何投资都归之于“藏富于民”。乾隆皇帝和一些大臣们都曾把常平仓储看成是政府可以随便挪用的财物，但陈宏谋却解释为“藏富于民”。早在1748年之前，

---

① 奏折，乾隆13/9/20，中国第一历史档案馆；两份奏折都是乾隆13/10/1，见《军机处录副奏折》；《先文恭公年谱》6：22。

② 奏折，乾隆14/10/2，见《军机处录副奏折》。

③ 奏折，乾隆13/6，见《乾隆实录》316：15−16。

陈宏谋就支持在原产地保存粮仓资源的原则，允许将政府管辖的常平仓改造为地方自给自足的粮仓。在1742年他写道：

以本地之谷，即于本地捐监，贮于本地之仓。可以随时平粜，随时归补。名虽轮谷于官，犹是藏富于民。①

这个“藏富于民”的说法被陈宏谋用于增加而不是减少常平仓储量的政策合法化。这是高王凌所说的“大政府”的政策。

实际上，陈宏谋所要寻求的正是保证常平仓的储量。尽管许多学者不太重视皇上1749年对各省常平仓实际仓储量的削减，有事实表明：乾隆皇帝一再命令各地区官员削减各省仓储量，或至少不能进一步提升的政策要认真执行。而陈宏谋却成功地获得许可将实际存储量提高到定额水平，不仅认为陕西是“例外”，而且在福建、湖南和其他他曾经工作过的地方也是如此。②

（三）每年的粮食回购

在1750年以后的几年中，关于政府储备量对粮食价格影响的看法有所改变，从储备水平限额到各地转到市场上购买粮食（“买补”）。每年在收获季节以前卖出粮食（“平粜”），收获以后，在供大于求的市场里，政府再用相同的现金买回更多的粮食。当然，常平仓这种每年的循环方式被认为是行得通的。因为这种做法是在秋季给生产者以价格支持，在春、夏季又为消费者减轻价格压力。但是谁都知道这种做法是建立在粮食价格长期稳定的基础上，而粮食价格长期稳定在陈宏谋所处的那个通货膨胀时代是不可能实现的。由此出现一个基本事实：当在每年秋收时节地方粮食市场价格下调时，引入一个新的大买主到供求平衡中去；那么粮食买补本身不是成了粮食价格上涨的主要因素吗？

这是一个与实际问题分不开的理论问题，即负责县级粮仓管理的官员将如何承受秋季市场上重新回购的成本。与建立常平仓时所设想的不同，在秋

---

① 奏折，乾隆7/9，见《乾隆实录》175：30—32。

② 参见喀尔吉善和陈的奏折，乾隆17/9，见《宫中档乾隆朝奏折》3.910—11；《培远堂偶存稿》38：9—11；《先文恭公年谱》7：2，7：16。

收之后，粮食价格并没有大幅下降。地方官员被以下两个因素所困扰：其一，负担秋季粮食补买的经费被认为是出自先前出售粮食的收入，这些现金越来越不够买回同等数量的粮食；其二，粮食回购中必须遵守官价，不能压价，但是这些官价远远低于实际的市场价格。在这种情况下，强迫官员在春夏季节卖出粮食的市场里购回粮仓储备（这是常平仓系统的最初意图）有意义吗？他们能否被允许在管辖范围之外的最优惠市场里进行买补呢？

当他们既没有足够的现金又没有授予合法权利去偿付地方市场需要的粮款时，县令如何在秋季回购粮仓储备，那只能是公开让这些官员从事众所周知的“派卖”，强迫地方粮食生产者卖给国家定额的粮食。正如我们已经注意到的：在清代的众多军政经济管理中，从铜矿开采、军队征兵到为建设水利工程，定额摊派、强征劳力是非常普遍的，它与市场调节精神相反，陈宏谋在任职期间曾努力反对。朝廷对常平仓粮食派卖采取了一个模棱两可的政策，实际上正是这种意图导致大多数官员去按定额向农民强购粮食，朝廷尽管一直谴责用强迫的手段以低于市场的价格为国家收购粮食（“短价”或“勒卖”）的行为①，但从未禁止征购定额。

常平仓的买补问题，到1752年引起朝野瞩目。我们先简单地回顾一下在这之前乾隆朝买补政策的发展和陈宏谋在这个问题上的立场。在1735年乾隆登基之前，常平仓官员被要求在售出粮食的同一年内回购同等数量的粮食补充库存。乾隆登基后，考虑到低于市场价格的征购会损害“地方富人”，就改变政策，允许推后几年直到粮价回落时再回购粮食（当价格可能低些的时候），或从表面上看在价格较低的相邻州县购买粮食。乾隆在位的前几年，他也主张修改购粮计划。如1742年，大范围的粮食供给危机发生时，皇帝重申允许官员“展限”（期待在以后几年以较低价格购买）和“通融”（在其他地方购买以避免当地的高价）。1743年，在敦促更多地方采用出售监生身份的方式增加获得粮仓存储时，乾隆认定每年秋季回购常平仓储粮是粮食价格暴涨的首要因素。所以，他下令暂时禁止所有粮仓的买补行为，建议在目前情况下，实行私粮交易，能比政府粮仓更高效率地满足供给需要。随着危机的缓解，皇帝才逐渐放松禁令。1744年他重申恢复常平仓存储量。同时基

① 关于清朝的拍卖政策的讨论，参见 Will and Wong，168－69，173－74。

于对当地价格的考虑可采用灵活的购粮方式，即“当时间和地点允许时买入，否则不购买”。经历过几年的好收成以后，1746 年他又一次强调审慎地恢复储粮的必要性。他发出诏书表明：如果可能的话，在自己的地区购买，但声明“并不是所有地区收成一样好，也不是所有地区的粮食生产者都处于相同的规模”。我觉得这个诏书的言外之意是说：皇帝承认通过市场进行购买这样一个事实，现在交易越来越多地不是在本地进行，而是在跨区最近的粮食交易中心购买。①

我们知道陈宏谋主张依靠本地区供应的资源来重新储粮，这可以使得常平仓储与“藏富于民”紧密结合，同时鼓励通过政府对粮食的储存来稳定市场价格。他比朝廷更加强调不要采用命令方式强迫存储。他婉转地回应了乾隆削减市场回购粮食的主张，同时，他也认识到乾隆的方法的确降低了粮仓储备量。1742 年江西粮食短缺时，陈宏谋指出尽管他遵从了朝廷对买补的禁令，但是粮食价格还在继续上升，可见粮食价格上升的原因不一定是粮食回购造成的。一旦收获季节来临和皇帝允许的话，他就会指导下属审慎而积极地回购常平仓的粮食。1746 年皇帝表现出对买补满意时，他（时任陕西巡抚）立即开始大力实施重建粮仓储备。甚至在 1749 年乾隆大范围的削减库存量的情况下，陈宏谋在陕西通过一种积极的市场购买方案，敦促县令将粮食储备增长到最新规定的定额。虽然政府大量的购粮使地方粮价不稳定，但不能由此否认政府保持一个强大的粮仓储备，在稳定社会经济中的积极作用。②

1749 年，粮仓储备削减之后，定额问题暂时得到解决，乾隆皇帝明显地认为是该用类似的方法解决买补问题的时候了。从官方的记载中反映了他的犹豫不决。虽然那时全国常平仓的储量已经下降，乾隆抓住了大臣高斌的一

---

① 《乾隆实录》，189：1—3；《大清会典事例》191：1—5。常平仓制度要求就地买补，但是，根据 Kuroda 的研究（14 页），1799 年当乾隆皇帝驾崩后，他的继承人嘉庆彻底废除了这一政策。

② 奏折，乾隆 5/8/22，中国第一历史档案馆；奏折，乾隆 13/10/1，乾隆 14/7/5，乾隆 14/10/2，见《军机处录副奏折》；奏折，乾隆 17/5/28，见《宫中档乾隆朝奏折》3. 207—8；《培远堂偶存稿》15：20—23，16：18—20，24：21—22，29：3；《先文恭公年谱》5：22。

个奏折所提供的机会，奏折要求全国彻底地停止买补活动。① 在朝廷廷议之后，皇帝于1752年秋季向所有官员公布，命令他们调查各省买补与粮价暴涨之间的最可能的联系，并同时提出合适的解救方法。但是就像1748年对于定额问题一样，乾隆甚至对问题给出答案，他提前宣布：由于每年秋季回购的屡次失败，如果全国范围的粮仓储备量下降到他最近宣布的定额的30%~40%，他将会非常满意。乾隆问道："乃因采买而市价益昂，是未得向后接济之益。……官买少则市粜多。"②

我们可以猜想，是否皇帝希望各省官员不会都不同意高斌的建议，就像四年前，他们不是普遍同意他削减过高粮食储备一样，如果这是真的，他当时非常失望。巡抚们的反应表明，他们如皇帝所建议的那样，注意到不同地方的具体情况。尽管他们都鹦鹉学舌般地认同皇帝阐明的买补和涨价之间的因果关系，但对于中止粮食回购可能产生的效果却有着非常不同的看法。一些市场经济不发达省份的巡抚们倾向于维护充足的粮食储备，而不考虑价格上涨的后果。乾隆最初想采纳高斌的建议作为定论，但最后他没有以简单同意高的建议来结束这场争论，而是允许各地区采用具体情况具体对待的方式处理问题。在此期间，通过买补或其他任何方法使粮仓实际储量达到法定限额目标的政策被放弃了。

作为一个任职福建的官员，陈宏谋通过他所能汇集的全部材料来说明买补制度对福建的重要性。福建地处偏远，自身产粮很少，并且它的多山的边界使福建与外界交易相对隔离，在私人市场里基本没有粮食。加之最近几个地区已经被暴风雨和洪水袭击，有鉴于此，禁止买补活动是很令人担心的事情。万一出现严重的粮食缺乏时，30%~40%的库存量是完全不够应急的。陈宏谋催促福建的所有常平仓系统库存量应该尽快达到定额的50%水平，而且只有达到那个储备水平才能实施更加谨慎的买补政策。他的主张与皇

① 高斌的许多奏折极大地促使了乾隆年间朝廷政策的改变，他的这一奏折可能是受皇帝之命撰写的。作为一名后来成长为朝廷要员的汉军旗人，高（1683—1755）在1751年，已享有很高的声望，他在管理国家财政和治理黄河洪水两方面有出色表现，但是在管理粮食储备和粮食供应等方面，似乎政绩平平，参见《清代名人传》，412-13。

② 谕旨，乾隆17/7，见《乾隆实录》，418：13-19。

帝的建议大相径庭，但高宗对陈的建议作出如下的反应：“览奏所议甚妥，咨部知之。”① 在福建省剩余的两年任期内，陈宏谋一经皇帝允许，就激励地方官员去提升他们的买补行为（收获后以一个极具竞争力的价格及时购买粮食）。②

然而在这个过程中，陈宏谋为福建省谷仓买补制定了一套富有创意和相当引人注目的管理方案。他遇到的情形是这样的：首先，由于1752年春、夏之间持续出售，全省谷仓储量已经耗尽（在大多数官员眼中这是十分危险的），但即将到来的是一个丰收年，有充足的粮食供应。虽然如此，粮食普遍价格仍会上涨，很可能超过朝廷为粮食买补制定的收购价。正如陈宏谋所说，官方的价位已被限制在各省不同的军队饷银换算标准之中。在福建限制标准大约相当于去壳粮食每石0.45两银子，而实际的收获后的粮价大约是每石0.6~0.9两银子。其次，福建是很特殊的省份，它的粮食市场发展很不健全，对于粮食买补长期以来一直是直接与当地生产者签署预购合同来实现。最后，陈宏谋的前任巡抚潘思榘已经在很多年以前就在省内实施了将粮食提供给最需要的地区的再分配规划。此方案在陈到来时仅仅完成了一半，省府已筹集了为此计划所需的大部分粮食，然而，还没有运送到目的地。大约10%的粮食已经在运往受到缺乏粮食打击的江山县的途中。江山位于浙江的边界，在那里已经通过平粜支付粮款，而现金又回到福建省政府用于支付粮款。③

面对此情况，陈在1752年后期采用了一种方案：将福建所有粮仓储备量提高到定额的50%（大多数低于此标准）。改变过时的价格政策，他命令地方官员根据市场实际的情况从宽计算购买的价格。他预料到竞争的激烈性，要求地方官员列出当地粮食持有者（主要包括商人和生产者）的明细表，并且根据粮仓储量水平分配粮食的出售权。不允许低于市场价格的强制购买，

① 喀尔吉善和陈的奏折，乾隆17/9，见《宫中档乾隆朝奏折》3.910—11。这封奏折的摘要见《先文恭公年谱》7：16和《乾隆实录》418：18—19。从后来的资料看，喀尔吉善不是这一奏折的起草人，原折提到他的名字，可能只是形式而已。

② 《培远堂偶存稿》32：25—26，32：40—42，33：4—5，34：44—46。

③ 本段和下一段参见奏折，乾隆17/7/16，见《宫中档乾隆朝奏折》3.389—90；喀尔吉善和陈的奏折，乾隆18/8/6，见《宫中档乾隆朝奏折》6.80—81；《培远堂偶存稿》32：40—42；《先文恭公年谱》7：21—22。也可参见Kuroda，17。

这个明细表的目的不是分配购买定额，而且相反，用非常诱人的价格使存粮户出售手中的粮食。

陈宏谋命令本省的财政官员把福建各地以前的平粜收入集中起来，与在浙江的出售中已获得的现金结合在一起，创建了一个省政府管理的基金，资助省内地方粮仓的买补。这些资金按两个标准分配，一是当地的粮价，二是他自己对相对需求和成本的计算。在急需地方粮食储备，但是地方价格又不太高的地方，为了再储存粮食，陈宏谋按潘思榘未完成的1749年的重新分配计划，处理所剩余的谷物。当地方价格太高，而需要不是很急迫时，买补计划可能会推迟到以后价格有所下降的年份去完成。

在陈宏谋的方案里，既体现了皇帝的期望又考虑到福建特殊的环境，二者被以一种独具匠心的方式结合到一起。在一个粮价急剧上涨的市场中，用市场价格而不是固定的官方定价。由于这个方案的实施，重要的和可支付得起的粮仓再存储的目标可以达到了。陈的方案和现有的原则相吻合，也就是在哪里出售粮食，就在哪里买补（保持当地自产的粮食仅仅在当地再流通），但回避了随之而来的问题（实际上是不可行的）——即地方仓储机构回购的粮食数量不能超出以前出售粮食所得款项可支付的范围。用这样的方法，陈宏谋把政府管理和市场调节结合起来，为常平仓政策引进了一个实际上前所未有的省级集权化管理，而又没有退回到强制命令式的经济干预模式。考虑到陈宏谋是一位重视地方特殊性和市场功能的官员，他选择这样的集权化方式似乎有点奇怪。而下面的讨论中将展示，这与他的相当多的其他管理创新是一致的。

陈宏谋在1754年6月离开福建省，但在他随后供职的陕西和湖南，他继续尽可能有策略地抵制皇帝要求严格限制粮仓回购的明显意图。他似乎有在这两个省普及福建经验的意愿，将常平仓管理集权于他的省级部门。这几年里两省一直收成很好。而且，陈宏谋认为自己处于一种“谷贱伤农”的局面中。在陕西，他把大量粮仓买补看成是给农业价格提供支持的途径。并且获准把10万多两土地税银用于全省的买补，甚至，可以临时将许多粮仓储备量提高到1749年定额以上。① 在湖南，他直接地利用外省买主来实现同样的

① 奏折，乾隆19/7/9，乾隆20/3/7，见《宫中档乾隆朝奏折》9.533－34，10.854－55。

功能，既满足外省的紧急需求又缓解本地粮食过剩的问题。他向外省商人卖出大量的常平仓粮食，使储备量降到定额以下。然后，在1756年的大丰收后，有计划地从本地回购粮食。①

湖南是一个粮食种植者众多的省份，农民的生计依靠农作物销售。在湖南需要的大量粮食回购使陈宏谋面临众多的公平交易和潜在的腐败问题。这反过来再一次带来前面的敏感问题——市场回购应该在哪里进行？陈宏谋认为他要在两种不良后果之间作出选择：一种是遵照常平仓设计的初衷在本地回购粮食（此概念在粮食过剩的湖南已被写入到省的法令中），这将让商业粮食生产者直接受益，但是购买过程将必然涉及衙门下属官员，他们将操纵收购，谋取私利。地方有权势者甚至会强迫农民以低价把粮食卖给他们，然后他们再涨价卖给国家。另一方面，如果你在湖南的某个大的粮食批发市场购买，例如湘潭或岳州，则可能使实际购买仅仅利用一些可依赖的官方代理人，但巨大的利益将肯定是落到运送粮食到市场的中间人手中。陈宏谋选择的解决方案很明显地吸取了他在福建的经验：和农户签订定额购买合同，同时根据每个生产者耕种面积用议价试购回余粮。这种设计要求省级政府的缜密掌控，而巡抚是愿意这样干的。尽管对市场主导的经济是间接的控制，对这种间接的集权控制正是陈宏谋期望的。②

（四）支出

与存储和再存储的问题形成对比，常平仓支出的方式从未成为全国性的议题，也从未在官员之间引发经常性的分歧。然而，它却引发了各种结构上的问题，陈宏谋积极地致力于寻求解决这些问题的方法。

在18世纪使用的标准方案是：每个地方的常平仓每年应该保存全额的70%，支出只占30%。大多数人认为这个比例可以适应平粜出售和借贷的需要，同时保持足够的库存量以防灾荒；而且它也可以保证足够的周转量来防

① 奏折，乾隆20/10/5，乾隆20/11/27，见《宫中档乾隆朝奏折》12.597－98，13.99－100。

② 奏折，乾隆21/6/29，见《宫中档乾隆朝奏折》14.759－60；《培远堂偶存稿》38：9－11，38：12－14，38：26；《先文恭公年谱》9：5－6。

止粮食腐坏。这种七存三出的惯例最初是在康熙晚年在省级基础上实行的，随后逐渐成了全国通行的政策。初始30%被认为是支出必须遵守的界限，但是，逐渐地，特别是在乾隆早期，越来越多的例外得到了允许。在1742—1749年的全国性的饥荒中，乾隆在两条法令里重复了七比三的指导方针，但同时又清楚地命令官员们在它的实际应用中不要“拘泥成例”。当然在1749年的情况中，基于皇帝已减少全部的粮仓存储量的实际情况，七比三的指导方针可以灵活掌握。①

陈宏谋是一位对常平仓体系特别关怀的省级官员。尽管有时他允许在丰收之年支出少于30%，例如，他极力催促地方官员密切关注粮食的市场价格，在条件允许的情况下卖出库存粮食，有时甚至可以把规定的库存量放到一边。② 在某种程度上，这是因地域而变化的——陈宏谋认识到自己所在的省份在跨省市场没有很好地发挥作用——但是甚至在同一个省，陈宏谋往往对常平仓的看法也不同于他的同僚们。例如陈宏谋在湖南省为官两次，他的继任者两次都总是有意地削减陈宏谋任职时曾经颁布的常平仓储粮的水平。③

陈宏谋感到烦恼的是常平仓除了如何再存储和在借贷的时候如何保证偿还之外，对当地官员支出粮食缺乏法律规范。我们知道在每次的粮食交易和计量过程中都会有损耗，继任的官员在审计过程中就会发现这些损耗，继任官员往往用本人的俸禄来补偿。为了克服这种弊端，在1740年陈宏谋任江苏省按察使时递交了一个奏折。在奏折中他建议削减官员在这方面的责任，并设立一项关于损耗的补贴。户部没有采纳他的建议，所以该计划还只是他自己的愿望。④

究竟采取何种的支出形式呢？尽管朝廷不断强调每年必须考虑30%的库存应流通，但是他们却没有规定销售和借贷形式的相对百分比。1740年，陈宏谋在奏折中表明了自己的观点：需要多少粮食就卖多少，剩余的粮食都以

---

① 《乾隆实录》330：33－35；《大清会典事例》189：17－19；《钦定福惠全书》54：6－7。

② 《培远堂偶存稿》18：9－11，29：22－24，31：18－20。

③ Will and Wong，412.

④ 奏折，乾隆5/8/22，中国第一历史档案馆；《先文恭公年谱》3：19－20。

借贷形式发放，使总数达到30%。但是实际情况却是全国各个地区有很大的差别，各省逐渐形成了各自根据前任的做法。例如，江西和河南省售出和借贷是相等的，而在陕西省绝大部分都是以借贷而支出（后来陈宏谋逐渐增加该省的平粜销售的数量，同时将借贷功能转移到“社仓”）。在有些情况下，不同省份支出的形式是没有明文规定的。例如在粮食极其缺乏的福建省，商品粮的种植者很少（除了台湾），市场销售是常平仓的主要支出形式，在湖南这个清朝最大的粮食产地更是如此。①

严格地讲，常平仓的粮食属于国家所有，即使用于满足政府其他的需要也是合法的。尽管长时间的官方禁令和他自己的偏好，陈宏谋有时也将他所在地粮仓的粮食出售到其他省，同时进口他省的粮食用于本地出售。在有需要时，他还将常平仓粮食直接用于救济。② 他将它们作为资本用于更有创造性的财政项目。例如在1748—1749年粮食歉收时，陈宏谋将陕西常平仓的粮食借给军事农业种植者（“屯田”）以支持他们上交屯田税，然后将屯田税的收入用于省内各旗部队的配给。军队种植者将在他们下一个丰收之年归还借贷。③

考察陈宏谋连续几任的做法，我们可以发现他逐渐形成一套明显与众不同的常平仓配置方式。凡是能发挥市场作用的时候，他从来没有否定或者排斥市场。他的基本目的就是使人民渡过困难和保持持续的生产力。要确定借贷和出售的最佳比例和各自的具体数量，地方官员须有很大的灵活性，更重要的是合乎民情——这里指的是从百姓的需求出发，知民意合民情。陈宏谋认为人是有理性的动物，市场是反映民需的情况最准确的晴雨表。④ 官员们可以通过市场来了解民众的需求，根据民众的需求妥善地运用平粜和借贷两种方式。陈宏谋谴责盲目运用销售和借贷方式的官员们，他指出这种行动只会导致他们工作上的冲突——当耕种者在寻求种子借贷时，粮仓就应将粮食借贷给耕种者，不应将粮食投放市场。因为销售平价粮会引发投机者购买。

① 奏折，乾隆7/9，见《乾隆实录》175：30—32；乾隆17/7/16，乾隆21/9/29，见《宫中档乾隆朝奏折》3.389—90，15.435—36；《培远堂偶存稿》26：14—15，27：8，31：18—20。

② 《培远堂偶存稿》19：9—11，27：8，27：22—24。

③ 奏折，乾隆13/8/25，乾隆14/1/7，乾隆14/4/29，见《军机处录副奏折》。

④ 参见奏折，乾隆17/3/4，见《宫中档乾隆朝奏折》2.366—67。

他们将从市场上收购平价粮等待更高价格出售。并且在这个过程中使种粮稀缺而导致粮价更高。①

正像他对待几乎所有其他事物（经济的、行政的、礼仪的、家务的）的做法一样，陈宏谋把随时应变（“及时”）视为制定成功平粜政策的关键。同步的出售和借贷粮食仅仅是这件事情的一个方面。官员必须抓住出售粮食的合适时机。如果让需求者等待的时间太长，有需求的人将转向私人高利贷者，常平仓设立的初衷就是防止此类事件的发生。如果他们出售的行动过快，民众需要借贷粮食时他们已将存储的粮食卖尽。开始出售的时刻只能根据当地的需求而定。但是每年的需求在各地是可以预测的，在一些辖区陈宏谋试图建立一个全省粮食供应的模型。它是根据当地收获日期和估计每年从外地运进的粮食数量，计算出本省的各个地区平粜和买补开始及结束的大概时间表。② 这是一个比较粗略的时间表。尽管他强调中央计划，陈宏谋认为过分集中的官僚管理体制更可怕，它削减了当地官员必须施展的创造性的行动自由。③ 当地的粮食价格是决定何时出售粮食的依据之一，但地方民情才是更基本和可靠的依据，要做到符合民情且灵活机动，创造性地制定政策至关重要。④

陈宏谋对平粜销售的定价和时机进行很多考虑。在这个问题上的中央指令给了地方官员很大的回旋余地。在1690年的一条法令中规定在农历三月和四月份出售一定要以流行的市场价销售，在五月份和以后时期里以一个固定的低于市场的价格销售。⑤ 但是直到乾隆早期，几乎所有的粮仓都是按优惠价出售。朝廷的指导价建议在一般的年份每石比市场价低0.05两银子，在饥荒年月份则加倍优惠，但是陈宏谋的回复中建议的折扣却是比这更大的优惠。在1742年粮食危机的最盛时期，朝廷也废除了这些指导价，允许当地官员在满足当地食物需求的基础上可以实行任何的折扣出售。⑥

---

① 《培远堂偶存稿》19：9−11，31：18−20。

② 《培远堂偶存稿》15：28−29；奏折，乾隆17/5/28，见《宫中档乾隆朝奏折》3.207−8。

③ 《皇朝经世文编》40：19−20。

④ 《培远堂偶存稿》36：1−2。

⑤ 吴慧、葛贤惠，127。

⑥ 乾隆七年法令，见《大清会典事例》191：4。

在陈宏谋和朝廷看来，关键在于把一个地方的粮价降下来，同时又不给投机商机会，低价购入粮食然后在粮价高的地方或本地的平粜结束后再高价抛出。正像陈宏谋所说，太低的定价使粮食撤离市场，进入投机商的手中，这正好与打算增加市场供应的意图相反。他认为更严重的危险是：官员们将以人为的方式把地方粮价降得过低，就会吓跑来此售粮的民间商人，导致粮价居高不下。① 这有可能导致陈宏谋完全怀疑价格折扣的优点。正像他看到的那样，最好的政策将是正好以市场价格出售常平仓粮食，通过增加市场的供应的权宜之计使市场价格依靠市场本身机制降下来。然而，他承认，若严重的饥荒发生时，则不允许这种从容不迫的方式，他通常要求他的下属们在实践中采用这种方法。他要求有关官员考虑长期的政策，熟悉本地区的价格历史，掌握长期的趋势和每年的周期变化，因此才能比较出当时的流行价格和当时正常的价格。这些知识可以使他们聪明地决定常平仓粮食销售的价格和合适的时机。②

在以借贷形式处理常平仓支出的事情上，陈宏谋最为头疼的是选择合适的借贷人。陈这位清朝大员和那些乡下农民都认为，这种借贷的目的就是帮助农民应付“青黄不接”的情况。换而言之，借贷的目的是确保农业生产者在缺粮时期可以存活下去。陈宏谋在所有他担任省级官员的任期内一直坚持从常平仓和社仓获得借贷的人只能是农民。例如在1752年河南的饥荒时期，他为耕种者制定了粮仓借贷计划，并为城市非耕种者制定了救济方案，明确互补手段以使不同行业的人们都能渡过难关。③ 在陈宏谋看来，恰当的借贷者是不易找到的：他们须是积极从事生产的农民，而且要有足够的土地，以至于他们可以利用借贷来从事农业生产，同时他们必须贫困到真正地需要借贷。借贷给富有的地主则违反了设立常平仓的宗旨。当他们手里拥有大量的粮食时，他们借贷的唯一的目的就是为了投机倒把。同样，借贷给无土地者同样不能够起到资助粮食生产的目的，还会增加还贷困难和违约

---

① 陈也强调：在政府已超低价出售粮食时，也不应该阻止私人粮食销售商同时按照市场要求的价格出售，见《培远堂偶存稿》32：7。

② 陈宏谋关于平粜价格政策最持久的讨论，参见奏折，乾隆5/8/22，中国第一历史档案馆。后来，他根据各省不同的情况调整自己的观点，见《培远堂偶存稿》15：28—29，19：9—11，32：6—7。

③ 奏折，乾隆17/3/14，见《宫中档乾隆朝奏折》2.366—67。

的可能。①

农民应把粮食借贷用作种粮和食物。在某些时候和某些方面，陈宏谋也允许常平仓借贷用于土地平整、灌溉工程的建设和一些其他的资本投入项目②，或者也会用来应对紧急的情况。1745 年的陕西省春雨来得很迟，很多的农民都对当年的收成不抱什么希望的时候，陈宏谋立刻命令发起一场大的借贷活动以鼓励最后的补种。③ 实际上，这种紧急情况，也是常平仓借贷最佳的用武之地。毕竟，常平仓几乎都是位于城市中心，而且它的主要目标是为了供应没有耕田的粮食消费者。他们实际上只能为生活在城市郊区的农民提供借贷。为了给绝大多数的农业生产者提供例行的借贷，陈宏谋认为另外一个机构——社仓，是最合适的。

常平仓借贷的违约是对维持陈宏谋认为的常平仓的常规存储的主要障碍。当偿还时，太多的借贷违约记录在账，给谷仓的存储提供一种虚假的安全感。陈宏谋每到一个新岗位，立即进行当地所有谷仓未还贷款的审计，并且开展一场敦促偿还借贷的活动。他命令官员对违约的借贷进行详细的登记，对每个借贷者制定一个合理的还贷时间表。那些稳步减还债的人可以不受违约的处分，而未还贷者在下次不能获得借贷。④

在粮仓借贷中，使陈宏谋烦恼的，就是反复发生的“强借”或“派借”。当一个地方官员发现没有其他的方法将他的粮仓的流通量达到 30%时，或借贷者违约而不能获得借贷时，这种情况就容易发生。在一些省里，例如陕西省，县令们习惯将仓储的所有借贷按一定的比例分配给村或者乡。只要证明

① 陈宏谋没有指明他所说的“有地”是指限制为土地特权拥有者还是限制为租户提供常平仓贷款。相当明显，他不是指前者，因为从下文我们可以看到他的确是授权将“社仓”的粮食转给租户。陈宏谋的主要标准只是看借出的粮食要再生产出更多的粮食用以偿还贷粮，在这方面，上面两种人都符合要求。

② 奏折，乾隆 13/12/10，见《军机处录副奏折》；奏折，乾隆 16/6，见蔡冠洛，1.146。

③ 《培远堂偶存稿》20：34－35。

④ 奏折，乾隆 14/7/15，见《军机处录副奏折》；《培远堂偶存稿》8：11－14，22：1－2，29：14－15。1749 年在陕西，陈宏谋曾表明必须偿还了以前 80%的违约金的人员才能在以后够资格借贷。但是他还补充道这个标准应根据当地收成的情况而灵活地执行，参见《培远堂偶存稿》29：22－24。

没有强制分配和转包行为，陈宏谋就会勉强同意这种做法。借粮通常是转包给乡镇上的行政人员（“里长”或者“乡保长”），这就有可能引起腐败。例如，承包人往往不管这个家庭是不是真的需要粮食，而简单地将他的借贷分配到他管辖的每个家庭，并计算要支付的利息。那些没有必要借粮的，或那些离仓储太远而借贷不划算的人们不得不贿赂负责借贷的主管将他的份额改派给另外家庭；那些需要得到比指定份额更多贷款的人同样需要贿赂主管。在这种情况下，乡绅、衙役、邪恶的贵族和地痞联合起来垄断本县全部常平仓粮食。他们以很高利息借出或重新卖给真正需要的家庭。其中最邪恶的就是故意将借贷份额分配给明明知道无力还贷的人家承包，例如无土地者，当无力还贷出现时，通过第二次的个人借贷来抵债，从而形成了长期的债务关系。对粮仓自身危害最大的是称作“包侵”的敲诈，即贷粮人把得到的粮食侵吞，最后声称粮贷因借转户（经常是虚构的）的违约而损失。①

陈宏谋着手用各种方式纠正这些弊端，并将他们治罪。陈宏谋期望最大限度地利用常平仓的粮食。他告诫下属官员，为实现每年30%的流通量而进行“滥借”所造成的损失太大。他建议在较远的农村建立由政府主管的借贷仓库，以减少从常平仓体系中转贷的需求（转向社仓将会是一个较好的选择）。总之，他要求他的下属深入去体察民情，以辨明何时、何地和何人真正的需要贷粮而且真正地将借粮用于生产。②

虽然常平仓应该为大众的需求服务，但常平仓毕竟是一个政府机构。政府机构应该对常平仓行使适度的管理。例如1748年陈宏谋考虑在陕西何种常平仓由县官来管理，何种常平仓应该由上级官员来处理③，以至朝廷也应有一部分的控制权。尽管乾隆皇帝反复强调当地官员有独立和灵活性处置的权力，但他确实也成立了一个专门向朝廷通报地方常平仓细账的机构。出于同样的目的，更有趣的是陈宏谋一方面坚定地倡导地方官员对粮仓的独立管

① 《皇朝经世文编》40：19—20；《培远堂偶存稿》18：25—26，19：14—15，23：1—4，24：12—15，24：25，29：22—24，31：18—20，39：4—6；《先文恭公年谱》6：1。

② 《陈文恭公书牍》2：19；《培远堂偶存稿》31：18—20，36：1—2。

③ 奏折，乾隆13/10/1，见《军机处录副奏折》。

理，另一方面他自己对仓储又实行集权控制。

正像陈宏谋处理其他的事物一样，在常平仓问题上，他极力支持政府管理的规范化——度量衡、程序、设备维护和通报制度的规范化。在他就任过的每个省里，他给下属发放自己设计的标准账目表册，用来记录所有的常平仓交易，并且呈交给他进行例行的审查。① 他常常直接控制本省的常平仓运行（像粮仓存储、分配和地区间财物的重新分配）。有时他就是为提高常平仓获取利润的潜力。例如1753年在任福建巡抚时，他就平粜台湾仓储的60 000多石粮食到粮价很高的泉州和常州府去销售；秋收后再返还同样数量的粮食给台湾，这样可以有大量的现金盈余来提升福建常平仓的仓储水平。②

对自己管辖范围内常平仓运行的集中控制使陈宏谋能做那些他最想做的事情：把常平仓的管理作为地区经济管理计划的一部分。例如，从上所述我们已看到，他是如何将粮仓运行与救济工作和军队配给结合在一起。他将它们与本省的金融政策结合起来。例如，他命令福建行政官员将平粜获得的铜钱拿到政府经营的钱铺换成白银，再将这些铜钱回流到地方商业，以促进商品交换。③ 我们马上就可以在下文中看到陈宏谋是怎样将常平仓运行同社仓运行结合起来的。总之，我们研究他的这种地区经济政策是一种行之有效的政策。

（五）社仓

如果陈宏谋是清朝常平仓制度及其运行发展的一个积极贡献者，那么在与常平仓的相似制度——社仓的发展上，他更是如此。18世纪中期，陈宏谋亲自致力于社仓制度发展。社仓一词在清朝广泛使用，但社仓是南宋的一项首创，从那时和以后，就与真德秀和董煟（如我们所看到的，他们都对陈宏谋有重要影响）这样的新儒家学者官员及朱熹本人有联系。④ 在清朝第一个

---

① 《培远堂偶存稿》18：6－20，19：1－3，29：3－4。

② 《先文恭公年谱》7：18。

③ 《培远堂偶存稿》32：6－7。

④ von Glahn，“Community and Welfare，” 221－34；de Bary，“Chen Te-hsiu，” 374；董煟，见俞森1：1－3。

百年里，这一制度的主要拥护者是信奉朱熹的人，如户部右侍郎张伯行和直隶巡抚李光地。社仓出现于18世纪早期，李光地任直隶巡抚期间建立了清朝第一个社仓。① 陈宏谋在自己的著作中相当详尽地阐述了朱熹的观点，用朱熹的社仓法规为其政策实施辩护。②

但是，众所周知，社仓是由朱熹首先提出，但它的推广实施更多地应归功于雍正皇帝。明朝原有的社仓制度早已消失，17世纪清朝对社仓的实验亦无结果。③ 后来的官方资料把清朝社仓的诞生归功于康熙皇帝1703年颁发的一个圣旨，它要求以村或几个村为单位建立社仓。但是，如冯尔康指出的，康熙自己对他的大臣们（如张伯行和李光地）的主张兴趣不大，在位期间只有少数几个省份尝试建立了社仓。

雍正对社仓的支持是明确的。在1724年的一项法令中，他不但命令清除在康熙体制下的弊端，而且明确要求在各地建立社仓。④ 在他领导下制订了有关社仓内容的条款，他发布告示重申对社仓的支持，甚至要求政府增加拨款来支持这一事业。因此，陈宏谋在乾隆面前引用了雍正的这些话语。⑤

我们看到乾隆自己虽然一直在思考常平仓制度的运行，但他对社仓问题却漠不关心。我从来没有发现由他颁布的任何有关社仓问题的政策旨意，而且他对陈宏谋有关奏折的朱批显示出厌烦之意。有学者认为，既然乾隆皇帝对社仓如此冷漠，大多数的雍正时期的社仓可能在乾隆年间消失了，或者被吸收进国家的常平仓体系。⑥ 乾隆对此漠不关心也可能是由于越来越多的省级官员认为社仓是一个难以为继的负担。王国斌发现，湖南从18世纪30年

---

① 冯尔康，202；David D. Buck，“Imperially Inspired Philanthropy in the Ch'ing: The Case of Granaries in the Eighteenth Century,” *Bulletin of the Institute of Modern History* (Academia Sinica) 11 (1982)：225—50。

② 《先文恭公年谱》2：8；《从政遗规》2：68—70。

③ Iemura Shiseo，“Shindai shasō seido kenkyū josetsu” (A preliminary study of the Qing granary system)，*Mindaishi kenkyū* 11 (1983)：8—9.

④ 关于康熙和雍正的法令，可参见《钦定授时通考》56：13—15。关于此讨论，可参见冯柳堂，184—86，冯尔康，202—3。

⑤ 《培远堂偶存稿》17：47—53，19：21—40。参见 Will and Wong，404—409。

⑥ Buck，“Imperially Inspired Philanthropy.”

代到50年代的历任巡抚在他们的奏折中经常抱怨社仓引起的行政困难，只有陈宏谋是一个例外。① 而他一直同下属官员就此问题发生冲突，如他所说，他们中的许多人“早不乐有此举”②。

与此同时，由于一些仍然坚信社仓制度价值的地方官员的坚持，社仓在某些地区仍然实行。最出名的是晏斯盛（1721年的进士，官至湖北巡抚），他在江苏、陕西、湖北和其他地方发起建立社仓的工作。在这方面他的许多著作激励了19世纪20年代经世运动中的魏源和他的同僚们。③ 像陈宏谋一样，晏斯盛同属于雍正皇帝的“新人”，这些人18世纪30年代初期一同在西南边境任职。在乾隆早期没有人比陈宏谋更热衷于社仓事业。从1734年开始，在接下来的四分之一世纪里每隔一定时期，陈宏谋就上奏皇帝准予在他任职的省内复兴社仓计划，在他的每个任职省份制定了一系列社仓管理制度，以确保社仓的有效管理以及支持乡村经济。④ 清朝编纂的云南省和江西省的地方志将那些省的社仓制度描述为陈宏谋个人的创造。研究这些省份社仓历史的学者也得到了相同的结论。⑤ 在1742年他最后一次返回家乡时，陈宏谋还在他的出生地捐资建立了一个社仓，他一生都继续对这个社仓给予热情的关注（虽然是从遥远的地方）。⑥

社仓资产不是太大，一般省份社仓的储量不到常平仓储备的四分之一。⑦

---

① Will and Wong，404-9.

② 《培远堂偶存稿》13：44-45。

③ 参见魏源：《皇朝经世文编》40：35-46。其中提到晏斯盛有关“社仓”管理的四个文件。陈宏谋也很乐意地承认同时代人对社仓系统发展的贡献是不容忽视。参见奏折，乾隆5/8/22，中国第一历史档案馆；《培远堂偶存稿》25：27-29，25：32-33。

④ 例子包括奏折，雍正12/4，乾隆7/2，见《先文恭公年谱》2：7，4：14；奏折，乾隆8/3/28，见《宫中档乾隆朝奏折》5.2；奏折，乾隆21/9/29，见《宫中档乾隆朝奏折》15.435-6。关于地方规则的范例，参见《培远堂偶存稿》14：43-48（江西）和33：17-22（福建）。

⑤ 《云南通志》（1736）29.6：52-54；《江西通志》（1880）58：3-4；Hsido（萧公权），170-73。Will and Wong，65，404-9，440-41。

⑥ 《先文恭公年谱》4：28。1765年从北京给家里的一封信中，陈和家人讨论关于为社仓重新选址和挑选管理者的问题，参见家书，乾隆30/11/1，《陈宏谋家书》235-37。

⑦ Will and Wong，305；冯柳堂，175-80。

到1755年为止，陈宏谋在陕西热心地建立社仓的时间已经超过十年。那年他指出全省范围内社仓储备只有832 468石，少于全省常平仓总储量的30%，按人口平均计算，差不多每人只有十分之一石。① 然而，据陈宏谋在陕西的继任者的报告，这相对小的粮食储量对确保小生产者家庭的延续产生了巨大的作用。②

以下是陈宏谋1749年在陕西对下属发布的指示，从中可以看出他认为社仓运行重要性的一个粗略的观点：

> 细访其故，该州县俱将地丁银两，加意催征。而常社借欠，不复置念，亦漫无稽查。不思地丁岁内不完，尚可于奏销前赶完，仓粮则过此残冬，民间贮蓄日少。转瞬新岁……又值出借之期，若不将旧欠清完，明岁再借，则积欠难清，不借则民无接济。③

在这里陈宏谋明确地认为，从农民生计考虑，社仓运转正常比按时征收赋税还重要。我认为，这段话不仅有力地说明了关于陈宏谋和他的许多同事官员们思想的倾向，而且说明了关于清朝中期政府对它的金融安全的满意程度。固然，陈宏谋寻求一个激进的政府，但是他不怀疑税收能为激进政府提供资金；农村人口的繁殖是引起更加忧虑的原因，社仓是他喜欢采用的解决办法。

学者们一般认为清朝中期常平仓和社仓是互补关系。清代官修史书也持这一观点，陈宏谋本人也赞成这一点，并付诸对社仓的管理。在他长期的为官生涯中，在他给皇帝和同僚官员们的信里，他一再地说明这个事实：常平仓若正确理解的话，与社仓是互补的。常平仓是城市的，社仓是农村的；常平仓进行卖粮，社仓进行贷粮；常平仓为消费者服务，社仓为生产者服务。两者是相互促进的。例如，社仓贷款给农民，农民就不用到市场买种子，有利于缓解上涨的谷物价格，最终减少了地方常平仓为平抑粮价需要的平粜量。④ 在实践中，陈宏谋尽可能寻求实现两者间的分工。早在1740年他上书朝廷，如常平仓和社仓形成竞争，就应禁止它向农

---

① 奏折，乾隆19/12/1，见《宫中档乾隆朝奏折》10.385-86。

② 明德的奏折，乾隆29/9/12，转引自Will, *Bureaucracy and Famine*, 204。

③ 《培远堂偶存稿》29：14-15。

④ 奏折，乾隆21/9/29，见《宫中档乾隆朝奏折》15.435-36。

民贷粮。① 最重要的，常平仓是官方的，而社仓是社会的和集体的；如陈宏谋经常强调的，它们是“藏富于民”政策的体现。

为此目的，陈宏谋始终认为粮仓必须真正满足农民的需要。他自己来自于一个偏远的不被县衙门所重视的小山村。他形成了一种近乎固执的看法，认为政府在服务上存在分配不公的问题，表现为在物质方面上“不及”于民，尤其是偏远地区（“外乡”）的人们。学校（参看第十二章）和社仓情况也一样。社仓如果建造于农民实际上无法利用的地方，就是一个“有名无实”的机构，而且滋生各种各样的非法勾当，如我们在常平仓贷粮情况中所看到的。这种功能紊乱反过来增加了官方对这种制度的厌恶，因此被官方所忽视。1745 年陈宏谋指出一个陕西的例子：在有些县，社仓不仅数量少而且都远离农民，完全没有起到作用，县官从此推断社仓不是人民真正期望的，因此强征社仓的资产而用于其他方面。②

1703 年在有关创立社仓的法令中只是规定将粮仓设在村庄，但是粮仓配置的细节没有说清楚。1740 年陈宏谋关于粮仓的政策中，要求每个县设四个社仓，一县有四个区，每个区设一个社仓，而且县衙所在地不设社仓。③ 在他任职生涯中，讨厌把社仓建在城市，嘲笑那些如此行事的官员是在增加农民在城市与乡村之间的往返之劳。④ 随着时间的推移，陈宏谋对自己最初的设想越来越不满意，经常推动社仓分仓（“分贮”）的建设，在每个县内再细分储粮。他命令下属在古庙或公共建筑物（“公所”）中寻找位置建立分仓。乾隆皇帝 1749 年决定减少常平仓的规模之后，他又上奏朝廷，要求把废弃的政府粮仓设施改为社仓之用。按他的想法，社仓分仓应根据各地不同的地理环境和人口分布来建设。在为分仓选定最佳地点时，他是以分仓的大小和距离的远近为标准。按照地形，社仓必须离每个村庄不超过 20 里路，也就是不超过一天的往返路程。按照地方人口密度，社仓必须储备四百到一千石谷物。当储量超过这个数量时，就该考虑再细分、建立分仓。小型化社仓可以使仓库设备得到充分利用，还可以减少志愿参与的管理者的负担，也会吸引

① 奏折，乾隆 5/8/22，中国第一历史档案馆。
② 《培远堂偶存稿》22：9-14，33：17。
③ 奏折，乾隆 5/8/21，中国第一历史档案馆。
④ 《培远堂偶存稿》33：10-16，34：42-43，38：18-26。

更多的人参与管理。①

社仓为农民提供了一个借贷的来源，这是建立社仓的主要原因。只有真正的“耕田之家”才有资格从社仓借贷。社仓借粮资格与常平仓相似，但更加明确。陈宏谋仿效朱熹的模式，拒绝接纳文人、衙门差役、士兵、商人和“游手无业者”，但是他规定前三类人员可以例外，只要他们能证明他们至少在部分时间内从事农业经营。借粮者必须有土地，可能是租借的田地（“佃田”）或者自己的田地（“自田”）。另一方面，有田殷实的家庭是被排除在外的。如借贷者不为粮仓管理者所熟悉，他需要有人担保。社仓贷粮的资格与常平仓非常不同之处在于：陈宏谋一再地坚持社仓只能借给它们自己所在村庄或乡镇的居民，而且够资格贷粮的农民只能从他实际上所从属的那个粮仓借贷。②

陈宏谋忧虑的问题之一是拖欠还款（他用与处理常平仓贷款拖欠同样的方式，按照同样的指示处理这些问题），使他更担忧的是那些社仓的管理人员，他们是借贷活动能否顺利的关键。地方官员在借贷的方法上不应该是拘泥于形式的，不应该在借粮方面设置太多的条件（例如要求证明是极度需要粮食），也不应该对申请者设置不适当的核查。管理者应该准备对变化的条件作出及时的反应，尤其是对降雨量的变化，以便于及时地耕种，有效地与私人高利贷者开展竞争。他们的目的是每年一半的储量用于周转，高于常平仓的30%标准。他们要在丰收年和歉收年内都能提供贷粮。实际上，正如家室茂雄所指出的，社仓真实的意义不是在非常年份，而是在正常年份提供种子借贷，这是清朝中期的社仓与先前体制的不同之处。③

理论上讲，社仓是附属于社区的借贷机构，它的储粮来源应是地方及附近农民的自愿捐赠，当然，政府的参与可以使更多的农民参与捐赠。雍正皇帝在他登基的第一年曾采取增加土地税收的方式来充实社仓，后来他发现用

---

① 奏折，乾隆16/4/7，中国第一历史档案馆；《培远堂偶存稿》13：44－45，14：43－48，16：38－40，22：17－18，29：11－13。

② 《培远堂偶存稿》13：9－14，33：17－22，37：45－49，38：18－26。

③ 《培远堂偶存稿》13：44－45，27：9－10；《皇朝经世文编》40：19－20；Iemura，13－14。

命令主义的方法来处理社仓事务是不受欢迎的。因此在1724年他宣布社仓存储只能基于自愿捐献；官员的作用是鼓励这样的捐献而不是指派或者强迫他们。① 即使经常积极推进社仓发展的陈宏谋在他的巡抚任期内都一直坚持自愿捐献的方针。

问题是当大众的自愿捐献还没有出现时，讨好上司的地方官员就会寻求强制手段。陈宏谋了解这种情况，因此他耐心地做工作唤起大众对社仓制度的真正支持。包括克服过去社仓存在的弊端，如办事人员敲诈勒索，地方官员盗用粮仓储备以及拖欠巨额贷款等。1745年在陕西，1747年在湖北，1755年在湖南，陈宏谋倡导社仓账目公开，改善社仓的操作规程，建立完整的管理机制，以推动捐输者的自觉性。② 他首先动员最具公众意识（“济公”）的居民带头捐献，用这种善举行为做榜样来启迪其他人摆脱个人私利和积极捐献。在清朝，一般会根据这种善举的大小而授予荣誉。③

值得注意的是，陈宏谋在推动社仓建设时，同时使用物质刺激和道德鼓励。在他看来，社仓既是一个社区的重要经济资源，同时又是一种地方道德文化教化的工具。④ 社仓还可以根据不同情况确定需求的轻重缓急和将“无益”变成“有益”的手段。例如，在粮食充足之时，通过社仓储备粮食，它不是浪费粮食，而是为社会提供了报答上苍的机会。对普通家庭来说，社仓为他们提供了更好的选择，将自己的小部分粮食贡献给生产性的社区作为资产，为社会积累作出贡献，而不是将眼下的剩余用于个人消费。对富人来说，通过更多的捐献，社仓给予他们获得邻里好感的机会，减少他人对他们财富的妒忌。

在陈宏谋看来，更重要的是社仓有助于社会风俗的改善。它可以提倡节俭，减少挥霍浪费，起到移风易俗的作用。他恳求不要将辛苦挣得的盈余浪费在孩子挥霍无度的婚礼上，而要储存到社仓里以备未来之需。改变在收获

---

① 《钦定授时通考》56：14；冯尔康，202。

② 《先文恭公年谱》6：3；《培远堂偶存稿》26：27－29；奏折，乾隆21/9/29，见《宫中档乾隆朝奏折》15.435－36。

③ 关于陈在江西省对捐助建社仓者奖励的详细记录，见《培远堂偶存稿》14：43－48。

④ 基于道德教育以及实际的原因，他建议让那些罪行轻微的人向当地社仓捐献适量的粮食，作为对他们的处罚；《培远堂偶存稿》14：45。

之后挥霍大量酒水来供奉佛教和道教神灵的习俗，最要紧的是避免演出大众所厌恶的、内容淫秽的、装神弄鬼的戏剧。精英分子应该在这方面作出榜样来帮助改变地方不良积习。陈宏谋信赖地方文人志士的作用。他认为，平民百姓沉溺于对神灵崇拜的风俗是不能简单地通过法律来改变的。但是我们要鼓励大兴节俭之风。一个富户人家不一定要为这些活动捐献 10 两银子，而是只捐 6 两或 7 两就可以了；不要连续上演四晚戏剧，而是只上演一两晚足矣。如果一个村庄的农民接受这种方式，一个村子每年能节约几百石粮食，这些粮食足够捐赠一个新的社仓了。①

尽管强调地方自愿捐献，但实际上社仓多半是靠政府的资助才得到原始的资本积累。我们不能确定全国范围的百分比是多少，但是我们确实知道每个省社仓的储粮多半求助于政府储粮才有足够的原始积累。例如，在 1742 年为江西社仓所写的调整规范中，陈宏谋请县令们尽量吸引地方捐献，如果经过一段时期后还没有积累到足够的存储额，可以向他提出申请，他和省政府会提供帮助。② 其他省的官员也采用相似的方法，最后皇帝也批准了这种方法。

政府基金有多种来源，它们的拨款项目也有多种途径，有公开的，也有较隐蔽的。有时就以直接财政拨款方式。例如，在 18 世纪 30 年代的江苏，晏斯盛被允许在省的财政账目中直接拨款为社仓储备，山东的官员也用公共设施建设基金为社仓储备。1735 年陈宏谋担任云南布政使时，他上书请求利用官庄的收入来充实粮食匮乏的云南的粮仓。③ 但是，多数官员更喜欢采取一些间接方式来充实社仓的储备，如将政府基金转入社仓账目或者用贷款的形式而不是完全拨款形式，这两种方法保护他们不会受到亲某地区或者疏某地区的指责，并且保持社仓的由地方管理和为社区服务的形象。而陈宏谋通常从省的常平仓借粮给社仓，一旦社仓开始运转，就用它向村民贷款所获得的利息加以偿还。在他感到常平仓本身储备足够应对社仓借粮的地方（1735 年的云南，1742 年的江西，1755 年的湖南），他都是这样做的，他还建议皇

① 《培远堂偶存稿》22：9－14。

② 《培远堂偶存稿》13：4－14。

③ 奏折，雍正 13，见《云南通志》（1736），29 下：52－54；奏折，乾隆 5/8/22，中国第一历史档案馆；Will and Wong，440－41。

帝把它作为一项政策向其他地区推广。在他请求皇帝准许他为湖南的社仓贷粮时（那时社仓明显失去了官员的普遍支持），他指出在云南和江西的社仓所贷借的粮贷已经完全偿还给常平仓了。①

政府如何帮助社仓储粮呢？川陕总督岳钟琪在18世纪20年代后期制订的方案最明智，也最有前瞻性。岳钟琪认为陕西省有众多的驻军，粮食需求很大，仅通过志愿捐赠方式难以为社仓筹集到足够的粮食，他奏请雍正皇帝准许将陕西省最近几年收集"耗羡"的50%转为社仓资本。"耗羡"征收后，其中的50%交给地方政府购买社仓的粮储。县政府用这项资金在当地市场购粮后按比例分发给本县各镇的粮仓。采用这种方式收集的粮食已达40万石。②

然而随之而来的问题是违法借贷以及其他官员的滥开支现象也纷纷出现，让许多县官们确信管理社仓的事务是额外加在他们身上的重负，因此，他们利用社仓的财产去满足其他的行政开支。1729年，总督岳钟琪请求雍正维护社仓利益的完整。雍正皇帝毫不含糊地颁布了一个法令，指出：陕西社仓是由地方社会自己"捐献"的，官员不应动用粮仓的资产。16年后陈宏谋首次到陕西，他全文重印雍正皇帝的这个法令作为警告，向所有地方官员散发。后来每当社仓资产受到侵占时，他就经常引用这一法令来制止侵占行为。③

事实上，关于陕西社仓储存起源于耗羡的问题是一个需要讨论的大问题。按照朱熹及其他宋代新儒家经世思想的观点，现行庞大的政府官僚体制不仅效率低下，而且压抑个人的道德上进心，他们试图寻找一种更好的机制取而代之，其中之一就是社仓，他们还希望用社仓取代王安石的"青苗"法。④

---

① 奏折，乾隆21/9/29，中国第一历史档案馆；《先文恭公年谱》3：20-21，4：14。

② 冯尔康，203。关于"耗羡"，参见Zelin。

③ 谕旨，雍正7/6/26，引自《培远堂偶存稿》17：47-53。亦见《培远堂偶存稿》19：29-30，22：9-14，29：11-13；冯尔康，208-9。

④ von Glahn，"Community and Welfare，"221-23，238. 正如Hymes和Schirokauer指出的（22-23），这种减少政府干预的设想，与宋代新儒学治国纲领有许多相似之处，例如，用私人书院取代官办学校，用乡约代替强制性的"保甲"制度维护地方秩序。

陈宏谋及其他清朝社仓的热情拥护者，包括雍正在内，都认为：反政府干预是一种迫切需要。他们一致认为，社仓财产所有权“在民”而不“在官”；这些粮食是“民间之物”，而不是官员或国家之物。更确切地说，社仓及它们的储粮属于“公共”之列。这个观点似乎令人模糊不清，但毫无疑问它是正在扩大的“公”领域的一部分。此“公共”并不等同于“官府”一说，这是社仓概念要反复说明的一点：社仓财产是“公物”而不是“官物”，因为这个原因，社仓财物不应该用于其他的地方官方项目，而不论这些官方项目多么重要。

正如清朝有其他“公”的概念一样，每个社仓的公共财产所有者是地方化的集体。社仓粮食是“地方公物”，或“该社公物”，或“附近村民之物”。① 它属于某地区的农民所有。早在康熙第一次尝试在清朝再次引入这个制度时，够资格借粮的人限于社仓附近的居民。的确，对于许多社仓支持者来说，包括朱熹和陈宏谋在内，社仓应是地方社会联系纽带的副产品。陈宏谋把社仓构架引发的社会联系描述为地方自治主义。社仓的建立对部分社会成员具有一定的自我约束作用。② 当然有了这种社团，可能会出现一种地方与外界隔绝的现象。陈宏谋是一个强调跨地区市场交易的人，这里又明确支持地方社仓所提供的自足，即“用地区自己的粮食满足自我需求”，这似乎有点不协调。③

从旧有的社会学意义看来，“公共”与“联合”是有区别的。在此意义上，社仓是公共的，它不是合作的信用组织，信用组织的利益只限于该组织的创建者享用。④ 然而，陈宏谋强调：社仓粮食对“该地区所有家庭”（“同都种户”）都是开放的。在理论上，尽管社仓的运行是依据“量力捐输”⑤，但捐献是自觉的，不能因为没有捐献就不予以借贷。另一方面，所有社区人员对粮仓财产具有同等的权力的概念，可能会影响粮食的再分配。我个人认

---

① 《培远堂偶存稿》19：29－32，22：9－14，33：17－22。

② 《培远堂偶存稿》18：47。

③ 奏折，乾隆21/9/29，见《宫中档乾隆朝奏折》15.435－36。

④ 这种合作信用社在清朝已经存在，但为地方官员掌控，与社仓运动有相似之处。例如，晏斯盛准许在长江中游的商业城市汉口设立集体“商仓”，其资产明确规定属于成立时的捐赠者所独有，参见《皇朝经世文编》40：15－16。

⑤ 《培远堂偶存稿》14：44。

为，非常有启发意义的是陈宏谋认为以免费的形式向饥饿人员分发社仓粮食是不对的。因为这是以一种对于粮仓捐献者不公平的方式消耗公共财产。同样陈宏谋特地将社仓与慈善团体区分开来。陈宏谋说，虽然社仓的本质就是大家互相帮助，但真正的慈善事业应通过另一种组织机构形式“义仓”来进行。陈宏谋对“义仓”好像没有特别的兴趣。①

能够将社仓和原有的地方社区组织结合起来对陈宏谋的目标是很有利的，他在任何可能的地方都是这样做的。在陕西，陈宏谋发现每八到十个村庄就会有一个当地称之为“社”的组织，于是就把它作为建立社仓的基础，通过这种方式，他希望把以往用于资助上演不健康的戏剧和其他形式的宗教迷信活动等不良习俗的资金，转到资助社会公益事业上来。② 然而在其他省，陈宏谋找不到任何与这种“社”类似的组织。在这种情况下，他将社仓和当地其他任何符合这种需要的组织结合起来，例如江西的“乡约”和福建的公共管理小区（“都”和“土”）。有时依附于“里甲”的行政区。③ 有时他甚至考虑将社仓与家族组织联系在一起的可能。不过，他注意到家族在“公”与“私”之间是难分的，所以对此比较谨慎。④ 陈宏谋认为“保甲”组织是一个带有明显强迫性质的地方治安机构。他一再把该机构排除在“社仓”载体之外。

---

① 《培远堂偶存稿》13：13－14。

② 正如 Michael Szonyi 及其他人正在写作的著作显示，“社”在古时候指土壤的神灵，这种灵气逐渐地被赋予了人性。这些守护神被供奉在祭坛，并且成为农村社会的象征。在帝制晚期，这个词含义有许多变化，通常指地方管理以及税收的单位、官方许可或未经许可的组织，以及各种私人机构。这些用法为“社”字成为晚清时出现的新词“社会”的一部分铺平道路。David Johnson 发现，直到 20 世纪，“社”作为中国北方特有的大型多村例行演出的组织以及赞助单位，一直在地方存在。（“帝国后期东南山庙会［赛］的地方官员以及儒家价值观”［东亚国家与礼仪研讨会提交的论文，1995 年 6 月］）。很显然，陈在陕西遇到的就是这些在地方仍然活跃的组织。

③ 《培远堂偶存稿》19：29－30，29：11－13，33：17－22。将社仓与之前已有的乡约相结合并不是陈的独创，明朝中期陕西巡抚已经尝试过。见 Joseph McDermott, “Emperor, Elites, and Commoners: The Community Pact Ritual in the Late Ming”（1995 年 6 月在巴黎召开的关于东亚历史上的礼仪与国家研讨会上所提交的论文）。

④ 《培远堂偶存稿》14：43－48。正如 Szonyi 说明的，在整个帝制后期，宗族在家庙中也祭祀地方的“社”供奉的神，这已成为他们强化在地方社会的主导地位的通行方式。

陈宏谋一直坚持认为社仓财产是公共的而不是官府所有，但是在实践中，社仓却经常依赖类似于岳钟琪的“耗羡”方案所提供的政府赠予支持，这种情况所造成的尴尬是特别明显的。当官府因其他项目急需这些资产，或者当某权威人士打算征用社仓存粮，而地方社会无力抗拒时，整个谷仓受政府管理就成为无可非议的了。在这种情况下，又得到皇帝的认可，于是陈宏谋逐步为地区粮仓管理制定出一套“官督民办”的管理形式。该方法逐步应用于堤坝维护以及其他公共工程和经济发展项目中。和600年以前朱熹和其他社仓创导者一样，陈宏谋设计的管理方式是要避免官僚体制的统治，培养地方自给自足，同时维护官方的监控。

该体制的关键在于所谓的“社长”（有时称“社正”）即社仓首领。社长及其副手（“社副”）是根据1724年雍正皇帝的诏书指示创立的。1745年一个诏书规定他们将供职3年，并可重新连任。① 就像陈宏谋在各种指示中规定的那样：粮仓管理者可以每届轮换，也可以终身任职。这些人可能是绅士或平民，但衙门职员、保甲官员和民兵领袖（“乡练”）却排除在外。管理者必定是“公平殷实”、“好义行善”的人。更重要的是，他们应该得到地方公认的信任。② 在实际选拔过程中，陈宏谋故意含糊其辞。社长将被“公举”或由地方官府提名。无论情况如何，地方官员将会每年一次和3年期满后检查每个粮仓管理者的表现，撤职或处罚无能者或有不法行为者，授予值得赞扬的管理者特别荣誉。粮仓管理者在操作方式上很自由，例如自主决定合格的借贷者和所有借贷者的借贷额度。根据皇帝的诏书，对自己管理不当造成的损失负法律责任，但在实际工作中，陈宏谋试图减轻社正所应承担的这种责任，其目的有二：使可能接受此职务的候选人不会感到恐惧；同时鼓励更多的人向社仓申请贷款。他还在每个省建立一个小型的财务补偿计划，社长可以名正言顺地用这个计划提供的资金补偿他们为社仓管理投入的人力物力。③

---

① 冯尔康，202；冯柳堂，208。

② 正如我们将在第十一章看到的，为了提高粮仓管理者在地方社会的威望与合法性，陈挑选他们主持乡饮酒礼。

③ 参见奏折，乾隆5/8/22，中国第一历史档案馆；《培远堂偶存稿》4：22–25，14：43–48，22：8–14，25：27–29，33：17–22。许多研究社长制度的学者（如冯柳堂、萧公权和家室茂雄）都依靠陈宏谋的记述来描述这一制度的功能，如果不是由他个人来负责制定社仓运作细则，至少他也是比许多他的同时代的人对其成功运作更感兴趣。

陈宏谋命令下属官员礼貌地对待社长，并且避免使他们负担过重或受到骚扰。不要经常派人去“社”，监视社仓管理者的行为，但要求他们报告自己的行为。也不要过多地向他们颁发文件，不要衙门办事员插手社仓事务。社仓系统的最基本目标是防止那些衙役干扰社仓管理。他强调，粮仓管理者与任县令们呼来唤去的衙役不同，他们是为社区百姓自愿服务的受尊重的社区成员，避免使他们行动过于“拘泥文法”。为此，陈宏谋采取措施防止对那些最好由社长决定的事务干扰得太多。最明显的是1755年在湖南，他废除了整个省官僚式的粮仓管理体系（粮仓监管权）——“总仓”。这是由他的前任建立的，以一种无助于生产发展的方式来监视社仓运行。①

所有这些并非否认社长腐败的可能性（陈宏谋曾禁止社正把社仓储粮保存在自己家中就证明这一点），也不是认为社长完全有能力独立做这项工作。他始终认为，如何为社正之类的管理职位寻找合适的人选是个难题。他承认缺乏官方支持，与过多的官僚的干涉一样，都是招募人员的重大障碍。恰当的社仓管理体制应当是地方自主与集中调控相结合，在根据具体情况灵活运用与依据已有制度行事之间找到平衡点。陈宏谋小心谨慎地保护地方粮仓财产的社会所有权不受侵犯，但是，他对这个制度的慈父般的关爱要求自己更多地参与管理。在1744年对改革陕西社仓制度的指令中，他做过详细的表述。在该指令中陈宏谋通过引用雍正皇帝1729年的诏书，谴责陕西省社仓制度中过多的官僚主义：“春季借贷及秋季还贷的总量和时机以及每个借贷者应偿还的利息等等都将由社仓管理者自行决定。地方官员有稽查的责任，但无权干涉实际的交易过程。这就是社仓基本的组织原则。”他宣布准备将此应用于实际，然而他又提出自己的补充看法：

> 至于社仓虽归于民，官司不得侵其权，而一切钩稽，官司不能辞其责。并非任听拖欠，使社本归于无着也。倘谓仓既归民，而任听仓正副徇情敛散，侵用亏缺，久之渐成无着。问之于官，则曰上司不令经管，我无如何。似此必致蹈前覆辙，阻挠良法。②

---

① 《培远堂偶存稿》38：18–26。亦见《培远堂偶存稿》13：9–14，22：9–14；《先文恭公年谱》3：20–21，5：15。

② 《培远堂偶存稿》17：47–53。

政府监督可以通过一个详细的汇报和审计系统来实现。至少在乾隆早期，像陈宏谋这样的省级官员们被要求递交社仓活动的年终统计报告。① 陈宏谋则要求每个粮仓管理者每年要有更详细的报告，这些报告通常是由县令为向上级汇报而编写的综合报告。报告的内容涉及该县的社仓。陈宏谋非常注意这些报告中的信息和内容安排，在大多数情况下他亲自设计报告的标准格式以及粮食交易账目的报表格式，并要求将这些标准格式分发给各社仓的管理者。② 在此基础上，社仓账目每三年审查一次，新任社仓管理者到任时，也要对以往账目进行清理。如我们已经看到的，陈宏谋定期进行省级的审核，清理欠款和改善管理。事实上，陈宏谋往往亲自参与纠正自己领导下每个县社仓管理中的失误。③

总而言之，在 18 世纪 30 年代到 50 年代，陈宏谋建立起来的社区机构——社仓，确实有一种官方机构的味道。如果不是大多数情况，也是在许多情况下，社仓本身是一种行政的创新。粮仓的建立和定位，以及它们的选区的确定是靠行政命令来完成的，并且它们的粮食经常由官方的捐赠来筹集。粮仓的领导也由地方官员选拔，并且通过填报一系列的政府表格来对官员们负责。他们的活动受管理条规的制约，该条规是根据朝廷的旨意，由省里详细制定颁布的。例如采用的度量衡都不是地方性的，而是由朝廷授权规定的统一标准。④ 由于政府的努力和倡导，在许多事例中，社仓发展成为一个对民众有吸引力以及为贫苦农民所喜欢的机构。

甚至像陈宏谋这样一位不知疲倦的社仓支持者，也会情不自禁地（确实也从未想过要克制）将社仓视为他的省级行政机关的一个附属物。我们已经看出，陈宏谋是如何将社仓的营运作为他的地区经济管理的一个组成部分。举例来说，他坚持认为：由于各地农时不同，社仓管理必须由地方自主决定，每年借贷及还贷也应由社仓自己安排，但是在食物短缺或者气候异常时，这些活动理应由省里集中控制和统一调配。⑤ 如上所述，陈宏

---

① 关于陈的这种报告之一，参见奏折，乾隆 16/12/29，见《宫中档乾隆朝奏折》2. 319。

② 《培远堂偶存稿》34：6－7，37：45－49；《先文恭公年谱》5：15，6：12。

③ 《培远堂偶存稿》33：10－16，43：24－27。

④ 《培远堂偶存稿》18：18－20，26：35。

⑤ 《培远堂偶存稿》20：34－35。

谋在清理粮仓欠贷活动中，常常认为常平仓和社仓不应该有区别，都要服从于统一的集中管理。尽管如此，但他坚持禁止地方官员将社仓储粮挪作他用的原则。同时他孜孜不倦地倡导两种观念：其一，社仓库存的确是社区财产的观念，其二，对地方社会的真实情感将使社仓变成地方物质基础的主要部分。事实上，这正是他经世政治风格的象征，这是我们必须认识的问题。

（六）积累和经济增长

陈宏谋的社仓观念体现了节俭、储蓄和财富积累三位一体全面发展的思想。我们可以看到他一直在重复强调这个思想：社会成员对粮仓的投资是减少奢侈开支的结果，是节约的具体体现。这种投资形式也代表了社区成员的集体经营。粮仓的资本将通过每年的借出和偿还的循环，逐步积少成多，使社仓财富稳定地增加。①

社仓收取利息。雍正1724年的诏书中，授权它们根据当地的情况在每年春季借贷和收获后的还贷之间征收10%或者20%的利息。陈宏谋选择了较低的利率，不过他另外提取了3%弥补用作粮仓的经常性损耗和支付管理者的工资。他还规定：对于特别贫困的农民可以考虑不交利息。② 而向私人借贷粮食的利息可以高达30%~40%，因此，那些从社仓借贷的成员可以节约一笔相当可观的利息。陈宏谋还指出：在大多数地区，借贷者支付的利息只有13%，远低于收获前后粮食差价，因此，这些借贷的粮食在用作种粮之前，就已为这些家庭赚得了相应的利润。③ 与此同时，集体的粮仓资产也在增长。在全国范围内推广社仓的过程中，他指出这种发展的势头是不可阻挡的。其特征是“源源生息”或者“息又生息”。他估计：在正常的情况下，大多数社仓的资产每十年将增长一倍。④

---

① 《培远堂偶存稿》18：47，19：29—30。

② 《钦定授时通考》56：15；《培远堂偶存稿》4：24—25。

③ 这至少是Iemura（16）对陈的评价。陈的奏折写于地处偏远的陕西，在他看来，即使在这一落后地区，市场经济已左右了农村生产，物价的变动值得注意。陈的这一点真是意味深长。

④ 见《培远堂偶存稿》14：45—46，18：47，25：27，32：28。

在陈宏谋的眼里，常平仓和社仓都是用来积累更多财富的机构。对于常平仓储来说，这是仅次于稳定物价和向居民提供可以买得起的价格稳定的食物之外的第三个目标。陈宏谋宣称高价卖出、低价买进将有助于常平仓的资产积累，他建议常平仓通过计划出售和市场回购来促进储备的稳定增长（“多多备足”）。他曾经从台湾的常平仓仓储借粮来为福建的粮仓提供资本，从而获得利润。对于社仓，主要是确保稳定的种粮供应，但是积累财富的目标在这个机构创建时就十分明确地提出来了。由此可见，社仓不仅是“藏富于民”的手段，也是促进财富增长的手段。

在陈宏谋和他的同代人的思想意识里存在一个问题，人均的经济增长是可能的吗？在我看来，18 世纪这个问题的由来是 11 世纪新儒家的代表王安石和他的反对者司马光之间的争论。王安石认为经济产品会逐渐的增长，甚至在人口不增长的情况下也会增长，生财的最好的方法就是集中投资，把尽可能多的社会经济资源集中到政府手中。大规模的资金投入，虽然会导致短期的财政赤字，但从长期的经济增长来看，也是值得的。司马光反驳说：按人口平均值的观点，经济产品永远不可能真正的增长。他提出一种零和逻辑：天地间产生财富的总量是固定的（“天地生财自有次序”）。政府拥有得越多，剩下给人民拥有的就越少。包弼德（Peter Bol）认为这些语句表明司马光坚持的经济观念实质上反对商业化、货币化和任何官方追求利润最大化或物质利益的行动。①

新儒家思想的众多继承者认为，司马光赢得这场辩论。正如杨联陞在一篇文章中所指出的，整个帝制后期，人们一致提倡节俭和储蓄，但不重视将储蓄用于投资，更不了解消费可促进经济增长。② 司马光关于有限自然财富的格言几乎成了后来的经济学者不容置疑的出发点。在乾隆那段自诩为施仁政的时期也有这样说法：“聚之官者多，则藏之民者少”；政府购买的粮食越少，在私人市场上出售的就越多；土地只能生产有限数量的粮食，如果土地拥有者不将他们的剩余上交到政府，粮食不够的家庭通过在当地市场购买来弥补，当地就没有一点剩余用来储存

① Bol, *This Culture of Ours*, 247-251. 参见 P. Smith, *Taxing Heaven's Storehouse*, 113-18, 128, 239。

② 杨联陞：“Economic Justification for Spending,” 59。

或出口。① 每次，这样的说法都阻止了政府对当时经济发展的主动干预。

然而，正像杨联陞在该文章里指出的一样，在帝制后期少数学者在经济增长和消费与投资方面持不同的观点。杨联陞引用了 16 世纪上海学者陆绩的例子。陆绩直接地从司马光的有限自然财富的格言中，引申出财富同样不能被消灭的观点，由此推断出富人的奢侈消费是有限财富再循环的一种形式，因而是对经济发展的一种刺激。② 尽管司马光的经济观点，如“藏富于民”已变成中国帝制后期政治经济讨论的基本点的一部分，它仍然为那些思维敏捷的学者用以质疑世所尊信的观点。

在 18 世纪的中国，很少有比陈宏谋更崇拜司马光的官员，他写了司马光的传记，再版了司马光的全集。我们没有理由怀疑陈这样做的真诚，也无理由否认陈和司马光一样反对政府干预对私有财产的伤害。但是，陈在许多方面把司马光的观点向前大大推进了，甚至让乾隆皇帝也相形见绌。我认为最有意义的是，尽管“生财”一词因为与王安石鼓吹的国家干预政策关系密切而在学界臭名远扬，但这并不能阻止陈宏谋采用这个词。③

在陈宏谋看来，“藏富于民”意味着首要的是提高人们的经济生产力，这显然包括促进商业化和货币化。这也包括一个他的许多同时代人发现的令人恐惧的国家投资水平。“日计不足”，他断言，“岁计有余”④。陈宏谋发展战略的一个不可缺少的组成部分就是通过一个繁荣的、政府运行（例如常平仓）或政府监督（例如社仓）的系统实现积累、投资和再投资。同样，必须强调道德和文化的进步也是他的发展战略的一部分。在所有方面，他对将会产生不间断的累积、组合和永久持续的社会振兴的可能性抱有一个乐观的、激进主义的、完全儒家的信心。⑤

---

① 谕旨，乾隆 13/7，见《东华录》，乾隆朝，28：26；谕旨，乾隆 17/7/8，引自喀尔吉善和陈的奏折，乾隆 17/9，见《宫中档乾隆朝奏折》3. 910－11；谕旨，乾隆 8/4/1，见《乾隆实录》189：1－3。

② 杨联陞：“Economic Justification for Spending,” 72－74。

③ Dunstan 的 *Conflicting Counsels* 中也注意到这一点，152，164。关于陈宏谋与王安石思想的联系，见第四章。

④ 寄德松如先生书（约 1744），见《陈文恭公书牍》2：5。《皇朝经世文编》收录了陈的几封信，信中为以发展为导向的国家开支政策辩护，Dunstan 把它们译为英文，见 *Conflicting Counsels*，188－191。

⑤ 《规条汇钞》序言。

第三部分

经　世

第九章
人

在陈宏谋看来，人是一个复杂的动物。我认为他同时对人有四种相当不同但又可以兼容并蓄的理解：(1)“人”可做一种相同物种或类别（人类）；(2) 人是各种社会角色的扮演者，这些社会角色通常但并非总是由家庭的模式界定，而是处于众多相互关联互惠的交叉网络中；(3) 人是按性别、种族、财富和教育水平来划分的不同种类（通常为二元的）或群体的成员；(4) 人是一个具有个人尊严的自主的个体。本章就是要逐一探究陈宏谋对人的这四种特征的准确看法，同时确定这四种特征在陈宏谋思想中可能的相对优先顺序。首先，我认为对于信奉孟子理想，忠于理学的陈宏谋来说，第一种看待人的特征显然是最重要的，其次是第二种特征。相比较而言，第四种特征——作为个体的人——大概是最不重要的，但它又是最不可忽视的，因为作为中国社会思想长期发展过程中的一个有特色的思想家和他那个时代的代表人物的陈宏谋，他的许多成就，正是作为个体的人的成就。

(一) 人之初，性本善（“天良”）

在陈宏谋的论述中，无论是公开还是私下，他始终坚持的一个信念就是：所有人，不论其种族、性别或社会经济地位如何，都具有相同的人性。在陈宏谋观点中的这种平等主义的甚至带有民主色彩的世界观，当然不可能被不加批评地接受。本章还要讨论另外一个棘手的问题，也就是如何给予他的观点恰当的评价。然而，这种平等主义倾向的存在是不容争辩的，并且它是导致陈宏谋处理政策问题方式之所以有别于他人的一个基本假设。当这种平等主义的色彩在陈宏谋头脑中起作用的时候，这种平等主义的观点显得既古老又有新意，既是主流意识又是一种受平民影响的特殊产物，这种平民影响源于他边远地区贫民家庭的出身。

正如我们在第三章所讨论过的，陈宏谋经常使用“天良”（天生善良）一词表达平等主义的信念。他不厌其烦重复的观点“民具有天良”表达了两层含义：其一，人的本性是倾向于有道德的行为的；其二（同等重要），人性的这种定义特征为全人类所无一例外地共享。他通过将“天良”一词用在他的听众明显有相反感觉的一类人身上来强调这第二层含义。“小民均有天良。”像每个人一样，衙役也有天良。“甚至最愚笨的人也会被天良所促动。”陈宏谋最为强调的是，即使是社会文化尚处于野蛮状态的夷人也同我们一样天生是善良的。① 这种共同的人性不论以何种标准加以衡量，它都是超越社会阶层界线的。而且，人类平等不仅是他们的高贵本质的体现，而且也是在同一个物质世界共同居住相互合作的产物。陈宏谋写道：“伦常为人道所重，无论富贵贫贱，各有骨肉，各有天性。”所有的人共享上天的恩赐，也共同面对自然灾害。②

尽管陈宏谋一贯坚持善良是人固有的美德，同时他又毫不犹豫地把人划分为“好人”（“良民”，“良善者”）和“坏人”（“贱民”，“贱恶者”）：“夫事之曲直，人之奸良，未有一定权衡，亦有不易公论。”③ 在制造这种差别的时候，陈宏谋运用了他所处年代传统的智慧。④ 但是，就陈宏谋使用的这个比喻我们必须强调指出两点：

其一，“坏”，尽管存在，并不是人所固有的，毋宁说它表示对人所固有善良的某种形式的“掩盖”（“昧良”）。按照这种说法，甚至最顽固的罪犯都能够“改过自新”（“自新”），即重新恢复其天生的美德。⑤

---

① 《培远堂偶存稿》16：10－12，19：31；《训俗遗规》1：8；《陈文恭公书牍》1：15；《培远堂文集》1：18－19。

② 《培远堂偶存稿》19：23；《训俗遗规》，序言。

③ 《培远堂偶存稿》11：25。陈将人分为好和坏两类，参见《培远堂偶存稿》10：1－2，18：25－26，19：34；《陈文恭公书牍》2：4。正如所引用的文章里所暗示的，陈将这种分类的实用性看做司法管理的最伟大之处：听取法律案件的目的就是惩罚“坏人”，保护和证明“好人”无罪。

④ 见 F. Chen。

⑤ 《培远堂偶存稿》10：19－22，24：38－44。

其二，对陈宏谋来说，人的“好坏”与其社会或经济地位并没有必然的联系。可以肯定，遭社会排斥者或流浪者比其他人更可能被归入“坏人”的行列（在陈宏谋的行文中他论述了各种各样的这类坏人，并通常带有地方特色）。但是，这里描述的是状况而不是本性。对于这些群体，政府在协助他们“改过自新”方面确实居于特殊的强势地位，政府有责任帮助他们重新融入地方社会并进而将他们转变为“新人”（“入籍良民”，“土著良民”）。[①] 陈宏谋还明确指出，绅士也有“好坏之分”。[②] 最终，划分的基本依据是其行为表现和政治态度。那些行为得体、诚心诚意“回报朝廷恩赐”的人，那些忠实遵守天条和帝国法律的人可归入“好人”的范畴，而反其道而行之的人则可归入“坏人”的行列。[③]

换句话说，美德是不分阶级或群体的特质。节俭、孝顺等美德对所有人都适用，并且这些美德在社会的各个阶层都可以同样发现。[④] 正是由于陈宏谋对传统美德的坚信不疑，他始终坚持通俗化的道德宣讲和简易可行的道德礼仪。为了使大众能够接受他所坚信的信念，他情愿舍弃复杂麻烦高雅的古典。如果社会各个阶层的人都毫无例外地崇尚美德，那么他们就应当受到同等的尊敬。例如，陈宏谋反对虐待仆人，他认为应当按照支配人类一般关系的人情来对待他们。[⑤] 陈宏谋非常欣赏宋朝大儒何坦（1180 年中进士）的一段话：无论富人还是穷人，上等人还是下等人，都遵守共同的行为标准，对他们都应当一视同仁。他因此宣布将“凡事止宜就事论理，不必问其人之地位若何。若以避嫌为高，矫情取誉，必多不得其平之处”作为总的施政原则。[⑥]

这种对人性同一性的坚持，成为陈宏谋在许多领域制定政策的基础。在他的整个官场生涯中，他一直坚定不移地同那些不像他那样认真遵循孟子有关人类在道德上一律平等论述的官僚们，和那些蔑视“小民”人格的权贵们进行着不懈的斗争。例如，在领导村民开展评选“节孝”楷模活动

---

① 《培远堂偶存稿》19：37－38。

② 奏折，乾隆 12/8/24，见《军机处录副奏折》。

③ 《培远堂偶存稿》24：38－44，32：8－9。

④ 《训俗遗规》1：12－13。

⑤ 《教女遗规》3：1－3。

⑥ 《从政遗规》1：5－8；寄冷节臣时松书，见《陈文恭公书牍》1：14。

的时候，他曾屡次斥责那些倚仗自己的文化优势对“文盲”（“愚民”）中的节孝楷模视而不见的下属官员。① 从文化角度来说，陈宏谋倡导用通俗化来弥合文化差距以便直接与小民沟通，这与古文运动中那些追求纯化古文者的陈规陋习是背道而驰的。然而，尽管存在不同意见，陈宏谋坚信人类共同的尊严、理性和道德观念都是与生俱来的，而这种坚定信念正是他处理政务的出发点。我们必须在这种背景下理解他对各种不同人类差别的看法。

（二）种族

陈宏谋对超越社会和文化差别的共同人性的坚定信念不时地在种族问题上最鲜明地表达出来。在他的有关同西北、西南及东南沿海地区非汉民族关系的著述中，他反复使用了诸如“汉夷一体”、“中外一家”之类的说法。②陈宏谋在其官场生涯中对国内少数民族所实行的竭力主张社会同化和非歧视的政策，特别是他在云南所推行的著名的教育计划（将在第十二章讨论），清晰地反映出他所宣称的“兄弟情谊”并不是虚伪的花言巧语。他对他所推行的政策坚信不疑，尽管这些政策并不被其官僚主义下属所认同并被其同僚视为异端。但是，陈宏谋的信念归根结底来源于他所崇尚的孟子乐观主义的人性观，以及他对全人类共享天良的坚定信念。③

与此同时，政治因素也在发生作用。陈宏谋有关人性问题的论述明显和雍正皇帝的想法相一致，而雍正皇帝正是陈宏谋的直接庇护者，他的政治和社会见解也大部分与陈宏谋相同，尽管这类见解在乾隆时期开始显得有点过时。1730年，为了回应当时已查实的反满文人运动和有关他本人篡夺朝政的谣言，雍正皇帝发行了一部名为《大义觉迷录》的著名文献。在这部文献中，他坚持了“天下一家，万物一体”的观点。他认为他自己遭人攻击的“满洲”身份从历史角度来看不过反映了一种统治话语的转变，“满洲”起初

---

① 《培远堂偶存稿》3：14-15。

② 至于少数例子，见奏折，乾隆19/11/8，乾隆22/7/28，见《宫中档乾隆朝奏折》10.105-7，12.223-26；《培远堂偶存稿》1：33，34：51-52。

③ 《培远堂偶存稿》21：36-37；《陈文恭公书牍》1：15。

仅指地理概念，而没有任何特殊种族血统的含义。所有传统意义上的人种或种族归根结底是通过共同的语言而建立的文化共同体。为了改变陈旧的种族或文化界限，他宣称，“汉夷之说”应当用一种较为中性的并且从历史上来看更为准确的“中”“外”之说加以取代。谁不这样做，谁就简直是违背天理地宣扬并不存在的种族主义。①

在雍正皇帝这些振聋发聩的言论后面隐含着明显的政治意图，这不仅包含着对其当政正统性的辩护，而且包含着对所有清朝人民的重新定义，即他们在国内同是一个专制主义王朝下具有平等身份地位的子民。这种观点在很大程度上与陈宏谋独自形成的社会政治观点是一致的，毫不奇怪，雄心勃勃的治国君主同初出茅庐的大臣观念一致。陈宏谋有时会按照同样的思路使用带有政治含义的“赤子”（意为依靠统治者的孩子）一词来表示无身份高低差别的帝国臣民。他曾经说，汉人、本国少数民族和亚洲臣服于清王朝的各国人民“均属赤子”。②

然而，诸如“夷”、“藩”和“苗”之类的半带贬义的称呼从未完全从陈宏谋的话语中消失。他所说的“汉夷一体”虽然从情感上类似于雍正的“万物一体”，但仍保留着雍正强烈反对的中国人与“野蛮人”彼此隔离的含义(陈宏谋在某些场合经常使用颇具政治含义的“内”和“外”来表示中国人和外国人)。同样，他所说的“民苗均属赤子”明确地表示了少数民族也是“民”的当然成员。在陈宏谋的一项强烈主张同化的政策建议中，他甚至曾因称呼历史上满人的同盟者蒙古人为“粗俗可笑的蛮夷”而没有使用较为中性的词汇“蒙古人”，而遭到乾隆皇帝的严厉斥责。③ 虽然陈宏谋坚信人类在本质上是相同的，但是他根深蒂固的汉族意识使他相信，在人类内部仍存在着不同的阶层甚至等级。

这些不同阶层是以我们建构不同“种族”的生理和遗传差异来界定的吗？冯客（Frank Dikötter）的研究有力地证明，这种分析构想在西方达尔文

---

① 雍正皇帝：《大义觉迷录》（1730；重印，台北：文海出版社，1969），尤其是1：1–3。Pamela Crossley 在许多论著中对该书及其历史背景有深入讨论，包括最近的 *The Manchus*（Oxford：Basil Blackwell，1997）。

② 《培远堂偶存稿》2：13；《宫中档乾隆朝奏折》12. 223。

③ 乾隆 19/11/18 奏折上的朱批，见《宫中档乾隆朝奏折》10：107。

主义引入中国之前就已经在中国为人采用了。① 然而，种族主义语言从未在陈宏谋的著述中居于核心地位，他只是在不经意间偶然使用这种语汇。例如，在讨论中国西北地区回民问题时，他曾指出，那些通常被称为“回民”的居民实际上是由不同的“种类”组成的，而种类一词就大致包含“种族”的含义。② 当他在福建推行具有高度自由化倾向的海上商业政策时，他曾禁止商人回国时把“异色之人”（指具有不同肤色或外表特征的人）带入中国，这反映出他的以生理特征为基础的种族观念。③

正如我们将在第十二章进一步深入讨论的，陈宏谋相信所有人类群体最终都是可以接受文明教化的，尽管他们接受教化的过程有难有易。尽管西南地区的土著人口天生懒散和放荡不羁（任何地方的殖民文化对这类人的描述都是相似的），但是他们之所以这样懒散只不过是“长年养成的习惯”，这样的人比较容易改造。相比较而言，西北地区的回民则更为“冥顽和难以驾驭”。他们来自文化标准的偏激行为受到一种“共同心理”（“齐心”）的驱使，这种共同心理不仅源于长期积累的实践活动（“习”），而且部分源于他们的内在性格（“性”）。④ 这种“内在性格”是一种遗传因素造成的吗？这很难说（正如我们刚刚讨论过的，他们确实由好几个种类组成）。最后，陈宏谋对异族通婚的态度，大概可以最好的显示他眼中的生理差别的重要性与现实性。冒着被指责为反对清朝既定政策的风险，陈宏谋坚持认为，不应禁止汉人与非汉民族通婚，相反，应将其作为民族同化的工具而积极鼓励。如果陈认为汉族是一个种族，那么他并不认为汉族是一个高等生物共同体，也不认为汉族应避免种族通婚带来的污染。⑤

---

① Frank Dikötter, *The Discourse of Race in Modern China* (Stanford: Stanford University Press, 1992). Pamela Crossley 就“族群”、“种族”概念在帝制中国后期历史研究中的应用，提出了一些有洞察力但有时令人费解的观点，参看其“Thinking About Ethnicity in Late Imperial China,” *Late Imperial China*, 11.1 (June 1990): 1-35。Dikötter 和 Crossley 的研究使我意识到，这类概念都是特定历史条件的人为建构，没有经验实证基础。

② 《规条汇钞》2：65。

③ 《培远堂偶存稿》34：51-52。

④ 《规条汇钞》2：65-73；《培远堂偶存稿》21：36-37。关于南方人口，见《培远堂偶存稿》2：25-26。

⑤ 寄中丞图尔炳阿书，见《陈文恭公书牍》3：14，严如熤：《苗防备览》(1843)，22：21。

事实上，陈宏谋著述中所强调的与其说是人类种族上的差别倒不如说是文化上的差别。各地区的汉人与非汉民族都需要不断地提高文化水平，他们都应得到适当的鼓励。陈宏谋说道："天下之人，无过善不善之两途。"①

(三) 等级制度

近年来，西方和中国学者开始关注作为晚期中华帝国社会和文化的一个显著特征的清朝等级制度问题，在我们考察陈宏谋对这个问题的看法之前，首先讨论一下近来学者对此问题的观点是有益的。在这些学者所作的工作中最突出的要数罗梅因有关明清"官方信仰"的研究，这项研究一发表，就得到学术界的高度评价，也引起众多疑问。② 罗梅因利用卡尔·波兰尼和路易·杜蒙特（Louis Dumont）的理论，揭示出包括晚期中华帝国在内的"非现代的"社会所存在的社会文化秩序，这种秩序与近代西方有重大差别。它的主要特征是什么呢？在从属于这一秩序的局内人看来，它是一个有机而神圣的实体，它的内部有着严格的按财产或种性来区分的等级制度，在这里没有任何个体的地位。在这里，社会和政治是统一的，没有独立的个人竞争的"政治"舞台或利益团体竞争的"经济"舞台（市场）。总之，一切都包含在有组织的等级制度之中。

一个针对等级制度更为唯物主义的分析出现在中国法律学者经君健的著作中，尽管他使用的语言与罗梅因迥然而异，但得出的结论却大致相同。经君健声称中国在清朝存在着一个等级或财产制度，这个制度由《大清律例》和《大清会典》中的有关条文加以界定，主要由皇亲国戚、官吏、非正统贵族、平民和"贫民"或贱民组成。清朝的财产制度更重视家族和市场因素，这使得它比其他朝代（包括明朝）的财产制度要稍微灵活一些。但是，这个制度在证明清朝"封建"社会的合理性上是毫不含糊的，并且它与其他地方的封建制度执行着同样的任务：即反映不同社会经济集团的利益，同时镇压

① 《培远堂文集》1：18-19。

② Taylor 的这些观点最明确的表达出现在他的文章"Chinese Hierarchy in Comparative Perspective"和"Official and Popular Religion"。

“敢于露头的敌对阶级”。①

面对这些范围广泛、引人入胜的比较分析，我实在难以确定它们之中哪些论述可以代表晚期中华帝国的历史事实。尽管这些分析来自帝国中心出现的法律案例，我们仍很难从中发现哪怕是一部分精英们的真实的社会状况或主流的文化倾向。这些模式没有触及我们所研究时代出现的诸多变化，甚至连最概括性的陈述也没有。它从未对下列秩序有任何质疑：经典儒家学说所强调的上等人（“上”）与下等人（“下”）区分的中心地位，上下之别在宋代新儒家理论中的核心位置，和它在清朝社会思想中留下的复杂遗产。清朝人口曾被分为良民和贱民，此外，最近中国学者的大量研究成果集中于这两种分类的法律和礼仪内涵，以及在 17 世纪晚期和 18 世纪期间逐步被废除的过程。② 然而，就陈宏谋的案例来说，似乎当时大多数地方官员对此类问题没有太多认真的思考，陈宏谋也不例外。

明末清初，社会经济有了进一步的发展，货币财富成为衡量家庭和个人地位的新标准，随之而来的是对物质财富更加剧烈的竞争，这些变化在多大程度上冲击和挑战了缙绅阶层的统治地位呢？这个问题已成为近年来许多西方研究成果的一个重点。③ 17 和 18 世纪的文化精英们试图阻止社会流动的趋势以缓解等级制度的解体，对他们来说这些变化都是威胁，这也是许多学者关注的焦点之一。④ 曼素恩（Susan Mann）认为陈宏谋在这场倒退的文化

---

① 经君健：《清代社会的贱民等级》，尤其是 1－39 页；经君健：《清朝的等级制度》，载《中国社会科学》1982. 1，156－92。

② 关于这部文献的一些例子，见叶显恩：《明清徽州农村社会与佃仆制》（合肥：安徽人民出版社，1983）；韦庆远、吴奇衍和鲁素：《清代奴婢制度》（北京：中国人民大学出版社，1982）；经君健：《清代社会的贱民等级》。

③ 有关研究，见 Suzuki，37－45；Timothy Brook，“Funerary Ritual and the Building of Lineages in Late Imperial China,” *Harvard Journal of Asiatic Studies*（1989）：470－71；Craig Clunas，*Superfluous Things：Material Culture and Social Status in Early Modern China*（Cambridge：Polity Press，1991）；Richard von Glahn，“The Enchantment of Wealth：The God Wutong in the Social History of Jiangnan,” *Harvard Journal of Asiatic Studies* 51. 2（1991）：651－714。

④ 见 Brokaw，*Ledgers of Merit*，157 － 65，203 － 7；Susan Mann，“Grooming a Daughter for Marriage：Brides and Wives in the Mid-Ch'ing Period,” 见 Rubie S. Waton 和 Patricia Buckley Ebrey 编：*Marriage and Inequality in Chinese Society*（Berkeley：University of California Press，1991），尤其是 205 页；Mann，“Education of Daughters”。

运动中扮演着特别重要的角色。①

依照我的观点来看，曼素恩的分析所赖以形成的文献依据是有限的，忽略了陈社会文化观的复杂性和矛盾性。陈宏谋一再坚持人性同一和所有人具有共同的道德天性（我们在前面刚刚讨论过），另一方面，他又强调个人尊严和个人利益（我们将在后面讨论），把这两方面协调起来似乎确实相当困难。但我认为将陈宏谋简单地看成是一个阶级或利益集团特权的维护者是极为不准确的。当然，曼素恩那样做有她的理由，因此我们有必要在这里探究陈宏谋有关人类社会的一般假设中形成等级意识的各种可能因素。

尽管这不是陈宏谋话语中经常出现的议题，但他确实承认，根据法律人有等级（“等差”）或高低（“尊卑”）之分，官员、士绅、士人和平民，这些阶层中的每一个都应有与他们的等级相称的行为和礼仪，都是依法规定的。例如，他赞同帝国颁布的按照地位确定的葬礼仪规，对那些有钱的平民在丧葬礼仪上日益采用与其身份地位不相称的行为感到非常不满。② 然而，陈宏谋经常简单地用统治者和被统治者来区分两个不同的群体。正如孔飞力所说，考虑到“个人作为人类社会总体的一分子”，这是大多数清朝中国人意识中最为实际的划分，并且这种划分在衡量或掩盖其他更悬殊的地位差别方面具有实际的效果。③ 在陈宏谋的论述中经常出现“文人与平民”（“士庶”，“士民”）之类地位对立的组合词汇，尽管陈宏谋认为文人与平民在道德上具有先天的共性，但他在讨论道德问题（如道德责任）时却经常用这两类人举例。他还直率地称呼所管辖的民众为“那些下人”（“下等”，“下人”）以显示他们同社会政治精英（“士人”）的区别。④

然而，在陈宏谋著述中所大张旗鼓坚持的观点是，文化精英之与众不同在于其特殊的责任而非其特权。陈在评论吕坤（其独特的精英意识与反特权精英意识混杂在一起的思想对陈有很大影响的人）的一篇文章时曾写道：

---

① Mann, “Grooming a Daughter,” 214; Mann, “Education of Daughters,” 21-22.

② 《培远堂偶存稿》19：33。亦见《陈文恭公书牍》2：6；《训俗遗规》4：43。

③ Philip A. Kuhn, “Chinese Views of Social Classification,” 见 James L. Watson 编：*Class and Social Stratification in Post-Revolution China* (Cambridge: Cambridge University Press, 1984), 21。

④ 《训俗遗规》1：12；《教女遗规》3：8，3：22；《从政遗规》1：65；《培远堂偶存稿》23：39；《陈文恭公书牍》1：8。

"在下之君子小人，无权无势尚不十分关系，若爵位中之君子小人，则吏治民风人心世道，均关乎此，于此中分别邪正，此维世第一要着。"① 陈宏谋期望通过精英们的个人行为、他们的"乡约"组织以及他们对民间道德典范的宣传来发挥道德引导的作用。② 当然，陈对那些行为操守上混同于平民百姓（"庶人"）的文人感到非常可悲。③ 相反，我没有发现陈宏谋对社会地位低下的人有义务对社会地位较高的群体表示某种顺从的行为有任何评论，确实，正如我们所讨论过的，他坚决反对任何有权有势的人接受这种谄媚。

我认为，如一些学者在其他地方所指出的那样，陈宏谋是一位怀有平等主义的儒家世界观，同时坦率地认同地位差别，并且认为这种差别经过适当调整甚至可以带来潜在社会效益的人，这对立的二者在他身上的结合构成陈对等级制度认识的特点。④ 这在陈宏谋为熊弘备所著的《（宝善堂）不费钱功德例》（一本 17 世纪末期的道德指南读物，陈宏谋将其收录到自己的《训俗遗规》中）的序言中有清楚的表达。熊对不同的等级（如贵族、士人、农民、妇女、商人、衙役和僧侣）、不同的职位以及不同阶层的人们，按照特定的职业和地位划分有不同的道德忠告，他的做法已经被包筠雅（Cynthia Brokaw）视为一场旨在"保留社会等级"，"确定等级差别"和"调整、甚至抑制社会流动"的协调一致的精英运动的代表。⑤ 我本人没有全部读过熊弘备非常简单的打油诗似的著作，很明显陈宏谋读过。陈在其名著《训俗遗规》中认为，通过认真听从熊的道德忠告，并且从道德上采取"与自己在社会中所处地位相称"的行动，就能使民众遵守"使人无贵贱高下"的道德秩序。⑥

---

① 《吕子节录》1：48。

② 参见《培远堂偶存稿》19：33；《训俗遗规》4：85；《从政遗规》1：18－32；王昶，27：12－13。

③ 寄李观察根云书，见《陈文恭公书牍》3：5。

④ 这种相提并论已经被另外一些人提到，如 Alexander Woodside（"State, Scholars, and Orthodoxy: The Ch'ing Academies, 1736－1839," 见 K. Liu, *Orthodoxy*, 162）；Joanna Handlin（*Action*, 149－58）；Wm. Theodore de Bary（*The Trouble with Confucianism* [Cambridge, Mass.: Harvard University Press, 1991], 96）。

⑤ Brokaw, *Ledgers of Merit*, 157－65, 203－7.

⑥ 《训俗遗规》4：43。

尽管陈宏谋出身寒微，但成年的陈宏谋无疑属于占统治地位的精英之列。在他公开出版的信件中（这些信件几乎全部是写给其同事官员的），他经常使用“吾辈”（意即“像我们这样的人”）这个主语。陈宏谋所说的吾辈，有时似乎是指文人这个整体，如果范围窄一点儿，则如孔飞力所说，或许是指有资格面见皇帝的省级以上高官组成的“私人俱乐部”（陈在这个圈子里度过了其官场生涯的绝大部分时光）①，而更为经常的，大概是指所有在官僚机构服务的人员，即作者已经指出过的“正统精英”阶层。尽管“吾辈”的范围不固定，但陈宏谋将其看成是一个具有共同利益、经验和情感的群体。这些人承担的职务不同，而陈宏谋最看不惯那些不能尽职尽责完成自己分内工作的官员。最重要的是，“吾辈”要能为老百姓分忧解难，要能承受官场失意的挫折，并且要勇于为人民的福祉承担重任。② 在这里，陈宏谋照例没有谈到“吾辈”应该受到尊重或应得到额外津贴这样的话。

成为这个团体成员的主要条件是，要有超人的智慧和建立在儒家乐观主义之上的道德责任感，陈宏谋坚持认为这两者几乎是同一的。即使在断言所有人都是理性的和可教的情况下，陈宏谋仍然承认人们在智力上是存在差别的。正如人们在体力上存在差别一样，人们在智力上也有高低之分，即使兄弟姐妹之间也不例外。③ 于是，教育的目的就是让每个学生最大限度地发挥自己的“量能之量”。④ 如果让所有学生学习一门相同的核心课程，根据每个学生的先天智能将会产生不同的效果，最优秀的学生（“俊秀者”）将会因此而步入学者生涯，而愚笨的学生（“粗鲁者”）则仅会得到一点点最基本的文明教化。⑤ 在陈宏谋的《养正遗规》中引用了陆世仪对这个问题的分析。陆世仪称，所有人在出生的时候头脑中都具备两种能力：“记性”和“悟性”。一般来说，前者大家相差不大，而后者则不同。经过一定程度的教育之后，悟性带来的差距将会变得越来越大，个人的天资将会决定谁能在芸芸众生中脱颖而出，成为真正的学者。⑥

---

① Kuhn，*Soulstealers*，120—22.

② 《陈文恭公书牍》1：15；《从政遗规》1：34。

③ 《训俗遗规》（1769）4：10—13。

④ 《养正遗规》，补篇序。

⑤ 《培远堂偶存稿》5：6—7。

⑥ 《养正遗规》2：19。

陈宏谋对个体智力存在差别的认同，以及这种差别与社会政治领导权力或责任的联系，引起我们对他使用“愚民”一词的思考，这一词汇通常被译为“愚蠢的人”，并且在帝制后期有极高的使用频率。在现代社会早期，同西方一样，在中国也有一种普遍的政治思想假设，即把老百姓视为群氓，视为那些更为理性的有能力者的统治对象。① 在中国，“愚民”一词也许是这种假设的典型表述，而从陈宏谋使用这一词汇的情况来看，它暴露了隐藏在陈思想深处的有关人类社会观点的某种矛盾。例如，陈宏谋经常将这个词汇用在农民身上。他至少有一次在公开场合直言不讳地宣称：“乡民至愚！”②他还经常把乡村和愚蠢组合成“乡愚”一词使用，它的词意非常接近英语词汇“乡巴佬”。③ 而且他认为边疆地区——陈宏谋的老家广西也包括在内——的老百姓甚至比帝国文化中心地区的老百姓还要愚蠢。④ 那么，怎样才能使上述说法与陈宏谋所坚决捍卫的边远地区人民与生俱来的聪明才智，和他所珍视的乡下人的质朴美德（而且这种美德最终是与陈宏谋所珍爱的家庭背景联系在一起的）协调起来呢？

将两者协调起来的关键在于进一步理解陈宏谋所说的“愚”的含义。它似乎既不是指先天智力的缺陷又不是指道德的沦丧。它也不是简单地指文盲；实际上陈宏谋很清楚，在这个印刷文化繁荣的现代社会早期有许多识字的“乡愚”，尽管他们的阅读能力有限，因此陈要求其下属官员在发布指令时尽量使用通俗易懂的语言。通过陈宏谋与“愚”配对使用的反义词——不是天生才智或文化教养而是“明智”（“智”）和“睿智”（“桢”），而后两者质上的提高必须经过较长时期对儒家经典课程的深入学习，我们可以理解他所谓

---

① 关于在新儒学传统里的对这种观念的简要讨论，参见 Munro, *Images of Human Nature*, 16; Taylor, “Chinese Hierarchy,” 504。关于欧洲的类似观念，见 Macpherson, 221—224。陈宏谋也经常用“小民”这个词，尽管没有太多贬义，也有明显的优越感。“小民”通常指那些缺乏财富或政治影响，但没有智力缺陷的民众，陈经常交替使用“小民”和“愚民”两词，这说明他认为二者含义相同。参见《培远堂偶存稿》11：34，17：3，37：1—2。

② 《培远堂偶存稿》20：20。

③ 参见《培远堂偶存稿》20：18—19，23：22，23：29；徐栋：《牧令书》4：25。

④ 《陈文恭公书牍》1：15。

"愚"的真正含义。① 因此，陈宏谋所指的愚民是那些无力接受昂贵的正规教育并且因此而需要受过正规教育的人来开化和引导（"化导"）的广大群众。

正因为缺乏教育，愚民的行为才会那样鲁莽和不知好歹。他们只会追求物质需求；陈宏谋在不同场合喜欢重复的一句话就是"食为民天"。他们在饮酒、赌博和挥霍铺张的诱惑下沉沦。他们很容易受异端邪说的引诱，并且随时可能成为衙门官吏和地方恶霸盘剥的牺牲品。他们对身边的道德模范熟视无睹，直到受过良好教育的邻人给他们指出才若有所悟。② 愚民不仅为直接的需求和欲望所驱动，而且容易"受到地方习俗的感染"（"染于习俗"）。③ 从陈的言论中，我们看到的是一种带有现代人特征的分类：群众是易受"情感"和"传统主义者"行为影响的，而在大多数情况下，能够仔细考虑长期后果的"理性"行动的正是受过教育的"像我们这样的人"。这不正是精英政治的观点吗?

然而，从陈宏谋对愚民的保护来看，他并没有轻视和看不起他们。他对愚民的态度甚至比他所尊敬的道德教化楷模吕坤还要谦和。④ 陈宏谋指出，甚至那些做了错事的愚民中的最愚昧无知者也不是不可救药的。⑤ 我们在第十二章将会看到，他确信愚民的状况并不是不可改变的，通过政府协调一致的教育计划一定可以改变或者改善愚民的落后状况。

（四）富人与穷人

正如近来的研究结果所强调的，16 世纪以后，个人价值的经济标准变得

---

① 《吕子节录》1：3；《训俗遗规》（1769）4：10。

② 《培远堂偶存稿》11：25-26，11：34-36，19：24，20：18-22，24：42-44。

③ 《培远堂偶存稿》19：21-22。

④ 关于这一点的显著的例子在陈宏谋重印的吕的文章中可以找到，在那篇文章里吕认为由于世上要有秩序，因此市井小儿有必要对社会地位比他们高的长者表示适当的尊敬。在他自己对这篇文章的评论中，陈宏谋的措辞缓和的多。他补充说只有上级的行为值得尊重，下级才应尊重上级，同时在他重新表述吕的话时，他有针对性地以更中立的称呼"全民"来替代"乌合之众"。参见《吕子节录》1：48。吕自己是一位思想复杂的人，一些现代学者如韩德林（Joanna Handlin）强调他的平民主义，而另外一些人如柯丽德（Katherine Carlitz）则批评他的明显的优越感。

⑤ 《在官法戒录》1：7。

越来越重要，它即使没有取代出身或教育水平那样的等级划分标准，也使问题复杂化。许多人认为，在陈宏谋成年的18世纪早期，精英文化和大众文化已发展到一个新的水平，以至于财富已成为道德上可以接受的个人成就的象征。① 根据这种理解，让我们来探究一下陈宏谋对经济差别的道德含义的理解。

反映在陈宏谋观念中的一个重要的早期近代社会的转变就是，与职业相连的等级差别逐步衰落了，针对商人的政治上和文化上的由传统经典阐发的偏见失去了往日的影响力。明朝初期，政府严禁职业流动，在民众中确立不容逾越的等级秩序。与此形成鲜明对照的是，从明末至清朝中期出现了余英时所说的“新四民论”（四种类型的人），这种堪称革命性变化的观点对传统的四民（士、农、工、商）观作出新的解释，认为他们均可平等地参与经济和社会活动。余英时指出，清王朝甚至以“四民异业而同道”（这四类人虽然有不同的职业，但在道义上是相同的）的明确的说法标明对新四民观的认可。按余英时的观点，到18世纪，那种古代的“轻商”观念几乎完全消失了，甚至在最正统的儒家说教中也不例外。②

在陈宏谋的论述中，“四民”这个集合名词通常强调的是平等而非差别。③ 但是，从陈宏谋的《从政遗规》一个例子看，他的观点不止这些，它引用了陈本人非常仰慕的清初模范官员汤斌的一段话。④ 汤斌指出，如果说过去除了“四民”之外没有其他种类的人，那么今天就要加上两种人：化缘的僧侣和流浪汉。怀着强烈的社会责任感，汤斌和陈宏谋将这两种人的出现，归咎于几十年来的政治腐败所导致的经济混乱。然而这两个遭受剥夺的

---

① 这种观点在 von Glahn 的“Enchantment of Wealth”里表达得最直接。Brokaw 的 *Ledgers of Merit*，以及 Clunas，*Superfluous Things* 对当时变化的财富观有进一步的研究。此外，Fuma Susuma，Liang Qizi 和 Joanna Handlin Smith 最近关于早期慈善观的研究对此问题也有讨论，另参本书第十一章有关讨论。

② 余英时：《儒家伦理与商人精神》，尤其是 104—21 页。Kuhn 也有类似的说法，见“Social Classification”20。

③ 参见《培远堂偶存稿》12：20—21。关于陈自己的具体思想影响，关学创始人冯从吾干脆把士、农、工、商四民都视为他在关中书院建立的道德复古研究会可以接纳的彼此地位平等的成员（见本书第四章）。

④ 《从政遗规》2：36—42。

群体同时又因为经济上对社会无所贡献而备受谴责。正因为这样，他们同更为传统的四民形成鲜明的反差，因为四民的生产能力同他们的共同本质是相称的，也是他们作为“民”的成员道德上平等的基础。我们在第六章看到，陈宏谋也难免对流浪汉甚至临时工采取某种轻视态度，他把他们看成是无业者（换个说法就是“无产者”和“无生产能力者”）；然而他同样关注文化领域的另一端——即读书人——的缺乏生产力现象，这些读书人对学问不求甚解又好炫耀，可以说是一群“无用的”寄生虫，他们不配被称为“民”。① 陈宏谋明确认为，所有满足其生产效用标准的职业都同样是合法的，一个人选择从事某种职业，不过是其先天本能和机会使然。② 我认为，正是这种逻辑使陈宏谋赞成熊弘备《不费钱功德例》中的言论而不赞成任何竭力主张维持社会等级制度现状的言论。熊弘备指出，各种职业群体（农民、工匠、医生、士兵、商人和政府职员等）都无一例外地受基本道德规范的约束；尽管这些道德规范的实际体现因谋生手段的不同而不同，但谋生者们的价值观仍旧是相同的。

那么陈宏谋对作为社会特征的富裕和贫穷的态度又是怎样的呢？作者认为，孔飞力的观点是绝对正确的。他认为，在陈宏谋所处的帝制后期，作为社会关注对象的经济等级已经相对弱化了。③ 富和穷并不代表“中国人分类标准的主轴”。它们是有条件的，并且一代一代地有规律变化，而不是一种社会分类。当然所有人都知道“富人”和“穷人”是现实存在的，孔飞力也承认，在当时的谈论中涉及穷富的问题是很普遍的。在我看来，关键问题是一个人的富裕或贫穷是由什么决定的。杨联陞指出，按照儒家理论，富裕和贫穷应该是个人或家庭德行的准确反映，但是帝制后期的中国人早就认为这种说法是靠不住的。于是各种各样的间接因素——最常说的是不可知的“命运”（“命”）——被引入到有关经济差别的讨论。④ 最近，许多学者注意到，在商业化飞速发展的近代社会早期，人们对财产分配是否公平的忧虑变得越

① 寄石达沂书、寄家圣泉书，见《陈文恭公书牍》1：8-9。

② 《训俗遗规》（1769）4：10-13。

③ Kuhn, “Social Classification,” 24-27.

④ 杨联陞：“Economic Justification for Spending: An Uncommon Idea in Traditional China,” 见杨联陞：*Studies in Chinese Institutional History*（Cambridge, Mass.: Harvard University Press, 1961），58。

来越大，尽管到了比较稳定和安全的18世纪，这种忧虑有所减轻。①

陈宏谋的观点远没有解决这个议题。在1742年江西发生饥荒时陈宏谋的一次谈话中，他道出了有关个人财富来源的带有自相矛盾的观点。他一方面忠告：必须关注穷人,一方面又说："穷富由命。"农耕社会的生活标准是与农作物是否获得丰收紧密联系在一起的，因此不可避免地要经历丰收与歉收的循环（"岁失之常"）。陈宏谋认为，财富确实是出众美德的产物：富人的财富要么是其辛勤劳动的结果，要么是其祖上的功德。② 在陈宏谋的《从政遗规》中，他将财富与美德更为明确地联系到了一起。在该书中他选择了明末官员张鼐的一篇文章，张鼐认为，管好家庭所遵循的道德规则应该是制定家教条例和崇尚节俭，而不应当是"求富"。在陈宏谋的评论中，他一方面同意张的观点，另一方面又告诉读者，假如一个人能够坚持按照这种道德规则行事，那么"究竟非求而得"。③

我认为，陈宏谋在这个问题上的模棱两可，从某种意义来说与近代社会早期和他同时代的西方人的情况差不多，他们同样也在两种矛盾的观点之间摇摆不定。格特鲁德·希梅尔法布（Gertrude Himmelfarb）认为，从欧洲的情况来看，直到18世纪中叶，"从本质上来说，贫穷一直是上天安排的不幸，它并不一定表示身份的降低或体面的丧失……贫穷是宇宙万物的组成部分"。而作为工业革命产物的有关贫穷的"革命性"观点认为，穷人从他们的自身条件来说在道德上是该受谴责的，因此无论私人还是社会都不应该帮助他们（而在早些年代宗教和法律都要求帮助穷人），但这种观点很少有人响应。④ 然而，陈宏谋并不完全接受后一种观点。尽管陈宏谋提倡财富均等和个人勤奋，因此认为富人有权获得他们的财富，但他当然不会认同穷人不应得到同情和物质援助的马尔萨斯观点。同许多清朝同

---

① 梁其姿：《"贫穷"与"穷人"观念在中国世俗社会中的历史演变》，见黄应贵编：《人观、意义与社会》（台北："中央研究院"民族学研究所，1993），142-44。亦见 von Glahn，"Enchantment of Wealth"；Brokaw，*Ledgers of Merit*。

② 《培远堂偶存稿》15：20-23。

③ 《从政遗规》1：65-66。而且，我们已经看到，在管理自己的财富时，陈一点也不掩饰对舒适与持久富裕的追求，也不为此觉得尴尬。

④ Gertrude Himmelfarb，*The Idea of Poverty*：*England in the Early Industrial Age*（New York：Knopf，1983），41，63，130-31.

时代的人一样，陈宏谋容易接受贫穷可能部分是由非个人所能控制的环境因素所决定的观点，同时他对他所处时代（由于人口增长和市场动荡）越来越多的老百姓沦入贫穷境地的特殊趋势深感忧虑。① 贫穷至少部分是经济变动的产物。

清朝施政的一个主要任务就是尽力承担起拯救穷人的责任，而这也正是陈宏谋本人所孜孜以求的。陈宏谋在《培远堂偶存稿》中写道：古人将照顾无助(“无靠”）者视为自己的责任，扶助生死是君主的要务。当政者必须把教育和教化的对象扩展到穷人，特别是那些缺乏资金进行自我教育的人。② 我们已多次看到陈宏谋在其政策制定过程中是如何应用这些原则的；在其官宦生涯中他一直以亲民官员著称，他一方面对被压迫者表现出异乎寻常的同情，同时又赞同提倡经济自主和自立的计划。

陈宏谋有关穷人的用语——“穷民”和“贫民”——在道德上是中性的。作为一般习惯，他在这些名词前面还要加上与实际情况相似的而不表示任何轻蔑的修饰语：“无力”（没有资源)、“无靠”（没有人资助)、“无家”(没有家庭)、“无食”（没有食物）或“无生计”（没有生活手段)。③ 他从不像某些明末官员那样，用诸如愚蠢的、堕落的或下贱的这样的词汇指称穷人。④ 确实，正如梁其姿所有效证明的，在帝制后期，“贫”和“贱”的意思已经逐渐分开了，到了清朝中期雍正皇帝实行政治改革的时候，“贱”已被广泛认为是不适当的用语。⑤ 与道德缺陷导致贫穷的观点相反，陈宏谋(像20世纪中叶的自由主义者那样）经常将二者的关系倒过来阐述：“饥寒交迫，急不择音。妄取妄求，势所必至。”⑥ 在魏源具有广泛影响的《皇朝

---

① 参见《从政遗规》2：36—37。

② 《培远堂偶存稿》5：3，5：15—18。

③ 参见奏折，乾隆13/10/1，见《军机处录副奏折》；奏折，乾隆16/7/4，见《宫中档乾隆朝奏折》1：58—59；《培远堂偶存稿》5：15，10：3—18，13：9—14，17：18—19；《陈文恭公书牍》2：10。

④ 梁其姿，154页引述陈龙正。

⑤ 梁其姿，157—58。在帝制后期的官方文件中，“良民”指与“奸民”和“贱民”相对立的社会群体。二者的区别仅限于道德品质和政治行为，与他们的身份地位无关，在陈的社会思想里，身份似乎不是很重要的方面。

⑥ 《训俗遗规》1：12。

经世文编》中所选录的一封信中，陈宏谋对犯罪采取了一种在人们看来有点“温柔”的态度，他写道：“然盗贼皆起于贫穷，贫穷皆由于无业。”①

然而尽管贫穷可能导致违法，但也不是必然会那样，而且穷人并不一律会造成威胁。可是对陈宏谋来说，区分违法者和一般穷人是一件重要的事情。例如，在考虑谷仓贷款发放对象的时候，陈宏谋在合格的“贫苦农民”与不合格的“游手好闲者”之间作了明确的划分。陈宏谋对邮差这种跑来跑去的临时工非常不信任，他把他们看做“半有罪之人”（“半废良善”）。陈宏谋对乞丐也很讨厌，他把他们分成没有其他正当的生存方式可选择者、守法者和能够轻易找到其他工作但坚持乞讨者，并对最后一类乞丐判以轻罪。②陈宏谋确实多次使用“无赖”这种蔑视性词汇形容下等人，但他从没有将其作为一般的修饰语用在“穷人”头上，而是使用道德上比较中性的词汇“无力”作为修饰语。换句话说，穷人不是一种“其自身没有差别的人类群体”。③

正如我们在第六章所看到的，陈宏谋对财产的性质持有与众不同的观点，并且这些观点以各种不同方式主导他的社会阶层划分和他对社会行为的分析。例如，在对穷人进行某种类别划分的时候，他写道：“而一种无产无业之人”，他们将（因此）陷入穷困潦倒的境地。④ 他还认为，富人对财富的占有在道德上和政治上都是无可非议的，对他们的财产进行强行没收和重新分配是“违背公平原则的”。⑤ 在多数情况下，有关财产的基本原则，即利润最大化原则不应受到谴责，因为它完全符合人性和理性原则（“原属情理”）。⑥

持有这种观点的陈宏谋，可能很容易被人们看成是一个清朝社会有产者利益的辩护者而惹人嘲笑。然而，事实上陈的政治对手经常谴责陈宏谋的，反倒是他对劳苦大众的有意迎合而不是对富人的同情。在陈宏谋看来，富人

---

① 给四川省当局的信，见《皇朝经世文编》75：21。

② 《培远堂偶存稿》10：3-18，13：9-14，15：42-43，19：37-38，43：14-15。

③ 对陈的观点的讨论，见 Alexander Woodside, “Some Mid-Qing Theorists,” 11。

④ 《培远堂偶存稿》10：3-4。

⑤ 《培远堂偶存稿》9：12-13。

⑥ 寄辉观察色书，见《陈文恭公书牍》2：14。

和穷人的利益是相互紧密联系在一起的。作为黑田明伸所指出的清朝“保富论”的重要参与者，陈宏谋持有一种与他同时代的法国重农主义者非常相似的观点，即认为财富的真正社会效应，反映在消费他人产品的消费者、雇主、慈善事业的布施者和社会秩序的维护者身上。① 在陈宏谋所处时代，这类观点颇为流行，在他编辑的各种书籍中他也部分选用了吕坤和顾炎武有关上述观点的论述（尽管我认为陈在其观点中比以上两位学者更多地考虑了平衡性）。② 然而，从陈宏谋所写的“保富正所以恤贫”来看，他比上述两位学者更直接地表明了自己的立场。③

陈宏谋在给一位同事的信中写道：“凡地方有富厚之家，乃无业贫民所赖以衣食者也。”④ 同顾炎武一样，陈宏谋非常欣赏家族统治，因为它可以避免官僚主义政府的侵扰。1755 年当他在边疆省份甘肃进行先期调查时，他曾对该省私人财产的出现大为赞赏，因为它是该省社会和经济发展的标志。⑤ 他开展的各种维护法律与秩序的运动，比如 1754 年在西安开展的运动，均与保护有产者有着非常直接的关系。⑥ 在从观念上和实践中保护有产者的资产和投资的同时，陈宏谋还创造性地（并非强迫性的决定）将他们的财产用于救济贫困的百姓。同许多地方官员一样，陈宏谋期望地方的殷实富户能够做服务社会的道德模范，能够指导和带领周边群众以正确的态度进行社会实践，能够在其影响范围内提供解决官民冲突的方案，并且能够发起、管理和承接地方公共建设项目。⑦ 他还希望他们在平时和危机时刻能够向当地的穷人提供物质援助。在这里，陈宏谋不仅是一个依靠地方精英的慷慨大方确保自己辖区民众饮食无忧的称职官员，而且他更灌输了一种梁其姿所说的帝制

---

① Kuroda, “Bichiku kō,” 6. 清朝早期和中期的许多学者强调抱负情操的重要性，但没有一个人比学者商人唐甄（1630—1704）表达得更明白，他将抱负作为基础批评对市场活动的统治性控制，见 Dunstan, *Conflicting Counsels*, 106−8; von Glahn, *Fountain of Fortune*, 222−24。关于法国重农主义者的类似观点见 Fox-Genovese，尤其是 51 页。

② 参见《吕子节录》1：48；《从政遗规》2：30。

③ 寄陶孚中其愫书，见《陈文恭公书牍》3：14。

④ 寄曹涵书，见《陈文恭公书牍》2：10。

⑤ 奏折，乾隆 20/7/2，见《宫中档乾隆朝奏折》12. 8−9。

⑥ 《培远堂偶存稿》35：13−14。

⑦ 参见《培远堂偶存稿》13：9−14，19：32，19：36；《从政遗规》1：65−66；王昶，27：12−13。

后期形成的慈善文化观念，这种观念认为，系统的慈善捐助不仅是富人的责任，而且是社会地位的象征。①

陈宏谋有关精英们应承担经济责任的设想，未免过于乐观并且有时显得确实太天真了。在18世纪中叶长达几十年的经济快速发展时期，社会上批评富人炫耀资财和铺张浪费的声音不绝于耳，这包括对乾隆皇帝本人的多次批评。凭着他对奢侈浪费的天生厌恶和他崇尚“朴实无华”的特性，陈宏谋毫不奇怪地站在了这场批评的最前线。当他最早在扬州和江南任职期间，他为所发现的种种现象感到强烈震撼，他在他的《训俗遗规》和《从政遗规》中不惜花费大量篇幅抨击这些商业高度发达地区的骄奢淫逸现象。② 他对当时最富裕的家族不择手段地追名逐利和“自私自利”、“唯我独尊”的不道德做法多次表达了不满。③ 即使在他阐明富人有权利用自己的财富为自己赚取好处的时候，他也不忘谴责在现实生活中富人们利用手中财富“欺压”和“盘剥”劳苦大众的“损人利己”行径。④

欣赏顾炎武津津乐道的名言“不患寡而患不均”同时仰慕并追随清初改革官员汤斌的陈宏谋认识到，在现代社会早期这种经济上的不公平正在愈演愈烈。他明白阶级冲突随时可能令人恐惧地爆发，我们已经讨论过，在18世纪40年代江西闹饥荒的时候他曾亲眼目睹了这种情况。⑤ 他在他的《训俗遗规》中，对这类冲突的可能发生进行了连篇累牍的讨论（例如，由富人的巧取豪夺和对穷人的强迫劳役及苛捐杂税所引起的社会安全问题），并且提出了如何改善这种状况的建议。⑥ 陈宏谋忠告那些想要成为

---

① 梁其姿：《明末清初民间慈善活动的兴起》，载《食货月刊》，15.7−8（1986年1月）：304−31。

② 《训俗遗规》4：1−21；《从政遗规》2：36−42。关于更普遍的抱怨，见Suzuki，37−46。

③ 寄冷节臣时松书、寄沈子大起元书，见《陈文恭公书牍》1：14，2：3；唐鉴，5：10。

④ 奏折，乾隆12/18/24，见《军机处录副奏折》；《吕子节录》1：46；《从政遗规》2：37；《培远堂偶存稿》15：22−23。

⑤ 《培远堂偶存稿》16：14；《陈文恭公书牍》2：14。

⑥ 这类讨论是《训俗遗规》的第四卷的主要内容。明朝末年，围绕公共安全问题上的阶级冲突在许多地方都很激烈，而陈宏谋肯定意识到了这一点。

官员的人，一定要公平对待富人和穷人，要“体恤”他们，最重要的是，要将政府正在解决的有潜在争议的事项和政府对民众的期望，同社会各个阶层进行主动的和推心置腹的沟通。在劝说富人履行其社会责任的时候，陈宏谋照例首先是唤起其固有的天良，在必要时，他还同时向他们“阐明什么是他们真正的利益所在”，微妙地提醒他们不要因为攫取不正当的财富而“引起众怒”（“众怨”）。[1] 然而要让富人听从劝说必须令他们自己觉悟而不能强迫。对于穷人，陈宏谋则劝告他们要“安命”。尽管他认为他们有权期待富人的救助（“戒逼”），而且这种救助不应是一种“蛮横”的救助（“死恶”）。假如穷富双方都能按照他们应该履行的义务行事，那么“富人和穷人将会获得双赢”（“贫富相耀”）。[2] 只有协调富人和穷人之间的关系，而不是抹平他们之间的经济差异，才能达到理想而显著的效果。

与此同时，陈宏谋对富人沉湎于自己经济好运的警告不应该被解释为他对社会变动的厌恶，或者他试图保留现有的经济阶层（任何地位的阶级）以维护他本“阶级”的统治地位。正如我们所讨论过的，陈宏谋思想的精髓是对两种人类活动的划分，一种活动通过人的努力可以得到某种成果，另一种活动（由命运支配）即使通过人的努力也得不到任何结果。在多数情况下，他把个人和家族对改善社会经济地位的不懈追求视为第一类活动。他认为，在礼教认可的范围内，这种追求改善现状的行动对整个社会是一种积极的力量。鉴于他本人相对卑微的家庭背景，我们对他在这个问题上的观点丝毫不感到奇怪。

当然，科举考试是正宗的晋身阶梯。陈宏谋毫不掩饰地颂扬它作为“进身之路”，并且非常尽心尽责地（特别在边远和文化落后地区）推广科举制度。他还对穷人和富人通过追求盈利而获得的个人成功（“赚途乘隙”）进行同样有力的辩护。正如我们所看到的，尽管陈宏谋本人是通过教育和成功科考的正统渠道从相对卑微的草根阶层逐步晋升的，但是对于允许扩大富人通过“捐纳”方式将从市场获得的财产转换为社会地位的机会的这种颇受争议的政策，他仍然是最坚决的支持者。面对陈宏谋的这种蕴含着改变社会地位

---

① 《培远堂偶存稿》16：3−5。

② 《从政遗规》2：37；《培远堂偶存稿》15：20−23；27：14−15。

的建议没有人会不动心。

尽管陈宏谋的行为方式作为执政者来说有些保守，但他绝不是一个维护特权的卫道士。在他的一篇充满激情的文章中他写道："自古流品，诚不足以限人也。……有志者，正可乘时自奋矣。"① 很明显，陈宏谋本人就是一个成功的例子，他将这种提供给个人的空前机会，看成是他那个时代经济繁荣和社会进步的唯一保证。令他感到自豪的是，与过去年代相比，家庭背景和世袭地位在当今的文明时代已不再是非常重要的了，而个人升迁（"进身"）的局限本质上取决于个人的能力。此外，这种机会的结构性开放还具有重大的社会效用：它为那些有志于取得社会认可的成就的广大群众提供了思想上和行为上的激励。②

（五）社会角色

我试图在这里强调指出，当今多数学者所批评的清代封闭的等级森严的社会阶级制度不是陈宏谋社会观点的中心内容。陈宏谋边远地区出身所养成的对士大夫阶层傲慢的轻蔑，他对孟子关于人类道德理性平等的信念以及他对个人奋斗的正当性及社会效益所持的信心，都使他对这种体制有自己的看法。然而，与此同时，在陈宏谋的文章中到处都可以看到"服从"（"顺"）这样的词汇和"别上下"这样的训诫。③ 除了上述令人印象深刻的几点外，另外显而易见的是，在陈宏谋心目中的社会万象并不是一个恭顺有序的团体组织而是一个包含在每个个体之内的人与人之间苦心经营的网络。当他书写"尊敬长者"（"尊长"）的必要性时，当他认为"尊君亲上之心"是所有人天生的基本道德观念的时候，当他设想"假如大家都能'亲亲长长'，帝国将会永葆太平"的时候，他赞美的不是一种由阶级或地位构成的等级制度而是一种由怀有高度社会责任感的个人织

---

① 《在官法戒录》1：3，1：6。

② 《在官法戒录》，序言。

③ 陈把这种告诫放在他的两部最有影响的道德教训《教女遗规》和《训俗遗规》的第一页。

成的网络。①

对陈宏谋和他同时代的人来说，要认识这种人际网络首先必须了解建立在家庭内部关系模式基础上的社会角色（“分”）的架构。这种架构在中国文化中具有悠久的历史，它起码起源于《易经》，而在汉朝的经典《礼记》和《孝经》中这种架构已作为正统模式被人们普遍接受。在宋朝，新儒家完全接受了这种社会角色架构，他们还从形而上学的角度为其辩护，将这种架构重新定义为上天的安排（“天理”），各种社会角色必须顺从的伦理秩序。当然后人对此又有了许多新的创造发明。尽管在近代社会早期已经发生了许多社会和文化方面的重要变革，但在陈宏谋所处时代，人们对这种强制性的社会角色架构还是不敢越雷池一步的。虽然偶然会发生对某些特殊角色（如“朋友”）孰为上的争论，有时对一些角色（如夫妻）的具体职责也会争论不休，但是人们对这种社会角色秩序的基本看法仍然是一如既往。②

被定位的社会角色之间的关系几乎都是一一对应的。这些关系中最基本的就是所谓的“三纲”（即君为臣纲、父为子纲和夫为妻纲）和派生出来的“五伦”，如有必要，这些关系中还要加进诸如母亲、儿媳和养子这样的角色一一加以详细界定。陈宏谋在他的《训俗遗规》中摘引了一套王士晋的家世规则，该规则为王家每一个男性传人的名分地位作了解释，并强调其中的优先顺序绝不能够混淆。③ “名分”一词通常可被用于更宽广的社会领域，比

---

① 《培远堂偶存稿》13：27，24：38－39。这里陈宏谋似乎追随了他的第一位皇家支持人雍正皇帝的观点。在1727年颁布解放徽州的世袭佃仆的诏书中，雍正非常清楚的阐述了以个体义务为基础的网络和以身份为依据的等级制度的区别。在雍正看来，有意识地强迫一个社会团体接受比另一群体低的地位不符合“上下之分”的原意，而是一种“相沿恶习”。“上下之分”在界定家庭成员之间和家里的主人和私仆之间的关系上是完全合适的。参见谕旨，雍正7，引自经君建：《清代社会的贱民等级》，239；亦见韦庆远，108。

② 我对帝国时代末期社会角色的结构的理解在一定程度上受到了Donald Munro的最近的作品的影响，包括他的*Images of Human Nature*，我还参考了Henry Rosemont Jr. 的缜密的哲学性分析，见“Rights-Bearing Individuals and Role-Bearing Persons,”见Mary I. Bockover编：*Roles*, *Rituals*, *and Responsibility*: *Essays Dedicated to Herbert Fingarette*（La Salle, Ⅲ：Open Court，1989），71－101。de Bary的“Individualism and Humanitarianism”和McDermott的“Friendship and Its Friends”对近代早期中国对某些特定角色的重要性和相关义务也有讨论。

③ 《训俗遗规》2：23。

如陈宏谋就经常用“安分”一词训诫各种职业群体和贫穷的人们。① 然而，尽管这种语言的用法是重要的，它暗示出社会中家庭的形象，但是人们对社会角色的基本观念仍然是由家庭关系决定的五伦。

我们已经发现，陈宏谋经常借用五伦的论调作为他讲演的基调。他写道：“伦常为人道所重。”他还写道：“人所以异于物者，惟此伦理耳。”② 正如我们将在第十二章看到的，陈宏谋作为一个清朝官员的主要责任就是引领百姓按照他们在伦常关系中的角色正确行事。然而，尽管五伦在陈宏谋的社会观点中占有核心地位，但他几乎从不使用三纲这个用语。三纲显然比五伦有更强的等级含义（不包括其用在表述兄弟和朋友的关系上）。如果五伦在通常的用法中一般与人类的理性思维和仁慈理性的上天的观念相连，在陈宏谋看来，三纲未免带有一种过去文明欠发达时期强权政治的残余。

各种社会角色本身和他们之间的永恒关系都是上天的恩赐，他们不仅是“分”和“伦”，而且是“天分”和“天伦”。假如人们不能认识到这种社会角色架构既不能被看做一种文化结构，也不能被看做一种人类一致认同的社会次序关系的适当安排，而应被看做一种人类自为的金科玉律的话，他们就不能充分理解这种社会观念的威力。例如，在陈宏谋规定儿媳的家庭责任细则时，为了强调其权威性，他称儿媳的角色和责任“是上天安排的”。一个人是否与其社会角色相称取决于他的“知性”③，划分和澄清社会角色之间的“别”是拨乱反正最典型的方法（我们在后面将会看到，它同正在向汉族下层民众和边远地区非汉族人民扩展的中国精英“文化”的扩展和帝国官僚统治的政治推论是联系在一起的）。

在这里，由各种可预见角色有序安排组成的人类社会既被认为反映了一种宇宙的有机组织模式，芸芸众生在其中不过是各具功能的齿轮，又被看成

---

① 《培远堂偶存稿》15：20－23，20：18－19，24：52。陈可能是从令他尊敬的司马光那里找到这种用法的。司马光是宋代的学者官员，他为阐述不同角色的理论作出了重大贡献，并且认为统治者的主要任务是使他的臣民安分。参见 Bol，*This Culture of Ours*，220－21；Sariti，57。

② 《培远堂偶存稿》19：22；《训俗遗规》3：33。

③ 《教女遗规》3：13；《训俗遗规》1：8。

是一种具有联想思维的古代模式，张灏形象地将这种联想思维称之为“儒家的宇宙论神话”。① 这种理论把五常的观念与人类、家庭、社会和政治秩序及自然宇宙之间人为制造的关联系统紧密地联系在一起，这既保证了宇宙论的合理性，又给予蕴藏在中国家庭系统内部的个人利益的从属地位以更为宽广的社会政治含义。在汉朝和宋朝，这种相关思维模式进而与包括各种自然现象的相对应的复杂系统连在了一起，这些现象包括，人体解剖、天象、色谱和音阶等。然而，正如约翰·亨德森（John Henderson）令人信服地指出，在现代社会早期，随着中国人科学思维的进步，许多与自然现象相关的迷信已被抛弃②，但他们破除伦理、社会和政治上的宇宙论神话的过程则要缓慢得多。

陈宏谋对上述观点是坚信不疑的。根据吕坤的思想，他写道：“万物禀气于天，成形于地。”而且他经常把家庭看成是国家的一分子。③ 他曾摘引过王阳明精心炮制的同源论中的一段话：“古之君子，惟知天下之情，不异于一乡，一乡之情，不异于一家。而一家之情，不异于吾之一身。故视其家之尊卑长幼，犹家之视身也。视天下之尊卑长幼，犹乡之视家也。是以安土乐天。”王阳明由此得出两个陈宏谋也赞同的结论：其一，个人的命运不能脱离整个人类的命运，相反个人必须为所有人承担责任；其二，一个人身份的集中体现以其内在排序的形式反映在所有其他人身上，也就是说，每个人均有一个以长幼先后为基础的自然的先后排序。遵守这种先后排序是“取悦上天”的最可靠方式。④

个人通过适当地“担任”其社会角色（“当分”）来证明这种秩序的合法性。正如孟旦所指出的，社会角色通常是用空间隐喻来概念化的，它们不

---

① 张灏，“Confucian Cosmological Myth and Neo-Confucian Transcendence,”见 Smith and Kwok，11—34。亦见 Donald Munro，*Individualism and Holism*：*Studies in Confucian and Taoist Values*（Ann Arbor：Center for Chinese Studies，1985），259—266。这种有机的宇宙组织模式构成前面提到的 Romeyn Taylor 有关的中国等级制度的观点的基础。Taylor 坚持认为这种整体观认为人类社会的秩序以固定封闭的等级制度为基础。这种观点在我看来，可能适用于明初朱元璋的观念，但在很大程度上是不适用于18世纪的清朝的。

② Henderson，*Chinese Cosmology*.

③ 《吕子节录》1：2；《训俗遗规》2：9—10。

④ 《从政遗规》1：18—32。很显然，最有力地表达儒家宇宙相似论的社会政治方面的古典文献就是《大学》，关于陈宏谋对这部作品给予的特别重视，见第四章。

仅有“分”，还有“位”和“所”，一个人“超过”了所给定地位的边界被认为是基本的道德错误。[1] 因此，对陈宏谋来说，如果一个人没有遵照其角色的规定去做的话，就是“失所”。从伦理上来说，既要求人们要“安分”——即如马克梦（Keith McMahon）所说的“自我遏制”或“认命”[2] ——也要求他们要积极地去“循分”（即“遵循他们的角色”或“按照其角色的规定去做”）。用于表达这种积极行为的最富有情感的语言就是“节”。“节”的意思是立即克制（其词源于两个绳结中间的那段绳索）和对履行角色使命的更强烈追求，它亦被陈荣捷译为“与角色相适合的美德”，被刘广京译为“坚持完整”[3]。在清朝，“节”通常等同于履行角色的一种具体表现，即女性的贞节上，但在伦理方面，它仍然泛指道德行为的所有努力。

在日常生活中，礼节是社会角色进行相互交往的基本要求。陈宏谋遵循历史传统将“非礼”和“非分”均视为不道德行为。[4] 一些特别重要的礼仪，例如收养典礼、婚礼和葬礼等，是礼节的核心，因为它们均标志着某个特定的人进入或退出某个特定的身份。礼还将人与人之间非常平凡的施礼行为和个人修饰、举止中的一些好的具体行为结合到了一起，这些行为通过被说成是源自上天和宇宙的安排而被有效地神秘化了。因此陈宏谋认为儿童必须反复练习吃、喝、坐、卧等的正确礼仪姿势，妻子也必须学习处理家庭日常活动（“居室日用之常”）的礼仪程序（“奠礼”）。[5] 毫无疑问，“礼节”这个表达一般礼貌的常规用语在字面上意味着“以正确的仪礼方式忠实履行一个人被赋予的社会角色”。通过持之以恒地按照礼的要求履行一个社会角色的职责，这个信仰体系的每个成员不断地重申和重新创造着宇宙中的、政治上的和文明社会中的秩序。

（六）家庭

在陈宏谋定义人的身份的时候，他认为社会角色之间的关系植根于家

---

① Munro, *Images of Human Nature*, 50.

② McMahon, *Causality and Containment*, 第一章。

③ Chan, *Sourcebook*, 177; Kwang-Ching Liu, “Socioethics as Orthodoxy: A Perspective,” 见 K. Liu, *Orthodoxy*, 70。

④ 《训俗遗规》1：8。

⑤ 《养正遗规》，增补卷，24；《教女遗规》1：5。

庭的模式中。在他的著述中，他曾屡次表明他对家庭作为上天规定的人类关系（“天伦”）的主要社会场所的神圣地位是坚信不疑的。通过展示人们在家庭中担任的角色（“安分”），通过“显示”或实现家庭的和睦关系（“明伦”）来不断证明这种模式的合理性，是道德行为（和有益的社会行为）的最高形式。制定“家道”在道德上是必不可少的，而妥善的“治家”更是任何一个成年有志者的首要责任。正如陈宏谋在其《训俗遗规》的开篇中所言：“正伦理，笃恩义，辨上下，严内外，居家之要道也。”①

然而即使在正统派之间，人们对家庭也有多种看法。其中值得注意的是我在第六章中援引的伊沛霞对中华帝国晚期两种对立的传统家庭观念的区分，其中一种是与古代家族世系相联系，本质上为标准的宗族导向的家庭观念，另一种是把家庭视为一个核算单位，家庭成员共同享有物质财产（可称为“家庭导向”）的家庭观念。在实践中这些不同的观念可能导致相反的行为方式。宗族导向崇尚长子继承权，世代相传的直系长子（“宗子”）负责照管子孙后代并掌控家庭财产，继承人只有从兄弟或堂兄弟的男性孩子中产生。家庭导向则崇尚遗产的可分割和祖产的单个家庭管理，孩子由他们的亲生父母照管，继承人的选定也相对自由。伊沛霞认为，正统程朱理学的占上风意味着被看做正确观念的宗族导向的胜利，尽管在大众生活中家庭导向仍然占据着相当的地位。②

陈宏谋的家庭观似乎一直接近于正统的宗族观念，尽管他明显将这两种观念的某些成分结合到了一起。陈宏谋家族史中的许多事例就证明其家族对宗族模式的信奉。例如，陈宏谋心性高远的父亲一贯主张长子继承权，他因此将陈宏谋的哥哥陈宏诚的亲生儿子陈钟珂立为陈宏谋的后嗣。③ 鉴于成年陈宏谋对人类情感的敏感，很难设想他会接受这种安排（由陈钟珂引起的父子关系紧张给陈家人平添了许多忧虑），但他还是坚定地信守着对家族团结的承诺。在他为官期间，一旦有可能，他总是试图将他的同胞兄弟姐妹和他们的后代置于自己的卵翼之下，这样他便可以实现（“天伦宗主”）的古代理

---

① 陈宏谋为司马光的《居家杂仪》写的序，见《训俗遗规》1：1。

② Ebrey，“Conceptions of the Family,” 225–26.

③ 《先文恭公年谱》1：3。

想并且可以行使家长的权威。① 在他担任陕西巡抚的时候，他曾命令下属通过禁止从外族过继男孩的办法来纯化家族血统。②

正如我们将在第十一章所看到的，陈宏谋在实施其社会政策的时候，他事实上对宗族家庭给予了极大的关注。因此他总是强调祖传习俗在培育代际血缘关系上的关键作用。然而，令人惊讶的是，陈在讨论这个问题时没有援引任何与宗法观念有关的理论，而这种半神秘的古代中国观念一直居于朱熹的宗族意识形态的核心地位，并且在陈宏谋所处时代它已成为人们强烈信仰的对象。③ 尽管陈宏谋对作为新儒学创始人的朱熹非常尊重，但在他的有关社会风俗的几本著作中，引人瞩目的是他没有摘引朱熹有关“宗法”的经典著作《朱子家礼》中的任何论述，而该书在当时是宗法方面的标准权威著作。④ 相反，在《训俗遗规》中，他将司马光的同类著作《居家杂仪》摆在了重要位置，并把司马光的《家范》定为任何有关家庭内部关系讨论的适当起点。正如伊沛霞所指出的，司马光试图将后来朱熹界定的较为死板的宗族正统理念与变化中的社会相适应，他更多地关注家庭的物质方面。

对陈宏谋来说，这意味着家庭的精神方面和物质方面是不难协调一致的，尽管他在家庭事务方面是信奉“天伦第一，金钱第二”的。我们已经看到，在他的教诲性著作中，他不惜花费大量篇幅阐述，诸如作为居民核心的家庭如何才能保住祖产并使其最大限度的增值，以及他自己如何遵循这些原则管理自己的财产等诸如此类的实际问题。假如不能对家庭财产进行适当管理，就不可能产生宗族思想。陈宏谋在《训俗遗规》中写道：“败家门者，止于一家。败家世，必贻害于天下。”⑤ 正如他思想的许多其他方面一样，陈宏谋在这里表明，他坚信政治经济与伦理道德（“礼教”）是紧密相连的。

陈宏谋还试图通过除经济之外的其他方式，调解家庭的伦理道德观念与家庭的世俗社会观念。我相信，至少在近代社会早期的中国我们就可以发现把家庭视为相对于外部世界的私人的、放松的和个人情感的避风港的观念

---

① 《先文恭公年谱》4：18。

② 《培远堂偶存稿》19：23。

③ 参见 Chow，*Confucian Ritualism*，尤其是第三章。

④ 参见 Ebrey 的 *Chu Hsi's Family Rituals* 的翻译引言。

⑤ 《训俗遗规》3：22。

(阿里埃斯［Ariès］、哈贝马斯［Habermas］和其他学者的著作已讨论了该观念在近代欧洲早期的演变)。这个观念同家庭可视为一个核算单位的观念一样也是陈宏谋所信奉的，与此同时他还试图将其归入道德范畴。

> 家庭恩胜之地，用仁处多，用义处少。而仁恒易于过，义恒易于不及，主辅二字，最宜深玩，至男女之间，虽至亲不可无别，与其狎暱而伤恩，不如别嫌而全义。①

根据《大学》这部被大多数帝制后期文人视为伦理和政治思想经典的古代名著的观点，家庭至少以三种方式被视为政治观念的核心。首先是众所周知的家庭与国家的相似性。正如陈宏谋在许多场合重复谈到的，国家是扩大的家庭，适用于管理国家的原则“同样”适用于管理家庭。权利和责任之间的关系，对兼顾感情和义务的天然束缚，“在家在国，无以异也”②。所有家庭管好了就意味着整个国家管好了，反之亦然。其次，道德高尚的家庭可以对周围的邻居起表率作用，从而有助于形成一个秩序良好，各种功能发挥顺畅的和谐社会。例如，陈宏谋曾经这样称赞汤斌：“为政于家，式化乡里。”③ 最后，国家可以设想成一个由多个家庭组成的复合体，它为多个相互联系的基本家庭服务，并在较大范围内实现社会、经济和礼仪秩序。因此，“败家世，必贻害于天下”④。

陈宏谋比当时其他政策制定者们更坚信的是，对于一个道德良好，功能齐备的社会来说，家庭无论从居家度日上还是维护祖制上都是不可或缺的基本单位。他认为家庭是稳定生产力（“恒业”）和人们自我行为约束的基础。⑤ 他还深切关注如何向社会推广儒家经典认可的“治家”之法，它包括“家计”但不限于此。按照陈的观点，以家庭、宗族和地方居民形成的社群为基础的理想社会秩序与当时流行的由各种宗教信徒自愿结合形成的社团是对立的。与受狭隘小集团利益驱使的颇受限制的团体相比，家庭单位所体现

---

① 《吕子节录》2：6。

② 《训俗遗规》2：9，3：24；《培远堂偶存稿》20：11；《陈文恭公书牍》2：12。

③ 寄李侍御元直书，见《陈文恭公书牍》2：14。

④ 《训俗遗规》3：22。

⑤ 《培远堂偶存稿》19：38－39；《训俗遗规》2：18。

的价值可以在全社会无限地扩大："爱亲者不敢恶于人，敬亲者不敢慢于人，亲亲长长而天下平，皆此义耳。"①

因此，作为一项实用政策，陈宏谋和其他18世纪的官员经常通过国家机器向各地民众灌输正确的家庭观，以实现稳定生产力和增强对社会的控制的目的。在这个帝国迅猛扩张时期，让非汉族用汉人的家庭模式取代他们原有的家庭模式是强化对边疆文化融合战略的关键。因此在18世纪30年代，时任云南布政使的陈宏谋印制了一万多册《治家格言》，并通过他新建立的官学（见第十二章）向当地民众广为散发。陈宏谋在西南地区的一个特殊改革对象是叔娶嫂制（寡妇下嫁给亡夫的弟弟或堂弟），他认为当地许多民众的这种以母系家庭为中心的风俗明显违背天伦。② 与此同时，陈宏谋对汉族家庭习俗的改革也很关注，他力求矫正陕西某些地区颇为盛行的入赘习俗就是一例。③

雍正和乾隆两位皇帝各以其独特的方式热衷于将强化家庭约束作为统治的手段④，陈宏谋亦乐此不疲。他每到一省任职，就编纂许多家庭教育的书籍，告诉人们如何谨言慎行，且通过官方渠道广为散发，并作为学生的必读书籍。每当遭遇水灾、饥馑和其他自然灾害，他总是用非常具体的方法号召受难家庭保持团结并给予他们切实可行的经济帮助。与此同时，他还将增强以血缘为基础的家庭联系（"父子兄弟"）作为保持社会安定的手段。⑤ 同许多其他清朝官员一样，他非常担心危险的无家"游民"，并设法将他们安置到可靠的接收单位。⑥

陈宏谋对道德规范的强调，例如他对赌博、酗酒和夜间演戏的再三禁止，几乎总是通过维护家庭团结和避免家庭财产受损的方式表现出来。⑦ 他

---

① 《训俗遗规》2：21。

② 《培远堂偶存稿》2：16；《培远堂手牍评》1：1－2。陈宏谋把《治家格言》一文收入《养正遗规》2：6－7，错误地认为它是朱熹的作品。

③ 《培远堂偶存稿》19：24。

④ 关于雍正，见冯尔康，358－63。关于乾隆，见张仁善：《论乾隆的等级伦理观及其维护等级伦理的措施》。关于这些担忧的事在清朝法令中的反映，见居焕武：《清律的处罚与申请》。

⑤ 参见奏折，乾隆16/7/4，见《宫中档乾隆朝奏折》1.58－59；《培远堂偶存稿》7：11－12，27：14－15。

⑥ 参见《培远堂偶存稿》19：38－39。

⑦ 参见《培远堂偶存稿》19：24－25。

痛斥婚礼和葬礼中的铺张浪费现象。在1760年他作为江苏巡抚发布的一份公告中（后来收入苏州地方志和1826年魏源的《皇朝经世文编》），他严厉谴责了繁荣而轻浮的江南社会中的种种骄奢淫逸现象。他认为，这种严重铺张浪费既对家庭物质财产造成威胁，又对家庭礼法造成了一种道德上的玷污。①陈宏谋头脑里始终坚持的一个“节”字，在其整个官宦生涯中，被他坚定不移地推广到了家庭范畴，“节”既表示与一个人的社会角色相联系的道德上的克制（例如寡妇的贞节）又表示经济上的节俭。

（七）两性

陈宏谋和其他清朝正统精英相信等级名分是人类社会的核心内容，这种观点成为他们两性观念赖以建立的基础。我认为，在那个时代，“名分”的中心地位仍然为人信奉不移。与之相反，性别关系的文化建构，也即对于男女如何在日常社会实践中履行各自的义务这一问题的看法，在陈宏谋所处时代一直是在不断变化的，这种观念上的变化部分可归因于从明末到清朝中期社会经济生活的变化。② 17世纪末以后经济商业化和货币化的飞速发展，为从本质上改变两性关系和扩大妇女的社会功能创造了新的机遇。随着社会，特别是江南地区的逐步加速的城市化趋势，在如纺织工场之类的工作场所和茶馆、酒肆之类的休闲场所（在那里，妇女既可以当雇员又可以作顾客）出现了越来越多的男女同工现象。妇女藏于深闺的文化理念在实践中越来越难以维持。③ 与此同时，在日益发展的城市娱乐场所出现了一群既世俗又有教

---

① 《皇朝经世文编》68：4。

② Kathryn Bernhardt 注意到17世纪女性在财产问题上的法律地位没有重大变化，据此她提出性别结构同样地没有发生重要的转变。参见 Bernhardt，“A Ming-Qing Transition in Chinese Women's History? The Perspective from Law,” 见 Gail Hershatter 等编：*Remapping China*：*Fissures in Historical Terrain*（Stanford：Stanford University Press，1996），42—58。基于本书下面的讨论，我认为她的推论是不正确的。在我看来，Bernhardt 所说的法律上变化的缺乏的确对当时的性别关系没有影响，但是，这只能说明帝制后期的法律编纂已落后于经济、社会与文化的变革。

③ 参见 Handlin，“Lü K'un's New Audience，” 26；T'ien Ju-Kang，*Male Anxiety and Female Chastity*（Leiden：E. J. Brill，1988），130—31。

养的新型职业妓女，这进一步表明男人可以因友情而选择女人。一种新的婚姻理念，即“友爱婚姻”，出现了，这种婚姻表现为一对具有相似教养和相同审美情趣的男女恋人的结合。① 这种情况从侧面反映出知识妇女比率（在全社会范围）的显著提高，同时也促进和回应了出版业的发展。反映这种大众阅读情趣的小说，在性描写上更为直露，同时也公开赞扬男女之间的浪漫情怀。②

在明末出现堪称“文化革命”的变化之后，清朝政府采取官民结合的手段对两性关系的诸多方面实施了严格的控制，这包括对强奸施以重刑、禁止色情文学、对同性恋行为进行法律追究、对家长权威给予法定支持以及颂扬寡妇守节等等。③ 田汝康认为，清代中叶，渴望出人头地的男性精英在争夺科举功名之类的稀缺资源方面承受着越来越大的压力，他们通过强调女性的忠贞来缓解这种压力。④ 或许曼素恩的观点更有说服力，她指出，社会流动的加快、社会地位差别的模糊以及社会性的解除个人依附关系运动（以雍正皇帝解放各种类型的贱民为顶峰）推动了对传统道德规范的重新肯定。⑤

到 18 世纪中叶，清朝早期的那种对两性关系的限制明显减弱，这一方面使费侠莉（Charlotte Furth）所说的“那种以质疑传统规范为中心的不同的价值观和社会实践”得以重现，另一方面促使另一部分士人产生对道德风尚

---

① Keith McMahon, “A Case for Confucian Sexuality,” *Late Imperial China* 92 (December 1988): 32–55。亦见沈复著，Leonard Pratt 和 Chiang Su-hui 译，*Six Chapters from a Floating Life* (New York: Penguin, 1983)，第一部分。

② 关于相互对立的女性主义的典型在这种新的大众印刷文化中被表现的方式，见 Katherine Carlitz, “The Social uses of Female Virtue in Late Ming Editions of Lienu Zhuan,” *Late Imperial China* 12. 2 (December 1991): 117–48。

③ Charlotte Furth, “The Patriarch’s Legacy: Household Instructions and the Transmissions of Orthodox Values,” 见 K. Liu: *Orthodoxy*, 203。关于清初道德上的禁令，见 McMahon, *Causality and Containment*, 66–68; Furth, “Androgenous Males and Deficient Females,” *Late Imperial China* 9. 2 (December 1988): 24–25; Mann, “Widows in the Kinship, Class, and Community Structures of Qing Dynasty China,” *Journal of Asian Studies* 46. 1 (February 1987): 49; 以及 Vivian Ng, “Rape Laws in Qing China,” *Journal of Asian Studies* 46. 1 (February 1987): 57–70。

④ T’ien, *Male Anxiety and Female Chastity*.

⑤ Mann, “Grooming a Daughter,” 214.

更为纯朴的旧时代的向往。这引起了一场有关两性角色的具有深远影响的辩论。辩论在官方通信、文人评述、祭文、家规、通俗道德书籍和通俗小说等公开和半公开的媒介上进行，内容主要集中在结婚和婚礼习俗、女性应否接受教育、正确的寡妇行为和祖传仪礼的适当形式等具体问题上。辩论的深层问题实际上涉及男人掌控家庭是否应视为理想的社会模式的问题，尽管这类问题直到一百多年以后才开始在社会上被逐步澄清。

需要指出的是，尽管这场主要在男人中间进行的辩论十分热闹，但是人们很难把那些参与者纳入现代学者常用的“进步”或“保守”的对立模式中加以分析。袁枚就是一个突出的例子。虽然他对妇女接受教育给予强烈支持，但他同时又是建立在男尊女卑基础上的纳妾行为的卫道士。① 像钱大昕（1728—1804）那样的经史大师们也不例外，他们有时以进步的“女权主义者”的面目出现，有时又以保守的男权中心论者的面目出现。他们研究儒家经典所描述的礼教制度，剔除后人掺入的部分，纠正各种曲解，从中发现可供现实使用的道德观念。在这一过程中，他们时而主张妇女解放，时而又主张对她们严加管束。陈宏谋在两性问题上的立场，与他同时代的其他人一样复杂，至少表面上看非常矛盾。在其立场中最有口皆碑的是他对妇女接受教育的热烈拥护（他的专著《教女遗规》对这个问题进行了深入的讨论，该书及其不同的节选本在清朝和民国时期重印了不下 20 次）。为了将一些特殊观点留作后续讨论的谈资，我们在这里将重点讨论陈宏谋对妇女的一般态度。

我们必须再次从家庭开始。正如我们已经讨论过的，家庭之所以非常重要是因为它是反映社会、政治和自然之间关系的基本单位，并且是个人正确扮演其角色的场所（“名分当彰”）。在很大程度上——尽管并不绝对——这意味着要有“上下之分”（“辨上下”）。② 陈宏谋非常赞同司马光的观点，即应由“家长”负责分配每个家庭成员与其身份相一致的职责，他认为，在战乱地区要特别发扬家庭精神，因为“尊重家长”（“尊长”）的理念对强化国家对社会的控制十分重要。③ 家长不仅应凌驾于其后世晚辈之上而且应凌驾

① Nivison, *Chang Hsüeh-ch'eng*, 265-66.

② 《训俗遗规》1：1。

③ 《训俗遗规》2：22；《培远堂偶存稿》13：46-48，19：39。

于其配偶之上。陈宏谋认为，正如年长者在道德上应该管教年轻人一样，丈夫必须对妻子“严加管教”（“夫男家妻父女”）。①

然而，他有时又会采用一种不同的论调。当他在陕西命令其下属向当地居民灌输如何正确处理一些主要关系的时候，他循循善诱地说，在家庭中，长幼之间要有“先后次序”（“长幼有序”），夫妻之间要“平等和谐”地相处（“夫妇有和”）。② 在对袁采1179年的《世范》进行修编的时候，陈宏谋从原文中选入了论述家庭成员之间的“宽容”、“克制”及“和睦”的部分，但省略了论述他们之间的“服从”、“为家长服务”和妻子应顺从婆家的部分。③ 帝制后期在夫妻关系上非常普遍的两种不同观点的矛盾，似乎在陈宏谋身上表现得十分明显。

陈宏谋认识到，妇女的贡献对家庭的繁荣和规范非常重要。从经济上来看，这种贡献开始于婚姻本身。为了教导富裕的江南家庭在订婚和结婚中奉行节约原则，他劝告新娘的父亲应在女儿的嫁妆上力求节省并将其中的大部分转换成土地陪嫁，因为土地在新建家庭的未来福利中具有“真正实际的效用”④。他认为妇女绝对有必要参加工作。受关学掌门人杨屾之专著《豳风广义》的影响，在其任职的各省经济发展计划中，他都详细考虑了农民家庭内部的两性分工问题。尽管陈宏谋从不否认男性在治家中的主导作用，但他同时也认为妇女在管理家庭中扮演着重要角色，如在确保家庭成员以礼相待，控制家庭支出和监管仆人等事务中发挥重要的作用。因此必须从小就向妇女们灌输有关此类事务的责任感。陈宏谋在《教女遗规》中写道妇女必须“明大义，谙物情”⑤。这种对原则性和实用性的兼顾（例如，他提醒妻子们要“爱惜灯火”⑥）正是陈宏谋的特点。他还强调亲身参与管理的重要性，他用告诫家庭妇女的箴言“妇人不谙中馈，不入厨堂，不可以治家”⑦ 来类比政府官员应具备的工作作风。陈宏谋强调指出，那些忽视道德准则或实际

① 《皇朝经世文编》68：6。
② 《培远堂偶存稿》19：22。
③ 比较《训俗遗规》1：21—41和Ebrey，*Family and Property*，181—97。
④ 《皇朝经世文编》68：4。
⑤ 《教女遗规》3：4；亦见《训俗遗规》2：3—4。
⑥ 《训俗遗规》4：47。
⑦ 《教女遗规》3：4。

利害关系的家庭不仅不可能长期维持，还将遭受经济的贫困、社会的谴责和自然的惩罚（“天灾”）。① 最后，也是最重要的，家庭是文化繁衍过程中不可或缺的关键因素，而在家庭内部，妇女的作用极为重要。

我们注意到，陈宏谋在其任职的各个省份始终关注婚姻双方的相配问题，他特别强调要禁止那些被中国精英文化视为乱伦的婚姻形式（如叔娶嫂形式）。他对女性的仁慈和尊重也许是他对婚姻相配的关注所导致的一个更令人惊叹的结果。陈宏谋直言不讳地谴责那种“将妇女视为商品”（“视为其货”），即为获得最大的经济利益而将妇女当作商品出售的做法。② 他在《教女遗规》中写道：“婚姻为一生大事，许定岂容变易？”③ 他对某些富裕家庭为谋取好处而将女佣嫁给为其当牛做马的“下人”的做法给予道德上的谴责。他还注意到许多家庭为获得可观的经济利益，而将他们的未成年女儿许配给上了年纪的男人的现象。他认为，“（夫妻双方）无论穷富还是贵贱都应该年龄相仿，只有这样他们才能白头偕老”。在这里，陈宏谋所期望的婚姻模式非常近似于友爱婚姻。

尽管陈宏谋从不反对家长对女性婚姻的决定权，但他坚持认为家长只有在“适当的时候”（“及时”）才能这样做。④ 这里包含着两个意思。其一是为了避免童婚。例如在女佣结婚问题上，他建议的结婚年龄为20岁，只有女佣到了这个年龄，其主家方可为其挑选相称相宜的配偶（“相称相宜”）。其二是为了避免当时非常流行的订婚与完婚之间的久拖不决。陈宏谋从经济角度坚决反对这种习俗，他认为，正是这种陈规陋习给婚配双方家庭造成许多时间和金钱的浪费。这种习俗还会造成女性由于订婚过早而年轻守寡这种可悲现象的发生。在陈宏谋过世若干年后，汪中（1745—1794）与章学诚就这个社会问题展开了激烈的辩论。他们的辩题是，女性对其配偶的忠诚义务应该始于结婚之日还是早得多的订婚之日。⑤ 总之，陈宏谋理想的婚姻观是夫妻双方相亲相爱、门当户对、成年成婚、白头偕老。

---

① 《教女遗规》3：1。

② 《培远堂偶存稿》19：24。

③ 《教女遗规》3：22。

④ 《皇朝经世文编》68：4。

⑤ Nivison，*Chang Hsüeh-ch'eng*，262.

但是丈夫死了怎么办？陈宏谋非常认同妻子守寡的文化理念（“节孝”），并且赞成政府宣传这个理念。寡妇不再婚的说法最早源于《礼记》，随着时间的推移，寡妇守节的行为要求政府通过各种表彰忠诚的活动给予政治上的承认。清朝初期的统治者对这种做法非常偏爱，他们通过在寡妇中树立楷模，将帝国册封的旌表赐予寡妇家庭，通过树碑，修建贞节牌坊和给予金钱奖励的方式积极宣传这种行为。出于各种原因，文化精英们对这种行为的反响十分热烈，于是促成了一个重新定义这种行为和国家确认模范寡妇的冗长程序。①

陈宏谋不仅在他的家乡广西更新和重印了一本由前任巡抚杨锡绂编辑的《节妇传》②，还在他任职的云南、陕西和其他地区命令他的下属尽力寻找和推荐节妇事例提交给国家表彰。然而长期以来，政府对节妇的确认和册封一直采取不甚积极的态度，这令陈宏谋感到十分不满。他认为，这方面的疏忽已经造成整个社会的道德懈怠，并且甚至会导致对人类基本行为准则（“人道之大常”）的违背。③

值得注意的是，陈宏谋将推广节妇行为的地区主要集中在边疆省份而不是像江苏和江西那样的内地省份。他将推行这种行为，视为规范边陲社会伦理道德的关键和“教化”边民的基本步骤。他认为：“其为化海边民之计，诚足以树之风声。”④。然而对陈宏谋来说，推广节妇行为比相对简单地推广中原文化更为重要。因为寡妇守节是儒家思想的要义，并且是人类所天生具备的美德，而边民同属人类，因此他们也应像汉民一样天生具备这种美德。表彰节妇成为18世纪中叶的某种时尚，仅在1749年一年，在富庶的江苏省就产生了两百多位国家册封的节妇。雍正皇帝早在1723年就注意到了这种趋势，他不无嗔怪地提醒各级官员，他要求他们在“贫穷的乡村”寻找节妇要

① 这些政策的变化在《大清会典事例》（1899）里有记载，403：8－32。亦见 Mark Elvin，“Female Virtue and the State in China，” *Past and Present* 104（1984）：111－52；Mann，“Widows”；尤其是 Yamazaki Jun'ichi，“Shinchō ni okeru setsu-retsu zokuhyō ni tsuite，” *Chūgoku koten kenkyū* 15（1967）：46－66。

② 杨锡绂：《节妇传》，陈宏谋修订本，1761。我要感谢 Timothy Brook，他提供了这个版本。

③ 陈宏谋：《节妇传序》，见王昶，27：13。

④ 《培远堂偶存稿》3：14。

像在繁荣的江南城市一样勤勉。① 陈宏谋非常赞同皇帝的意见，因为他的社会政策总是和雍正皇帝保持一致。当他注意到国家册封的节妇很少来自边远地区或穷人时，他强烈意识到这是他的部分同僚根深蒂固的偏见所导致的结果，在这些人看来，真正的节妇根本不可能产生于他们之外的其他社会阶层。陈宏谋激愤地撰文对此进行了严厉抨击。②

陈宏谋对社会上屡见不鲜的强迫寡妇再婚现象也感到十分愤慨，他将这种现象与妇女商品化联系在了一起。他指出了这种现象的讽刺意味：一个女子在童年即被她的生身父母为谋取经济利益而许配给一个上了年纪的男人，这导致了她的年轻守寡；然后又是她的父母将她拍卖给出价最高的人以促成二次婚姻（她的身价由于继承了其前夫的遗产而提高），同时强迫她抛弃对她前夫应有的忠诚和怀念。③ 陈宏谋将这种现象看做又一种泯灭天良、唯利是图的恶劣行径。

我认为，对那种鲁莽地用现代人的观点分析近代早期中国社会妇女问题的历史学家来说，陈宏谋的上述观点是很有启发意义的。很明显，陈宏谋并非想禁锢守寡的妇女，而是要把她们从商品化和家长的剥削和操纵中解放出来。梁其姿在最近的一份研究中认为，那些为维护家族血统纯洁而守寡或已进入“清节堂”的清朝妇女，应该同意陈宏谋的逻辑。④ 因此，我们过去对这种文化理念的理解并不见得准确，陈宏谋对这种理念的支持也并不像某些人所认为的是一种“保守”的表现。

在寡妇以自杀作为向其亡夫表示忠诚的方式中所体现的道德观，是寡妇守节中的一种最令人难以接受（以现代人的标准）的道德观。对这种行为是

---

① Elvin，133−35.

② 《培远堂手牍评》1：2−3；《培远堂偶存稿》3：14−15。

③ 《培远堂偶存稿》19：24。关于清朝促寡妇再婚背后的经济因素，参见 Jennifer Holmgren，“The Economic Foundations of Virtue”的精细分析，见 *Australian Journal of Chinese Affairs* 13（1985）：1−27。关于法律背景的讨论，见 Ann Waltner，“Widows and Remarriage in Ming and Early Qing China，”见 Richard W. Guisso and Stanley Johannesen，*Women in China*（Youngstown，N. Y.：Philo Press，1981），136−38。清律比明律更注意保护寡妇决定再婚的自主权，值得注意的是陈对其更关切。

④ Angela Ki Che Leung，“To Chasten the Society：The Development of Widow Homes in the Ch'ing，1773−1911，” *Late Imperial China* 14. 2（December 1993）：1−32.

应当表彰、奖励还是谴责，连清廷本身也没有一个准确的说法。① 寡妇是否应当殉夫在知识精英中也有许多争论。像明末清初黄宗羲和陆世仪这样的文人巨匠公开宣称赞同这种行为，而同时代的许多学者则对此一直持批评态度，他们认为这是一种逆人情的“过礼”行为，而过礼就意味着违礼。②

陈宏谋对这个问题的立场是相当复杂的。在他修订的新版广西“节妇传”的序言中，他摘引了一个杨姓寡妇的传奇故事，该女子宁愿自杀也不接受家庭和邻居试图强加给她的再婚。她的这种行为引起村里各种对她表示谴责的流言蜚语，后来一位乡村士大夫将她的事例上报到朝廷，最终被确认为节妇楷模。直到这时那些嚼舌的邻居才开始为当初的行为感到后悔。陈宏谋对这件事表示了如下愤慨：“呜呼！执节守义者，人之性也。而习俗之偷至于没溺蒇锢而不自觉，如恭乞公所称，其赖于上之激发者何如哉。”③

上述段落除了显示出精英政治和平等主义的奇妙混合之外，还非常清楚地反映出陈宏谋对杨姓寡妇的自杀选择所表示的赞同态度。但是他并没有宣称杨氏的选择是最佳的。从他在其他场合亲自赞美那些继续维持自己生活的寡妇来看，很难相信他会鼓励这种自杀行为。更说明问题的是他摘引了袁采的下述评语：“有夫死子幼，而能教养其子，敦睦内外姻亲，料理家务，至于兴隆者，皆贤妇人也。”④ 陈宏谋还亲笔颂扬了一位其老家临桂县的周姓寡妇，并为她立了传，该女子在丈夫死后坚忍不拔地活了下来，并且带大了她的孩子。周氏 22 岁开始守寡，她拒绝了许多求婚者，宁愿含辛茹苦地生活，并且坚持不懈地鼓励其子发奋读书。当她儿子在官场考试中屡试不中的时候，她一方面安慰他，一方面劝他屈尊接受衙役的职位。在她 79 岁死前不

---

① 关于朝廷在这个问题上立场的变化，见 Yamazaki，50－51；Paul Ropp，“The Seeds of Change：Reflections on the Condition of Women in the Early and Mid Ch'ing,” *Signs* 2.1（1976）：8－9。

② 公开反对以礼节上的正确性（包括对寡妇自杀的评价）的名义来极度要求女性贞节的学者包括归有光（1507—1571）、毛奇龄（1623—1716）、钱大昕以及汪中。见陈东原：《中国妇女生活史》（1937；再版，上海：上海书局，1984），246－47；Yuasa，114－16；Ropp，“Seeds of Change”；胡发贵：《清代贞节观念述论》，载《清史研究集》7（1990）：153－70。

③ 陈宏谋：《节妇传序》27：12－13。

④ 《训俗遗规》1：27。亦见 Ebrey，*Family and Property*，221，这些译文取自于该书。

久，回报终于来了，她儿子的儿子成功地通过了乡试。①

对陈宏谋来说，自杀总归是一种道德上难以令人尊重的“轻生”行为。在陕西他曾命令其下属逮捕和严惩任何劝告别人自杀的人。尽管他知道自杀的原因有很多，例如欠债等，但他还是选择其软弱性一直备受谴责的妇女（守寡的或其他的）来解释自杀的原因：

> 闺门妇女，鲜知大义，不如意之事，尤所时有，在父母翁姑夫男兄弟为之训诲劝解，或邻姑老媪为之宽慰，亦自不致有意外之事。②

陈宏谋动情地总结道：“士民各有姐妹妻女，平时宜加劝勉，不但免意外之祸，亦成家立业之一端也。”

我认为，我们在陈宏谋身上所看到的，并不是对程朱理学在妇女守寡和两性关系上所持严厉压制态度的明确抵制，而是对程朱理学所捍卫的规范及所强调的重点的某种微妙的转换。张伯行（1651—1725）决定在其重新编辑的《近思录》中删除程颐的下述名言：对于寡妇而言，饿死事小，失节事大。因为他认为这种极端的说法是难以令人信服的③，这反映出在现代社会早期，甚至道德观念最强的士大夫也对宋朝规制越来越不以为然。同样，虽然陈宏谋也强烈认同程朱思想，他在其编著的《养正遗规》和《训俗遗规》中多次摘引了程朱思想的经典，但非常引人注目的是，在他编著的有关妇女的《教女遗规》中却只字未引宋朝的文献，将文献摘引从汉朝直接跳到了晚明。人们甚至发现陈宏谋的某些言论与程颐的说教是背道而驰的一个人“饥寒交迫，急不择音，妄取妄求，势所必至欲固其节，其可得乎”④。这句话暗示着应当正视人们的温饱，并要求人们为改善物质条件而努力工作。

从宋朝开始，男女有别的儒家学说就一直在各个领域被强调和贯彻，以

---

① 陈宏谋：《周节穆传》，见李祖陶：《国朝文录》44：28－31。Bettine Birge, “Chu Hsi and Women's Education,” 见 de Bary and Chaffee，348－52。注意朱熹自己的贞节寡妇传倾向于颂扬类似的行为。Susan Mann 动情地讨论母子关系对这类文学作品产生的影响，其中许多作品内容反映了作者本人的生活经历，见“Widows”，32－56。

② 《培远堂偶存稿》19：36－37。

③ Birge，339－40. 汪中甚至（错误地）认为寡妇再婚早在宋代就已被禁止；Yuasa，115。

④ 《训俗遗规》1：12。

至于发展到女主内男主外的程度。正如高彦颐（Dorothy Ko）最近所指出的，在近代社会早期，女主内男主外被视为是一种确定下来的相互关系而不是两者角色绝对不能互换。孰为内孰为外，需要根据情况而定，从某个角度来看属于内的事务从另一角度看就可能变成外。在这种情况下，女主内男主外，并不是要求两性必须实行隔离，而是一种两性互动及两性相互关系的指导性模式。①

然而，男女有别还有一种从程朱理学继承下来的比较严格的定义，这个定义源于儒家学说有关妇女“廉耻”的清教徒式的说教。按照这个定义的要求，妇女出门必须佩戴面纱，在公开场合男女不能相互接触（包括夫妻），不能坐在一起吃饭等。对于像陈宏谋这样的18世纪的文化保守主义者来说，这些观点因有朱熹、司马光和其他儒家先贤的支持而具有至高无上的权威性。②

上述男女有别的观点最明显地体现于将妇女限制在居所或闺房里的主张。有一点很清楚，在近代社会早期的中国就两性和家庭问题的全部辩论中，针对妇女是否应该守于闺房的争论尽管并不非常清晰，但也是至关重要的。在这场辩论中，一位重要的人物吕坤（他对陈宏谋具有特殊的影响）的观点非常引人注目，他认为，妇女走出深闺以充分显示她们的生产潜力是非常适宜的，他还将这个观点写进一本他取名为《闺范》的书中。③ 到了清朝中期，反对这种观点的势力（以章学诚为代表）重申了对两性在功能和肉体上均需隔离的旧说。

在这场辩论中，陈宏谋的立场坚定地站在了保守派一边，尽管他对这场辩论也存在着当时作为一个男人都会存在的某些怀疑。例如，在他充满热情地撰写有关妇女必须接受教育的文章时，他并没有附和吕坤的下述观点，吕

---

① Dorothy Ko, “Pursuing Talent and Virtue: Education and Women’s Culture in Seventeenth and Eighteenth Century China,” *Late Imperial China* 13.1 (June 1992)：尤其是11页。

② 见Birge，331－32。

③ 比较Handlin的“Lü K’un’s New Audience”，26。Carlitz的“Social Uses of Female Virtue”，比Handlin对吕在女性的态度问题的观点更模糊。陈宏谋的《教女遗规》也是如此，吕的文章了不起之处在于他乐于支持这种对立的观点。在这方面他代表了当时的时代。

认为，允许妇女参加工作从某种意义来说是值得的。另外，他也没有建议妇女接受教育的地点应该在深闺之外的学校中进行。更有甚者，陈宏谋坚决反对在男女有别问题上作出任何妥协，他对当时不分内外的时尚也表示十分不满（“视门内辱闾”）。① 在《训俗遗规》中，他不无赞许地摘引了熊弘备针对妻子们的一句直截了当的忠告：“身不出阃。”② 在江苏他教导地方官员说：“妇女礼处深闺，坐则垂帘，出必拥面，所以别嫌疑，杜窥视也。”③ 很难想象还有比这更为苛刻的限制女性的语言。此外，陈宏谋非常清楚他还远未将当时世风日下的情况完全描述出来。于是他接着上段说道：

> 何乃习于游荡，少妇艳妆，出头露面，绝无顾忌。或兜轿游出，或灯夕走月，甚至寺庙游观，烧香做会，跪听讲经，僧房道院，谈笑自如。又其甚者，三月下旬，以宿神庙为结缘。六月六日，以翻经十次可转男身。七月晦日，以点肉灯为求福。或宿山庙，还愿求子。或舍身于后殿寝宫，朔望供役，僧道款待，恶少围绕，本夫亲属，恬不为怪。深为风俗之玷。

事实上，正是这些社会现象极大地刺激了陈宏谋。陈宏谋是儒家伦理和道德规范（尽管他的认识未免有些狭隘）的坚定捍卫者，他坚决反对任何被他视为是异端或无用的大众文化活动。如果有人研究陈宏谋认为妇女不宜参加的活动有哪些，那么他会发现，几乎所有活动陈都反对，这包括：集体朝圣、佛教法会、夜间歌舞表演、皮影戏表演（通常含异端内容）以及奢侈的婚礼和葬礼等。④ 陈宏谋并不是从两性关系角度批判这些事例，但这些现象使他扩大了妇女操守适用的禁区。并且，他反对的是这些聚众活动（很明显，都是集体活动），而不是单个妇女离家工作或娱乐，他认为对这些活动要进行道德约束。陈宏谋相信有一个妇女隐身深闺的黄金时代，尽管他为这个时代的消失深感惆怅，但他毕竟是一个非常务实的人，他并不想不合时宜地开历史倒车。⑤

---

① 《训俗遗规》1：8。

② 《训俗遗规》4：48。

③ 《皇朝经世文编》68：5。

④ 参见《培远堂偶存稿》19：34；《皇朝经世文编》68：6。

⑤ 在陈再版袁采的《世范》时，他选择删掉了关于“规”的部分。这一点也似乎是非常重要的。

在陈宏谋的著作中，确实有若干把“闺”的理念视为既不可行又不遂人愿的表述。例如，他在《教女遗规》中写道：“妇女深处闺房，不知世事艰难，习成骄悍情性。”这样的女人会惹出无数的麻烦，进而导致家庭的瓦解。① 陈宏谋还认为，那些将自己女儿品行置之脑后的父母们，完全剥夺了女孩们了解社会和掌握应有的生活经验的权利，“当其甫离襁褓，养护深闺。非若男子出就外傅，有师友之切磋，诗书之浸灌也”②。我们将在第十二章看到，这正是陈宏谋提倡妇女接受教育的出发点。

上述表述还揭示了陈宏谋对女性的观点，这种部分清楚、部分很模糊的态度，是当时许多男性精英所共有的，因此也是我们所不能忽视的。那么陈宏谋的女性观在多大程度上是本质主义的，也即认为男性和女性本质上属于不同的人类群体？西方的两性历史学家近来越来越把本质主义女性观看做近代早期社会的产物，并且将其同“科学的”中产阶级家庭教化妇女的新文化模式联系起来。③ 最近，白露执著地认为，这些在中国出现的概念实际上是从西方引进的，而且大部分是在20世纪初引进的。她以新词“女性”的引进说明这一点，该词暗示女人与男人的生物学差异远不止于二者在生殖上的区别。白露认为，在这之前，女人的角色只是妻子、母亲或女儿等，几乎从未听到过杰出“女性”的称呼。陈宏谋为她的这个观点提供了重要的佐证。④

根据我对陈宏谋的研究，我认为，白露的论点有一定依据，但也存在相当多的夸张之处。白露认为，在18世纪的性别话语中，运用“科学”方法为本质主义女性观辩护并没有产生什么影响，这一观点当然是正确的。因为陈宏谋从未说过他所发现的女性特征来源于生物学。白露的下述观点也是正确的：对陈宏谋和他同时代的人来说，他们在形成对妇女的看法的过程中，起决定作用的是妇女对家庭或社会所作的贡献，而非她们的性别。但是后者也从未从他们的词典中消失，尽管不那么重要。“男”和“女”当然是众所

---

① 《教女遗规》3：8。

② 《教女遗规》1：1。

③ 这种观点的表述见 Joan Kelly, "Early Feminist Theory and the *Querrelle des Femmes*, 1400-1789," 见 Kelly, *Women, History, and Theory: The Essays of Joan Kelly* (Chicago: University of Chicago Press, 1984), 87-89。

④ Barlow, 253-89.

周知的词汇。从字面上看，“妇女”是妻子（“妇”）和女人（“女”）的组合。这个日常使用的词汇非常明显地含有家庭而非生物学的含义，并且它非常近似于20世纪的词汇“女性”一词所表示的一种性别分类。而“男女有别”这个成语则是一个既表明主语是谁，又表明应该如何做的言简意赅的陈述。陈宏谋本人非常喜欢这个成语。① 它同时包括三个含义：（1）男女之间应避免身体接触；（2）在家庭和社会男女的身份不同；（3）也许不如前两个含义重要，但仍须指出，男女本质上是不同的。

陈宏谋非常乐于用一个不同于“妻子”、“女儿”等具体称谓的概括性说法指称她们。与大多数同时代的人一样，他使用“女工”这个表明性别差异的词汇，正如我们所看到的，在他为地区经济发展而制定的各种利用劳工计划中都深深地打着女工的烙印。他还是一个固执的“四德”提倡者，所谓四德是专门要求妇女具备的美德，要求她们要顺从各类男人。② 更为有趣的是，他时常对妇女的心智品性发表看法。他认为，妇女一般来说比较富有同情心（“慈惠”），容易迁就别人（“辜息”），并且头脑简单纯真无邪。他在《教女遗规》的前言中写道：“余又见夫世之妇女，守其一知半解，或习闻片词只义，往往笃信固守，奉以终身。”③ 对陈宏谋来说，尽管这些性格特点似乎是妇女与生俱来的，但是很明显他仍把它们当成妇女长期禁锢于家庭之内，与社会隔绝的产物，而矛盾的是，这又是陈倡导的女不出闺的文化理念实行的结果。

妇女的这些“东方特质”使她们以一种离奇幼稚的方式服从男人的管教，而女人和男人都是人类大家庭的平等成员的观念，仍然是陈宏谋著作中更为坚持的理念（在当时文化传统偏见的威胁之下，他时常将自己的这种坚持视为捍卫神圣的真理）。他认为女人与男人同样具有学习读书的天生智力（“性慧”），正是基于这个前提，他积极倡导妇女教育运动。④ 陈宏谋认为，两性差别与人类普遍具有的天良和上天赐予妇女的四个美德是不相关的，因此他提倡妇女应像男人一样争取道德上的自立。同样，他发现

① 唯一的例子，见《皇朝经世文编》68：4。

② 《教女遗规》3：8。

③ 《教女遗规》，序，3：1，3：13。

④ 《教女遗规》，序。

女性情绪多变的性格特点，不过是人类情绪反应的特殊表现。最后，我们不难看出，陈宏谋所提出的有关如何对待新娘和寡妇的观点，归根结底是建立在他对男女平等地享有人类基本的和不可剥夺的尊严的认同的基础之上的。

（八）个人

陈宏谋的人类观把人视为人类共同体的一员，视其为按性别、种族、教育水平和财富划分的群体以及各种社会角色的扮演者。在这种人类观中，个人的意义、尊严和自主占有多大分量呢？许多对儒家社会思想中的个人角色观念进行过深入研究的西方学者，例如哲学家孟旦（Donald Mumro）和罗思文（Henry Rosemont）、历史学家罗梅因·泰勒和社会学家加里·汉密尔顿（Gary Hamilton），一直强调这种人类观念与西方后启蒙运动学术传统相联系的任何重要的个人自主价值观是不相容的。① 社会学家金耀基（Ambrose King）的观点是个例外，他告诫人们："必须牢记，儒家学说中的个人并不只是一个被动的角色扮演者，机械地按照社会结构所指定的角色来行动……儒家学说中的个人是由主动并勤于思考的自我组成的。在人与人的关系结构中，这种个人可以确定自己和其他人的身份，并总是处于中心地位。"② 在一篇有关现代社会早期中国知识分子变化的开创性论文中，狄百瑞表示了相似的看法："（儒家学说编织了）一张由相应义务或道德关系组成的网，每个人在这张网中寻找和确定自己的身份。除此之外一个人不可能拥有真正的身份。同样重要的是，这些关系本身并不决定一个人的全部。在这张网的中心存在着个人的内在自我，在那里，个人的内在自我享

① Donald J. Munro, *Individualism and Holism: Studies in Confucian and Taoist Values* (Ann Arbor: Center for Chinese Studies, 1985)，尤其是 259 页；Munro, *Images of Human Nature*, 101–3；Munro, "Concept of Interest," 187, 197；Rosemont, "Rights-Bearing Individuals and Role-Bearing Persons"；Taylor, "Chinese Hierarchy"；Gary G. Hamilton, "Patriarchalism in Imperial China and Western Europe: A Revision of Weber's Sociology of Domination," *Theory and Society* 13.3 (1984): 393–425。

② King, 67.

受着它的自由。"① 同样，张灏也指出过"个人出类拔萃"的观念与他作为儒家强调的各种社会关系中的一员思想共存的现象，尽管他比金耀基或狄百瑞更强调二者之间的紧张。②

狄百瑞与张灏（以及研究帝制后期的许多其他历史学家）除了一般性地看到儒家思想中的个人主义倾向之外，他们还注意到在明朝末期较为开放的文化氛围中儒家个人主义思想里的一项重要的突破性发展，这就是像王艮、何心隐和李贽那样的激进主义学者从王阳明学说的"良知"思想中引申的激进主义观点。然而多数学者倾向于认为，这一突破性发展所取得的成果是短命的，几乎完全被清朝早期和中期政治上和意识形态上的反动浪潮所否定。

从目前对陈宏谋的研究来看，这一观点是完全正确的。尽管陈宏谋是一个位高权重的著名"保守派"思想家，但在他的思想和著述中所展现出来的，不仅有源于悠久儒家传统的对基本人文主义的强烈追求，而且包含着明末个人解放思潮（这种思潮被我称为近代社会早期中国人思想觉悟的开始）的遗存（尽管做了一些改头换面）。从某种意义来说，陈宏谋曾经试图制止泰州学派和其他学派的个人主义倾向，但在严格限定的范围内他又以自己的方式充满热情地宣扬个人主义观点。在本书中我们已经（并且将会）屡次发现，在陈宏谋的思想和政策的许多方面存在着可以贴上"个人主义"标签的内容。在对本章进行总结的时候，我打算对这些方面的内容作概略性叙述。

我将陈宏谋的个人至上观点概括成五个方面。第一是他强烈的个人使命感或敬业精神和救世的责任感，以及我们所看到的与此相联系的至少周期性产生的个人负罪感。第二是他坚持认为所有人都有其不可剥夺的个人尊严。他对孟子人皆心存天良说教的坚信不疑促使他谴责任何有违天良的事例或习俗，例如从他对待童养媳和寡妇的态度就可见一斑。第三是他经常教导人们，要坚持个人道德上的自主，不要被迫或不加考虑地屈从于外部权威。陈

① de Bary, "Individualism and Humanitarianism," 149. 亦见 de Bary, "Neo-Confucian Individualism," 其作品 *The Liberal Tradition in China* 的第 3 章（Hong Kong：Chinese University Press，1983）。

② Hao Chang, "Confucian Cosmological Myth and Neo-Confucian Transcendence," 见 Smith and Kwok，11－34。

宏谋对王阳明屡受攻击的有关个人良心和良知观念的接受（见第四章），他所提倡的全民教育以及他对酷法和公共安全机制（例如“保甲”制）所持的怀疑态度都反映了他在道德操守和社会安康上的以人为本观念。第四是他对个人价值和个人成就的追求。尽管陈宏谋经常劝告其下属要安分守己，但实际上他非常赞赏那些“有心向上”的人。为了树立良好的社会风气，有志者们一定不要被社会习俗所束缚。① 第五是他对追求个人经济利益的至少部分的认可。正如我们在第六章所看到的，尽管他对追逐利益的态度是摇摆不定的，但他一再坚持个人私心是天赐之物。

陈宏谋写道：“人情有公，亦有私”。私心和公心一样，完全是天生的。虽然私心不应被盲目地放纵，但也不应被抑制或忽视，它应该在某些原则和道德标准的基础上被有效地引入正轨。② 妄想得到别人的既得利益，或者故意以损人利己的方式行事，都应该被谴责为“自私”，而单纯谋取个人物质利益本身则不应受到谴责。在道德上应受谴责的是不讲道理的竞争方式而不是私心本身。人们完全可以证明私心与公心是并行不悖的。③ 我认为，我们在陈宏谋身上可以看到一个近代社会早期人物是如何努力把当时兴起的对人的欲望和私心的重新肯定——他本人参与了这个活动——与世代相传的无私忘我和出以公心的道德规范相互协调一致的。

进一步考察会发现，陈宏谋对个体本身（“己”）的态度是非常复杂和充满内在紧张的。在大约1746年陈宏谋给杨应琚的一封长信中，这位成熟的巡抚全面阐述了他对这个问题的看法。该信讨论了古代儒家经典中有关“为己”的论述，为什么古代先贤同他一样认为为己的动机是值得肯定的，而许多当代人却借用它们反对任何自我发展行为？陈宏谋就这些问题提出自己的观点。他认为这些人并没有理解“己”的真实含义。他们把“为己”曲解为自私，并且搞错了“为己之道”的原意。为了向他的同事澄清“己”的真实含义，陈宏谋引用了程颐（1033—1107）的一段话，程颐指出，过于狭隘地理解“为己”或“为人”是危险的。为己的毛病是显而易见的，但陈宏谋特别注意到程颐针对过分的“为人”有可能导致的“丧

① 《在官法戒录》1：3，1：6。
② 《吕子节录》1：70。
③ 《吕子节录》2：81。

己”的忠告。① 对陈宏谋来说，真正的人性在某种情况下有其“克己”的一面，但也有其张扬自我的一面。自我实现非常接近于人类行为的共同目标，而这个目标只有在社会实践中才能达到。

狄百瑞一贯非常重视帝制后期伦理思想中的“个人主义”趋势，他一直在谨慎地（尽管也许不如他的批评那样谨慎）区分儒家的个人主义与近代社会早期西方兴起的个人主义。狄百瑞指出，中国人的不同在于，他们对自由竞争精神的认可程度远不及西方人，并且他们总是在家庭、社会和政治等“机制框架”内考虑个人问题。② 对于这一点我想做一些补充，我认为，直到20世纪初叶，在中国文化中从不存在与西方文化理念中特有的“粗犷的个人主义”相类似的东西，即在所有人相互反对的环境下取得个人成功。如上所述，陈宏谋的人类观包含着强烈的肯定个人价值的趋向，反映出近代早期出现的新趋势。但除此而外，在陈的思想中还有其他对人、人性和人类的理解：即把人视为人类共同体的成员（陈宏谋比同时代其他人宣传得更多的观点），视为人类共同体中按性别、种族和社会经济地位划分的群体中的成员，并且视为一个密集的，由各种角色及各种角色关系组成的互相结合得很好的人际网络中的一员，而这最后一点是最重要的。这些观点在陈的思想中，竟能与他对高扬个体的倾向和平共处。

陈宏谋在《从政遗规》中通过引述王阳明的一段话最直接地表达了对个人的看法。陈宏谋谈到，许多世人从“自己”与“他人”相互对立的角度理解“自己”，这是绝对错误的。个体（“吾自一身”）是一个真正有意义的存在，他渴望个人成就，他是社会的栋梁，他将义不容辞而又心甘情愿地献身于由尊重、责任和共同目标来维系的社会共同体。③

---

① 寄杨秋水应琚书，见《陈文恭公书牍》2：9。比较程颐的观点，发现人类不是只有一个而是两个“自我”：“自私”的自我和真实的“内在自我”，道德个体最后必须回归于这一“内在自我”，因此在追求完美社会的过程中与“内在自我”相结合。见 de Bary，*Liberal Tradition*，24－27。

② de Bary，“Individualism and Humanitarianism，” 146－47.

③ 《从政遗规》1：18－32。

第十章
治

清代中国（一个通行儒教与中央集权的帝国）同以往历朝历代的政权一样，体现着相互矛盾的治国理念。一方面它认为国家应由品行符合礼教规范并急公好义的文雅君子来管理，这种理想来源于《四书》、《五经》，贯穿于科举考试，构成儒家知识传统的基石。同时它也推崇与之相对应的另一种观念，视国家为一个普通的、高效的、高度统一的治理机构。此观念的来源较复杂，但主要是与第一个建立帝制、鼓吹法家思想的秦朝政权（前221—前207）有关，无论是18世纪和今天来看都是如此。尽管其后的各朝政权，包括清政权在内，都欣然接受了秦创建的政治体制，并努力地使之日臻完善，但是在此过程中也包括同儒教宣扬的仁政思想的妥协，但是，精英文化从未对这种妥协满意过。陈宏谋的观点就证明了这一点。例如他同许多官员一样，强调礼相对于法和刑在维护社会次序的至上地位。①

从某种意义上说，帝制国家的官僚体制是一种尴尬。但在18世纪中叶国家治理有序的时候，这种尴尬境地还能为官僚精英所承受。陈宏谋秉承的经世传统特别强调体制化政府对社会的控制。如本书第四章所言，陈并没有在经世之论中有什么宏论，但毫无疑问的是，他力图在实践中扩大国家的权限并提升其管理效率。

不过还有另一个更深层次的问题。陈与他的同僚们扩大国家权力的努力正与倡导地方自治在道德上与实践上的种种优越性的思想相抵触。这种思想

① 参见《吕子节录》2：62-66；《从政遗规》2：58。关于帝制后期历史上对这一普遍问题日益增加的有趣思考，见 Pierre-Étienne Will，“Bureaucratie officielle of bureaucratie réelle：Sur quelques dilemmes de l’administration imperiale a l’époque des Qing，” Études Chinoises 8.1（spring 1989）：尤其是 99 页。

倡导由地方的、为当地文化所认可的精英群体而不是国家官员来行使管理职能，不论国家官员有多么开明和多么宽厚仁慈。使问题更加复杂的是，像陈宏谋这样致力于完善、加强官僚统治机器的人却又恰恰最珍视地方群体自治这一治理模式。下面我们将逐一探讨这些问题，首先我们将察看促使陈形成其所谓“治国”方略的依据，然后我们要谈谈他在理论上和实践上如何协调“治国”方略和地方自治的冲突。

（一）良吏与官僚政府

帝制后期，由少数道德高尚之人治国的传统观念仍在“循吏”（模范官员）所代表的高度构建的文化体系中生生不息。自从公元1世纪的《汉书》问世以来，官修史书会有“循吏传”出现，及至清代，上至文化精英下到平民百姓都对这些人和他们具备的品质有所了解。诚然，个人品行十分重要，但它并不起决定作用，正像余英时所指出的，众所周知“内治”（自我管束）与“外治”（对外部世界的管束）是密切相连、不可分割的，但是在经世致用的原则下，能力在“外治”中的作用尤显重要。节俭谦逊确是循吏们应有之质，而如明朝名臣海瑞（1514—1587）那样的耿直不屈、刚正不阿的作风却并不能带来什么实际效果。

违抗上级指示的勇气也不是官吏素质中所着重要求的（虽然在其他情况下它是颇具影响力的）。总之，良吏就是能为百姓孜孜不倦效力的官员。通常这包括两个方面的解释：第一是“教民”——向百姓传播传统的文化理念，换言之，就是行“教化”之职（我们将在第十二章中回顾这一点）；第二是“富民”，循吏们名望基于他们在减轻税负、拓宽良田和灌溉系统、抗洪赈灾、兴修民用工程以及如余英时强调的促商利贾等方面的贡献。①

清朝早期的一批省级官员（魏丕信称他们为一群“志同道合的人”）均达到了循吏的标准。他们中有于成龙（1617—1684）、魏象枢（1617—1687）、张伯行（1652—1725）和极负名望的汤斌（1627—1687）。陈宏谋欣

---

① 余英时：《汉代循吏与文化传播》，见余英时：《士与中国文化》（上海：上海人民出版社，1987），129-216；常春明。

赏他们的贡献并视为自己的榜样。在1742年编著的《从政遗规》里①，他通过引用他们的事迹和言行来阐述清官典范。他毫不隐讳而且相当努力地向历代的循吏看齐，为成为青史留名的循吏而奋斗，并最终如愿以偿。清代传记作者，包括国史馆为陈写传的无名作者，在为陈写传时都以历代的循吏为范本。② 他们中的大多数人与陈素不相识，循吏的一生只不过为他们提供了一个用于道德说教的好素材，而陈似乎就是一个恰当的例子。

我们从陈在自己辖区大量发行的《从政遗规》③ 以及各种公私信件中，可以看到他心目中的良吏形象，一个凡事都精于治理的官员形象④，这种官员品行端正，克己守职，在工作中从不偏袒徇私。⑤ 他能全心全意为民操劳，把百姓的福祉放在个人的、士绅阶层的、甚至是国家的或朝廷的利益之上。正如我们看到的，这里有同时注意"教"与"养"两方面的内容，既要提高民众的物质生活水平，也要提高他们的文化素质。工作方式也十分重要。好的官员能经常深入民间，以便真正了解群众。他通过诉求劝解来推行"原则"——摆事实、讲道理——而不是通过强迫的言出法随、颐指气使的方式。"体恤"、"人情"是他为官的典型特征⑥，他的一切行动皆基于一个信念，"官民虽有尊卑，而天良原有所同"⑦。他倾听民吁，及时解决群众问题的作风为众人所共知。

陈宏谋态度鲜明地指出，好的官员首先考虑的是去满足"民求"、"民

---

① 《从政遗规》2：36－49；《培远堂偶存稿》18：29－30。亦见《清代名人传》，51－52，709－10，848－49，937－38；Will，"Bureaucratie officielle et bureaucratie réelle，"130－31。

② 《清史稿》35.10558－64。非官方作家把陈宏谋描述为循吏，见沈德潜为《培远堂文集》(1769) 写的序言；袁枚：《小仓山房文集》27：9－12；李元度，16：2－3。

③ 《从政遗规》，序；《培远堂偶存稿》15：24－25，18：29－30；《先文恭公年谱》4：33。

④ 《培远堂偶存稿》31：36；《从政遗规》2：22。

⑤ 在这方面对陈宏谋而言的关键词就是"官防"，字面意义上指官员的公章，但是暗喻一个官员为防止人情干扰事先采取的防范措施。陈在到任时，常以惊人的坦率谈起他对亲朋好友借自己的权势营私舞弊的担心，他也提醒下属如何避免人情的干扰。参见《培远堂偶存稿》11：27－28，12：20－21，25：30－31，37：3－4。

⑥ 《从政遗规》1：5。

⑦ 寄崔善元书，见《陈文恭公书牍》2：6。

望”。这不仅是指将“及民众之所需”当作立国之本（这种观念有时也被称作“民本思想”，在实践中具有权威式的指导意义），还要求想民众之所想。下一章中我们将更全面深入地展示陈宏谋的工作作风，它十分接近我们所说的公共观念理论。继明初循吏（同时也是关学学者）薛瑄（1389 或 1392—1464）之后，他指出治理出色的根本因素就是“养民生”、“复民性”、“禁民非”，这是“治天下之三要”矣。他还把吕坤的话解释为：需要提倡的是（为官者）“好民好”，“恶民恶”，洗雪他们的冤屈。①

在漫长的官宦生涯中，陈宏谋只短暂地担任了巡抚以下的官职（扬州知府和天津道台），从未做过县令，不过他却深知一名地方官员应如何行事。事实上，帝制后期官僚机构内部的一个基本矛盾就是县令和监督指导他们的省府上司之间的意见分歧。陈在治理思想上倾向于同情后者，他的大多数公函都意在为下级官吏部署工作。或许同其他的官员相比，陈对国家事务的察微觉奥和对所管制地区社会生态复杂性的深入了解使他更敏于应对下属县官面临的问题。他总是不无担心地认为，在当时的情况下，县官要想尽职尽责几乎是人力难及的。② 不过，陈的文章书信却再次给人们留下了省官与县官互有牴牾的印象，前者对“执行方针”持理想化的态度，而后者身临其境，能更敏锐地感知执行任务时的限制条件和阻力。

陈宏谋认为坐镇县衙门的“父母官”，首先要能与治下的“小民”同心同德，以“民事”为己事，在行动中处处以民利为宗旨。和吕坤一样，陈力主县官要尽可能地去“亲民”，直接面对面地接触民众，开展工作。县官要事无巨细地对治理区域内发生的每一件事情负责，对事情的来龙去脉能够完全掌握。为此，陈一再要求下属县官认真准备辖区的地图并上呈给他。县官必须百般恭敬地对待上级公文，亲自回应每一位群众的请命（无论有多奇特古怪），忠实地执行上司公函中规定的任务，不管这将会有

---

① 《从政遗规》，序，1：17-18；《吕子节录》2：38。关于“民本”这一用语的复杂意义，见冯天瑜的有创见的文章《民本学说：中国传统文化与民主主义的结合点》，载《江汉论坛》（1988）：61-65。关于该用语早期的高度反民主的历史，见邵勤的《析“民本”》，载《历史研究》1985.6，3-16。

② 奏折，乾隆 21/7/25，见《宫中档乾隆朝奏折》15.42-43；奏折，乾隆 25/11/1，中国第一历史档案馆。在陈宏谋的晚年担任户部尚书时，这仍然是他关注的焦点。见彭启丰，14：11。

多么琐碎费时，县官都应谨记，公文上的任何细则都直接关系民生。同时，县官还有责任采取切实的行动，而不是只下下表面功夫。县官不能只是机械地“依令而行”，而要对上级指示确实评估，创造性地执行，甚至在必要的时候，根据所掌握的实际情况有选择地执行。地方官员要避免受到外界的影响，他处理政务时，不应该为来自朋友、地方精英和同仁们的意见所左右。如果他对自己独立的见解心存疑虑，那么从一开始他就不配担任现在的官职。①

毋庸置疑，陈宏谋坚信“治人”胜于“治法”，对统治者而言，治天下时，一个出色的官员（“得人”）要比法律和组织机构更重要。他还恳切地感叹当时的“俗吏”，按循吏标准要求是不称职的。② 不过，陈恪守的为官治理之道的基本前提，是官职高度结构化下的同级官员应承担同类的工作任务，无论个人的职务有多高，都不能违背此前提。在1741年写给江西下属的一篇文章中，陈相当直接地表达了这一观点——我们可以称其为有关行政指导准则的一段陈述：“朝廷因事而命官，官司居官而任事。有一官必有应尽之职，有一职必有应办之事。职不能尽，便为旷官。事不能办，便为旷职。”③ 矛盾就此消除了，官职体系和与其对应的为官职责均依理而设，而“理”譬如官员自身的美德，就是天良的表现。良吏的这一定义暗示了国家机器的存在。

“国”之观念在清朝中叶的精英阶层中业已得到使用，它的含义与当时西方所赋予的含义大体相当，然而此前并没有任何一个词语可以充分地体现它的全部内涵（应当记住的是，state一词也只是到了现代初期才在西方拥有

---

① 除了他的教诲性读物《从政遗规》外，他在一篇科举考试模拟题和答案里系统地阐述了他对地方官员的角色的看法（《课士直解》7：10−12），见1741年写给大学士张廷玉的信（《陈文恭公书牍》1：12）和1745年给陕西的地方下属的长篇指示（《培远堂偶存稿》20：11−24）。后两份文献变成经典，被魏源收入1826年版《皇朝经世文编》。亦见《培远堂偶存稿》11：25−26，13：35，14：33−36，17：41−42，20：8−10，37：18−19，38：7−8；《书牍》2：2，2：4，2：8，2：12。关于吕坤《实政录》如何影响陈宏谋对在任“父母官”角色的认识，见常春明，230−31。

② 《陈文恭公书牍》1：6，2：2，2：9；《从政遗规》2：58。

③ 《培远堂偶存稿》11：40。陈常用一种简明的方式，反复重申这一点：朝廷将全国分为不同省县，设立官员，以安百姓。参见《从政遗规》2：47−49。

了现今的含义)。[1] "官" 履行着国的职能,不过它更多地用来指具体的一名官员或官吏的总称。陈在私人信件中多次用到的 "官场" 一词意指官僚机构。"国" 与 "国家" 的概念则更加复杂。它们既可以代表一个 "人/领土" 的单位,它拥有自身的 "国史" ——也可以表示一个统治的朝代,比如清这样一个多民族的朝代。至少从宋代以后,特别是 17 世纪的顾炎武在文章中作出明释之后,"国" 或 "国家" 之意已迥异于广义上的人类居所 "天下"[2] 一词的涵义了。在这种意义下,对陈而言,国家机器存在的必要性就在于以军事手段抵御外侮,保卫 "国" 或 "国家"。不过陈采用的一系列相关词汇在语义上明显地类似于西方所说的 "state"。"国家" 具有 "主动" 这一内涵,它要采取行动(例如 "设立百官"、"规饬礼俗"),它有一套明确的经济和其他利益("国计")。"国家" 以自身的权力设立了 "官" 以及协助他们的下一级 "胥吏"。[3]

陈宏谋为国家机器存在的必要性提出了各种理由,有效的治理不仅意味着 "德" 和 "礼",也包含了 "刑" 和 "政"。无论官员的品德有多么高尚,要公众保持信任,依靠的却是一系列规章制度;政令的实施必须有空间上的统一性和时间上的稳定性。只有通过系统化,各项民生事务才会得到相应官僚机构的安排处理。尽管陈宏谋理想中的国家具有家的特性—— "国家" 的 "家" 的应有之义——他还是对朝廷能任人唯贤、不徇私情(不论出生和家世)感到万分欣慰,问题的关键在于如何用这种精心设计、任人唯贤的安排,使官员统治的道德本质得到保持。[4]

虽然陈宏谋十分强调民之所需所想,但是他认为国家的根本任务是 "导

---

① Skinner, *Foundations of Modern Political Thought*, 10.

② Hymes and Schirokauer, 7; Paolo Santangelo, "'Chinese and Barbarians' in Gu Yanwu's Thought," 见 Tilemann Grimm 等编: *Collected Papers of the Twenty-Ninth Congress of Chinese Studies* (Tübingen: Tübingen University Press, 1988), 189。

③ 参见《在官法戒录》,序;《培远堂偶存稿》17: 30, 32: 34;《皇朝经世文编》26: 60。

④ 陈对王阳明和吕坤的评论见《从政遗规》,卷 1;《在官法戒录》,序;《吕子节录》2: 41;《规条汇钞》,序;《培远堂偶存稿》12: 17, 20: 16-17。缩小政府管理中个人与常规化之间的距离是真德秀的《大学衍义》和丘濬的《大学衍义补》的主题。这两本书都采用了阐发《大学》思想的方式,正如第四章所说,《大学》是陈宏谋个人思想认同的核心。

民”、“修民”（好的官员也是如此）。实际上，陈的言辞丝毫不涉及有关国家起源或合法性的社会契约论。相反，统治权力是天授的，像第三章已提到的，对陈来讲，它与其说是个人类理性和公共意志的抽象产物，毋宁说是个只可意会、自在自为之物。他一再清楚地表明国家（或官员）是“为民设官”①，这尽管也体现了他的平民主义倾向，但是显然他的这个“民”只是一个概念而非人民本身。国家“因”民而立，但并不是顺从他们的意志而设。

最后，今天的学者们须谨记，在帝制后期的中国，“国家”与“社会”的对立是其政治体制的根本特征，而不是产生于西方政治体系中一个简单的分析方法（事实上，在讨论这一时期的“国家——社会”关系问题时，犯错的危险并不来自沿用外来的理论体系，而是过分把自己束缚于本土形成的话语）。② 陈宏谋的措辞中俯首皆是彼此相对的“官”、“国”与“民间”或“民”。比如他认为经济政策要谋求“国计民生”。适当的政策应该是“国计民瘼”。在律法抑或一般用语中，供应食品、修护公共工程的所有权、管辖权、管理责任被分成“于官”、“归官”和“于民”、“归民”③，政策不力或不良的态度行为将带来“官民隔绝”，反之则促成“官民共耀”。④ 陈宏谋一直坚持的目标是达成国家利益和社会利益的高度一致，但他也意识到这是一个实现起来非常艰难的目标。

（二）国家应有多大权力？

有关国家权力的理想尺度与其对社会的综合影响，陈宏谋的想法颇为复

---

① 《课士直解》7：10。

② 国家/社会的分析框架是用一种外在研究对象的理论架构进行分析，除此而外，其本身还有许多问题。越来越多的欧洲历史学家意识到这些问题，在使用这个概念时更谨慎。关于这些问题的详细讨论，见 Louise Nussdorfer, *Civic Politics in the Rome of Urban Ⅷ* (Princeton: Princeton University Press, 1992), 5。

③ 正如我们在第十一章将要看到的，第三领域，也就是“公”，经常但也不是一成不变地与“官”和“民”一起构成一种三位一体的责任和所有权关系。

④ 寄尹元符会一书，见《陈文恭公书牍》2：10；《培远堂偶存稿》20：13，23：39。关于陈将官/民思想认定为所有权范畴的探讨，见《培远堂偶存稿》13：9-14（粮仓）和36：26-38（灌溉设施）。

杂。暂且不提他与地方社会自治观念之间可能存在的联系——该观念源自宋朝新儒学提倡的经世思想，到了清朝已带上了“封建”的反官僚统治的色彩①——至少出于另外三层更为现实的考虑，陈在扩大行政权力的问题上采取了谨慎的态度。

首先，他对国家干预经济和社会的限度有清醒认识，诚如我们所见，陈确信，以强硬手段——摊派、贸易禁令、价格管制或（大多数情况下的）禁产禁销——来阻碍私人市场是“非宜”的。政府协商式的参与和支持才能带来“以民养民”和经济自身的良性发展，而粗暴的国家干预只会破坏生产、催生黑市，为私人投机开方便之门，因而置国家于被动地位，使问题越来越严重。强制性政策还会进一步导致官员控制方面的新问题，在社会经济领域形成激发民怨的通常是破坏生产效率的陋政。② 邵式柏（John Shepherd）指出成本/收益分析使清朝中叶的决策者对冒进的积极政策心存芥蒂。③ 陈宏谋不仅从分析成本/收益的角度考虑问题，还把它与其他两个因素结合起来分析，也就是兼顾自然环境的制约和可预测的人类常规行为（“常人知法”）。④一个国家，恰如人生一样，成败的关键在于对有所为和有所不为的清醒认识。

其次，他敦促实行有限度的财政政策。明朝晚期过度课税的恶果始终萦绕在清朝官员们的心头，在乾隆时期更是如此。像第二章中提到的那样，乾隆在其统治的前半期把轻微的税负视同儒家之仁政。尽管曾供职于财政手段较为严苛的雍正时期，陈宏谋在这方面的态度却更靠拢雍正的继承者。虽然在18世纪20年代后期（此处时间有误，陈此时并未在江苏任职——译者），他在江苏因惩罚不按期纳税的人而为人所知，可是到了雍正统治末年，他已

---

① 宋代新儒学派从强调中央集权式的地方管理事务转向由地方精英统治上来了，这是 Hymes and Schirokauer 的 *Ordering the World*（尤其是引言，22—27）所探讨的主题，至于陈与这种转变的关系在下一章节中将会涉及。

② 关于陈宏谋在这些方面的讨论的例子，参见奏折，乾隆20/10/5，见《宫中档乾隆朝奏折》12.597—98；《皇朝经世文编》16：35；《训俗遗规》（1769）4：13；《培远堂偶存稿》16：3—7；《先文恭公年谱》6：8，7：21—22。

③ 参见 Shepherd。关于清朝的类似争论可参见 Metzger，*Internal Organization*，76；Kishimoto，“Keizai seisaku，”28—30；戴逸：《乾隆帝及其时代》，116。

④ 《陈文恭公书牍》2：11。

开始拥护降税措施。他有所保留地执行雍正心血来潮的财政革新，如加征所谓“耗羡”，反对向商人和农民过度征收的土特产税和各种“杂费”。① 在谈及官民之间神圣的信任时，他认为：“在民原不许恃顽抗欠，在官更不可滥差滋扰。”② 他任职期间，清朝正是国泰民安，他因而得以终其一生地坚持低税方针。在18世纪50年代他写道：“为百姓省一分扰累，即为百姓培养一分元气。”③ 实际上，不断扩大的财政基础让他在满足各项工程管理项目、基础设施投资的同时，依旧可以减低人均税收。

最后，陈宏谋大力谴责“条例太多”，批评官员以“靡文陋例”掌控社会事务。④ 陈认为，过于细化的条例的泛滥已是积习难返，而时下食古不化的为官者仍处处奉法家之言为圭臬。他指出了这种做法的三种不良后果：其一，过多的条例会“扰民”，而不是“惠民”，政府应“以不扰为安”⑤；其二，被压在文山牍海之下的地方官员将疲于应付，脱离实际地执行命令，这只会使他们的工作“有名无实”⑥；其三，就是众人皆知的“法立弊生”的怪象。一条法令即使不被滥用，也总会有漏洞被地方官员和势力为自己的好处大加利用。⑦

研究口岸条约的学者 H. B. 马士（H. B. Morse）认为清朝政府行使的不过是“征税人和警察”的职能。⑧ 这确也是陈和他的帝国君主倡导的无为而治的小政府理想（在实践中也是如此），但是他大大低估了清朝官员的治理能力。我们已看到，陈力排众议反对国家权力的过度膨胀，他反复解释在何种情况下才需要加强国家权力。比如，他加强了人民福利领域内的政府行

---

① 《培远堂偶存稿》1：2－3，2：23－24，2：32－35，4：47－49。

② 《培远堂偶存稿》18：53。

③ 寄顾鸿书，见《陈文恭公书牍》2：18。

④ 《陈文恭公书牍》1：15，2：1－2，2：18；《皇朝经世文编》23：25，46：43。陈宏谋话语中的“理”有双重意义，它可以指财政税收，也可以指一种规定、法令或法律先例。在他看来应用两者中的任何一个时，如果缺乏官方的约束都会带来动乱或导致运转失灵。

⑤ 《从政遗规》2：47；《培远堂偶存稿》11：37。

⑥ 《陈文恭公书牍》1：16，2：4；《皇朝经世文编》40：19－20。

⑦ 《皇朝经世文编》46：43；《陈文恭公书牍》1：15。这种问题当然是 Metzger 的 *Internal Organization* 的主要论题。

⑧ Hosea Ballou Morse, *The Gilds of China* (London: Longmans, 1909), 27.

为——既在困难时期提供罗斯福“新政”式的失业救济、食品补助和货币援助，又组建了复杂高成本的粮仓系统以调节粮价，供应粮种，并为粮农保证粮市。我们同样可以看到，他十分乐意直接干预民间生产，有时甚至要过问庄稼品种和种子的选择。他认为：“小民衣食，皆在山川林麓之中，官司经理，无非生聚教养之事。”① 在基础建设中，如何平衡协调地方社会的积极性和中央政府的直接投资是颇费周折的，但是陈认为中央须大力加强对地方的投资，这是它的应有之举。他毫不犹豫地指责政府征购私人财产的做法，因为这不利于实用工程的建设。他一生节俭，但是极力主张“若事关民务久远利害者，虽重有费，亦当不惜”②。

马士这个老中国通鄙视地说，“监督”职能本身是一项更为重大的职责——是陈宏谋认为扩大国家权力的理由之所在。在许多方面陈和其他人看重的“经世”与马克·拉伊夫（Marc Raeff）所说的现代初期西方政治领袖所寻求的“秩序井然的警察国家”并无二致。③ 它们都明确包含了国家日常的维持法律和社会秩序的任务。在陈整个任职期间，他负责开展了一系列有组织的行动，镇压一般刑事犯罪，建立责权明晰的公共安全网络，并把管理的触角伸向村庄、市镇的日常生活领域。1744 年他这样给朋友写道：“执法持平，奸恶者无能幸免，则良善者有以自全。”④ 但是我们马上将看到，“经世”同建立“秩序井然的警察国家”一样，在“教化”哪怕是最为奉公守法的公民之过程中，也会带来对个人和家庭生活相当程度的干预。

18 世纪时，有关国家需要扩大权力、加强对民众生活的干预的呼声几乎都主要来自民事诉讼领域，正如黄宗智总结的那样，清政府采用高度灵活的程序来解决纠纷，满足民众希望借助政府权力来消除怨愤，维护个人利益的意愿。解决纠纷的过程直接或间接地集中在地方衙门。⑤ 但问题是，当官员

---

① 《培远堂偶存稿》24：32。高王凌：《十八世纪中国的经济发展和政府政策》，展现了在经济建设方面清朝政府处处不遗余力的干预。

② 《皇朝经世文编》26：60；《先文恭公年谱》3：11。

③ Marc Raeff, *The Well-Ordered Police State*: *Social and Institutional Change Through Law in the Germanies and Russia*, *1600–1800* (New Haven: Yale University Press, 1983).

④ 寄徐德裕书，见《陈文恭公书牍》2：4。对于陈宏谋在江苏和陕西的主要公共治安方案，见《培远堂偶存稿》10：3–18，23：34–35。

⑤ 黄宗智：《中国民法》。

们认为与民众有关的民事案件困扰政府，日益成为地方政府的负担，而自己对此又无能为力时，国家为何还要心甘情愿地要求各级官员处理那些“细事”。尤其令人费解的是陈宏谋虽然力斥民事诉讼的不断上升和其间“讼师”、“讼棍”的兴风作浪①，他却认同国家的这种态度。

对此陈宏谋提出了多方面的理由。首先，他从显而易见的公共安全角度说起，社会纠纷如若不由法庭作出判决，则只有通过私人武力甚至是大规模的“械斗”来解决，这不仅于事无补而且恶劣野蛮。由此看来国家通过对证据进行冷静理性地筛选——以“理”——来解决民讼是实现教化、“经世”的根本举措。同时，处理民讼也是一种政治行为。它使民众在日常事务中感受到国家的存在，看到政府如何念己之所想，及己之所需，体验到政府治理中的体恤仁爱。陈曾经说，对民怨的听之任之或草率处理将会使政府名誉扫地。② 他深知一个政权能够劝服民众通过它来解决纷争，向它倾吐不满，而不是去借助权贵势力，是表现其领导能力的行为。由国家将诉讼过程记录在案能使它的权力法制化。与上述两点相关联的另一理由是陈宏谋所谓的民讼过程至关重要的示范性。民众的是非观和法律意识正是在政府解释法律、为地方判案的过程中逐渐形成的。缺少可以观察的公共记录，就无从保证地方百姓的道德共识不会偏离应有的规范。由此看来，民事诉讼的公开处理是一项“移风易俗”的重要制度。③

及时听取诉讼，是保护代表社会经济秩序基础的小生产者家庭的根本措施。在每起案件中，这些家庭的经济状况（“家计”）总是令人担忧，因为总有讼师、衙门小吏等大大小小的社会寄生虫为榨取民脂民膏蓄意延迟诉讼程序。在受理案件时拖泥带水是一种“累民”行径，是国家要百般防止的。由此，陈指出官员及时受理民讼可以降低过高的讼案数量，使起诉者放弃明知

① 关于陈宏谋对这方面的指责，见奏折，乾隆6/6/2，中国第一历史档案馆；奏折，乾隆13/1/10，见《军机处录副奏折》；《培远堂偶存稿》10：30－35，13：18－19。这些被魏源（《皇朝经世文编》93：28－29）并且最近被 Melissa Macauley（*Social Power and Legal Culture：Litigation Masters in Late Imperial China*［Stanford：Stanford University Press，1998］）看做清朝中期反对吹毛求疵的言辞的有趣例子。

② 奏折，乾隆18/12/16，见《宫中档乾隆朝奏折》7.164－66；《培远堂偶存稿》11：37－39，37：18－19；《陈文恭公书牍》3：17。

③ 寄唐莪村书、寄熊绎祖书，见《陈文恭公书牍》2：2，3：14。

无望取胜却用来泄私愤的轻微案件的诉讼要求。① 更有趣的是，陈还暗示了受理民讼是国家保护贫穷家庭的积极手段，因后者经常无从摆脱豪强劣绅对他们的欺诈凌辱。当然，官员企图用法律判决来重新分配地方财富是不对的。公正断案，对诉讼者一视同仁确实有效保护了下层人民的利益。②

与清朝精英秉持的“小政府”思想不同，陈宏谋在力图加强政府干预时使用的一个词是“及民”。他在这一点上表述不一而足。如关学大师薛瑄提出的“临民”，吕坤喜用的“通民”和“流通”，以及陈宏谋自己概括的“及民”和与之对应的“及时”，即不论何时何地都能对民众的呼声作出切实的回应。陈告诫下级“及民”的方法在其为官手册中被引为范例。总体上看，陈的这些观念涉及官员的工作作风（如在公开听取民讼、巡视农村等实际工作方面）和我们将在下文中看到的官民联系机制（请愿、宣令等）。在强调彻底深入社会民众的时候，这些观念显然也使人反思官吏增多的必要性以及国家管控的成效问题。③

在日常的治理实践中，陈通过两种途径扩大和加强国家权力：一是加强省府对县府的控制；二是在县府的直接管控下开展一系列地方活动。当然，陈在许多决策上是将两种方法合二为一。不过为方便起见，让我们把它们分开来谈，先讨论前一种方法，然后再讨论第二种。

（三）对官僚机构的管束

在帝制后期，巡抚自身的权力和对县级官员的控制不断扩大。明朝末年，主张改良的开明人士对此倾向作出了迥异的反应。吕坤在他的一篇宏论

---

① 寄陶孚中其愫书，见《陈文恭公书牍》3：14。

② 寄曹涵书，见《陈文恭公书牍》2：10。然而，在更黑暗的时期，陈宏谋向挚友承认自己的沮丧，严格公正地根据证据来判案经常不会带来人们所期望的社会公正。他自己安慰自己说，他所能做的一切就是保持忠实于理性的原则，让那些无法控制的命运顺其自然发展。参见给家雨泉的信，见《陈文恭公书牍》2：6—7。

③ 《培远堂偶存稿》13：23—24，23：39—41，37：18—19；《从政遗规》1：13—18；《陈文恭公书牍》2：4，2：8，2：11，3：13；《先文恭公年谱》6：4—5；徐栋：《牧令书》8：3—4；《皇朝经世文编》16：34。关于吕坤的“通民”观，见 Handlin 的 *Action*，159—60。关于清代官僚，特别是陈宏谋在这个问题上的看法，见 Will，“La communication entre bureaucrates et paysans”。

中对巡抚无所不包的权力范围赞许有加。① 这篇文章后来被陈选用在《从政遗规》上卷里。与之相反，顾炎武在他的文章里（值得注意的是此文章未被陈宏谋引用）警告说，巡抚超乎寻常的权限将制约并且挫伤了地方官员的积极性，进而应该废除巡抚一职。② 时至清朝，巡抚的权限有增无减，特别是“奏折”制度建立后，省官能直接与朝廷沟通，而地方上的下属官员却被排除在外。③ 在第二章中我们已看到，陈宏谋迅速地利用了这一沟通管道，时常向朝廷禀奏（有时是在得到特别恩允之后），其实早在18世纪20年代后期到30年代时，在他担任巡抚以下的职务时已经如此行事了。

在其他方面，陈宏谋同样善于利用奏折制度来加强自身对下属的权力。在这一过程中，他留下了大量的公文原稿，以及与有关官员的书信，仅保存下来的就多达千余篇。以它们为基础汇编的《培远堂偶存稿》达48卷之巨，该书以无与伦比的丰富史料证实了巡抚对地方官员的控制和干预。④

尽管陈一再强调地方具体事务的敏感性，但在出任省级大员期间，他仍不断采取措施加强省府对于地方有关的行政运作和决策的控制。他关注的重点主要集中在县级管理程序和公文制度的规范化，这两个问题是清朝中叶行政管理的基本主题，我们稍后再作评议。强化权力的精神还表现在更为实际的政策上，包括粮食管理政策：省府一方面管控“常平仓”，重新分配省一级的粮食库存，并建立起全省范围内的粮食“捐纳”体系（在他认为应在适当的时候把粮食分配给地方粮库）；另一方面监控调节“社仓”，并尽可能减少地方官员在这方面的参与。⑤

在司法管理上，陈采取了更为显著的集权措施。在清朝，民事案件通常由县令自行处理（“自理之事”）。然而陈和其他许多巡抚都对县令拖拉的结

---

① 《从政遗规》1：34—50。

② 顾炎武：《郡县论》，见《亭林文集》，75—78。

③ 参见Silas Wu, *Communication and Imperial Control in China: Evolution of the Palace Memorial System*, 1693—1735 (Cambridge, Mass.: Harvard University Press, 1970); Beatrice Bartlett, *Monarchs and Ministers: The Grand Council in Mid-Ch'ing China*, 1723—1820 (Berkeley: University of California Press, 1991)。

④ 这一文集里的一小部分文档是公共告示（“示”或“公示”），多数是陈宏谋给他的地方一级下属的指令（檄）。

⑤ 《培远堂偶存稿》16：18—20，33：17—22；《先文恭公年谱》4：10—11。

案方式，以及旷日持久的审理过程，以及随之而来的巨大人力、物力浪费深感不满。他设计了多种机制以加快地方上的民讼处理过程，在一定程度上也加强了省府对地方官员权限的管理。不过他最重大的举措当见诸于1754年他任福建巡抚时所上的一份奏章，奏请在省府内设立新职，监督地方州县民事案件的解决过程。此职不同于已有的巡按。按现有法律，巡按可以不受巡抚干涉审理某些民事案件，而新设的官职类似于省级粮食主管，是巡抚的直接代理人。这份奏章交由军机处审议，其后却不了了之。①

如何有效地管理手下的各级官员，一直成为陈宏谋任职期间关注的头等大事。他注意到弥漫于清朝官僚体系之中的诸如固守陈规、唯利是图、趋炎附势、眼光短浅等“官场陋习”，他在这些问题上的思索构成了他书信的主要话题，也是他的书信为后人欣赏的重要原因。他批判了官员的消极怠惰、照本宣科、上级对下级的颐指气使、下级对上级的投其所好和见人行事。尤其令人担忧的是县令在职日久为民讼和诸多公文所累，往往对手头的具体事件少有过问，不顾念这些于他们是索然无味的例行公事是如何影响着地方百姓的生存利益。陈宏谋十分了解官员在负担过重的情况下，会视治下民众为祸害，尽管他为此痛心疾首。他意识到种种“官场陋习”均缘自官僚机构积重难返的结构性弊端——例如地方官职的规避制度和短暂任期。但是，与顾炎武那样更为激进的改良派人士不同，陈提出的解决办法并不是结构性的，而是道德攻心式的：下级属吏应更加“尽”心“尽”意，上级官员应更勤于督察。②

陈在人事安排上事必躬亲的例子来自1756年他短期出任湖南巡抚时的一份奏折。上任之初，他就召集全体道台以上属官，详细过问他们的职责。在对这批官员的能力进行评估后，他开始了对湖南县乡两级长达两个月的巡视，会见地方官员，了解情况，收集民众对官员能力和工作态度的评价。他还接见了主管湖南木材业和矿业的地方官员，查问他们的

---

① 奏折，乾隆19/8/18，见《宫中档乾隆朝奏折》9.377－78。

② 有代表性的例子见《陈文恭公书牍》1：7，1：10，1：14，2：2，2：5－6，2：19，3：11；《培远堂偶存稿》10：33－35；《先文恭公年谱》9：18；《皇朝经世文编》40：19－20。对陈这一点的最新研究，见Will，“Bureaucratie officielle et bureaucratie réelle”。

工作情况，弄清楚这些职位所需要的技术才能。在此期间，陈不断向朝廷上书，奏报官员的工作表现。这些奏折使一部分下属官职被革除（包括省府的二把手布政使），而另外一部分人被调任到更适合他们才干的职位上。①

陈宏谋在为官期间始终仔细查考县府的财政开支、薪俸数目和工作人员。他尤其反感任人唯亲和巡官的贪图玩乐、铺张浪费（“应酬”之风）。他常常为有关公共安全和民事诉讼的处理过程规定期限、颁布执行令。在定期开展的税务、粮库管理和其他行业的清理过程中，陈派遣省级巡视官员（“差提”）深入州、县听取财务审计汇报。② 他还调派中层官员去执行更为常规的监督工作。他不时地下达指令重申从知府到道台再到两司的二级督员的职责所在。他对县级官员的检查最为严格，既查看他们的公文内容，又对他们的品行作实地观察。陈为地方官员表现的年终评估确定了严格的标准，要求他们必须上交评估结果。另外他也为新旧官员在交接时，制定了上任新官对前任账目的审计标准。③

如前所述，陈宏谋反复强调官员要重视民众意见，批评他们麻木不仁的作风，常常拥护朝廷对明清之际以来以中央集权为攻击目标的“封建”说进行批评。有鉴于此，了解巡抚究竟在多大程度上愿意为加强行政管理水平而允许绕过现有的官僚程序就至关重要了。而这方面例证的自相矛盾或许也是不足为奇的。1747 年任湖北巡抚时，陈宏谋公开宣布：“尔等军民，果有事

---

① 奏折，乾隆 20/12/16，乾隆 21/4/12（这一日期的四个单独奏折），乾隆 21/8/29（这一日期有两个），见《宫中档乾隆朝奏折》13.280，14.160－165，15.272－273。根据彭启丰（14：11）的观点，对地方官员个人能力的详细评估也是陈在他任户部尚书后期特别关注的。

② 《培远堂偶存稿》9：19－20，32：10－11，35：10，37：17；《陈文恭公书牍》2：2；《先文恭公年谱》5：8。在陈看来，有时候这些巡视官员自己的越权行为也需要相应的纠正措施，见《培远堂偶存稿》26：38－39。

③ 《培远堂偶存稿》2：48－51，3：29－30，11：42－43，14：14－17，16：16－17，17：1；ZZYG（此处疑为《养正遗规》——译者）2：7－14；寄朱南湖书、寄杨仲兴书，见《陈文恭公书牍》2：18，3：18；徐栋：《牧令书》，23：29－31；《皇朝经世文编》22：49。当然，有时候这种调查会导致陈弹劾下属，见奏折，乾隆 12/4/12，见《军机处录副奏折》；奏折，乾隆 18/8/6，乾隆 21/10/20，见《宫中档乾隆朝奏折》6.74－75，15.804。

属切肤，及沉冤莫诉，或有司官吏，坏法贪赃，及势恶土豪，横行乡曲，该管官等绚庇不究者，许据实直书，亲身赴辕投控。”其后按照他的典型做法，他为申述程序制定了标准和规章体系，誓言要严惩腐败官吏和千方百计阻挠民众申述的地方权势。① 可是仅仅四年后出任陕西巡抚时，陈宏谋愤怒地批驳了道台关宁的提议，后者希望“生员”可以通过向县级教育官员（“教官”）上书的方式批评县令的工作。②

上述两个例子的区别在于关宁的意见代表了地方对生员这一阶层的期许，这一阶层自顾炎武以来，在清朝，都被视做在政治上是不可信赖的（陈宏谋确实抱怨过，“假以权力，‘野心勃勃，心怀不满，好生事端’的生员必会混淆是非”）。③ 或者他根本无法容忍在制度上准许民众不满和颠覆地方官员的权威。要回答这个问题，我们必须了解陈宏谋对官僚机构和地方之间复杂关系的看法。两者的关系是由处理具体事务的县政府衙役来协调的，尽管这一协调并非尽如人意。

（四）对下级官员的管束

如何管束各级下属部门，特别是县级部门的行政人员（“吏”、“属吏”或“胥吏”），始终是陈宏谋在任时工作的重心。④ 他在公函和私人信件中都谈到了对这一问题的看法。1743 年他更以此为主题，撰写了《在官法戒录》。此书在他生前广为发行，在晚清时又多次重印刊发。魏源所著的《皇朝经世文编》以及其他 19 世纪以经世为宗旨的丛书在讨论对下级官员的管理问题时无不摘引陈的这部作品，可见陈在此方面的权威性了。同样，出于对陈的观察的充分信赖，瞿同祖在 1962 年所写的《清代地方政府》这一 20 世纪著

---

① 《培远堂偶存稿》25：9-11。

② 《培远堂偶存稿》30：7-8。

③ 顾炎武：《生员论》，见《亭林文集》，81-82。

④ 师爷是衙门内做各种文书工作的，与那些衙门内跑腿的人（“役”或“衙役”）性质相近，衙役负责日常治安及其他更低级的任务，这两类人被合称为“胥役”。陈宏谋任户部尚书时，对后者很关注（见奏折，乾隆 28/11，引自于蔡冠洛，1.149），有时候他同时提到这两者，但是很明显师爷问题也是他关注的一个焦点。

名的学术专著中，也对陈的文章加以引用。①

不过属吏问题也并非陈一人之虞。事实上，清朝几乎所有的政治管理文章都包含了这个主题。问题的大致情形广为人知。现代学者如瞿同祖和魏丕信均对此有所描述。“回避”制度的执行致使县令总是初来乍到的新人，只得依靠本地的、但都在地方有牢固地位的旧官吏来获取地方资讯。在帝制后期，县政府的编制不断被压缩，使县官对他们的依赖更加严重（县令被视为国家工具，但长期以来，不被允许用政府收入雇佣下属官员，他们只能自己出钱招募属吏，所雇佣的人数到清代中期急剧增加）。地方规章制度和先例日渐增多，属吏们据此独断专行，而新任县令只能益发倚重他们。最糟糕的是，由于清政府对地方财政的投入越来越不足，属吏们为养家糊口，也为整个县衙门的正常运转，被迫（通过“陋规”）压榨当地百姓。属吏自然而然蜕变成诈财工具。詹姆斯·科尔（James Cole）曾指出，这种欺诈盛行全国，成为设在北京的户部和刑部备感困扰的难题。②

清朝官员常常在他们的文章里严厉谴责这些属吏如同欺压贫民的“百万虎狼”。不过最近白德瑞（Bradly Reed）在其以县级档案为基础的开拓性研究中指出，至少在一些地区，有关属吏的花费是合理的。他进一步指出，当上级官员斥责属吏行为堕落并为县政府的无效管理自责愧疚时，他们大都忽略了上述情形。③ 要理解陈宏谋在属吏问题上的立场，应注意这样两个事实。第一，谴责属吏的官员们几乎完全与属吏阶层隔绝了。这更加剧了在魏丕信

---

① 到晚清，陈的《在官法戒录》被改编为《公门修吏录》并广为流传，它在1830年由广东省提刑按察使编写，1889年再版（当时的广东巡抚是张之洞）。陈的关于约束胥役的文章也收录于《皇朝经世文编》24：24－25和徐栋的《牧令书》4：25－26。魏源在自己的作品里极力支持陈管理师爷的方法，见《古薇堂内外集》，“外集”，6：7。关于瞿同祖对陈著作的引用，见《清代地方政府》，27，67，102，212，238，241，294－95。

② 瞿同祖，尤其是第三和第四章；Will，“Bureaucratie officielle et bureaucratie réelle”，以及其他作品；James H. Cole，*Shaohsing*：*Competition and Cooperation in Nineteenth-Century China*（Tucson：University of Arizona Press，1986），尤其是111－18页。

③ Bradly W. Reed，“Money and Justice：Clerks，Runners，and the Magistrate's Court in Late Imperial Sichuan，” *Modern China* 21.3（July 1995）：345－82；Reed，“Scoundrels and Civil Servants：Clerks，Runners，and Local Administration in Late Imperial China”（博士论文，加利福尼亚大学，洛杉矶，1994）。

所说的两个治理阶层基于不同的社会文化上的反感，它阻止了相互信任感和集体归属感的产生，导致县令对属吏“全无信任”。① 第二，备受鄙视的属吏成为权力过分集中、规章过多的清朝行政体系弊端的一个标志。在清人心目中地方自治的中心人物顾炎武同陈宏谋一样为属吏的胡作非为忧心忡忡，主张以强有力的手腕来调遣属吏。在他著名的地方自治宣言《郡县论》（约1660）的第八节中，把属吏们看成是祸根。②

陈宏谋在《在官法戒录》中引用了顾炎武的话——可能是出于提高此书的可信度——不过他的引用是有所选择的（他没有引用《郡县论》）。在他的评论文章中，经常把顾氏之言改头换面。试举一例，在《郡县论》里，顾炎武极力主张从本地的地方俊杰中挑选县令，摒弃回避制度。基于这样的设定，他认为住在当地置产立业的官员在管理地方上更有责任心，也更能体察地方需求。另外，由于对当地情况相当了解，此种官员能免受下属操纵从而能更好地控制自己的下属。③ 不无讽刺意味的是，《在官法戒录》中他针对顾炎武的评论严肃地指出，由当地居民出任的下级属吏也会对地方利益有所顾念，头脑敏锐的官员可以对此加以利用，作出对民众有益的事情来。④

这里我们已经体会到比起人们对属吏普遍特有的讽刺挖苦的态度来，陈对属吏的看法显得宽和仁慈。但这并不表示陈对属吏想法天真单纯。在他漫长的官宦生涯中，陈目睹属吏的欺诈行为不胜枚举，涉及为官的方方面面，包括诉讼程序、粮仓管理、赈灾救济、蓄水工程的维护、盐业及矿业管理、科举考试的组织、甚至还有表彰“节孝”的职责。⑤ 每当制定一项新的地方

① Will, “Bureaucratie officielle et bureaucratie réelle”; Will, *Bureaucraty and Famine*, 89-90. 在 John Dardess 的 *Confucianism and Autocracy*: *Professional Elites in the Founding of the Ming Dynasty* (Berkeley: University of California Press, 1983) 的第一章中，他认为这是新兴的“职业”化的儒家学者官员团体——和准职业衙役团体之间的分工，前者试图强化二者的区别。

② 顾炎武:《亭林文集》，75-78。瞿同祖把顾炎武有关衙役的观点当作权威来引用，见瞿同祖，37，225。

③ 顾炎武:《亭林文集》，75-78。

④ 《在官法戒录》1：13。

⑤ 参见奏折，乾隆19/4/28，见《宫中档乾隆朝奏折》8.137；《培远堂偶存稿》2：31，3：14-15，5：19-21，13：18-19，22：19-20；《先文恭公年谱》6：11，10：8；蔡冠洛，1.145。

政策时，他就一定会告诫他的县级下属警惕属吏们在执行政策时徇私舞弊的不良行为。陈在处理属吏的每一桩渎职行为时是毫不留情的。他定期开展惩治和清理工作，并按罪论处最恶劣的腐败行为。他还四处网罗受人尊敬、忠实可靠的人士，将他们安插在属吏四周，取代属吏行使管理职权（从某种意义上说，在整套地区粮仓管理项目中，陈选用本地的大地主［“社长”］而不是衙门属吏担任领导就是一个例证）。① 在下文中我们会更全面地看到陈谋求多种方法，利用更加完备的收据和记录系统以及联络程式监督他们，使之能够尽职尽责。例如从1740年开始，他制定一项新政策，地方官员上报的诉讼文书卷宗必须有负责官员的签字。这样一来，一旦出现玩忽职守的情况就能按图索骥地追查责任人。换句话说，陈十分了解属吏都有为官不仁的倾向，他喜欢在县令面前引用前人惯用的训令：“所谓用吏役而不为吏役用。”②

不过在对衙门属吏问题的分析中，他虽然经常听取时下的普遍意见，却也时时加入一些个人的看法。首先他承认在当时政府的管理中，属吏已是不可或缺的组成部分，他坚称，实际上“民生已为他们所控”，他也承认由于当时的人口激增和社会事务的日益庞杂，地方官员的工作负担更为沉重。这一局面的一个结果便是地方官员不得不雇佣超出朝廷规定数量之外的属吏，因而无力顾及他们的工作表现。③ 针对这一情况，陈宏谋很有远见地重申县令必须亲历其境——“及民”——他认为官员的懈怠与属吏的不当行为有直接的联系。④ 但是事实上他了解马虎懈怠的官场习气并非唯一的问题，而扭转这一习气使官员兢兢业业也不是唯一的解决方法。造成这种不良局面更为根本的原因是官员和属吏离心离德，两者的态度和观念完全“取向不同”。⑤

---

① 《培远堂偶存稿》10：36－38，15：1－2。关于陈的其他对官员腐败的反映，参见奏折，乾隆12/4/12，见《军机处录副奏折》；奏折，乾隆17/8/26，见《宫中档乾隆朝奏折》3.679－81；奏折，乾隆26/2/1，中国第一历史档案馆；《培远堂偶存稿》30：1－2，32：17－19，37：18－19。

② 在一张科举考试的模拟题中，陈宏谋提出了如何管理县衙的问题（《课士直解》7：10－12），后来他有一篇题为“骂书役”的文章，直截了当地反映了他对师爷和衙役的敌视，被徐栋收入《牧令书》4：25－26。

③ 奏折，乾隆19/2/21，见《宫中档乾隆朝奏折》7.637－39。

④ 《培远堂偶存稿》13：32－34，22：19－20。

⑤ 《先文恭公年谱》5：5。

陈宏谋更进一步地将两者的背离归结为社会对属吏地位毫无理由地贬损。他的《在官法戒录》正是立论于此。

在这本相当精彩的书里，陈描述了上述贬损出现的历史背景，共分两个阶段。他认为在远古时代，地方属吏之职均由本地倍受尊崇的贤达人士履行，但是公元前3世纪秦始皇建立帝国时增设行政机构，派遣地方官员改变了这一做法，不过一切还不算太糟。陈和帝制后期的儒学家们一样，对秦朝法家主导的政治制度嗤之以鼻。而且，尽管他在行政实践中偏爱集权化管理，但在理论上和宋代的新儒家一样，不满于中央集权体制。独尊儒术的汉朝在公共服务方面部分地恢复了古代的人本传统，由此成为陈心目中属吏拥有尊严的最后时代（所以在《在官法诫录》中，陈宏谋引用的绝大多数事例都出自汉代）。属吏地位下降的第二个也是决定性的阶段是采用科举考试选拔官员的唐宋时期。陈宏谋令人信服地提出一个听来颇为刺耳的看法：这种办法实际上宣布了官员——官位的拥有者——是“君子”，与此相对，无官位在身的属吏就要低人一等。几乎与此同时他们的行为也开始卑劣起来。①

陈宏谋对清朝属吏问题由来的分析，使他提出了与众不同的解决方法。1737年初，身任云南布政使的陈宏谋在给朝廷的一份奏折中提出了一套最根本的措施，由于写于走马上任之初，即在乾隆因他执意告发广西征地丑闻（见第二章）而要将他革职的不久之前，这份奏折同他在广西事务上采取的行动都反映了他对乾隆朝和前朝的政治环境差异还不能明确把握。陈在奏折的第一条建议里提出了一个彻底的具有结构性的解决途径。他主张朝廷应规范县级属吏的任命制度，去除编外人员，并给予县政府足够的拨款，使每个属吏都能获得足以维持生计的薪俸。这同时也是“体恤”为公众效力的人，借以清除他们在地方上强行收取不合理费用的“陋规”。陈指出一旦属吏的薪俸成为县预算的固定的组成部分，“陋规”就能被彻底地消除。毋庸讳言，这自然也意味着国家要增加税收并在相当程度上扩大正式的国家官僚队伍。②

陈宏谋的上述提议显然是对雍正帝实行的所谓“耗羡归公”的改革措施

① 《在官法戒录》序言是在陈任江西巡抚时写的，乾隆8/4。

② 奏折，乾隆1/12，引自《先文恭公年谱》2：18-19。

的一种延伸。“耗羡归公”旨在把大范围内的地方政府开销建立在规范化的财政制度的基础之上①，而提倡“宽”政、在财政政策上态度保守的乾隆皇帝不十分情愿去延续这一举措。因而乾隆在答复陈的提议时简短而轻描淡写地写道：“考虑欠周，实行困难。”陈只好就此作罢。然而此后他继续倡议通过预算的手段来解决属吏的腐败问题。比如1746年在陕西时他开展了一场全省范围内的运动，把他认为可以容许存在的“陋规”一一登记，并删除所有其他的“陋规”。此外，在写于1743年的《在官法诫录》中，他谨慎地表明，由于属吏待遇太差，乱收费的情况已无法避免。② 不过在其后的文章里，他从另外一个角度说明了在属吏问题上的基本看法，正是这一看法使他广为人知。

1737年陈上呈了一份奏折，提出了两条建议，其中的第二条恰恰反映了他的上述想法。他主张给予县级及县级以上的属吏年度考核，对他们的表现作出相应的评估。他还认为，“其中出类拔萃者”可获得提拔，甚至升任正式官职。考核制度有利于“鼓励”属吏不断进取，端正服务行为——这正是现存体制中缺乏的激励机制。乾隆显然对此甚感不解，因为陈的第一条建议与此“大相径庭”。在第一条建议里，陈提议改革预算，乾隆答应对此加以考虑。③ 可是看起来事情到此为止了；徐栋在1838年写成的《牧令书》中简略地提到陈宏谋的这些建议，但丝毫未谈及任何结果。④ 而陈一生始终心存此念。

陈宏谋在许多场合都重申本着以人为本的精神对待衙门属吏。⑤ 属吏虽貌似虎狼，心术不正，但他们终究是人，和所有的人一样“天良”未泯，生

---

① 关于雍正和乾隆对“耗羡归公”的态度，见Zelin以及上面第二章。陈宏谋关于将衙役的报酬列入地方常规行政预算一部分的建议，与11世纪末王安石的新法中的“雇佣服务制度”相呼应，那个制度后来被反新法的继任者所废除。参见J. Liu, *Reform in Sung China*, 4-7。

② 《在官法戒录》1：4。关于陈宏谋1746年的将衙役陋规纳入常规化的运动，见《培远堂偶存稿》24：36-37，瞿同祖，27。

③ 《先文恭公年谱》2：19。

④ 徐栋：《牧令书》，4：26。

⑤ 下面几段都是以《在官法戒录》序、1：7-8，以及陈附在1742年该书初版扉页上他本人的一封信为基础。这封信还见《培远堂偶存稿》16：10-12。又见《皇朝经世文编》24：24-25。《先文恭公年谱》5：5也讨论过这封信。

来就有自尊，知“耻”。所以，尽管为了生计他们变得唯利是图（陈的观点类似于“权力腐败论”），他们固有的人性能“化”或“提醒”他们从善为民。陈十分看重人的个性，他认为不能将属吏们一概而论，忽视对他们个人的德行教育是错误的，它违背了孔子的“有教无类”之原则。陈表达近代早期时代人们的情感，坚持认为并非只有考取功名之士才是君子，而是“人人”皆能成“君子”，这道出了生活在近代早期的众人的心声。历史上确有不少属吏被提升为受人尊敬的官员。

陈宏谋立场的核心是属吏其实比普通民众更堪造就。因为他们大部分出自书香门第，有文化，都至少接受过《四书》、《五经》教育。因此尽管他1743年编撰的《在官法戒录》言辞古奥，他还是要求省内各县县吏人手一册，并坚信这样做是有实际意义的。① 除要求属吏的文化素养较高以外，陈认为另有一层原因使他们能很好地去完善自我的品行：他们“有志”于改善自我。他们自愿选择成为属吏，为不满农村的生活环境而努力寻求一条充满挑战的个人发展之途，这表明他们是渴求成功的。也正是出于这份追求个人利益的勃勃雄心，他们行为不端、令人生厌。然而陈用伟大的新儒教诗人、政治家苏轼的话说明渴望成功的意志能够促人完善自我。②

在引用顾炎武对《周礼》百官设置的评论时（《周礼》是帝制后期地方自治理念灵感的来源之一），陈认为顾意在强调尊重属吏，肯定他们内在的“自重”和自我完善之心。陈又补充说，在管理下属时，这是远比恫吓惩罚来得高明的做法。在另一处引用顾文的地方，陈对顾要求奖励学习经书典籍的属吏建议表示赞同。③ 不过，从总体上看，陈宏谋是有选择性地

---

① 一个未署名的广东省司法官员在1830年以“公门修行录”为题修订重版了陈宏谋的作品。在他看来，陈过高估计了大部分衙役的古文水平。因此，在新版中，他把许多文字艰深的叙述改编为通俗易懂的诗歌，确保它们可以被文化程度不高的衙役所理解（卷5）。他为什么作这样的修订？是因为他的观点与陈不同？还是因为衙役的文化程度在19世纪有显著下降呢？这个问题很有趣。从陈的其他材料看，他在强调通过正规方式让民众了解政府政策的同时，还竭力（参见《教女遗规》）赞成使之通俗化。

② 《在官法戒录》1：3。

③ 《在官法戒录》1：12-13。陈宏谋说明这两处都引自顾炎武的《日知录》，但是我在顾的原著里没有找到这些引文。

阅读顾的作品。① 事实上，在他的《在官法戒录》中，陈强调自己并非要靠改变法规条例（顾炎武在《郡县论》中提倡法制改革）来解决属吏渎职的问题，而是要通过循序渐进的办法“一次一人”唤醒属吏的良知。②

在我看来，陈对管理下级属吏问题的思考在两方面富有鲜明的近代初期的时代特征。第一，尽管带有理学色彩的道德主义，陈认为要消除官员与属吏的隔阂、激励后者更好地服从国家意志，最好的办法是有利于个人进步的物质刺激。陈的这一阐述，回到了第九章中谈到的他的“机遇结构”主张。陈庆幸生于一个有着前所未闻的社会流动的朝代，人人都有进取的机会。陈宏谋一方面担心这种流动可能带给社会某些无序，但总体上它有利于维护社会秩序，因为它为那些以天下为己任的人提供了机会。陈认为与其贬斥属吏苛待民众，不如在没有有关论据之前给予他们肯定的判断，创造性地利用这种充满机遇的时代，奖励他们更多向上晋升的机会。③ 第二，陈宏谋分析的基础是他认为每个人在本质上是相同的——都是有“天良”的。但是他在运用这个观念处理属吏问题时，并不赞成国家给予个人（或地方）更大的“自由”。相反，陈宏谋为了改造属吏，试图把他们纳入官僚阶层，与他早年提出并为皇帝否定的向属吏发俸禄的观点一样，这实际上（如果不是在理论上）试图以他的个人自律思想为一个更大、更强有力的正式国家机构辩护。

(五) 县以下的治理

清朝前半期人口增长迅猛，而县令的数目只略微上升。由于经济的增长幅度超出了地方的行政预算容纳的范围，加之上级任务和自身工作（民事诉讼）的日益繁重，使县令的工作负担之沉重已远远超乎常理。谁能助他一臂之力呢？扩大下属的规模可视为一条解决之道，但这又将引发下属管理问题

① 顾炎武对衙役问题的最知名的研究是《日知录》（4：8–9）里的《都令史》一文。这篇文章被魏源收入《皇朝经世文编》（24：1–2），放到关于衙役部分的显著位置。顾的文章认为，从古到今，地方政治日益恶化，这些衙役没有接受道德感化、弃恶从善的可能性，各级官员和百姓都成为他们营私舞弊的牺牲品。

② 《先文恭公年谱》5：5。

③ 《在官法戒录》，序。

上的疏漏。尽管陈认为属员有为国效力之良好愿望，但他也看出这一做法成效有限，甚至还会降低行政效率，产生不良影响。

官员人数的不足可以靠两种方法来补救。首先是将带有一定行政性质的任务下派给地方精英及其头面人物——乡绅和诸“长”。基本上这种方法广受青睐，也为陈宏谋大加采用。不过他也颇看重第二种方法，即赋予现有的地方长官更大的实权，抑或添设新的官职来扩充地方政府的力量。最直接的办法莫过于设立新县，增加县令的人数。陈宏谋早在云南为官时期，就参与制定了“改土归流”政策，将原来由“土司”间接管控的辖区正式划编入县。有时他还负责将管治不便的府道分为不同的县，编制预算，设官管理。①在离开云南边陲之后，陈又将重新划分行政建制的方法应用到中原地区负荷过重的行政地区。如1755年，因为作为主要粮食输出地和河运重地的衡阳县县令在堆积如山的民讼事务下不堪重负。他成功地说服了朝廷在湖南衡阳县内再设新县。②

然而朝廷显然不愿意大量地增设新县，于是被认为是更好的行政管理措施也就随之出现了。那就是在县以下设“乡”，“乡”在英语中有时被译为“township”（区、镇）或“ward”（行政选区），在18世纪时它还是个词义不甚确定的术语。一般情况下它泛指“乡村”，更具体一点说，则指县的周边地区。从领地的界定上讲，它通常涵盖一个县的八分之一到四分之一，以一个小集市为中心。在少数地区，“乡”是一个社会实体，有自己的区划、组织和首领。③ 虽然人们也希冀从法律上将乡的行政管理标准化，但实际情形是不同地区有不同做法。④ 在部分地区，“乡”还是财政核算和税收上交单位。直到民国时期，“乡”才正式成为县治理下的具有多种功能的行政单位。⑤ 不过18世纪的人们已经在为乡的正式设立而努力了，这也是下文中必须谈到的话题。

---

① 《培远堂偶存稿》2：45-46。

② 《先文恭公年谱》9：1；蔡冠洛，1.147。

③ 萧公权，11-12。

④ 见瞿同祖（3，203，227，245）提出的令人困惑的各种行政管理界定。

⑤ 沿袭山西省长阎锡山在1917年建立的模式，国民党在1928—1929年间在全中国强制设立乡或区。乡由中央委派的地方行政官员领导，职位相当于两个世纪前雍正王朝时期提出设立的乡官，见Kuhn，“Local Self-Government Under the Republic，”284-286。

陈宏谋的“乡”级区划实验在1729年引发了一场争议，当时陈还是中央政府中的一名低层官员（时任浙江道监察御史，兼吏部郎中，从五品——译者)。① 一名叫龚健飏（音——译者）的学监上书陈说县令负担沉重，提请朝廷增设四个下属单位，以“乡”为名，由“乡官”统领，并接受县的管制。新设的官员将分担县令听取民讼、维护治安、修建公共工程的任务，由此减轻县令对属吏和仆从的依赖。龚效仿顾炎武的主张，“乡官”由各“乡”的地主乡绅出任。尽管雍正了解到地方官员负担过重，但仍然对奏折中的建议心存疑虑，于是便与他最信任的朝官们共同商榷。

最有力的反对声来自鄂尔泰。鄂尔泰认为在事务最繁杂、人口最多的各县，县以下的治理任务已令人满意地交由“县丞”、“巡检”等县令从官一一处理，而较不重要的“乡”务也交由“乡约”和“保甲”等地方人士承担。设立另一级管理机构只会得不偿失，不但不能遏制属吏随从的嚣张气焰，反而会让更多的恶人出现！鄂尔泰还强调经验告诉我们由地方乡绅出任新职根本违背了行之已久的“回避”制度。由地方乡绅任职必将带来两种恶果：使“乡官”或为“市司”所役，或假公济私，谋取私利。在反对的声浪中，雍正没有采纳龚的建议，事情就此作罢。

可是余波未了。虽然雍正没有应允在县下设乡，且由地方人士出任乡职，但是官吏中要求至少在县内事务最为繁忙的地区设立正式受县管治的辖区的呼声依旧很高。更有人建议由朝廷任命的非当地人士——鄂尔泰所谓的“县丞”、“巡检”以及称呼上更为广泛的“佐杂”——来出任新职。雍正在具体情况具体对待的前提下，有限度地批准了上述提议，同时为规范设置，在否定“乡官”提案的同时，下令普查登记有正式任命官员的县以下辖区数目。②

---

① 以下的段落基于鄂尔泰奏折，雍正7。这一奏折又被收入《皇朝经世文编》18：52—54。这一事件在 John R. Watt, *The District Magistrate in Late Imperial China*（New York：Columbia University Press，1972）225—28 里也被简要讨论过；又见 Min Tu-ki，“The Theory of Political Feudalism in the Ch'ing Period，”102；以及 Roger Thompson 的“Statecraft and Self-Government：Competing Views of Community and State in Late Imperial China，” *Modern China* 14.2（April 1988）：196，206。正如 Thompson 指出，宫健飏的乡官提议（见《皇朝经世文编》所收的鄂尔泰奏折）在清朝统治的最后十年里变成地方自治计划的基础。

② 喀尔吉善、陈宏谋的奏折，乾隆18/5/22，见《宫中档乾隆朝奏折》5.436—38。

如何令人满意地委派县级以下的官员（即“乡官”，为遵照朝廷前例，自1729年后此称呼不再被使用），如何利用已有的县级“佐杂”，在陈宏谋出任巡抚期间已成为公开而敏感的政治议题。陈宏谋在不同的职位上，对这一问题的处理不尽相同。他依照各省的实际情况，有时谨慎抵制把“乡官”的任务交给一些辅助官员，有时则果断地支持这一举措。①

陈宏谋到江西时，地方佐杂只承担某一方面的具体工作，不参预管理某一乡或镇。② 陈未去改变这一局面。他的指令主要不使辅官沦为县令的私役。③ 然而1744年陈到陕西任职时，情况就复杂多了。自1733年后，该省的诸多佐杂被委派到集镇上配合长期开展的商业欠税清理事务。这些人员的职权在多大程度上超出了税务清理的范围，他们的权力范围在多大程度上由集镇深入到乡，都是不明确的，集镇实际上是乡的行政中心。但几乎可以肯定的是，十余年间，佐杂被委以地区性事务的做法日益普遍了。在陈到任的数月前，他的前任已把委派到集镇去的佐杂人数增加了一倍。不过为尽早结束旷日持久的税务清理行动，他为每位佐杂规定了一年的任期。陈在陕西的举措似乎同时朝着两个方向进行。一方面，为采取有利于商业的政策，他严格遵照前任定下的期限，在一年之后取消所有集镇官员之职，并取消许多他们受命征收的商业税。另一方面，他有意扩大前任设置的乡级佐杂的职权——他自己也委派少数佐杂——让他们去重新安置当地的粮库以及负责捐纳事宜，他还上奏朝廷增发给他们的“养廉”金，以便向他们提供固定补助。④

1753年陈宏谋在福建制定的措施明白无误地旨在扩大国家管理权力。由于福建地势复杂，在他到任之前的几十年里，地方巡抚们不断上书请求委派

---

① 令人深思的是，陈对1765年朝廷在他的家乡临桂另设乡级地方行政机构，总部在临桂县，持欢迎态度。他同时认为，朝廷应在临桂建立其他类似的机构，但又承认这种想法不现实。家书，乾隆30/12/26，乾隆31/1/23，见《陈宏谋家书》，237－42。

② 我们将在第十一章里看到，这很有可能与江西的乡级政府已经在很大程度上被宗族精英控制有关。

③ 《培远堂偶存稿》12：1－2；《先文恭公年谱》4：7。

④ 《培远堂偶存稿》16：18－20，17：28－29，18：3－5；《先文恭公年谱》5：18－19。

佐杂到偏远县乡出任“分防县丞”，及陈至闽，全省境内大约已有18个“分防县丞”。大多数情况下他们的任务是收取各乡税款，但久而久之他们已承担起其他职责，如听取民讼。陈宏谋在上报中说这些佐杂之职已“于县令无异”。雍正于1729年下诏令所有乡级官职的人员由朝廷委派（“拣选递补”）以维护回避体制。然而在此之前福建的乡职已悉数有人，他们便未从令而行。实际上，吏部只是从当地挑选出资深的合格候补人（“载绩挨选”），这些人选不定期轮换，或受上级的年度考核。① 虽然陈宏谋承认乡官一职的必要性，但他觉得对他们的随意指派损害了朝廷对政府机构的控制权。他提议用选拔评审正式县级官员的标准来处理十位职权最大的分防县丞的任命和晋升。②

1761年陈宏谋在江苏的做法更清楚地表明了他欲将国家权力渗透到地方社会的迫切愿望，其渗透程度之深是朝廷也不曾虑及的。③ 当时的江苏也在清理日久拖欠的土地税。陈将佐杂派往各乡收取欠税，这样一来，一可使欠税者免除跋涉至县，亲自完税之劳，二可使欠税者不必倚靠那种收费昂贵、不为官府承认的“包揽”来缴纳税款。乾隆虽然赞同陈在各乡镇建立收税机构的建议，但不同意为此将佐杂派驻到各乡。乾隆在谈及1729年的那次朝廷辩论时，清楚地指出（虽然言辞委婉），指派辅官入乡会增加属吏的数量，只能带来更多的官场腐败和对百姓的“扰累”——这是政府权力过度膨胀的代名词。皇帝主张让县令在每年一度的巡查中，安排在各乡停留，收缴欠税。乾隆使用了陈常用的“亲民”一词。提醒陈宏谋说这一做法正符合县令“亲民”的原则。

在辩论中陈宏谋谈起了他在福建的经验，因为各县地域辽阔，长久以来土地税的估算和收缴都是以乡为单位的。在福建行得通的方法（显然这是县下设乡的前奏），在江苏也应该行得通。事实上，就在前一年陈就试着在自己的下属中派遣“委员”到选定的乡镇上征收欠税，结果非常令人满意。最

① 对这些与官员选拔有关术语的解释，见 E-tu Zen Sun, *Ch'ing Administrative Terms: A Translation of the Terminology of the Six Boards with Explanatory Notes* (Cambridge, Mass.: Harvard University Press, 1961), 1-4。

② 喀尔吉善、陈宏谋的奏折，乾隆18/5/22，见《宫中档乾隆朝奏折》5.436-38。关于“助理地方官”的讨论，见瞿同祖，9-13。

③ 以下的段落是基于奏折，乾隆25/11/1和乾隆26/2/1，中国第一历史档案馆。

终陈向乾隆提出了一项妥协方案：在人口较少或情况较为简单的各县，他会依照乾隆提出的办法由巡视的县吏收税，而在情况复杂的诸县他会按自己的想法派驻佐杂。乾隆默许曰："此奏折真乃深思熟虑也！"必须强调的是，新任命的乡官的职权仅限于收税，而且他们的任命也不是永久的。不过陈的第二份奏折实际上为固定这些职位打下了基础。他建议，第一，佐杂不必从先前委派到各县的人员中选出，可视需要从邻近辖区中挑选；第二，乡官及他们下属的薪俸纳入县行政预算。

在第十一章中我们将看到陈宏谋如何从"乡"里的地方头领——"乡"、"乡长"、"乡保"、"乡约"，甚至是乡级家族的族长中挑选官员的。这些举动使他在一些人眼中看来是支持地方自治，反对国家官僚机构过度膨胀的。在某种意义上说，这一评价是实至名归的。不过，在审视这一评价时，我们也要牢记本节中谈到的陈宏谋谨慎地致力于在帝国建立一个更加完备的地区官僚网，这些地区官员是中央帝国的附属工具。这互为补充的两个策略构成了陈"治理天下"的宏图伟略。

（六）管理

陈宏谋是杰出的管理大师。"清朝盛世"有许多巡抚都精通日常管理，陈则是其中的佼佼者。他虽未有太多的远见卓识，却十分胜任日常管理。全面考察陈的管理风格是十分重要和有意义的。不过在此我只想选择他的某些管理策略加以评述，以此来研究这些策略是如何在讲求"仁义治天下"的时代，被用来扩展国家的权力和控制能力的。

相当多的例子能使我们看到陈宏谋最为显著的管理风格：上任伊始，就在一两个最主要的地区，在管理职能方面展开全面革新。正像他与友人谈到的，有效的管理在于能够适时地跳出条条框框，以全新的眼光看待一个地区的现实状况和需求。① 早年在云南的任职恰为陈表现自己的才干提供了机会，他大展才华力图创新，为以后管理策略的制定打下了基础。在云南陈勇于变革，更新了全省的交通网络、初等教育（见第十二章）和农作物结构。之后，他一如既往系统全面地治理天津和江苏的河流洪涝，在江西和湖南进行

---

① 寄雷翠亭书，见《陈文恭公书牍》2：5。

圩田改造，在陕西兴修灌溉网络、筑城墙，在甘肃修路建桥，在江苏镇恶匪、保民安，在福建修固牢狱、管理囚犯，在江西处理盐政，在湖北革新司法，并且基本上在所到之处都加强了粮库管理。① 他办事的一贯程序是，先派所有属官对本地区的事务进行周密细致的调查，然后交由他来汇总，作出全省通览（比如1748年，他收集了湖北省内每一宗未决的民事案例）。接着，他会具体分析问题，根据地区差异（如盐的缺失或过剩）、问题的大小和解决所需的花费（本地可自行解决或需借助外援）或紧急程度来划分事件。陈还时常将一个总方案划分成不同的阶段按步骤来完成。他始终反对虚报瞒报——“名”不符“实”的劣行——强调办事要循序渐进，不急不躁，一劳永逸地解决问题。我们也看到，尽管陈为人俭朴，但如长远目的证明有需要的话，他从不吝惜大规模投资。

他行事的另一特征体现在他喜用的“通融”一词上。“通融”是清朝官场上含义十分混杂的用语，它表示双方为解决问题、平息事件而相互妥协、采取权宜之计的实用态度，而不是固执己见把僵化的方案强加给对方，有碍于事情的解决。“通融”也指为成全其他地区或全局的利益牺牲某一地区的优势条件——换句话说，就是通过国家强制手段对利益再分配。在陈的管理话语中，这个词涵盖了对问题视野的广度和处理问题的灵活度的双重思考。②

1740年陈宏谋写道：“朝廷设官，必并置吏。……官之与吏，势本相须，而责尤分任者也。”③ 所以，在为官之时，他格外重视官员之间的“责成”范围。在把任务设想成一个环环相扣的统一整体时，他总设法将一个问题分成许多部分，每一个部分的总和就构成工作的整体，绝无疏漏。这些责任划

① 几个有代表性的例子，见奏折，乾隆13/1/10和乾隆13/4/29，见《军机处录副奏折》；乾隆16/8/11，见《宫中档乾隆朝奏折》1.385—87；《皇朝经世文编》110：28—29；徐栋：《牧令书》10：32—35；《培远堂偶存稿》5：8—10，6：3—14，11：44—46，32：12—16，36：7—11，36：19—22；《先文恭公年谱》3：17，6：2，7：4—6。

② 陈使用这个术语的例子见奏折，乾隆8/6/28，中国第一历史档案馆；乾隆13/10/1（两个都是这一日期），见《军机处录副奏折》；乾隆19/闰四月/25，见《宫中档乾隆朝奏折》8.353—54；《培远堂偶存稿》4：5—7。

③ 《培远堂偶存稿》10：36。

分可能是职能上的，例如在江西时他让县令的助手们去修护围圩，而不只待在县府里打打下手（在陈看来，这是人不能尽其用的表现）①；分工也可能是地区上的，例如在天津时他给黄河水利系统适当分段，以便分段维护。②管辖地域界线的划定对陈来说事关重大，他在 1739 年和 1742 年分别重新划定了直隶和江西的县界，使县令负责打击土匪的地域责任更加明确。1745 年在陕西时，他撤除了一个军事防区，把它并入到相邻的县内。在此过程中，他把不同辖区应担负的职责——每户应征收地税、征召军队、文官考试名额、社会粮库的分担——都细致地安排妥当。在加强下层官僚机构的体制问题上，他要求所属明确各自的职责（“责成”），他指出，任何人逃避责任都会损害民众福祉。甚至在描述县令给地方分派任务时，他也用到了“责成”一词，以示地方治理责任也需要制度化。③ 在谈论自己喜爱的一篇吕坤的文章时，陈认为管理职责最大程度上的地区分配正是理性化地把新儒学原则（“礼”）应用到政治管理上去④，这是最能实现“治理天下”的可行办法。

陈宏谋对政府机构管理秩序的关注还表现在他厘清行政管理关系的尝试上。他尤其注重道台、巡道这样的界乎省县之间的中层官员的责权关系。他虽从未当过县令，但与县令们和级别相仿的官员之间的个人交往，使他深谙在清朝这样凡事均需层层上报的权力体制下为官行事的不便之处。拿道台来说，它的职位原本处于省县官员之间，但因责权不明，许多道台因惧怕越权处事开罪上司，索性百事不问。陈试图改变这种情况。他定期指示道台巡察下情，察看地方官员的日常办事作风并访察民意。他们要解决各自下属的管辖范围的纷争，并填补空缺。比如在治理黄河中，地方县令负责招募劳工，而治黄部门负责监督实际的工程建设。

陈宏谋要求道台接阅所有的上呈函件，并适时予以处置。道台们应尽快了结争端，如解决无须经过省级官员决断的一些未结民案。此外，在两司分工明确的情况下（巡按负责处理盗窃和其他刑事案件，布政使负责解决税务

---

① 《培远堂偶存稿》11：44—46；《先文恭公年谱》4：8。

② 奏折，乾隆 13/4/29，见《军机处录副奏折》；《培远堂偶存稿》7：9—10。

③ 《培远堂偶存稿》7：3—5，10：36—38，12：25，15：35—36，22：5—8。

④ 《从政遗规》1：34—50。

和财产官司)，只需道台过目全部的上呈公文；陈命他们对文件的传递，要负起责任，并特别要求他们保证所有公文都送到两司，不能出现疏漏。对于两司，陈谴责他们总是各行其是。他坚持在处理具体问题时双方要相互协商，在制定政策时，两司和巡抚一起共同讨论。①

身为巡抚，陈宏谋总要定期颁布条例，规定下属执行各项政策的标准程序。他注重规范的是公函的起草和处理过程。受他敬重的吕坤就十分强调公文对于"通民"的重要意义，受此影响，陈显然也关注这一问题。1740年他写道："治官察民，惟凭书契。达情宣德，不废文辞。自生齿浩繁，民情多敌，官吏则日以增，政务则日以繁。加之机械日深，防闲渐密，官民互相躲闪，上下群生趋避。"在这种认识下，他不断寻求更为确切、可靠和标准化的交流体系。②

随着公文量的与日俱增，陈一再下达指令，要求简化公文传阅程序，剔除"浮泛之虚文"。他提出不要照抄照搬所阅文件，而应总结其概要，杜绝无用的客套话、无的放矢的闲谈及浮华词藻，使用平白朴素的语言，做到准确精要。汇报要翔实（比如汇报一起盗窃案件时指明所盗之物）。谈及他人时要言明其姓名身份。回复上司的询问时，要提及回应的是哪一桩问题，避免应付之辞。不要在所阅览的每一页文件上都盖上印章，因为这会字迹模糊，使他人无法辨认。传阅文件时，如有个别地方字迹不清，不要将其涂抹，想当然地补上可能的字眼。最重要的是，准确填写文件接收或转呈的日期，以便为加急公文（视公文的性质，路上需花三至五日）和需要决定解决问题的公文的传送制定严格的期限。③

可靠、标准化的交流系统可以在政策实施中使各部门的行动整齐划一，在百姓心目中树立"官信"——在此过程中，也加强了政府的控制。为此他颁布条例规范下级部门对上级指示的执行程序。下级部门在回文中需清楚指

---

① 《培远堂偶存稿》5：1-2，18：36-42；《皇朝经世文编》22：49；《先文恭公年谱》3：2，4：22，12：10-11。

② 《培远堂偶存稿》12：23。吕坤关于政府公文的观点参见 Hardlin：*Action*，104，159-60。

③ 《培远堂偶存稿》10：23-32，13：32-34，17：20-25，32：4-5，32：36-39，32：43-45，35：6-7；《先文恭公年谱》3：17-18。

明执行落实的是上级的哪项指示，明确自身的权限。由下级部门直接下达的指令需预先通报上级部门及周边地区的同级部门，以免在相邻地区执行过程中遭到随意改动。官员要经常查看前任留下的卷宗，适时重申前任的指示，不使众人以为人一走，以前的指令就可不执行。如何向百姓传达指令是系统中最为关键的部分。传达的语言要通俗易懂，保证百姓能充分地理解要领。传达指令时应张榜明示，防止属吏、保甲之类的传达人利用百姓的不明就里擅改政令。陈在历次任上都详细地指示张贴告示的地点和方式，使那些利用百姓的无知图谋不轨的人无法私揭告示。①

出于对各部门行动划一的考虑，陈宏谋有时会颁布冗长指令，规范下属的公文起草。② 更多的时候，他分发由他亲自起草书写规范的“单式”或“册式”，供县令、郡令在上报或记录衙门事务时仿效。“单式”的涉及面相当广泛，包括修缮粮库的贷款报告，对居住当地判罪人员的流放，为守节寡妇立牌坊，绅员身份的出售，对罪犯和服刑囚徒的判决。他几次奏请朝廷以他的行文格式为模本，获准后通行全国。③

规范化的地方上报是省级部门日常记录和财务账簿系统化的前提。这是陈一心向往的集权控制下的运作方式。他定期将具体政令汇编“造册”，十分详尽地记录下相关地区的实际情况。我们很庆幸其中的一册得以保留，它的主要内容是在云南地区建立地方学校，在陈宏谋离开云南后，他的上司尹继善将其公开发行，在长达6卷的记录中陈列举了全省600多所学校的地点、校史、面积、教职人员、资产、年收入与支出。④ 还是在云南这个陈供职了三年多的地方，他认真造册记录了征收的土地税、军事供应、文官考试管理费用、采矿、社区管理，孤儿院以及其慈善机构的营运、土地开垦、县级民用工程进展和新增县的行政管理预算。⑤ 虽然我们会认为陈热衷于记录是因

---

① 《培远堂偶存稿》10：39—42，13：23—24，23：39—41；《先文恭公年谱》6：4—5。

② 《培远堂偶存稿》13：39—42，17：20—25，26：5—9。

③ 《培远堂偶存稿》16：36—37，17：43—46，18：48—52，23：9—10，35：38—40，37：32—36，39：7—9；《先文恭公年谱》6：12。在大多情况下，这种形式的例子是可以在文章中看到的。

④ 《全滇义学汇记》(1738)。

⑤ 《培远堂偶存稿》，1—4卷。

为这是其工作的一个任务（他时任云南布政使），不过有关的公函告诉我们在很多情况下陈都是第一次编写有关情况。虽然他也确实受到了时代风气的影响——雍正时期十分讲求数据资料，陈曾身处其晚期——但他在乾隆朝更长的任期中也基本没放弃这种做法。在各种职位上，他都不遗余力地给各项事务记录在册，内容包括常规的粮库管理、围圩的维护、对囚犯的管理责任、蝗虫控制和货币兑换率等。①

陈宏谋对民事诉讼案件记录规范化的热情也是特别明显的。对于金额微小的财产案件（“户坟田土”），陈认为应及早给予处理，否则将会对打官司的当事人家庭带来沉重的财产负担。特别是在社会中有人蓄意拖延案件审理时，快速结案更显重要。陈坚信“讼棍”们与衙门属吏沆瀣一气，延误办案，从中搜刮民财。根据清朝律法，县令应在20天以内结束判案，而陈却发现在多数省份近乎四分之一的案件结案时间超出规定期限，许多竟超出数月甚至数年之久。官吏们理当敦促新来的县令及早结案，但陈宏谋注意到他们未能很好地履行这一职责。

陈宏谋的解决方案是在各地方和省级部门中建立起标准的汇报编审制度（“汇单”，“清单”）。他的典型做法是，在到新省上任前，指示下属将所有未得到解决的重大事件汇编成册。县令必须向知府、令汇报所有没能在规定期限内裁决的案例，以便知府适时地加以敦促，并以此为基础“材料”写出县令的年终评语。陈还命无事可干的巡道在定期的巡视中将在所到县收集的材料制成汇总表，从而进一步给县令施加压力，使他们不得漏报任何一桩延迟受理的案件。情况异常复杂或因其他原因久拖不决的案件则需向省府汇报。这一制度的最初形式是在他1740年出任江苏按察使时制定的。当时他将省府汇单在十四天以内寄发到江苏省各县。汇总表上如盖有一个圈印，意味着县令们必须在两个月以内将该案终结，盖有两个圈印，则表示期限为一个月，而盖有三个圈印，代表只有半个月的最后期限。在后来的各个职位上，他总是事必躬亲，沿此例而行。在前文中我曾提过，1754年他上奏朝廷（显然未获恩准），请求新设一个与道台同级的省级官员，专门协助上述工作。他集中化和规范化的民事诉讼管理，被树为楷模在其他各省官员中广

① 关于一些例子，可参见《培远堂偶存稿》11：22-24，11：44-46，17：47-53，21：28-30，22：1-2，31：8-9。

加推行。①

陈宏谋十分热衷在地方上推行标准化度量衡。他的目的在于确保财政预算、粮库营运、市场运转以及地区间市场整合进程上的统一性，当然他也十分了解标准化度量衡对于政府完整有序的统计的重要性。② 在陈的著述中我们可以发现他对收集整理数据有着浓厚兴趣。斯图尔特·伍尔夫（Stuart Woolf）在近代早期的西欧发现类似的趋势，它与近代早期国家的产生关系密切。③ 众所周知，清朝统治者空前重视数据的上报——地方官员要系统地报告当地的降雨量、农业收成和粮价——而陈则全力推行这一做法，要求下属呈报的数字要精确到小数点以后的单位。他还坚持认为，在上交的总数中，应附有各部分的具体数据，一旦有可能，官员要重新加以计算，核对总数。④ 在担任工部尚书时，陈不辞辛劳地搜集、整理浩繁的工程用料的地区价格，例如在 24 卷之长的直隶省记录中，记载着在良乡县 30 英尺长、直径达 1.6 英尺的松木要价白银 13.30 两，直径达 1.4 英尺的价格是白银 9.51 两，而直径为 1.3 英尺的价格是白银 6.91 两。⑤

作为省府大员的陈宏谋，根据上述详细的数据，来校核全省的财务统计报表。例如在计算云南贫民所、济贫院的日常开销时，他把省内所有济贫机构的房间总数乘以每个房间可安置的人员数量，乘以每人每日食品、燃料需求量，再乘以煤、米、油的市价，算出结果。⑥ 陈不仅对财务账的统计数字情有独钟。他还酷爱盘点计数——如云南小学的总数，又如陕西的灌溉井的

---

① 奏折，乾隆 13/1/10，见《军机处录副奏折》；乾隆 19/8/18，见《宫中档乾隆朝奏折》9.377-378；《培远堂偶存稿》2：17-18，5：1-2，10：1-2，10：33-35；《先文恭公年谱》3：18-19，4：5-6；《皇朝经世文编》93：28-29；徐栋：《牧令书》23：29-31。

② 参见《培远堂偶存稿》18：18-20，21：8，21：25-26；Will and Wong，236-38。

③ Stuart Woolf，"Statistics and the Modern State，" *Comparative Studies in Society and History* 31.3（July 1989）：588-604.

④ 《培远堂偶存稿》13：39-42，37：37-41。

⑤ 《物料价值则例》，治理篇，1：17。编写这些则例是要强化管理，当然，为避免政府超支或强买强卖，其中的标价尽可能地以市场价格为标准。

⑥ 《培远堂偶存稿》1：4-6。也可参见他关于云南的小学校的账目，参见《培远堂偶存稿》3：5-11。

总数（共 87 000 多口，其中有 26 800 口是在他的任期内挖掘或修缮的）。①他统计犯罪和惩处的数目，像近代早期的欧洲犯罪学家一样。例如 1754 年在陕西时，他令下属上报每一起盗窃案案发和窃贼被捕的准确日期，好使他算出两者的平均间隔。②

也许是受吕坤的启发，陈宏谋极爱收集社会“要闻”。这里他的兴趣又与斯图尔特·伍尔夫发现的近代西欧出现的某种趋势不谋而合（事实上前者的出现略早于后者）——拿破仑执政时期统治者对广泛收集信息有着空前热情，他们把全面的信息当作“理性”的管理工具，以更有效地把地方社会整合到一个更宏观的政治秩序中。③ 为更好地管治就要先“知情”，陈宏谋在为官生涯中对此有着越来越强烈的感受。1751 年前他还只是指示陕西省的各县令编定标准化的“简明式册”，详细记录各县名称、地点、县郊人口、集市、下辖地区和联保村庄。四年后在湖南，他叫县令定期上交各地“公事”汇报——民情民怨、犯罪形势与社会纠纷——此外按皇帝旨意，天气和粮价的报告须半月一交。④ 陈对信息搜集的最高成就当属他于 1756 年汇编的《湖南通志》了。该书涵盖了当时社会生活经济发展的各个方面，长达 174 卷，内容之翔实是前所未有的，连朝廷纂修的《钦定四库总目提要》都对之惊叹不已。⑤

陈宏谋搜集有用信息的热情最明显地体现在连续不断地绘制县区地图的行动上。他对地图的最初要求始于 1741 年至 1742 年的冬天，那是他出任江西巡抚的头几个月。他抱怨说地图的缺乏反映了县令们高坐公堂之上，不深入民众，凡事依靠属吏的不良习气。1744 年在陕西，1754 年在福建，1755 年在甘肃、湖南，1758 年在广东、广西时，他都不断地索要地图。⑥ 陈还特

---

① 《先文恭公年谱》7：3。

② 《培远堂偶存稿》35：13–14。可以与 Woolf 的“Statistics”（590）相比较。

③ Stuart Woolf, “French Civilization and Ethnicity in the Napoleonic Empire,” *Past and Present* 124（1989）：96–120. 关于吕坤的例子，参见 Handlin：*Action*，159–60。

④ 《培远堂偶存稿》30：5–6，37：20–21。

⑤ 纪晓岚编：《钦定四库全书总目提要》（1782 年；重印，上海：商务印书馆，1933），15：50。

⑥ 《培远堂偶存稿》12：22–25，17：12–15，34：15–19，36：12–18，37：5–12，41：27–40。

别规定了地图的缩小比例、图例和各标识的颜色，并要求地图要有统一的尺寸——在江西时他规定地图尺寸为3平方尺，之后随着标识物的增多，扩大到4平方尺。到他在甘肃任上时，他已制定出33条内容详尽的条例，地图的测量方法和绘制内容、地形特征、行政区划之间的准确边界，还有五户人家以上的村庄、寺庙、宗祠、历史遗迹、粮库位置、灌溉区与非灌溉区、桥梁、码头、官邸、主要商铺、赶集地点，等等。除地图而外，县令还要呈交一份当地指南，说明本地的民族构成、税收、物价、农作物种类、经济作物的比例、集市日期、水利设施（含当时的维修状况）、粮库管理、度量单位、学校课程等诸多事物。① 这些地图和指南再按照既定的尺寸被装订成册，综合反映全省的地形地貌、风土人情，使陈更多更好地了解辖区情况。在这一点上，他比历史上任何其他同级官员做得更好。

在新近写成的一本发人深省的书中，通差探究了19世纪末泰国官僚精英进行的“现代主义的”运动，他强调说泰国人采用“现代”（即西方式的）地图模式来界定自己“国家”的空间。② 受儒家普遍主义观念的影响，18世纪中叶的清朝统治者并不太重视“国家”边界的划定，但是清朝官员（同先祖一样）尤为关注的是此任务的另一半——“国内”各辖区边界的划分，以便将其作为施行中央集权控制的手段。此时对地图内容详尽程度大大提高，正表明以知情，或收集详细的地方资讯来加强控制的治理方案——对陈宏谋而言，这也是个性使然。绘图过程中，界域的制定是切切实实的，如陈在编制《湖南通志》时尤其重视各辖区的“划分”。甚至精确绘出与他管辖范围相对应的星象图。但同样切实的还有具有强制性的治理手段。陈的地图绘制行动不仅仅是他的个人主张，它更表明其在谋求缜密的行政控制手段方面的努力。

（七）1744—1745年陕西的“兴除”运动

为使读者不致认为陈宏谋广泛搜罗地方消息只是单纯地搜集信息而并非

---

① 《培远堂偶存稿》36：12—18。

② Thongchai Winichakul, *Siam Mapped: The History of the Geo-Body of a Nation* (Honolulu: University of Hawaii Press, 1994). 尤其可参见51—56页和关于内部管辖地图，119—22。

为加强国家干预，我们在本章结束前要来看看他推行的更为惊人的另一场运动：对18世纪中叶的陕西省地方文化进行系统的重塑运动。① 这场运动一方面源于乾隆皇帝实行的在全国上下提高治理水平的措施，另一方面则是陈出于个人目的的管理理念和方法，这场运动之后，他也坚持并不断完善这些理念和方法。

这场运动同时体现了合并的五个原来有区别的政治理念，每一个理念由特别的清朝官场术语来表述。它们是：第一，政府应尽可能地收取各地关于自然生态和社会民情的系统详尽的信息，用18世纪的话说，这将有利于甄别“利弊”；第二，果断地履行政府承诺的全部义务，满足民众的物质需求，也满足他们对文明和启蒙方面的要求，一言以蔽之，即“教养”民众；第三，实施改革以致力于对地方自然生态和社会基层事务的干预，“兴利除弊”，也就是说要妥善处理“兴除事宜”；第四，提倡“亲民”的地方治理方法，地方官员应多多“巡历乡村”②；第五，依照官僚机构内部的惯例，有一个对县令政绩进行考核的机制，或者说“考成”。

早在18世纪30年代，他出任天津道台时，在给一名县令的一封信中他就提出了“教养”一说，他建议县令要走出衙门，体察当地的“利弊”。③ 到了1741年至1742年的冬天，他在江西初任巡抚时，他的这一想法就愈加成熟了。他不仅要求县令绘制各县地图，还提出了32个必须详细汇报的事项，涉及欠税、民讼延误、灌溉工程、传统庆典，等等。他提醒县令，各地情况有异，如若不能把握当地状况的特殊性，就无法有效治县。尽管陈宏谋使用“兴利除弊”一词，提倡积极的除旧革新，但是，一旦地方有如何去实现这一目标的实用标准，他就不做具体的指示。他的实地调查完全旨在收集信息。不过，其中实际也包含了对工作人员的考核。在颁布调查问卷8个月

① Pierre-Étienne Will在最近的一篇文章里对这个运动进行了详细的讨论——尽管是从一个相当不同的角度——并且我们在这里讨论的将会比我们本应该讨论的更简单。目的是补充Will所说的内容，而且从本书的角度研究这一事件。参见Will，“The 1744 Annual Audits”。

② 这当然也是法庭的一个字面上的要求，但这个措辞（与包含了“村”含义的“屯”的非正规用法区别开来，Matthews，no. 6592）在这次运动中被接受了，并且作为对地方官的高度具体要求及其更加普遍的亲民义务的简写。

③ 寄孙隽书，见《陈文恭公书牍》1：11。

之后，陈再次颁布问卷，所问及的仍是先前的32个方面，只略略作了改动。县令们对他第一份问卷的回答非常令他失望，他认为他们根本没有为江西百姓尽职尽责，他一定要将此写在给县令的年终评定中。①

在江西余下的任职期间，陈宏谋始终思索着问卷调查的具体方法。1744年春，在前往陕西上任的途中，他也不忘如何改进问卷以适应新的地方需求。他一上任，就给当地官员发卷提问。问题涉及34个项目，且比在江西时问得更加细致。每项调查不再只是一个简单的问题，还附加了一系列十分细致的问题。下面我将列出问卷中的两项，请看看它们的详细程度吧。

第六则：

> 境内地土，种春麦者几分，种秋禾者几分？或种蘖米菜豆？有无水田？……计本境所获，可否足供本境之食？或贩运何处？米粮价值，每年至贱需价若干，至贵需价若干？区田曾否试行，有无成效？除米麦豆而外，地方出产何物以资民用？小民三时，耕凿而外，作何营生？有无出外流移之民？栽种棉花否，能织布否，曾试种桑养蚕否，能织绸纱否？畜牧之利若何，有无栽种烟叶？系何项田亩，多寡若何？……

第十则：

> 乡饮如何核实举报举行？三年宾兴之礼曾否举行？孝子义夫节妇，如何举报？每年有无多寡如何？境内有无怀才抱德之士，有无名人著述？有关经济理学之书，寻觅送阅，其风云月露者不必。该处现在崇祀乡贤名宦何人，另列一册附送。现在有无能文潜修之士，能悉其姓名否？

陈宏谋限定两个月的回答期，并坚决要求上报的数据要有真实性和实效性，是官员亲自察验所得的，而不是偷工减料地从卷宗上抄来的，他还表示要亲自视察，以验明数据真伪。他曾与下属官员有数次谈话，要求他们对工作中的不足之处加以改进，不过他真正的意图显然是希望他们提供更多更准确的信息。②

---

① 《培远堂偶存稿》12：28－32，14：6－13。

② 《培远堂偶存稿》17：3－11；也可参阅《先文恭公年谱》5：12－13。

不久之后，朝廷下达了新的诏令。1744 年秋（在陈对陕西地方官员进行问卷调查 6 个月之后）吏部尚书讷亲奏请朝廷加强长久以来实行的县令巡视制度，县令必须每半年或一年（视县区的大小和局面的复杂性而定）巡视乡里，并向省官汇报情况和采取的各项新措施。巡抚以此考核县衙门的工作（“考成”）。当被皇上问及对讷亲提议的看法时，鄂尔泰及其他大臣都极力赞成，并进一步要求县令巡视时须至少考察八个方面（包括学校建设、农业生产、水利工程、民事案件和犯罪活动等）。乾隆随即批准了讷亲的请示。1745 年初乾隆又要求县令的报告在上交到省府核实后需再提交到朝廷，由他亲自批示。①

地方官员们对此的态度却相当消极。至少根据《清实录》的记载，多数省官在回复中对要求整改和推行的事物敷衍了事，对手下县令的巡视情况也只字不提。乾隆虽对他们时有指责，却也并不十分在意，对这项制度他只是略作留意罢了。② 魏丕信指出讷亲和鄂尔泰均是前朝旧臣，他们一心推行这项制度可能是希求在新朝中深化前朝曾有过的兴盛之象。③ 由此看来，乾隆的恩准不过是与两位年迈忠心的（却有所疏远的）老臣开的一个善意的玩笑而已。魏丕信还指出看起来如此重大的政令理应被载入《大清律例》或《大清会典》，但实际上不是这样。魏丕信发现事实上它只被记入吏部 1746 年颁布的一份指令中，把要求省级汇报下降到日常上奏的范围，并且将上报时间每年一次下降到三年一次。可以说，面对各级官员日盛一日的消极应对，这项试图扩大政府职能的制度失败了。

然而我们的主人公陈宏谋却是一个十足的例外。虽然没有直接的事实可以证明，上述提议的倡导者是受到了陈在陕西时和更早前所作所为的影响，

---

① 鄂尔泰等人的奏折，乾隆 9/9/27，见《乾隆实录》224：26－27；喀尔吉善的奏折，乾隆 10/4，见《乾隆实录》239：37－38；《培远堂偶存稿》21：2－5；《先文恭公年谱》5：16；Will，“The 1744 Annual Audits，” 11－15。

② 关于例证，可参考直隶总督高斌，奏折，乾隆 9/12，见《乾隆实录》231：15－16。

③ 陈宏谋当然也是雍正的宠臣，这也是他为何对讷亲和鄂尔泰的建议如此感兴趣的原因。值得注意的是，“兴利除弊”一词为讷亲和鄂尔泰提出后，又被陈宏谋用于自己的计划，并得到雍正的肯定。尽管这种提法在 18 世纪并不新鲜，可在雍正登基之初，这成为他改组和重新振作康熙后期日渐腐败的官场的口号。

但是考虑到鄂尔泰对陈不时的维护，这种影响也不无可能。① 无论如何，唯有陈热心拥护吏部的宣令。事实上，他在实际工作中做得更多。1745 年初他回复朝廷——《实录》上记载这是朝廷收到的最为详尽的回复——陈提到早在江西任职时他已如此行事了。他认为鄂尔泰及吏部指令中规定的八个调查方面流于宽泛，仅以这八个方面考察的话，陕西各地的县令会认为调查内容于实际情况并不相干，只好做做表面文章，给予形式上的回答。为方便朝廷了解情况，陈将自己规定的 34 个方面减为 24 个方面（仍大大超出了朝廷设置的八个方面），并详细描述了他为县令们制定的开展调查的恰当方法。足见还有人如此听命于他，乾隆甚感欣慰，对陈的奏报他热情洋溢地回复到："得旨，实力妥办之外，别无可谕也。"②

但是讷亲与鄂尔泰实行的国家政策和陈宏谋的实干所强调的重点十分不同。虽然二者都谈论改革地方政务，但是政府借助的是人事变动——改变地方官员的人浮于事。陈没有忽视这一方面，然而十分明显，至少在初到陕西之际，陈的目标是开展一场乌托邦式的、由国家推行的根本的社会革新。③在这个意义上，吏部开展的对官员的评价举措，在于促使他们顺利地去完成更为宏大的事业，这是他热心执行该政策的原因所在。在给朝廷的奏折中，陈列举了他在调查范围用词上的改动，例如把"赌博"这一简单说法改成"严查赌博"，表明了他执行政策时的认真态度。"教养"和"化导"总是出现在陈政策论述的标题和中心位置上。

1745 年元旦陈颁布一份共有 24 页、异常详尽的指令，言明社会革新的 24 条细则以及如何在政府的带领下，在陕西的特殊生态和文化环境下建立一个好社会的蓝图。他提出为学就要写"有用之书"，探究如何实行儒家所说的"伦常"，如何对善行义举给予奖励，如何实施正确的宗族组织原则，以及如何改进婚丧嫁娶的仪式（见第十二章）。他还简要规划了业

① 在他们的讨论中，讷亲和鄂尔泰都引用了"兴除"（更准确地说"兴禁"），陈在自己的计划中也讨论过类似问题，但不是他的术语"利弊"。

② 奏折，乾隆 10/1，摘自《乾隆实录》232：17－18 和《先文恭公年谱》5：17－18。

③ 正如 Will 所说，陈宏谋是在"试图不知不觉地把对地方官的考评转变为一种实现自己以政府干预为特色的理想主义地方管理的工具"。见 Will，"The 1744 Annual Audits，" 38－39。

已在省内推广的社仓和养蚕业的改良举措、土地开垦计划、挖井和植树计划等。为减少民事纠纷升级为民事诉讼的数目，他设定了平息地方纷争的成套措施。这份指令表现了陈的满腔热情和他的内心思想。比如在指示较难实行的土地税征收改革时，陈恳请官员精英“各尽天良”，相信民众自有良知（“自守心意”），呼吁官民共创“当地美好风尚”（“地方风俗之美”）。①

在县令“巡历乡村”的问题上，他也超越了吏部的规定。首先他反对严格规定县令巡视的时间，因为只有县令自己最清楚什么时候、为了什么事他需要走出公堂深入乡间。虽然看到了巡视时间上的灵活性，陈却为县令们提出了比规定更为严格的巡视要求。每位县令要依次参加由一个大村子或几个小村子的“读书人和普通村民”召开的村务会，巡查他规定的汇报项目、各村的执行状况以及今后的改进计划。会后的6个月或12个月，县令还需回访各村，监督措施的执行，研究发展迟滞的原因。在出席两三个村务会后，县令应切实了解哪些地区可以完全依靠自身力量不断发展，哪些地区则需要县令加强监督。②

陈宏谋在陕西的第一次任期长达32个月，是他一生中持续时间较长的任期之一。吏部对他执行他们所喜欢的项目表现的赞许可能与这次漫长任期有关。这期间他共有六次要求下属官员严格执行他1745年元旦颁布的指令。③ 在1748年、1750年和1754年的历任上他都作出了同样的要求④，1757年在他最后一次任期即将结束前，他将在陕西实行的各项重大政策整理成册，其中包括五个公告，希望借此使他的政令尽可能成为省级法律的基础。⑤ 到1746年他政令涉及的领域已增至40个，尽管他仍简单地将它们称为“兴除二十四条”。

此后，在担任其他省的巡抚期间，陈宏谋至少有两次——1754年任福建

---

① 《培远堂偶存稿》19：21－40。关于土地税改革的文章，可参见19：31。Will, "The 1744 Annual Audits," 31－32. 它将陈宏谋所列举的24项用英文进行了归纳总结。

② 《培远堂偶存稿》20：8－10；《乾隆实录》232：17－18。

③ 《培远堂偶存稿》21：2－5，21：21－22，23：20－29，23：43－46，25：45－48。

④ 《培远堂偶存稿》27：25－49，29：32－34，35：6－7。

⑤ 《规条汇钞》，卷1。

巡抚和1756年任湖南巡抚时——力图恢复他的陕西建设模式。[1] 但是在这两个“麻烦不断”的省份，他没有表现出在陕西时的坚毅和信心。陕西是关学传统的发祥地（见第四章），民风“质朴”，显然是陈宏谋最心喜的地方。他在陕西大力推进“兴除”之事，一心向往将陕西建成全国的“模范之省”。陈宏谋在陕西发布的两个篇幅最长的重要指令被收录在魏源于1826年编撰的《皇朝经世文编》中——分别放在“守令篇”和“养民篇”——把陈的努力视为后代效仿的楷模。[2]

魏丕信认为陈宏谋的“兴除”工程只勉强获得了成功，我个人赞成这一看法。短期内可以提高下层官员的敬业精神。然而县令巡视和上报的制度被执行了许多年，随着岁月流逝，它们最终不可避免地沦为一种形式（1754年陈重回陕西时，将保成县县令树为不事巡察的典型。倒霉的县令尝到做事马虎的苦头）。[3] 在前文中，我们已了解在陈的四届任期内陕西的物质生活水平确实得到了很大的提高。“兴除”行动中，陈恳请地方投入资金、赢得百姓支持在一定程度上促成了他在农业、商业和水利事业发展上取得的成功，但这些还不是关键因素。“兴除”之文化革新（见第十二章）如同立志改良的精英们在清朝其他时期和其他地方针对“离经叛道”的大众文化进行的改造运动一样，只是昙花一现。总体而言，陈乌托邦式的激进改造并没有使当地的官员和社会风气得到他预想中的成效。相应地，如果说一开始是其他巡抚对吏部发起的整治漠然以对，那么到后来，就连陈宏谋自己似乎也发觉他的政治热情的巨大投入是得不偿失的。所以在其他省份，他再也没有投入以往那样旺盛的精力了。

可是陈宏谋在“兴除”行动中表现出的对国家社会文化事业的激进主义信念是十分了不起的。在当时人们普遍不信任集权力于一身的国家政府的时代，尤显伟大（对权力集中的政府缺乏信任有时被视为清朝统治的一大特征）。虽然陈有时也反对权力过分集中于政府手中。1744年和1745年以后陈“兴除”行动的重点摆在信息搜集上，他认为对地方事务的通盘了解有助于

---

① 《培远堂偶存稿》34：15－19，34：20－27；奏折，乾隆20/12/16，见《宫中档乾隆朝奏折》13.280。

② 《皇朝经世文编》22：52－54，28：12－15。

③ 《培远堂偶存稿》29：32－34。

加强国家的监控，在适当的时候还有助于实现国家的宏观治理。他规范汇报形式与内容的努力、提高文书传递效率的措施、对上下层官僚机构纪律的整顿，（有选择性地）在社会中建立一个更加严密的官僚体系以及他在这个运动中的作为，反映了陈对权力集中的迫切愿望。他是把这些“国事活动”当作“治国之术”来看待的。

第十一章
公

在清朝，有一批学者类似于我们今日所说的忠诚反对派，他们以批判中央集权官僚统治（“郡县”）带来的不平等、低效和惰性而著称。在为“封建”辩护的名义下，他们鼓吹某种形式的地方自治，要求地方社会文化精英拥有更多的政治发言权。这一观点很早就出现了，一般认为它起源于明朝遗老、博学的思想家顾炎武，在中央集权制全盛的18世纪一度衰落，到19世纪由魏源和冯桂芬等人继续重新提出；19世纪末叶，由于康有为、梁启超把它付诸实施于他们倡导的政治改革，其影响达到高峰。①“封建”倡导者受到魏源和其他后世称之为“经世”学者的重视，也许由于这个原因，“封建”倡导者常被纳入，或等同于清朝内容更为广泛、界限更为模糊的“经世运动”。19世纪经世传统的许多倡导者，尤其是魏源和冯桂芬也青睐18世纪楷模官员陈宏谋的政策，含蓄地声称陈宏谋是他们的同路人。然而，如我在第四章所说，把陈宏谋说成是“封建”论的倡导者是非常牵强的，但是，在某种意义上说，这种观点也不是完全没有道理。

在前一章，我们讨论了陈宏谋直接依靠国家机器实施“经世”的一些方法。在本章我们从他思想中一个与上述相反的方面，探讨一下陈宏谋试图利用地方精英来统治地方社会的其他方法。大概，历史上没有任何政权在拉拢地方精英的手段上比清朝更娴熟，他们的拉拢收买是为了马克斯·韦伯（Max Weber）所称的“宗教仪式的”目的，由地方精英完成国家指派的任务。② 令人毫不惊奇的是，即便是在国家直接控制进一步强化时期，

---

① Kuhn，“Local Self-Government Under the Republic”；Min Tu-Ki. 有关顾炎武给陈宏谋所带来的影响，详见第四章的讨论。

② 这种礼拜策略的意识形态和实践在 Susan Mann 的 *Local Merchants and the Chinese Bureaucracy*：*1750—1950*（Stanford：Stanford University Press，1987）中讨论过。

陈宏谋也非常精于此道。在此我们想知道，这种权力下放实际到一个什么限度。此外，这一章还要讨论另外一个问题：他所坚信的对国家权利的限制（如我们在讨论他的经济思想所看到的），以及他相应而来的对地方自治的高度评价（与“封建”论有关的）在多大程度上左右了他政策的选择。

（一）国家还是“公众”

在18世纪清朝政体中，国家与地方社会关系的核心是“公”的界定。我曾在其他文章中论及该词的历史，在此仅仅简述一下“公”在陈宏谋及其他清朝中期官僚精英的政治话语中的特殊意义。①“公”意义广泛。在一种有着重要政治含义的用法中，单独使用或用在复合词“公平”中，它表示“公平合理的”。例如，陈用这个意义来表示公平的、标准化的度量衡，社仓公正的借粮制度，以及他指望地主根据国家税收的减少而相应地减少对佃农征收的地租。② 在描绘政府或非政府精英的行为时，“公”表示一种无私的公心，如短语“因公”、“奉公”。③如此表示的“公”，有时表示抽象的、包括一切的人类。汉朝《礼记》中“天下为公”就是“公”最著名、最有权威的解释。但是在18世纪，该词与其说是表示更大范围的公众（“大公”），倒不如说是表示一个具体地方社会的公众。这种地方化的意义通常隐含在“公事”（地方社会的事务）、“公议”（讨论社会事务，特别是为划分公共工程项目财政责任而举行的会议）、“公举”（地方社会公开选择地方慈善机构的管理人、地方税收负责人，等等）等习语里。④ 类似的用法有“公论”

---

① William T. Rowe, “The Public Sphere in Modern China,” *Modern China* 16.3 (July 1990)：尤其是314–318页。关于清朝中期资料中“公”的详细分析，可参见Mary Backus Rankin, “The Origins of a Chinese Public Sphere,” *Études chinoises* 9.2 (autumn 1990)：尤其是37–45页。

② 《培远堂偶存稿》17：47–53，21：25–26，45：25–26。1710年，康熙要求地主在政府减免向他们征收的税收时，也应相应减免佃户的地租，雍正和乾隆分别于1735年和1745年重申了这项政策。参见Kishimoto，*Buka*，306–8。

③ 参见《培远堂偶存稿》17：28–29，20：8–10。

④ 参见《培远堂偶存稿》1：40–49，17：47–53，18：53–54，19：32。

(舆论，通常是地方的舆论)。陈宏谋思想里关于“公论”的意义，我们待会儿再谈。

在儒家话语中，“公”是与“私”组成的一个对立体的一半。① 但是，陈宏谋进入官场后，在他所使用的更加专业的官员话语里，“公”则更经常同一个完全不同种类的“官”(“政府”或“国家”) 相对照。如同英语单词 public 一样，“公”字也包含一个古怪的含义：既可以表示正式的政府的一部分东西 (如“公所”，政府办公室；“公文”，政府文件)，或者，也可以表示社会共有的而非政府的东西。虽然在帝制时代大多数时间中，“公”和“国”被看做一回事。② 但是，至少到 18 世纪，这种情况发生急剧的变化：“公”是在国家以外的，甚至对立于国家的观念已经在法律和官员用语中占主导地位。这种对立通常用在表示对立的短语“归公”(改变成，或在公共/社会的范围) 还是“归官”(在国家的范围里)。③ 这个意义上的“公”是不完全的，但却是“民”(公民的) 常用的替代词。这种对立也表现在成对的短语“在民”(属于社会) 还是“在官”(属于政府) 中。④“民”同样用来表示集体的而不是国家的领域。最终，正如兰金 (Mary Rankin) 和其他学者所说，在所有权范围内，官员话语逐渐表达由三个而不是两个部分组成的一组观念：“私”(个人的)，“公”或“民”(大众的)，“官”(政府的)。三种观念组成的分类首先明显地应用在水利工程的维护上，规定在河堤、灌溉渠道等的维修方面，集资和参加维护的不同责任范围。但是到明朝中叶及以后，三种观念组成的分类逐步应用到更广泛的公众或民

① “公”和“私”概念，如果从它们在社会生活中的运用看，其含义界限都不是固定不变的。例如，相对于宗族组织的利益，宗族中个人和家庭的利益则被认为“私”，宗族利益会视为“公”。但是，相对于超越血缘关系的国家利益，宗族利益就变成“私”，而国家利益则是“公”。

② 见 David McMullen，“Views of the State in Du Yu and Liu Zongyuan”，收录在 Stuart Schram 编：*Foundations and Limits of State Power in China* (London：School of Oriental and African Studies，1987)，尤其是 74－76 页。

③ 关于陈对这些意义相反的词组的运用，参见《培远堂偶存稿》4：8－13，17：47－53；《皇朝经世文编》106：24－26。包括两个相互关联的词组“归公”和“村官”，都是在这个意义上运用的。

④ 陈宏谋不寻常地反对“归公”和“归官”的提法，参见奏折，乾隆 16/12/29，见《宫中档乾隆朝奏折》2. 320－322。

事活动中。①

我们这里谈到的“公”的特殊用法，指明“公众”为主动者，他们享有各种资产的所有权，负责出资并负责对各种事业运转进行管理。它与政府范围的准确界限一直是主流话语没有争辩清楚的问题。在某些情况下，对于属于“公”的资产和活动，国家官员实施相当宽松的管理权。对社仓的库存的管理就是如此。陈宏谋反复坚持：社仓的库存不是政府的资产，不由地方官员来分配。相反，这些库存是“公众的财产”（“公物”），对库存的处理权生来就属于地方精英及其推选的管理者；国家的人员应该只是行使监管权。②

但是，雍正皇帝在1728年到1729年间推行“耗羡归公”的财政改革，使这个概念模糊了。雍正皇帝在位的前5年大部分时间，根除了前朝地方政府财政制度的严重弊病，即所谓的户部授权的物资采购开支（“部费”）制度。在清代，地方政府在征收税收时要征收一笔附加费用于支付重新熔铸税银的开支，称为“耗羡”。到雍正时期，朝廷把这笔钱收归政府所有，使地方和省级预算更加符合规范。来自耗羡（实际上是附加税）的收入由地方和省级政府保留，在管理预算中列入称为“公项”（公共的账目）的一栏，与“定期”上交给皇帝的税收（正项）分离开来。③ 因此，雍正创造了一个融资和管理的范围，定为“公共的”或“大众的”，但是要受到国家预算的约束。结果，我们发现，在陈宏谋和其他清朝官员的话语中经常提到“公共的事业”（“公用”），“公共的开支”（“公费”），和“公共账目”（“公件”）。尽管这些项目被指定为地方而不是全国的项目，它们实际上完全是政府的。有人会说，像20世纪中国一样，雍正试图至少部分地把一个主动的、现存的“公共领域”纳入政府的管理权限。

在雍正到乾隆的过渡时期，陈宏谋在云南任职，他首次持续地评论“耗羡”创举以及其对政府财政的贡献。时任云南布政使的陈宏谋，努力为新设

① Mary Backus Rankin, *Elite Activism and Political Transformation in China: Zhejiang Province, 1865-1911* (Stanford: Stanford University Press, 1986); William T. Rowe, *Hankow: Conflict and Community in a Chinese City, 1796-1895* (Stanford: Stanford University Press, 1989); Strand, *Rickshaw Beijing.*

② 《培远堂偶存稿》19：29-30，对这个效果有最清楚的论述。

③ Zelin；冯尔康，尤其是139-164页。

立的县，建立财政基础设施。该项工作是“改土归流”的一部分。在雍正年间，已经决定对这些新设立的县级机构征收土地税，但是根据当时这些县大部分少数民族人民无力交税的情况，暂时豁免这些税款。陈宏谋批准了免征地税的做法，但是他说，和这些土地税一同起征的附加税不应豁免，因为当地民众还没有穷到交不起这笔钱的地步；而这项收入可用来支持急需的地方基础设施的发展。当比雍正更加宽容的继承人乾隆登基后对“耗羡归公”进行评价时，陈宏谋坚定地再三重申其对该新制度的支持。乾隆下令大幅度削减“公项”账目，陈宏谋设法在云南把这个削减降到最小。虽然他同意省里有必要对“耗羡”收入的征收和分配应有更大的控制，但是他为新制度辩护，其理由是，新制度制定的规矩远比“摊派”优越得多，过去依赖这种“摊派”的方式来支付地方开支。在西南为官期间，陈宏谋确实利用“公用”基金资助他的水利、修路和其他基础设施建设项目。①

1742 年春，长期的通货膨胀以及短期的粮食危机，引起了乾隆皇帝对“耗羡归公”以及其政府很多其他税收政策的怀疑，他号召官员们对该体制的优点进行讨论。那时候大部分官员都已经同意该体制，例如，陈宏谋以前的保护人孙嘉淦说，该体制是资助地方政府发展计划的一项必要的方法，而且，如果省和地方官员被授予更大的权限来分配这个收入的话，那么该体制更能服务于这个目的。② 此时，陈宏谋在饥荒严重肆虐的省份之一江西任巡抚，他本人的反应是复杂的。③ 废除这个制度是完全不行的。陈宏谋重申了他的观点：另一种方法，即随意的、临时的强征是不行的。他婉转地提出，皇上把耗羡附加费同当前的通货膨胀联系起来是有道理的。同时，现行的体制也存在应该纠正的弊病（当他在随后的奏折中说明了一个更有效上交税银［开始的时候，税银成本构成了征收耗羡的借口］的方法，可以在江西实施，以降低转嫁到纳税人身上的“耗羡”，该奏折获皇帝欣然批准）。④ 为使地方和省政府名正言顺地使用“公项”，他提出下列建议：把“公项”（由附加

---

① 《培远堂偶存稿》2：36－38，4：8－13，4：26－32，4：42。乾隆继位后，有人建议废除雍正朝的新政策，见 Zelin，267。

② Zelin（272－277 页）对这个辩论有一般叙述；267 页对孙嘉淦的回应有讨论。

③ 我还没有在档案里发现陈答复此问题的奏折原件，《先文恭公年谱》4：20 只有一个对标注日期为乾隆 7/4 的奏折的简单的摘要。

④ 奏折，乾隆 7/6/18，中国第一历史档案馆。

税和其他零星税赋而来，用于支付下级管理开支）预算一栏并入“正项”账目。用这样的方式承认公项的正当性，就会使上级对正项的征收和分配有更大程度上的控制——很明显，他最关心的事情是在他自己巡抚级别上的控制——拥有足够的可供支配的经费。这样一来，地方就有充足的经费，以满足民众的各种需要。当然，他的建议并不是乾隆所一直寻求的那种答案，所以该建议似乎没有得到皇上认真考虑。

在随后的年间，陈继续创造性地利用“公项”中可自由支配的款项，支持他的许多项目。例如，在1743年，他利用这些钱，支持外购粮食以缓解江西的粮荒；1751年他投入大量“公项”资金，整治豫东南部的排洪系统。① 现在还有一部他任陕西巡抚期间于乾隆十二年（1748）管理“公项”预算的账本。该账本相当完整。那一年来自耗羡附加费和其他零星收入省级“公项”的资金，总计336 204.17两银子。大约一半的银子用于对地方官员的补贴（“养廉”）。② 部分余留的款项从省的预算中删掉，留给县官来处理。陈宏谋说，县官用这些钱来维修衙门、兵营、考试院、修建一座贫民所（在商南县），以及给地方学校印刷课本。留给陈宏谋自由支配的（约有112 565.19两）银子中，他用了340两银子购买驮马，以支持正在进行的大金川战役；用了211两银子救济难民；用了51两银子资助沿陕西河道的重点地方建立的救生船服务系统。余下的大部分钱都用到了巡抚喜爱的项目：全面的整修全省的城墙。③

在实践中，政府支持和私人社会集资支持地方项目的界限应该划在那里？如我们看到的，陈宏谋把地方和省级“公项”资金、来自其他政府部门

---

① 《培远堂偶存稿》16：3-5；奏折，乾隆16/12/29，见《宫中档乾隆朝奏折》2. 320-22。

② 雍正皇帝想用征收的耗羡支付地方财政开支，发放养廉银，后者用来弥补官员日常开支和工资收入之间差额。此后，政府官员的个人俸禄与政府经费之间界限日益模糊。陈宏谋经常将部分“养廉”捐给政府项目，并希望下属也这样。在他看来，“养廉”和“供餉”源于从人民征收的税收，也是朝廷的恩赐，因此，他这么做是正确的。官员如把一部分用于个人开支的养廉银节省下来，就能将更多的钱用于公共事业。参见陈宏谋在1736年写的寄杨星亭书，见《陈文恭公书牍》1：2-3。

③ 奏折，乾隆13/4/29，乾隆13/intercalary 7（即闰七月——译者）/20，乾隆14/7/5，见《军机处录副奏折》。

的拨款（如省级造币厂的不当“铸息”）以及地方居民筹集的捐款结合起来，建设地区性项目，如修建陕西的城墙、维修华北平原的水利设施，以及在西北和西南修筑道路。融资的具体方案根据当地的情况而定，取决于很多的因素，如项目段的相对成本和紧迫性、私人利益直接受益程度（地主得到的排灌，商人得到运输的便利）、受益区的地理范围以及对当地私人财富评估的局限等。但是，总而言之，陈宏谋的同时代的人以及后来的景仰者们认为，他比其他官员相对地更愿意用政府的资金进行地方建设。①

总的来说，“耗羡归公”的开始之日，正值清政权通过直接的政府干预管理满足民众需要的时代的来临之时。② 陈宏谋分担了这个责任，而且在推行这个做法中发挥了重要作用。他甚至反复争辩说，应通过国家出资的商业活动所获利润，如在西南的开采铜矿、在广西的雄心勃勃的食盐管理（到外省寻求市场），来扩大“公项”资金。③ 清代国家承认，地方社会的自主经营的效率是无与伦比的。陈宏谋谈到“公共”事务时，坚定地鼓励地方社会的主动精神，同时，他又借助给地方社会分配新设立的经费充裕的公项资金的机会，规定地方自主经营的方向。

（二）慈善和公共福利

国家通过提供资助而控制地方社会的另一个例子在社会福利机构领域。虽然“公项”投资从一开始就是国家计划，所支持的大部分项目（如修建城墙）关注的与其说是地方福利，不如说国家利益，但是对于各色各样的慈善组织的支持情况却不是如此。慈善组织主要是慈善机构（“同善会”）、孤儿院（“育婴堂”）和贫民所（“普济堂”）。这些慈善组织在明朝末年大量出现，成为18世纪初期城市的一个标准特征。如夫马进、梁其姿以及其他学者所说，这些机构开始完全是非政府的活动——它们体现了佛教的慈悲为怀，

---

① 他对这种冲击的讨论见《皇朝经世文编》26：60，28：33－35，106：24－26。

② 西方学者的分析，可参见 Zelin，170；Will，*Bureaucracy and Famine*，286；Feuerwerker，“State and Economy”；Frederic E. Wakeman Jr.，“China and the Seventeenth-Century Crisis,” *Late Imperial China* 7.1（June 1986）：21。

③ 奏折，乾隆23/3/4，中国第一历史档案馆。

儒教精英的济世救民、关心乡梓的精神——这些活动最终形成近代早期文化的理想——慈善和慈善家（“善人”）。①

中华帝国晚期慈善运动的情况大致如下：慈善机构首次出现在明朝万历年间（1573—1619）。虽然在宋代有过慈善机构，但二者没有直接的联系。前代的慈善机构是偶然性的、临时性的，到了明代，地方社会在慈善活动中扮演更重要的角色，慈善活动出现经常化趋势。它们开始是由佛教信徒倡导组织的（夫马进认为明代的放生会就是其雏形，它们通过购买并释放小鸟和其他小动物而获得好有好报的功德）。但是在清朝，儒家思想的影响在这些组织中更为明显。随着时间推移，它们主要关注的内容从捐赠人的灵魂转移到服务于更复杂、更客观的社会的需要。首先，也许就是树立一种楷模，后来逐渐以实际的方式来做需要做的事情。有很多这样的组织以协会的形式成立起来，为无人认领的尸体购买棺材并掩埋。随之而来的是，各个组织的作用广泛地增加，以服务于他们认为必需的各种社会救济活动。随着董事会、专业人士以及多样的资助都相继出现，这些组织的管理也更有经验。

在梁其姿最近对该运动的专题调查中，她令人信服地提出，社会慈善组织和国家间关系的发展经历了 4 个阶段。② 在第一阶段，这些组织非常地方化，而且完全是非政府的，它们的资助人（最著名的是陈龙正）经常同文人运动有关系。这些文人对腐败的明末政权完全绝望，不指望该政权有任何建设性的行动。第二阶段在清朝初期。虽然在康熙任内，在朝廷的适度推动

---

① 在众多的研究文章中，可参见 Fuma Susumu，“Zentō，zenkai no shuppastu”（The origin of shantang and shanhui），见 Ono Kazuko 编：*Min-Shin jidai no seiji to shakai*（明清时期的政府与社会）（Kyoto：Jimbun Kagaku kenkyūjo，1983），189—232；Fuma，“Shindai Shōkō ikueitō no keiei jittai to chiho shakai”（Local society and the practical management of orphanages in Qing Songjiang），*Tōyōshi kenkyū* 45. 3（December 1986）：55—89；Angela Kiche Leung，“L'accueil des enfants abandonnés dans la Chine du bas-Yangzi aux XVIIe et XVIIIe siècles，”*Études Chinoises* 4. 1（Spring 1985）：15—54；梁其姿：《明末清初民间慈善活动的兴起》；Joanna Handlin Smith，“Benevolent Societies：The Reshaping of Charity During the Late Ming and Early Ch'ing，”*Journal of Asian Studies* 46. 2（May 1987）：309—37；以及 Mary Backus Rankin，“Managed by the People：Officials，Gentry，and the Foshan Charitable Granary，1795—1845，”*Late Imperial China* 15. 2（December 1994）：1—52。

② 梁其姿：《施善与教化：明清的慈善事业》（台北：联经出版公司，1997）。

下，这些组织经历了一场全国性的规范化和标准化，但是这些组织实际上仍然是由私人管理的（如果它们还存在的话——文人社团因政治原因已被禁止）。18 世纪第二个 25 年间，社会救济的官僚化更为明显，特别是在（但不限于）孤儿院和贫民所方面。在 1724 年初，雍正皇帝颁发命令，提供在各县建立育婴堂指导纲领。以后的政令集，如《大清律例》、《大清会典》、《户部则例》等都对这类救济机构的管理有详尽的规定。在第四阶段，这已经超出了我们讨论的范围，19 世纪后半期，由于城市改革者的努力，这些救济机构的（此时它们已习惯地被称为“善堂”）活动范围日渐扩大，政府的作用日渐衰落，仅提供有名无实的鼓励而已。正是在第三阶段，即官僚化阶段，陈宏谋对以社会为基础的慈善运动作出了重要的贡献。的确，梁其姿选出陈宏谋，认为他在强化政府借赞助对私人慈善机构的控制上，比任何其他地方官员做的要多。而这种控制正是雍正皇帝所寻求的。

但是，事实上，在陈宏谋长期任省级官员的生涯中，他对这类组织的兴趣是断断续续的。在他任地方官员的前几年，即在雍正晚期和乾隆初期（18 世纪 30 年代），他积极地参与这些组织的活动，然后在他结束任地方官员那几年（约 1760 年前后），他对这些组织的活动的兴趣又上升，但没有上次那么强烈。然而，在整个 18 世纪 40 年代到 50 年代，他长期担任多个省的巡抚职位，他这方面的兴趣减退了。在他的在陕西和其他地方急进发展地方的“兴除”计划中，并没有孤儿院、贫民房等救济机构的位置，已在第十章讨论过。① 为什么呢？人们也许会猜测，他发现同这类组织打交道，下级行政机关（他于 18 世纪 30 年代担任的知府、按察使和布政使）比巡抚衙门更适合。但是考虑到他对巡抚衙门的事务事必躬亲的非凡责任感，这种猜测似乎是非常不可能的。从 1759 年到 1761 年，在江苏任职的后期，他的兴趣又复活了。这个事实表明，他不认为这个兴趣有失身份，而且，18 世纪 30 年代后，他对社会慈善机构服务于公众需要的可能性也没有失去希望。问题的症

---

① 陈在四次陕西巡抚任期内曾经很着重地提到这类机构，他在 1748 年同意孙隽县令将他们县的“公项”捐给“养颐院”的重建事业，这个例子也唯一地支持了梁其姿的观点：类似于“养颐院”这种起源于明末的机构，在 18 世纪中叶又再次受到人们的欢迎，这既不是由当地的精英，也不是由高层管理者，而是由个别的县官发起的，参见梁其姿：《慈善活动的兴起》，308-9。

结可能与两件事情有关，有两个时期陈宏谋对社会救济兴趣最高，一是雍正支持的国家干预政策刚出炉之时；二是他在江南地区，也就是以商人和文人为主体的地方精英势力最大的地区做官之时。

陈宏谋对慈善机构最初的意识是他从1729年到1730年在扬州知府任职期间。这是他第一次任地方官。这个经历使他这个来自边远地区的乡下青年大开眼界。扬州是两淮盐区的中心、跨省旅居商人的天堂，非常富庶。据说，有组织的精英慈善事业，作为一种社会文化运动，始于扬州。例如，第一个有记载的“育婴堂”是盐商闵向南于1655年在扬州兴建的，而且成为该地区以及全国“育婴堂”的榜样。① 1729年，扬州遭受洪灾围困时，在扬州外围绍白镇上商人用店铺税出资，建立了救济机构，复兴了明朝末年“同善会”的名称，以示其创造。此后，该组织作为一个多功能的地方福利机构，历史长久。② 虽然陈宏谋在那时负责整个扬州府管辖范围内的洪水救济，但没有证据显示他直接参预到这个项目。第二年，他致力于恢复已经停办多年的普济堂，他在这方面的贡献是显而易见的。

陈宏谋在扬州复兴普济堂的努力在很多方面是他和他所服务的君主试图在社会救济领域有所作为的体现。普济堂的功能是多方面的，包括掩埋尸体、提供救生船服务以及照顾贫穷的洪水难民。陈宏谋制定了32条政令，详细规定府衙门如何处理这些活动。普济堂的资金来自官方和私人多个渠道：首先发动一次募捐运动，陈宏谋以及其下属们捐了大部分款项，在此基础上建立了福利项目的融资机制，后来逐渐地从地方政府“公项”账目中经常给以补贴。③ 就陈宏谋而言，这种做法表现了他典型的功利主义节约观。他争辩说，扬州在饮食方面奢华，臭名昭著。而这些被糟蹋的资金可以投入福利事业用于更好的地方。另一方面，他的下列观点也反映他对佛道的立场：“天子简界之命，嘉僧释名儒行与，鄙衷适符敢不捐资以终厥业，夫庄严梵

① Leung, “L'accueil des enfants abandonnés,” 22.

② 《江都县志》(1743年)，7：26。

③ 《江都县志》7：25；梁其姿：《施善与教化》，106。扬州地方官的“公项”金一部分来自政府征收的盐商利润，还有一部分来自政府掌握的盐商“公费”。后一部分资金是陈和他的上司高其倬在这些年中不懈争取的。在这过程中，双方都有意识地用“公”这种说法为自己辩护，“公”在这里有“政府的”和“非政府组织”两种解释。参见《先文恭公年谱》1：17。

院，卖身侫佛以祈庥者，非太守所愿。于绅民也，常觉胸前生意满，须知世上苦人多。”①

后来，陈宏谋把对福利机构新产生的热情带到了他的下一职位——云南布政使。当时的云南在经历了漫长的征战之后，纳入了朝廷的直接统治，与西南其他地区一道，变成实践那位雄心勃勃的皇帝设计的种种建国方略的宏大实验场，也成为考验官僚队伍中“新人”的地方。因此，陈宏谋一到任，便发现云南省府昆明新近成立的福利组织，种类比其他省多得多。② 其中之一的普济堂就是福利机构官办化的典型。福利机构官办化是雍正年间的特点。有一段时间，昆明有个叫“哺饥会”的贫民房。该机构由地方精英和外来商人所建，并由其会员从其城市商业房地产的租金收入中捐款出资运营。但是，到了雍正下令批准全国修建普济堂之后，1726 年，省督鄂尔泰给该机构改名，扩大其功能，对其活动实施了一种新的政府控制。他开始通过征收粗棉交易税，来增加该机构的资金来源。该机构原来只有来自房地产租金收入方面的捐款。“耗羡归公”改革实施后，他直接从省的“公项”预算里按年拨款。1733 年夏，当陈宏谋到任时，昆明的普济堂甚是兴旺，有房 66 间，住有 250 位贫民。贫民有吃有住，还有受过训练的医生照顾。

然而，陈宏谋认为，这里面管理相当腐败。他采取的第一个行动就是清理。他声称，住在普济堂里很多人不是热衷诉讼就是酗酒闹事，根本不值得同情，陈宏谋下令进行整顿，把贫民房的入居者限制在“真正需要救济的人”的范围内。同时，他根据入居者的健康状况把普济堂分成三个部分，以减少疾病传染。他增加来自“公项”的拨款，把普济堂的规模和能力扩大了大约三分之一。他还任命了一个特别代表（“委员”），直接向他的衙门报告，从而实现对普济堂的所有活动的监管。雍正时代的陈宏谋说，政府直接提供社会福利，弥补自然的不足（“补杂花助缺陷”），是皇帝统治的重要目标之一（“及王道之现务”）。

6 个月后，陈宏谋采取更为大胆的动作。他实施了一套全面的政策，对昆明的三大福利机构普济堂、育婴堂和现有的地方精英管理的掩埋尸体的组

① 陈，《普济堂述引》，见《江都县志》7：25。

② 以下几段是根据《培远堂偶存稿》1：4－6 和 1：40－49。这些文件极其详细（比这里所归纳的详细得多），是研究中国 18 世纪早、中期慈善组织运行的一手资料。

织“掩骨会”进行系统的控制(把掩骨会纳入管理范围具有特别的意义，正如梁其姿指出，这种慈善组织不同于孤儿院和贫民房，它是一种民间色彩更浓厚的由地方精英主导的慈善机构)。对每种机构，陈宏谋都通过找到新的政府出资渠道来增加它们的运行经费——例如把原来属于省财政衙门的出租收入用于这些组织的捐款项目中。不过，这次他采取了新的政策。尽管增加了对这些机构的国家补贴，他并没有像之前对待普济堂那样增加“公项”拨款，而是试图给这三个机构更多的自主权，让他们摆脱对这种官方投入的依赖。

在慈善组织的管理领域，陈宏谋不仅制定了新的详细的运作程序，而且开始实施更专业化的管理。例如，就育婴堂而言，他启用一个带薪水的专业管理人（“堂长”）代替了由地方精英管理会成员轮流管理的方法。堂长拥有(也许是出钱买的）地位较低的绅士头衔。他或许由地方精英们选举出来，但要按知府和县官的意见行事。如梁其姿指出的，陈宏谋批准的昆明育婴堂从轮流管理到半专业化指导的转变，与他及其他官员同时在社仓制度上进行的管理形式的转变是相似的（育婴堂堂长和粮仓社长被认为是同一类的国家授权的人员)。如同粮仓制度管理改革一样，对育婴堂管理形式的改变代表了雍正时代坚持政府对慈善事业实行国家控制的政策。①

乾隆时代初，陈宏谋降为天津道，他对地方福利机构的兴趣不减，而且他坚持认为这些福利机构完全是国家的范畴。同扬州和昆明一样，天津是一大商埠，商贾云集。如同其他城市一样，天津也有地方传统的慈善机构。主要的机构是名为“育黎堂”的多功能贫民房。自从17世纪80年代以来，多任天津道都支持这个机构。很早以前，育黎堂在附近的静海县得到捐赠的一大片农村地产。该地产一直是由官方授权的静海县三官庙的和尚来管理。然而，可以预料到的，三官庙的和尚和育黎堂里的董事们之间互相指责管理不善、囤积居奇。1724年雍正皇帝下令全国修建普济堂后，天津道道台年愈认为育黎堂符合要求，但他认为乡下的地产收入有限，无法支持育黎堂的运转。他召集天津盐商们捐款，再把捐款投入商业运营，用它的利息支持育黎堂的发展。1727年，三官庙的和尚们被排除于育黎堂的管理之外，而且乡下地产归还给育黎堂，由他们自己来管理，当陈宏谋1738年到

---

① 梁其姿：《施善与教化》80-84。

任时，育黎堂的资金及运行仍然问题成堆。陈宏谋立即对育黎堂进行了全面的审计，撤掉不称职的人，换上自己的管理人，并颁布了非常详细的管理规定，将育黎堂及其捐款（他指它们都是“公产”）纳入政府更严厉的控制之下。①

最后，在另一个大商埠苏州，我们发现陈宏谋又非常巧妙地处理“公共”领域和“政府”领域之间的关系。1740 年陈宏谋任江苏按察使，他注意到两个机构：广任堂和锡类堂。两机构在雍正年间建立，掩埋无人认领的以及穷人家庭成员的尸体。它们完全是地方绅士商人精英的私人组织——梁其姿认为广任堂和锡类堂是善堂重要先驱，而善堂在 19 世纪中国成为城市有组织的慈善事业的主要形式②——在陈宏谋到任以前，江苏的粮政官从政府地产（也许是政府拥有的商用地产）的租金内拨一部分钱来支持这些机构的活动。在第十二章中我们会看到，陈宏谋非常关注适当安葬的礼仪以及安葬的公共卫生方面。他宣布他的衙门全力支持这些公益的社团，而且禁止它们的主要竞争对手（苏州许多牟利的商业火葬场）的营业。③

但是，当陈宏谋大约 20 年后任江苏巡抚回到苏州时，他作出较大的动作，把这些机构（那时又有积公堂和同善堂加入）纳入正式的政府范围。1760 年他组织了一个官吏—地方绅士联合委员会，由副县官彭洪绩和协会中两个最重要的绅士管理人组成，并委以他们正式的任务（“责成”）：管理城乡地区无人认领的尸体，各个组织划有其管辖范围。同时，他命令苏州治安机构向这些组织报告他们在巡逻时发现的所有尸体。政府账目（“官堂”）出资修建公共墓地，以帮助这些机构的工作。两年后，陈宏谋发现街道上仍然有无人收埋的尸首。这使他对这些机构的工作非常不满。他指出这些机构经费充裕，不仅有公众捐献的慈善财产（“公捐义产”），还有“政府的”财产（“官产”）。如果他们不能把工作做得比现在好的话，那肯定有侵占公共资金的行为，这些机构的管理者就是主犯。陈宏谋令他们一个月内递交账目详细的审计报告。很明显，在巡抚的眼里，曾经是私人行善的工具现在实际上是

① 《培远堂偶存稿》5：15—18；《先文恭公年谱》3：4。

② 梁其姿：《施善与教化》228—229。

③ 《培远堂偶存稿》10：48—50。

政府的机构。①

我想，从提供公共福利服务的所有实践中，我们看到是很多措施的实施形成了渐为人所熟知的“官督民办”的做法。具体的做法因时因地而异，有关机构的性质与起源也需考虑。但是，在陈宏谋参加民众产生的福利组织的那个时期，即雍正年间及乾隆初期，明确的政策目标就是利用大力的资助和严格监督相结合的手段，使这些机构更加直接地服务于国家既定的目标。在这个过程中，“公”和“官”的界限变得模糊不清；这种模糊一直持续到19世纪晚期，那时清朝的国家实际效率迅速下降表明，需要更加协同努力来厘清它们之间的关系。②

(三) 舆论

近代早期的西方和20世纪初的中国的政治思想演变中一个重要变化就是把“公”的概念解释为独立于政府的领域，这体现于强调独立自主的“舆论”观念的形成。③ 然而，18世纪清帝国的政治话语也有一些类似的东西，这些东西确实在陈宏谋的话语中发挥了至关重要的作用。汉语中有一些习惯用语表达这个观念，最著名的是“公论”和“舆论”——字面意义是：公共的或集体的思想或讨论。“民心”一词则为一般的用法。民心即人民的想法或心态。“人情”（我们在第三章看到，陈宏谋从广义上使用该词，突出的是

---

① 《培远堂偶存稿》47：10－11；《先文恭公年谱》11：14。与此同时，陈宏谋开始扩大慈善事业。他充分利用公共和私人的资源，但还是经过了政府的批准，建立了苏州普济堂和育婴堂。参见《先文恭公年谱》10：22－23。Fuma Susumu 说，陈宏谋在江苏巡抚任期内还命令每一个县建立一个半公社形式的“同善会”，但是收效不佳。Fuma Susumu 没有写下他的论述的出处，我也对此不敢确定，参见 Fuma Susumu，*Chūgoku zenkai zentō shi kenkyū* The history of shanhui and shantang in China（Kyoto：Dohosha，1977），801－2。

② 关于此过程，可参见 Rankin，*Elite Activism*。

③ Roger Chartier 的“The Public Sphere and Public Opinion”是众多研究公共空间是如何成为欧洲政治话语的文章之一，该文收录在他的 *The Cultural Origins of the French Revolution*（Durham：Duke University Press，1991），第三章。关于这种概念在20世纪早期中国的影响，可参见 Joan Judge，*Print and Politics*：*Shibao and the Culture of Reform in Late Qing China*（Stanford：Stanford University Press，1996），尤其是68－74页。

“人的情绪”或“感情上的反应”）和“民情”（该词最通常指一群人生活的物质条件）也经常用在明显地要表达“舆论”的场合。其他词语也偶尔使用过。①

在清朝政治话语更大的舞台上，“舆论”占有显赫的地位。17世纪思想家黄宗羲（1610—1695）在其经典性论著中曾援引“公论”一词。他说只有“公论”才能可靠地指导皇帝制定真正恰当的政策。到18世纪，这个观念至少不再仅仅被帝制的批评者们使用，而且皇帝本人也使用过。在为清朝统治的合法性做辩护的《大义觉迷录》一书中，雍正皇帝用清朝统治是万民民心所归来证明满族统治中国的合理性。他还在禁止文人宗派活动的著名的《朋党论》中，为他有权作出最后决定的合理性做辩护，其理由是他的中心地位使他能更容易了解民众之所想。一个世纪后，道光皇帝宣称，为了证明与天意一致，所有官员（包括他自己）都要经常用公众同意（“舆情”）来评价他们的工作。至少从康熙年间的“模范官员”汤斌开始，部分地方官员曾有意识地这样做。②

然而，毫无疑问，对陈宏谋来说，这个观念就有特殊的意义了。在流传下来的陈宏谋公文、私人著作以及信件中，这个观念出现了很多次。陈宏谋对这个观点的理解直接来自于吕坤。他们两人认为，作为感情相通的“人情”和作为“舆论”的“人情”之间的融合是彻底的，而且是重要的。吕坤认为“人情”和“舆论”是“自然”的，扎根于自然事物的规律（“物理”）之中，因此把“人情”和“舆论”神秘化了。它们都很强大而不能被压制。对于那些为官做宰的人来说，“人情”和“舆论”不仅是尊重的对象

---

① 从“公共舆论”这个意义上讲，“民情”的更长的说法应该是“民间议论”和“民间请愿”。另一种更长的表达方式是“官民情义之通”。“人情”和“民情”中已经省略了“公论”和“舆论”。这种明显的迹象是以“舆情”这个合成词的形式偶尔出现。清朝官僚话语对“公共舆论”有种消极的理解，称之为“公愤”或“众怨”，表明政策或局势已受到了公众的仇视。

② 《大义觉迷录》1：8；Lynn A. Struve，“Huang Zongxi in Context：A Reappraisal of His Major Writings，” *Journal of Asian Studies* 47. 3（August 1988）：476；Munro，“Concept of Interest，” 185—86；Polachek，*Inner Opium War*，81；Will，“La commnication entre bureaucrates et paysans”。正如Carol Gluck在*Japan's Modern Myths* 18页所讲，作为政治行动的公众认可，“人情”的重要性已在日本明治天皇时得到了体现。

而且是恐惧的对象，如果不顾及它们，必然要面临巨大的危险。要认识世界的本质（“化理”），就应非常注意这一点。古代的圣贤君王在建国时都清楚地认识这个事实。同样，在当今世界上，治理上最重要的任务是把官方的思想和政策同人民的态度与愿望合在一起（“官民情意之通”）。更重要的是，吕坤认为这是不断地收集政府情报基本的理由，也是做大量文字工作和做记录的基本理由，在第十章我们看到陈宏谋在这方面做了大量的工作。①

陈宏谋超越他从吕坤那里继承的东西，用多种有趣的方式扩充并发展了舆论的观念。“公论”是一个官员享有的长久可靠的好名声，同时也是来自地位相同人的压力。这种压力促使地方社会成员的行为要对社会负责。“欺骗是不可能的”，坚持“公论”或“民情”是经世这一工程最可靠的指导。陈宏谋坚信，他只是个凡人，不可能生而知之民众之所思所需；他能够做得最好的事情就是遵循民意。他通过各种渠道听取民意，其中包括同地方绅士讨论（重要但不是唯一的）、常遭人鄙视的衙门差人的报告，特别是那些不满的平民张贴的传单——当然，这些是非法的，但是忽视这些信息肯定是件蠢事。最后，了解真实舆论最好的渠道是观察市场情况；人们通过他们的买、卖和贮藏习惯，明白地表达他们对当前状况和政策的反应、愿望以及对未来的期望。②

如他在官方信函中所表露的，他在制定政策时一贯忠实这些信仰。他声称，管理地方应考虑三个制约因素：当地的地理和物质条件、当地的风俗习惯以及当地的舆论。③ 他考虑并且主动地（经常亲自）收集当地的舆论，涉及各个方面的政策：如何救济饥荒；是否以及如何扩建灌溉系统和维修河堤，是否以及在何地开采新矿；如何改革社会粮仓借粮程序；何时铸造钱币供地方流通；如何改造民事司法程序；是否剥夺某些有问题乡绅的地位；在

---

① 陈引用吕关于此事的观点，并作了评论，参见《吕子节录》1：6，1：52-58，1：70-75，1：95，2：64；《从政遗规》1：34-50。也可参见 Handlin，*Action*，144-60。

② 关于陈宏谋对公众舆论的评论，参见奏折，乾隆16/11/6，见《宫中档乾隆朝奏折》1.846-47；乾隆28/12，节选自《列传》5834；《培远堂偶存稿》15：20-23，16：38-40，33：43-44，37：20-21，38：7-8；《在官法戒录》1：12-13；《训俗遗规》4：85-86；《陈文恭公书牍》1：7，1：13，2：4；《培远堂文集》44：1-2。

③ 《培远堂偶存稿》34：15-19。

地方社会中究竟要求谁向粮仓捐助粮食等等政策。① 在某些情况下，如在陕西讨论如何预防旱灾时，他向当地居民提出很多选择方案，要他们从中选择。② 在与同僚的一封私人信中，陈宏谋提出了类似于“群众路线”的思想：在执行上级的指令时，首先要抽样调查当地的舆论，以确定如何在你所在的地方准确地执行这些指令。③ 当然，一旦确定，它所代表的民意就成为落实政府政策的最好保障，而且陈宏谋很乐意这样做，使自己喜欢的项目（如开发湖南矿业、扩展边疆省份甘肃的市场）——得到朝廷的授权和当地人民的首肯。

尽管舆论还远不是“政治的体现”，然而舆论是对任何官员业绩进行批评的论坛。正如公众讨论（“公议”）是提名粮仓总管或其他地方领导的恰当依据，公众的话语（“公论”）正确地对国家任命的官员的业绩进行评价。陈宏谋认为，公论是对官员业绩最真实的评价；并宣布，在评价下级官员时，他非常注重公论。在他管辖的省份，他四处巡访，亲自了解民意。例如，那些搞拉帮结派，或在诉讼判决时，对公众的情绪（“人心”）麻木不仁的官员，就会发现他们的仕途不妙。④ 像吕坤一样，陈宏谋把舆论视为对那些出身名门而且非常讲究的文人学子的一种制约，他们的傲慢清高不符合民众的要求。⑤ 如我们所见，陈宏谋对他的声望（批评者称陈宏谋在市场上迎合人们赞扬的做法）引以为自豪，在偶尔的挫折中他用声望聊以自慰，有时候比他人更加老练地利用声望来发展他的仕途。

在一定（尽管有限）程度上，18 世纪的陈宏谋及其同僚对“公论”/“人情”的关注与近代早期欧洲对舆论的重视很相似。如在欧洲一样，在中

---

① 关于例子，参见奏折，乾隆 7/7/1，中国第一历史档案馆；乾隆 12/8/24，台北《宫中档》；乾隆 16/8/11，乾隆 17/3/4，乾隆 20/7/28，乾隆 21/6/29，乾隆 21/10/20；见《宫中档乾隆朝奏折》1. 385－87，2. 366－67，12. 233－26，14. 759－60，15. 799。

② 《培远堂偶存稿》20：25－26。

③ 致卫廷璞的一封信，见《陈文恭公书牍》2：4。

④ 奏折，乾隆 19/11/18，见《宫中档乾隆朝奏折》10. 109－10；《培远堂偶存稿》11：7－9，11：25－26，16：36－37；寄周人骥书，见《陈文恭公书牍》3：4；徐栋：《牧令书》4：25－26。

⑤ Handlin, *Action*, 149－50. 参见陈写给谢溶生的信，见《陈文恭公书牍》3：4。

国，人们认为，地方民众经常性的政治讨论产生了一个共识。至少根据地方的条件，这个共识可以被看做一种集体理性的产物。所以，可以为制定政策以及任免政府官员提供一个可靠的参考。很多欧洲史学家认为，西方这种观念的出现是与印刷文化的兴起、发达的市场经济的兴起，以及我们在陈宏谋身上看到的按照商业方式来管理国家的方法的兴起有关系的。这种逻辑不仅抑制了皇帝对权利的滥用，而且有助于打掉个人的依附关系，以及有助于瓦解强调家庭出身的社会等级制度。但是，尽管我们认为这种发展是值得称道的，我们必须要牢记中国出现的“舆论”观念的局限性（当然，同欧洲的局限性形式略有不同）。这种局限性阻碍了我们所追寻的民主政治在中国本土的产生。

陈宏谋所说的“公论”关注的焦点是“地方上的”事务，如“地方”一词的本义，也就是对地方性事务的看法。清代政治话语使用的“公论”也许有不止一个，而是两个概念：一个是黄宗羲和其他系统化的倡导者所提到的帝国范围内的文人学子的观点；另一个则是在陈宏谋言论中的“舆论”。陈宏谋所说的“舆论”虽然涵盖广泛的社会阶层（陈宏谋有强烈草根色彩的“民众”的概念不只限于有学位的精英们），但只是某一地区的舆论。① 简而言之，地方人士对朝廷政治任何无所顾忌的评论肯定无疑是不受皇帝欢迎的（如曾静、戴名世以及无数其他例子的证明），也不受朝廷忠臣陈宏谋的欢迎。

然而，即便在地方层面上，陈宏谋与其同僚也对舆论的功用设定界限。首先，“公”（公众）本身就明白无误地表明它是超党派的。所以，我们不应把在此所讨论的“公”和现代政治生活中的多元政治或者利益集团政治话语的合法性混为一谈（尽管在清朝实际上地方政治中不乏这样的例子）。如我们所见，陈宏谋并不贬低追求私利，但这并不意味着他在意识形态领域给其一席之地。他所说的“公论”指的是思想开明的大众一致认可的共识，也即“定论”。陈宏谋强调指出，地方百姓自私褊狭的陋见，如那些热衷于兴讼的民众所体现的，并不是舆论而是其反面。但是，如果一个地方官员履行其责，通过解决诉讼来鼓励德行、解决冲突，那么一致的、正确思想的舆论就

---

① 关于清朝“公论”的双重性，参见 Rankin，“Origins of a Chinese Public Sphere”。陈用“民情”这类词替换“公论”，前者比黄宗羲提出的“公论”显然更地方化、更平民化。

会自发地出现。①

其次，正确的舆论是完全一致的因为它是理性原则（“理”）的直接反映。如同在近代早期的欧洲，实际上，舆论是“公众使用理性”，作为对批准行政行动的一个公断。② 这就意味，对于任何一个特定的政策问题，最终只能有一个唯一的、正确的舆论。陈宏谋的确赞许地引用吕坤惊人的思想：“公论非众品一词之谓也，满朝皆非而一人是，则公论在一人。”陈宏谋接着说，真正讨论的问题是事情的对错（“辞里是非”），而不是大多数人对它的看法（“人言众遍”）。③

舆论最后可以理解为：开明的官员能够而且应该根据他的意愿形成的东西则为舆论。如果让舆论自行其是，它会是反复无常的，而且被误导。只要与百姓融为一体，牢记他们的利益，努力通过鼓励和制裁的过程改变民情，家长式的“父母官”就完全有道理。在这种意义上，正确的“舆论”在官员身上融为自我意识。陈宏谋自己的政策运动（例如云南的赈灾和陕西、甘肃的灌溉工程）一般都包括这样一个过程。开始时，当地的舆论是怀疑的，或是非常敌对的，这种舆论必须要非常精心地加以影响，使其转变支持这些运动。④ 若所有的说服都不成功，那么情况可能是，百姓表达的感情有其道理，而且人们知道，陈宏谋偶尔会放弃当地舆论认为非常讨厌的项目（通常是他的前任上马的项目）。⑤ 而且，他的确设法去倾听，而不是“作秀”。舆论绝不可能被压制，但一定能被控制。陈宏谋的平民主义，尽管在其方式上是真正的，但是有其局限性。

（四）清朝中叶思想和话语中的“社会”

在一篇极具洞察力的文章里，张灏认为中国帝制时代存在两个对立但都有影响力的世界观。一个被张灏称之为“儒家宇宙论神话”。它认为社会秩

① 《吕子节录》1：53—54；寄朱南湖书，见《陈文恭公书牍》3：16。

② Chartier, *Cultural Origins*, 20—37.

③ 《吕子节录》2：64。

④ 参见《训俗遗规》，前言和3：24—27；《陈文恭公书牍》2：2，3：16；《皇朝经世文编》28：33—35；徐栋：《牧令书》8：3—4，10：33—35。

⑤ 《皇朝经世文编》105：30—34。

序是宇宙秩序在人类中的体现，社会秩序和宇宙秩序本质上都是以上下等级关系为核心的，这种等级关系首先体现于儒家的“三纲”中。另一个儒家知识分子可选择的观念就是“天下”，“天下”代表了统一和相对平等的共同体。与“三纲”观念相反，“天下”具有一种跨越等级秩序和特定利益集团的超然性。① 如果这两种世界观的确代表了正统思想家面临的选择的话，那么最突出的问题是，这两种世界观都完全没有考虑地方社会（地域或其他方面），并给它们以任何合法性。

西方对儒教最同情的诠释家之一狄百瑞在其著作《儒家的困境》中强调，《大学》在讨论如同众多同心圆的社会制度时，遗漏了地方社会（家庭和国家之间的阶段），这是一个重大的遗漏。他同时也指出中国学者从朱熹到王阳明到黄宗羲和顾炎武（甚至到我们自己当代的杜维明）等试图把地方社会插入正统学说之中。狄百瑞认为，这个遗漏同其他任何东西一样，造成中国在20世纪很难发展一种可行的公民政治。②

然而，即便这种尝试失败了，但是士大夫们对这种尝试仍然兴致不减。正如韩明士和其他学人所指出的那样，在南宋时期，精英曾一度表现出对地方社会极端的爱好。精英家族通过联姻以及海姆斯称之为“地方主义战略”的方法建立自己在地方社会的势力。这个史无前例的社会现象碰巧与士大夫们对北宋王安石新政所体现的国家强势干预政策的普遍失望同时产生，而大多数人认为国家领导的激进主义是一个失败。士大夫们失望之余，集体性地转向建立一种介乎国家与家庭之间的认同和动员机制，这种机制是地方性的和自愿的，称之为“乡”或“社”，受到“理学”思想家如朱熹等人的赞誉。“乡”或“社”在一些组织机构得到体现，如“书院”（地方私人办的学校）、“社仓”（社会粮仓）和“乡约”（社会契约）。每个机构形式都分别取代相应的国家机构——国家的学校体系、“青苗”借贷机构、“保甲”公安组织，并行使它们职能。③

地方社会第二个生机勃勃的时间是在明朝末期。那时候，人们对国家的

---

① Hao Chang, “Confucian Cosmological Myth.”

② de Bary, *Trouble with Confucianism*, 98-99.

③ Hymes, *Statesmen and Gentlemen*, 132-35; Hymes and Schirokauer, 12-13, 22-23; von Glahn, “Community and Welfare,” 254.

作用更加不抱幻想，朝廷对地方的管理实际上崩溃了，加上人们惊恐地认识到社会文化的剧烈变化（加速的商业化、社会和地理上的流动性、城市对农业社会家庭价值观的挑战、崇尚竞争的个人奋斗的出现）。所有这些因素使地方精英更加倾向于以自主性社团为中心的社会行动。如同南宋时期地方主义的动机一样，明末发生的这一运动的主要推动力是精英本身希望复兴他们的道德意识。明代末期运动的理论家，如吕坤和黄佐（1490—1566）明显地设法利用社会关系去弥合地方内部经济上的分裂，缓和正在上升的阶级冲突，他们在这方面比南宋时期的学者走得更远。①

就其本身而言，清初政权相比以前的任何朝代，对各种有助于社会稳定的地方性组织都给予鼓励以及法律上的合法地位。② 如魏丕信及其他学者指出，至少在 18 世纪 20 至 40 年代间，出现了一种悲观主义的情绪，对地方精英和社会独自完成他们所要干的事情的能力表示怀疑，人们广泛地认为，国家有必要对地方社会给予更多直接地指导和协调。③ 但是，甚至清朝中叶最激进的“中央集权论者”的官僚们，大多数人深受朱熹和吕坤等人对地方社会观念的影响，他们仍然对社会行动和自力更生保持兴趣。在这方面，陈宏谋不愧为时代的代表。

虽然陈宏谋一直致力于官僚统治的标准化，但是他自己的经世观念是坚定地建立在强调地方社会固有的凝聚力基础上的。如很多其他清朝官僚精英一样，他在吕坤那里找到对这种观点的支持。在编撰吕坤的著作时，他强调所有精英要尽可能完全地理解这位明末儒学大师关于对他们自己家乡社会的

---

① Handlin, *Action*; Handlin, “Definitions of Community by Ch'i Chi-kuang and Lü K'un,” 见 Paul A. Cohen 和 John E. Schrecker 编：*Reform in Nineteenth-Century China* (Cambridge, Mass.: East Asian Research Center, 1976), 18－25; Leif Littrup, *Subbureaucrafic Government in Ming Times* (Oslo: Universitetsforleget, 1981), 第 6 章; To Wing-Kai, “Kinship Ritual and Community Institutions in the Late Ming Period: Huang *Tso's T'ai-ch'uan Hsiang-li*” (Family Process and Political Press in China 大会上提交的论文, University of California , Davis, April 1991)。

② David Ownby, *Brother-hoods and Secret Societies in Early and Mid-Qing China* (Stanford: Stanford University Press, 1996), 34. 清朝在 1649 年颁发“圣谕”，1670 年，对它又作了进一步阐述，它的基本目标和内容就是增进乡党关系，推动地方自我管理。参见 Ōmura, “‘*Shengyu guang xun*’ no chihei ni tsuite”。

③ 参见 Will, *Bureaucracy and Famine*, 74－75。

关心和期望（“乡里之望”）的论述。[①] 在第一章，我们读到，陈宏谋把这个思想牢记心上，在自己的家乡（广西）参与大量地方事业，在外地的老乡中，促进“同乡”情谊(见第四章)。陈宏谋更独特地在王阳明的著作中发现对他自己思想的支持。许多学者对王阳明及其学术给予严厉谴责，因为他的学说为晚明个人主义思潮开辟了道路，这种思潮把个人凌驾于社会和家庭等级制度之上。但是，陈宏谋认为，王阳明对《大学》的同心圆式的社会建构的独到解释是值得赞同的。王阳明认为，社会进步是由自己（“身”）开始，然后到家庭（“家”），再向外延伸到地方社会（“乡”），最后才到达帝国或整个社会（“天下”）的广大世界。[②]

陈宏谋的政治话语中的确充满了地方社会的语言。在 18 世纪 40 年代中有段时间，他喜欢引用《周礼》中“六行”之一的“姻”（社会和谐）这个概念。[③]《周礼》是一部争议很多、意思晦涩的经典，在陈宏谋时代，谈论《周礼》是地方社会活动家们的一种时髦。陈宏谋用更通俗的语言经常谈及“乡谊”（社会的感情）和“乡党”。“乡党”是个人和家庭对其都有情感的居住区的一种半社团的概念。对陈宏谋来说，一个人应认同“乡党”并为其福祉而奋斗。它的重要性仅次于对家庭的认同，但它不仅代表了上苍赋予人类的关系“天伦”去向[④]，它对社会和宇宙秩序的正常运行也是重要的。

社区（居民社会）是“乡评”的中心。“乡评”是地方公众极其重要的意见，它不仅给社团成员的行动提供正确的标准，而且在一定范围内，给政府的行为提供正确的标准。[⑤] 地方社会的成员有义务为内部的冲突调停。陈宏谋认为，地方长老们特别适合这项任务，因为他们对他们的社会独特的共同标准，具有公认的专门知识。[⑥] 更重要的是，地方认同可以为地方经济发展服务。陈宏谋利用道德的诉求鼓励社会成员在这方面的行动（对自己的

---

① 《吕子节录》1：89。

② 《从政遗规》1：18-32。

③ 《培远堂偶存稿》21：41-44，24：38-44。关于陈宏谋时代对“周礼”重要性的看法，可参见十二章。

④ 《培远堂偶存稿》19：22-24。陈有时候将“里党”和“乡党”交换使用。

⑤ 《培远堂偶存稿》21：41-44。

⑥ 《培远堂偶存稿》19：35-36。

“乡”作出善行，完成作为一个人的作用的重要组成部分），但是他也强调，集体的自我利益有助于其所在成员分享的物质利益。① 社会成员在结婚、丧葬等重大仪式时应互相帮助，在需要时互相支援。社会情感（不是国家情感）应迫使富人把多余的谷物卖给饥饿的邻居，而且价格是他们承担得起的。1749 在饥荒严重的陕西，一些富人正是那样做了，陈宏谋给“乡、村两级互相帮助”方面的榜样人物授予国家荣誉。他把这种促进地方自力更生推行到极点，不但宣布他支持在陕北修建有围墙的村庄，而且催促他们实施有效的自治，集体努力来翻修和加固防御外患的工事。②

在其他地方，陈宏谋为地方社区的发展设立了两个前提，它们要求地方发展须征得陈的同意。第一，这些社会不应是与外界隔绝、自给自足的，或排他的，而是构成一个更大、超地方的社会制度的组成部分。陈宏谋经常表彰地方精英或社会成员的自力更生激进主义，理由是他们的慷慨，不只是有益于自己的社区本身（“本乡”），还惠及临近的社区（“附近乡里”）。他还表达他的信念，一个对本社区作出贡献的人会影响临近的社会，所以最终会有益于更大的社会。③ 在这方面，陈宏谋不仅让人想起朱熹所倡导的地方社区观念④，而且远远早于很多 19 世纪末与 20 世纪的民族主义倡导者，后者认为“同乡”关系可以成为建构统一的国家认同和忠诚感的基石。⑤ 第二，陈宏谋希望的儒家地方社会不是一个无差别的相互等同的社会，而是一个在内部遵守天道所要求的家庭内部地位先后、级别高低规定的社会。例如，他援引王阳明的多个同心圆（个人、家庭、地方社会、帝国）一致的方案时，

① 奏折，乾隆 14/7/5，见《军机处录副奏折》。也可参见《培远堂偶存稿》19：31—32；《训俗遗规》1：4—8；《培远堂文集》9：40—46。

② 《培远堂偶存稿》19：32。

③ 《培远堂文集》9：40—46；《培远堂偶存稿》16：1—2。

④ 朱所理解的“中层阶级”就是：介于国家和家庭之间，加上第三者，二者都没有失去合法性(Hymes and Schirokauer，27)。

⑤ Hymes and Schirokauer，27. 关于 20 世纪的观点，参见 David Strand，“Calling the Chinese People to Order：Images of State and Society in the *Sanmin Zhuyi* of Sun Yat-sen”(Conference on State and Society in East Asia 大会上所提交的论文，Copenhagen，April 1993)；以及 Bryna Goodman，*Native Place*，*City*，*and Nation*：*Regional Networks and Identities in Shanghai*，*1853—1937* (Berkeley：University of California Press，1995)，第 8 章。

特别强调，其中各层的内部结构都是相同的：每一级内部是按照辈分（“尊卑长幼”）的原则构造的。①

在一个运行正常的社会中，什么是陈宏谋期待的，什么是他痛恨的，这在他对各种弥赛亚式宗教信徒聚会的严厉批评中有明确的答案，他在各地任职时经常发现这类聚会。例如，西北的回民常常把对一个成员的攻击视为对整个回民的攻击，任何一个信徒和一个非信徒间偶然发生的骚乱事件会升级为大规模的长期争斗。陈宏谋强烈批评回民的宗教凝聚力，认为这很容易为反对朝廷的叛乱分子所利用。让人感兴趣的是，陈宏谋把回教凝聚力的形成归因于他们没有儒家伦理纲常的“约束”，因为他宁愿把“约束”理解成是长辈或合法的领导对年轻人的控制。②

但秘密宗教不为朝廷容忍，陈宏谋对这些秘密社团持强硬态度，主张消灭他们，迫使其信徒改变信仰。有关这个问题，我在第十二章会有更充分的讨论。1746年陈宏谋在陕西对“邪教”以及离经叛道的“匪党”发动了大规模的清除。这个运动旨在打击基督教教会（“教堂”）和佛教的教派。但是，世俗社团如香社和持斋的“斋堂”也被列入打击对象。这些为他镇压的社会组织都公然蔑视天地之间神圣不可侵犯的伦常秩序，否认上天赋予人类的辈分（“尊长”）、家庭忠诚和地方社会（姻）的约束。陈宏谋认为，这些约束比弥赛亚式的宗教社团的救世主义信仰更体现了人类的本质。陈宏谋没收这些团体的设施和财产，用于更加开明、更加有用的社会形式：社会学校（“义学”）、社会粮仓（“社仓”）和儒教的社会公约（“乡约”）。③

（五）社会单位：乡

对陈宏谋来说，要建立和完善社会秩序，最合法、最有力、最有用的方

① 《从政遗规》1：18—32。

② 《规条汇钞》2：65—73；《培远堂偶存稿》21：36—37，30：13—22。

③ 《培远堂偶存稿》24：38—44。关于20世纪改革精英们所倡导的类似的运动（现在不是被孔夫子的经典学说而是西方的民族主义者所激励），可参见Prasenjit Duara, “Knowledge and Power in the Discourse of Modernity: The Campaigns Against Popular Religion in Early Twentieth-Century China,” *Journal of Asian Studies* 50: 1 (February 1991): 67—83。

法是倡导宗族制度和邻里关系，尽管他不排除其他职业和种族团体的作用。①这里先讨论邻里关系，宗族关系将是后面讨论的重点。在梳理陈宏谋有关乡邻关系的观点时，我们和他一样，遇到许多含义模糊到令人极为恼火程度的词汇。作为一个在中国不同省份担任过封疆大吏的官员，陈宏谋必然会遇到大量晦涩难解的方言土语。然而，即便考虑到这种情况，我还是相信，在他的著作中还是可能发现在他的官宦生涯过程中始终坚持的政治观点：让乡（一个特别的自给自足的最低级别官僚机构）这个在县控制之下的基层单位担负起维护秩序的责任。

考虑到陈宏谋特别要求县令的责任是花大力气走访各处乡村，但令人惊讶的是他基本上没有谈及村庄（“村”、“里”）自我管理的功能。他倒是比较经常说到促进村民（“里邻”、“邻里”）间的合作，有时甚至说到“闾党”。在陈宏谋不同时期发动的社仓运动中，他相当朦胧地谈到村庄粮食自足的理想。而且，我们在陕西修建有围墙的村庄例子中所见，在某些可行的条件下，陈宏谋试图利用村庄作为基本单位，提供公共项目所需要的劳力和财力。在他谈到缓和西北汉民和回民之间紧张局势的希望时，他对这个问题表现得最明显。他承认，汉民和回民之间不通婚，所以，诉求于亲属团结是无用的；但是因为他们经常同住在一个村庄，可以很好利用这种同村居住的关系，来促进回汉两族的合作。② 除了这些零散的例子之外，陈宏谋在讨论地方社会时，他喜欢用其他词语，这些词语是指比村庄大的地区单位。

例如在第八章我们看到，陈宏谋是如何热衷于“社”（或地方守护社会）这个神圣机构，把它作为社仓的所在地。他努力使社仓制度植根于他所任职的省份。然而，如果注意到“社”作为一个地方单位事实上并不存在，我们会发现，“社”只是陈用来对任何比村庄大、在县之下的地方单位的方便称呼。它们因其交通便利及粮食易得等有利条件，成为陈宏谋社仓计划的地点。

我要争辩的是，陈宏谋对使用“乡”倒不是如此。当然，“乡”也偶然能用来指“农村”或一个松散界定的农村地区。在这个意义上，陈宏谋通常

---

① 他给乞丐们强加上一个头人以及集体责任的义务，例如，就像他对回民所作的一样。参见《先文恭公年谱》10：13。

② 《培远堂偶存稿》2：14-15，14：43-48；《规条汇钞》2：65-73。

是与村这个词一起使用，如复合词“乡里”。但是，更经常的是，他似乎把“乡”用得更加具体，是指县以下、以一个集镇为中心、有一定规模的地方单位，乡包括大量但不确定数量的村子。至少，自从17世纪以来，在很大程度上，因为明末之后，越来越多的农民参加商业活动，结果，以镇为中心的“乡”出现了，它可以成为服务于目的不同的公共动员的强大单位。乡里社会的力量因地区而异。但是，傅衣凌及其他学者调查了福建、江西、湖北和四川之后指出，至少在某些地区，乡的力量是引人注目的。① 在第十章我们已看到，乡作为一种地方建制的出现，至少使18世纪20年代到30年代的某些官员们意识到，由政府直接委任乡一级官员（虽然有些是地方推举的），未尝不是一种明智之举。

如我们所见，陈宏谋在各省任职时，已深知乡里社会的力量（“乡党”）。他把乡看成是舆论形成（“乡评”）和地方利益认同（“乡议”）的中心。② 1742年至1743年间他在处理江西的粮食危机时，把这一点说得更清晰。在当时，他清楚地认识到，乡一级组织在米价变化中扮演着重要作用。有些乡米价昂贵，有些乡则相对便宜，为抑制米价，有些乡组织民团（“乡禁”）限制大米外运，他们之间的分歧相比穷富对立是一个令地方官员更为头痛的问题。陈宏谋的处理方法十分巧妙，他从乡里挑选反对大米禁运的“乡耆”，委派他们作为国家的代理去购买外面的粮食来解决地方谷物匮乏的难题。③

陈宏谋还用种种其他的方法，试图利用乡里乡情来改善风俗，弘扬道

---

① 傅衣凌：《论乡族势力对于中国封建经济的干涉》，见《明清社会经济史论文集》（北京：人民出版社，1982），78－102；Mori Masao，“Kyōzoku o megutte”（On xiang-level lineages），*Tōyōshi kenkyū* 44.1（1985）：137－53；William T. Rowe，“Success Stories：Lineage and Elite Status In Hanyang County，Hubei，C. 1368－1949，”见 Joseph W. Esherick 和 Mary Backus Rankin 编：*Chinese Local Elites and Patterns of Dominance*（Berkeley：University of California Press，1990），51－81。本书还将进一步讨论这些研究中强调的乡一级社会中的宗族势力，市场与其有着相同之处（特别是以城镇为中心的中心市场），这是 G. William Skinner 根据中国四川20世纪中期的情况得出的。参见 Skinner，“Marketing and Social Structure in Rural China，” *Journal of Asian Studies* 24.1（1964）：3－23。

② 参见《培远堂偶存稿》16：45－47，21：41－44，26：1－3；《训俗遗规》2：21－28。

③ 《培远堂偶存稿》16：3－5，16：14－15。

德，劝导地方上的有钱人救济邻里。他认为，有钱人更愿意向乡里的邻居施舍，而不是向整个社会施善。这里只举一个重要的例子。大量证据表明，陈宏谋经常想到的是乡而不是其他单位，作为社会粮仓的所在地，而且从乡里招募粮仓管理者，使社长真正地受到社会的信任和尊敬。① 当然，在这个方面，在他以前不乏先例。一批有改革意识的文人，从宋代的朱熹到明代的黄佐、吕坤和陈子龙都把乡看成是培育来自地方、有地方认同感、品行端正的地方领袖的摇篮。特别是黄佐和吕坤的例子，我们看到他们有一个更加明确的目标在起作用：在乡级政府建立不同职能部门，每个部门由一个或数名来自地方的官员负责，他们的互动最终形成一个功能全面的地方自我发展的机制。同时，这个机制会与范围更广泛的社会利益乃至整个帝国的利益相互结合。② 我们会看到，这也正是陈宏谋所寻求取得的目标。

（六）社会礼仪：乡饮酒礼

因为陈宏谋极其重视礼仪在经世中的重要作用（见第十二章），他在地方社会中非常重视实施一种有可能使他一箭三雕的仪式活动：（1）使乡社会作为地方团结和共同利益认同的单位；（2）给予在这个社会中承担领导工作，且其工作被其办事机构认为是令人称道的成员荣誉和权力；（3）通过礼仪形式把乡的利益和国家（帝国）的利益统一起来。基本的礼仪形式是半年一次的“乡饮酒礼”，或社会祭酒仪式。这个精心安排的宴会在“县学”举行，由地方行政长官主持，乡级的名人选为嘉宾并被授予不同等级的荣誉奖状（分别为“大宾”、“杰宾”和“中宾”）。③

《周礼》对乡饮酒礼有权威性解说，后来却长期被排除于帝制时代的官方礼仪之外，直到公元 1113 年，宋徽宗才把它纳入政府礼仪制度。自此之

---

① 陈宏谋非常详细地将江西省的“乡”作为“社仓”地点，江西的乡一级组织比陈宏谋任职的任何其他地方都要发达。参见《培远堂偶存稿》16：38－40。

② To Wing-Kai，“Kinship Ritual and Community Institutions”；Littrup，第 6 章。

③ 关于清朝官方批准的“乡饮酒礼”过程，参见《清朝文献通考》，76：5553；萧公权也有所讨论，见萧著，209－10。

后，乡饮酒礼一直都被收入历代的典章制度（“汇典”）之中。清朝在 1644 年为确保乡饮酒礼的正常举行，再次确认该项仪式，但力度不大。到 18 世纪，地方官员对乡饮酒礼总是敷衍了事；更令人惊讶的是，乡饮酒礼沦为下级官僚衙门差役剥削地方社会的工具。① 因此，雍正和乾隆皇帝在其统治的初期都积极试图振兴乡饮酒礼，革除该仪式中的歪风邪气。②

虽然陈宏谋引用了皇帝关于祭酒仪式的圣谕，但是他在这方面的兴趣似乎来自于他本人。从 18 世纪 40 年代中期到 60 年代初，朝廷在这方面的兴趣已经下降，陈宏谋却开始了行动，这与其他省巡抚的态度也不一致。③ 很可能，陈宏谋对乡饮酒礼特殊的兴趣是他在 1742 年于南昌任职时点燃的。那时在南昌，人们对明代中期王阳明任职时的功绩仍然记忆犹新，而且王阳明所提倡的做法，包括乡饮酒礼，仍然格外兴旺。陈宏谋首先在江西，后来在陕西（那里人们根本不知道乡饮），再后来在福建和江苏，反复地严厉地要求其下属，要把举办正确并有意义的乡饮酒礼当作他们管理工作的中心任务。以其特有的细心，陈宏谋在每个省制定了详细的规定，建立了监控体系以确保乡饮酒礼的正常进行。在官方对乡饮的预算减少的背景下，陈宏谋开发了种种方法来资助乡饮酒礼的开展。他印制、分发了正确的礼仪形式的册子，并坚持：规定的礼仪程序必须不折不扣地执行。更重要的是，我们会看到，他非常注意仔细选择合适的“客人”。④

陈宏谋并非不知当时乡饮酒礼的弊端（萧公权 1960 年的划时代著作《乡村中国》告诉我们这些腐败的一个通常来源）。这本书主要是依据陈宏谋的著作。够资格得到乡饮荣誉的人谢绝提名，以避免随后肯定会发生的公职人员的敲诈，而那些不那么够资格的人却想方设法被提名以达到他们自己剥

---

① 关于 1644 年重申所谓乡饮酒礼，参见《清朝文献通考》76：5553。

② 雍正元年（1723）圣旨和 1737 年礼部的指示，见《清朝文献通考》76：5556－5557。关于乡饮酒礼早期的历史，参见萧公权，208－10，和 Thomas H. C. Lee, *Government Education and Examinations in Sung China*（New York：St. Martin's，1985），109－10。

③ 从《清朝文献通考》看，1737 年之后，清朝仅在 1753 年讨论过乡饮酒礼，只是其中的存在的腐败问题。关于清朝对这一礼仪兴趣的持续下降，可参考萧公权，216－20。

④ 《培远堂偶存稿》13：20－21，16：45－47。

削的目的。与他更广阔的经济政策一致，陈宏谋批判了地方官员共同的做法：低价强征这项礼仪所需的食品、酒和劳力；用如此手段获得精品，自己享用。在不少的情况下，他革掉了参与这类敲诈行为的下属和县教育官员的职务。① 在更广泛的意义上，生活有节制，异常古板的陈宏谋尽量贬低宴会的物质方面。他争辩说，毫无疑问，乡饮不应该是一件浪费物力和人力的事情，它不是有关吃喝的。重要的是乡饮的象征或代表意义，而不是它的物质性（“不为其物，为其义”）。②

乡饮酒礼实施有明显的问题，陈宏谋致力于完善发展它。他的关心并不是为了严格执行法律（对他来说这不是一个重要的事情）。相反，陈宏谋认为，礼仪中的一些东西在文明的过程中是真正重要的，因此，值得他密切关注。在他关于乡饮酒礼最早的经久不衰的叙述（1742）中，陈宏谋指出其四个主要的目标：(1）保证人生周期的阶段（青年和老年）适当地得到优先考虑；(2）保证有道德的人得到承认并受到应有的尊敬；(3）使正确的礼仪教育（“礼教”，即文明的标准）的统治地位永久化；(4）给地方社会（“乡里”）带去平安与和睦。③ 所有这些都代表了在人类社会中实现并复制贯穿于自然宇宙的治理原则的一种努力。自然的宇宙被认为是内在就是理性且有道德的。然而我们在这个工程的后面察觉到两个基本的紧张关系，乡饮仪式使它们非常明显：地方社会与社会等级之间的紧张关系，地方与国家之间的紧张关系。

第一种紧张反映了正统新儒家以及帝制后期国家对地方社会和地方凝聚力发展的矛盾态度。尽管清朝的官员用各种非常有创造性的方式，设法利用社会情感作为地方自卫和地方经济自立的工具，但是他们显然认为，这种或任何其他形式的合伙并非没有值得忧虑之处。正如我们所见，任何对于某一集体不加质疑的忠诚品质使陈宏谋感到如芒在背，即便是本来行为规矩的宗教团体，也会有这样的忠诚意识。根据可无限扩延的、以自我为中心的网络系统，按照年龄、性别和教育水平分为不同等级的人类社会，在逻辑和道德上永远优于根据相当密切和内部同一的共同体。

① 《培远堂偶存稿》21：41－44，24：10－11。

② 《培远堂偶存稿》21：43。

③ 《培远堂偶存稿》13：20。

伊夫林·罗斯基（Evelyn Rawski）注意到这种偏见。她争辩说，帝制后期国家在建立礼仪、恢复秩序的过程中关注的主要不是地方社会认同的建立，而是等级制度的中心地位。① 礼仪至少在表面上是地方社会的庆祝活动，那么朝廷是如何来对待礼仪呢？如伊夫林·罗斯基所指出，即使在礼仪中，长幼尊卑之序仍是最重要的。1743 年，陈宏谋发布公告，要求下属要认真地实施乡饮。该文告开篇陈述乡饮的目的，是使地方荣誉获得者优先的等级制度化，更重要的是，乡饮作为“明伦”的方法，显示和说明地方居民之间关于义务和服从的正常社会关系。② 例如，正是因为这个原因，宴会上座次的安排必须要严格执行。

但是，强调等级制度的两个限定性条件必须要马上提出来。第一，在陈宏谋看来，促进地方社会团结是他提倡的乡饮仪式的目标之一，关键是要确保地方社会是沿着正确的轨道向前发展。第二，陈宏谋欣赏的等级制度是一种基于家族的或半家族联系的个人网络体系（这种思想在他各种社会治理工程中都可看到）；而肯定不是按等级分层的群体。人们可以感觉到，这些群体同其他合伙群体（如以上提到的宗教信徒构成的社会）一样都是陈宏谋深恶痛绝的。

如何选择乡饮礼仪的受奖人，陈宏谋在这个问题上有剧烈的转折，它淋漓尽致地说明了以个人网络为中心的等级制度与以身份为基础的等级制度之间的区别。1644、1723 以及 1737 年清廷关于乡饮的规定把年龄作为选择乡饮宾的主要标准。虽然乡饮受奖人的资格规定为“高年有德”，但是对德的要求却没有具体规定；相反，对于年过 70 岁、80 岁和 90 岁的每 10 年段的受奖人的不同待遇却规定得非常详细。在陈宏谋提倡的祭酒仪式中，除了一次偶然地提及受奖人应过 60 岁以外，年龄完全不在考虑之列。同样，萧公权的研究表明，整个清朝全神贯注的问题是如何把乡饮的荣誉有效地限于绅士阶层的成员之中。③ 但是陈宏谋似乎不关心这个问题。他对下属说，实际上，

---

① E. Rawski, “A Historian's Approach to Death Ritual,” 见 James L. Watson 和 Evelyn S. Rawski 编：*Death Ritual in Late Imperial and Modern China*（Berkeley：University of California Press，1988），27。

② 《培远堂偶存稿》16：45。

③ 萧公权，210－14。

如果你能够发现一些值得这个荣誉的有功名的人，那就选他们为受奖人，如果你发现不了的话，那你不必为此担忧。

我们可以从同样的角度观察地方社会（“乡”）与国家（“国”）之间的紧张关系。陈宏谋说，乡饮仪式是调解两者间利益的一个极其有用的工具。他承认在“教导政治的忠诚”（“教忠”）、“教导孝顺”（“教孝”）方面，这个仪式的重要性，以及这个仪式在地方评议（“和乡里”）方面的作用。正是因为这个以及其他原因，地方官员承担了选拔受奖人的最终责任。但是，陈宏谋同样坚信：如果乡饮仪式受到干扰，如果乡饮不能发挥教化乡党的作用，那么它就不能发挥这个政治作用。出于这种担心，陈宏谋反复强调，地方保甲人员不应列为乡饮邀请的宾客之列。① 但是，如果主办乡饮仪式的社会不是国家人为地强加的，如受奖人来自保甲地位的人员的话，那么该仪式不应当代表现存财富和权势的等级制。陈宏谋反复强调，正如礼仪不应该集中于食品与美酒之类的物质层面，那么它也不应沦为表扬地方物质繁荣榜样的场合。他非常担忧地方经济精英把乡饮仪式变成满足私人利益的机制，再用这种机制最终阻止地方行政官员对地方乡饮酒礼筹集资金的监管，使乡饮礼的举行变为国家对地方精英扩张自身利益的一种认可。

这个问题在高度发达的江南尤其明显。在江南，陈宏谋清楚看到他主办的乡饮聚会相当朴素，就奢华程度而言，无一可以与私人宴会相媲美。那些宴会，即便是出于礼仪需要，也非常铺张，它们多在田园式的山间庙宇里操办，目的就是要夸耀宴会主人的财富。这样的宴会比排场比阔气。为遏制这种局面，时为江苏巡抚的陈宏谋发布了一个指令，限制上菜的数量以及宴会的总开支。② 乡饮在此体现了陈宏谋与清朝因商业繁荣而发家的新贵们之间直接的冲突。陈宏谋代表了极严谨的儒家节俭思想而新贵们则代表了有竞争力的消费冲动。

有一种说法把陈视为一个缺乏反省能力的统治阶级代理人，认为他的观点和措施无不体现了清朝国家的利益。但上面讨论的陈宏谋在乡饮礼上的种种忧虑表明，这类观点是值得商榷的。事实上，乡饮是不同级别政府机构政

---

① 《培远堂偶存稿》16：46。

② 1760 年的公告，见《皇朝经世文编》68：5。

见不一的焦点之一。一方面，县令们认为，通过乡饮之类的活动稽查地方有势力人士的行为和礼仪，在地方管理方面只会适得其反；另一方面，省级官员如陈宏谋等坚持认为乡饮一类的活动就是有利于地方管理。① 这样看来，乡饮是对地方社会以及基层行政机构本身进行更高水平的国家干预和纠正的一个切入点。

如果按照陈宏谋所打算的，我们把受雇于地方政府或因财富而声闻乡里的人员排除于乡饮酒礼邀请的客人之外，有资格接受邀请的是些什么人呢？陈宏谋反复地坚持说，基本的标准是崇高的个人品德，即"高年有德"这个词语的后一半。但是，德是如何定义的呢？

在很大程度上，"德"的含义似乎是视情况而定，是根据陈宏谋在其每一个地区的任期内希望所取得的更广阔的目标而变化的。在偏远地区，特别是那些文化上非常落后的省份如西南和西北的一些地区，他希望推举那些代表儒家道德的楷模作为国家表彰的对象。一次，他提醒陕西偏远地方的县令们，他们在早先的一场运动后，已经提交了将受国家奖励的"忠、孝、节、义"楷模的候选人名单。他几乎直言不讳地问道（暗示有腐败存在）为什么不把乡饮酒礼邀请的客人列入名单呢？在大清帝国的这些地方，因为经济和文化条件的限制，汉族/儒教的家庭本位的道德规范的中心地位仍不稳固，没有其他地方强，陈宏谋认为选择乡饮荣誉获得者是促进家庭体系重要性的一个方式，转而促进文化的同化。在这些地区文化同化的主要障碍是陈宏谋所观察到的，其地方下属之中有一种根深蒂固的精英集团的优越感。因此，以他特有的儒教平民主义与文化帝国主义混合的思想观念，训斥县官们："夫十室之邑，必有忠信。一乡之中，岂无善人。即偏僻小邑，无致仕乡官，可以选膺大宾。凡举贡生员，年高有德者，亦可延请。僎宾、介宾、生监、良民中，年高有德，允协邻评者，皆可选举。"②

在其他省份，陈宏谋有其他的优先考虑的事情。我们很快会看到的，在江西，完善和复兴家族族长（"族长"或"族正"）制度是他工作的重心。因此，他就要求县官把地方族长作为乡饮荣誉奖励的对象。需要再次强调的

① 参见《培远堂偶存稿》21：41-44。

② 《培远堂偶存稿》21：41-44。

是，陈宏谋对仅仅给地方社会事实上的权势者授予半官方的荣誉不感兴趣。相反，他具体规定：只有那些接受他自己的议事日程，承担并圆满地履行了由他定义的族长的职责，如约束乡民、解决地方纠纷等，才能被认为适合获得乡饮荣誉。① 换句话说，他认为乡饮礼仪是强化地方社会中族长的领导地位的一种补充方式。他们虽然在地方社会也许已经有影响力，但是他们也必须符合陈宏谋自己的政治理想。

当我们考虑（陈宏谋最终也争辩）最值得乡饮荣誉的获得者——社仓的管理者（或“社长”）的类型时，这一点就可以看得更加清楚了。② 陈宏谋通过建议将社长（他最喜欢的工程之一的地方管理者）选为乡饮酒礼的荣誉获得者，来一箭双雕。他设法创造一种奖励那些尽职尽责的地方社区领袖，并强化他们地方权威合法性的方式。同时，他利用倡导新的礼仪活动，试图赋予乡级机构（原本被视为实用的、朝廷认可的地方管理机关）一种新的强化地方共同体认同的意义。

选择合适的乡饮酒礼的荣誉获得者，无论他们是族长、社长或地方其他楷模人士，是调和地方社会与帝制国家之间关系一个至关重要的因素。“公”和“私”对陈宏谋来说很重要。在乡饮仪式中，国家挑选出那些一贯表现出有“公正”意识的人，那些在公共的项目中承担领导角色的人，以及那些从物质上对共同的公益作出贡献的人进行表彰。但是，那些把自己的精力主要投入到自家的利益，无论他们多么正直，他们也不适合得到乡饮的荣誉，他们的劳动是为私利的。相反，那些促进了地方社会（“社党”）的事业，例如在经济困难时期为其社会成员提供救济的人是真正具有大众精神的，是值得国家承认的。用这种表彰这些人的手段，并不是巧合的，国家能够宣称自己是公众利益的捍卫者。

但是陈宏谋走得比这还远一步。地方官员如何能够确定谁真正地在地方社会中体现了对公共事业的义务？如果对个人品德最好最实际的度量是一个人对所居住社会在物质方面所做的帮助的话，那么，反过来量度这些行动的最有效的方式则是社会本身的一致意见。因此，地方“舆论”（“乡评”）成

---

① 关于陈宏谋重新给江西家族族长定位的提议，参见《培远堂偶存稿》13：46—48。

② 《培远堂偶存稿》16：45—47。

为选择乡饮荣誉获得者的最终标准。① 陈宏谋认识到，真正吸引地方舆论不是简单之事，因为地方上自私自利的大人物会找到方法去影响舆论，以有利于他们。但是，能够成功地听到人民要说的话的官员会选择出正确的乡饮荣誉获得者，因而执行了“教化”（教育地方百姓并改造一个道德上自觉、经济上自立的社会）真正的功能。

（七）保甲与乡约

在很大程度上，陈宏谋对乡饮酒礼仪式不寻常的喜好是因为它作为一种礼仪形式，有助于加强乡级地方社会的团结，增强国家认可的地方社区的领导人的权威。为实现同一目标，政府还建立了保甲与乡约制度，但是陈对保甲与乡约制度的喜好远不及前者。下面我们将一一讨论。

保甲是一种以十家为一甲，十甲为一保的地方管理制度。甲有甲长，保有保长，其目的之一是加强地方治安，检举犯罪分子。理论上说，甲长和保长都由地方百姓自愿出任，通常由各家家长轮流。清朝从以前朝代继承了这个制度，下命令执行这个制度，以巩固大清帝国。清政府（特别是雍正皇帝）多次重申这个制度。保甲制度一直是持相对强硬路线的清朝官员中的一部分人所青睐的治理社会的方法。但是，历史学家一致认为，与官方的宣传相反，保甲制度在清朝很快地衰退。公认的权威萧公权认为保甲制度几乎从它建立之始就已名存实亡。包括我本人在内的其他学者认为，该制度在强化地方居民的共同体意识方面是失败的，但我们承认，保甲制度并未消失，作为一种对政府奴颜屈膝的、半官方的治安机构，它一直存在着。②

虽然萧公权认为陈宏谋是保甲制度最顽固的支持者之一，但是我认为

① 《培远堂偶存稿》21：41-44。必须指出的是，礼部在1737年关于挑选享有乡饮酒礼荣誉的人的指令中“乡评”一词，见《清朝文献通考》76：5557。但是我深信，陈在许多年以后发布的公告中使用该词时，更把它理解为独立于中央政府控制之外的公共舆论，这是他的社会政治思想的核心。

② 萧公权，尤其是第三章；冯尔康，365-66；William T. Rome，“Urban Control in Late Imperial China：The *Pao-chia* system in Hankow，”见 Joshua A. Fogel and Rowe 编：*Perspectives on a Changing China*（Boulder：Westview Press，1979），89-112。

这个观点不对，或没有反映出清朝陈宏谋的仰慕者们对他所持的态度。① 萧公权的观点不无根据。在陈宏谋编印的《在官法戒录》里，他重印了王阳明著名的《十家排》公告。该公告就是这个杰出的明代哲学家、政治家试图从 1517 年到 1520 年间在江西南部以及 1528 年在陈宏谋的家乡广西实行保甲的证据。但是，实际上，王阳明设计的制度同人们一般认为的实际上的保甲大相径庭，它实际上是在他那个时代为控制帝国边缘地区进行文化同化的一个工具。其主要目的是有助于"教化"和引进"礼乐"。它也是调和内部冲突的一个工具，消除该地区容易发生的过度诉讼与暴力的长期争斗，甚至可更公平地分配税收负担。王阳明坚持认为，他的体系在治理这样的世界中比仅仅依赖法律的强迫要优越。陈宏谋同意其观点，并补充说，只有在有"真心关心民间疾苦"官员们的管理下，这个体系才能发挥作用。事实上，从陈宏谋对"保甲"体系的整体态度来看，有一点是清楚的，他对王阳明的保甲体系热情肯定隐含对现实的批评，目的是要为他当时所看到的保甲系统运行方式提供一个截然不同的理想主义的模式。②

的确，至少在 18 世纪第二个 25 年间文人中对保甲制度有一股强烈的敌意，尤其是后来历史学家视为反中央集权体制的封建论拥护者。其主要人物就是诗人袁枚。他曾同陈宏谋就很多问题（包括保甲）通过信，在陈宏谋去世后为陈写了传。对袁枚及其有类似观点的人来说，保甲制度是一个不道德的工具，是中央集权政府对自然和谐的民间社会的入侵，是恶劣治理的体现。陈宏谋天天都要面对那些躁动不安甚至骚乱随时可能发生的民众，又没有正规国家的警察队伍协助，他不可能完全同意袁枚的观点，但是很清楚，袁枚的观点在很大程度上是与他的观点

---

① 萧公权，尤其是 56、65、570 页。《皇朝经世文编》保甲部分只引用了陈的一个观点，对陈的引用率远远低于其他部分，而且，这一引文并不能说明陈支持保甲制度。1837 年徐栋关于保甲的手册 3 次引述陈宏谋，但引用的与保甲制度并无直接关系；徐栋：《保甲书》3：14–21，3：34–36，3：38。

② 《从政遗规》1：18–32。关于王阳明的《十家牌》的翻译和讨论，见王著、陈荣捷编译：*Instructions for Practical Living and other Neo-Confucian Writings*（New York：Columbia University Press，1963），293–94，306–9。关于萧公权对陈宏谋支持王的制度的直接评论，见萧公权，570。

一致的。①

陈宏谋写给四川的一个未署名官员的一封信，该信代表了陈对保甲制度的认可，尽管是非常有限的。该信选入了魏源的《皇朝经世文编》一书。18世纪的四川仍然有许多民众没有开化，甚至非常刁顽野蛮，秘密社团（“咕噜会”）猖獗，陈宏谋认为在四川（就像16世纪王阳明在江西南部）实施保甲制度有好处，他说：“保甲之法在他省或难见效，在川省则易于见功。”即使该系统在其他省份“可能缺乏真正的效力”。② 在担任地方封疆大吏时，陈宏谋我行我素，借助保甲加强法律与秩序。在需要戒严的局面下，如1742年江西的饥荒和粮食暴乱的期间，他毫不手软，加强控制，使用保甲人员执行各种保卫任务，如检举不法分子，清理闲散人员，查办有抢劫嫌疑的丐帮等。他把他们看做国家的代理人，负责上传下达，在城镇和村子发布政府政策法令。③ 但是，没有任何材料证明陈宏谋真正地相信保甲系统的自我约束功能，更不用说其促进文化启蒙的能力。至于说到保甲制度调解冲突的作用，在陈宏谋1758年当江苏巡抚时呈递的奏章中，明确呼吁改革保甲制度，减少保甲人员的任务，缩小他们的职责范围。在陈宏谋看来，保甲人员常利用这些职权在处理地方诉讼过程中营私舞弊，激起民愤。④

我们已经看到，陈宏谋宣布保甲人员没有资格被列入乡饮礼仪邀请的“客人”之列，否则就是对乡饮礼的亵渎，损害它在地方民众中的声望。因同样的原因，他禁止保甲人员担任社仓管理人（“社长”）这个负责任的岗位。只有为地方民众信服的人才有资格出任这一职位。⑤ 有几个事例，特别是他为举子们所写的一篇有关县级以下的行政管理问题的应试范文（我们后面马上会谈到它），清楚地说明为什么保甲长的职权只能限制于上传下达之类的事情。整体而言，保甲制度不是建立在真正有效的亲属关系或地方社会的联系之上的，所以，保甲人员的权威从未得到

① 袁枚给陈宏谋的关于“保甲”的信幸存下来了（袁枚：《小仓山房文集》15：6–9），但不幸的是陈的回复没有保存下来。关于袁对这制度的反对，见 Min Tu-ki，103–4；何炳棣，40–41。

② 《皇朝经世文编》75：21。

③ 《培远堂偶存稿》19：35–39，23：39–41。

④ 奏折，乾隆23/7，引自《先文恭公年谱》10：12–13。

⑤ 《培远堂偶存稿》13：9–14。

人民的信服。① 真正受地方民众拥护的领导必须要到其他地方去寻找。

然而，这并不是说保甲人员在陈宏谋提出的多功能、自我管理的乡级社会的看法中没有位置。如萧公权指出，虽然乡是由距一个集镇不远的几个村庄组成，大多数保甲制度的规划者们并没有把乡看做保甲制度的一个有机部分，但是事实上，这两个单位通常是重合的，早先存在的乡要么是“保”的所在地，或者包含几个彼此相近的“保”的更高一级的单位。② 他最常用“乡保”（乡和保甲两个词合到一起）这个头衔来指保甲人员，间接地表达出这个想法。这个词体现了乡级治理的公共安全方面。在18世纪40年代末期陈宏谋在陕西任职期间提供了这方面明显的例子，当时他发动一场持久的运动，把国家的直接控制扩展到乡级社会的核心——集市和定期的市场。市场属于“乡保”的管辖范围，乡保在每个市场头人（“集头”或“会首”）的帮助下，负责事先向地方官员提供市场有关情况（地方官应把全县的所有市集目录贴在自己办公室的墙上以备查询），汇报所有非法活动：如酗酒、夜间唱戏、开办赌场进行敲诈等。③ 如果说社会祭酒仪式代表了陈宏谋称为“乡与国家之间的联系”，那么“乡保”、地方上招聘的治安人员，则为维持这种联系提供了有力的保障。④

尽管陈宏谋愿意利用“乡保”来干一些政府急需的监视地方的任务，但是，总的来说，他往往还是带有怀疑的眼光看待“乡保”。“乡保”往往不为地方民众信服，行事蛮横粗鲁，甚至滥用权力盘剥乡民。例如，1746年当陈宏谋在陕西改革地方粮仓系统时，他发现“乡保”滥用权力是他临时不在省

① 《课士直解》6：18—21。亦见《培远堂偶存稿》13：46—48。

② 萧公权，29—31。

③ 《培远堂偶存稿》21：32—35，23：34—35，29：19—21。

④ “乡保”并没有为萧公权的关于保甲制度的经典研究《中国乡村》注意，而且似乎在清朝也没有正式的法律地位。然而，有这种头衔的官员在18世纪中国北部还是很普遍。基于直隶地区保定县档案里的法律案件，黄宗智发现他们是经村民提名，由县官正式任命的。虽然没有特别高的社会地位，但是他们行使许多重要的类似政府的功能。黄宗智发现典型的乡保的管辖范围包括了大约20个村。尽管黄宗智没有明确地将乡保管辖范围与以集镇（他一般对清朝时中国北方的集镇的重要性轻描淡写）为中心的乡—社公联系起来，陈宏谋将镇的治安任务委派给乡保，这表明乡保在18世纪已经制度化，见 Huang，*The Peasant Economy and Social Change in North China*（Stanford：Stanford University Press，1985），222—231。

内期间地方粮仓系统蜕化的元凶。“乡保”凭借手中权力介入借贷活动。他们强迫他人借贷，以便从中牟利。陈宏谋的应对措施是授予粮仓的领导（“社长”）——社长被认为是更关心地方、更为民众信服的人——充分的权力，把可疑的、不可靠的保甲长完全淘汰出局。① 在陈宏谋想象的理想的乡级自我管理社会中，“乡保”的作用受到严格限制。

陈宏谋真诚地反复说，从维护社会秩序的角度看，培养个人和共同体的道德自治比法律至上主义者心仪的强迫手段更合适、更有效。同样的信念促使朱熹和持同样思想的南宋改革家们反对国家强加的“保甲”制度，而支持地方民众自发建立的“乡约”制度。② 从12世纪到17世纪，全国各地的地方官员和精英们经常试验实施称之为“乡约”的各种制度，这些制度通常包括某种共同保证要行为端正，定期召开会议表彰模范的行为，并且坦白并警告错误。③ 但是，在最严厉的一次行动中，清政府剥去“乡约”残留的改革的光泽，把“乡约”改造成为一个由帝国任命的绅士讲学的形式。按照新制度，地方民众需每两周集会一次，讲读皇帝颁发的规劝民众向善的“圣谕”。1652年“乡约”由顺治皇帝批准，在1724年和1729年由雍正皇帝再三重申“乡约”，但是这个制度迅速走下坡路。该制度的地方头领（“约正”，或就是“乡约”）不久就沦为警察走卒；最后，降为收税人。④

陈宏谋并非不知道“乡约”制度的退化变质，而且为之痛苦不已。因此，虽然法律上有规定，但是陈宏谋在他管辖的省份从未作出一点努力来实施“乡约”。例如（见第十二章），尽管在18世纪30年代他在云南大力推行道德教化和文化同化，他并未实施“乡约”制度，这一制度只是在陈宏谋离开云南后实施了一年左右。⑤ 陈宏谋随大流，他有时也使用“乡约”这个词来代替非正式的“乡保”，来指称那些与地方自发建立的为地方共同体服务无关的治安人员。有时，他明显地认为现存的“乡约”制度是一个讨厌的东

① 《培远堂偶存稿》23：1-4。

② Hymes and Schirokauer，22-23.

③ 关于明朝期间两种不同的实施办法，见 Kamdice Hauf，“The Community Covenant in Sixteenth-Century Ji'an Prefecture, Jiangxi,” *Late Imperial China* 17.2（December 1996）：1-50；McDermott，“Community Pact Ritual”。

④ 萧公权，第6章；Ōmura，256-60；冯尔康，370-371。

⑤ Ōmura，260.

西，如他强烈谴责有人以“乡约”名义向那些受邀参加社会祭酒仪式的人们索取贿赂的做法。① 的确，我相信，由于“乡约”在 18 世纪早期业已名声扫地，陈宏谋只好以不为人知的社会祭酒仪式“乡饮酒礼”，作为他在乡一级社会加强教化、扩大政府影响的切入点。

显而易见，陈宏谋实际上放弃了“乡约”制度，不把它作为治理和改善当今世界的有用工具。但是，他对乡约制度曾有过的值得肯定的方面仍然怀念不已。清代士人一致认为，“乡约”制度在过去有三个值得表彰之处，它们都为陈宏谋所关注。第一个（也是关系最小的）是朱熹修改的《吕氏乡约》。帝制后期的精英把它视为“乡约”制度的最具权威性的典范。该“乡约”最初是由宋朝官员吕大钧在 1077 年起草的。虽然该“乡约”提倡的是同乡内的共同居住者的良好行为，署名人只限于吕氏家族的成员。陈宏谋在他的《训俗遗规》中重印了这个文件，并评论说：“一乡之中，睦姻任恤，休戚相关，何其风乏淳且厚欤?”② 这些都为陈所欣赏。但是，陈宏谋没有提倡吕氏风格的“乡约”，因为要这样做肯定会损害它的一个主要的吸引力：完全非政府的、自愿主义的性质。

陈宏谋推广的其他的“乡约”模式与此不同。那些“乡约”模式是 16 世纪初和末期由王阳明和吕坤在官方运动中提倡的。当年王阳明的《南赣乡约》是他大约 1518 年在江西南部为制止地方性暴力蔓延而制定的，目的是补充前一年由他建立的保甲计划，从而进一步强化政府权威。王阳明在宣布这个计划时说，县令不可能到处都在，因此在维护地方秩序时，需要地方社会和精英的积极合作。该《乡约》有意建立在牢固的家族组织之上，目的是为了强化族内的纪律，同时促进族间的和谐。该《乡约》强调儒家礼教，倡导在乡级社会中要尊敬长辈，无论是在礼仪（婚礼与葬礼）还是在日常生活中互相帮助。该《乡约》有一个非常复杂的组织机构：包括“约所”、每月的全体会议、对乡约成员优点和缺点评价的三本记录本、不少于 17 位职责

---

① 《培远堂偶存稿》21：41－44。

② 《训俗遗规》1：4－8。正如 Monika Übelhor 说明的，朱熹对吕氏家族契约的讨论更强调其等级化和教化功能，却更少大众性和务实性。参见 Übelhor，“The Community Compact（乡约）of the Sung and Its Educational Significance，” 见 de Bary and Chaffee，371－88。

不同的办事员。18 世纪 40 年代初陈宏谋在江西任职时重印了王阳明的《南赣乡约》。虽然他似乎没做什么努力在江西实施《南赣乡约》（在清朝“乡约”已经有完全不同的含义）。尽管如此，我们仍然会看到它是如何极大地影响陈宏谋在社会组织方面的计划的。①

吕坤在其《实政录》中讨论过“乡约”体系。16 世纪 80 年代，他在山东济南府任职，16 世纪 90 年代，他又出任山西巡抚，在这期间，他把自己的观点付诸实施。但是，吕坤的体系不像王阳明的《乡约》一样，目的不是补充保甲制度，而是把两者结合起来。他的体系称之为“乡甲”，是由十家为一个最基本单位，上有“里”、“保”等几个层次的组织。“乡甲”由官方批准，但是，需要很多预防措施来保护社会成员不受办事的下级官僚们的掠夺。吕坤的“乡甲”具有很多功能。它设立善行和劣迹的记录，督促成员为善去恶；它监督地方的基础教育；管理“会仓”;救济乡甲成员。考虑到明朝末期的动荡局势，它还指挥地方民团的训练。最突出的是，对其成员，它还被授予有限的管理权：对犯有罪行，但罪行的严重程度还不够交给官府的人实施惩罚。②

陈宏谋非常喜欢吕坤的“乡甲”。在 18 世纪 40 年代早期很可能是在江西写的一篇考试范文中，他对吕坤设计的“乡甲”制度称赞不已，特别是其多方面的管理功能。有一个令他不满意之处是：该系统不是扎根于民众的自发性努力，而是依靠人为促成的以十个家庭为单位建立的等级体系。他说道：“江西地方，聚族而居。族各有祠，各祠既有族长，而族长之下，又有房长，均为一族之尊长。地近而情亲，分尊而责专。既为房族之长，岂有只司祠祭，而于族中之贤否利害，可以漠不相关之理。莫若官给牌照以事权，专司化导约束之事”。“名分既有一定，休戚原自相关，比之异性之乡约保甲，自然便于觉察，易于约束。”③ 正是为了纠正这个缺陷，陈宏谋于 1742 年在江西发动大胆的社会治理运动。

---

① 《训俗遗规》1：18－32。王阳明的文章见陈荣捷译的王阳明的《传习录》，298－306。关于《南赣乡约》的讨论及其在明朝的实施，见 Littrup，160－63；Hauf，7－12，36－37。

② Littrup，165－68，179－80；Handlin，*Action*，47－51，198－99.

③ 《课士直解》6：18－21。亦见陈在《培远堂偶存稿》（13：46－48）中的类似评论。

（八）家族自治：陈宏谋 1742 年在江西的试验

1742 年陈宏谋完成了官宦生涯最辉煌的一项行动。他在江西进行了一项试验，授予家族族长约束惩罚其族人的权力。这些权力与那些族长对宗祠祭祖仪式的主导相结合。陈宏谋这样做的目的是试图通过把国家权力同中国式的父系家族制度直接地联系起来的方式，使国家的权力在地方社会生根结果。如我们看到，中国式的父系家族制度常被神化为天道的体现，与帝制国家的政治制度相得益彰。

陈宏谋时代精英的意识中，“居家”本身就是一件有道德的行为。有能力这样做显示了家庭成员道德上的优越，因为“家之可久也，不以势而以德”①。能够长期居住在一起的核心家庭的数量越多，居住在一起的时间越长，那么它们明显的品德越高尚。像宋朝理学哲学家陆象山的家庭，他们能够居住在一起 10 代人不分开（“十世同居”）。陈宏谋和其他人认为，这样的家庭体现了他们追求的文化理想。② 然而，由于有很多物质和心理上的原因，大多数人在实际中没有实现这个理想。陈宏谋在个人的信件中深刻地谈到，兄弟分家后仍然应保持家庭感情、礼仪和道德。他说：“所分者田地房屋耳，而兄弟关切之至情，友爱之天性，固终身不可分，亦不能分者。天下无百年不分析之人家，而千古有一日不可解之至情。”③ 家族的人至少像邻居一样地“居住在一起”，应该是可能的。在道德理论上，这就是地方化家族团体的起源。

朱熹认为，祭祖仪式是家族凝聚力的核心，每一个男性家族成员都应参与。家族团结的场所是“宗祠”。每个家族在宗祠举行祭祖仪式，族长通过主持仪式展示管理约束族人的权威。这样的家族具有强大的凝聚力。任何人或官员，若对此有怀疑，就是对儒家文化核心的攻击。陈宏谋在江西的一个公告里宣称（具有讽刺意义的是，他实际上是谴责家族的错误行

---

① 《训俗遗规》2：3。

② 陈写给陆梭山的《居家正本致用编》一书的序言，见《陈文恭公训俗遗规》1：8。

③ 参见寄杨方起书，见《陈文恭公书牍》3：5。

为)："报本追远，人道所先。收族敬宗，事理共贯。""按时致祭，此正礼教所由兴。"①

如同陈宏谋在其整个省级职位上坚持不懈地努力维持正统的家庭一样，他也一贯支持家族组织的原则。例如，他相信，家族成员应相互关照，互相救济。② 他也积极支持设立族产，为修建宗祠、举行祭祖仪式、救助同族成员做准备。③ 在第一章我们看到，陈宏谋在家乡给自己家族的族产捐资。④ 他引用顾炎武的一段话。在这段话中，17世纪的改革家把建立族产同缓和阶级冲突以及缩小政府的规模等两个目标联系起来：

> 民之所以不安，以其有贫有富。贫者至于不能自存，而富者常恐人之有求，而多为吝啬之计。于是乎有争心矣。夫子有言，不患贫而患不均。夫惟收族之法行，而岁时有合食之恩，吉凶有通财之义。本俗六，安万民……六行之条，曰睦、曰恤。不待王政之施，而鳏寡孤独废疾者，皆有所养矣。此所谓均无贫者，而财用有不足乎。⑤

按照同样的思路，顾炎武认为，如果允许家族长老全权处理族内的纠纷冲突，司法部门的工作量，以及所需要的官员的数目都可以减少。对18世纪的陈宏谋，这个方案在减少日益频繁的司法诉讼上是可行的。

但是陈宏谋不同于顾炎武，他在朝为官，对宗族势力的消极面也很清楚。作为强制力量动员的工具，家族势力经常卷入到与邻居的集体暴力冲突，有时还会成为对抗国家的力量，如抗税。⑥ 由于家族是集体的诉讼当事人，他们使县官所面临长期积案越来越多而不是减少。儒家学者包括陈本人强调家族制度的优点，但是，在现实生活中它却带来许多问题，陈宏谋对此

---

① 《培远堂偶存稿》13：25。

② 参见奏折，乾隆17/3/28，见《宫中档乾隆朝奏折》2.536－37；《先文恭公年谱》7：9。

③ 参见奏折，乾隆18/3/28，见《宫中档乾隆朝奏折》5.1；《培远堂偶存稿》14：46－47。

④ 《宗谱留传》；《陈宏谋家书》224－28，237－40。就在1742年，陈向自己的家族捐赠一批财产，这与他在江西鼓励宗族发展几乎是同一年，这或许并不是巧合。

⑤ 《从政遗规》2：30。

⑥ 关于陈对这些问题的处理，参见陈宏谋与喀尔吉善的奏折，乾隆18/11/27，见《宫中档乾隆朝奏折》6.874－76。

作出解释以自圆其说。他认为，有两种不同的家族：一是真正建立在对祖先规定的虔诚接受基础之上的家族（“连宗”）；二是为实际功利而组织的家族（“连势”）。他把宗族和宗派做了比较：“同志可以为朋，同姓可以联宗，惟当以道义相联属，不宜因势利为亲疏耳。”① 当代的学者们往往忽略作为建立家族基础的“真正的”与“虚构的”亲属之间的区别。他们认为在某种意义上，所有家族都是人为构成的，因为他们利用血缘以外的标准来确定一个人的家族归属。但是，陈宏谋和其他同时代的人认为，要区别同有一个祖宗的家族和仅仅碰巧同姓而形成的家族是行得通，而且，在许多情况下，很容易使人把不法行为和机会主义同后一种家族等同起来。②

清除最明目张胆的违法乱纪经常需要政府的行动，但是违反礼教的行为最好由家族自己来解决。家长族长应被鼓励制定家训、族规，在帝制后期，越来越多的家族制定了家训、族规。在18世纪30到40年代间，陈宏谋在他编纂的各种道德训诫中收录了几种他欣赏的范本。③ 亲属群体自己定下的规定比国家制定的规定有以下几个优越性：它是自愿而不是强迫的；它强调基于道德判断的自我约束，而不是对法律条文被迫地服从；它强调道德教育（“教”）而不是惩罚。当然，实践礼仪比编辑成册的家规对自我约束更有价值。陈宏谋援引吕坤的话说：“今士大夫家，每好言家法，不言家礼。法使人遵，礼使人化。法使人畏，礼使人亲。”④ 陈宏谋在江西的实验中寻求建立的就是这种行为上的克制与道德自治、个人感情、家庭、祭祖礼仪之间的联系。

在实际的社会实践中，从15世纪到18世纪，成熟的家族组织在中国社

---

① 《训俗遗规》4：5；亦见《从政遗规》1：65—66。

② 这种思想的一种体现就是，1746年陕西巡抚陈宏谋试图把收养限制于出于共同祖先的家庭之间，原因是任何其他形式的收养都会“乱宗族”。参见《培远堂偶存稿》23：28。

③ 参见颜之推：《颜氏家训·勉学》篇，见《养正遗规》2：1—3；王士晋：《宗规》，见《训俗遗规》2：21—28。虽然这些规则非常有趣，但这里不是讨论这些规则内容的地方。关于这些规则迅速涌现的一般性分析，见 Furth，“The Patriarch's Legacy”；王尔敏：《家训体制试验及门风官声之维持》，见“中央研究院”近代史研究所编：《家族与政治》807—46。

④ 《训俗遗规》2：38。

会精英中非常普遍，范围涉及全国。在此期间的主要文人（丘濬、黄佐、钱谦益、吕坤、顾炎武、黄宗羲、吕留良、姚鼐）以及一批不那么出名的成员宣传这个运动，并且（像陈宏谋一样）为自己亲属组织的形成出力献策。他们编撰家谱，规定家族后代每一辈分的字，修建家族祠堂，立定家族规矩，使婚丧仪式标准化，而且在很多情况下，动员各种资源，用来积累捐助的土地和其他的资产。在一个政治腐败、阶级斗争、对外征服和商业扩张的时代，人们对家族建设的兴趣的激增可能有种种原因。它们也许包括抵抗国家权利的任意行使，或（反之）补偿有效的国家功能的匮乏，从野蛮风俗的威胁中挽救文化传统，在社会流动不断增加的世界中恢复社会秩序和维护精英的特权，或是仅仅提供一个追求集体物质利益的工具。①

也许整个帝国中没有哪个省份像江西一样，系统有效地建立了强大的地方化的家族。傅衣凌引用民国初年的一项社会调查，描绘了弋阳县西乡的一个非常典型的例子。当地社会由几个大家族组织统治，每个家族都把整个“乡”看成是自己的“势力范围”。每一家族都有自己的族规，其成员都必须遵守。超出家族范围的大事件由建立在乡级的多家族的会议来裁定。至少在20世纪初，政府对家族在地方社会的支配地位没有有效的干预权力。②

然而，这种现象一点都不新鲜。如韩明士（Robert Hymes）的著作所述，早在12、13世纪，江西地区的家族业已成型，并在地方社会中发挥重要作用，其他地区的家族及其地区影响则出现得很晚。③ 在明朝，家族达到权力的新高峰，尤其在赣江流域。该地是江西的核心地区，盛产大米，跨地区粮食交易频繁。根据约翰·达德斯（John Dardess）的看法，家族形成的过程大约经历两个阶段。在明朝的前半个时期，精英们为了把他们及后代组织起来，成立了在全省有影响的、根据血统的等级制度（也就是贵族），他们造表登记家谱。后来在16世纪社会变化威胁到这种等级制度，排他性的因素

---

① Chow, *Confucian Ritualism*; Brook, “Funerary Ritual.” 其他涉及这个主题的作品中，见左云鹏：《祠堂族长族权的形成及其作用试述》，载《历史研究》1964.5—6，97—116；Beattie, *Land and Lineage in China*，尤其是第6章；Hung-Lam Chu, “Intellectual Trends in the Fifteenth Century”; Rowe, “Success Stories”；王尔敏。

② 傅衣凌：《乡族》，80。根据傅衣凌的资料，从明朝初期以来这种组织一直在益阳存在。

③ 左，101；Hymes, *Statesmen and Gentlemen*。

让位于包容性的考虑了：原来强调“纯粹的血统同一”，现在致力建立“新的更大的家族联合体”。约翰·达德斯认为，这种新型的亲属群体比其先辈更加强调公共的经济活动，利用前代积累的资金建立包括土地在内的规模庞大的族产。① 但是，许华安的研究认为，这种公共的资产在清朝相对不那么重要。相反，江西的家族的目的是想让地方政府认可他们的特权，包括授予其成员的捕鱼与市场垄断等经济权，以及某些司法权力，允许家族领导在管辖范围内部解决民事纠纷，以及在官府听取的诉讼（非亲属和亲属一样）中充当他们所在地的唯一代理人。② 也是在清朝初期，江西的家族统治从核心地区扩张到沿省边界的山区，这些地区是由新近的移民开垦的。新近移民们为互相保护把自己组织起来成为（通常为明显地编造的）同宗群体。③ 当陈宏谋18世纪40年代到达江西的时候，他详细地调查4 200多个家族祠堂，这些家族的人口总数几乎占整个江西人口的一半。④

江西的家族制度有一个明显的特点，就是热衷于用成文的规章约束族人，它对陈宏谋有特别的吸引力。如约翰·达德斯和许华安所说，在明末和清朝，家族逐渐地自称具有内部惩戒权力，有时甚至建立了团练来执法和自卫。后来制定的族规清楚规定了这种司法上的自主性。例如万历年间彭泽县进士王演畴制定的一个族规，1742年陈宏谋在自己的《训俗遗规》中，对其大加赞扬。该族规中就有以下规定：

> 族中本家兄弟叔侄之争，宗长令各房长，于约所会议处分，不致成讼外，倘本族于外姓有争，除事情重大，估之公断。若止户婚田土，闲气小忿，则宗长便询所讼之家，与本族某人为亲，某人为友，就令其代为讲息。⑤

---

① John Dardess, “A Century of Social Change: T'ai-ho County, Kiangsi, 1400－1500,” *Ming Studies* (1989): 56－60; Dardess, *A Ming Society: T'ai-ho County, Kiangsi, Fourteenth to Seventeenth Centuries* (Berkeley: University of California Press, 1997).

② 许华安：《试析清代江西宗族的结构与功能特点》，载《中国社会经济史研究》1993.1，47－55。

③ Steven Averill, “The Shed People and the Opening of the Yangzi Highlands,” *Modern China* 9.1 (January 1983): 104－8.

④ 《培远堂偶存稿》13：46。

⑤ 《训俗遗规》2：18－21。

陈宏谋在江西的试验中授予族长权力。这些做法有很多层面，反映出各种战略、目标、官僚思想以及他本人对什么可行，什么不可行的变化观点。陈宏谋在7月份给下级官员的一个指示中首次宣布他的施政纲领。① 他特别强调了教化的重要性。教化是他施政的关键所在，也使他把自己的政策建立于新儒家学说的基础上。作为长辈，族长的责任是在族人中建立礼教规范，指导他们如何按照礼教行事（"化昧"，"化导"）。政府官员也有这些作用，但毫无疑问，官员不可能随时随地地监督指导每一个人的言行，只能把一部分责权下放给地方，特别是授权地方上德高望重之人进行教化。陈宏谋对此非常严肃，由县令给族长颁发书面授权书（"牌照",典型的是，他非常注意这种责任下放标准化形式的形成）。虽然教化在理论上有别于、优越于更加世俗的执法，但是，陈宏谋坦率地承认，那样授权以后，族长就成为维护国家法律（"官法"）的代理人。指令嘱咐族长向县官报告严重的犯罪行为，调解家族内部以及家族之间的纠纷，但是陈宏谋计划中激进的特点是授权给族长来"约束"他们的成员。有轻微不正常的行为以及犯有明显罪行的族人（比死罪轻的初犯者）由其房长向族长报告。族长在祖宗的神龛前，召集全族的老年人，通常结合举行祭祖仪式，对他们作出判决，由家族实施惩罚。

陈宏谋1742年的试验究竟有何首创性？族长是族内公认的、内部推出的家族领导。1397年颁布的《大明律》从法律上认可族长的地位权威，其任务是主持祭祖仪式。然而，逐渐地，在清朝早期，朝廷的法令逐步隐含地承认族长有权力和义务"教育和训练"（"教训"）族人，在有些情况下要他为族人的错误行为负法律责任。1726年雍正皇帝下令，对不能及时举报族人犯罪行为的族长，应按玩忽职守罪，予以处罚。② 次年，雍正皇帝给族长进一步授权。他明确授权族长有权处决屡犯不改，有辱家族名声的族人（乾隆皇帝对此非常不满，在1740年撤销了这个政策）。③ 陈宏谋授予族长管理族人和惩罚离经叛道的族内成员的权力。他的做法也许可看成是清朝中央政府政策

① 谕旨，乾隆7/6，《培远堂偶存稿》13：46－48。亦见《先文恭公年谱》4：21里的讨论。

② 《清朝文献通考》23：5055；朱勇：《清代宗族法研究》（长沙：湖南教育出版社，1987），157－59。

③ 《大清会典事例》811：2。乾隆强调：处以死刑是朝廷独有的特权。

更加长期演变中的一步。然而，他这种做法与帝制后期政治思想发展趋势是相一致的。

在陈宏谋当时其他计划的大背景下，他的7月试验只是他更大项目的一部分。那个项目是在县以下的乡级创造一个以礼仪为基础的、自我管理的、对朝廷负责的地方共同体。陈宏谋非常创造性地把江西的家族统一到乡级社会，把家族领导同乡级社会的领导融为一体。实质上，例如，他试图使家族积极地加入他当时提倡的社仓建设运动中来；他促进江西的家族把从捐赠土地上获得的多余租金贡献给这些社仓，可能的话，建立家族自我管理下的“社仓”。①陈宏谋直接从吕坤那里借用在乡级建立社仓的观念。但是，吕坤利用“乡约”把粮仓和乡级社会之间整合到一起，而陈宏谋非常清楚，在他那个时候“乡约”制度已声名狼藉，不足以完成这样崇高的任务。所以，如我们所见，他求助复活社会祭酒仪式（“乡饮酒礼”），来推动乡村礼教建设，倡导自觉自愿的道德实践，表彰地方急公好义之士。乡村礼教建设与自觉自愿的道德实践，二者是他经世工程的前提。陈宏谋自己（远比吕坤清楚地）把族长看做实施他道德教化的前提之一，他要求县级官员把各乡有公心的族长列为乡饮酒礼邀请的客人。在他看来，没有人比他们更适合参与这一活动。②

所有这些导致陈宏谋在这一年7月授予族长以政府官员拥有的权力，也就是判决违法者以及强制实施刑事惩罚。历史学者经常把它解释为陈向地方势力赋予更大权力的大胆举措，这种解释不无道理。③ 但是，从另一个角度看待陈宏谋的行动，就发现其中隐含的强化国家影响的动机，即他的计划的目的如其说是授权，倒不如说是控制住已存在而且令政府棘手的社会精英。

---

① 谕旨，乾隆7/10，见《培远堂偶存稿》14：43—48。

② 谕旨，乾隆8/12，见《培远堂偶存稿》16：45—47。亦见我的“Jiaohua：Social Regeneration Through Ritual in Eighteenth-Century China,” Ritual and the State in East Asian History 大会上提交的论文，Paris，June 1995。

③ 学术界对这个问题的观点，参见萧公权，353；左，107；Chow *Confucian Ritualism*，221，230；以及最广泛讨论的 R. Bin Wong 的“Lineages and Local Government in Late Imperial and Modern China,”见“中央研究院”近代史研究所编：《家族与政治》，779—805。除了萧公权外，所有人普遍归结“授权”这种解释，尽管 Wong 承认陈宏谋有复杂的动机。

无论是清朝还是现代学者基本上没有人注意到，在陈宏谋的7月指令大约前4个月，他对家族问题发布了他新的省级任期内唯一的公告（“示”），对江西宗族组织的“恶习”给予尖锐的抨击。① 他抨击了没有可证明共同祖先的但仅凭相同姓氏就形成的群体（“同姓不宗”），也抨击了从同宗同祖角度看无懈可击的宗族所存在的一系列问题，其中包括他们卷入暴力的家族长期争斗（“械斗”，在他任职于边疆省份时就注意并谴责过的事情）。② 他们喜好诉讼，以及欺侮邻居家庭。陈宏谋甚至猛烈批判族长滥用职权盘剥族人和假公济私的行径。重要的是，陈宏谋把这种行为认同为家族体制运行不良的例证，认为他们与经世学者痛心疾首的在政府和民众之间上下其手、营私舞弊的衙役没有区别。③ 在3月份的文告中，陈宏谋直截了当地指出，家族撤换不称职的族长不仅是完全适当的，而且是理所当然的。

很明显，陈宏谋试图把家族领导融入一个多功能的自我管理的乡级社会，其意图是为了遏制强宗大族扩张权势的倾向。例如，他在7月的指令和其他文件中批评了江西出现的一些大的总部设在县城的亲属联合团体。④ 陈宏谋认为其规模和扩张趋势将带来难以解决的问题，而且，它们把总部设在县城，这已不是在何处建立总部的问题，实际上是暗示整个县都是它的势力范围。我觉得，陈宏谋认为，这种态势代表对国家的直接挑战，因为国家的管辖地区是县。家族是县级以下的实体，其活动应限制于，并牢固地等同于它所居住的乡。⑤

---

① 谕旨，乾隆7/2，见《培远堂偶存稿》13：25—27。

② 谕旨，乾隆7/1，见《培远堂偶存稿》13：16—17。

③ 在他倡导族长管理下的宗族社仓制时，他警告地方官员要特别注意这给宗族领袖们带来的谋私利机会。参见《培远堂偶存稿》14：46—47。

④ 亦见《培远堂偶存稿》13：25—27。

⑤ 我认为，陈在江西的行动并不只是给予宗族领袖自主权来建立一个“封建”式体制，而是把宗族制度和帝制国家的等级制度结合在一起。在推测当时陈宏谋心里是如何想的这个问题上，我认为几十年后章学诚提出的建议是有帮助的。章学诚发现，在清代文献系统中，族谱反映出县级以下的社会运作，县和省级方志则记录了较高层次的社会发展，官修史书则代表最高层的社会管理。他受这种想法的启发，提出新的政治蓝图，那就是国家管理宗族，宗族管理民众。见 Kai-wing Chow，“Ordering Ancestors and the State：Chang Hsüeh-ch'eng（1738—1801）and Lineage Discourse in Eighteenth-Century China，”见“中央研究院”近代史研究所编：《家族与政治》，尤其是307页。

引人注意的是，在陈宏谋的指令中，尽管所提出的政策目标是授予族长加强管理其族人的权力，但是，该指令自始至终没有谴责家族内部那些不法分子，而是谴责家族作为一个整体对外人的，以及对家族内普通人的不法行为。在文告结尾处他明确指出，如果族长成为国家代理人，他们会在意个人的道德修养和社会名声。不过，他过于乐观的态度不久就受到其他人的责难，陈宏谋本人不得不在某种程度上对此再考虑。

陈宏谋的第二份对于族长们的训诫反映了这种再思考。该指令颁布于1742年11月，距第一份4个月。① 在他7月的指令中，陈宏谋独特地指出，各地方条件不一样，所以，他请各地官员就如何因地制宜贯彻他的计划发表评论。虽然这些地方官员的反应无一保存下来，陈宏谋也没有特别提到它们，但是，很明显，江西省很多府和县的官员都对他的计划作出反应，而且陈宏谋在第二份训诫中考虑到他们的意见。

陈宏谋7月的指令通篇提到族长（也就是家族内部推举的领导人）②，他们被授权管理族人。陈宏谋11月的指令没有取消这些权力；的确该指令还逐字逐句地重复了这些权力。但是，它也规定，任命另外不同的一种家族管理人员，称为“族正”。以前讨论过的1726年雍正皇帝的法令第一次使用过这个术语，要求族正对其族人的犯罪行为负法律责任。在1740年修订的《大清律》收入雍正的这一政策，这意味着有关“族正”的政策变成法律的一部分。在这两次使用都未界定“族长”和“族正”的明确界限。朝廷的文件中对这两个术语也有明显的误用。③ 一个研究清朝家族法的著名学者认为，实际上，同一个人几乎总是拥有这两个头衔。④

但是，陈宏谋11月的指令在讨论“族长”和“族正”的任务时，把二者的功能区分得特别清楚。像族长一样，族正应该是富有并受尊敬的人，他们由地方官员选出，他们的权力是经授予的。族正的任务只是监督并向地方行政当局报告那些行为不端的族人（很可能就是族长本人）。他们不负责祭

① 谕旨，乾隆7/10，《培远堂偶存稿》14：41－42。

② 尽管文件题目提到了“族政”，我认为它是在18世纪60年代时编纂《培远堂偶存稿》加上去的。

③ 这种下降发生在1768年辩论时，参见《清文献通考》19：5031－32。

④ 朱勇，158，168。亦见萧公权，47，69，349，672；左，106；冯尔康，362－63。

祖事务，没有实施纪律制裁的权力。陈宏谋11月的指令可以看成是他本人立场的某种后退，尽管是不太大。就其试图让家族担负某些政府职能而言，这个指令有创新之处，新指示没有他第一次计划的乐观，他认为国家和土生土长的家族精英之间的利益在很大程度上是一致的。

通过确定“族正”职位（有时称之为“族约”），陈宏谋把它们同“保正”和“乡约”作了一个清楚的比较，也同“保甲”和社会公约制度（在这种机构中这种工作人员出头露面）作了比较。这既令人惊讶又是意义深远的。令人惊讶的是，因为陈宏谋很轻视保甲制度的社会作用。在7月的指令中，陈宏谋极力强调族长在维护社会秩序中相对的优越性。人们会尊重家族年迈者的权威，而不会尊重保甲人员，因为在前一情况中，权威是通过亲属关系的感情联系来加强的，而这种感情联系对人的状况（“人情”）是最重要的。① 同样，在当时江西推行社仓和乡饮酒礼的运动中，陈宏谋规定，保甲人员排除在粮仓管理人或乡饮酒礼受邀宾客的名单之外，因为他们被认为是衙门的走卒，他们不可能是受人尊敬的地方公民。

陈宏谋制定的在前面讨论过的模拟科举考试的试卷涉及地方治安问题，在那里他特别提到这一问题。② 他开篇讨论祠堂的起源，以及朱熹等其他名人对它的赞同。祖庙今天在江西扩张是值得赞扬的。甚至江西家族合资经营祠堂的形式也是无可指责的，类似的先例早在唐朝的“庙院”制度中已经出现。陈宏谋补充说，自古至今，人类的道德（人心）日益败坏，营私舞弊的弊病不足为怪。这里，陈所谓的道德沦丧似乎是陈词滥调，但我们不应按字面的意思理解它，他在这里实际上是在说：“现在让我们讨论如何把这个理想的模式应用到现实世界。”那么，问题就变成，什么样的体制能最大限度地保留家族制度的优点，同时避免它的缺点？

接着，陈宏谋向考生们提出了另一个社会组织模式，吕坤所谓的“乡甲”系统。如我们所见，吕坤的方案把社会福利和公共教育结合到一个乡级包罗万象的社会自我管理的组织之中。它把没有家族关系的不同家庭编入彼此监督、互相制约的“保甲”形式的团体中，这个团体的成员发誓遵守道德

---

① 寄杨朴园书，见《陈文恭公书牍》3：15。

② 《课士直解》6：18－21。

公约，因而有了自觉自愿参加的色彩。[1] 陈宏谋在这个目的原本崇高的计划里发现了缺陷。如我已经提及的，也就是缺乏强化内部凝聚力的情感支持。他提出改进方案，把这种组织形式嫁接到另一个组织模式，即通过祭祖仪式聚集到一起的父系本位的家族制度。这种构成的组织能够运行吗？这是陈宏谋给他假定的考生们提出的问题，也正是他1742年在江西试图为他自己找到答案的问题。

实际上，随着家族扩张的社会过程，在陈宏谋作为巡抚到达江西前10年，江西政府已经上下协同努力，强化保甲制度。这一直是雍正皇帝和他委派到江西的官员的政策重心所在。该计划主要是针对四处流动的人口，如在山地的“棚民”和船民（越来越多地被吸引加入令朝廷忧虑的秘密宗教组织，如罗教），但也在家族势力的核心地区实施。[2] 凌焘是保甲制度最热情的支持者。1733年凌焘被任命为江西按察使，10年之后陈宏谋就任江西巡抚时还仍然在任，对历史学家来说幸运的是，凌焘留下了他在江西任职期间相当真实的回忆录。这个回忆录使人们能够了解陈宏谋1742年的政策和它们被接受的程度。[3]

凌焘长期面临一个棘手的问题，即如何在宗族势力非常强大的江西实施保甲制度？他并不指望家族在其内部自觉地建立“保甲”式管理，相信家族会根据国家和更大的社会利益行事，有这种想法是天真的。然而，忽略家族制度的作用，对之熟视无睹，仅仅盲目相信政府委派的保甲人员，同样也是草率的做法。凌焘逐渐制定了问题的解决方案，同时依靠两个平行的社会控制工具：现存的家族族长以及国家任命的保甲头人（“保正”）。保正是家族的邻人但不同姓。凌焘为这一政策的制定很费心思，因此，他看到陈宏谋后来提出新方案，一定不太高兴。陈宏谋（凌焘只称其为巡抚，陈宏谋从未提到过凌焘）新方案对家族期待很高，授予事实上不可信赖的族长史无先例巨

---

① 陈宏谋很清楚地知道，王阳明也在江西南部将他的乡约制度与10户保甲式相互监督单位结合起来，建立了他称为“十家牌”的制度。参见《从政遗规》1：22－24；王阳明著、陈荣捷译：《传习录》，293－94，306－9。

② 冯尔康，358－60；Averill，104－8。

③ 凌焘：《西江视臬纪事》，1743（重印，中国社会科学院历史研究所编：《清史资料》3［北京：中华书局，1992］，197－217）。

大的权力。根据凌焘的看法，陈宏谋最终考虑派凌焘去执行这个任务是谨慎的，这是件好事。正是在这个时候，凌焘提出一个妥协方案，即从家族内部选出一个有竞争力的权威：族正或族约，来制约族长。凌焘指出，如族长对政府指示服从有加，也可以被任命为族正（巡抚肯定会喜欢这个局面），但是，在一般情况下，他是不会这样做的。①

在陈宏谋1744年离任后，凌焘在江西的试验仍持续了一段很长的时间。这个试验对清朝的法律和政策的影响不太大。乾隆皇帝似乎容忍陈宏谋在一个省的行动计划，他在1757年更进一步把设置族正（每个家族内，都有特定的委派成员负责监督族内的不良行为）变成为更广泛的国家政策。但是，他拒绝了孙嘉淦在1745年就族长权限提出的新建议，孙一度是陈宏谋的导师与保护人。孙建议朝廷把陈宏谋的给予族长正式司法管理权力的更大胆的政策在全国推行。25年之后，皇上愤怒地拒绝了监察御史张广先提出的类似的建议，理由是族长在地方上维护秩序不力，制造动荡有余。②

陈宏谋自己起初认为湖南、福建、陕西和江西一样，有发达的宗族势力。但是，在1755年和1762年他任湖南巡抚期间，以及18世纪四五十年代他四任陕西巡抚期间，他从未提出任何类似他在江西第一次任巡抚时提出的计划。1758年在广东期间他也没有提出类似的计划。今天的学者们也许会把广东与地方家族势力紧密地联系起来。虽然1759年在江苏，陈宏谋开展了非常著名的改革婚、丧以及一系列其他地方风俗的运动，但是他根本没有提到族长。③ 仅仅是1753年在福建时，他发现那里的形势与江西的形势异乎寻常地相似，于是他又建议正式授予家族领导对内部成员进行惩戒的权力，虽然他严格地把这些权力限制在家族之间的长期争斗（“械斗”）上。皇帝批准了陈宏谋的这个建议，随后的福建巡抚多次援引陈宏谋的先例来恢复这项政

① 凌焘，216－217。亦见许华安，54。

② 《清朝文献通考》19：5031－32；左，106；萧公权，672。但是，正如朱勇指出的，乾隆中期的法令赋予族长某些具体的权力：1755年他们被赋予管教那些盗窃或滥用宗族财产的人的权力，1766年他们被赋予隔离那些受传染病折磨的宗族成员的权力。参见朱，170。

③ 《风俗条约》，见《培远堂偶存稿》45：5－13；亦见《皇朝经世文编》68：4－6；《苏州府志》（1877）：3：32－37。

策，但是没有取得重大的成效。①

1742年后，陈宏谋对倡导族长权威失去了往日的热情和干劲，原因倒不是他的政治哲学发生了变化，而是因为他逐渐认识到，即便是在江西，这个政策也并不起作用。根据1764年新到任的江西巡抚辅德的奏章，宗族管理完全失控。辅德的奏章重复了陈宏谋对家族组织过分膨胀的抨击，他说，自从陈宏谋离任之后局势进一步恶化。他写道："缘江西民人，有合族建祠之习；本籍城乡，暨其郡郭并省会地方，但系同府同省之同姓，即纠敛金钱，修建祠堂。"在辅德看来，这样的机构根本不是真正的"家族"，而是大型的政治—经济集团。他们的主要目的明显就是鼓动诉讼，由于其背后有捐赠基金的支撑，他们常以社团财产的名义发动诉讼。在这个过程中，通过祭祖行为获得合法地位的族长扮演着非常坏的角色：其一，他们策划的诉讼扰乱了社会治安；其二，他们为个人的利益，不惜浪费族人的资财去打官司。②

辅德没有要求查禁这种组织，他对陈宏谋20年前的政策创新保持沉默，但是，陈宏谋已经明白了其中的含义。就在辅德写他那个公开发表的奏章前不久，陈宏谋本人在给同事杨朴园的一封信里承认了他早期政策的失败：

> 昔于江西酌定祠规，列示祠中。选立祠正，予以化导约束之责。族中有口角争讼之事，传集祠正秉公分剖。先以家法劝戒。当时已觉悚动，若久久行之，自然去其积习，以收远效。近因祠族有不法之事，遂为折毁祠宇，追取谱牒之举。凡城乡祠堂，必有一番滋扰。祠正无人承充，即有其人，亦不可问矣。因偶然之流弊，而废长久之良法，大率如此。③

引人注意的是，陈宏谋都已承认的失败并没有损害他1742年的实验在

---

① 陈的奏折，乾隆18/4/24，见《宫中档乾隆朝奏折》5.163—64；《先文恭公年谱》7：19。关于福建这项政策的后期历史，见左，107；Harry J. Lamley, "Lineage and Surname Feuds in Southern Fukien and Eastern Kwangtung Under the Ch'ing," 见K. Liu：*Orthodoxy*，272。

② 辅德：《请禁祠宇流弊疏》，见《皇朝经世文编》58：37—38。亦见Wong, "Lineage and Local Government," 793—94。

③ 《陈文恭公书牍》3：15。这封信没有注明日期，但是从它在陈的大体按时间顺序的信件集中的位置看，它似乎是写于18世纪60年代初期。

后人心目中的崇高地位。地方官员经常试图在他们管辖地区实施类似陈宏谋的政策。① 它深深吸引着清朝后来的改革家和政治思想家。在 1826 年里程碑式的著作《皇朝经世文编》中陈宏谋占有重要一席之地，魏源与贺长龄对陈宏谋的政策给予高度重视。② 然而，他们对陈的设想不是毫无批判地接受，例如，他们把陈宏谋 1742 年 11 月的指令（重要的是，他比较保守的、修改的计划)，20 年之后辅德对其结果谨慎的描述，以及陈宏谋的那封给杨朴园的承认失败的信编辑到一起。③ 言外之意是让读者自己对这个问题作出评判，但是他们的含义是清楚的：陈宏谋的计划是崇高的、思路是正确的，但是太理想化以至于在实践中不能成功。10 年后，徐栋则不那么谨慎。《保甲书》(保甲组织手册）是极具影响力的《牧令书》(县长手册）的姊妹篇。在 1837 年的《保甲书》中，他重印了陈宏谋的第一个、对宗族制度前景比较乐观的 1742 年 7 月的指令，而未加任何评价性的背景和评论。④ 显然，人们对陈宏谋给予家族权力并通过他们管理社会设想的兴趣与日俱增。

冯桂芬（1809—1874）对陈宏谋在江西实验的赞美之辞最著名最有影响。冯桂芬是 19 世纪 60 年代至 70 年代太平天国运动的反对者之一。⑤ 冯桂芬认为，陈宏谋的计划（他肯定是从魏源的《皇朝经世文编》得知的）是治理社会秩序非常正确的方法。给族长政治上授权既符合儒家宗法制度的宗旨，又满足现实需要。尽管不乏滥用权力的家族和族长（冯桂芬引用了辅德 1764 年在这个方面的奏章)，但是陈宏谋找到了解决这个问题的正确办法：在家族领导之上再安排一个政治上更可靠的保甲制度（冯桂芬认为，保甲制度在他那个时期失灵的原因是没有给保甲制度加上以家族为基础的礼仪和感

---

① Lamley，272.

② 这个主题吸引了 19 世纪初期的许多学者（包括龚自珍和张海珊那样的著名学者)，详见 Kai-wing Chow，221；左，109-15；Lin Man-Houng，“When Grandsons Beat Their Grandfa-thers,” 6-9。

③ 《皇朝经世文编》58：35-39。

④ 徐栋：《保甲书》，3：34-36。

⑤ 冯桂芬：《复宗法议》，见葛士濬：《皇朝经世文续编》，1888，55：4-5。萧公权（351 页）和 Wright 的 *Last Stand of Chinese Conservatism* 一书（137 页）对这篇文章有简要的讨论。至于更详细的讨论，见 Wong，“Lineage and Local Government,” 796-97。

情上的强迫）。他也赞扬进一步在此基础之上再加上志愿主义色彩的机构“族约”。这是陈宏谋从吕坤那里继承过来的。①

冯桂芬重复了陈宏谋一贯的主题，领导的责任有两个基本点：一是“养”，即物质层面；二是“教”，即道德教化。冯桂芬欣赏陈宏谋的以家族为基础建立社会粮仓（“社仓”）的建议。作为一个面对太平天国反叛的知识分子，冯桂芬在这方面走得更远，他建议以家族为基础重建团练。冯桂芬的话语也预见了20世纪初的社团主义的建国努力。他认为，当宗法在世上盛行，人们自然聚集到有活力的社会团体（“民聚”）；因为宗法制度为人忽略时，社会就会四分五裂（“民散”）。如果按陈宏谋那样，容许族长有更大的权力，它会有助于把人口众多的中国建设成为一个强大统一的民族国家（“聚之于国”）。

冯桂芬最后不得不承认，陈宏谋的试验失败了，但是他把这个失败归罪于清朝官僚体系内在的邪恶。冯桂芬像其他封建论支持者一样，长期公开谴责这种邪恶：陈宏谋过早被调出江西，而接替他的随波逐流的官僚缺乏眼光和干劲来完成陈宏谋的工程。当然，陈宏谋本人从未有类似的抱怨，相反他认为政府18世纪50年代至60年代对江西家族势力的打击虽有些遗憾，但认为是必要的。但是，在太平天国对儒教正统提出挑战之后，而又有西方“另外”一个无先例的可见的方法做参照，冯桂芬比陈宏谋更相信家族的正面作用，但对清朝的距离比陈更远。

（九）直接与间接的治国之道

在探寻治国之道时，陈宏谋关心的焦点是一切人类社会现有的可以维护社会秩序的东西，所以，他定义的经世观念包罗万象，实际上包括物质和文化的各个方面。他不太关心谁应该来做这件事情，官僚国家或地方社会。礼本身不是检验的标准，而且，与前代富有经世意识的儒士不同，他并不担心法律和制度是否伤害人性，而是关注它们能否达到经世效用。

---

① 关于20世纪初对利用同乡、同业以及同宗的社团主义治国方略的迷恋，见Strand，“Calling the Chinese People to Order”；Goodman，*Native Place*，*City*，*and Nation*，第8章。

在陈宏谋为官实践中，他确定县以下、以市场为中心的、半公共的乡级单位（国家和社会的汇合处）作为有效“经世”的关键地点。于是他反复试验，用各种方式给乡级机构注入活力以达到经世目的。尤为注目的是，他手段灵活。一方面，他用不同的方法派一个官员到该地长期驻扎。实际上是委派一个“乡官”（被皇帝正式拒绝的方案）。另一方面，用更大的力气，致力于在同一级别上建立多功能的社会自我管理发展机制。在18世纪40年代一段时间，他对把这两个战略调和起来并不积极：把某些土生土长的乡级领导(那些人在地方服务多年且深得人心，如社会粮仓或乡约的领导）提升进入乡官一样的正式位置。一部分我们通常视为封建论倡导者的经世论学者支持这种主张，但陈宏谋并不同意。他拒绝这个方案。雍正皇帝在1729年也拒绝了这个方案，因为这个方案对中央集权体制损害太大。陈宏谋相信中央集权体制仍然是最可行的制度。①

陈宏谋相信，自然形成的宗族是进行统治的得当手段。他1742年在江西通过利用乡一级的宗族治理地方社会的方式，把这一理念付诸实施，结果是失败的。但是，陈宏谋从这个失败认识到（但是他19世纪的某些追随者们却忘记了）那些势力强大的族长即使进入乡一级管理机构，也不会改变营私舞弊的恶习，但是，陈宏谋对更加基础的工程（乡级工程是其中一部分）却从未失去信心。

陈宏谋试图尽可能减少中央集权制国家对人类社会正常运行的影响。我们可以从下面几个方面看到陈宏谋的观点：对政府无偿从地方民众征集人力、物力的做法持续不断地批评，对价格控制和其他形式的经济管制的反感，对政府过度控制经济部门的反复抱怨，对保甲制度和父系的国家建立的“乡约”条约的效能的怀疑。陈宏谋宁愿采用比较柔和的（不那么放弃原则的）社会祭酒仪式来支撑乡级秩序和大众的自我管理机制。但是他对国家干预仍有强烈的信心，他相信国家能够也应该是改善社会经济以及指导民众道德的工具。尽管这个信念寓于有道德的人和正直的官员心中，它不是什么值得可怕的东西，而是值得信任的东西。如果国家能够注意到地区差异，重视地方民众的态度和舆论，掌握巨大资源的国家机器可以更有效地造福于地方社会。陈宏谋心目中的国家应是最有效率的，为了追求效率，在某些情况下

---

① 《训俗遗规》4：7。

国家的扩张和干预（以在陕西和其他地方的“兴除”运动为例），在陈宏谋看来，是值得肯定的。

这种态度之所以成为可能，是因为陈宏谋坚定不移地相信，国家是人民利益有效的代表。在帝制中国最后的500年间，也许仅仅在18世纪中间几十年中，陈宏谋，一个有着孟子平民主义和强烈“理学”道德主义的人才会有如此信心去相信这个观点。

第十二章
化

人类是一种文明化的存在，这种假设或许是18世纪中国精英意识最核心的内容。文明是“我们”，而且只是“我们”拥有的东西。文明就是“我们”。文明不是一个先验的存在，达到文明也不是件容易的事情。相反，文明是一项长期艰苦的人类和文化进化过程的结果。在任何时候文明都会受到损害（清朝中期住在边疆地区的某些汉人的野蛮行径已证明了这一点），所以，文明的再生产仰赖于个人道德提升和社会风俗的改善。我们经常称这个过程为“化”（转变或启蒙）。

如我们在本书的第一部分看到，在陈宏谋和与其相类似的人看来，个人达到“化”需要艰苦和不懈的道德的修养（“工夫”）。但是更经常的情况是，“化”是成年男性精英们统治那些不如他们开化人们的手段，其中包括那些辈分或社会地位比他们低的人、妇女以及住在汉族文化边缘上的人群。这就是称为“教化”的过程（教育和转化，简言之，使开化）。① 教化是古代观点（这个术语的出现至少要追溯到公元前3世纪），而且从来都是一个儒家思想的中心议题；在每一个时代那些被杨念群称之为“教化之儒”的自我认同中，它的地位最高。日常教化他人的过程给一个人的自我存在赋予意义；稍微说过一点就是，个人传教士般的热情是拯救他个人的关键。

而且，在同样持久的“王道”政治思想的旗帜下，教化也是国家统治者或国家的根本任务。有效地实施教化是政治上必须要做的一件事，也是良好治理的最可靠的标志。② 教化是国家和其官僚精英们试图“治理天下”最根

---

① 杨念群，尤其是46—55页。“教化”一词的起源，见Wang Guanwu，“The Chinese Urge to Civilize：Reflections on Change，” *Journal of Asian History* 18.1（1984）：3。

② 见Leon Vandermeersch，*Wangdao，ou La Voie Royale*（Paris：Écode française de l’Extuême，1977）。

本的方法之一(当然，正是因为这个原因，贺长龄和魏源在1826年的《皇朝经世文编》中用16卷篇幅讨论风俗礼仪)。在这一点上，满洲的清帝国统治同以往的朝代的情况一样。清朝康熙皇帝的1670年圣谕，把提高地方社会习俗（“厚风俗”）的目的摆在其政权目标的首位。① 实际上，考虑到国家运用强制手段统治的资源有限，通过道德教育进行治理（“政教”）必然是实施行政管理最基本的方法。

在18世纪，有很多原因使教化使命比以往更加迫切。由于人口向边境和过去人迹罕至的山区迁移，寻找新的可耕地，所以汉族人与非汉族人民的交流变得更加频繁。这种频繁的交流使清朝官僚精英们认识到不那么“开化的”生活方式的现实，对可能出现的文化相对主义感到不安。清朝一统天下的政治意图，特别是雍正皇帝的文化同一化的信条（体现在其《大义觉迷录》）给这个文明，即文化上的同化或化一的计划增添了动力，反过来，文化的同化又使统治者更加注意在内地教化的过程。

陈宏谋懂得教化的工具价值，但是，像在非洲、亚洲和美洲承担了“白人使命”的同时代的欧洲人一样，他对其目的的正确性也有坚定的信心。1742年他在江西管辖范围内散发了数百份他关于教化的小册子，并宣布：“为政以教化为先。”② 陈宏谋在这方面的使命感比他的大多数同事要强得多。在其任期内他反复地写到他个人的责任就是“改革和指导”（“化导”）地方民众，以及“转变人民与完美社会习俗”（“化民成俗”)。③ 在实施教化的同时，陈经常抓的另一项重要任务是改善人们的物质生活。他认为教、养(教育与养育）这两个目标一样重要，在实践中是不可分离的。在1744—1745年他在陕西和其他地方开展“兴除”运动，清理地方积弊。这个运动把他的教化思想表现得淋漓尽致。在这些运动中，物质因素（耕作体系、社仓、灌溉和运输基础设施、财政）和文化因素（人际关系、家庭体系、婚丧仪式、流行的宗教习俗）都被给予同等重视，同时都被视为运行良好社会的一个整体中的组成部分。④

---

① 《圣谕广训》(北京，1880)。

② 《培远堂偶存稿》15：15。

③ 参见《培远堂偶存稿》3：14，5：3；《学仕遗规》4：86。

④ 《培远堂偶存稿》17：3-11和19：21-40。

周启荣区分了中华帝制后期精英们实施教化的两个方法："道德教化"(通过教育和规范的诉求来开化民众) 与"礼仪示范"(一个比较悲观的方法)。"礼仪示范"是因为精英们对老百姓对道德理性的说教的反应能力感到失望，就试图通过礼仪示范，使民众不费心思就能将儒家道德规范应用在日常行为上。周认为"道德教化"是 16、17 世纪精英的特征 (以吕坤和陈子龙为例)，但是他争辩说，到了 18 世纪，"道德教化"被"礼仪示范"取而代之。对规范社会道德恰当礼仪制度的寻求使汉学考据学者和他们的对手宋学家走到一起。① 如果情况真是如周颇具说服力的分析所言，那么陈宏谋对这二者的态度倒是有点逆时代风尚，并不厚此薄彼。他同任何一个同时代的人一样，在社会中培育人们遵守正确礼仪，但是没人像他一样，致力于撰写说教的文章，促进大众教育，以另一种方式"影响"老百姓。陈宏谋坚定地认为，老百姓本质上是有道德的、理性的，所以是可教育的。② 在本章我们将依次讨论陈宏谋如何在追求教化的使命中，实施"道德教化"和"礼仪示范"这一对政策。

(一) 教育

教育民众是陈宏谋责任感中最重要的任务。在整个为官生涯中，他特别积极修建和赞助学校，设计教学大纲、编制教材、研究教学理论。对教学理论，有非常具体的见解。他认为，教育的主要目的是培养今后可能进入官场的"人才"，但是比这一点更重要的是"培养民众与完善习俗"("化民成俗") 这个目标。早在 1729 年，陈宏谋在他为山西省科考的命题中表明了他的观点："教化为风俗之原，人才为政事之举，而学校者，人才所从出，风俗所视以移易者也"③。作为其"管理民众"("牧民") 和"促进文明"("化道") 使命中的一部分，提供教育的责任完全而且不可推卸地落在国家的身上。④

---

① Chow，*Confucian Ritualism*，尤其是第 1 章。

② 陈宏谋明确地视自己强调教化效应的少数派，这一点当然支持了周的论点。按照周的分析，到 18 世纪这种观点逐渐衰落了。

③ 《培远堂文集》9：4。

④ 《培远堂偶存稿》5：6-7。

陈宏谋写道："教术之端，自闾巷始。人才之成，自儿童始。"① 在"培育正直"方面，"年幼也是很重要的"。为了这两个目的，开始识字必须在小孩出生后越早越好；7周岁（虚龄8岁，比国家法令中规定的年龄早3年），小孩准备上正式的学堂。虽然陈宏谋迫切想用说教的方式来"影响"民众，但在必要时他也使用通俗的、带有图画的书以及打油诗等方式。他的这种做法有其道理，但是在小学阶段，阅读儒家典籍能力是基本目标。他引用吕坤的格言：使一个人理解道德原则最有效的方法是培养他或她阅读书面材料的能力（"识字明理"）。②

陈的教育观念最显著之处在于它的彻底包容性。如果教育真正是转变和开化人民有用的工具的话，它必须要普遍地实用，因此他把"大众识字培训"（"广行教读"）作为他的目标。③ 因为所有的人都是可以教育的，我们必须以《论语》中的训谕为指导，"在教育中，不分阶级的区别"（"有教无类"），这是一个久远的名言，但所有的人对其都口惠而实不至，只有陈宏谋真心相信它。④ 在其漫长的为官生涯中，陈宏谋对普遍教育的信心经常受到质疑，每次他都回答，有教无类绝无例外。这个指导原则适用于弱势群体：穷人（陈宏谋在教育政策中的心态是，教育是再分配的工具）、不太聪明的人（陈宏谋承认天资方面的差别，他建议分级教学和职业培训，但坚持对所有的人进行基本的识字教育）。他引用吕坤的话抨击让教育向富人或有天赋的人倾斜。⑤ 其适用范围还包括边缘化的人：妇女（见下文）和非汉族人群（他争辩说，无论什么文化，不管是汉人还是非汉人，他们的风俗道德都是可以改变的，没有什么文化的成员是不能被教育的）。⑥ 陈的上述观点还适用于那些有意或无意偏离儒家伦理规范的人，诸如罪犯（他们的向善本性意味着他们是可以经过学习改造的）和文化上令人憎恶

---

① 《养正遗规》，序。

② 《养正遗规》1：13，3：5，3：30。

③ 《培远堂偶存稿》2：6—7，3：5。

④ 《培远堂偶存稿》16：10—12（又见《皇朝经世文编》24卷）。这一引文出处见《论语》，第15章，38节。

⑤ 《养正遗规》3：29。关于陈宏谋的观点，见《训俗遗规》（1769），4：10—13。

⑥ 《云南通志》（1736），29（下）：49。

的衙役差事。①

陈宏谋的普遍可教育性原则植根于他对于“天良”（天赋的自然的善良）和“良知”（固有的理性和品德）的信心。然而。考虑到“良知”的教条被明末王学左派用于反对儒家伦理，陈宏谋强调，固有的理性是不够的。理性思想必须通过自觉不断的学习来完善。② 正如所有的人应该参加道德学习一样，国家有责任促进所有人的道德学习。尽管陈宏谋没有这般说，实质上他是在强调每一个人都应享有受教育的机会，尽管这里所说的教育仅仅限于儒家经典。

在其漫长的为官生涯中，陈宏谋积极修建、复兴和改造学校。我不是指官办、正式的府级和县级学校（“府学”、“县学”）。这些学校在任何真正教育意义上的活力早被阉割殆净，它们在地方社会中的作用在很大程度上是徒有虚名。陈宏谋特别关心并积极参与管理的是儒家精英汇集并主导的书院，以及自由空间较大的地方基层义学。这两种学校的所有权有点含糊，位于国家和社会之间，让我们一一讨论。

在其担当的差不多所有的省级职位上，陈宏谋对其管辖范围内的主要的书院给予积极的支持和指导：江苏的紫阳书院和安定书院，云南书院，天津书院，江西的豫章书院、白鹿洞书院和鹅湖书院，陕西的关中书院和皋兰书院，福建的鳌峰书院，湖北的江汉书院，湖南的岳麓书院、城南书院和涟滨书院。③ 肯定有很多其他方面的例子，或是他的支持和指导不那么直接，或是他的支持和指导没有很好地记录下来。至少在江西，我们知道他在其府级的下属中开展一场运动，要求他们振兴各自辖区的书院，以便在全省范围内建立一个高级教育的网络。④

陈宏谋使用了各种方法来筹集学校建设的开支、办公费用、教师薪水以及学生的补贴。对于比较老的、私人兴办的学校如江西的白鹿洞书院，他收回了在上一个世纪不断被地主们据为己有的捐助财产。对于更加国家化的书院如云南书院，他直接从他巡抚预算中提供资金。对于他在1740年一手创建

---

① 寄周人骥书，见《陈文恭公书牍》2：9；《培远堂偶存稿》16：10-12。

② 《课士直解》1：1-6，1：7-10；《训俗遗规》2：8-9。

③ 其他事例见《先文恭公年谱》5：13；孙星衍，14-17。

④ 《培远堂偶存稿》15：37-38。

的天津书院，他从多种渠道筹集办学资金，其中包括对食盐交易征收附加税，从地方孤儿院（“育婴堂”）的捐助预算分流一部分，以及每年从商行募集的资金。① 有了财政支持，随后就实施教学改革：聘用陈宏谋自己认可的教师，宣布学校管理的新规则，建立严格的考试制度以清除不读书的学生，招收他认为更加合格的新生。②

将陈宏谋的努力置于清朝初期和中期更宽阔的学院政治的范围中来看是有启迪作用的。正如我们所知，由于书院在明末政治以及王朝更迭中对现存体制的挑战，私人书院在明代就已经开始景况不佳。很多书院在战争中被部分地或完全破坏，那些留下来的书院受到新王朝的压制。然而，最近的研究成果认为，这种压迫并不如过去想象得那么严酷。一些幸存下来的书院（包括那些由陈宏谋景仰的人士，如李颙和孙奇逢监管的书院），甚至在清朝入关初期仍然于学术上具有相当大的独立性。至少从 1652 年起，整个清朝的地方官员开始有选择地修复旧的书院并修建新的书院。③ 虽然地方官员有权任命教师，指定教学大纲，但是这些措施仅仅是沿袭明朝的旧惯例，如朱荣贵所言，还没有被用于服务清朝特殊的政治利益。④ 但是，从雍正当政之初起，特别是在 18 世纪 30 年代，雍正皇帝开展一个运动，主要是使现存和新建的书院同他中央集权国家教育目标一致；也就是培养和发现更多的政府所需要的人才。他批准更多的资金给学生发补贴，同时试图使教学和科举考试的要求相一致。在乾隆时代开始的时候，这个方法也在继续，但是过了一二十年之后，新书院发展速度加快，脱离科考应试方向，使更多样化的学术教育成为可能。⑤

---

① 《培远堂偶存稿》2：39，9：41－42，13：7－8；《先文恭公年谱》4：14。

② 参见《培远堂偶存稿》3：12－13，32：27，38：1；《陈文恭公书牍》1：13；《先文恭公年谱》1：18，4：17。

③ 重建湖南的岳麓书院是一个典型例子，它在 1669 年由巡抚周鸣南重建；《新修岳麓书院志书》3：10。

④ Ron-Guey Chu，“Scholarly Autonomy and Political Dissent of Local Academies in the Early Ch’ing”（Symposium on Civil Society in East Asian Countries 大会上提交的论文，Montreal，1992）。

⑤ 《钦定学政全书》，1810，64：3；Elman，*From Philosophy to Philology*，119－21；Woodside，“Divorce，” 477。

一般说来，虽然陈宏谋对教育的赞助有点开时代新风，但是从他对书院的支持中，我们也可以发现类似的趋向。陈宏谋最早在云南支持的书院（在那里他是学鄂尔泰的做法）、在天津支持的书院明显是政府的产物，这些书院主要是服务于准备科考和选拔官僚的。然而，18 世纪 40 年代初，陈宏谋支持的重点从新建的书院转到那些历史悠久更重视学术的书院，如江西的白鹿洞书院、鹅湖书院。他抱怨说，相对于在省城受到政府更多支持的书院来说，这些书院在过去几十年里被忽视了。事实上，在 18 世纪 50 年代重建福州的鳌峰书院时，陈宏谋明白地暗示，他秉持他认为是代表朝廷的一种更自由化的态度，去支持比较老的私人兴办的学校——同时坚持省巡抚的特权，使教育服务于他认为的民众需要。①

陈宏谋直接掌控所管辖的省份里书院的教学计划，他不仅任命他喜欢的人担任省内书院的山长和教师，而且定期亲自去讲课，还经常给学校图书馆提供书籍，通过这些途径，他试图影响书院的教学。现在还有大量关于陈宏谋捐献图书的信息。毫不惊奇的是这些捐赠的真正“有用的”（“有益”）书包括自己写的书和自己所喜爱作者（吕坤、关学学者、方苞、尹会一）的书。在这些书中没有流行的考据学论著。② 陈宏谋并没有指责书院为科举考试服务的功能，但是他抓住这个机会对教学计划施加影响。从每个书院的校友的文章当中，他挑选最近写的考试文章，这些文章符合他的“实学”和崇尚经世致用的偏好，他让学校图书馆把它们保存下来，作为以后考生的范文；而后，他又附上他自己收集的与经世有关的有启发性的模拟考试试题。③

陈宏谋书院政策中的一个具体的主题特别有趣。它部分地与伍德赛德（Woodside）称之为“上升途径”的学校管理有关。这个方法在 18 世纪三四十年代被朝廷逐步地发展起来，它是指有计划地挑选合格的学生给予补贴，

① 《培远堂偶存稿》2：8－10，3：12－13，13：7－8，32：24。关于鄂尔泰对云南书院的目的的看法，见 Woodside，“Divorce，” 477。

② 参见《培远堂偶存稿》18：27－28，22：27，24：49，30：33，33：1，34：30－39。34：47－49；《陈文恭公书牍》2：17。

③ 《培远堂偶存稿》25：51－52；《课士直解》，尤其是陈兰森作的序；《先文恭公年谱》12：23。

让他们升到更高一级的学校读书，最后升到在北京的国子监读书。在陈宏谋管辖的省份，他同样设想由不同层次的学校组成教育体系，在地方学校（义学以及府级的书院，如果有的话）定期举行考试以提拔最有希望的学生到省级学校学习。① 这个政策同雍正强调的要从尽可能广泛的考生中挑选“新人”官吏的目标是吻合的。在陈宏谋本人的个案中（他当然也是一个“新人”），这个政策植根于他自己个人经历中的平民主义。

但是，在他的书院政策中，陈更加彻底地强调从平民百姓中发现人才，招收学生。例如，他在1740年建立天津书院时，宣布办学理由：“天津北拱神京，东临瀛海，文物衣冠之盛，甲于畿辅。人文日富，弦诵日繁。缙绅之族，固多潜心向学。即贫寒之士，亦多可以造就之器。若再加磨礳，自必更有可观。”② 他哀叹到，在他管辖范围遇到的有地位的书院充斥着通过学校赞助人和校友等关系网接纳的学生。他清除学生中的“平庸之辈”。他举办全省范围的考试挑选“真正的才子”替换那些“平庸之辈”。首先在各地进行考试，然后进行复试，最后他本人在省会对考生进行仔细的面试。在这个过程中，他扩大了学生的人数。在湖南，他发现许多他甚为欣赏的考卷后，他又增加了招生名额。现存的省级书院招生范围仅仅限于省会地区，他对此不满。他下令尽可能地扩大招生范围。这就意味着周围的地区（近似于他自己的家乡）受到特别的关注。在他制定的招生指令中，至少有一点（关照偏远地区的）地域倾向。③

（二）小学教育

陈宏谋对包容性的强调在其修建小学（“义学”）的著名运动中表现得更清楚。在这个运动中，他的目标非常宏大，要努力让帝国范围内的所有男性都能识字。1733年他宣布，“有地方之责者，因土制宜，随方设学。”如果规划实施有始有终、名副其实，那么，大众的识字（“文”）

---

① 寄张灏书，见《培远堂手牍评》1：4；《培远堂文集》1：13－14；《培远堂偶存稿》2：8－10，15：37－38；《先文恭公年谱》5：3。

② 《培远堂偶存稿》9：41－42。

③ 《培远堂偶存稿》22：32－33；26：19，28：1－2，32：24，32：27，38：1。

和文明（“化”）水平会有长足的进步，而且地方的文化习俗也会更加正统得体（“美”）。①

陈宏谋在制定兴办小学的计划时，从历代帝王的类似计划及其最终不了了之的结果中，已预料到自己这个计划不会被认真执行。1375 年，明太祖下令在全国范围内每 50 户建立一所学校（学元朝的先例，称学校为“社学”），他的目标并未实现。② 1652 年，清朝的顺治皇帝再次下令在各县修建“社学”。社学由地方绅士管理，但是由各县管理学业的官员严格监督。1686 年，康熙皇帝重申并强调了这道圣谕。1702 年，北京的一个地方官员开办了一所名为“义学”的学校，这成为有关实验的开端。3 年后，康熙皇帝下令在贵州（当时是国家进行同化运动的特别目标）各县建立义学。1712 年康熙皇帝下令在全国建立义学，主要目标是为孤儿和穷人的孩子提供受教育机会，但是皇上对义学的兴趣主要在南部和西南部的文化前沿。康熙皇帝的计划实际上是照搬顺治皇帝建立“社学”的计划。如同顺治皇帝建立社学的项目一样，全国大部分地方官员对康熙的计划多数是敷衍塞责，甚至根本没有建立义学。③

陈宏谋本人在兴建义学方面的努力主要集中在 18 世纪 30 年代，也就是他为官的早期。他的干劲和认真是独一无二的。为什么呢？部分原因是，陈宏谋作为地方官员，初出茅庐，有激情给他在朝中的支持者雍正皇帝（对国家出资修小学最感兴趣的、唯一的皇帝）以及雍正的继承人留下好印象。但是，另外一点也很清楚，那就是陈宏谋那样做并不只是追求飞黄腾达。陈宏谋本人早期的楷模吕坤，在其山东和陕西④的任内，一直是官办社会学校直言不讳的批评者，更重要的是陈宏谋本人在他的家乡广西看到官办学校的现状。在广西，由于康熙和雍正对边疆教育特别重视，那里的官办学校比其他地方要好得多。如在第一章所看到的，陈宏谋甚至有可能在 1731 年从北京回

---

① 《培远堂偶存稿》1：33；亦见陈为他的《全滇义学汇记》作的序。

② Littrup，171.

③ 《钦定学政全书》64：1-3。亦见 Yoshiko，“Shindai ni okeru gigaku setsuritsu no kiben”（清朝“义学”设立的社会基础），见 Hiyashi Tomoharu 编：*Kinsei Chūgoku kyōiku shi kenkyū*，279-82。Ogawa 暗示清朝初期在设立社学和义学方面的行动一部分动机是削弱书院的政治影响。

④ Littrup，172-73.

老家休假期间，在家乡的县和乡扩办“义学”活动中发挥积极的作用。那时广西是由金鉷出任巡抚。①

陈宏谋修建“义学”运动最具戏剧性的一幕是1733—1738年在云南。我们马上会看到陈宏谋在这方面努力的特点以及它同边疆的文化同化过程的关系。但是我们必须要记住这一点，陈宏谋认为，同边疆人民一样，内地的人民也需要教化，因此，他坚持认为，内地的官办学校如同那些在边远地区开办的一样，负有教化民众的责任。所以，当陈宏谋离开云南到天津任职时，他也领导了一场兴建学校的运动。陈宏谋哀叹，在商业发达的天津，“穷檐陋巷，无力诵读者，当亦不少”。政府有责任修补这个缺陷。陈宏谋重新向20年前由他的前任修建的6所“义学”提供财政支持，并且命令其下属再修建几所。他宣布的目标是“天下无不学之人，不学之地，所以造就人才，移风易俗”②。

陈宏谋在云南和天津强调在偏远地区修建学校的必要性。在1723年雍正皇帝重申清朝有关教育的命令中，也特别强调这一点。但是，陈宏谋意识到地理位置差异所带来的教育资源分布的不平等，他把雍正的命令用到极致。他说，乡村和边疆地区最需要学校，所以，政府应做到“不以地僻而无师”。可以预料的是，当他一到云南，发现现有学校绝大多数集中在最发达的县，而且这些学校都设在县城的时候，陈宏谋认为，这些地区的学生有很好的教育机会，无需官方的资助。他把工作的重心转到边远地区的教育发展上。③

在其职业生涯中，陈宏谋1736年在云南任职、1744年至1745年到陕西任职、1769年在广西任职。在这期间，他都制定了地方学校的教学用书目录。从这些书目中，我们便可知道他的教育理念。其中他为云南学校制定的书目尤其重要。在云南期间，他不仅命令向全省七百所他主持开办或管理的学校提供书籍，而且规定了向每个学校发送的每种教科书的数量。书单见下：

---

① 《桂林石刻》3：114-16；《临桂县志》14：21-22。

② 《培远堂偶存稿》5：3-7。

③ 《培远堂偶存稿》2：6。关于陈在那方面的成功，见我的文章“Education and Empire”，尤其是430-32页。

云南每所小学所藏教科书

册数	书名
24	《古文渊鉴》
16	《纲鉴正史约》
12	《大学衍义补辑要》
12	《斯文精粹》
5	《性理精义》
4	《小学纂注》
4	《近思录》
2	《吕子节录》
1	《孝敬注解》
1	《朱子治家格言》
1	《圣谕广训》
1	《书院条规》

资料来源：《全滇义学汇记》，第2册。

陈宏谋在云南义学的教科书可分为4类。第一类是《古文渊鉴》，数量最多，陈宏谋明显地用它作为启蒙教材。这一点毫不奇怪。1685年康熙下令编纂此书，该书是一本从周朝晚期到宋朝历代名家名作选集。陈宏谋特别青睐此书是因为它里面包含很多政治经济的内容。1709年，一位云南官员重印该书，但是，直到陈宏谋任期之时，该书只是昆明富家子弟流行的读本。陈宏谋大量刊印发送此书，他声称，自己的目标是改善民众的识字率①，他还大量刊行其他三种书籍作为补充。有意义的是，所选的历史读本是陈宏谋自己选编的《纲鉴正史约》。在经济事务方面，入选的读本是陈宏谋摘要编辑的《大学衍义补辑要》。为了让学生略懂一点更为高雅的诗文，陈宏谋把好友尹继善编辑的《斯文精粹》列入了书目。与痛恨风雅诗文的陈宏谋相反，满人尹继善喜欢高雅文学。把《斯文精粹》放入书单很可能是出于陈对尹继善的尊重，尹继善时任云贵总督，对陈宏谋的兴学项目拨给大笔款项。陈宏谋后来再没有把这本书规定为教材。这是陈宏谋对高雅文学唯一的赞许。除此以外，他再没有把诗歌列入教学内容。

第三组书的数量少一些，似乎是为程度好的没有阅读困难的学生预备

① 康熙皇帝1685年为徐乾学编的《古文渊鉴》作的序。亦见《清代名人传》中徐的传记，310－12。陈对这作品的评论在《培远堂偶存稿》4：16－21里出现。

的。这些书因其内容的重要而被列为教学要籍。这些作品中包括代表清初宋学最流行的著作：李光地1715年编的“理学”著作《性理精义》和朱熹的《小学》与《近思录》。它们都是朝廷批准的学生准备科举考试的必读书。这些书籍的共同点是理论思辩色彩较淡，讲究经世致用。清朝早期的理学学者们强调关心国家大事，倡导服从精神，关注社会秩序的稳定。① 这些特点明显体现于陈宏谋编选并列为教学用书的吕坤著作选集《吕子节录》中。陈宏谋是宋学的虔诚信徒可以在以下事实中得到证明：他所选定的教学用书几乎全是程朱理学或与之有关的论著，没有一本考据学论著，也没有考据学者所推崇的儒家经典。

第四组，也是最后一组著作，每种只有一册，它们不是教学用的课本，而是介绍日常生活中通行的礼仪风俗，臣民应尽的义务，还有康熙皇帝颁布的圣谕。学校的学生，每日要背诵康熙皇帝的圣谕，犹如现代学校的学生每天唱国歌。② 把陈宏谋自己有关云南省书院管理规定纳入书单似乎强调了对学生的跟踪机制。通过这个机制使全省不同“义学”中最聪明的学生被（他亲自）挑选出来到省上的书院念书。

陈宏谋对基础教育的看法是不断发展的，有意识地适应于不同地区的不同特点，这在他后来为陕西和广西制定的教学书目中有明显的体现。在陕西，他命令筹集资金来印刷，并向所有学校分发下列一些符合朝廷要求的、学生必读的著作：《古文渊鉴》、《性理精义》、朝廷新编的对朱熹《四书》做的注本《四书解义》、《十三经》、“二十一史”（此外，还包括清朝官方自己编辑的《明史》）、在朝廷支持下李光地编辑的《朱子全书》。③ 然而，陈宏谋并不满足于此，他1744年下令刊行他欣赏的几种书籍作补充教材，然后分发给自己辖区的所有学校，每个学校两套。其中包括有关道德修养和读书识字的基本读物《小学》和《孝经》，朱熹编辑的理学代表性著作《近思录》。每所学校一本陈宏谋自己的《大学衍义补辑要》，他认为这本书是讲求

---

① 1716年李光地编纂的《性理精义》，康熙御制序。关于这部书，详参 Chan, “The *Hsing-li ching-i*”，另参见《清代名人传》，473－75。关于“小学”的教学史，见 Kelleher，“Back to Basics”。

② 《圣谕广训》。关于圣谕的教学用途，见 Ōmura，231－71。

③ 《培远堂偶存稿》19：4－5。

经世致用的好教材，以及他新近编辑的《五种遗规》。还包括《四礼初稿》和《四礼翼》，反映他对用礼仪治理天下的强烈兴趣。《四礼初稿》是明朝中叶的学者宋纁（1559 进士出身）写的，而《四礼翼》是清朝初期陆陇其修订的吕坤原著。① 陕西在文化上比云南先进，但是陕西有很大一个回民群体，陈宏谋认为他们的礼仪不符合儒家礼仪的标准，有必要纠正。

在陈宏谋京官生涯接近尾声时，1769 年他决定对改善家乡广西的教育环境作出最后努力。他给 80 个地方学校，“义学”和书院一样，都捐赠一套书。这些书包括很多自陈宏谋担任京官以后才有的书籍，但是书单也反映出他在后来采取的更加宽容的教育立场。当然，在书单里有《小学》、各种历史读物汇编，但是也有注释的《十三经》，有关于清朝地理和典章制度的书籍：《清一统志》与《续文献通考》（也许对广西任何有志学陈宏谋进入官场的青年是特别有用的），还有朝廷钦定的诗文选集《唐宋文醇》和《唐宋诗醇》。显而易见，当时广西地处偏远，教育远不如经济发达的江南地区，当地的学生还无法像江南学生一样接受高水准的教育，深知这一点的陈虽然年迈，仍在为改变这种落后局面而努力。②

总的来说，陈宏谋为基础教育制定的大纲反映出他学术的偏好：教学目标是“实学”，既强调道德修养，也强调实际经验，反对无病呻吟的诗文写作。最重要的是让学生把社会和群体的利益放到第一位。在陈的教育理念中，反复学习经典是最主要的，否则，要理解它们的本意是不可能的。与此同时，他又反对死记硬背。陈宏谋抱怨，近几个世纪流行的教学法在把青年学生引入歧途，因为它不是流于“浅”就是流于“空”，不是否定精读经典的重要性，就是让学生背诵空洞无物的诗歌散文。在他看来，要正确地、均衡地精读每篇文章，保证在读每篇文章时，理解每个字的字面意义和文章的精神实质；而且，读书要对照自己的行为，做到读书和品行同时发展，齐头并进。③

陈宏谋反复强调这个过程的艰苦性，学生要一步一步地掌握和积累词汇。他认为，开启学生智力的过程只有通过两个方式才能完成，一个方式

① 《培远堂偶存稿》18：43-44。

② 《先文恭公年谱》12：24。

③ 《养正遗规》3：5-6，3：16-17，3：31，3：35-39；《学仕遗规》3：1；《陈文恭公书牍》3：13；《培远堂手牍评》1：4。

是仔细分级别的教学大纲。大纲不是把同一篇文章再三重复，而是课文从易到难；班次要从低年级到高年级。① 他的教育理论把学生分为三个等级：新生（“蒙童”）在农村的乡级学校读书；更有希望的升到在县城的地位较高的“义学”；真正有天赋的到书院接受进一步教育。在其受教育的过程中，学生被分成两类：一是看起来只能接受普通教育的学生；一是值得进一步培养进入仕途的学生。在云南，陈宏谋设计了一个复杂的监督体系来确定每个学生的特点，以及他何时可以升入高一级学校。在这里，国家的作用就是帮助有天赋的学生克服经济困难，受到应有的教育。为此，政府应提供奖学金，使贫穷但有希望的学生能够到离家远的、更高级别的学校求学。②

在本章的开始我们看到，基于人类的理性可教性，陈宏谋的教育理论既强调道德培养，又注重礼仪教育规范其日常行为，强调二者并重，视之为培养对社会负责任的成员的必由之路。在小学实施儿童社会化的过程强调培训礼节和仪式，把它们作为识字教育的必然结果。礼仪得体是对个体作为一个人（“做人”）和文明社会成员的道德品质的肯定。在陈宏谋喜爱的朱熹文章中，有一篇名叫《童蒙须知》。朱熹在该文中写道：“夫童蒙之学，始于衣服冠履，次及言语步趋，次及洒扫涓洁，次及读书写文字，及有杂细事宜，皆所当知。”对此陈宏谋评论说：“蒙养从入之门，则必自易知而从者始。……尤择其切于日用，便于耳提面命者，著为童蒙须知，使其由是而循循焉。”遵循朱熹的教诲，陈宏谋要求管辖下的小学生们在个人卫生、勤俭、正派得体和学业方面“大抵为人，先要身体端整。……凡脱衣服，必齐整折叠箱箧中，勿散乱顿放，则不为尘埃杂秽所污。……凡为人子弟，须是语言详缓。……凡读书，须整顿几案。令洁净端正。将书册整齐顿放。正身体，对书册，详缓看字，仔细分明读之。须要读得字字响亮，不可误一字，不可少一字，不可多一字，不可倒一字。”③

---

① 《养正遗规》3：40。陈在这一点上的看法与几乎同时期欧洲的观点并无很大差别，见 Philippe Ariès, *Centuries of Childhood: A Social History of Family Life* (New York: Vintage 1962), 187。

② 《培远堂偶存稿》2：8—10，3：5—11。

③ 朱熹的文章和陈的注解都收于《养正遗规》里，1：5—6。这里我采用了 Morgan 论文中的《养正遗规》引文的翻译，150—63。

除了个人学业、行为举止外，还要求学生接受尊敬圣贤、报效国君的训练。每月两次老师要带领学生到当地的孔庙去拜祭。首先他们拜圣像，然后拜老师，最后对拜。之后他们参加一个把他们同地方社会和帝国联系的仪式，有地方长老参加，人们站成一圈，聆听一个地方绅士吟诵圣谕。①

（三）在边疆的教化使命

我曾经强调过，陈宏谋注意一般的教化作用，特别注意小学在这个过程中的作用。内地和文化边疆的人民受到他同等关注。到目前为止，我们只是从地域上讨论他在这方面的努力。现在值得更加深入地看看从1733年到1738年，陈宏谋在云南教育运动的特殊性质。这些运动代表了对他的人类普遍可教性的假设最严重的挑战，但是从更广泛意义上说，它们让我们进一步了解陈宏谋有关文化差别和教化过程的观念。②

西南自汉朝起就一直成为中华帝国的一部分（此处原文有误，西南地区自秦代起就成为中国的一部分。——译者），从那时起的两千多年间，中国内地人民一直把同化西南边疆民众看做历史的必然。14世纪之后，内地王朝开始向西南大规模的移民过程，引发新的文化冲突。起先是有大量蒙古人的军队派驻西南，明取代元以后，明太祖把他定为首都的南京地区的很多人迁移到西南。但是由于明朝在政治和文化上对西南的控制仍然是有限的，这次移民潮对当地原有文化制度冲击不大。在行政管理上，明朝选择了通过授予地方部落首领为土司的方式进行管理；只是在明朝末年，断断续续地试验着用内地派遣的官员取代土司进行直接管理（“改土归流”）。

1644年清朝入关后，局势发生了巨大的变化。首先，西南变成为主要的战场，起先是反清武装的后方，后来成为清朝将军吴三桂（1612—1678）叛乱的基地。1681年三藩叛乱失败后，战后“重建”（“善后”）项目使政府在西南地区文化同化的努力达到史无前例的强度。因为清帝国的人口开始以惊人的速度增长，战略的考虑与经济扩张的考虑联系在一起，西南地区在粮食

---

① 《培远堂偶存稿》3：8-9。

② 下面几页的讨论分析摘自我的“Education and Empire in Southwest China”一文。如想了解关于这一关键时期清朝文化扩张历史的详细情况，建议查阅这篇文章。

和矿物（当地的铜矿对满足清朝因经济快速发展而产生的对铜币的需要至关重要）方面的丰富资源推动了政府的进一步投入，包括规模上史无前例的移民。为了强化控制，政府加快改土归流。早在1658年，顺治皇帝已下令实施这一计划，在雍正1728年元月的诏书之后，改土归流更是势不可挡。自然这些政策也引发了当地居民充满血腥的“造反”（官方使用这个术语表明他们的这一政策是天命所致，不可抗拒），最大规模的反叛发生在18世纪20年代到30年代，以贵州的古州（今榕江县——译者）府为中心。第二章中提到，在雍正时代，改土归流的任务极为艰巨，对皇帝的“新人”，如鄂尔泰、尹继善、鄂弥达、张允随、张广泗和陈宏谋构成严峻考验。①

早在16世纪王阳明在西南的任期内，中国人就把在西南建立用汉语讲授儒家思想的学校作为强化地方控制努力的一部分。② 顺治下令开始于1658年的同化运动的一个目标是要求在每一个地方建立学校（“府学”和“县学”），同时还规定，只有政府开办学校的毕业生才有资格继承“土司”的职位，正如约翰·赫尔曼（John Herman）最近证明，这些目标正是造成被剥夺政治地位的非汉族精英们反叛的一个主要原因。尽管这样，在回顾前70年历史之后，雍正决定今后发展方向是继续强化政府控制，建立更多的学校，虽然这个决定在有关官员中间引起了激烈的争论。③ 在他们担任云贵总督时，鄂尔泰和尹继善分别加入到这个过程。④ 但是大部分任务留给了1733年到云

---

① 在关于明清同化西南部的过程的大量文献里，参看黄开华：《明代土司制度设施与西南开发》，载《新亚学报》6.1（1964年2月）：285－365，和6.2（1964年8月）：397－495；Kent Smith，“Ch'ing Policy and the Development of Southwest China”；Claudine Lombard-Salmon，*Un Example d'Acculturation Chinoise*：*La Province du Guizhou au XVIIIe Siècle*（Paris：École Francaise d'Extrême Orient，1972）；James Lee，“The Legacy of Immigration in Southwest China，1250－1850，” *Annals de demographie historique*（1982）：279－304；和James Lee，“Food Supply and Population Growth in Southwest China，1250－1850，” *Journal of Asian Studies* 41.4（1982）：711－46。

② 黄开华，447－59；Ogawa，281。

③ John E. Herman，“Empire in the Southwest：Early Qing Reforms to the Native Chiefdom System，” *Journal of Asian Studies* 56.1（February 1997）：47－74.

④ 关于鄂尔泰和尹继善在教育和政治结合问题上的看法的例子，参见鄂尔泰：《征滇士入书院教》，见《皇朝经世文编》57：58－61；尹继善和袁占诚，奏折，雍正12/6/1，《云南通志》23：139－44；王昶，129：1－2。

南担任布政使的陈宏谋。陈宏谋堪称担任此任务的最佳人选。这样一个扩大教育的全面计划符合他自己社会文化的看法，正好为他实现自己的抱负提供了一个舞台。

在陈宏谋到达云南的时候，按官方的说法，云南有大约200所小学，但大部分学校被证明是有名无实。1738年他离开云南时，他监督修建或翻修了近700所这样的学校。这些学校绝大多数是在农村（陈宏谋不只是实现了在全省每一个乡建立一所学校的目标）而且建在非汉族地区。这些学校接受当地头人的子弟，还录取当地所有的男孩子。陈宏谋清楚地知道他的努力会因缺乏稳定的经费来源而终结。他要求他的属下递交每个学校的详细预算，并清楚地向他们说明如何筹措经费，以支持学校的继续运行(陈宏谋为整个云南编制的数据一直保留至今)。这些学校是义学（自由的大众学校），形式上归民间所有，不归国家。学校自然也不可能从固定的土地税收入中得到资助。相反，学校经费来源非常复杂，而且资金来源因校而异。主要的出资来源有：（1）过去私人侵占后来被陈宏谋"追回"的老的捐赠地产；（2）政府所有地产所得收入（"官庄"）；（3）地方和省行政预算中的各种各样地方开支基金（"公项"）；（4）特别征收的地方附加税或其他税收；（5）对过去被"隐瞒"的而后又被发现登记的土地征收的税收；（6）更重要的是官员、汉族移民精英、地方"土司"头人的捐款。陈宏谋从他"养廉银"中捐献了1 200多两银子在云南各地修建学校，并给他的下属施加压力，让他们作相应的捐献。①

是什么样的文化见解推动着这场规模宏大、雄心勃勃的文化同化运动呢？对18世纪的清朝精英来说，同西南少数民族的对抗体现了一种典型的对其他文化的变更：用它来度量、检验或炫耀他们自己的"文明"。在西南有责任感的汉族和满人非常清楚，他们面对一大群不同的人群，有些人群拥有非常发达的社会经济，1736年的云南省志中地方风俗章节对各种人群做了详细分类。② 但是，自元朝以来，在通常的、甚至官方说法中，就有一个被

---

① 每一所学校的建立，位置和资助的数据在陈的《全滇义学汇记》和《云南通志》(1736) 7：43—60里或许都能找到。更详细的讨论见 Rowe, "Education and Empire," 429–35。

② 《云南通志》，第8卷。

他们看做没有内在差异的“他者”，称为“苗”。1730年在担任贵州布政使的鄂弥达写道：苗人虽然(“种类不一”)，但是有一点是一致的：原始、不开化和野蛮。① 这类比喻在清朝官方的描述中屡屡出现，经常使用的还有描述特征的词，如愚蠢的、懒惰的、体格虚弱的、无精打采的、浪费资源的。这些特性描述的词（虽然不是分类）也经常被有发展思想的汉族官员使用到汉人身上，也被扩张主义的西方人用到非西方人（最后包括中国人）身上。②

对西南地区人民的描述总是有优越感的，但并不总是缺乏同情心的。例如，克劳汀·隆巴德—萨尔曼（Claudine Lombard-Salmon）展示了明朝和清朝早期汉族的旅行记，如何从“东方主义”式的角度把地方居民描述得怪异而儿童般天真，他们正好是大都市统治的对象。③ 18世纪在贵州的汉族官员在一部82幅图画组成的图册中描述当地人民。依我看来，作画的方式与其说是居高临下的，倒不如说是带有田园般的浪漫想象。这些画使人想起詹姆斯·费尼莫尔·库柏（James Fenimore Cooper）作品中出现的对北美野蛮人高尚但又认为他们注定灭亡的文字描绘。④ 陈宏谋本人是对边疆有独到见地的人，他瞧不起毫无生气的文人高雅。他对西南土著人的朴素的美德（“淳朴”）和坚忍的自力更生写过不少溢美之词。⑤ 征服者也不得不承认，地方土著居民是受害者，而非麻烦制造者。由于无知和天真，他们遭受头人、汉族商人和清朝官僚们无情的剥削。一个有扩张思想的汉族官员写道：“这些人异想天开。”⑥

---

① 在Lombard-Salmon的作品里引用，355。

② 关于欧洲对这些辞格的有效使用的经典性研究（尽管差异非常大），见Roy Harvey Pearce，*The Savages of America*：*A Study of the Indian and the Idea of Civilization*（Baltimore：Johns Hopkins University Press，1953）；Philip D. Curtin，*The Image of Africa*：*British Ideas and Action*，*1780－1850*（Madison：University of Wisconsin Press，1964）；Edward Said，*Orientalism*（New York：Random House，1978）。

③ Lombard-Salmon，57－66.

④ 《苗蛮图册》（台北：“中央研究院”历史语言研究所，1973）。关于18世纪汉人对西南民族的描写，另Chiu Chang-Kong，*Die Kultur der Miao-tse*（Hamburg：Museum fur Volkerkunde，1937）。

⑤ 《陈文恭公书牍》1：3。

⑥ Herold J. Wiens，*China's March to the Tropics*（Hamden：shoe string Press，1954），235.

精英对土著人的实际看法也同样复杂。在原始资料上有很多被描述成动物的形象，例如尹继善把“苗人”描绘为“蠢”。① 但是，到什么程度上他们真正被看成是生物上不如正常的人还是值得怀疑的。他们肯定被认为在人种上（“种类”）有别于汉人和满人。但是，如在第九章我们看到的，他们与汉人的差异究竟是生物上的还是文化的？对此问题，陈和其他精英并未给出清楚答案。最流行的观点似乎是，西南的人们代表了人类社会文化演变的某个原始阶段。陈宏谋自己在西南的支持人和导师，巡抚张允随写道，云南社会看起来像仍停留在蛮荒时代。② 明朝晚期学者焦竑（1541—1620）有一个后来较为流行的看法。这个观点认为，土著人的生活使我们看到了中国进入文明时代之前的远古生活。③ 对18世纪的儒教精英来说，正是这种理解构成了西南所代表的威胁的基础——不只是军事意义上的。西南人民通过继续生存，他们会真正而且现实地提醒人们，开化的人类过去是什么情况，今后又会变成什么。高度汉化、又受过经典教育的尹继善说：如果野蛮人崇尚教育,他们会发展成为汉人；如果汉人忽视学习，他们会退化成野蛮人。④ 清朝官员清楚地知道，几个世纪的历史现实一直是汉人同化土著人比土著人同化汉人多得多。更基本的是，这些明显不同的生活方式提出了文化相对论的话题。文化相对论是对文化普世论主张的巨大挑战，而儒教文明的合法性的基础就是普世论的主张。

陈宏谋对西南少数民族的态度代表了一个来自自视为文明世界一员的人的乐观态度。它没有一点自我怀疑和防范心态，那种心态导致一些人建议让苗和其他西南少数民族停留于野蛮状态。陈宏谋的假设是普世论的，一方面他认定汉文化模式是唯一的文明（亚历山大·伍德塞德［Alexander Woodside］称之为儒家统一性)⑤，另一方面他认为所有人的人性是相近的，它使少数民族同汉族一样，可以接受汉族文化。在他看来，至少在他为官生涯相对早的时期，教化的使命是一个真正可以实现的理想。

---

① 《云南通志》29.6：30。

② 张，《全滇义学汇记》序言。

③ Wang Gungwu，16.

④ 尹继善：《全滇义学汇记》序。

⑤ Woodside，“Some Mid-Qing Theorists，” 8-10.

图 13　苗人勇士猎虎（据传由 18 世纪初贵州地方官员陈浩所绘）

资料来源：“中央研究院”历史语言研究所，《苗蛮图册》。

第一个问题，陈宏谋把汉族文化看做普世文明的观点使人联想到他对外贸和外国商人的态度。同非汉人的交流造成的文化污染的恐惧并没有阻止陈宏谋发展商业的战略。他一贯支持中国商人到海外做贸易的自由化政策。他容许支持外国商人进入中国市场：中亚的，传统的航海进贡的贸易伙伴，如来自琉球的，东南亚商人如暹罗的、菲律宾的，甚至欧洲的。① 他坚持，中国人在接待这些外国商人时应公平交易，礼貌待客。陈宏谋为什么支持跨地区文化的贸易发展呢？在他看来，一个理由是经济上的考虑，贸易发展、商品交换不仅对政府而且对民众都有好处。陈宏谋还有类似亚当·斯密的观点，人民之间经常的商业往来更加普遍地有助于确保和平的相互文化关系。除此之外，在陈宏谋决策的考虑中不可忽略的一点是，贸易往来能够使外国人更加密切地受到中国文明礼仪的熏陶。

陈宏谋话语中最重要的词是“向化”，可以翻译成“面向文明”或“接近并被转化”。当然，这个词标准的政治理解是：对中亚的人们如准噶尔蒙古人或西南的土著人来说，“向化”意味着承认统一到大清帝国中去。但

① 参见奏折，乾隆 17/5/28，乾隆 18/6/27，乾隆 18/8/6，乾隆 18/12/12，乾隆 18/12/16，乾隆 20/7/28，见《宫中档乾隆朝奏折》3.211－12，5.630－31，6.73，7.136－37，7.164，12.223－26；乾隆 23/5/17，中国第一历史档案馆；《乾隆实录》463：17；《培远堂偶存稿》34：51－52，43：10－12。

是陈宏谋用“向化”也指海外的人民，对他们来说，永远不会考虑政治上的合并。对他们来说，“向化”肯定包含接受中国贸易条件的权威的一点意味，但也有比这一点更多的含义。外国人来找中国不仅为了分享中国著名的经济繁荣，而且因为羡慕中国文化。按照陈宏谋的观点，他们既然有如此想法，我们应该通过促进跨文化交流的自由化的政策，来鼓励这种思想。①

换句话说，陈宏谋对贸易发展的支持，反映出来的不是文化多元主义而是单边主义。他的容忍是有限度的，这在他对待宗教多样化的态度中就反映出来，而且在他于1746年秋在陕西进行的宗教迫害中得到最充分的暴露。②1746年初朝廷在云南摧毁了由张保太（又作张宝泰）领导的一个名叫“斋教”的组织。这个教派被认为有举行千年起义的野心，随后的调查表明，这个教派与几个其他省份的组织有联系。加上同时又发现在福建基督教在积极活动，这促使乾隆朝廷下令各地官员镇压所有异教的活动。这个运动持续了三年。陈宏谋毫无疑问是最积极的响应者，在他管辖的省份进行了全面的宗教调查；经他批准，该调查扩大到民间佛教和基督教团体。这些团体与千禧年主义并没有明显的联系，而且几代人同他们的邻居和统治机构和平相处，有些团体还因它们的慈善行动而自夸赢得地方名声。陈宏谋强迫神职人员还俗(如果是基督徒，命令把所有外国传教士遣送到广州。也许这是后来把西方人活动范围限制于广州的一口通商制度的证明)。没收他们的经书和圣像(如果是基督徒，则是十字架)，还下令把教堂和庙宇的建筑改变成为“乡学”的课堂、社会粮仓（“社仓”）和讲授儒教的学校。这预示了20世纪中国出现的种种“反对迷信”的运动。

陈宏谋认为，王朝安全不是根本的问题，教化，也即纠正道德错误才至关重要。他在强化以儒家为核心的教化影响时，竭力强调一点，那就是，只有孝、忠为基础的儒家伦理秩序才符合人类的本性，其他宗教信仰和组织与人类本性是对立的。他批驳其他宗教给其信徒带来物质好处的说法。他说唯

① 陈宏谋谈及中亚和西南亚民族，用“向化”一词，见奏折，乾隆20/7/28和乾隆19/4/28，见《宫中档乾隆朝奏折》12.223−26，8.138−40。

② 以下的段落是基于《培远堂偶存稿》24：38−44的；庆复和陈的奏折，乾隆11/11/2，中国第一历史档案馆；另参见马钊未发表的有关禁教的论文。

有儒家的天道才是获得上天保佑的唯一可靠的途径。他嘲笑佛教徒能为他们已去世的先人超度升入天堂的说法。他认为，只有通过儒教祭祀的礼仪，祖先才能真正地得到祭奠。宗教集会不是唯一改善个人德行的途径。实际上，在现实情况中，一个人忠于国家，勤劳工作，好善乐施（如向社仓捐粮，向邻居提供无息贷款），教子有方，这本身就是儒家天道的体现。

陈宏谋在1746年的指令结尾处有点不满地承认，法律上，许多有名声的佛教庙宇的存在是合法的，一定要在这次镇压中得到豁免。5年之后，当他把注意力转向陕西的回民地区时，他再次因同样的事实而受挫：这些回民地区受到朝廷支持人的保护。然而，在他对回民很多反儒家的行为的猛烈抨击中，他确信，真正的问题是伊斯兰信仰的基本宗旨，以及从基本宗旨派生出的社会秩序，与上天授予人类的以儒家天道为中心的秩序是背道而驰的。①“我国家棫朴作人，声教四讫。”②

在18世纪30年代的云南，陈宏谋的目标非常清楚地是“把野蛮人转变成汉人”（“夷变为汉”）。陈宏谋同其他决策人的差别在于他坚定并乐观地认为“夷变为汉”是可能的。之所以可能是因为上天为我们汉人提供普遍的标准，用其能够而且应该教育其他人们，同样地上天也保证所有其他的人们事实上是可以教育的。他认为：“人性皆善，无不可化海之人。汉夷一体，无不可转移之俗。”陈宏谋的地方下属认为，因为苗人天生就笨得不能学习，陈宏谋在西南进行大兴学校是巨大浪费。陈宏谋对这种观点非常生气，他说道：“不听其夷终于夷。”这种态度以及因这种态度遭遇到的羁绊不仅同陈宏谋的孟子平民主义的包容性发生冲突，而且同他在广西孩提时代继承的对文化精英主义的厌恶相冲突。在陈宏谋看来，允许一个低下的、被殖民的“他者”继续存在的战略选择并不是一个道德上可容忍的方法。③

对陈宏谋教育运动的批评家们也指出，野蛮人的兴趣与清朝征服的政治目标背道而驰，而且他们天生就是不值得信任的。给他们提供识字的工具，使他们增强力量是真正的危险。陈宏谋嘲笑这种批评：

① 《培远堂偶存稿》30：13－22。
② 《培远堂偶存稿》2：6。
③ 《培远堂偶存稿》1：33－35，2：6。

乃说者以夷猓狡悍，令之识字，适足长奸，似义字于夷地不宜。嗟乎！吾闻忠信以为甲胄，礼义以为干橹，以诗书起衅，未之前闻。若夫粗识文义，挟诈行私，内地之人，亦所不免，岂得因噎而废食乎？

陈的批评者声称，陈宏谋试图教化的人正在和朝廷进行一场战争，从军事安全角度看，向自己的对手提供教育是不可取的。陈宏谋再次坚持儒家崇高的立场："且夷猓之为匪者，岂当由识字乎？此惑世诬民，充塞仁义之言，不可以不辩。"① 不像其他的征服者精英们，陈宏谋相信，一旦"夷变为汉"，他们会与当地的汉族人有一致的观点，对朝廷政令的抵制反抗将会停止。所有领会儒家礼教的蛮人立刻就会认识到，他们的利益与朝廷是一致的。

陈宏谋在云南的义学是对所有人开放的，"不管汉人或非汉人"（"不论汉夷"），但同时，更加有意识地重视少数民族。他把西南少数民族比作小孩子，把汉族人比作成人，自视为家长。从家长的角度看，小孩子应接受更多的教育，由此类推，当地人们比汉人更需要教育。为了让更多的少数民族接受教育，他要求学校管事每年汇报总结时，要呈报每个学校中非汉族和汉族学生的比例，以及各自的成绩和表现。② 在 18 世纪 20 年代，在整个西南举行了特别向"苗瑶"民开放的科举考试，在 1734 年贵州还规定地方科举的录取名额。③ 陈宏谋尽其职权所能，保证少数民族群体能够在一个有利的基础上参加科举考试的竞争。例如，他完全禁止挑选新近移居贵州、云南的汉人到省级书院学习。当时，为增加中举进学机会，有些汉人举子竟然放弃原籍，冒充自己是少数民族占多数的西南省份出生之人。陈宏谋发布命令，一旦发现此类情况，立即查办，予以惩罚。④

陈宏谋在西南推动的教育运动的关键是提高当地少数民族的文化水平，

---

① 陈，《全滇义学汇记》序。

② 《培远堂偶存稿》2：9，3：8。

③ 《世宗实录》60：11；尹继善和袁占诚的奏折，雍正 12/6/1，见《宫中档雍正朝奏折》23. 141—42。

④ 《培远堂偶存稿》2：10。

但也不排除其他方面。同西方的殖民主义者一样，陈认为西南少数民族风俗野蛮，衣不蔽体，有伤风化，男男女女任意苟合，年轻人每逢春天，就随意约会相聚，在家庭制度上还保留母系社会遗存，存在入赘现象，所有这些都与儒家纲常伦理是背道而驰的。因此，清朝官员到西南地区后，试图在当地推广汉人所穿服饰，强化父亲的权威，下令以男性家庭成员继承财产，实行儒教的婚丧礼仪。①

图 14　苗人“女官”

西南地区少数民族中身居政治当权地位的妇女是 18 世纪汉族人非常关注的一个方面，也是那些非汉民族较低文明水平的一个迹象。据传由 18 世纪初贵州地方官员陈浩所绘。

资料来源：“中央研究院”历史语言研究所，《苗蛮图册》。

陈宏谋在这一过程中的贡献是什么呢？就是在推广教育的同时，强调儒家伦理的核心地位。他在当地提倡节孝，清除“叔娶寡嫂”的风俗②，纠正少数民族中流行的“刀耕火种”的耕作方式，引进新作物、新的耕作技术，推广汉族实行的财产继承制度。③ 对陈宏谋以及整个官僚精英阶层来说，稳定的家庭制度是文明社会的核心，家庭所有制是文明的、有秩序社会的基本成分之一。随之而来的是经济上稳定（“恒业”）和社会责任感；它方便了引

① 《云南通志》8：1，8：8。亦见裴晃，297—98。

② 《培远堂手牍评》1：2—3；《培远堂偶存稿》2：13—16，3：14—15。

③ 《陈文恭公书牍》2：19；徐栋：《牧令书》10：33—35。

进改良的农业技术，引进汉族的民法（而且，因此从部落的司法转变到汉族司法体制）。随着教育的普及，地方精英阶层将会出现，将成为维护新社会秩序的骨干。①

陈宏谋在云南的教育项目是否取得成功，这个问题因文献问题，不易回答。但是，他修建的学校，似乎至少生存了一个世纪，这表明他教育永久性目标取得一定的成就。② 与这种状况显著对照的是陈宏谋的同事晏斯盛在相邻的贵州修建的数量少得多的“义学”的命运。1751 年乾隆朝廷命令关闭在贵州非汉人地区的地方学校，嘲笑它们是陶犬——有名无实。朝廷这样的做法反映出它对西南少数民族的偏见，也是陈宏谋在云南与之斗争的：土著人天生就是愚笨，不可能像汉人一样理解礼节。如果他们要是学会读书，他们只会把这个技能用到阅读异端邪说上，教育野蛮人促进了抵抗运动，所以违反朝廷的利益。③

贵州的例子代表了乾隆政权已经远离雍正的普世主义，转向更加精英主义和保守的趋向（见第二章）。在新的形势下，陈变得更现实了，但是，他决计不放弃（的确也永不会放弃）平民主义和包容主义的思想。正是这个思想使他在 18 世纪 30 年代中期极其创造性地治理云南。一方面，他和其他 18 世纪官僚精英有不少共同点；另一方面，他有许多与他们不同的观点。这两点在他治理云南时得到特别充分的表现。

---

① 关于类似近代早期 Lockean 观念的信仰，以及欧洲人在新大陆建立土地所有权的努力，见 Michal J. Rozbicki，“Transplanted Ethos：Indians and the Cultural Identity of English Colonists in Seventeenth-Century Maryland,” *Amerika Studien* 28（1983）：405–28；以及 Pearce，*Savages of America*，68。

② 1835 年修订的《云南通志》中有仍在运作的陈在任时所建学校的记述，同时也对在他离开那些省之后一个世纪里建立的数量相对较少的学校进行了介绍，参见《云南通志稿》(1835)，卷 82–87。关于该计划带来的社会影响这一更加棘手的问题的分析，参见 Rowe，“Education and Empire,” 444–45；张朋园：《云贵地区少数民族的社会变迁及其限制》，见“中央研究院”近代史研究所编：《中国现代化论文集》（台北：中国学术著作奖助委员会，1991），239–75。

③ 《钦定学政全书》64：8–9；张朋园，260。陈宏谋对云南义学的不同的处理方式可能部分是由于他仍然活跃在为这些学校提供赞助的舞台上，部分是由于陈宏谋有效地使这些学校不用为财政问题发愁。事实上，云南义学在 1761 年的法令中因为他们财政上的自给自足而被表扬。参见《钦定学政全书》64：9–10。

(四) 妇女教育

与欧洲一样，妇女应接受什么样的教育，成为中国帝制后期士大夫激烈辩论的焦点（二者相当相似，所以曼素恩使用西方的术语“querrelle des femmes”来指中国的辩论）。① 1712年，模范地方官员蓝鼎元的《女学》出版了。这本书成为18世纪新的讨论核心。该书引经据典说明理想女性的美德，并作为妇女学习的大纲。② 30年之后，陈宏谋本人参加这个辩论，发表了他编撰的《教女遗规》，并在他管辖的省份大量散发。该书在他死后曾多次印刷。虽然陈宏谋与比其年长的蓝鼎元有很多共同的观点，但他的书中并没有摘录蓝鼎元的著作。相反，明朝晚期更加人文主义的思想家吕坤和吕坤不那么出名的父亲吕德胜对他的观点影响最大。吕德胜的《女小儿语》和吕坤的《闺范》一起占了陈宏谋编著的有关妇女教育的书籍的一大半篇幅。③

当然，陈宏谋思想的关键是妇女应该受教育。在他看来，这是从孟子基本的原则得到的必然的结论。孟子的原则是“天下无不可教之人，亦无可以不教之人，而岂独遗于好也?”④ 在这个意义上，陈宏谋的男女平等与他的平等主义其他方面的观点是相吻合的。的确，他反复坚持说，他所主张的女性教育是所有妇女，无论其社会地位如何，都应该受到教育。陈宏谋抱怨说，

---

① Mann, *Precious Records: Women in China's Long Eighteenth Century* (Stanford: Stanford University Press, 1997), 30-31, 83-94; Mann, "Classical Revival and the Gender Question: China's First Querelle des Femmes," 见“中央研究院”近代史研究所编：《家族与政治》, 377-412; Clara Wing-chung Ho, "The Cultivation of Female Talent: Views on Women's Education in China During the Early and High Qing Periods," *Journal of the Economic and Social History of the Orient* 38.2 (1995): 191-23。

② 关于蓝鼎元的作品，见陈东源，275-78; Ropp, 9; 和 Mann: Precious Records, 28-29。在18世纪40年代初期，除了陈宏谋的关于女性教育的《教女遗规》(1742)，还有其他出版的作品也很流行。如任启运的《女教经传通纂》(c. 1740) 和女学者李晚芳的《女学言行录》(1741)。

③ 《教女遗规》2: 1-37。

④ 《教女遗规》，序。

虽然大部分同时代的父母做了很多工作，满足他们女儿的物质需要，给她们提供衣、食、住以及嫁妆，但是他们完全忽视她们个人的发展。他仿效吕坤说，父母（和随后的丈夫）必须要经常管教他们女眷的行为，但是，他又同时坚持说，等到女儿犯了规则再去责骂是不行的，这无助于培养她们稳固的道德修养。①

陈宏谋眼中的教育是识字。就是在这一点上，他的观点变得更加有争议。他绝不宽恕忽视实用的教育。在他的《教女遗规》中就有文章，叙述父母如何教女儿穿戴打扮和礼仪方面的细节②，而且他反复强调手工活的价值。但是，他同时强调仅有职业教育（教女儿做缝纫）是不够的。在学前能够而且应该教给女儿正确的道德行为和古典文化传统基础知识（《教女遗规》中有简单的文章，女孩只要反复训练就能够背诵和记住）③，但这仅仅只是开始。陈宏谋认为，妇女和男人一样具有理性的智慧（“性慧”）。这就使她们能够学会读书。当然，同男人的情况一样，妇女中的智力也分等级。有些妇女能学会掌握经典作品，其他的妇女只能学会读简化的通俗东西，而且少数妇女会认为读书太难。但是，如果其他识字的妇女给她们读这些作品或者教她们，这些妇女也能理解经典作品的意义。④

部分地说，陈宏谋坚持这个观点可看成是对越来越多妇女能识字这个现实的一种防御性反应。例如，他说：“余观夫世之妇女，守其一知半解，或习闻片词只义，往往笃信固守，奉以终身，且转相传述，交相劝戒。”有鉴于此，应教导妇女用正确方法学习儒家经典。⑤ 然而，陈宏谋也注意文化传播的积极作用。他介绍吕坤的《闺范》时说：“巾帼之内，相与劝于善。”⑥如同在吕坤的时代一样，《闺范》被印刷了几万册。这也与当时围绕妇女教育所展开的另一个争论有关，也就是，通俗化问题。一些文人宣称要捍卫古典语言（肯定是桐城“古文”体）。陈宏谋反对这些古文家的偏激主张，他

① 《教女遗规》，序。
② 《教女遗规》1：5。
③ 《教女遗规》2：1。
④ 《教女遗规》，序。
⑤ 《教女遗规》，序。
⑥ 《教女遗规》2：4－5。亦见 Handlin，“Lü K'un's New Audience，” 18。

反复说，一种文风，不管如何通俗，只要能让更多的人接受儒家伦理，就有价值。①

陈宏谋坚信，文化教育的目的是道德修养，而不是舞文弄墨，炫耀学问。② 很可能，陈宏谋认为文化会帮助妇女理家，所以欢迎妇女学文化，但是他的立场不是基于任何现代的观念：阅读能力是在一个文化社会里成功做人的前提。他不像同时代的袁枚，他不希望促成妇女诗人和妇女文人的出现。男人也好，女人也罢，在他看来，一搞纯文学，对社会发展都不是好消息。的确，陈宏谋虽然鼓吹妇女识字，但他并不接受明朝晚期开始出现的一批文学上有造诣的妇女。③ 18 世纪的男性文人（以章学诚为例）就警觉到妇女识字对儒家伦理规范的挑战。④ 前不久大量研究指出，厌恶妇女识字不是宋朝的传统，而是明末清初的产物，它的部分原因是这些新生的女诗人和女

---

① 关于陈宏谋赞成使用方言来接近女性读者这一点，见《教女遗规》3：8 和 3：9 里他为《陈文恭公书牍》和王之铁的打油诗所做的介绍。在道德论文里他对普及方言使用的热情的例子是他的栩栩如生的关帝“圣迹”的图册，即 1768 年《关帝圣迹图志全集》使用方言的争论似乎与关于简化礼仪的争论相似，后面将要讨论。在这两个事例中，陈宏谋完全站到了与纯粹主义者对立的立场上。

② 参见《养正遗规》1：4-5。

③ 近年来，许多学者转向研究 16 到 18 世纪女性作家，如 Ellen Widmer，“The Epistolary World of Female Talent in Seventeenth-Century China，” *Late Imperial China* 10.2（1989）：1-43；Maureen Robertson，“Voicing the Feminine：Constructions of the Gendered Subject in Lyric Poetry by Women of Medieval and Late Imperial China，” *Late Imperial China* 13.1（1992）：63-110；Dorothy Ko，*Teachers of the Inner Chamber：Women and Culture in China，1573-1722*（Stanford：Stanford University Press，1994）；Mann，*Precious Records*，尤其是第 4 章。在注意到陈宏谋排除诗是展现女性的文学才能的正当途径时，我们不应忘记第一章里提到一个事实——他自己的女儿陈端文成为了诗人，而没有他父亲的同意这几乎是不可能发生的。尽管没有保存下来，但是陈端文及其作品无疑是 Mann（136）书中描述女性文学传统的一部分，也就是“在婚姻和血缘关系的束缚下追求拥有女性诗歌情感的杰出女性作家”之一。

④ 尽管章学诚对女诗人、尤其是那些（或许是不遵从规范的）追随袁枚的诗人非常敌视，但他绝不是对女性的普遍文学教育不欣赏。实际上，他对之持肯定态度，因为这种教育摆脱了主导男性教育的科举制度的束缚。见 Susan Mann，“‘Fuxue’（Women's Learning）by Zhang Xuecheng（1738-1801），China's First History of Women's Culture，” *Late Imperial China* 13.1（1992）：40-63。

学者带来的冲击。① 根据这个观点，陈宏谋和蓝鼎元等人大力促进妇女文化教育的原则做法，实际是捍卫传统的观念而不是引进“进步的”的观念。陈宏谋嘲讽当时流行的“妇女识字同妇女的美德是不相容的”说法，但是像他之前的吕坤一样，他这样做的时候非常谨慎，强调妇女识字教育的局限和目的。②

对男人和女人来说，识字教育的真正的目的是使他们认识到怎样最好地安分守己，教育的目标是保证伦理秩序的稳定。陈宏谋相信：通过正统课程的学习，一旦妇女明了她们的社会义务，那么，受过教育的妇女同受过教育的男人一样，会被她们内心的道德感（“良知”）所推动去尽职尽责。的确，对妇女来说，识字教育还有另一个特殊的重要性，母亲的言传身教对子女，特别是儿子的道德修养至关重要。一个知书达理的女儿会成为一个贤惠的妻子和体贴的母亲，所以，她们就会有好的儿孙。③ 这个观点与陈宏谋从陆世仪那里学到的信念有联系。按照陆世仪的观点，小孩是天真无邪的，但是，如果对他们的教育（甚至从胎教开始）不及时，这种天真很容易消失。④ 受到良好教育的母亲不会像一般妇女那样娇惯孩子，而是对孩子严格要求。⑤ 陈宏谋相信，有文化的母亲不仅有助于小孩的道德教育，而且至少给小孩古典文化的启蒙训练。陈宏谋自撰的纲要中描述的周寡妇就是一例。周氏能完全监督其子的文化教育（虽然也请了一个男老师），而且经常给其子一些明智的生活忠告。换句话说，这位母亲是文化发展过程中的关键，她承担了“用古人的方式”教育后代的重任。⑥ 从整体上看，

---

① Jennifer Holmgren, “Myth, Fantasy, or Scholarship: Images of the Status of Women in Traditional China,” *Australian Journal of Chinese Affairs* 6 (1981), 155-58.

② 比较：Handlin, “Lü K'un's New Audience,” 28-29; Nivison, 255-66。必须补充的是，尽管陈宏谋从未明确地表明这一点，他很有可能把教育的性别限制引入了他设计的经世之学之中。对他以及其他人来讲，教育仍然是男性主导的舞台。

③ 《养正遗规》1：13，2：18-19，以及增补卷的序。

④ 显然，像真德秀一样，在这里陈宏谋支持“胎教”的医学思想，这一思想强调父母对发育过程中的胎儿的情感以及智力特征的影响。见 Dikötter, 166-67。

⑤ 《教女遗规》3：13。

⑥ 《养正遗规》2：1。这种论点也清楚地出现在 1748 年《女鉴》第三卷里，这本书是陈的同事兼朋友尹会一写的道德指南。

妇女教育的社会政治功能是无可比拟的。用陈宏谋简练的话说，“王化始于闺门”。①

过去的历史学家们经常指出，陈宏谋宣扬的妇女教育观有许多东西是反男女平等的、与现代社会相违背的。这种观点在20世纪30年代陈东原的著作中非常明显。陈东原是一位男性历史学者，又是一位男女平等的支持者。他认为，陈宏谋的观点体现了旧中国的虚伪和愚昧无知。② 对妇女史造诣很深的学者曼素恩也认为，传统等级社会从明末开始已逐步解体，雍正皇帝解放奴婢的法令加快了这一趋势，一部分士人开始担心并努力加以阻止，陈宏谋对妇女教育的强调也是这种挽救传统等级秩序努力的一部分。③ 我在第九章已清楚地说明，我完全不同意这一解释。我认为，陈宏谋事实上对他那个时代新出现的社会流动十分满意。我对陈宏谋的理解同曼素恩以及其他学者的不同之处在于，我承认陈宏谋的妇女教育是为经世这个大目标服务的，不是要解放妇女的个性。按照陈宏谋的理解，这个天下自然而恰当地由男人统治。但是陈宏谋的妇女教育的目标并不仅仅是维护男性的主导地位。

陈宏谋不像帝制后期的其他人，他宣扬妇女教育，其根据是基本、共同的人性，所有人，无论男女，都具有天良（神圣的善）的观点。陈宏谋的教育观一定要放在一个大背景中去理解。这个大背景包括他积极开展运动反对卖淫和拐骗妇女，他谴责对父系一方有利的、通过婚姻使妇女商品化的做法，以及他的要求恢复人情（人的情感）和有情感的个人尊严的观念。按陈宏谋的观念，在一个社会秩序良好的国家里，妇女不只是依靠男人的无足轻重的家眷，而是社会的成年人。同男人一样，妇女应该是主动的、自觉的道德规范的实践者。妇女教育就是让妇女通过了解过去来接触世事，消除她们因关在深宫闺房而与世隔绝带来的无知（陈对妇女与社会相隔离这件事情，有时反对，有时赞成）。妇女教育的目的主要是促进她们的道德自觉。

最后，在陈宏谋看来，与受过教育的男人一样，受过教育的妇女在家庭

---

① 《教女遗规》，序。

② 陈东源，247—48。对陈宏谋的这种观点在更近一些的研究里大量地保留，比如Barlow，“Theorizing Woman,” Ho，“Cultivation of Female Talent”。陈对妇女教育态度的更有同情心的评论见Handlin，“Lü K'un's New Audience”。

③ Mann，“Grooming a Daughter,” 214. Mann对陈的女性教育观的评论见她的*Precious Records*，28—29，我完全同意她的观点。

和社会中要发挥她们的作用。这是人类文明发展所必需的，当然对我们时代所说的个人发展并不一定是支持的。陈宏谋以一种特殊的方式，形成了他对妇女、少数民族、教育边缘化人群的教育理论等问题的独到看法，他在考虑这些问题时，把作为一个个体的女人或男人的尊严放到重要的地位。

(五) 礼仪

我们已看到，对陈宏谋来说，道德教育和礼仪习俗是不能相互代替的，相反，礼仪训练是精心安排的小学教学大纲的不可缺少的部分。很多18世纪陈宏谋的同龄人对一般老百姓对道德规劝的反应能力失去信心，他们满足于用强制性的、行为上服从礼仪习俗的方法代替说教。陈宏谋并不像他们一样。因为陈宏谋继续相信规范的诉求，所以，他充满激情地用绝大多数老百姓读得懂的语言，编制了各种各样的道德课文。陈宏谋并不认为教育只是为了精英，而不是为了大众。他反复说，文化教育必须为所有的人。但是，一旦教育在地方普及，每个人都会对文化礼仪有兴趣，尽管不同智力的人会有不同的文化喜好。“俊秀者可以泽躬于尔雅，耳濡目染。椎鲁者可以以渐娴于礼义。”①

对陈宏谋及18世纪几乎所有的官僚精英来说，礼仪制度是教化过程中最重要的。它们代表了天理，是文明制度建立时就形成的，而后一代一代传下来的。礼对人类行为的方方面面都具权威性，它规定了人类行为的一整套规范。罗伯特·伊诺（Robert Eno）称礼是对个人行为的一整套“舞蹈编舞”②。每个人在公共场合与他人交往时，应根据自己的地位身份，服从不同的行为规范。他们的日常举止，包括读书、吃饭、睡觉、上厕所，都应有一套严格的规范来约束。但是，一个人要在所处社会中尽职尽分，要真正成为所在的共同体的一员，要对国家尽忠，行为举止的规范就特别重要。在老百姓文明的过程中，统治者和他的官员就像牧羊人一样，有责任让民众的风俗和儒家礼仪相一致。这就是陈宏谋以远远高于通常意义的传教士般的热情推

---

① 《培远堂偶存稿》5：6。

② Robert Eno, *The Confucian Creation of Heaven* (Albany: State University of New York Press, 1990)，尤其是31页。

广利用礼仪教化的原因之一。如我们所见，在他20多年在各省的任期内，他一直致力于民间风俗的治理，有时一个一个地纠正，而经常（如1734年在云南，1744年在陕西，1753年在福建，1760年在江苏）是以非常全面的方式进行。

陈宏谋认为："礼是国所以立也。"① 虽然他从未动摇过对礼仪先验的道德正确性的信心，但是他也毫不回避礼仪对维护社会秩序的重要作用。正确的礼仪一旦推行，清朝不同地区的风俗都会被纳入统一正确的轨道。② 礼仪促进社会和谐，并减少不必要的争端。③ 尤其，礼仪在经济方面很重要，过分讲究礼仪会浪费社会财富。但是，那些有关家庭社会的基本礼仪对于农村家庭的存在发展至关重要，如果没有农业家庭生产（"恒业"）的稳定发展，国家和社会就没有更可靠、更有效的经济基础(同样，如我们在第七章所见，陈宏谋鼓励农民参与市场经济，在他看来，这可以为农民举行家庭礼仪提供经费来源)。

陈宏谋坚定的信心与灵活的实用主义奇特的结合体现于他对不同礼仪的态度上。论及国家或政府礼仪时，他强调与古代礼仪（"旧习"或"古风"）一致的重要性。在另外一些场合，特别是在论及家庭礼仪时，他又倡导简朴的仪式，反对拘泥于经书典籍。在谈及社交礼仪时，他抱怨在周围看到的过分讲求小节对社会的消极影响。④

清朝中期知识分子越来越热衷古代礼仪细节的考证，对此陈宏谋似乎不感兴趣。如周启荣所说，这些辩论不只是学术沙龙的游戏，而是与18世纪士大夫，特别是（但不完全是）那些汉学家的原教旨主义式的复古主张有关。按照这些人的想法，如果我们能够知道得到古代礼仪的准确形式，清除后来的讹误，那么我们在今天能够重新创造一种乌托邦式的社会秩序。换句话说，古代礼仪的做法有着启示真理的地位。⑤

这种礼仪观对陈宏谋毫无吸引力。在他晚年时，汉学的发展几乎到了顶

① 《课士直解》4：48。

② 《先文恭公年谱》7：15。

③ 《训俗遗规》，序。

④ 《吕子节录》1：55。

⑤ Chow, *Confucian Ritualism*，尤其是170—71。关于非常支持这一信念的人，见Brokaw，"Tai Chen"。

点，陈宏谋为考试写了一篇范文，他从《中庸》摘录了一段。孔子说：“吾学周礼，今用之，吾从周。”陈宏谋问道，当商朝神圣的礼仪和制度有完好的记录时，为什么要这样呢？难道这位有传统思想的圣人更重视更近的周朝模式？陈宏谋答道：因为“如此则孔子遵时王之制”。周朝的礼仪有其长处：社会上可行，政治上可接受。但是同样的典籍记录孔子也“研究”商朝的礼仪。这意味着孔子是暗地忠于商朝？不可能。陈宏谋解释说：“孔子生周之时，用周之礼。又以本系殷人，而欲学殷礼。不但与为下不倍之义相背。”①

在某种程度上，礼是暂时相对的，而不是永久固定的。这种观点过去经常有人说过，但是陈宏谋更大胆。他的观点至少传递了两个信息。第一，这是对像他一样的汉族儒教学者的一个自我辩护。他们这些人研究自己的文化历史，却服务于一个外来的统治朝廷（如大部分清朝中期的精英一样，支持一个满族朝廷对陈宏谋一般来说不是问题）。1752 年陈宏谋对一批福建人说，他们必须要使用适合“我们的朝代”（“我朝”）的礼仪典章制度。在这里我们可察觉到字里行间的警告：通过采用过时的礼仪，暗示忠于明朝的做法是不能容忍的。② 然而，从当时的背景看，陈的观点更多的是表达对考据学派复古主张的反感。按照他的观点，生活在哪个时代，就应适应哪个时代，这是古代圣人所持有的态度，我们应该像圣人适应他的时代一样，适应我们的时代的变化。虽然礼仪毫无疑问是同过去的联系，而且也是永久真理（宇宙的秩序）的一个表达，但是它们用一种与历史变化相适应的语言来阐述这个真理。

事事都要符合朱熹家礼的规定是不可能的，朱熹修订家礼时，也考虑到他时代的社会现实。的确，在很大程度上，朱熹礼学坦率的历史相对主义深受陈宏谋的青睐，但受到汉学家的谴责。陈宏谋在评论吕坤的文章时，他经常回到吕坤思想核心的礼仪一致性问题。陈宏谋争辩道，真正起作用的礼仪既不是不够（“不及”）也不是过分（“过”）审慎的，而是那种坚持中庸的

---

① 《课士直解》5：13—16。

② 《培远堂偶存稿》32：34—35。正如 Ebrey 指出的，明太祖本人认为关于礼仪形式的决定是统治特权。参见 *Confucianism and Family Rituals：A Social History of Writing About Rites*（Princeton：Princeton University Press，1991），153。

（“中”）。不足的热情是对礼仪的轻视（“失礼”），太多的礼仪（“过礼”）对礼仪有害（“害礼”）。①

在第三章我们看到，近代早期中国知识界的一个标志，就是承认人的情感反应（“人情”）在道德上的正当性。陈宏谋以不同的方式支持这一点。与此同时，许多学者注意到人情与礼教之间的紧张，认为当时的宋朝新儒教传统，已经变得做作、僵死、忽略有血有肉的真人生活。这也许不是那个运动发起者的初衷，但已经过时了。礼教倡导者尽管声称他们倡导的制度来源于经典，但他们对人类行为的限制，与人性的尊严和人类基本常识是违背的，被许多知识分子斥责为“俗礼”。这些批评者包括归有光（1506—1571）、毛奇龄（1623—1716）、钱大昕（1728—1804）和汪中（1745—1794），也包括像吕坤一样的无可指责的正统学者。吕坤明确地说，如果正确地理解的话，礼教只是有形地表达“人情”的一种形式；代表人类本性最崇高的情感。②

吕坤之后将近两百年，陈宏谋重印了吕坤的著作，并赞扬吕坤的观点对人的心理（“人心”）和世界实际运行的方式（“世道”）有深邃的洞察力。③陈宏谋强调人的情感（“人情”）是完全值得称赞的；它们是控制宇宙的基本的、善良的神圣原则（“天理”）的一种表现。④ 正确地理解礼教的话，礼教不应该也不可能是与“人情”背道而驰的。陈宏谋坚持认为，礼教在本质上是人类天然的善良本性的体现，而恰恰是这种本性使人类接受礼仪制度的约束。⑤ 任何无视人类行为和感情的礼教肯定是错的。

陈宏谋对自然道德普适性的强调，再一次把阶级、等级与平等之间的内在紧张这两个让陈的礼教话语和几乎所有儒家思想备感棘手的问题提出来。陈并不怀疑礼的核心意义在于“辩上下”，区分上下等级次序。⑥ 人类社会

---

① 《吕子节录》1：53-54，1：70。

② Handlin, “Lü K'un's New Audience,” 32. “人情”和“礼教”的对立在妇女必须执行的礼仪上最明显。更多的文献见 Yuasa, “Fujin Kaihō ron”。

③ 《教女遗规》2：4-5。

④ 《学仕遗规》2：16。

⑤ 《训俗遗规》1：8。

⑥ 《课士直解》4：48-50。正如 Übelhor（385-86）指出的，确定“上”“下”之分是礼记所强调，并为陈喜爱的乡饮酒礼的出发点。

通过礼仪这个工具对宇宙的再创造，肯定如其原初形式一样，是和谐的和有序的，因为这是上天注定的。礼仪是全人类每一个成员都需要的，而且是人类独有的，在这个意义上，礼仪必然超越阶级和等级差别。在陈宏谋生活的时代，人们在礼仪上对下层民众提出过分的要求，要求他们对上流精英谦恭有加。陈宏谋目睹这一现实情况，感慨不已。在他看来，这些高傲者以“不能忽视礼”为由，要求得到尊敬；反过来，他们的邻居则抗议说礼教不应意味压迫和专横。其结果就是冲突、诉讼以及社会团结的瓦解。① 陈宏谋看来，要解决等级制度和平等之间的紧张状况，只能是妥协：要对社会有建设性，礼仪上的尊敬（像一切礼仪活动一样）必须要适中。

（六）家庭礼仪

陈宏谋在《训俗遗规》中写道：“无礼，则禽彘耳。”所以，官员们受皇帝之命去教化民众，他们的任务是确保人民实行“四种礼仪”（“四礼”）。“四礼”能够塑造一个有教化的家庭，界定儒家正统礼教赋予每个家庭成员的角色（“分”）。“四礼”不但必须要忠实地实行，而且必须按照清廷正式批准的礼仪书如丘濬的《家礼疑解》的规定来实行。②“四礼”包括在加冠（男人成年仪式）、结婚、丧葬和祭祖等方面家庭的四个礼仪，我在此讨论后面的三个，也是陈宏谋最关心的三个。

在第九章我们看到，陈宏谋在他管辖的省内致力于倡导他看来正确无疑的也就是以父权制为基础的婚姻制度，同时反对新娘“商品化”的做法，促进更实际和谐的婚姻。说到陈宏谋对婚姻仪式的讨论，我们便会看到，他对家庭财产是否精心管理的关注，与对婚礼有关的礼教和人的尊严的关心有密切关系。最近的研究表明，在陈宏谋时代人们对于结婚仪式准确的细节的兴趣不寻常地增加。这些细节在汉朝的《礼记》、宋朝的《朱子家礼》以及其他著作中都有规定。这种兴趣不是起源于抽象的好古癖，而是许多精英有意识的追求：在社会巨变的时代，一丝不苟地遵循古代婚嫁礼仪，尽管花费高

① 《吕子节录》1：53-54。

② 《训俗遗规》2：28。亦见 Ebrey, *Confucianism and Family Rituals*, 152, 173-76。

昂却更易于炫耀精英们优越的地位。① 反过来，这个情况发生的背景是一个世纪来人们一直在争论的问题，精英们顽固地坚持古典的礼仪形式是否明智？还是通过简化礼仪，以更多的人做得到、做得起的方法来使更多的人接受正统的礼仪？当然，实际上到18世纪有大量印刷品在流通，这些印刷品提供了简便易行的礼仪方式。而辩论中虔诚的复古论一方坚决不接受这些替代方式。②

如他在大众易行性的其他问题（例如道德文章的通俗化）上所主张的一样，陈宏谋坚定地提倡大众化婚礼，反对拘泥教条，主张礼仪随时代变化而变化，要求简化礼仪。不管怎样，这些礼仪规定都是为适应完全不同的历史环境而制定的。最突出的是，陈宏谋猛烈抨击他感觉到的（特别是在江南的）一种倾向：对礼教的滥用，把婚礼变成一场比排场比阔气的竞争——把结婚延长到一个无休止的仪式、宴会与交换礼品的过程来炫耀家庭的财富。陈宏谋认为，这是“过礼”（过分的礼仪）——事实上，这种浪费和自我吹捧的恪守礼仪细节的做法完全违反了“礼教”的精神。③

陈宏谋在这方面的关心是多方面的。他要保持礼仪本身最高的神秘性，使它不受到过分礼仪形式的嘲弄。经济上看，他认为，婚礼的奢侈挥霍了上苍的慷慨（“天良”），而且威胁到小生产者家庭的经济稳定，而小生产者家庭是整个帝国的生产基础。例如，为了这个目的，他试图限制订婚礼物，并建议给结婚家庭真正适当的礼物是赠送一块土地，用以支持其作为一个经济单位的再生产。④ 陈宏谋尤其担心，竞争性的礼仪活动有可能分裂地方社会，把应该成为地方社会团结的源泉变成为精英们倨傲和统治的工具。所以，陈宏谋有关婚礼的话语是对社会的批评，而不是人们有时认为的对老一套阶级特权的辩护。

---

① 其他作品，见 Mann，“Grooming a Daughter”。

② Patricia B. Ebrey，“Education Through Ritual：Efforts to Formulate Family Ritual During the Sung Period，”见 de Bary and Chaffee，297，306；Susan Naquin，“Marriage in North China：The Role of Ritual”（未发表的1988年1月中国社会婚姻和不平等问题会议上的论文）。

③ 《吕子节录》1：53－54，1：70。比较 Handlin，“Lü K'un's New Audience，”19－20。

④ 《皇朝经世文编》68：4－6。

也许比婚礼更糟糕的是葬礼。葬礼习俗是汉族人身份的一个重要标志。对非汉族人丧葬仪式的改造（“化”）一直是千年来汉化过程中一个主要的目标，它在18世纪清帝国向西北和西南扩张中变为从未有过的更加自我意识的战略。在内地本身，丧葬仪式的标准化同样服务于各自地方文化的多样性。① 华琛（James Watson）认为，理想的情况是，丧葬仪式的标准化也在不同社会阶级的人们中形成了一个共同身份的感觉。但是，如同卜正民和周启荣表明的，16世纪后，有意识地推行与新儒教正统有联系的某些丧葬礼仪有效地作为阶级斗争的一个工具；按卜正民的说法，对于“绅士中的少数人”，他们的权利是在地方社会建立大型宗法等级制的家族势力的关键，葬礼就是他们维护这种权利的一种手段，而且葬礼作为一个象征，使他们在道德和文化上优越于在礼仪上不那么讲究的邻居。② 陈宏谋关于丧葬习俗的大量文章，以及偶尔对祭祖的说法必须在这种充满紧张情况的背景下加以理解。

陈宏谋认为最重要的是埋葬要简朴。他坚决主张，我们埋葬死者的做法，同我们对抚养生者的关心一样，是我们同畜生或野蛮人区别开来的文明的人性（“人道”）的证明。③ 作为省级的一个官员，陈宏谋以很多非常具体的方式为促进尸体的普遍掩埋作出了贡献。他下令并促使在他的辖区内的很多地方，由地方行政或地方精英集体（由集体地产“堂”出资），或家族直接发起，建立了免费墓地（“义冢”）。④ 他在云南地区做官时，陈宏谋建立了一个地方慈善机构，为无人认领的尸体提供棺木和安葬之处。还在广西的同胞中建立一个协会，为回乡埋葬去世的同省同胞出资。⑤ 18世纪40年代在陕西，他下令县级的官员向为地方类似埋葬机构作出贡献的慈善家们表达官方的敬意。⑥ 在他编撰的《训俗遗规》中，他重印并赞同17世纪浙江的一个

---

① James L. Watson and Evelyn S. Rawski 编，*Death Ritual in Late Imperial and Modern China*（Berkeley：University of California Press，1988），尤其是 Watson 和 Rawski 的文章。

② Brook，“Funerary Ritual”；Chow，*Confucian Ritualism*，尤其是第5章。

③ 《培远堂偶存稿》9：26。

④ 《培远堂偶存稿》5：13－14，9：26－27，10：50，14：30－32；《训俗遗规》2：23；《先文恭公年谱》3：12。

⑤ 《培远堂偶存稿》1：48－49；《陈文恭公书牍》1：2。

⑥ 《培远堂偶存稿》23：20－29。

社会公约的文本。这个公约完全致力于（在财政和其他方面）互相赞助，进行正确的儒教安葬。①

陈宏谋攻击的主要目标是火葬和停丧（很长的哀悼期之后才安葬）。如卜正民（Brook）指出，这种做法主要是受佛教徒和道教徒提示，帝制后期大多数臣民，无论精英还是平民，都热衷于火葬和停丧，而不愿意按照《朱子家礼》和其他正统著作规定的新儒教做法去安葬。这种情况引起了清初一批著名文人的不满，包括陈确（1604—1677）、张履祥（1611—1674）以及最著名的顾炎武。② 在他的《训俗遗规》里，陈宏谋赞同地重印了顾炎武的《日知录》中对火葬以及延迟安葬严厉的谴责。③ 清朝中期的朝廷越来越普遍接受当时新儒家礼仪的纯粹主义，也抱怨这种做法；实际上乾隆皇帝在1735年继承皇位后的第一个行动就是重申法律上禁止火葬，并命令各地官员负责执行这个禁令。④ 在这个过程中，安葬比以往任何时候都更加成为一个政治行为。如陈宏谋在1740年所说："掩骼埋胔，王政所重。"⑤

具有讽刺意味的是，火葬在西南地区似乎是最普遍的，因为它与当地人的丧葬风俗有联系；而在江南，人口密度大以及农业的深度发展导致墓地的缺乏，结果是火葬的流行。在苏州与其周围地区专业的火葬场是大生意。陈宏谋满怀激情反对火葬业，他们不仅营私舞弊，而且背离儒家礼教。⑥ 事实上，陈自己为发展经济所做的努力，有时也与他倡导的儒家风俗相冲突，这在安葬问题上凸现出来。例如，在天津陈宏谋扩建的灌溉设施工程需要搬迁一些现有的坟墓，为解决这个问题，他需要对地方人士做大量的说服工作。⑦

停丧就更为复杂。对一些家庭来说，停丧只是因为他们需要多一点时间

---

① 《训俗遗规》3：15－18。

② Brook，"Funerary Ritual"；Chow，*Confucian Ritualism*，130－31；Ebrey，*Confucianism and Family Rituals*，212－16.

③ 《训俗遗规》2：28－33。

④ 谕旨，雍正13/12/20，引自《培远堂偶存稿》10：48。

⑤ 《培远堂偶存稿》9：26。

⑥ 《培远堂偶存稿》10：48－50；《先文恭公年谱》3：21。

⑦ 《培远堂偶存稿》5：13－14，《先文恭公年谱》3：3。

以筹集资金，让安葬体面一点；对于这些家庭来说，解决的办法就是找借贷机构，帮助出资安葬。但是，更多停丧的原因是风水先生的影响。丧家花很多钱长期留住风水先生，最后才确定一个安葬的吉地吉日。陈宏谋在对停丧的抨击中引用了其他清朝早期的学者的讽刺，和他们的作品一样清楚地指出，停丧的风气常常连续数年在全国很普遍。陈宏谋在各省任职期间，就这个问题发布过禁令，1741 年他上奏请求皇上发一个圣谕，他希望这个圣谕会让所有精英永远停止这种做法。他建议应对每个参加科举考试的考生进行背景调查。凡是发现其家庭过去有停丧做法的考生取消资格。朝廷拒绝了陈宏谋的建议，理由是这样的调查会给衙门当差另外的机会去勒索地方精英的钱财。朝廷的态度发人深省。① 换句话说，尽管朝廷把推行儒家认可的礼仪视为其本身合法标志，但也不会为推广其中的细枝末节而耗费巨大的社会成本。

依我看来，停丧问题的根本似乎是，甚至那些最严格正统的文人对风水本身模棱两可的态度。陈宏谋自己对停丧的抨击总是以一种嘲讽的口吻，说看风水是一种未开化的迷信。在他编辑的《训俗遗规》中，陈宏谋重印了一篇选择坟地时需要记住的几个问题的文章：不要靠近主要的道路（易遭盗墓者的盗窃）、不要靠近沼泽；不要在草场中间。他说：这些规定只是常识，为什么你们需要一个自称的风水先生告诉你们这些呢？② 但是当他在天津的灌溉项目需要搬迁一座墓地时，他自己也依据这样的理由：旧坟的位置在城的南方，首先就是太“阳”了，不适合做坟地。③

陈宏谋本人多大程度参与到大众宗教文化（风水就是其成分之一）还不太清楚。他的确相信人类行为的报应。他警告说：若得不到适当的安葬，死者会愤恨不已。这种说法反映出他真正的信仰。④ 同样，他认为，元朝儒生陈杞家族长期的延续性是这个家庭严格遵守儒家葬仪，拒绝佛教丧葬礼仪的结果。他的这个论证非常可能是真诚的。⑤ 但是，为什么儒教纯粹主义能够促

① 《先文恭公年谱》4：2。

② 《训俗遗规》3：21—23；亦见《训俗遗规》4：34—43。

③ 《先文恭公年谱》3：4。

④ 《培远堂偶存稿》9：43。注意这种警告不是针对普通听众的，而是他的省级下属，像陈自己一样的官员精英。

⑤ 《训俗遗规》2：3—4。

进家族长寿也有其他更加世俗的理由——至少在帝国晚期，儒教主要就是关于家族——而且陈宏谋关于正统的丧葬礼仪的论证在本质上更多的是实用的。如他在陕西对民众说："丧葬之事，原宜称家有无，尽哀尽礼，即为尽孝。"①

从整体上看，陈宏谋在丧葬礼仪中正统的立场必须要看成是17、18世纪理学信徒对佛教、道教信仰和做法发动的宗教大战中的一个部分。它也属于由自认为理性的、启蒙的、"开化的"（虽然不见得世俗化）汉族精英对通俗文化进行的更持久的攻击。这个攻击一直持续到晚清、民国、新中国。在民国和新中国时期，西方的自由主义或马克思主义的"现代性"替代"理学"成为精英的思想。

在40多年地方大员生涯中，陈宏谋猛烈攻击在安葬中使用佛道仪式及和尚道士的做法。然而，他特别愤怒的是在葬礼上常用的表演中国民俗文化的原型工具：戏剧。1746年在陕西和1760年在江苏，陈宏谋甚至宣布在葬礼上演戏为犯罪。② 尽管我们从田仲一成和其他学者的研究中知道，村戏可能有政治煽动性色彩（或至少政治上独立的色彩），但是，在我看来，激怒陈宏谋的真正原因不是普通老百姓把村戏纳入丧葬活动③，而是戏剧中那些在陈心目中与正统丧葬仪式不相适宜的宗教含义。

如大卫·约翰逊（David Johnson）令人信服地证明的，在帝制后期葬礼上经常表演的"目莲救母"和其他节目事实上与儒家礼仪是相互对立的，集体驱邪仪式即使村民感到解放，又感到害怕。陈宏谋及其他虔诚的新儒教倡导者会指控这些表演是受佛教支配的，事实上这些戏剧最让他们感受到的来自政治上的威胁不是它们的神学成分，而是它们唤起人们狂烈的热情（当陈宏谋抱怨这些戏剧在大庭广众之下演出，导致男女混杂时，他只是含蓄地暗示这些会构成对政治秩序的威胁）。如约翰逊清楚地说明，这些戏剧声称可以控制世间种种神秘力量，在这个方面，它们构成礼教无法战

---

① 《培远堂偶存稿》19：33。

② 《培远堂偶存稿》23：20—29。

③ Tanaka Issei, "The Social and Historical Context of Ming-Ch'ing Local Drama"，见Johnson, Nathan, and Rawski, *Popular Culture*, 143—60；巫仁恕：《明末的戏剧与城市民变》，载《九州学刊》7.1（1994年10月）：1—18。

胜的竞争。①

有证据表明，陈宏谋批评的目标指向整个民间文化。汉人有一种习俗，用纸做成各种死者生前喜好物品的模型（“纸器”），以便他们在死后享用。陈宏谋谴责这种汉人熟悉的做法。从这一点看，他的意向就清楚地表露出来。他认为这种做法是有佛教色彩的。因此，1760 年在江苏，他宣布这种行为是非法行为。然而，他补充说，在任何情况下，只有无知的人（“愚民”）才使用这些东西，这使得他们成为有知者（像他本人具有开明识别力的人）的笑料。②

陈宏谋的这类观点无可辩驳地反映了典型的文化精英主义，它是为以阶级差异为基础的社会特权的辩护吗？在这本书中，我的回答是否定的。陈宏谋在讨论丧葬做法时，支持禁止奢侈浪费政策。这个态度可能作为相反结论的论据。1744 年他任陕西巡抚时，要求朝廷制定法令，规定适合官员、绅士和平民的有等级的丧葬礼仪，并且攻击非法使用专属于比自己等级高的人的丧葬礼仪的流行做法。③ 他这样做的行动可看成是用礼仪来支撑现存的社会制度，但我认为他别有用意。利用丧葬仪式往上爬的特殊形式使陈宏谋恼火的东西主要是开支。他引证地方的法令后，马上把讨论转移到人们熟悉的对铺张浪费的抨击上。在节俭和“质朴”（陈宏谋社会术语中高度赞扬的一类）的陕西人民中，葬礼是人们放纵自己的少有的奢侈机会之一。入棺的尸体容许摆放很长时间而不埋葬。在此期间死者的家庭和朋友连续守灵（守灵时，虽然上天禁止，但男男女女公开地混杂在一起），这种行为既是违背礼节“不开化的”（“伤化”），又是对死者的不尊。陈宏谋责骂道这样做“最为不孝。何不省浮费而速葬之为得也？”④

如他在讨论婚姻礼仪一样，陈宏谋对葬礼的讨论强调礼仪的重要性，而且强烈谴责他认为偏离的做法，但是他对仪式的内容却是一字不提。陈宏谋

---

① David Johnson, “Actions Speak Louder Than Words: The Cultural Significance of Ritual Opera,” 见 Johnson 编：*Ritual Opera, Operatic Ritual: “Mu-lien Rescues His Mother” in Chinese Popular Culture* (Berkeley: Chinese Popular Culture Project, 1989), 1-45; Johnson, “Scripted Performances in Chinese Culture: An Approach to the Analysis of Popular Literature,” 载《汉学研究》8.1（1990 年 6 月）：37-55。

② 《皇朝经世文编》68：4-6。

③ 《培远堂偶存稿》19：33。

④ 《培远堂偶存稿》19：34。

肯定认为，礼仪的细节在规定的手册里毫无问题地规定好了，无须他特别的注意，但是人们很难逃避这样的一个结论，即他认为这些细节对他本人来说是没有兴趣的。在第四个礼仪，祭祖礼仪中，情况也是如此。然而在这一点上，考虑到当时考据学者就祭祖礼仪中细节强烈的着迷以及激烈的辩论，陈宏谋对礼仪细节沉默的本身就是一种态度。这种沉默，部分地反映陈宏谋在学术问题上有意超然派别的立场，部分地暗示出陈宏谋自己对流行的学风的不满。

虽然陈宏谋在祭祖礼仪上花的笔墨比婚礼和葬礼礼仪上少得多，但是在第十一章我们看到他发现这些礼仪是何等的有用。根据清朝官僚精英广泛的做法，陈宏谋在桂林城外为其家族修建一座祠堂，购买祭祖的用具，并为祭祖仪式中的行为制定了指导方针。① 他认为礼仪过程如此重要的事实是，在1748年他上奏，要求重申圣谕规定，不让判有弑兄弟（姐妹）罪行的人参加祭祖仪式。② 在他编辑的《训俗遗规》中，陈宏谋引用了各种权威人士关于祭祖礼仪对维护家庭社会单位的重要性的文章，包括清初名人，如陆世仪（1611—1672）、魏象枢（1617—1687）和蔡世远（1682—1733）等人的文章。③ 但是，对于他那个时代知识界围绕礼仪的具体细节展开的争论，陈宏谋始终保持相当沉默。

如周启荣所说，祭祖礼仪进行的准确形式，以及丧服的等级都因为其社会含义而被认为是至关重要的。在一个人们不得不依赖父权为中心的家族制度作为控制地方社会工具的时代（这是对加速晚明社会政治动乱的礼俗败坏、家庭纽带松懈的纠正），儒家经典制定的祭祖典礼确立了家族发展的方向。在很大程度上，这个争论主要的问题是，是否应该接受“宗法”这个观点。宗法作为家族组织的“中心原则”，由于新儒学大师朱熹在其所编著的《朱子家礼》中加以强调而更加引人注目。但是，到了18世纪该书的真实性受到质疑，成为学术争论的焦点之一。④

陈宏谋一向认为考据学是对知识的浅薄浪费，对它采取轻视的态度。有鉴如此，陈宏谋在《朱子家礼》真实性的问题上从来没有公开的立场并不令

① 《宗谱留传》;《先文恭公年谱》4：28。

② 《先文恭公年谱》6：17。

③ 《训俗遗规》2：38，3：33-39，4：35。

④ Chow，*Confucian Ritualism*，尤其是第4章；Brook，“Funerary Ritual”。关于《朱子家礼》的译本和文本史，见Ebrey，*Chu Hsi's Family Rituals*。

人惊讶。令人惊讶的是，如此经常无条件地把自己认同为朱熹的忠实信徒的人对这本书的权威含糊不清的态度。陈宏谋从未直接置疑过《朱子家礼》的正确。例如，我们看到，他遵循清廷政策，推崇明朝的著作《性理大全》和《家礼仪解》，这两本书里都有朱熹的文章。我们也看到他赞美魏象枢关于礼仪的文章。魏象枢也许是清初把《朱子家礼》内涵表达得最清楚的捍卫者。① 然而惹人注目的是，尽管陈宏谋编辑的《五种遗规》中有朱熹的文章，但是《朱子家礼》却不在其中。而且，18 世纪 30 年代在西南“教化”非汉族的人群的运动中，陈宏谋印刷并散发了成千本关于正常家庭生活的指导书，包括《朱子治家格言》。这本书被误认为是朱熹写的。但是，没有收入《朱子家礼》。②

10 年之后，1744 年陈宏谋到陕西任巡抚。为了重印和分发那时他认为是有关祭祖礼仪（以及家庭礼仪）方面权威的著作，他重印了从江南搞来的宋缥 1753 年撰写的《四礼初稿》。③《四礼初稿》是依据《朱子家礼》写成的，但是宋缥的著作一是简化，二是折中。它带有伊沛霞称之为的“对民间礼仪的宽容态度”的东西，包括对民间黄历提到的道德教诲的尊重。④ 如陈宏谋在书的前言中写到，朱熹最初编撰他的著作既要根据古代文本的权威，又要遵守 12 世纪通行的制度，即便这样，丘濬还是有必要在 15 世纪简化并使它更新，宋缥在一个世纪之后再次简化并使它更新。陈宏谋说，这样做了之后的好处是：一个人如果能读这本书，“人不必缙绅，家不必阀阅，胥可行之……是深得乎礼之意而通之”⑤。

我们当然接受陈宏谋的观点，他喜欢对朱熹原著进行最新修订的原因是他关心老百姓能否读懂它们。但是问题的实质还不仅如此，陈宏谋的思想深受吕坤的影响。吕坤对《朱子家礼》实在的用途提出最严重的怀疑。⑥ 他与

① Chow, 135; Ebrey, *Confucianism and Family Rituals*, 154.

② Rowe, "Education and Empire," 440–43.

③《培远堂偶存稿》18：43–44。

④ Ebrey, *Confucianism and Family Rituals*, 180.

⑤《重刊〈四礼〉序》，见《培远堂文集》，1：10–11。

⑥ Ebrey, *Confucianism and Family Rituals*, 181–82, 190; Brook, "Funerary Ritual," 470. 吕坤 1614 年的评论文章题目是《四礼翼》。除了宋缥的《四礼初稿》，陈在 1744 年出版发行了一部也题为《四礼翼》的作品，我未找到陈的这部书，我怀疑它实际上就是吕坤的书，只是题目稍有删改。

朱熹在两个问题上分歧严重。第一点，朱熹生活在父系家族尚未成为占统治地位的时代，他没有提出对家族的创建人（“始祖”）崇拜，相反，他反对一个家族可以任意选取一位先人作为值得祭奠的祖先的做法。朱熹的观点与帝国后期为扩大家族规模而无限上溯其祖先的风气是不一致的，陈宏谋也有这样的热情。这种不一致使人对朱熹为人奉为正统的有关论著产生越来越多的学术争论。①

第二点，《朱子家礼》强调血缘关系在宗法关系中的核心地位。家族的头人，祭祖礼仪的主要主持人是宗子，即长子的长子，或家族内辈分高的男人。然而，在吕坤和其他人的建议中，家族头人应该授予所谓的“族长”，这个职位更强调的是个人的能力，而不是那么强调血缘优先。② 很明显，吕坤等的建议对陈宏谋更有吸引力。在前一章里我们讨论了陈宏谋 1742 年在江西借助族长强化国家的社会控制的尝试，它最终是失败的。我们也看到他指示他的下属，把族长列为乡饮酒礼首选的客人。陈宏谋清楚地认识到，族长作为家族祭祖礼仪主要主持人的作用能加强他在地方社会中的权威性。陈宏谋非常清楚，就是因为族长享有的在祭祖礼仪上的地位，他们在维护社会秩序方面比任何由国家任命的“保甲”人员有用得多。对陈宏谋来说，虽然“礼”的重要性从未完全降格为治理中的一个工具，但是这个作用也从未为他忽略过。由于礼仪代表的道德正确性，在经世致用中礼仪是非常至关重要的工具。

（七）国家礼仪

虽然国家礼仪绝不是陈宏谋对礼仪关心的中心目标，但是他坚定地坚持在地方社会中正确地实施所谓的“官方宗教”或“国家崇拜”（“祀典”）。至少在陈宏谋的想象中，在县级，这种崇拜的地点只限于孔庙（“学宫”）和文庙。在很多情况下，孔庙和文庙在同一建筑物内。在这里人们可看到圣人的祭坛（“崇圣祠”）和地方的历史名人的祭坛（“乡贤名宦祠”），而且半年

---

① 后世学者发现，在这个问题上要把这种思想与《朱子家礼》相协调，变得越来越困难。关于这一点，参见 Ebrey，*Confucianism and Family Rituals*，158－65。

② Chow，*Confucian Ritualism*，121.

一次的春祭和秋祭也在此举行。① 1733年陈宏谋写道：地方风俗（“地方风化”）的转变始于学宫，由地方官员进行祭奠。②

正如很多学者所阐明的，强制地方社会接受这些制度是朝廷加强中央对地方政治控制努力的基石；坚持正确地实施与这些礼仪有关的制度是确保地方精英同朝廷行动一致的一种手段。③ 毫无疑问，陈宏谋赞同这一点，尽管他从没有谈及这个问题。当然，有很多迹象表明，对他来说，这只是次要问题。例如，虽然陈宏谋经常在边疆省份任职，参与对反叛朝廷的敌对势力的镇压活动，但从他的著作看，他几乎没有组织武庙的祭奠活动，尽管在很多官员看来，接受对武庙的崇拜是地方更直接地承认对皇权的服从。④

陈宏谋下大气力的地方是确保在圣人祭坛和地方名人祭坛的春秋大典严格进行。他说，这是地方行政部门至关重要的功能，务必要认真对待。所有方面必须要完全正确，而且与“古代的做法”（“旧习”）一致。针对一些地方忽略这些祭坛，使之变成猪牛羊圈的严重问题，他强调祭坛必须牢固，不会塌方，祭服必须清洁，而且式样要完全和规定的一样。祭器和其他器具必须为古物。祭奠的食品必须质量好。陈宏谋要求把有关开支列入县预算中，并为那些官方财力不足的地方提出如何进行社会募捐的建议。最重要的是，礼仪必须要严格按照圣人，即“第一位老师”（“先师”）的规定并根据朝廷颁布的《会典》的有关规定进行。对那些不熟悉礼仪的地方，陈宏谋同意支付银两，聘请省城的音乐舞蹈大师去教地方上的学生熟悉。⑤

不严格或错误的祭奠形式不仅是大逆不道，而且是对地方先贤的公开侮

---

① 《培远堂偶存稿》12：36—38，16：34—35，29：17—18，32：34—35。

② 《培远堂偶存稿》1：19—21。

③ 其他的可能性，参见 Stephan Feuchtwang，“School-Temple and City God，” 见 G. William Skinner 编：*The City in Late Imperial China*（Starford：Stanford University Press，1977），581—608；Feuchtwang，*The Imperial Metaphor*（London：Routledge，1992）；and Taylor “Official and Popular Religion”。

④ 参见 Mingming Wang，“Place，Administration，and Territorial Cults in Late Imperial China，” *Late Imperial China* 16.1（June 1995）：33—78。Prasenjit Duara，“Superscribing Symbols：The Myth of Guandi，Chinese God of War，” *Journal of Asian Studies* 47.4（1988）：778—95.

⑤ 《培远堂偶存稿》12：36—38，15：3—4，29：17—18，32：34—35，32：46。

辱。对过去名人所作的社会贡献的报答（“报功”）是祭奠礼仪的一个主要内容。因为这个原因，在一些祭奠中的可看得见的东西——“牌位”一定要妥善保管而且按正确的先后顺序排列。更重要的是要清理审查这些牌位，把那些混入其中的不应祭奠的人清除掉。令人深省的是，陈宏谋特别反对地方精英的虚荣：他特别注意一个问题，那就是富裕的家族是否通过把他们不值得祭奠的先人放入受供奉人的行列，以加强他们在地方文化的霸权。①

为什么陈宏谋对国家礼仪的细节如此感兴趣呢？有几个缘故。我认为，部分原因是他真正相信细节的效力。有人认为 18 世纪的儒家精英，特别是如陈宏谋等经世楷模，是完全世俗化的、理性的人文主义者，除了把国家礼仪看成是一种工具外，从不在意其本身的价值。无论这个观点是何等诱人，但是这个看法忽略了陈观点的复杂性。在春秋祭典，以及无数其他有关个人孝道的话语中，陈宏谋认为，崇敬的态度要通过注重礼仪的正确来表现，这样才能确保过去的圣人和神灵发挥仁慈的神圣的力量（“灵”）。在第三章我们看到，陈宏谋因其在求雨、抗洪等等“儒家魔力”方面的能力而享有很大的名声。如他写道：

> 古圣王先成民而后致力于神，凡祀神皆以为民也。故有能为民御灾捍患，皆在祀典。……亦惟曰继自今雨暘顺而百谷穰。②

援引长期的学术传统，陈宏谋坚持认为，他勤奋地清除祭奠礼仪中的错误（“修祀典”），是控制气候不正常的关键。③ 没有理由去怀疑他是认真的。

然而，陈宏谋在这个方面严格要求的第二个原因更多的是政治上的。正如我刚才说过，虽然反复向老百姓输灌对国家权威的敬畏不是陈宏谋首要关心的事情之一，但是他清楚知道，从与民间流行的祭奠礼仪相竞争的角度，

---

① 《培远堂偶存稿》16：34-35。

② 陈：《三神祠记》，见《陈榕门先生遗书》，“补遗”，8。“为民”一词并不是轻率地使用的。它回顾了宋仁宗统治时期（1055）的一个著名事件，在那次事件里，陈宏谋最热爱的司马光谴责皇帝向人民重课税，用于修建自家超度神灵的佛教和道教寺庙。司马光辩论，皇帝花钱在宗教虔诚上的唯一合理理由就是这种虔诚可能会带给人民益处（“为民”）。参见 Patricia Ebrey，“Sculpted and Painted Portraits of Emperors and Empresses in the Cult of the Imperial Ancestors During the Song Dynasty”（1995 年 6 月 28 日至 7 月 1 日在巴黎召开的东亚国家和礼仪会议上未发表的论文）。

③ 《训俗遗规》1：27。

这也是必需的。春分是一年之中标志农事安排的重要时刻，民间和政府各有不同的祭奠礼仪，而大清朝廷对此有矛盾的态度。它希望尽可能地保持朝廷的形象——对季节有序发展的控制力，所以有时谴斥非官方的祭奠礼仪；同时因为发展农业是如此重要的一个政策目标，朝廷认为完全禁止民间的有助于农业发展的节日活动是走到另一个极端。① 当陈宏谋命令下属认真地对待国家崇拜礼仪时，他承认这个竞争：想想看！乡村巷子里的平民都知道如何祭祀，如何维护好他们的庙宇。如果那些负有治理百姓和倡导儒教责任的官员的所作所为，还不及平民百姓祭典的水准，那会成何体统？②

同时，陈宏谋对于礼仪形式标准化（“修”）的热情表明，他知道甚至最正统的国家祭拜仪式本身受到竞争，受到地方人士不同的解读，而地方人士或多或少有意识地抵抗朝廷统治的霸权。③ 很清楚，陈宏谋并不是如此惧怕地方主义本身(如华琛敏锐地指出，强调一套共同的符号和礼仪的做法为地方文化的生存提供了空间)，他惧怕的是日益明显的文化抵抗迹象。他说，那些偏离国家礼仪规定的祭祀活动是不会得到神灵护佑的。在他管辖的江苏和福建，秘密宗教拥有强大的组织力量并得到广泛的支持，陈宏谋禁止进行春秋两祭以外的其他非官方的仪式，特别是对那些不为朝廷认可的非正统神灵的纪念仪式，禁止上演未经批准的戏剧（如田仲一成所说，在官方看来，这些戏剧的歌词是传播异端邪恶的常用形式)。这都表明他警惕有人可能利用礼仪形式散布与官方意识形态相抵触的思想。④

陈宏谋一直关心正确礼仪的最后一个理由是经济上的。他经常谴责献祭礼仪中的奢侈是对参加仪式者艰苦挣得的财富的浪费和对上苍的物产的滥用，这两件事都是冒犯神灵的。他建议，把地方多余的财富投入到地方粮仓

---

① 冯尔康，368-69。

② 《培远堂偶存稿》1：20。

③ “标准化”这一词当然是 Watson 所说的。Duara 提出了与 Watson 对国家所作出努力的描述对应的观点，他强调，对同样的符号另外的、本土化的解读，他将这一过程称之为“题写”。参见 James L. Watson，“Standardizing the Gods：The Promotion of T'ien Hou（天后）Along the South China Coast，960-1960，”见 Johnson，Nathan，and Rawski，*Popular Culture* 292-24；Duara，“Superscribing Symbols”。

④ 《皇朝经世文编》68：4-6；《培远堂偶存稿》15：5-6；Tanaka，“Ming-Ch'ing Local Drama”。

以防未来的饥荒，比在虔诚的祭奠中烧掉这些财富要有用得多。虽然这种观点在陈宏谋对异教崇拜的谴斥中是明显有用的，因为这些异教崇拜吸引老百姓的一个主要部分是竞相显富，但是，这种观点远不是工具性的。相反，它是陈宏谋根深蒂固的节俭和积累观的主要部分，而且，如我们看到的，这个观点是贯穿他关于礼仪的所有论述的一个主题。

（八）礼、人文教养、文明

作为本章的总结，我要利用诺贝特·埃利亚斯（Norbert Elias）、罗杰·夏蒂埃（Roger Chartier）、雅克·勒韦尔（Jacques Revel）以及其他学者对欧洲文化历史的分析，简要地谈谈中国在近代早期风行的“礼”的概念（英语中的 ritual 和 rites 二词和中文中的“礼”是相当不同的，不能混为一谈）与同时代欧洲流行的人文教养（civility）的相似性。① 在中国和欧洲，它们分别是非常古老的思想，但是在 16 世纪之后，这两个思想都经历了一个重注活力与重新定义的过渡阶段，在欧洲伊拉斯谟（Erasmus）（1524—1583）是这个过程的代表人物，在中国是吕坤（在 18 世纪陈宏谋是他的主要对话人）。当然，这种类比并非我的首创。欧洲作家如孟德斯鸠（1689—1755）以及 1753 年《百科全书》的撰稿者们认为，清朝中期的中国是建立在人文教养基础上的一种社会秩序的世界楷模，清朝的统治者是以培养有文明行为为治国基础的榜样。② 我在这里希望做的不是坚持主张在西方和中国存在类似或相互联系的过程，而是利用这个欧洲史学研究方法，开辟一些可能的途径来理解清朝官僚精英的心态。

在西方，civilité（人文教养）重新概念化的特征之一是，一个人的外表

---

① 我主要是引用 Norbert Elias, *The Civilizing Process*: *The History of Manners*, Edmund Jephcott 译（New York：Urizen Books，1978）；Roger Chartier，“From Texts to Manners，A Concept and Its Books：*Civilité* Between Aristocratic Distinction and Popular Appropriation，”见他的 *The Culturd Uses of Print in Early Modern France*（Princeton：Princeton University Press，1987），71－109；Jacques Revel，“The Uses of Civility，”见 Philippe Ariès and Georges Duby 编：*The History of Private Life*，第 3 卷，*Passions of the Renaissance*（Roger Chartier 编）（Cambridge，Mass：Harvard University Press，1989），167－205。

② Chartier，“From Texts to Manners”，97.

(个人卫生、衣着、举止)不是无足轻重的，而是深刻、可靠地反映了他的精神。这种观点并不新，在欧洲，这个观点同在卡斯蒂利奥奈（Castiglione）的《侍臣》(1528年出版）等作品中所用的贵族的courtoisie一词比较旧的意思差不多。在近代早期，civilité一词，相对于courtoisie，有一种完全新的、具有挑战性的成分，它假定礼仪的普遍性，认为一套行为准则适合所有的人而不论其地位高低，“真的人性，最终重新被发现了”①。当然，吕坤和陈宏谋进行的，不是西方中产阶级的文明斗士所进行的反贵族的斗争，但是他们的确面对士绅阶级把礼仪窃为一种专有的阶级特权的观点。他们把“礼”建立在“人情物理”(人的本性和事物的原则）的基础之上；陈宏谋则是把“礼”建立在“天良”（上天赋予人类的善良）的基础之上。如夏蒂埃所说，civilité在18世纪晚期的意义承认基于“天然的不公平”（年龄、性别、亲属关系的程度），而不是基于可能“不合天然规律的”差别(如财富、地位或社会地位）所造成的形式上的差别。② 如我在本书中反复指出的，这正是我认为陈宏谋在清朝中期所提出的那种构想。

在西方，对文明行为标准新的推论就是文明行为标准是可以教的，而且能教给所有人。欧洲对人文教养概念的再次系统的阐述是与当时对儿童社会化的强调于个人发展的重要性相联系的。③ 伊拉斯谟的《论小孩儿行为的教养》于1530年出版之后，几个世纪来一直是教育男孩和女孩的主要课文。它的主题就是所有孩子是未堕落的天真无邪的人，只要教育得当，他们能够而且愿意接受正确形式的、文明的礼仪行为。因此，对小孩正确社会化的需要就成为国家兴办小学的理由，以及对“中产阶级”家庭（在其范围内要进行最深入细致的“教化过程”）予以重视的原因。所有这些主题——孩子们是天真的，小孩教育的重点是礼仪标准和个人礼貌，坚持小孩教育在阶级和性别上的包容性，把在政府办的学校以及在家里的教育过程奉为神圣（陈宏谋关于对男人和女人教育的《养正遗规》主要是对父母讲的）等观点，以及后来的由国家领导的规范家庭礼仪行为的努力——在清朝中期陈宏谋（和尹会一、蓝鼎元及其他人）的“教化”行动方案中是非常突

---

① Revel, 183.

② Chartier, “From Texts to Manners,” 104.

③ 当然，这是Ariès的*Centuries of Childhood*的中心主题。

出的。

最耐人寻味的是，这一时期中国和西方都强调文明和教化的历史背景有着许多共同点。欧洲在 16 世纪到 18 世纪强调人文教养是对社会文化变化（欧洲天主教和严格的封建/骑士社会等级制度的统一体系的分崩离析）的不确定性的具体反映。提倡人文教养是面对新承认的社会群体多样化，通过加强礼节和举止的习俗，来控制社会交际的一个努力：使自己的外貌、言语和姿势让不像自己（但社会地位上相等）的人识别，创造一种消除了地位差别及个体的个性表现的共同社会语言，把个性与个人差别控制到新近形成的"私人"（即非"社会的"）生活的领域。中国的历史文化背景与同时期的欧洲尽管有许多不同，但是在 17 世纪和 18 世纪也面临许多新的与欧洲近似的问题：等级秩序的松动；社会和地域流动性的骤增；明末清初的文化多元化趋势。面对这些难题，人们开始重视从礼仪的角度对公众的行为进行控制，这反映于当时类似欧洲的重构一套社会公共语言的努力。特别值得注意的是，尽管社会等级制的崩溃引起精英阶层的注意（陈宏谋强调礼仪的一致性，肯定反映出他不满明朝末期文化弘扬个性的精神），促使他们尝试提出重新界定的一套社会习俗，但如同西方中产阶级"人文教养"的提倡者一样，中国热衷于"礼教"的人，如陈宏谋等，对恢复严格的社会等级制度也不感兴趣。

欧洲的"文明"倡导者强调成为"自己的主人"，努力减少公共生活与个性过强带来的冲突，而用陈宏谋的话说，这是"克己"——这两者绝不是想要拒绝人的情感反应。事实上，为个人情感和欲望（在汉语中为情，或人情）恢复名誉，是这两个反经院哲学人文主义运动最重要的目标。然而，这两个运动明确反对对人的情感的过度张扬，而寻找文明的中庸——既不"过"（太多）又不是"不及"（不够）。① 这种对于中庸之道的追求同样适用于对礼仪行为本身的控制。夏蒂埃指出，在欧洲"人文教养"崇拜包含着走向其反面，陷入自我堕落的种子，对社交礼仪风度的追求到了一种畸

---

① Elias（尤其是见 69—70，139 页）探讨的西方文明兴起的其中一个特别的方面是关于人体功能的羞耻感和过分拘泥。这种"将人体功能从公众生活中隔离开来"以及人与人的身体之间竖起一堵无形的墙的做法也构成了礼仪规定的一部分，在明清时代的，中国这种观念并不新鲜。

形的夸张的程度，以至于只能看成是变成一种对不择手段试图跻身于上层社会的掩盖。① 陈宏谋对江南精英们过分拘泥于礼仪（“过礼”）的攻击在很大程度上，就是要防止这种倾向。这种“过礼”的做法把“礼”从人文主义情感的正确基础上分离开来。②

在欧洲，人文教养兴起的另外三个方面令人联想起清朝中期类似的地方。第一，接受一种内在化的、明确的非侵略、非暴力的个人行为准则。这种行为准则建立在人类天生理性的诉求基础上，且被集体社会的压力所强化。接受这种行为准则在欧洲支持了新出现的民族国家的主张：垄断合法使用暴力，以及解除封建贵族的武装。当然，精英文化的非军事（“文”）的特性和礼仪比较强制性法律或惩罚是治理天下更好的工具的传统观念在近代早期之前在中国早就深入人心。然而，令人并不吃惊地是看到陈宏谋的话语中经常出现这些主题，因为当时陈宏谋服务于一个正在巩固政权、重新安抚民众的皇朝政权，该政权至少间断地努力，特别是在雍正期间，按照我们熟悉的西方的路线，建立专制主义的国家。③ 陈宏谋和他的同时代人坚持要国家对民事诉讼提供合理的裁决，来取代私下的报复（“械斗”）。他们的这种思想同西方“人文教养”历史的这个方面是类似的。④

第二，埃利亚斯特别强调“人文教养”的理想与重农主义的经济理论之间的互相联系。埃利亚斯认为，根据重农主义的经济理论，经济和社会有它们自己的内在规律。这些内在规律就像人文教养的要求一样，与抽象的理性完全一致。虽然经济行为会顽固地抵制政治当局为压倒它们所采取的武断的、非理性的以及强迫性的措施，但是开明的官僚能够有效合理地利用这些

---

① Chartier, “From Texts to Manners,” 84-86.

② 在一个对吕坤的评论中，陈说到精英们在社会下层面前过分讲求礼仪的风气，既是对礼的曲解，也是对社会定论的威胁，参见《吕子节录》1：53-54。清朝学者认为，礼应建立在人情基础上的，除了前面引述过的陈自己的讨论之外，另参见 Richard J. Smith, “Ritual in Chinese Culture,” 见 K. Liu, *Orthodoxy*, 289。

③ 陈宏谋认为，社会秩序应通过礼仪而非强制措施来维持。关于这一点，见《课士直解》4：48-50。

④ 陈宏谋认为，国家应在民间调解中发挥主导作用，见寄唐义村绥祖书(1742)，见《陈文恭公书牍》2：2。

经济规律，服务于公益。① 大家记得在本书第二章中，这一点正是陈宏谋假定天然的经济规律时提出的思想路线。这些规律就像礼仪中的礼节，是基于上天规定的理性原则（“天理”）的。

第三，当欧洲人同美洲和其他地方殖民地的人民接触更加密切时，早期近代的“人文教养”观念逐渐转变成为“文明”的思想。文明更加宽泛地定义为与非欧洲文化相对的欧洲文化遗产的全部总和。在这个过程中，人们用一个生物学类比描述欧洲历史的文明化过程，把它比作儿童社会化的必经阶段。这个类比又被用于欧洲以外地区的人民：非欧洲人在文化上是小孩子，需要大城市力量像父母般的社会化/开化的影响。② 18 世纪汉族官僚精英如陈宏谋等人同样发现，他们自己同“未开化的”土著居民有更加密切的接触，而且参与到具有史无前例重要性的政治和文化的融合运动之中。像欧洲的同时代人一样，他们相信，边疆土著居民如同内地的儿童、妇女、下层阶级的人，是先天赋予理性智慧和具有道德完善潜力的群体。精英们应当像父母之于子女一样教育培养他们，使他们的行为方式最终与汉族精英文化的普遍标准相一致。

① Elias，41-44.

② 同上书，尤其是 xi-xvii，3-4。

结 论

问题的确很简单：18 世纪清朝官场的人们认为他们在做些什么呢？具体地说，他们如何看待自己所面对的世界和社会？他们如何理解社会的潜力和局限？在“救世”的工作中，他们的工作能力和局限表现在哪些方面？如果世界真正被“拯救”，那么世界又会是什么样子？总的说来，这些关于治国之道的问题之所以重要，不仅仅是因为它们对当时社会有直接的影响，而且是因为这些获得同时代的人和后辈人良好的评价和效仿。尽管众多学者在这方面作出过巨大努力，并且有过许多成果（在本书中多次被引用），但它仍然是一个在过去很少直接提出的问题。

虽然问题简单，但是不能用简单的结论去回答。这一点从本书的巨大篇幅和详尽的特点可以看出来。在本书中，我尝试着通过考察统治精英中一位杰出人物的思想、话语和行为来回答这些问题。我选择陈宏谋作为我回答问题的切入点，原因是因为在当时的官员中，他在某些方面不仅具有代表性，在其他方面具有独特性。当然，他的独特性和代表性都是我们了解他和同僚们思想的共同点的基础。陈宏谋在许多地方长期担任高级官员，所以后代的许多人都将他当作那个成功时代的象征。

陈宏谋生活在一个十分有特色的历史时代。尽管那个年代通常（不是没有道理）被描述为一个社会“停滞”时期，但 18 世纪早期和中期的大清帝国实际上是一个社会力量兴起和社会变动的历史时期之一。前所未有和始料不及的人口增长，一方面导致了对提高生产率的迫切需要，另一方面导致了对紧缺资源（食物、土地、水源、妇女、科考和官职）的竞争加剧。外族统治和对南方地区合并的更艰辛的努力加剧了民族复杂程度，并且对于许多清朝臣民而言，进入一个身份认同的协商过程。等级界限被打破，社会地位上升和下降的速度明显加快（陈宏谋本身就是一个典型的例子）。精英和平民二者之间社会地位的差异在很大程度上（甚至有一些惊人地）被淡化了。大规模的迁徙开拓了新的边疆，形成了边远地区和内地文化差异的新模式，来自不同地方的人们组成了一种新型的大城市。然而，随着城镇和乡村之间相互渗透的加大，以及市镇的不断增加和成长，开始出现了资产阶级的文化和意识。随着读书人的不断增多，商业性的印刷业获得了持续和显著的发展，出现了生机勃勃的大众印刷文化。直到现在我们才开始领悟到由此所产生的广泛和深刻的社会影响。土地商业化和货币化的加强加快了农村自给自足经济的解体，促进了土地使用和劳动力更全面的商品化，以及社会关系的市场化。职业的多样化导致在精英层社会出现了新的职业，并也导致在所有职业分工更加专业化。由于一大批流浪的和居无定所的单身男子被社会所抛弃，出现了新型的无产者原型，同时他们也对正统的文化规范和社会制度构成威胁。这种状况引发了一股急切创立非官方机构的浪潮。这些非官方机构主要有：新型合伙贸易企业（有些类似资本主义类型的劳工关系）、大型家族机构（易变动的）、商会和技术行会、同乡会、宗教组织以及地方的自我管理的组织。①

对于这些巨大的社会变化，清朝的统治者们（皇帝和从康熙后期到乾隆中期的官员精英）如何给自己定位呢？首先应该指出的是，尽管“仁政”是清朝政府倡导的意识形态，面对日益增长的人口，政府也不无减少政府干预的意愿，但是，清代盛世国家在行政管理和动员方面，仍然是具有很高效能的。对于官风和政纪都有很严格的要求，如魏丕信所认为的，只是在18世纪70年代（陈宏谋退休和去世十年之后）官员们的朝气才有了明显的衰退。②虽然这种范围较小的衰退使得政府小心地选择和制定实际任务，但当彻底完成这些任务后，政府可以做其他不寻常的事务。以陈宏谋任职期间清政府三次大规模地整治水利为例说明：第一次是1738年到1740年，他在天津和河北任职；第二次是18世纪50年代初，他在西北任职；第三次是1758年到1761年，他在江南、江北任职。他都全面地重建了水利设施，大面积地整治

① 这些观点的更全面的讨论，见我的论文“Social Stability and Social Change,”见 *The Cambridge History of China*，第九卷，*Early Ch'ing*（Williard Peterson 编）（Cambridge：Cambridge University Press，待出）。

② Will，“Bureaucratie officielle et bureaucratie réelle,” 125–26.

了土地。① 总的说来，清朝中期，政府在治理中国大地方面的作用还是很大的。

尽管清政府存在明显的内部分歧和政策的变化（包括乾隆早期对以前许多政策的重新评价），我认为，可以说清政府这些政策的变动多半是超越而不是落后于社会发展的。当然，清政府这样做并不是出于长远发展的考虑，而是出于直接的现实需要，尤其在粮食供应这个当务之急的问题上。例如，清朝盛世滋丁、永不加赋政策的实施，不仅出于政治考虑，还是针对当时日益增长的人口，这一政策尽管最终证明是成功的，但是，它的一个出乎意料的消极后果是加剧了粮食供应的紧张。对粮食供应、高效生产和更多就业机会的关注也是清朝中期对商贸（对外商贸是一个特殊例子）、农村经济货币化（开发矿山，大量铸制钱［“制钱”，是专有名词，是清政府官炉所铸的铜钱，叫制钱。它有别前朝的旧钱和本朝的私炉钱。——译者］，发放赈贷）以及土地和劳动商品化给予高度支持的基础。

清朝中期国家政权和官员精英对中国式的家族统治和父系家族制度也是坚定支持的，但是也支持放宽对劳工流动的禁令，积极鼓励地区间移民和垦荒（在某些情况下，出于对财政和水利安全方面的考虑，会有所控制）。为管理流动人口，如旅居商人和临时“棚民”等，制定了限制迁徙人口数量的计划。② 通过“开户”、“开籍为民”和“购身为民”等首创政策，始终如一地消除大批贱民和奴隶。③ 尽管乾隆皇帝有捍卫特权阶层的议论，但在事实上，清朝统治者的种种政策，如取消“儒户”和实施“摊丁入地”的政策，特别是出售科举功名的捐纳制度，抵消或削弱了这种维护特权阶层的努力。总的来说，政府和官员支持民族同化，有时甚至积极支持地方少数民族。他

---

① 西北部的情况已经在上面第7章描述过了。河北东部的情况在《培远堂偶存稿》第5至第9卷里有详尽的记载，江南、江北的情况在《先文恭公年谱》第11至12卷里有记载。关于陈对清朝水利基础设施的总体贡献的评估，见张芳：《清代热心水利的陈宏谋》。

② 刘敏：《试论明清时期户籍制度的变化》，见《中国古代史论丛》1981.2，218－36；Sow-Theng Leong, *Migration and Ethnicity in Chinese History: Hakka Pengmin, and Their neighbors* (Stanford: Stanford University Press, 1997)。

③ 近年来，越来越多的文献触及这个主题，如韦庆远等：《清代奴婢制度》；经君健：《清代社会的贱民等级》。

们一直支持民众教育（尽管在实践中可能不得力）。关于建立协会的潮流，官员精英们常常持怀疑态度。他们对那些平民自己建立的组织（如香会教会团体和渔民协会等）一直持鄙视态度，但当他们一旦认可这些组织（如会馆、地方谷仓、民间信贷、大多数慈善团体等），他们就会积极鼓励这些组织的发展。

在当代学术界的许多著作中陈宏谋常常被描述成一位高高在上的官僚精英，思想陈腐的文化保守主义者。毋庸置疑，陈是宋代理学的积极拥护者，同时，他也有效地驾驭自己的情感①，但事实上，他的观点在很大程度上与支持社会变化的官员精英的态度是一致的。当然，也有不一致的地方，例如，他一直支持国内外的商贸活动、开矿、为保证社仓高储备支持捐纳制度的实施、大众教育的普及（包括以妇女和非汉族人为对象的教育的普及）、放宽民族隔离制度（如允许不同民族的通婚），他不像他的批评者描绘的那样“保守”。他在处理政策问题上投入的精力和彻底性也都远远超过他的同僚。

许多研究晚清的历史学家（首先是墨子刻、魏丕信、孔飞力、黄宗智）令人信服地寻求让我们摆脱那种粗糙的对清朝体制的认识：即视之为一成不变的、带有太多规则和制度的、因循守旧的政治体制。他们不约而同地代之以新的解释，按照新观点，清朝的统治是一个充满变动，讲求实践，其本身富有文化活力的过程。墨子刻认为，清朝管理体制中所能观察到的灵活性不仅仅是与外部现实的妥协，而且更是一种本质上的“道德义务”。尽管好坏是可以分辨的，但是我们自身所在的社会是一个不完善的社会，因此，治理者就必须不断地努力变革和改进它。不幸的是，改进的方法和具体的对象都不是十分明确。因此，政治秩序本身就只是一个正在进行的“历史过程”，不断地调整自己去治理世界。② 孔飞力认为，推动这个过程的动力不是预先设定的有关规则和改革，而更多是他称为“事件”的东西（我更倾向于称之为“案例”）。它能立刻引起注意和动员管理体系中的不同成员，然后流逝而去，但留下影响未来态度和行为的痕迹。③ 在研究了清代官僚机构对有关法

① 参见 Shigeta Atsushi，“Chin kōbō”；侯晓南：《陈宏谋》。

② Metzger，*Internal Organization*，尤其是 23，43–52。

③ Kuhn，*Soulstealers*，219–22.

律条例的高度创造性的运用和处理解决民事案件留下的案例后，黄宗智进一步强调清政府的“表达”与“实践”有多大的差距，以及清代政治家们对这种差距的惊人容忍程度（这种差距对于他们也是明显的）。①

这种易变和矛盾的政治环境不利于产生坚定的意识形态，或者复杂的政治、社会或经济理论体系。相反，我们所发现的是治国方法、风格和一大堆错综复杂的问题。这就是“经世”——有争议的“治国方略”或“国家治理”。墨子刻认为，经世的确在事实上是这种官场精英对追求变革的灵活性的承诺。尽管“经世”思想周期性的以学术著作的形式（如魏源编著的《皇朝经世文编》）唤起世人对它的重视，但在整个帝制后期，它更体现为“官僚精英们”的政治实践。②

我并不否认以上的观点，但是我认为应该更具体一点，可以认为“经世”是一个官僚精英实践的分散而公开的话语模式。希诺瓦考（Conrad Schirokauer）像我自己一样，受到 J. G. A. 波考克（Pocock）关于政治语言使用方面的理解的影响，他们二人发现一个为士大夫接受的经世话语早在南宋业已出现，它与理学新儒家主义新存在论和伦理学的话语有松散的联系。经世话语把持有不同政策趋向的士人聚积起来，“经世”一词被不同政治团体所鼓吹、主张和引用，并服务于不同的政治目的。③ 我认为，这种情况一直延续到清朝。在第四章，我概括了一条帝制后期“经世”话语演进的线索（毫无疑问还有其他的线索）。这条线索是从吕坤、关学和其他北方新儒学流派（北学和洛学），到陈宏谋自己，最后到 19 世纪初期、中期湖南湘江流域的书院。

尽管在这方面显然还有许多工作要做，但我觉得，在 18 世纪“经世”观点和它的管理格式已经深入到省级行政官员的心中。他们大多是作为雍正皇帝的“新人”出现在各地。在长期的官场生涯中，作为一个十分有能力的群体，他们常常从一个省调到另一个省。在陌生的环境中，他们尝试着了解当地复杂的和特殊的社会问题，尝试着在每一个地方做一些有益于地方的建设事业。他们是尔后一个世纪的经世英雄，而陈宏谋则是他们当中最有能力

① Huang, *Civil Justice in China*.

② Metzger, *Internal Organization*, 25-27.

③ Hymes and Schirokauer, 5-12.

的典范。他能利用现有的话语和管理方法，将其创造性地灵活运用于实践当中，而不是被它们所束缚。

正如陈宏谋在为官生涯和著作中所表明的那样，《邸报》是18世纪经世话语影响时代的最主要渠道，当然，如詹姆斯·波拉切克（James Polachek）指出的那样，文人学士间诗文交流传播也有助于“经世”政治话语传播。①这种话语为官方政策做辩护。像陈宏谋这样一位专心的官员肯定会注意到某些政治口号，例如“尽地力”、“以民养民”和“藏富于民”。尽管这些口号很少是近期出现的，但在当时仍然是颇为流行。② 在皇帝的诏书中，这些口号很可能是以赞同的口气表达出来。在陈宏谋奏折的开始或结尾处，他可能引用过这些习语，为自己的某一个具体政策辩护，因为他知道这样可能增加他的建议被上级或皇帝恩准的机会。在这个研究中，我们经常发现，像陈宏谋这样有抱负的官员能以非常有创造性的方式来改变这些术语的内涵或外延。当然，随着一个习语在不同的奏折中的多次出现，它的价值也有被削弱的可能性。在某种情况下，这个习语可能会不再流行，被其他仍然保持活力的词汇所替代。③

现在，我们可以回到我在导论中描述的陈宏谋的观念和政治行为的三重内在的联系。其一是传统的道德主义和善于适应新环境的实用主义之间的紧密关系。在这两个有着潜在冲突的方面，陈宏谋几乎享有同等的典范声誉。在第一章中，我提出了陈宏谋的边陲出身和家庭背景有利于他坚定地坚持将简单的、直接的道德规范和他处事的实用技能融为一体。陈宏谋是活跃在那个时代的精英，他的道德主义本身偏向于张灏所称的“道德实用性”④ 类型。这种类型反映了清朝独特的“实践”和“实学”价值观。作品和行为得到陈宏谋赞赏的北方学者（吕坤、陆世仪、汤斌、关学学派）以及与他有私交的尹会一、德沛、杨屾等都特别强调这种价值观。陈宏谋对解决社会经济问题的重视扎根于《大学》之中。该书坚持“修身”与“经世”的相互关

---

① Polachek, *Inner Opium War*.

② 这种高度政治化的表述常采用三到四个字的习语，或更短的词语，如本书提到的公、利、实、有用、随时以及永远等。

③ 有些术语在陈的时代已经出现，在后来仍然广泛使用，如本书讨论过的“官督民办”，“官督商办”。

④ Chang, *Chinese Intellectuals in Crisis*, 72-73.

联，同时，它也得益于明清之际以来试图纠正宋明理学过于强调个体道德修养的新思潮。

如我在第四章所说，陈宏谋属于18世纪的宋学学派。宋学与他对道德实用性和经世治国方略的支持有直接关联。他的道德主义和实用主义主要表现在对无病呻吟、附庸风雅的诗文和空洞无物的科举八股文的批判，对烦琐训诂考据的拒绝。宋学对陈宏谋来说意味着对公共事务的亲自实践，也意味着彻底的历史主义。这一论点认为历史既提供了人们在实践中遇到的道德行为的标本，又提供也是当时具体社会经济问题的实际解决方法。

根据张灏和其他学者的研究，一些重要的主流观点受到经世士大夫们的批评。① 首先，传统的义利之辩受到质疑，这种取向在陈宏谋身上有非常明显的体现。他一贯为利益追求辩护，尽管他认为这种追求应受到约束。正如张灏所认为的，在清朝之前，持有这种观点的只有少数人，但否认“义”、“利”冲突的看法也不是什么全新观念。另一种经世思想是强调专业技术知识的重要性。张灏认为，对于清朝初期的精英来讲这是一个相对较新的思想；对于清朝建立一个世纪之后才活跃于世的陈宏谋来说，专业技术知识的重要性是不言而喻和无可争辩的。这反映于当时的地理学发展上。清初顾炎武高度重视地理研究，他的著作积累了丰富而翔实的地理学资料，他在这方面的研究被陈宏谋和后来的魏源积极地继承。第三种经世思想是将最终的功效作为检验行动的最终标准（“致用”）。张灏认为，这种观点与它的对财富和政治强大的坦诚追求一起，成了划分19世纪20年代及以后自觉的经世成员与更早期的经世实践者的依据。在19世纪，清王朝突然进入了一个竞争激烈的国际强权政治环境是引起这个根本突变的诱因。然而，我认为，18世纪中期清朝政治精英们面临的粮食供应短缺问题促使他们其中的一些人（陈宏谋是在最前沿的）谨慎地接近这种逻辑。

第二个明显的紧张关系存在于如何治理国家的问题上，是由国家还是由地方社会？的确，本书研究的大部分致力于关注陈宏谋在二者之间寻求平衡。从历史上看，产生经世观念的宋代理学传统并不满足于只用帝制国家机器来建立和维护秩序。然而，在18世纪早期，可能由于受到清朝早期

---

① 这里我引用了 Chang 的“On the *Ching-shih* Ideal in Neo-Confucianism”和《宋明以来儒家经世思想拾遗》，也间接地引用了冯天瑜的《经世实学》。

宋学的杰出官员（如陆世仪和李光地）的巨大影响，这种不适应已经开始有一点减少。结果是人们普遍接受了被墨子刻称为“一定程度上好的政府”的东西。① 17世纪明清之际的伟大思想家（诸如顾炎武和黄宗羲等人）对中央集权官僚体制进行了全面的攻击。这些攻击得到一些人的同情，但却很少有人真正信仰它。在顾、黄之后，清朝中期的官员精英们一方面普遍认识到官僚体制的严重弊端——官吏的渎职、贪污受贿、束缚经济发展的过度监管、对地方事务缺乏灵活的反应。另一方面，又认为，不能为避免这些弊病而牺牲必要的政府控制和监督，尽管大家对这类政府干预的程度有不同的看法，因此，尝试找到一种或另一种“混合管理体系”的方法。②

陈宏谋在这方面与主流没有很大的差距。尽管他敏锐地察觉到政府过多的干预带来的机制不良，但陈宏谋不能很好地接受17世纪的顾炎武和19世纪的冯桂芬所说明的封建（在这里，“封建”是指由精英主导的地方自治）政治话语。陈宏谋不是从顾炎武那里，而是从他所热爱的司马光对王安石的批评，以及从真德秀和丘濬对《大学》的思考中得出他自己的观点。他对顾炎武的贡献有一种矛盾的心情，并在自己任职的省内努力宣传《大学》的观点。他对地方社会责任的观念同样不是来自顾炎武，而是来自吕坤和关学学派的大师们。

在一些重大的制度问题上，陈宏谋与那些对日益严重的官僚体制弊病的批评者是完全一致的。例如，对地方自治所倡导的保甲制度，陈宏谋仅仅给予了非常有限的支持；相反，对于作为地方自给自足手段的社仓，陈宏谋可能是当时最有力和最坚定的支持者。陈宏谋知道，有些事情是国家不能做的，所以不应尝试去做。国家不能违背客观的经济规律，也不要忽视稳固的地方势力的存在。因此，在形势许可的条件下，他会清楚地将他的政策建立在市场和地方精英的支持之上。例如，在面对可能是他整个官场生涯中最动荡的局面（1742—1743年江西省的饥荒）时，我们看到他正是这样做的。陈宏谋利用市场来影响市场，同时又在条件许可的地方利用地方社会自我管理。然而，在这两方面，为了实现陈宏谋所认为的最重要的社会利益，则需

---

① Metzger, *Internal Organization*, 28.

② 这一词来源于Chang的“*Ching-shih* Ideal,” 52-53。

要周期性的和经常性的国家干预。

但是，事实上，陈宏谋有关国家功能的观点大大地超越了给予自我控制的社会和经济小小的推动。陈宏谋在强调政府积极干预的雍正时期进入高层。当乾隆逐步缩小这种干预，陈宏谋仍然是一位这种积极干预政策的鼓吹者。正如我们所看到，当增加国家官员数量是为了更加有效地管理时，陈宏谋没有根据习惯的做法而去反对。在他的最后几年（他的整个为官生涯一直是如此），作为一位有影响力的朝臣，他孜孜不倦地致力于改善地方官员的官纪官风。他规定具体官职的责任范围，设计有关官僚机构之间的人员交流和公务呈报制度标准，收集有关经济社会的实情，以及制定统计、存档、检索等方法。收集这些信息的目的不仅仅是为了单纯地和消极地控制（尽管这也是目的之一）。相反，就像 18 世纪 40、50 年代陈宏谋在陕西开展的“兴除”运动所表明的那样，其目的是通过政府的手段从根本上重建地方社会结构和文化。现代初期欧洲国家的政策制定者也没有提出过这样一个雄心勃勃地变革国家的规划。

第三个是存在于强调个人才能和强调个人对于群体、社会关系网络、社会等级制度的高度责任和服从之间的紧密关系。我们认为，在陈宏谋眼里治理良好的社会中，团体（阶级、种族等）和等级制度相对于人际关系并不是那么重要。在人际关系中，他认为人主要由其所处环境所决定的身份和履行道德角色中所规定的义务（通常是双向的）来确定。我们大量地但不是完全地发现他强烈相信每个人有其独特的价值、尊严和自治。在结束第九章时，我对陈宏谋有关被称之为“个人主义”世界观的成分做了简短而全面的回顾。这其中包括他对自我发展和寻求经济利润的热诚支持（尽管是有保留的），对道德决策中个人作用的强调，以及对将人都看成是一个简单工具这种错误观念的谴责。

当然，“个人主义”事实上是一个相当混杂的东西，它最初产生在西方，用以说明一系列非常复杂的价值观和西方历史上的其他观念。可以肯定，即使是在西方社会，这个概念的含义从来都不是没有争议的。在一篇非常发人深省的文章中，刘禾有说服力地提醒我们，在中国寻找“个人主义”和“个人”相似性的过程中，赋予那些变化不定的东西以“本质性和固定”的意义的做法，都是徒劳无益和使人误入歧途的。刘禾指出：为了解决现代自我和国家的疑问，20 世纪早期的中国知识分子调查了西方的“个人主义”概念，以及在自己的文化背景中是否可能存在与它相类似的概念。他们自己的意见存在着非常大的差别。然而，重要的是，正是在理清这个问题后的相对较晚时间，即在五四运动时期受新文化运动影响的历史背景下，中国现代知识分子才开始认识到西方的个人和个人主义的概念与晚清理学传统的不相容性。①

我会对给这些历史范畴授予未获承认的“崇高、卓越的价值”（刘禾的用语）保持警惕，不接受任何草率地将“个人主义”与“现代性”相等同的形式，也不会接受没有个人主义的东西就不是“现代”的说法。② 但是，很显然有一些东西在帝制后期的意识领域里出现了，这种意识不仅是崭新的，而且具有潜在的革命性。如今学者们已广泛接受了明末文化里的个人解放主义运动。这里我要强调的是另一点，尽管人们普遍认为到清初和清中期，这一运动已经退潮并受到压制，但是，如果我们考察一下这个时期为人视为保守的官僚精英们的思想，就能看到晚明思想解放思潮的余波犹存。清朝中期的许多条件——边疆地区不同文化的强烈对抗，为妇女鸣不平的再三提出，人口的增长迫切需要提高生产力——肯定有利于这些思想在新时代的延续。几乎与他所有同时代的人相同，陈宏谋抛弃宋明理学所强调的理气二元论、义理对立论和理欲冲突论。陈宏谋虽然仍然捍卫理学以给它重新注入道德的内容，但陈宏谋不仅仅接受而且肯定地颂扬人类情感（“人情”）作为社会行为内在动力的中心地位。他坦率地承认，“人情”的显著成分必须是自我的利益（“私情”）。他和明朝的吕坤一样，对过多的仪式要求和仪式行为（“过礼”）所导致的个性丧失和“不自然”的效果表示悲哀。陈宏谋时刻宣扬和维护所有人类共同的善良天性（“天良”），他坚定地为王阳明所认定的“良知”概念辩护，尽管这个概念被广泛地认为促进了明末“文化革命”的开始。

---

① Lydia H. Liu，“Translingual Practice：The Discourse of Individualism Between China and the West,”见 Tani E. Barlow 编：*Formations of Colonial Modernity in East Asia*（Durham：Duke University Press，1997），83－112。

② Taylor 引人入胜的“Chinese Hierarchy in Comparative”阐发了这一点，还把中华帝国晚期视为“前现代”，这都是值得商榷之处。Munro 的 *Individualism and Holism*，在这方面他要更谨慎一些，但是我觉得，他那些分析透彻学养广博的哲学著作仍然把个体主义看做西方的“进步”观念的独有特征。

然而，我们需要知道在陈宏谋个人主义倾向上的那些不存在（至少是明显不存在）的东西。其中有三样东西最为突出：第一，尽管技术能力、学问、思路清晰是受到赞扬的，但是在智力、技术或者美学上都没有表现出对个人的创造性、首创性或“天才”尊敬的迹象。这些素质与陈宏谋的价值观显然是有非常大的差距的。① 第二，尽管追求利润和自我完善是合理的，但是却没有对竞争或竞争意识本身的赞扬。因为正是竞争和竞争精神推动了整个社会的进步。第三，尽管陈宏谋有保护人的尊严（例如他抨击新娘的“商品化”）和私人财产的态度，但他和他的同辈正统官员精英们都没有采取任何保护个人与生俱来“权利”的措施。这种措施如果在中国出现，也会在那里产生一种社会契约理论。

写到这里，我希望读者能允许我以轻松的方式来结束这本书——适度思考一下，如何将中国清朝中期官场精英意识与近代早期西方意识在某些方面进行比较。尽管两种思想意识有很多特殊性，但是可以认为陈宏谋对于人类和社会的方法建立在曾引起欧洲启蒙时期人文主义者共鸣的自然神论的人文主义之上。他所面临的几乎所有的现实问题，与当时欧洲社会文化发展所面临的问题非常相似：人们读写能力和印刷事业的明显发展，社会生活中角色变化引发的活跃辩论，职业越来越复杂化，地位等级制度的淡化以及社会地位流动加快。他坚定地宣称一种基本的平等主义，其根基在于他的信念：每一个人类个体在内在本质上都是平等的。

尽管在个人品质上，他显示出一些类似于清教徒主义和“资产阶级的节俭”的特征，但是他始终如一地赞成人类的情感、欲望和私利是合理的和有社会功用的，并且拥有一个清晰的友谊观念。正如我在第二章中所指出的那样，他可能受到利玛窦介绍到中国来的西塞罗思想的间接影响。尽管他完全支持商品市场的价值，但是像近代早期的欧洲人一样，他仍然试图把市场与家庭内部关系清楚地区别开来。他对见到并认可的更大社会流动的主要反应

---

① 但是，中国的文化传统并不一定缺乏这些思想。按照艺术史的流行观念，绘画以及其他艺术上的创造性个性只在西方有发展。艺术史学家如 Martin Powers 在最近的研究中强烈批评了这种欧洲中心观，他指出这种创造性个性在中国比欧洲出现的更早。参见 Martin Powers，“Questioning Orthodoxy,” *Orientations* 28. 10（November 1997）：73－74；Martin Powers，“Garden Rocks，Fractals，and Freedom：Tao Yuanming Comes Home,” *Oriental Art* 44. 1（Spring 1998）：28－38。

是试图为这个社会制定一个以完全人文主义（很大程度上超越等级观念的“礼”）为形式的社会行动准则。

在经济领域，陈宏谋与近代早期许多欧洲人观点的相似程度是特别明显的。陈宏谋坚持不懈地支持商业活动，拥有相对强烈的财产概念（在第七章［此处应为第六章。——译者］中我已把它与洛克的概念相比较），推动地方经济更加彻底地货币化以及支持追逐利润的动机。陈宏谋成功地形成了一个自身连续积累的观念。尽管有一点牵强，这个观点可以看成是一种经济发展的概念。正如我在别处讨论过的，陈宏谋将耕地所有权作为经济增长的基础，同时他又非常信奉市场原则。从而使他非常接近 18 世纪法国的重农学派。① 但是，正如邓海伦详细研究的那样，陈宏谋的经济思想与西方以市场为导向的“自由主义”经济政策有一些（当然不多）发人深省的相似之处。②

在政治领域，陈宏谋更多地关注于行政管理的规范化、高效的文书工作、上下级之间信息的通畅，以及认真收集和编辑社会信息。这些工作使人联想到空前强大的近代早期欧洲国家在形成过程中所做的类似努力。③ 他对内地和边疆地区教育发展的献身精神，以及他赋予国家在教育过程中主要的积极作用，都让人想起扩张主义的欧洲产生的类似观念。④ 同时，陈宏谋非常注重在政策形成过程中公众观点（“舆论”、“民情”）的重要作用（当然，是非常有保留的）。这肯定有助于主权在民论这一相当现代的观念的萌芽。

一般认为，国家主义、自由主义和个人主义的出现与近代欧洲早期的精英意识分不开。本书认为，这些观点并不仅仅是欧洲所特有的。⑤ 中国清朝

---

① Rowe, “State and Economy.”

② Dunstan, *Conflicting Counsels.*

③ Woolf, “French Civilization and Ethnicity” 以及 “Statistics and the Modern State”。

④ 我在 “Education and Empire” 的引言部分里对它有详尽的论述。

⑤ 就我看来，Tetsuo Najita 在他的 *Visions of Virtue in Tokugawa Japan* 中对 18 世纪日本一个思想流派的敏锐分析暗示类似的观点在同时代东亚其他地区也存在。我在 John Whitney Hall 对一个 18 世纪日本著名政治家 Tanuma Okitsugu 的经典分析中也找到了类似的观点，见 *Tunama Okitsugu, 1719－1788: Forerunner of Modern Japan* (Cambridge, Mass.: Harvard University Press, 1955)。

中期的官员精英们肯定没有一致同意这些观点。的确，他们不可能这样，因为如我们所知，这些观点是专属于欧洲的文化概念。但是，这些思想在清代官僚精英中的缺场并不能证明当日的中国已停滞不前，而同时代的欧洲蓬勃向上。18 世纪的亚洲和西方的交往日益增多，并且都处于相似的变化过程之中，尤其是人口的增长、流动和市场渗透的速度引人注目地加快。在这种背景下，这两个世界的精英自然在许多问题上，会有许多相似的观点。如果他们没有上述所说的种种共同点，那才是令人费解的。

参考文献

一、陈宏谋的作品

这里列出不同版本的陈宏谋的作品，其中许多为本书的写作提供了大量可靠的第一手资料。除个别版本外，多数都保存卜来。当然，还有一些版本曾经流行过，可惜已经失传。在写作本书时，我看过下列所列的许多著作，每种至少读过一个版本。陈的许多著作，特别是他的奏折，被收入其他书中，但都不是以陈的名字出版。

1. 文集

陈榕门先生遗书．14 卷．桂林：广西乡贤遗著编印委员会，1943.

培远堂文集．10 卷．吴门：莫大展局（音译——译者），1769.

培远堂文集．10 卷（?）．桂林：培远堂，1837（是否存在不详）.

培远堂文录．见李祖陶编辑．《国朝文录》．瑞州：武夷书院（音译——译者），1839，卷 44.

榕门全集．96 卷（?）．桂林：培远堂，1765（是否存在不详）.

榕门全集．96 卷．桂林：培远堂，1837.

文恭公文集．10 册．吴门：莫大展局（音译——译者），1865（?）.

2. 官方文书集

规条汇钞．2 卷．西安：四秋堂，1757.

培远堂偶存稿．10 卷．桂林：培远堂（?），1765.

培远堂偶存稿．48 卷．武昌：湖北省布政使署，1896.

培远堂偶存稿手札节要．4 册．出版地不详，1884.

培远堂藏版．48 卷．出版地不详，出版日期不详.

3. 个人书信集

郭志高和李达林编辑. 陈宏谋家书. 桂林：广西师范大学出版社，1997.

陈文恭公书牍. 2卷. 出版地不详，1872.

陈文恭公书牍. 2卷. 上海：扫叶山房，1909.

陈文恭公书牍. 2卷，北京：纂书简庐，1936.

陈文恭公手札节要. 3卷. 津门：承沁斋，1846.

陈文恭公手札节要. 3卷. 武昌：崇文书局，1868.

陈文恭公手札节要. 3卷. 南昌：江西常平仓衙门，1887.

陈文恭公手札节要. 3卷. 北京：广西会馆，1905.

培远堂手札节要. 3卷. 苏州：江苏书局，1872.

培远堂手札节要. 3卷. 杭州：浙江书局，1899.

培远堂手牍评. 2卷. 昆明：云南图书馆，1921.

4. 原著和道德手册

陈文恭公五种遗规. 5册，上海：锦章图书局，1939（?）.

从政遗规. 2卷，吉林：语兴堂，1885.

从政遗规. 2卷，北京：学部图书馆，1899.

从政遗规. 2卷，上海：扫叶山房，1921.

从政遗规. 2卷，上海：商务印书馆，1924.

从政遗规. 桂林：今日出版社（音译——译者），1941.

从政遗规. 永安：凯晋出版社（音译——译者），1943.

从政遗规摘钞. 2卷，南昌：江西省按察司，1865.

宫门修行录. 1卷. 京都：积善斋，1876.

宫门修行录. 1卷. 广州：瑞远堂，1889.

教女遗规. 3卷. 桂林：培远堂，出版日期不详.

教女遗规. 2卷. 杭州：浙江书局，1895.

教女遗规. 3卷. 上海：扫叶山房，1921.

教女遗规摘钞. 武昌：崇文书局，1868.

教女遗规摘钞. 西安：求友斋，1890.

四种遗规. 15卷. 桂林：培远堂，1789.

四种遗规. 15卷. 武昌：崇文书局，1869.

五种遗规. 16卷. 出版地不详：同文堂，1822.

五种遗规．17 卷．南京：金陵书局，1868.
五种遗规．20 卷．武昌：崇文书局，1868.
五种遗规．17 卷．南昌：江西书局，1879.
五种遗规．8 册．开封：开封府，1891.
五种遗规．16 卷．上海：振华堂，1893.
五种遗规．17 卷．杭州：浙江书局，1895.
五种遗规．17 卷．上海：商务书局，1911.
五种遗规．17 卷．上海：商务书局，1928.
五种遗规．17 卷．上海：中华书局，1929.
五种遗规．15 卷．上海：中华铅印堂，1930.
五种遗规．上海：商务印书馆，1935.
五种遗规．上海：经纬教育联合出版社，1935.
五种遗规．上海：广益书局，1937.
五种遗规．长沙：商务印书馆，1938.
五种遗规．重庆：巴题书店（音译——译者），1940.
五种遗规．4 卷．台北：德志出版社，1961.
五种遗规．台北："中华书局"，1962.
五种遗规．台北："中华书局"，1966（1981 年重印）.
五种遗规．台北：台视文化公司，1986.
五种遗规．大阪：河内堂（音译——译者）（?），天保三年（?）.
五种遗规．大阪：鸣远堂，天保四年（?）.
五种遗规纪要．桂林：文化供应社，1942.
五种遗规杂钞．台北：台湾商务印书馆，1965.
五种遗规摘钞．12 卷，武昌：崇文书局，1868.
学仕遗规．8 卷．桂林：培远堂，1769（?）.
学仕遗规．8 卷．苏州：江苏书局，1879.
学仕遗规．8 卷．桂林：桂渊书局（音译——译者），1892.
学仕遗规．8 卷．北京：学部图书馆，1910.
训俗遗规．5 卷．南昌：培远堂，1742.
训俗遗规．5 卷．桂林：培远堂，1772.
训俗遗规．5 卷．北京：学部图书馆，1908.

训俗遗规．5 卷．上海：扫叶山房，1921.
养正遗规．3 卷（?）．昆明：培远堂，1736（是否存在不详）.
养正遗规．4 卷．北京：学部图书馆，1899.
养正遗规．2 卷．上海：扫叶山房，1921.
养正遗规等五种．17 卷（?）．出版地不详，1826.
在官法戒录．4 卷．出版地不详，1821.
在官法戒录．4 卷．出版地不详，1826.
在官法戒录．4 卷．武昌：崇文书局，1868.
在官法戒录．4 卷．桂林：桂渊书局（音译——译者），1892.
在官法戒录．5 卷．上海：扫叶山房，1921.
在官法戒录．南平：国民出版社，1940.
在官法戒录．见《笔记小说大观》．台北：新星书局，1973.
在官法戒录．见《清代笔记小说》．石家庄：河北教育出版社，1996.

5．陈参与编辑整理过的其他作者的著作

顾锡畴．纲鉴正史约. 36 卷．桂林：培远堂，1737.
顾锡畴．纲鉴正史约. 36 卷．桂林：培远堂，1869.
顾锡畴．纲鉴正史约. 36 卷．杭州：浙江书局，1869.
吕坤．闺范. 1 卷．出版地及出版日期不详.
吕坤．吕语集粹. 4 卷．北京：出版者不详，1879.
吕坤．吕子节录. 4 卷．桂林：培远堂，1736.
吕坤．吕子节录. 6 卷．出版地不详，1804.
吕坤．吕子节录. 6 卷．晋河：广仁堂，1829.
吕坤．吕子节录. 6 卷．南昌：江西书局，1885.
吕坤．吕子节录. 6 卷．南昌：江西书局，1898.
吕坤．吕子节录. 北京（?）：春话（音译——译者），1908.
吕坤．吕子节录. 台北：光文书局，1975.
吕坤．呻吟语. 东京（?）：出版者不详，1895.
吕坤．呻吟语. 出版地不详，1909.
吕坤．呻吟语. 上海：汇文堂书局，1924.
吕坤．呻吟语. 上海：文瑞堂银行，出版日期不详.
吕坤．呻吟语. 台北：远程文化图书供应社，1978.

吕坤. 呻吟语节录. 2 卷. 武林（音译——译者）：出版者不详，1869.
吕坤. 呻吟语节录. 台北："中央"文物供应社，1948.
庐湛. 关帝圣迹图志全集. 5 卷. 苏州（?）：敦武堂（音译——译者），1768.
司马光. 司马文正公传家集. 82 卷. 南昌：培远堂，1741.
杨锡绂. 节妇传. 桂林：培远堂（?），1761.
真德秀，丘濬. 大学衍义补纪要. 13 卷. 桂林：培远堂，1736.
真德秀，丘濬. 大学衍义补纪要. 13 卷. 保书堂（音译——译者），1842.
真德秀，丘濬. 大学衍义补纪要. 13 卷. 来路堂（音译——译者），1847.
真德秀，丘濬. 大学衍义补纪要. 13 卷. 开封：出版者不详，1865—1866.
6. 其他著作
参订古文详解评注. 8 卷. 南昌：书轩楼，1742（?）.
富民县志. 2 卷. 富民县（云南），1734（?）.
湖南通志. 174 卷. 出版地不详，1757.
家族纪元. 1 卷. 出版地不详，1737.
课士直解. 7 卷. 桂林：培远堂，1781.
论语考辑要. 9 卷. 桂林：培远堂，出版日期不详.
论语考辑要. 9 卷. 台北：出版者不详，1964.
全滇义学汇记. 6 册. 桂林：培远堂，1738.
三通书目. 2 卷. 出版地不详，约 1742.
四书考辑要. 20 卷. 吴门：莫大展局（音译——译者），1769.
四书考辑要. 20 卷. 桂林：培远堂，1771.
四书考辑要. 20 卷. 桂林：彬知局（音译——译者），1878.
四书考辑要. 20 卷. 台北：广文书局，1978.
四书人物考据（图解）. 22 卷. 出版日期不详.
宋司马文政公年谱. 1 卷. 桂林：陈氏堂，1741.
宋司马文政公年谱 1 卷. 台北：台湾商务印书馆，1968（1978 再版）.
物料价值则例. 直隶版（音译——译者）. 24 卷，北京：工部，1768.
物料价值则例. 山东版. 16 卷. 北京：工部，1768.
物料价值则例. 河南版. 16 卷. 北京：工部，1768.
物料价值则例. 陕西版. 12 卷. 北京：工部，1768.

物料价值则例. 云南版. 10卷. 北京：工部，1768.
物料价值则例. 福建版. 2卷. 北京：工部，1792.

7. 有些作品作者不明，有时被归于陈宏谋的名下

历代纪年便览. 出版地址及出版日期不详，可能是陈钟珂所著.
神仙通鉴. 北京（徐道述），1787.

二、其他明清作品

1. 档案集

北京，中国第一历史档案馆（明清档案）：

朱批奏折

内政

职官

财政

货币金融

关税

漕运

仓储

田赋

盐务

工业

矿务

军机处录副奏折

水利

河湖海塘

台湾，“故宫博物院”（清宫档案）：

录副奏折

常编档

国史馆，列传：

陈宏谋，nos. 5834 和 7776

金铁，no. 5639

2. 出版物

The Ceremonial Usages of the Chinese, *B. C.* 1121, *as Prescribed in the Institutes of the Chow Dynasty Strung as Pearls*. Translated by William Raymond Gingell. London: Smith, Elder, 1852.

陈钟珂. 先文恭公年谱. 出版地不详, 序言日期 1766.

大清高宗纯皇帝实录. 出版地址及出版日期不详.

大清会典事例. 出版地不详, 1899.

大清律例增修通纂集成. 出版地不详, 1899.

大清世宗宪皇帝实录. 出版地址及出版日期不详.

德沛. 实践录. 出版地不详, 1736.

东华录. 出版地址及出版日期不详.

方苞. 方望溪遗集. 合肥: 黄山书社, 1990.

葛士濬. 皇朝经世文续编. 出版地不详, 1888.

宫尔劝. 南溟集. 出版地不详, 序言日期 1760.

宫中档乾隆朝奏折. 台北: "故宫博物院", 出版日期不详.

宫中档雍正奏折. 台北: "故宫博物院", 出版日期不详.

顾炎武. 日知录. 京都: Gakunin, 1980.

顾炎武. 亭林文集. 上海: 中华书局, 1927.

广西通志. 出版地不详, 1733.

广西通志. 出版地不详, 1800.

关中书院志. 出版地不详, 1613.

桂林石刻. 桂林: 桂林文化遗产管理委员会, 1981.

徐乾学编. 古文渊鉴. 出版地不详, 1685.

贺长龄. 皇朝经世文编. 1826 (再版, 台北: 国风出版社, 1963).

户部则例. 出版地不详, 1865.

江都县志. 出版地不详, 1881 (原著 1743).

江西通志. 1880 (再版, 台北: 华文出版社, 1967).

康熙字典. 1715 (再版, 上海: 上海书店, 1985).

昆明县志. 出版地不详, 1901.

李元度. 国朝先正事略. 出版地不详, 1869.

两淮盐法志. 出版地不详, 1806.

凌焘．西江视臬纪事．见中国社会科学院历史研究所编．清史资料，第三卷．北京：中华书局，1992．

临桂县志．1900（再版，台湾：成文出版社，1967）．

临桂县志．出版地不详，1905．

陆燿．切问斋文钞．出版地不详，1775．

罗泽南．罗忠节公遗集．出版地不详，1863（再版，台北：文海出版社，出版日期不详）．

苗蛮图册．再版（台北："中央研究院"历史语言研究所，1973）．

Morgan，Evan．*Wenli Styles and Chinese Ideals*．上海：历史语言研究所，1912．

中国第一历史档案馆．雍正元年垦荒史料选．见历史档案，1993，1：13－16．

鄂尔泰．鄂尔泰折．见笔记小说大观，第12辑，第8卷．台北：新兴书局，1976．

彭启丰．芝亭先生集．1785（再版，出版地不详，1876）．

钦定福惠全书．出版地不详，1796．

钦定授时通考．出版地不详，1742．

钦定学政全书．出版地不详，1810．

清朝文献通考．出版地不详，1936．

赵尔巽编辑．清史稿．北京：中华书局，1977．

阮元．皇清经解．出版地不详，1829．

纪晓岚等编辑．四库全书总目提要．1782（再版，上海：商务印书馆，1933）．

宋联奎．关中丛书．台北：译文出版社，1971．

孙星衍．孙渊如先生文赋遗（台北再版，1972）．

苏州府志．出版地不详，1877．

汤斌编，尹会一修订．洛学编．出版地不详，1738．

唐鉴．国朝学案小识．出版地不详，序言日期1845．

王炳燮．国朝名臣言行录．出版地不详，1885．

王昶．湖海文传．出版地不详，1837．

王杰．报春歌集．出版地址及出版日期不详．

汪森. 粤西丛载. 出版日期不详（再版，台北：光文出版社，1969）.

Wang Yang-ming（王阳明）. *Instructions for Practical Living and Other Neo-Confucian Writings*. Translated by Wing-tsit Chan（陈荣捷）. New York：Columbia University Press，1963.

魏源. 古微堂内外集. 出版地不详，1878.

武昌县志. 出版地不详，1885.

李光地编辑. 性理精义. 出版地不详，1717.

新修岳麓书院志书. 出版地不详，序言日期1687.

徐栋. 保甲书. 1837（再版，扬州：出版者不详，1990）.

徐栋. 牧令书，1838（再版，扬州：出版者不详，1990）.

严如熤，苗防备览，1843.

杨屾. 豳风广义. 1741（再版，北京：农业出版社，1962）.

杨锡绂. 四知堂文集. 1769.

尹会一. 健余先生抚豫条教. 1750（再版，北京：中华书局，1985）.

尹会一. 健余先生文集. 约1750（再版，上海：商务印书馆，1936）.

尹会一. 四鉴录. 1748（再版，上海：商务印书馆，1937）.

尹继善. 斯文精粹. 约1735.

尹继善. 尹文端公诗集. 约1780.

雍正. 大义觉迷录. 1730（再版，台北：文海出版社，1969）.

雍正朝朱笔引见单. 见中国第一历史档案馆编，清代档案史料丛编. 9（1983）：44－156.

俞森. 荒政丛书. 1690（再版，台北：文海出版社，1989）.

袁枚. 小仓山房文集. 出版地址及出版日期不详.

云南通志. 出版地不详，1736.

云南通志稿. 出版地不详，1835.

曾国藩. 曾国藩全集. 长沙：岳麓书局，1986.

张廷玉. 清张大学士廷玉自定年谱. 1749（再版，台北：商务印书馆，1982）.

张维屏. 张南山全集. 出版地不详，1842.

朱方增. 从政观法录. 出版地不详，1830.

朱轼. 朱文端公文集. 1737（再版，出版地不详，1869）.

宗谱流传（陈氏家谱手稿）. 1739（修订本，1924）.

三、重要的二手文献

Abe Takeo. "Bikoku jūkyū no kenkyū—Yōsei shi no issho to shita mita" (Supply and demand of grain in the Yongzheng period). In Abe, *Shindaishi no kenkyū* (Studies in Qing history), 411−522. Tokyo: Sōbunsha, 1971.

白新良. 乾隆传. 沈阳：辽宁教育出版社. 1990.

Barlow, Tani E. "Theorizing Woman: *Funü*, *Guojia*, *Jiating* (Chinese Women, Chinese State, Chinese Family)." In Angela Zito and Tani Barlow, eds., *Body, Subject, and Power in China*, 253−89. Chicago: University of Chicago Press, 1994.

Bartlett, Thomas. "Ch'ing Period Views of Ku Yen-wu's Statecraft Scholarship." In Institute of Modern History, 经世思想, 39−69.

Birdwhistell, Anne D. *Li Yong (1627−1705) and Epistemological Dimensions of Confucian Philosophy*. Stanford: Stanford University Press, 1996.

Birge, Bettine. "Chu Hsi and Women's Education." In de Bary and Chaffee, 325−67.

Bol, Peter K. "Government, Society, and State: On the Political Visions of Ssu-ma Kuang and Wang An-shih." In Hymes and Schirokauer, 128−92.

Bol, Peter K. *"This Culture of Ours": Intellectual Transition in T'ang and Sung China*. Stanford: Stanford University Press, 1992.

Braudel, Fernand, and Frank Spooner. "Prices in Europe from 1450 to 1750." In E. E. Rich and C. H. Wilson, eds., *The Cambridge Economic History of Europe*. Vol. 4. Cambridge: Cambridge University Press, 1967.

Bray, Francesca. *Technology and Gender: Fabrics of Power in Late Imperial China*. Berkeley: University of California Press, 1997.

Brokaw, Cynthia. *The Ledgers of Merit and Demerit: Social Change and Moral Order in Late Imperial China*. Princeton: Princeton University Press, 1991.

Brokaw, Cynthia. "Tai Chen and Learning in the Confucian Tradition." In Elman and Woodside, 257−91.

Brook, Timothy. *The Confusions of Pleasure: Commerce and Culture in Ming China.* Berkeley: University of California Press, 1998.

Brook, Timothy. "Funerary Ritual and the Building of Lineages in Late Imperial China." *Harvard Journal of Asiatic Studies* 49.2 (December 1989): 465–99.

Buck, David D. "Imperially Inspired Philanthropy in the Ch'ing: The Case of Granaries in the Eighteenth Century." *Bulletin of the Institute of Modern History* 11 (1982): 225–50.

蔡冠洛. 清代七百名人传. 北京：中华书局，1984.

Carlitz, Katherine. "The Social Uses of Female Virtue in Late Ming Editions of Lienu Zhuan." *Late Imperial China* 12.2 (December 1991): 117–48.

Chan, Wing-tsit. "The *Hsing-li ching-i* and the Ch'eng-Chu School of the Seventeenth Century." In de Bary, *Unfolding*, 543–79.

Chan, Wing-tsit. trans. and comp., *A Sourcebook in Chinese Philosophy.* Princeton: Princeton University Press, 1963.

Chang Chun-ming, "The Chinese Standards of Good Governance: Being a Study of the 'Biographies of Model Officials' in Dynastic Histories." *Nankai Social and Economic Quarterly* 8.2 (July 1935): 219–49.

Chang, Chun-shu. "Emperorship in Eighteenth-Century China". *Journal of the Institute of Chinese Studies* (Chinese University of Hong Kong) 7.1 (December 1974): 331–69.

Chang, Chung-ying. "Practical Learning in Yen Yuan, Chu Hsi, and Wang Yang-ming." In de Bary and Bloom, 37–68.

Chang, Hao (Zhang Hao). *Chinese Intellectuals in Crisis: Search for Order and Meaning, 1890–1911.* Berkeley: University of California Press, 1987.

Chang, Hao (Zhang Hao). "Confucian Cosmological Myth and Neo-Confucian Transcendence." In Smith and Kwok, 11–34.

Chang, Hao (Zhang Hao). "On the '*Ching-shih*' Ideal in Neo-Confucianism." *Ch'ing-shih wen-t'i* 3.1 (November 1974): 36–61.

Chartier, Roger. *The Cultural Origins of the French Revolution.* Durham: Duke University Press, 1991.

Chartier, Roger. "From Texts to Manners. A Concept and Its Books: *Civilité* Between Aristocratic Distinction and Popular Appropriation." In Roger Chartier, *The Cultural Uses of Print in Early Modern France*, 71-109. Princeton: Princeton University Press, 1987.

陈东原. 中国妇女生活史. 1937 (再版，上海：上海书店，1984).

Chen, Fu-mei Chang. "Local Control of Convicted Thieves in Eighteenth-Century China." In Federic Wakeman Jr. and Carolyn Grant, ed., *Conflict and Control in Late Imperial China*, 121-42. Berkeley: University of California Press, 1975.

陈金陵. 清朝的粮价奏报与其盛衰. 中国社会经济史研究，1985.3：63-68.

陈俊民. 张载的哲学思想及关学学派. 台北：学生书局，1990.

陈昭南. 雍正乾隆年间的银钱比价变动（1723—1795），台北：中国学术著作资助委员会，1966.

陈祖武. 清初学术思辨录. 北京：中国社会科学院，1992.

"Chin Kōbō"（陈宏谋）. In *Tōyō rekishi daijiten* (Historical dictionary of East Asia), 1342-43. Tokyo: Heibonsha, 1937.

Chow, Kai-wing. "Discourse, Examination, and Local Elite: The Invention of the T'ung-ch'eng School in Ch'ing China." In Elman and Woodside, 183-219.

Chow, Kai-wing. "Ordering Ancestors and the State: Chang Hsüeh-ch'eng (1738-1801) and Lineage Discourse in Eighteenth-Century China." In Institute of Modern History, 家族与政治, 297-326.

Chow, Kai-wing. *The Rise of Confucian Ritualism in Late Imperial China: Ethics, Classics, and Lineage Discourse*. Stanford: Stanford University Press, 1994.

Chu, Hung-lam. "Ch'iu Chun's *Ta-hsüeh yen-i pu* and Its Influence in the Sixteenth and Seventeenth Centuries." *Ming Studies* 22 (fall 1986): 1-22.

Chu, Hung-lam. "Intellectual Trends in the Fifteenth Century." *Ming Studies* 27 (spring 1989): 1-33.

Chu, Ron-Guey. "Scholarly Autonomy and Political Dissent of *Local Academies in the Early Ch'ing*." Paper presented to the Symposium on Civil Society in

East Asian Countries, Montreal, 1992.

Ch'ü, T'ung-tsu. *Local Government in China Under the Ch'ing*. Cambridge, Mass.: Harvard University Press, 1962.

Chuan Han-sheng (Quan Hansheng) and Richard Kraus. *Mid-Ch'ing Rice Markets and Trade: An Essay in Price History*. Cambridge, Mass.: Harvard University Press, 1975.

Clunas, Craig. *Superfluous Things: Material Culture and Social Status in Early Modern China*. Cambridge: Polity Press, 1991.

Crossley, Pamela K. *The Manchus*. Oxford: Blackwell, 1997.

Crossley, Pamela K. "*Manzhou yuanliu kao* and the Formalization of the Manchu Heritage." *Journal of Asian Studies* 46.4 (November 1987): 761-90.

Crossley, Pamela K. "The Rulerships of China." *American Historical Review* 97.5 (December 1992): 1468-83.

Crossley, Pamela K. "Thinking About Ethnicity in *Late Imperial China*." *Late Imperial China* 11.1 (June 1990): 1-35.

戴逸. 笔谈十八世纪中国与世界. 清史研究, 1993, 1: 1-35.

戴逸. 乾隆帝及其时代. 北京: 中国人民大学出版社, 1992.

Dardess, John. *A Ming Society: T'ai-ho County, Kiangsi, Fourteenth to Seventeenth Centuries*. Berkeley: University of California Press, 1997.

de Bary, Wm. Theodore. "Chen Te-hsiu and Statecraft." In Hymes and Schirokauer, 349-79.

de Bary, Wm. Theodore. "Individualism and Humanitarianism in Late Ming Thought." In de Bary, ed., *Self and Society in Ming Thought*, 145-248. New York: Columbia University Press, 1970.

de Bary, Wm. Theodore. *The Liberal Tradition in China*. Hong Kong: Chinese University Press, 1983.

de Bary, Wm. Theodore. "Some Common Tendencies in Neo-Confucianism." In David S. Nivison and Arthur F. Wright, eds., *Confucianism in Action*, 25-49. Stanford: Stanford University Press, 1959.

de Bary, Wm. Theodore. *The Trouble with Confucianism*. Cambridge, Mass.: Harvard University Press, 1991.

de Bary, Wm. Theodore. ed. *The Unfolding of Neo-Confucianism*. New York: Columbia University Press, 1975.

de Bary, Wm. Theodore, and Irene Bloom, eds. *Principle and Practicality: Essays in Neo-Confucianism and Practical Learning*. New York: Columbia University Press, 1979.

de Bary, Wm. Theodore, and John Chaffee, eds. *Neo-Confucian Education: The Formative Phase*. Berkeley: University of California Press, 1989.

Dikötter, Frank. *The Discourse of Race in Modern China*. Stanford: Stanford University Press, 1992.

Duara, Prasenjit. "Knowledge and Power in the Discourse of Modernity: The Campaigns Against Popular Religion in Early Twentieth-Century China." *Journal of Asian Studies* 50. 1 (February 1991): 67–83.

Duara, Prasenjit. "Superscribing Symbols: The Myth of Guandi, Chinese God of War." *Journal of Asian Studies* 47. 4 (1988): 778–95.

Dunstan, Helen. *Conflicting Counsels to Confuse the Age: A Documentary Study of Political Economy in Qing China, 1644–1840*. Ann Arbor: University of Michigan Center for Chinese Studies, 1996.

Dunstan, Helen. "Wang Yuan's *Pingshu*: A Late Seventeenth-Century Chinese Utopia." *Papers on Far Eastern History* 35 (March 1987): 31–78.

Ebrey, Patricia B. "Conceptions of the Family in the Sung Dynasty." Journal of Asian Studies 43. 2 (February 1984): 219–46.

Ebrey, Patricia B. *Confucianism and Family Rituals: A Social History of Writing About Rites*. Princeton: Princeton University Press, 1991.

Ebrey, Patricia B. "Education Through Ritual: Efforts to Formulate Family Rituals During the Sung Period." In de Bary and Chaffee, 277–306.

Ebrey, Patricia B., trans. *Chu Hsi's Family Rituals*. Princeton: Princeton University Press, 1991.

Ebrey, Patricia B., trans. *Family and Propriety in Sung China: Yuan Ts'ai's Precepts for Social Life*. Princeton: Princeton University Press, 1984.

Elias, Norbert. *The Civilizing Process: The History of Manners*. Translated by Edmund Jephcott. New York: Urizen Books, 1978.

Elman, Benjamin. *Classicism, Politics, and Kinship: The Ch'ang-chou School of New Text Confucianism in Late Imperial China.* Berkeley: University of California Press, 1990.

Elman, Benjamin. *From Philosophy to Philology: Intellectual and Social Aspects of Change in Late Imperial China.* Cambridge, Mass.: Harvard University Press, 1984.

Elman, Benjamin. "History in Policy Questions from Southern Provincial Civil Service Examinations During the Late Ming and Early Ch'ing." In *Proceedings of the Conference on the Achievements of Historical Figures in South China During the Late Ming and Early Ch'ing*, 179-206. Hong Kong: Chinese University of Hong Kong, 1993.

Elman, Benjamin, "The Inter-relation Between Changes in Ch'ing Classical Studies and Changes in Policy Questions on Civil Service Examinations." 见清代经学国际研究会论文集, 33-80. Taibei: Institute of Chinese Literature and Philosophy, 1994.

Elman, Benjamin. "The Relevance of Sung Learning in the Late Ch'ing: Wei Yuan and the *Huang-ch'ao ching-shih wen-pien.*" *Late Imperial China* 9.2 (December 1988): 56-85.

Elman, Benjamin. "Scholarship and Politics: Chuang Ts'un-yü and the Rise of the Ch'ang-chou New Text School in Late Imperial China." *Late Imperial China* 7.1 (June 1986): 63-86.

Elman, Benjamin, and Alexander Woodside, eds. *Education and Society in Late Imperial China.* Berkeley: University of California Press, 1994.

Elvin, Mark. "Female Virtue and the State in China." *Past and Present* 104 (1984): 111-52.

冯尔康. 雍正传. 北京: 人民出版社, 1985.

冯柳堂. 中国历代民食政策史. 上海: 商务印书馆, 出版日期不详.

冯天瑜. 道光咸丰年间经世史学. 历史研究, 1987.4: 138-51.

冯天瑜. 民本学说: 中国传统文化与民主主义的结合点. 江汉论坛(1988): 61-65.

封祝祁等. 陈榕门先生二百五十周年诞辰纪念专刊. 桂林: 陈宏谋纪念

委员会，1946.

Feuerwerker, Albert. "The State and the Economy in Late Imperial China." *Theory and Society* 13.3 (1984): 297−26.

Fox-Genvese, Elizabeth. *The Origins of Physiocracy: Economic Revolution and Social Order in Eighteenth-Century France*. Ithaca: Cornell University Press, 1976.

傅衣凌. "Capitalism in Chinese Agriculture: On the Laws Governing Its Development." 现代中国，6.3 (July 1980): 311−16.

傅衣凌. 论乡族势力对于中国封建经济的干涉. 见傅衣凌. 明清社会经济史论文集，78−102. 北京：人民出版社，1982.

Fuma Susumu. *Chūgoku zenkai zentō shi kenkyū* (Studies of the history of charity in China). Kyoto: Dohosha, 1997.

Fuma Susumu. "Shindai Shōkō ikueitō no keiei jitai to chiho shakai" (Local society and the practical management of orphanages in Qing Songjiang), *Tōyōshi kenkyū* 45.3 (December 1986): 55−89.

Fuma Susumu. "Zentō, zenkai no shuppatsu" (The origin of *shantang* and *shanhui*). In Ono Kazuko, ed., *Min-Shin jidai no seiji to shakai* (Government and society in the Ming and Qing era), 189−232. Kyoto: Jimbun kagaku kinkyū jo, 1983.

Furth, Charlotte. "The Patriarch's Legacy: Household Instructions and the Transmission of Orthodox Values." In K. Liu, *Orthodoxy*, 187−211.

高吉人. 陈榕门之生平. 桂林：文化供应社，1945.

高王凌. 关于康乾盛世的几个问题. 清史研究通讯，1990.4：21−26.

高王凌. 关于清代矿政几个问题. 清史研究，1993.1：20−22.

高王凌. 十八世纪中国的经济发展和政府政策. 北京：中国社会科学出版社，1995.

高王凌. 十八世纪中国人口的增长和清政府的农业经济对策. 讨论论文. 中国社会科学院，1982.

高王凌. 一个未完结的尝试——清代乾隆时期的粮政和粮食问题，九州学刊，2.3（1988年4月）：13−40.

高翔. 康雍乾三帝统治思想研究. 北京：中国人民大学出版社，1996.

高翔．论清初理学的政治影响．清史研究，1993.3：66－75.

高翔．尹继善述论．清史研究，1995.1：27－37.

Gluck，Carol. *Japan's Modern Myths：Ideology in the Late Meiji Period.* Princeton：Princeton University Press，1985.

Goodman，Bryna. *Native Palace，City，and Nation：Regional Networks and Identities in Shanghai，1853－1937.* Berkeley：University of California Press，1995.

Goodrich，L. Carrington，and Chao-ying Fang，eds. *Dictionary of Ming Biography.* New York：Columbia University Press，1976.

郭松义．论"摊丁入地"．清史论丛，1982. 3：1－62.

Guy，R. Kent. *The Emperor's Four Treasuries：Scholars and the State in the Late Ch'ien-lung Era.* Cambridge，Mass.：Harvard University Press，1989.

Guy，R. Kent. "Fang Bao and the Ch'in-ting ssu-shu-wen" In Elman and Woodside，150－82.

Guy，R. Kent. "Provincial Governors of the Qianlong Regency." Paper presented to the Association for Asian Studies Annual Meeting，Chicago，March 1993.

Guy，R. Kent. "Zhang Tingyu and Reconciliation：The Scholar and the State in the Early Qianlong Reign." *Late Imperial China* 7. 1（June 1986）：50－62.

Handlin，Joanna. *Action in Late Ming Thought：The Reorientation of Lü K'un and Other Scholar-Officials.* Berkeley：University of California Press，1983.

Handlin，Joanna. "Definitions of Community by Ch'i Chi-kuang and Lü K'un." In Paul A. Cohen and John E. Schrecker，eds.，*Reform in Nineteenth-Century China*，18－25. Cambridge，Mass.：East Asian Research Center，1976.

Handlin，Joanna. "Lü K'un's New Audience：The Influence of Women's Literary on Sixteenth-Century Thought." In Margery Wolf and Roxane Witke，eds.，*Women in Chinese Society*，13－38. Stanford：Stanford University Press，1975.

Handlin Smith，Joanna. "Benevolent Societies：The Reshaping of Charity During the Late Ming and Early Ch'ing." *Journal of Asian Studies* 46. 2（May 1987）：309－37.

Handlin Smith，Joanna. "Chinese Philanthropy as Seen Through a Case of

Famine Relief in the 1640s." In Warren F. Ilchman et al., *Philanthropy in the World's Traditions*, 133–68. Bloomington: Indiana University Press, 1998.

Hartwell, Robert. "Historical Analogism, Public Policy, and Social Science in Eleventh-and Twelfth-Century China." *American Historical Review* 76.3 (June 1971): 690–727.

Hauf, Kandice. "The Community Covenant in Sixteenth-Century Ji'an Prefecture, Jiangxi." *Late Imperial China* 17.2 (December 1996): 1–50.

Henderson, John B. *The Development and Decline of Chinese Cosmology*. New York: Columbia University Press, 1984.

Herman, John E. "Empire in the Southwest: Early Qing Reforms to the Native Chiefdom System." *Journal of Asian Studies* 56.1 (February 1997): 47–74.

Himmelfarb, Gertrude. *The Idea of Poverty: England in the Early Industrial Age*. New York: Knopf, 1983.

Hirshman, Albert O. *The Passions and the Interests: Political Arguments for Capitalism Before Its Triumph*. Princeton: Princeton University Press, 1967.

Ho, Clara Wing-chung. "The Cultivation of Female Talent: Views on Women's Education in China During the Early and High Qing Periods." *Journal of the Economic and Social History of the Orient* 38.2 (1995): 191–223.

Ho, Ping-ti. *Studies on the Population of China, 1368–1953*. Cambridge, Mass.: Harvard University Press, 1959.

侯晓南. 清代政治家和思想家陈宏谋. 广西师范大学学报, 1988.4: 73–80.

Hsiao, Kung-ch'uan. *Rural China: Imperial Control in the Nineteenth Century*. Seattle: University of Washington Press, 1960.

胡发贵. 清代贞节观念述论. 清史研究集, 7 (1990): 153–170.

胡文楷. 历代妇女著作考. 上海: 上海古籍出版社, 1985.

黄开华. 明代土司制度设施与西南开发. 新亚学报, 6.1 (1964年2月): 285–365, 和6.2 (1964年8月): 397–495.

黄克武.《经世文编》与中国近代经世思想研究. 近代中国史研究通讯, 2 (1986年9月): 83–96.

Huang, Pei. *Autocracy at Work: A Study of the Yung-Cheng Reign, 1723-1735*. Bloomington: Indiana University Press, 1974.

Huang, Philip C. C. *Civil Justice in China: Representation and Practice in the Qing*. Stanford: Stanford University Press, 1996.

Huang, Philip C. C. *The Peasant Economy and Social Change in North China*. Stanford: Stanford University Press, 1985.

黄启臣. 明清时期两广的商业贸易. 中国社会经济史研究, 1989.4: 31-38.

Hummel, Arthur, ed. *Eminent Chinese of the Ch'ing Period*. Washington: Library of Congress, 1943-44.

Hymes, Robert P. "Moral Duty and Self-Regulating Process in Southern Sung Views of Famine Relief." In Hymes and Schirokauer, 280-301.

Hymes, Robert P. *Statesmen and Gentlemen: The Elite of Fu-Chou, Chiang-hsi, in Northern and Southern Sung*. Cambridge: Cambridge University Press, 1986.

Hymes, Robert P., and Conrad Schirokauer, eds. *Ordering the World: Approaches to State and Society in Sung Dynasty China*. Berkeley: University of California Press, 1993.

Iemura Shiseo. "Shindai shasō seido kenkyū josetsu" (A preliminary study of the Qing community granary system). *Mindaishi kenkyū* 11 (1983): 7-23.

Inada Seiichi. "Seibei tōun kō" (A study of the transport of Guangxi rice to Guangdong). *Tōhōgaku* 71 (January 1986): 90-105.

"中央研究院"近代史研究所. 近代家族与政治比较历史论文集. 台北: 中国学术著作资助委员会, 1992.

"中央研究院"近代史研究所. 近代中国经世思想研讨会论文集: 台北: 中国学术著作资助委员会, 1984.

金耀基. 人际关系中人情之分析(初探). 见杨联陞, 报之意义, 75-104.

经君健. 清朝的等级制度. 中国社会科学, 1982.1: 156-192.

经君健. 清代社会的贱民等级. 杭州: 浙江人民出版社, 1993.

Johnson, David. "Actions Speak Louder Than Words: The Cultural Significance of Ritual Opera." In David Johnson, ed., *Ritual Opera, Operatic Ritual: "Mu-lien Rescues His Mother" in Chinese Popular Culture*, 1–45. Berkeley: Chinese Popular Culture Project, 1989.

Johnson, David. "Scripted Performance in Chinese Culture: An Approach to the Analysis of Popular Literature." 汉学研究 8.1 (June 1990): 37–55.

Johnson, David, Andrew J. Nathan, and Evelyn S. Rawski, eds. *Popular Culture in Late Imperial China*. Berkeley: University of California Press, 1985.

巨焕武. 清律的屈法以申情. 见"中央研究院"近代史研究所.《近世家族与政治比较历史论文集》, 847–900.

Kahn, Harold L. *Monarchy in the Emperor's Eyes: Image and Reality in the Ch'ien-lung Reign*. Cambridge, Mass.: Harvard University Press, 1971.

Kaplan, Steven L. *Provisioning Paris: Merchants and Millers in the Grain and Flour Trade During the Eighteenth Century*. Ithaca: Cornell University Press, 1984.

Kataoka Kazutada. "Shindaai koki Senseisho no sayō ni tsuite" (On corvée in Shaanxi Province during the late Qing). *Tōyōshi kenkyū* 44.3 (1985): 1–24.

Kelleher, M. Theresa. "Back to Basics: Chu Hsi's *Elementary Learning* (*Hsiao-hsüeh*)." In de Bary and Chaffee, 219–51.

Kelly, Joan. "Early Feminist Theory and the *Querrelle des Femmes*, 1400–1789." In Joan Kelly, *Women, History, and Theory: The Essays of Joan Kelly*, 65–109. Chicago: University of Chicago Press, 1984.

King, Ambrose Yeo-chi. "Kuan-his and Network Building: A Sociological Analysis." *Daedalus* 120.2 (Spring 1991): 63–84.

Kishimoto Mio. "Shinchō chūki keizai seisaku no kichō" (A preliminary investigation of mid-Qing economic policy). *Chikaki ni arite* 11 (1987): 17–35.

Kishimoto Mio. *Shindai Chūgoku no buka to keizai hendō* (Prices and economic change in Qing China). Tokyo: Kenbun, 1997.

Kishimoto-Nakayama, Mio. "The Kangxi Depression and Early Qing Local Markets." *Modern China* 10.2 (April 1984): 227–56.

Ko, Dorothy. "Pursuing Talent and Virtue: Education and Women's Culture in Seventeenth-and Eighteenth-Century China." *Late Imperial China* 13.1 (June

1992)：9–39.

Ko, Dorothy. *Teachers of the Inner Chamber: Women and Culture in China, 1573–1722*. Stanford: Stanford University Press, 1994.

孔祥文. 陈宏谋及其吏治思想研究. 硕士论文. 清史研究所. 中国人民大学, 1996.

Kuhn, Philip A. "Chinese Views of Social Classification." In James L. Watson, ed., *Class and Social Stratification in Post-Revolution China*, 16–28. Cambridge: Cambridge University Press, 1984.

Kuhn, Philip A. "Local Self-Government Under the Republic: Problems of Control, Autonomy, and Mobilization." In Frederic Wakeman Jr. and Carolyn Grant, eds., *Conflict and Control in Late Imperial China*, 257–98. Berkeley: University of California Press, 1975.

Kuhn, Philip A. *Soulstealers: The Chinese Sorcery Scare of 1768*. Cambridge, Mass.: Harvard University Press, 1990.

Kuroda Akinobu. "Kenryū no senki" (The inflation of copper cash in the Qianlong era). *Tōyōshi kenkyū* 45.4 (March 1987): 58–89.

Kuroda Akinobu. "Shindai bichikukō" (A study of the Qing granary system). *Shirin* 71.6 (1988): 1–28.

赖惠敏. 论乾隆朝初期之满党与汉党. 见近代史研究所. 家族与政治, 721–44.

Lamely, Harry J. "Lineage and Surname Feuds in Southern Fukien and Eastern Kwangtung under the Ch'ing." In K. Lu, *Orthodoxy*, 255–78.

Lee, James. "Food Supply and Population Growth in Southwest China, 1250–1850." *Journal of Asian Studies* 41.4 (1982): 711–46.

Lee, James. "The Legacy of Immigration in Southwest China, 1250–1850." *Annales de demographie historique* (1982): 279–304.

Leung, Angela Ke Che (Liang Qizi). "L'accueil des enfants abandonnés dans la Chidde du bas-Yangzi aux XVIIe et XVIIIe siècles." *Études chinoises* 4.1 (Spring 1985): 15–54.

Leung, Angela Ke Che (Liang Qizi). "To Chasten the Society: The Development of Widow Homes in the Ch'ing, 1773–1911." *Late Imperial China* 14.2

(December 1993): 1-32.

李伯重. 控制增长以保富裕: 清代前中期江南的人口行为. 新史学, 5.3 (1994): 25-71.

李国祁. 道咸同时期我国的经世致用思想. 近代史研究院集刊, 15.2 (1986年12月): 17-65.

李洵. 孙嘉淦与雍乾政府. 史学季刊, 1984.1: 38-44.

梁启超. 近代学风之地理分布. 清华学报, 1.1 (1924年6月): 2-37.

梁其姿. 明末清初民间慈善活动的兴起. 食货月刊, 15.7-8 (1986年1月): 304-331.

梁其姿. "贫穷"与"穷人"观念在中国俗世社会中的历史演变. 见黄应贵编. 人观, 意义与社会, 129-62, 台北: 民族学研究所, 1993.

梁其姿. 施善与教化: 明清的慈善组织. 台北: 联经出版社, 1997.

林半觉. 榕门故里. 见封祝祁, 39-51.

Lin Man-houng. "A Time When Grandsons Beat Their Grandfathers: The Rise of Liberal Political-Economic Ideas During the Monetary Crisis of Early Nineteenth-Century China." *American Asian Review* 9.4 (Winter 1991): 1-28.

Lin Man-houng. "From Sweet Potatoes to Silver: The New World and Eighteenth-Century China as Reflected in Wang Hui-tsu's Passage About the Grain Prices." In Hans Pohl, ed., *The European Discovery of the World and Its Economic Effects on Pre-Industrial Society, 1500-1800*, 304-27. Stuttgart: Franz Steiner, 1990.

Lin Zengping. "A Preliminary Investigation of the Culture of Hunan in the Pre-modern Period." *Social Sciences in China* 1990.3: 139-62.

Littrup, Leif. *Subbureaucratic Government in Ming Times*. Oslo: Universitetsforleget, 1981.

刘凤云. 清代三藩研究. 北京: 中国人民大学出版社, 1994.

刘广京. 经世思想与新兴企业. 台北: 联经出版社, 1990.

刘广京, 周启荣.《皇朝经世文编》关于"经世之学"的理论. 近代史研究所集刊, 15.1 (1986年6月): 33-100.

Liu, James T. C. *Reform in Sung China: Wang An-shih (1021-1086) and His New Policies*. Cambridge, Mass.: Harvard University Press, 1959.

Liu, Kwang-Ching. "Education for Its Own Sake: Notes on Tseng Kuo-fan's *Family Letters*." In Elman and Woodside, 76-108.

Liu Kwang-Ching., ed. *Orthodoxy in Late Imperial China*. Berkeley: University of California Press, 1990.

Liu, Kwang-Ching, and Richard Shek, eds. *Heterodoxy in Late Imperial China*. Berkeley: University of California Press, forthcoming.

Liu, Lydia. "Translingual Practice: The Discourse of Individualism Between China and West." In Tani E. Barlow, ed., *Formations of Colonial Modernity in East Asia*, 83-112. Durham: Duke University Press, 1997.

刘敏. 试论明清时期户籍制度的变化. 中国古代史论丛, 1981.2: 218-236.

刘乃和. 陈宏谋与考据. 北京师范大学学报（社会科学版）. 1962.2: 109-110.

刘嵬. 清代粮价折奏制度浅议. 见中国第一历史档案馆编, 明清档案论文选编. 925-931. 北京: 档案出版社, 1985.

Locke, John. *Second Treatise of Government*. Edited by C. B. Macpherson. Indianapolis: Hackett, 1980.

Lombard-Salmon, Claudine. *Un Example d'Acculturation Chinoise: La Province du Guizhou au XVIIIe Siècle*. Paris: École Francaise d'Extrême Orient, 1972.

罗威廉. 政府与土地: 1723—1737 年广西开垦研究. 清史研究, 94.1: 79-86.

Macauley, Melissa. "Civil and Uncivil Disputes in Southeast Coastal China, 1723-1820." In Kathryn Bernhardt and Philip C. C. Huang, eds., *Civil Law in Qing and Republican China*, 85-121. Stanford: Stanford University Press, 1994.

Macpherson, C. B. *The Political Theory of Possessive Individualism: Hobbes to Locke*. London: Oxford University Press, 1962.

Man-Cheong, Iona D. "Fair Fraud and Fraudulent Fairness: The 1761 Examination Case." *Late Imperial China* 18.2 (December 1997): 36-70.

Mann, Susan. "Classical Revival and the Gender Question: China's First *Querelle des Femmes*." In Institute of Modern History, 家族与政治, 377-412.

Mann, Susan. "The Education of Daughters in the Mid-Ch'ing Period." In

Elman and Woodside, 19–49.

Mann, Susan. "'Fuxue' (Women's Learning) by Zhang Xuecheng (1738–1801), China's First History of Women's Culture." *Late Imperial China* 13. 1 (1992): 40–63.

Mann, Susan. "Grooming a Daughter for Marriage: Brides and Wives in the Mid-Ch'ing Period." In Rubie S. Watson and Patricia Buckley Ebrey, eds., *Marriage and Inequality in Chinese Society*, 204–230. Berkeley: University of California Press, 1991.

Mann, Susan.. *Precious Records: Women in China's Long Eighteenth Century*. Stanford: Stanford University Press, 1997.

Mann, Susan. "Widows in the Kinship, Class, and Community Structures of Qing Dynasty China." *Journal of Asian Studies* 46. 1 (February 1987): 37–56.

Marks, Robert B. "Rice Prices, Food Supply, and Market Structure in Eighteenth-Century South China," *Late Imperial China* 12. 2 (December 1991): 64–116.

Marks, Robert B. *Tigers, Rice, Silk, and Silt: Environment and Economy in Late Imperial South China*. Cambridge: Cambridge University Press, c1998.

McDermott, Joseph. "Emperor, Elites, and Commoners: The Community Pact Ritual in the Late Ming." Paper presented to the Conference on Ritual and the State in East Asian History, Paris, June 1995.

McDermott, Joseph. "Friendship and Its Friends in the Late Ming." In Institute of Modern History, 家族与政治, 67–96.

McMahon, Keith. *Causality and Containment in Seventeenth-Century Chinese Fiction*. Leiden: E. J. Brill, 1988.

Metzger, Thomas. *The Internal Organization of Ch'ing Bureaucracy: Legal, Normative, and Communication Aspects*. Cambridge, Mass.: Harvard University Press, 1973.

Metzger, Thomas, et al. "*Ching-shih* Thought and the Societal Changes of the Late Ming and Early Ch'ing Periods: Some Preliminary Considerations." In Institute of Modern History, 经世思想, 21–35.

Millward, James. *Beyond the Pass: Economics, Ethnicity, and Empire in*

Qing Central Asia, 1759—1864. Stanford: Stanford University Press, 1998.

Min, Tu-ki. "The Theory of Political Feudalism in the Ch'ing Period." In Tu-ki Min, *National Polity and Local Power: The Transformation of Late Imperial China*, ed. Philip A. Kuhn and Timothy Brook, 89—136. Cambridge, Mass.: Harvard University Press, 1989.

Miyazaki Ichisada. *Yōseitei: Chūgoku no dokusai kunshu* (The Yongzheng emperor: China's absolutist ruler). Tokyo: Chūo koronsha, 1996.

Mizoguchi Yūzō. "Chūgoku ni okeru *ko-shi* gainen no tenkai" (The evolution of the concepts of "public" and "private" in China). *Shisō* 669 (1980): 19—38.

Mori Masao. "Kyōzoku o megutte" (On *xiang*-level lineages). *Tōyōshi kenkyū* 44.1 (1985): 137—153.

Munro, Donald J. "The Concept of Interest in Chinese Thought." *Journal of the History of Ideas* 41.2 (1980): 179—197.

Munro, Donald J. *Images of Human Nature: A Sung Portrait*. Princeton: Princeton University Press, 1988.

Munro, Donald J. ed. *Individualism and Holism: Studies in Confucian and Taoist Values*. Ann Arbor: Center for Chinese Studies, 1985.

Najita, Tetsuo. *Visions of Virtue in Tokugawa Japan: The Kaitokusho Merchant Academy of Osaka*. Chicago: University of Chicago Press, 1987.

Ng, On-cho. "*Hsing* (Nature) as the Ontological Basis of Practicality in Early Ch'ing Ch'eng-Chu Confucianism: Li Kuang-ti's (1642—1718) Philosophy." *Philosophy East and West* 44.1 (January 1994): 79—109.

Ng, On-cho. "Toward an Interpretation of Ch'ing Ontology." In Smith and Kwok, 35—58.

Nivison, David. *The Life and Thought of Chang Hsüeh-ch'eng, 1738—1801*. Stanford: Stanford University Press, 1966.

Nivison, David. "Protest Against Convention and Conventions of Protest." In Arthur F. Wright, ed., *The Confucian Persuasion*. Stanford: Stanford University Press, 1960.

Ogawa Yoshilo. "Shindai ni okeru gigaku setsuritsu no kiben" (The social basis of *yixue* founding in the Qing period). In Hayashi Tomoharu, ed., *Kinsei Chūgoku kyōiku shi kenkyū* (Studies in Chinese educational history), 275－308. Tokyo: Kokutosha, 1958.

Ōmura kōdō. "Shinsho kyōiku shisō shi ni okeru 'Seiyu kōkin' ni tsuite" (On the role of the "Explication of the Sacred Edict" in the history of Qing educational thought). In Hayashi Tomoharu, ed., *Kinsei Chūgoku kyōiku shi kenkyū* (Studies in modern Chinese educational history), 233 － 71. Tokyo: Kokutosha, 1958.

Ōtani Toshio. "Shinmatsu Konan Kanryō keisei katei ni tsuite" (The formative process of the Hunan clique of the late Qing). *Tōyōshi kenkyū* 44.2 (September 1985): 71－105.

Paderni, Paola. "The Problem of *Kuan-hua* in Eighteenth-Century China: The Yung-cheng Decree for Fukien and Kwangtung." *Annali* 48.4 (1988): 257－65.

彭雨新. 清代土地开垦史. 北京：农业出版社，1990.

Perdue, Peter C. *Exhausting the Earth: State and Peasant in Hunan, 1500－1850*. Cambridge, Mass.: Harvard University Press, 1987.

Perdue, Peter C. "The Qing State and the Gansu Grain Market, 1739－1864." In Thomas Rawski and Lillian Li, eds., *Chinese History in Economic Perspective*, 100－125. Berkeley: University of California Press, 1992.

Perkins, Dwight. *Agricultural Development in China, 1368－1968*. Chicago: Aldine, 1969.

Pocock, J. G. A. "Languages and Their Implications: The Transformation of the Study of Political Thought." In J. G. A. Pocock, *Politics, Language, and Time: Essays on Political Thought and History*, 3－41. New York: Atheneum, 1973.

Pocock, J. G. A. "The Reconstruction of Discourse: Towards the Historiography of Political Thought." *MLN* 96 (1981): 959－80.

Polachek, James. *The Inner Opium War*. Cambridge, Mass.: Council on East Asian Studies, 1992.

钱穆. 中国近三百年学术史. 台北：商务印书馆，1964.

全汉昇. 乾隆十三年的米贵问题. 见全汉昇. 中国经济史论丛，547－66. 香港：崇文书店，1972.

Rankin, Mary Backus. "Managed by the People: Officials, Gentry, and the Foshan Charitable Granary, 1795－1845." *Late Imperial China* 15.2 (December 1994): 1－52.

Rankin, Mary Backus. "The Origins of a Chinese Public Sphere." *Études chinoises* 9.2 (autumn 1990): 13－60.

Rawski, Evelynn S. "Agricultural Development in the Han River Highlands." *Ch'ing-shih wen-t'i* 3.4 (1975): 63－81.

Revel, Jacques. "The Uses of Civility." In Philipe Ariès and Georges Duby, eds., *The History of Private Life*. Vol. 3, *Passions of the Renaissance*, edited by Roger Chartier, 167－205. Cambridge, Mass.: Harvard University Press, 1989.

容肇祖. 李贽年谱. 北京：三联书店，1957.

Ropp, Paul. *Dissent in Early Modern China: "Ju-lin wai-shih" and Ch'ing Social Criticism*. Ann Arbor: University of Michigan Press, 1981.

Ropp, Paul. "The Seeds of Change: Reflections on the Condition of Women in the Early and Mid Ch'ing." *Signs* 2.1 (1976): 5－23.

Rosemont, Henry, Jr. "Rights-Bearing Individuals and Role-Bearing Persons." In Mary I. Bockover, ed., *Roles, Rituals, and Responsibility: Essays Dedicated to Herbert Fingarette*, 71－101. La Salle, III.: Open Court, 1989.

Rowe, William T. "Ancestral Rites and Political Authority in Late Imperial China." *Modern China* 24.4 (October 1998): 378－407.

Rowe, William T. "Economics and Culture in Eighteenth-Century China." In Kenneth G. Liebrthal, Shuen-fu Lin, and Ernest P. Young, eds., *Constructing China: The Interaction of Culture and Economics*, 7－23. Ann Arbor: Center for Chinese Studies, 1997.

Rowe, William T. "Education and Empire in Southwest China: Ch'en Hung-mou in Yunnan, 1733－1738." In Elman and Woodside, 417－57.

Rowe, William T. "*Jiaohua*: Social Regeneration Through Ritual in Eighteenth-Century China." Conference on Ritual and the State in East Asian History

大会上提交的论文，Paris，June 1995.

Rowe，William T. "The Public Sphere in Modern China." *Modern China* 16. 3（July 1990）：309—29.

Rowe，William T. "Social Stability and Social Change." In *The Cambridge History of China*. Vol. 9，*Early Ch'ing*，edited by Willard Peterson. Cambridge：Cambridge University Press，forthcoming.

Rowe，William T. "State and Market in Mid-Qing Economic Thought：The Career of Chen Hongmou." *Études chinoises* 12. 1（1993）：7—40.

Santangelo，Paolo. "'Chinese and Barbarians' in Gu Yanwu's Thought." In Tilemann Grimm et al.，eds.，*Collected Papers of the Twenty-Ninth Congress of Chinese Studies*，183—199. Tübingen：Tübingen University Press，1988.

Santangelo，Paolo. "Gu Yanwu's Contribution to History." *East and West* 32（1982）：145—75.

Santangelo，Paolo. "Human Conscience and Responsibility in Ming-Qing China." *East Asian History* 4（December 1992）：31—80.

Santangelo，Paolo. "Is the Horseman Riding the Horse，or the Charioteer Driving the Two Steeds?" 明清研究（罗马），1993：81—112.

Sariti，Anthony William. "Monarchy，Bureaucracy，and Absolutism in the Political Thought of Ssu-ma Kuang." *Journal of Asian Studies* 32. 1（November 1972）：53—76.

邵勤. 析"民本". 历史研究，1985. 6，3—16.

Shepherd，John R. *Statecraft and Political Economy on the Taiwan Frontier*. Stanford：Stanford University Press，1993.

Shigeta Atsushi. "Chin Kōbō（Chen Hongmou）." In *Ajia rekishi jiten*（Historical dictionary of Asia），360. Tokyo：Heibonsha，1970.

Shigeta Atsushi. "Shinshu ni okeru Konan beishichō no ikkosatsu"（An investigation of Hunan rice in the early Qing）. *Tōyō bunka kenkyūjo kiyo* 10. 8（1956）：427—98.

Skinner，Quentin. *The Foundations of Modern Political Thought*. Cambridge：Cambridge University Press，1978.

Smith，Kent C. "Ch'ing Policy and the Development of Southwest China：Aspects of Ortai's Governor-Generalship, 1726－1731." Ph. D. dissertation Yale University, 1970.

Smith, Paul J. "State Power and Economic Activism During the New Policies, 1068－1085." In Hymes and Schirokauer, 76－127.

Smith, Paul J. *Taxing Heaven's Storehouse: Horses, Bureaucrats, and the Destruction of the Sichuan Tea Industry, 1074－1224*. Cambridge, Mass.: Council on East Asian Studies, 1991.

Smith, Richard J. "Divination in Ch'ing Dynasty China." In Smith and Kwok, 141－78.

Smith, Richard J. "Ritual in Ch'ing Culture." In K. Liu, *Orthodoxy*, 281－310.

Smith, Richard J., and D. W. Y. Kwok, eds. *Cosmology, Ontology, and Human Efficacy: Essays in Chinese Thought*. Honolulu: University of Hawaii Press, 1993.

宋希庠. 中国历代劝农考. 南京：正中书局，1936.

Strand, David. "Calling the Chinese People to Order: Images of State and Society in the *Sanmin Zhuyi* of Sun Yat-sen." Paper presented to the Conference on State and Society in East Asia, Copenhagen, April, 1993.

Strand, David. *Rickshaw Beijing: City People and Politics in 1920s China*. Berkeley: University of California Press, 1989.

Sutton, Donald. "Ming and Ch'ing Attitudes Towards Shamanism." In Liu and Shek, *Heterodoxy*, forthcoming.

Suzuki Chūsei. *Shinchō chūkishi kenkyū* (A study of the mid-Qing period). Toyohashi: Aichi daigaku, 1952.

Tanaka Issei. "The Social and Historical Context of Ming-Ch'ing Local Drama." In Johnson, Nathan, and Rawski, 143－60.

Taylor, Romeyn. "Chinese Hierarchy in Comparative Perspective." *Journal of Asian Studies* 48. 3 (August 1989): 490－511.

Taylor, Romeyn. "Official and Popular Religion and the Political Organization of Chinese Society in the Ming." In K. Liu, *Orthodoxy*, 126－57.

Terada Takanobu. "Yōseitei no seimin kaiko nit suite" (On the Yongzheng emperor's emancipation of debased peoples). *Tōyōshi kenkyū* 18. 3 (1959): 124–41.

Thompson, Roger. "Statecraft and Self-Government: Competing Views of Community and State in Late Imperial China." *Modern China* 14. 2 (April 1988): 188–221.

Thongchai Winichakul. *Siam Mapped: The History of the Geo-Body of a Nation.* Honolulu: University of Hawaii Press, 1994.

T'ien Ju-kang. *Male Anxiety and Female Chastity.* Leiden: E. J. Brill, 1988.

To Wing-kai. "Kinship Ritual and Community Institutions in the Late Ming Period: Huang Tso's *T'ai-ch'uan Hsiang-li.*" Paper presented to the Conference on Family Process and Political Process in China., University of California, Davis, April 1991.

Übelhor, Monika. "The Community Compact (*Hsiang-yüeh*) of the Sung and Its Educational Significance." In de Bary and Chaffee, 371–88.

Viraphol, Sarasin. *Tribute and Profit: Sino-Siamese Rice Trade, 1652–1853.* Cambridge, Mass.: Harvard University Press, 1977.

Von Glahn, Richard. "Community and Welfare: Chu Hsi's Community Granary in Theory and Practice." In Hymes and Schirokauer, 221–54.

Von Glahn, Richard. "The Enchantment of Wealth: The God *Wutong* in the Social History of Jiangnan." *Harvard Journal of Asiatic Studies* 51. 2 (1991): 651–714.

Von Glahn, Richard. *Fountain of Fortune: Money and Monetary Policy in China, 1000–1700.* Berkeley: University of California Press, 1996.

Wakeman, Frederic, Jr. *The Great Enterprise: The Manchu Reconstruction of Imperial Order in Seventeenth-Century China.* Berkeley: University of California Press, 1985.

Wakeman, Frederic, Jr. "The Huang-ch'ao ching-shih wen-pien". *Ch'ing-shih wen-t'i* 1. 10 (1969): 6–22.

Waley, Arthur. *Yuan Mei: Eighteenth Century Chinese Poet.* London: George Allen and Unwin, 1956.

王尔敏. 家训体制试验及门风官绅之位置. 见近代史研究所，家族与政治，807－46.

Wang Gungwu. "The Chinese Urge to Civilize: Reflections on Change." *Journal of Asian History* 18. 1 (1984): 1－34.

Wang, Yeh-chien. "Food Supply in Eighteenth-Century Fukien." *Late Imperial China* 7. 2 (December 1986): 80－117.

Wang, Yeh-chien.. "The Secular Trend of Prices During the Ch'ing Period (1644－1911)." *Journal of the Institute of Chinese Studies* (Chinese University of Hong Kong) 5. 1 (December 1972): 347－71.

Watson, James L. "Standardizing the Gods: The Promotion of T'ien-hou ("Empress of Heaven") Along the South China Coast, 960－1960." In Johnson, Nathan, and Rawski, 292－324.

韦庆远，鲁素. 清代前期的商办矿业和资本主义萌芽. 北京：中国人民大学不定期论文集，1981.

韦庆远，吴奇衍，鲁素. 清代奴婢制度. 北京：中国人民大学出版社，1982.

Wilhelm, Hellmut. "The Background of Tseng Kuo-fan's Ideology." *Asiatisch Studies* 3/4 (1949): 90－100.

Wilhelm, Hellmut. "Chinese Confucianism on the Eve of the Great Encounter." In Marius B. Jansen, ed., *Changing Japanese Attitudes Toward Modernization*, 283－310. Princeton: Princeton University Press, 1965.

Will, Pierre-Étienne. *Bureaucracy and Famine in Eighteenth-Century China*. Translated by Elborg Forster. Stanford: Stanford University Press, 1990.

Will, Pierre-Étienne. "Bureaucratie officielle et bureaucratie réelle: Sur quelques dilemmas de l'administration imperiale à l'époque des Qing." *Études chinoises* 8. 1 (spring 1989): 69－142.

Will, Pierre-Étienne. "Discussion About the Market-Place and the Market Principle in Eighteenth-Century Guangdong." In Sun Yat-sen Institute of Social Sciences and Philosophy, ed., 中国海洋发展史论文集，台北：Academia Sincia, forthcoming.

Will, Pierre-Étienne. "La communication entre bureaucrates et paysans en

China à la fin de l'empire: idéaux, méthodes, réalités." Paper presented to the symposium on Civil Society in East Asian Countries, Montreal, October 22–25, 1992.

Will, Pierre-Étienne. "The 1744 Annual Audits of Magistrate Activity and Their Fate." *Late Imperial China* 18.2 (December 1997): 1–50.

Will, Pierre-Étienne. "Of Silk and Sweet Potatoes: Efforts at Improving Agriculture in Eighteenth-Century China." Paper presented to the East Asia Program, Cornell University, October 1991.

Will, Pierre-Étienne, R. Bin Wong, et al., *Nourish the People: The State Civilian Granary System in China, 1650–1850*. Ann Arbor: Center for Chinese Studies, 1991.

Woodside, Alexander. "The Divorce Between the Political Center and Educational Creativity in Late Imperial China." In Elman and Woodside, 458–92.

Woodside, Alexander. "Some Mid-Qing Theories of Popular Schools: Their Innovations, Inhibitions, and Attitudes Toward the Poor." *Modern Ching* 9.1 (January 1983): 3–35.

Woodside, Alexander. "State, Scholars, and Orthodoxy: The Ch'ing Academies, 1736–1839." In K. Liu, *Orthodoxy*, 158–84.

Wong, R. Bin. "Food Riots in the Qing Dynasty." *Journal of Asian Studies* 41.1 (August 1982): 767–88.

Wong, R. Bin. "Lineages and Local Government in Late Imperial and Modern China." In Institute of Modern History, 家族与政治, 779–805.

Wong, R. Bin, and Peter C. Perdue. "Famine's Foes in Ch'ing China." *Harvard Journal of Asiatic Studies* 43.1 (June 1983): 291–332.

Woolf, Stuart. "French Civilization and Ethnicity in the Napoleonic Empire." *Past and Present* 124 (1989): 96–120.

Woolf, Stuart. "Statistics and the Modern State." *Comparative Studies in Society and History* 31.3 (July 1989): 588–604.

Wright, Mary C. *The Last Stand of Chinese Conservatism: The T'ung-Chih Restoration, 1862–1874*. Stanford: Stanford University Press, 1957.

巫宝三等编. 中国经济思想史资料选集（明清部分）. 北京：中国社会

科学出版社，1990.

吴承明．论清代前期我国国内市场．历史研究，1983.1：96－106.

吴慧，葛贤惠．清前期的粮食调剂．历史研究，1988.4：122－135.

吴建雍．清前期的商品粮政策．历史档案，1986.3：87－96.

Wu Pei-yi. "Self-Examination and Confession of Sins in Traditional China." *Harvard Journal of Asiatic Studies* 39.1（1979）：5－38.

巫仁恕．明末的戏剧与城市民变．九州学刊 7.1（1994 年 10 月）：1－18.

Wylie，Alexander. *Notes on Chinese Literature*. Shanghai：Presbyterian Mission Press，1922.

谢康．陈宏谋．见谢康．文史论丛，233－240．台北：中外图书出版社，1978.

熊月之．中国近代民主思想史．上海：上海人民出版社，1986.

许大龄．清代捐纳制度．燕京学报专号，1950.

许华安．试析清代江西宗族的结构与能治点．中国社会经济史研究，1993.1：47－55.

徐凯．论雍乾枢要之臣张廷玉．北京大学学报（哲学社会科学版），1992.4：91－98.

Yamamoto Susumu. "Shindai zenkai no heichō seisaku"（*Pingtiao* Policy in the early Qing）. *Shirin* 71.5（1988）：38－70.

Yamanoi Yū. "Minmatsu Shinsho ni okeru keisei-chiyō no gaku"（The *jingshi zhiyong* scholarly movement in the late Ming and early Qing）. *Tōhōgaku ronshu* 1（February 1954）：136－50.

Yamanoi Yū. "Minmatsu shinsho shisō ni tsuite no ikkosatsu"（An investigation of late Ming and early Qing thought）. *Tōkyō Shinagaku* 11（1965）：37－54.

Yamazaki Jun'ichi. "Shinchō ni okeru setsu-retsu zokuhyō nit suite"（On awards for virtuous widowhood in the Qing dynasty）. *Chūgoku koten kenkyū* 15（1967）：46－66.

杨联陞．"The Concept of 'pao' as a Basis for Social Relations in China." In John K. Fairbank，ed.，*Chinese Thought and Institutions*，291－309. Chicago：University of Chicago Press，1957.

杨联陞. “Economic Justification for Spending：An Uncommon Idea in Traditional China.” In 杨联陞，*Studies in Chinese Institutional History*，58－74. Cambridge，Mass.：Harvard University Press，1961.

杨联陞. 中国文化中报、保、包之意义. 香港：香港中文大学出版社，1987.

杨念群. 儒学地域化的近代形态：三大知识群体互动的比较研究. 北京：三联书店，1997.

叶显恩. 明清徽州农村社会与佃仆制. 合肥：安徽人民出版社，1983.

Yu，Anthony C. *Rereading the Stone*：*Desire and the Making of Fiction in* “*Dream of the Red Chamber.*” Princeton：Princeton University Press，1997.

余英时. 汉代循吏与文化传播. 见余英时，士与中国文化，129－216. 上海：上海人民出版社，1987.

Yu Yingshi “Toward an Interpretation of the Intellectual Transition in Seventeenth-Century China.” *Journal of the American Oriental Society* 100. 2（April-June 1980）：115－25.

余英时. 中国近世宗教伦理与商人精神. 台北：联经出版社，1987.

Yuasa Yukihiko. “Shindai ni okeru fujin kaihō ron—rikyō to ningen teki shizen”（On women's emancipation in the Qing：lijiao versus human nature）. *Nippon-Chūgoku gakkaihō* 4（1952）：111－25.

岳麓书院 1010 周年纪念文集. 长沙：湖南人民出版社，1986.

Zelin，Madeleine. *The Magistrate's Tael*：*Rationalizing Fiscal Reform in Eighteenth-Century Ch'ing China*. Berkeley：University of California Press，1984.

曾度洪等. 桂林简史. 南宁：广西人民出版社，1984.

张芳. 清代热心水利的陈宏谋. 中国科技史料，14. 3（1993）：27－33.

张灏. 宋明以来儒家经世思想试释. 见当代史研究所. 经世思想，3－19.

张俊杰等. 陈宏谋经济思想与实践研究. 社会科学家，1996. 2：81－92.

张朋园. 云贵地区少数民族的社会变迁及其限制. 见当代史研究所编. 中国现代化论文集，239－75. 台北：中国学术著作资助委员会，1991.

张仁善. 论乾隆的等级伦理观及其维护等级伦理的措试. 故宫博物院院刊，1988. 3：23－28，69.

赵文林，谢淑君. 中国人口史，北京：人民出版社，1988.

钟永宁. 试论十八世纪湘米输出的可行性问题. 中国社会经济史研究，1990. 3：65－71.

中国人名大字典. 上海：上海书店，1980.

朱勇. 清代宗族法研究. 长沙：湖南教育出版社，1987.

庄国土. 中国封建政府的华侨政策，厦门：厦门大学出版社，1989.

庄吉发. 清代社会经济变迁与秘密会党的发展. 见近代史研究所编. 近代中国区域史研讨会论文集，335－86. 台北：中国学术著作资助委员会，1986.

左云鹏. 祠堂族长族权的形成及其作用试说. 历史研究，1964. 5－6，97－116.

译者的话

在国家清史编纂委员会编译组的直接指挥和关怀下，由武汉大学陈乃宣教授、李兴华教授、胡玲博士等9人组成的翻译组，于2005年3月开始翻译由美国约翰·霍普金斯大学历史系罗威廉教授所著的《救世——陈宏谋与十八世纪中国的精英意识》一书。这是清史编纂的一项基础工程，又是一项艰难而复杂的工作。虽然主旨是讲陈宏谋，但涉及古今中外对陈宏谋的研究和评介。尽管我们尽了最大的努力，数易其稿，尽量反映作者原著的原貌，仍不能尽如人意。由于我们的外语水平、历史知识和手头掌握的资料的局限性，难免出现一些疏漏和失误，甚至没有完全表达出来原意都有可能。我们诚恳地希望国内外专家学者，特别是原著作者罗威廉先生，以及广大的读者向我们提出宝贵的意见，以便在再版时予以修正。我们翻译组成员的分工是：陈乃宣（武汉大学）译该书的前言、导论和结论；傅春霞（武汉大学）译该书的第一、二章；王趁红（武汉大学）译该书的第三、六章；李新（武汉理工大学）译该书的第四、八章和第一、第二章的部分章节；张东燕（武汉大学）译该书的第五、十章；程卫平（中国人民大学）译该书的第七、九章；李兴华（武汉大学）译该书的第十一、十二章；胡玲（武汉大学）译该书的注释、参考文献。陈乃宣、胡玲、李兴华、陈云清（湖北省统计局）对译文从不同角度进行了修改和校订，最后由陈乃宣定稿。

本书为武汉大学自主科研项目（人文社会科学）科研成果，得到“中央高校基本科研业务费专项资金”资助，项目编号为102275945。

我们感谢国家清史编纂委员会的精心组织和悉心指导。我们感谢专家赵刚教授和孔祥文女士在百忙中，认真、细致、负责地审稿，几乎牺牲了所有的节假日和寒暑假，先后审阅我们的译稿，对全书修改提出许多宝贵意见，有些地方甚至是重译的。我们还感谢中国人民大学出版社为此书出版付出了人力和物力的巨大投入。我们欢迎来自各方面的对此书提出的宝贵意见，我们将为此而感到由衷的高兴。

译者

2008年10月于武昌珞珈山

Saving the World: Chen Hongmou and Elite Consciousness in Eighteenth-Century China by William T. Rowe. Printed in the United States of America.

Translated and Published by arrangement with Stanford University Press.

图书在版编目（CIP）数据

救世：陈宏谋与十八世纪中国的精英意识/（美）罗威廉著；陈乃宣等译. —北京：中国人民大学出版社，2016. 9

（海外中国研究文库）

ISBN 978-7-300-23264-5

Ⅰ. ①救… Ⅱ. ①罗… ②陈… Ⅲ. ①陈宏谋（1696－1771）-人物研究 Ⅳ. ①K827＝49

中国版本图书馆 CIP 数据核字（2016）第 185508 号

海外中国研究文库

救世——陈宏谋与十八世纪中国的精英意识

［美］罗威廉 著

陈乃宣 李兴华 胡 玲 等 译

赵 刚 孔祥文 审校

Jiushi—Chen Hongmou yu Shiba Shiji Zhongguo de Jingying Yishi

出版发行	中国人民大学出版社			
社 址	北京中关村大街 31 号	**邮政编码**	100080	
电 话	010－62511242（总编室）		010－62511770（质管部）	
	010－82501766（邮购部）		010－62514148（门市部）	
	010－62515195（发行公司）		010－62515275（盗版举报）	
网 址	http://www.crup.com.cn			
经 销	新华书店			
印 刷	涿州市星河印刷有限公司			
开 本	720 mm×1000 mm 1/16	**版 次**	2016 年 9 月第 1 版	
印 张	40 插页 2	**印 次**	2024 年 9 月第 4 次印刷	
字 数	639 000	**定 价**	99.00 元	